目　录

作者的话　i

导言　汤要凉了　v

第一章　童　年　1452—1466　1

出　生 3 / 达·芬奇家族 7 / 卡泰丽娜 13

"我最早的记忆……" 17 / 在磨坊 25

和动物说话 29 / "雪之圣母" 34 / 教　育 40

第二章　学徒期　1466—1477　47

佛罗伦萨城 49 / 文艺复兴人 56

安德烈亚的工作室 60 / 学手艺 66 / 盛　景 78

穹顶之巅 83 / 第一批画 87 / 龙 93

吉内薇拉 97 / 萨尔塔雷利丑闻 104

"皮斯托亚的亲密挚友" 114

第三章　独　立　1477—1482　119

列奥纳多的工作室 121 / 被绞死的人 128

索罗阿斯特罗 131 / 技术专家 137 / "匆忙的诗人" 143

音乐家 147 / 圣杰罗姆与狮子 152

美第奇花园 158 / 《博士来朝》161 / 离　开 170

第四章　新视野　1482—1490　177

米　兰 179 / 放逐者和艺术家 187 / 《岩间圣母》191

逃离之路 196 / 最早的笔记本 205 / 离奇故事，小小谜题 212

建筑项目 220 / "摩尔人"的情妇 223 / 米兰工作室 231

解剖学家 240 / 斯福尔扎铜马 248 / 在旧宫 251

第五章　在旧宫　1490—1499　255

戏剧演出 257 / "论光影" 265 / 小魔头 271

猎　熊 279 / 铸　马 283 / "卡泰丽娜来了……" 288

战争的回声 291 / 绘制《最后的晚餐》297

"列奥纳多学院" 308 / 列奥纳多的花园 319

"把你带不走的卖掉……" 327

第六章　漂　泊　1500—1506　331

曼图亚和威尼斯 333 / 回到佛罗伦萨 339

执着的侯爵夫人 345 / 波吉亚家族 351 / 秋天在伊莫拉 359

一封给苏丹的信 364 / 河流改道 367 / 丽莎女士 372

《安吉亚里战役》（1）383 / 米开朗琪罗 389 / 一场死亡和一次旅行 396

《安吉亚里战役》（2）403 / 鸟的灵魂 409

第七章　重返米兰　1506—1513　417

总　督 419 / "您好，弗朗切斯科大师……" 426

手足相争 429 / 解　剖 436 / 重返工作室 441

世界及其水体 449 / 米兰的娱乐活动 452 / 克雷莫纳 456

"医学院" 462 / 在梅尔齐家 465 / 艺术家六旬时的肖像 469

第八章 暮　年　1513—1519　475
　　向南前进 477 / 在贝尔韦代雷 483
　　施洗者和巴克斯 487 / 大洪水 496
　　疾病、欺骗、镜子 499 / 最后一次到访佛罗伦萨 506
　　列奥纳多大师 509 / 枢机主教的召唤 512
　　"黑夜被赶走了" 517 / 大　海 522

　　　　注　释　529
　　　　资料来源　587
　　　　出版后记　599

作者的话

以下是关于货币和计量单位的说明。读者将在阅读中注意到一系列令人困惑的文艺复兴时期的货币单位。1 帝国里拉（imperial lira）等于 20 索尔迪（soldi），1 索尔迪又等于 12 德纳里（denari），类似未实行十进制时的英镑，帝国里拉是货币的基准，但整个意大利都会铸造区域性硬币：弗洛林（florins）、杜卡特（ducats）、斯库迪（scudi）、古力（giuli）等。在本书所涵盖的大部分时期中，1 佛罗伦萨弗洛林和 1 梵蒂冈杜卡特都大概值 4 里拉（lire）。列奥纳多·达·芬奇主要使用这三种货币。

此处提供一份概括性的货币价值准则：在 15 世纪末的米兰，1 里拉可以购置供一家四口吃一个月的面包，或 12 磅（1 磅约等于 0.45 千克）的小牛肉，或 20 瓶乡村葡萄酒，或 2.5 磅蜡烛，或者 1 磅多一点的奢侈品——糖。15 世纪 90 年代，列奥纳多花 6 里拉买了一本 600 页的对开本形式的数学书，再用 15 里拉买了一件绿丝绒镶边的银色斗篷。一匹好马价值 40 杜卡特或 160 里拉。在佛罗伦萨，建筑工人每月挣 2 弗洛林，而执政团高级公务员的月薪是 11 弗洛林。美第奇和斯特罗齐的豪宅耗资 3 万弗洛林建成。在一份纳税申报单中，科西莫·德·美第奇公布的资产超过 10 万弗洛林，而我们可以想见，这还只是保守估计的数字。

布拉乔奥（braccio）是列奥纳多常用的长度测量单位，这个词的意思是"手臂"，因此也等同于古英语中的厄尔（ell，人们现在已经不再使用这一计量单位了，但我们仍能听到"一臂长"的说法，即手到手臂弯曲处的长度）。根据一种解释，1 佛罗伦萨布拉乔奥是 21.6 英寸（1 英寸约等于 2.54 厘米），而 1 米兰布拉乔奥为 23.4 英寸。根据列奥纳多一本笔记中的内容，人们算出 1 布拉乔奥是 24.1 英寸。我取了一个大概的换算值，即 1 布拉乔奥约等于 2 英尺（1 英尺约等于 30.48 厘米）。在测量距离时，列奥纳多使用米利亚（英里，1 英里约等于 1.61 千米），相当于 1000 帕西（步）。

古亩（staio），或蒲式耳（bushel，1 蒲式耳约等于 27.22 千克），是用来计算农作物产量的单位，但此处用以计算土地面积。1 古亩的土地每年有能力出产 1 古亩的大麦。根据这个时段的租期合同判断（以交粮的方式支付租金），1 古亩大概有 2000 平方米。

列奥纳多的意大利语文本的翻译基本由我本人完成，不过我当然参考了让-保罗·里希特、爱德华·麦柯迪、A. P. 麦克马洪、马丁·坎普、玛格丽特·沃克和卡洛·佩德雷蒂等人的脍炙人口的译文。列奥纳多的文章仍有一大部分未被翻译成英文。乔治·布尔翻译瓦萨里《艺苑名人传》非常有帮助，虽然在一些细节的诠释上，我持不同意见。

在引用的意大利语较为简短的情况下，我倾向于呈现出列奥纳多自己拼写的词句，这似乎是他个性的一部分。为了增加可读性，我做出了一些常规调整：将原文的 j 写成 i，将缩写展开，并将省略的读音分开等。但有时候他的文字太过晦涩，以至于如果只截取短小的段落，人们无法理解其意义。那一时期的意大利诗歌引文在书中以原文呈现，其他引文在大多数情况下是现代化处理后的版本。

我还把日期做了现代化处理。佛罗伦萨历法仍是从 3 月 25 日（天使报喜节，或圣母领报节）算起，所以在佛罗伦萨文献中，如果一个事件发生在 1480 年 2 月 1 日，那么这件事实际上发生在 1480 年 12 月 1 日的两个月后。我在文中会给出现代推算后的日期，即 1481 年 2 月 1 日。

这本书的研究筹备很大程度上得到了芬奇镇的列奥纳多图书馆（Biblioteca Leonardiana in Vinci）、佛罗伦萨的英国研究所（British Institute）和国家档案馆（Archivio di Stato）、位于意大利北部城市卢卡的国家图书馆（Biblioteca Statale）、大英图书馆（British Library）、温莎城堡皇家图书馆（Royal Library at Windsor），以及伦敦图书馆（London Library）员工的协助。我也要感谢安东尼奥·纳塔利、阿尔菲奥·德尔·塞拉、詹尼·马苏奇、尊贵的简·罗伯茨夫人、劳罗·马丁内斯、戈登·韦瑟雷尔、克里斯蒂·布朗、伯尼·萨林斯和利兹·唐纳利。感谢德鲁·海因茨为我提供了霍桑登城堡作者研究员的席位，感谢那里的工作人员，也感谢我的研究员同事，他们在书稿刚完成时，聆听了本书的最初几页。这本书的诞生源于大卫·戈德温，而我的编辑斯图尔特·普罗菲特、图片编辑塞西莉亚·麦凯、文字编辑鲍勃·达文波特，以及利兹·弗伦德-史密斯和理查德·杜吉德使之最终成书。我还有数不清的人需要感谢，而我只能以最宽泛的方式表达这种谢意——感谢意大利的人们，他们很欢迎我们；感谢我的孩子，他们勇敢地和我共度了这次意大利冒险；以及感谢萨莉，她使一切成为可能。

查尔斯·尼科尔
于科尔特布莱甘蒂
2004 年 8 月

导言 汤要凉了

大英图书馆的手稿部有一页列奥纳多·达·芬奇关于几何学的笔记。这是他写下的最后的文字之一：可能可以追溯到1518年，即他去世的前一年。这张纸呈暗灰色，但墨迹依然清晰。笔记上有一些图表，图表旁边是整齐的文本块，以他一贯的从右到左的"镜像书写"写成。乍看之下，这页笔记并非列奥纳多最令人兴奋的手稿，除非你碰巧是文艺复兴时期几何学的狂热爱好者；但它值得被关注：其结尾有些突然的变化。页面下方3/4处，文本以一个唐突的"等等"中断。最后一行看起来是定理的一部分——字迹看起来没有变化——但是这句话实际上说的是"perche la minesstra si fredda"。他不再继续写了，"因为汤要凉了"。[1]

在列奥纳多的手稿中，还有许多其他充满家庭气息的小细节，但这是我最喜欢的一个。这不是因为它告诉了我们很多信息：1518年的某一天，列奥纳多喝了一碗温热的汤，这很难算得上是一份重要的传记材料。让它显得特别的似乎是其所具有的出乎意料、偶然的品质。这个简单、充满人情味的日常时刻闯入了他枯燥、抽象的几何学研究。我们看到一位老人坐在桌子旁，专注地写字，在另一个房间，我们看到一碗汤，热气腾腾的。这碗汤可能是蔬菜汤，因为列奥纳多晚年时是素食主义者；汤可能是他的女佣玛图琳（Mathurine）煮的，作为对她的"良好服务"的认可，他很快会将一件"用毛皮衬里的上好的黑色布料做的大衣"遗赠给她。[2] 是她在呼唤列奥纳多·达·芬奇，告诉他汤要凉了吗？他继续写了一会儿——

写下"因为汤要凉了"——然后放下了笔。

这也是一个不祥之兆。据人们所知,他再也没能写完这些笔记,因此,这个小小的中断似乎预示着即将到来的更明确的中断。我们可以将这不起眼的一页称为"列奥纳多最后的定理"——这又是一个未完成的项目。他终生致力于研究和阐述,这项伟大事业就以这个顺手写下的玩笑话,这句关于按时吃晚餐的必要性的俏皮话渐渐结束了。

对传记作者而言,这样的幕后一瞥令人振奋。列奥纳多是个非凡的人,但他的生活不断地与平凡生活交织,或许正是在这些交织之处,传记作者——从平凡世界派来的使者——才能与他建立某种联系。我们有这么多复杂深刻的内容和世界知名的画作需要应对,所有这些都让列奥纳多显得独一无二,但至少在这一刻,他是一个与我们其他人非常相似的人。

本书的任务即是重现作为普通人的列奥纳多——也就是真实的列奥纳多,生活在真实的时间里,喝着一碗真实的汤,而非我们经常看到的超人、多学科"通才"列奥纳多。他们当然是同一个人,叙述他的生平故事只是以另一种方式接近他作为艺术家、科学家、哲学家的令人敬畏、最终归于神秘的伟大,但我认为重要的是要摆脱把这个通才视为圣徒并为之立传的想法。在这一点上,列奥纳多自己的一些话激励了我,他的一则预言——本质上是以预言的方式写下的谜语——写道:"将有巨大的人形阴影出现,但你越接近它们,它们巨大的身形就会越小。"[3]这则谜语的答案是"一个拿着灯的人在夜里投下的影子",但我愿意相信答案也可能是列奥纳多·达·芬奇,我在黑暗中靠近他,紧张地期待着他高大的身影会缩小到普通人的尺寸。

写一本有关达·芬奇的书却没有使用"天才"一词,将是一件了不起的成就,就像法国作家乔治·佩雷克(George Perec)设法不用字母"e"写成了一本书。我没有将"天才"一词完全删除,因为它可能是意大利语中"ingegno"一词的一个有用的译法,这个词在文艺复兴时期常被用来表示比"才能"或"智识"更高的东西,但我们要谨慎地使用这个词,因为被使用这个词形容的人,其人性的一面非常容易被遮蔽。这个词把他们的成就当作不平凡的成果或奇迹来赞扬。这在一定程度上是正确的，但对我们无益。列奥纳多的所作所为确实是奇迹，但人们想问的是他是如何做到的以及为什么要这样做，而答案不能是某种模糊的、半神秘的概念——"灵感"。莎士比亚的崇拜者喜欢宣称他"从未涂掉过"一行台词，对此本·琼生（Ben Jonson）厉声反驳："我宁愿他涂掉一千行。"[4] 换言之，他是一位卓越的诗人，但他不是永不犯错的人，他的天才在于他在多大程度上克服了自己的缺点。琼生补充道："我绝对想念他，在人世这叫偶像崇拜。"这无疑是传记作家的最佳立足点。列奥纳多当然是个天才，但"天才"这个词带有浓重的偶像崇拜的色彩，而且和他严谨而习惯怀疑的性情背道而驰，所以我避免使用这个词。

与天才的刻板印象多少有些相关的是"文艺复兴人"的刻板印象。我不是那种主张文艺复兴"从没发生过"的人：这个概括性术语用于描述15世纪和16世纪欧洲发生的文化变化非常有用。不过，人们同样需要提防一些陈词滥调。我们认为文艺复兴是一个在智识上高度乐观的时代：理性的"新曙光"、摆脱迷信、开阔视野。从19世纪末——也就是这种颇具必胜主义色彩的解读最终成形时——来看，有关文艺复兴的看法就是这些。但文艺复兴发生时到底是怎样的景象？旧的信仰正在瓦解；这个时代迅速地变化，充满了腐败的政治纷争、经济的繁荣与萧条，以及来自世界上未知角落的奇闻逸事。处在"文艺复兴"——这个词那个时候尚未得到定义，还没有被算作"重生"——时期的感觉可能既有乐观，也有混乱。在这段时期，明显的兴奋与危险交织在一起，所有的规则都正在被重写。如果一切皆有可能，那么没有什么是确定的：这里面隐含着一种哲学上的眩晕。

人们关于"文艺复兴人"具有英雄情怀和远大抱负的感觉并没有错——实际上，我这本书的副标题正是在颂扬列奥纳多超群卓越的才智，他那翱翔高空的"自由的心灵"让他看得那么远、那么多，而我在隐喻上和心理上都将之与他毕生对实现身体飞行的痴迷联系在一起。但是伴随着飞翔的梦想而来的是对坠落的恐惧，如果我们把这位文艺复兴人也看成充满疑惑和质疑，以及随之而来的自我怀疑和自我质疑的商人，我们就能更好地理解他。

"通才"和"文艺复兴人"就是列奥纳多的谜语中那"巨大的"影子。它们不完全是错觉，但它们是某种观点的产物，而当你走得更近时就会看到，更有意思的是投下影子的那个人。

我们如果想了解列奥纳多一生的故事，就必须回到那些与他最接近的资料中去：一手资料——那些与他同时代的和接近他那个时代的资料，其中最主要的是他自己的手稿；事实上，这本书在某种程度上把列奥纳多视为作家来研究——考虑到他留下了极其丰富的文字作品，这个主题在过往的研究中被忽视显得很奇怪，尽管大多数情况下，我们必须从非文学意义上来理解他的"作家"身份。列奥纳多有超过 7000 页手稿流传至今，我们可以推断可能还曾经存在过数千页手稿，但现在已经失传了。失传的手稿可能会在某天浮出水面：1967 年，人们在马德里偶然发现了两本完整的笔记；还有人声称见过那本讨论光与影的失传论文"Libro W"，这种说法虽然引人遐想，但未经证实。[5]

存世的手稿有三种形式：列奥纳多去世后汇编的装订合集、一直基本完好无损的笔记本，以及单页的纸稿。各种手稿合集中，最著名的是现藏于米兰安布罗西亚纳图书馆（Biblioteca Ambrosiana）的《大西洋古抄本》（*Codex Atlanticus*），最早由雕塑家、藏书家蓬佩奥·莱奥尼（Pompeo Leoni）在 16 世纪末整合而成。《大西洋古抄本》是一本巨大的皮面装订本，高度超过 2 英尺。它有 401 页对开页，其中一些是列奥纳多的整张手稿，但大部分是由多个尺寸较小的手稿拼贴而成，一页最多有五六件，有时候用胶粘上，有时只用胶水粘上一侧，这样就可以看到手稿的两面。古抄本的名字和大西洋毫无关系，而是说明了古抄本的版面是"地图集大小的"。这个名字由安布罗西亚纳图书馆的图书管理员巴尔达萨雷·奥尔特罗基（Baldassare Oltrocchi）创造，1780 年他在书目中将之标为"像大西洋那么大的抄本"（codice in forma altantica）。20 世纪 60 年代，这本华丽的剪贴本被拆开并重新排序，所以现在它所有的组成部分都是分开装订的。

另外两本重要的手稿合集都在英格兰。一本是藏于温莎城堡皇家图书馆的画稿和手稿合集，这也是蓬佩奥·莱奥尼的遗产；事实上，温莎城堡皇家图书馆合集中的一些较小的手稿碎片，很明显是莱奥尼从如今被合订为《大西洋古抄本》中的更大的纸稿上剪下来的。这本手稿曾在某个时间点被狂热的收藏家查尔斯一世买下，不过没有任何有关这次购买的记录留存下来。18世纪中叶，这本手稿出现在肯辛顿宫：根据当时的记载，"这件稀世珍宝"在内战期间一直被保存在一个"又大又结实的箱子"里，放在那里"无人问津"，"被人忽视和遗忘了大概120年，直到多尔顿先生（Mr Dalton）幸运地在箱子底部发现了它。这发生在他当时的国王［乔治三世］登基伊始"。[6] 这些绝妙的画稿和手稿中就有那几张著名的解剖学素描对开页。另外一本重要的手稿合集是藏于大英图书馆的《阿伦德尔古抄本》（*Codex Arundel*），这是一本有283页对开页的大杂烩，其收录的手稿横跨近40年的时间，包括前文所说的被打断了的几何笔记。这一古抄本是以17世纪30年代在西班牙购买它的阿伦德尔伯爵的名字命名的。

除了这些列奥纳多真正的手稿合集，还有另一种合集——藏于梵蒂冈的《乌尔比纳斯古抄本》（*Codex Urbinas*），这本手稿汇编了列奥纳多关于绘画的论著；他去世后，他的秘书和遗稿管理人弗朗切斯科·梅尔齐（Francesco Melzi）将之编纂起来。1651年，这本书的缩略版于巴黎出版，这版通常被称为《论绘画》（*Trattato della Pittura*）。在《乌尔比纳斯古抄本》的结尾，梅尔齐罗列了列奥纳多的18本笔记，有"大本"（libri）和"小本"（libricini），他曾经把它们当作原始资料来用，其中10本现在已经失传了。列奥纳多另一本流落在外的遗珍是《惠更斯古抄本》（*Huygens Codex*），目前藏于纽约，抄本里有列奥纳多丢失的人物素描的16世纪末时的副本。

这些合集精美而华丽，但我们还是需要在笔记中寻找真实的列奥纳多。目前大概有25本笔记流传了下来——具体数量取决于你如何计算它们，因为有些小本的笔记已经被装订起来：比如说藏于伦敦维多利亚和阿尔伯特博物馆（Victoria & Albert Museum）的3本《福斯特古抄本》（*Forster codices*），实际上包含5本笔记。列奥纳多的笔记主要集中藏于

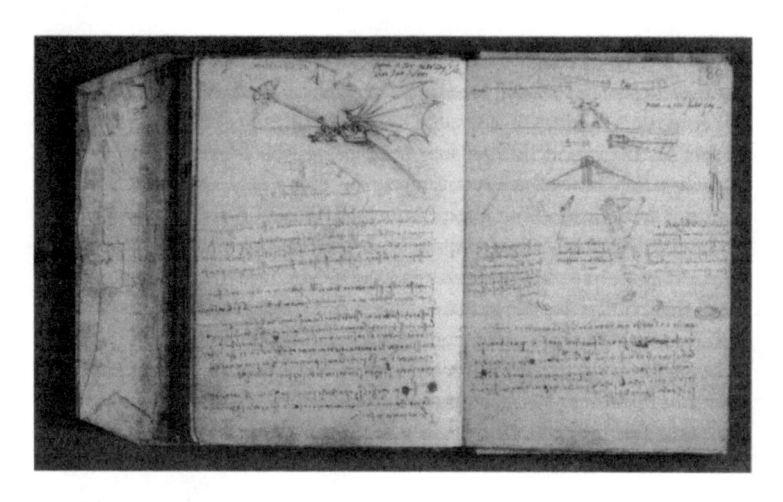

列奥纳多的一本保持原始装订方式的笔记本（《巴黎手稿B》）。

巴黎的法兰西学院（Institut de France）；它们于18世纪90年代被集体运抵法国，是拿破仑从安布罗西亚纳图书馆掠取的战利品。剩余的笔记分散在米兰、都灵、伦敦、马德里和西雅图。笔记中零零散散地有缺失——一个惯于扒窃的藏书家古列尔莫·利布里伯爵在19世纪中叶偷走了几页。但这些笔记本基本上都是列奥纳多留下的，有些还保留着原本的装订方式：他喜欢用牛皮纸或皮革做成的包裹式的封面，再用一个穿过绳圈的木质小纽扣加以固定（这种装订方式让人古怪地联想起粗呢外套）。

笔记本有不同的尺寸，从标准的八开本——看起来很像我们所说的练习本——到比一张扑克牌大不了多少的袖珍本。弗朗切斯科·梅尔齐称后者为"小本"，这些"小本"既是笔记本也是速写本，有明显的迹象表明，其中一些曾被列奥纳多随身携带。有人称在米兰看到列奥纳多时，"他腰间的皮带上总是挂着一个小笔记本"。[7] 1502年，他途经意大利北部的切塞纳（Cesena）时就带着这样的一个"小本"，他还画了一幅速写，并配上文字说明："切塞纳人就是这样运葡萄的。"[8] 你会看到他走在路上，像记者那样拿着笔记本专心记录。他说"只要情况允许"，画家应该随时准备写生：

认真观察街上、广场上和田野里的人。用简明的形式把他们记下来，比如把头画成 O，手臂画成直线或曲线，腿和身体也是这样，你回家后再把这些笔记画成完整的形状。[9]

有时候，这种速记有一种诗歌般的浓缩的力量：

> 皮翁比诺海边的浪潮，
> 所有浪花化成泡沫，
> 水落下来时产生巨大冲击力的地方，
> 水又从这里溅起。[10]

或一首吊胃口到近乎寓意难明的俳句：

> 月亮是致密的；
> 一切致密的事物皆是沉重的；
> 月亮的本质是什么？[11]

有些笔记本身就是自成一体的论文，或至少是围绕某一特定主题的有目的集中在一起的一组文字——《巴黎手稿 C》是关于光和影的，《莱斯特古抄本》（Codex Leicester）是关于地球物理学的，"小本"的《都灵古抄本》（Turin Codex）是关于鸟类飞行的——但即便如此，这些手稿还包含了大量主题之外的资料。列奥纳多手稿的基调是其无所不包的多元性与混杂性：他以拥挤到难以辨识的字迹将他广泛的兴趣凝结到一起。人们很难确定每页笔记的时间，因为列奥纳多习惯反复思考，像一只猛禽一样在他的诸多兴趣爱好上空盘旋，几年后重新回顾从前的想法和观察结果，再次研究它们。他意识到了这给读者造成了阅读困难，并向理论上的未来读者道歉："读者，不要责怪我，因为主题太多，我无法记住它们并说：'这个我不写了，因为我已经写过了。'"[12]

这些手稿是列奥纳多的思想地图，它们包罗万象，从最简短的半个句子或潦草的计算，到完整的科学论文和文学习作，应有尽有。按首字母排序，这些笔记涉及的主题从解剖学（anatomy）到动物学（zoology），中间包括空气动力学、建筑学、植物学、戏服设计、民用和军事工程、化石研究、水纹地理学、数学、机械、音乐、光学、哲学、机器人、天体观察、舞台设计和葡萄栽培。这些手稿教给我们重要的一课，即每件事都应该被质疑、调查、深入研究、费心思考，以及不要偏离最初的原则。他为自己制订了大大小小的任务：

> 描述云如何形成、如何消散，什么导致了水蒸气从陆地的水中上升到空气中，研究雾形成的原因以及空气变厚重的原因，为什么它在不同的时段会呈现出或多或少的蓝色……
>
> 描述……什么是喷嚏，什么是哈欠、癫痫、抽筋、瘫痪、冷得发抖、流汗、疲劳、饥饿、睡觉、口渴、欲望……
>
> 描述啄木鸟的舌头……[13]

如肯尼斯·克拉克（Kenneth Clark）所说，列奥纳多是"历史上最具好奇心的人"，这些笔记本记录了他对感兴趣的事物孜孜不倦的探究。这些笔记积累在一起，逐渐趋向于某个普遍知识的宏伟构想，但在任何具体的点或某页纸上，它们都专注于具体而精确的内容——观察、实验、质疑、解决方案。他是出类拔萃的经验主义者，并以"Leonardo Vinci disscepolo della sperientia"作为自己的签名——可以被翻译成"经验的学徒列奥纳多·芬奇"或"实验的学徒列奥纳多·芬奇"。[14] 他刨根问底的习惯甚至体现在数十页手稿上都出现了的一个简短的词中：当他想试试新的笔头时，他会习惯性地信手写下"告诉我"（dimmi）这个词。这是在询问和探求更多信息的声音：告诉我是什么，告诉我怎么做，告诉我为什么——毫无疑问，在佛罗伦萨、米兰以及其他地方，有许多人听过列奥纳多的"告诉我"中充满挑战的语调。

列奥纳多在《论绘画》中写道，一幅画应该通过画中人物的身体动作来展示其"心理事件"（accidenti mentali）。[15] 当我阅读他的笔记本时，我想到了这个短语，他的笔记本上写满了大大小小、注解严谨的"心理事件",杂七杂八的各种内容,包括笑话、涂鸦、诗歌片段、信稿、家庭账本、食谱配方、购物清单、演员名单、银行账目、模特的名字和地址等,这些内容奇妙地混杂在一起,全都能在笔记本中发现。

一手资料的另一主要来源是列奥纳多的早期传记。其中最著名的是乔尔乔·瓦萨里(Giorgio Vasari)在《杰出艺术家、雕塑家和建筑师传记》(*Le vite de' piu eccellenti pittori, scultori et architettori*,一般被称为《艺苑名人传》)中为他作的传。这本名著于1550

1490年左右的一张典型的写有各种杂七杂八内容的稿纸。

年在佛罗伦萨首次出版,是任何一位意大利早期艺术家传记的基础。对于年迈的米开朗琪罗的盛赞,这本书可谓受之无愧:

> 你,重新照亮了死去的记忆,
> 尽管时间和自然已经保证,
> 他们[艺术家]与你的名声永存。[16]

(事实上,瓦萨里崇拜米开朗琪罗,把《艺苑名人传》中最长的一篇献给了他,大概有4万字,相比之下列奥纳多的传记他只写了5000字。米开朗琪罗的赞扬可能与此有关。)

虽然瓦萨里作为传记作家声望极高,写作风格也富有魅力,但我们必须承认这名传记作家有一些缺点:对待日期漫不经心、判断片面主观,而且倾向于支持佛罗伦萨艺术家(他是美第奇家族的门客)。他最大的缺点或许是喜欢使用陈词滥调。列奥纳多早熟的才华有可能真的导致了他老师安德烈亚·德尔·韦罗基奥(Andrea del Verrocchio)放弃绘画,但这一点无法确定，因为在《艺苑名人传》其他人的传记里，也出现了这种"青出于蓝"的桥段。这是瓦萨里喜欢的一套陈旧的修辞手段，他期望他的读者也能喜欢，但它作为历史证据不具备真正的价值。然而，尽管瓦萨里喜欢信口开河，他仍然是无价的：他是一位敏锐且消息灵通的观察者，也是一位敏感的评论家，虽然他没有关于列奥纳多的一手信息——列奥纳多去世时他才 11 岁，而且他从未离开过位于意大利中部的故乡阿雷佐（Arezzo）——但毫无疑问，他认识了解情况的人。16 世纪 40 年代末时，他曾积极搜集撰写《艺苑名人传》所需的信息。[17]

瓦萨里创作的传记是著名的资料来源，但他不是唯一，甚至也不是最早的列奥纳多早期传记作家。在此我有必要谈一些我将在正文中用到的其他不太为人所熟知的资料来源。列奥纳多最早的传记是一篇写在备忘录上的简短小传，该备忘录属于一位名叫安东尼奥·比利（Antonio Billi）的佛罗伦萨商人，年代大约是 16 世纪 20 年代初，也就是列奥纳多去世后不久；原稿已经不见了，但这段文字保留在两本 16 世纪的抄本中。[18]尽管我们对比利几乎一无所知，但据推测，他曾接触过佛罗伦萨画家多梅尼科·吉兰达约（Domenico Ghirlandaio）现已失传的回忆录。后来，另一位佛罗伦萨人使用了比利的记录，并大大加以充实。他还编纂了对从契马布埃（Cimabue）到米开朗琪罗的许多艺术家的广泛记述。这位身份不明的作者通常被称为"加迪家族所藏手稿中的佚名作者"（Anonimo Gaddiano），因为他的作品保存在一份原本属于加迪（Gaddi）家族的手稿中。[19]根据内部证据，这本有 128 页对开页的手稿编纂于约 1540 年。这些都是早于瓦萨里的独立资料来源（虽然他知道这些资料），尤其是"佚名作者"记录了一些很吸引人的内容。他收录了一些生动有趣的逸闻，这些逸闻来自一位名叫加维纳（Il Gavina）的佛罗伦萨艺术家，这位艺术家有列奥纳多的一手资料。

那时还有一个地方的人关注列奥纳多的生平，那就是他曾生活和工作过很多年的米兰（实际上，他在米兰生活和工作的时间比在佛罗伦萨还要长）。伦巴第历史学家、医生、纹章制作者、诺切拉主教保罗·焦维奥（Paolo Giovio）的拉丁文手稿中有一份重要的传记素材，标题为《关于我们这个时代杰出男女的谈话录》(*Dialogi de viris et foeminis aetate nostra florentibus*)，[20] 写于 16 世纪 20 年代末的伊斯基亚岛。焦维奥本人可能认识列奥纳多，他们可能在米兰见过面，因为焦维奥从 1508 年左右起就在米兰行医；或者几年后在罗马见面，当时焦维奥在阿奇吉纳西欧宫（Archiginnasio）宣讲哲学。无处不在的瓦萨里也知道他撰写的关于列奥纳多的素材；实际上，正是焦维奥在枢机主教法尔内塞位于罗马的公馆的一次晚宴上的关于新传记艺术的热烈讨论，为瓦萨里撰写《艺苑名人传》播下了最早的种子。[21]

另一来自米兰的资料来源是艺术家乔瓦尼·保罗·洛马佐（Giovanni Paolo Lomazzo），他原本是很有前途的画家，直到 1571 年，即他 33 岁时，一场意外夺走了他的视力。此后他全心投入写作，并创作了一系列书籍，其中最著名的作品是发表于 1584 年的《论绘画艺术》(*Trattato dell'arte della pittura*)。[22] 他是一名重要的评论家，把一切都奉献在研究列奥纳多上：他是这方面的专家。他认识列奥纳多的遗嘱执行者弗朗切斯科·梅尔齐，他研究了梅尔齐单独持有的手稿，并记下了一些现已丢失的内容。洛马佐有时候也会捣乱——他的想法和信息与列奥纳多研究的正统观点背道而驰（比如他随口断言《蒙娜丽莎》和《乔康达》是两幅不同的绘画）。他也是第一位或多或少公开表示列奥纳多是同性恋的人。

另外还有绘画，它们从某种意义上来说也是文献。我们不能将一幅文艺复兴时期的绘画像现代绘画那样视为艺术家的一种个人陈述，但它仍然可以向我们透露一些关于创作者和创作环境的信息。绘画作品携带的信息不仅在二维的画板上（此处应提醒我们不应从传记角度解读艺术作品，这种提醒也十分常见了），也在绘画表层神秘的第三维，即附着在画面上微米厚（1 微米等于 0.001 毫米）的颜料中——就像岩石的分层讲述着地质故事那样，这讲述着一幅画被创作时的故事。有时候，列奥纳多用手触摸过的痕迹——均匀涂抹或弄脏——也被记录在绘画表层，偶尔还会留下一个指纹。某些乐观的科学家认为，人们能够通过显微镜看见绘画上残留的血液和唾液的痕迹，其中可能含有列奥纳多的 DNA 信息。但在我写作这

都灵自画像。

本书时，这种推测仍属于科幻小说的范畴。

最明显具有纪实意义的绘画或素描是列奥纳多本人的肖像画。任何人被要求想象列奥纳多·达·芬奇的模样时，往往会想到那幅藏于都灵皇家图书馆的著名自画像上那位留着络腮胡子的年迈智者的形象。这幅素描颇具争议性：素描下方的字迹严重褪色，是列奥纳多同时代的一个人写的，令人难以辨认；有人说这根本不是自画像。我认为这幅画是自画像，但也认为它过度影响了我们对列奥纳多的视觉形象的认知。我们有必要提醒自己，列奥纳多不总是一位留着白色络腮长胡子的德鲁伊式人物，就像莎士比亚也不总是马丁·德罗肖特雕刻的版画上那个留着山羊胡子的秃头小伙形象。这些图像进入集体无意识，成为他们在人们眼中的一种简约的模样。近 60 岁的列奥纳多有没有胡子都还是一个悬而未决的问题：在 1481 年前后的《博士来朝》（*Adoration of the Magi*，彩图 1）以及在 15 世纪 90 年代中叶的米兰帕尼伽罗拉府（Casa Panigarola）的壁画上的疑似肖像画中，他都是没有胡子的。

"佚名作者"曾这样绝妙地描述列奥纳多："他非常迷人，身材匀称，优雅又帅气。他穿着一件玫瑰色及膝束腰外衣，只到膝盖，而当时大多数人还穿着长袍。他有一头美丽的卷发，头发被精心梳理过，垂到胸前。"我们难以把握时尚和好交际之间的细微差别，但列奥纳多最重要的形象是非常优雅，有点花花公子。这是那位被称为加维纳的神秘画家提供的回忆之一；他提供的其他信息，可追溯到 1504 年到 1505 年左右，也就是列奥纳多 50 岁出头的时候，人们再次注意到这段描述没有提到他留着胡子。最早确定他留着胡子的画像是一幅用红色粉笔精心绘制的侧脸像，藏于温莎城堡皇家图书馆（彩图 16）。我们基本可以确定这是弗朗切斯科·梅尔齐的作品，可能列奥纳多也亲手润色了一下。[23] 这幅素描大概绘于 1510 年至 1512 年，展现了列奥纳多年近或正值 60 岁时的样子。这幅侧脸像后来成为列奥纳多去世后的画像的典范：人们可以在许多 16 世纪的肖像画中看到它的影子，包括 1568 年出版的《艺苑名人传》给列奥纳多配的木版画插图。

我们还可以看到列奥纳多的其他肖像画和自画像，包括一幅我认为迄今也身份不明的肖像画，由他在米兰最优秀的年轻学徒之一所绘。都灵自画像是我们对他最后的一瞥：真实而意味深远。这幅画很像 1518 年的那天因为汤要凉了，他不得不停下手头上的工作时的模样。这个形象就像列奥纳多一直以来的那样，终归是难以捉摸的。你看到了德高望重、魔法师一般的天才列奥纳多，但你再看一眼，便会看到一位凝视着遥远回忆的老人。

第一章

童 年
1452—1466

陈年往事常如触手可及的当下,而近来发生的许多事情,却像逝去的青春那般遥远。

——《大西洋古抄本》,fol. 29v-a

出　生

500年前，这里的环境和现在相比没有太大差别。站在托斯卡纳芬奇小镇的山坡上放眼望去，一如今日，几个世纪的农耕塑造的景观一览无余：沿河丛生的芦苇、细窄狭长的葡萄园、镶嵌在绿荫中的房子；在它们之上是一片橄榄树，当这些橄榄树被微风吹拂时，会闪着一种特别的光。橄榄树顺着梯田攀缘而上，朝着标志着阿尔巴诺山的高地边缘的那条多变、蜿蜒的林木线伸展。高处的山坡被森林覆盖，森林里长满了野生松树、月桂树、土耳其栎和甜栗树。山里的农民将栗子研磨成面粉，有的农民如今仍旧这样做，甜栗树在当地也曾被称为面包树。

那时这里的一切或许有点杂乱。荒野和耕地的比例与现在不同，而且土地所有权的整个模式也不一样。但今昔景色基本一致，就是我们目前所见到的拼缀构图。在这图景的正中，在隐蔽且具有战略意义的山腰上，坐落着芬奇镇，镇上成群的石头建筑簇拥着城堡和教堂这两座塔楼。从政治上讲，这里是佛罗伦萨共和国的前哨基地：从1254年起，这里就已是佛罗伦萨的领地了。而在那之前的两个多世纪，此地隶属历任圭迪伯爵，就是他们在镇上建造了那个地标式城堡。从芬奇镇经由恩波利和蒙特卢波骑马前往佛罗伦萨，需要整整一天。这里的生活节奏缓慢，非常有乡村气息，依赖农耕，一打开窗户就是乡村景象。

1452年一个春天的夜晚，列奥纳多·迪·塞尔·皮耶罗·达·芬奇在这里出生了，但具体出生地是在镇里还是附近的乡村地区至今仍不清楚。达·芬奇家族是一个颇受人们尊重并且与佛罗伦萨在工作上往来甚密的本地家族。他们在镇上确实有一栋宅邸。1451年的卡塔斯托（catasto），即土地登记簿里是这样描述的:"位于芬奇镇乡村的一所房子。"[1] 换言之,他们在镇上的房子就在城堡围墙外——芬奇镇的第一个中世纪郊区,可能就在稍有些坡度、现在名为罗马大街的较高一侧。房子带一个小花园,面积约有3古亩;他们的邻居是铁匠朱斯托·迪·彼得罗和教区神父皮耶罗·迪·巴尔托洛梅奥·切奇(Piero di Bartolomeo Cecci)。尽管列奥纳多很有可能出生于此地,但人们的猜想和传统观点都坚持否定这种说法。有种说法是,像达·芬奇这样的私生子,应更为谨慎地安排在家族的一处乡间房产出生。而传统观点则认为,他出生于芬奇镇以北2英里处的安奇诺村,在一栋至今仍能看见的小石屋里。

有关列奥纳多出生在这个石屋的传统观点产生了多久我们已无从知晓,人们比较能确定的是,这种说法流行于19世纪中叶。1845年,埃马努埃莱·雷佩蒂(Emanuele Repetti)首次提出这一说法,他指出安奇诺村的石屋"被普遍认为"是列奥纳多的出生地,并强调了石屋的质朴与典型性:

芬奇镇风景。

它是一所在托斯卡纳随处可见的佃户农舍。[2] 19世纪下半叶，研究列奥纳多的杰出学者古斯塔沃·乌齐耶利（Gustavo Uzielli）认同了这种观点，尽管他也指出，这并非"铁证如山"。

这座石屋是单层住宅，用当地产的黄灰石材建成。主楼有三个房间，赤陶地面，栗木梁，还有一个大型石壁炉；在主楼的右拐角处有一座较小的建筑，其尽头有个面包烤炉。这两栋建筑符合旧文献对石屋的描述：一栋主楼供房子主人使用，一栋工人楼供在地里耕作的租客佃户使用，佃户再以生产油、谷物、酒、水果、奶酪、蜂蜜和木材等形式缴纳租金。L形结构组成了院子的两侧，庭院的另外两侧可通往山谷，不过现在这个区域已被市政绿化和铺路破坏了原样。总的来说，目前石屋外部似乎有些过度修缮，我们或许能从一张拍摄于1900年左右的模糊老照片中了解到更多的相关信息：它反映了石屋破败不堪、平淡无奇的样子，几扇粗制的小窗户嵌在外墙里，一群穿长裙的女人正围站在采收完的葡萄堆旁。

安奇诺村的石屋，摄于1900年左右。

在雷佩蒂和乌齐耶利以后，大量有关这所房子的档案研究相继问世，最早的文献可追溯到15世纪初。尽管传统观点认为这房子与列奥纳多有关有一定的历史根据，但最后把这里认定为他的出生地，则是出于信念支撑。石屋的确属于达·芬奇家族——家族徽章是一头长翅膀的狮子，被雕刻在外墙上——但难以忽视的事实是，列奥纳多1452年出生时，这里还不属于他们，它是列奥纳多的父亲塞尔·皮耶罗·达·芬奇约30年以后才购置的。达·芬奇家族一直拥有这套房产，直到1624年列奥纳多同父异母的弟弟古列尔莫的一位后人将它卖给一所佛罗伦萨女子修道院。列奥纳多出生时，房子归公证人塞尔·托米·迪·马尔科所有。据描述，这栋房子在当时是一间橄榄油磨坊。（据乌齐耶利于19世纪末的记载，当时人们仍能看见一块老磨石放在房子边上。）公证人塞尔·托米和达·芬奇家族稍有关联：一方面他们是同行——达·芬奇家族也是公证人家族；另一个异乎寻常的关联是，塞尔·托米于1449年10月18日让人起草了一份合同，把自己的一部分房产转让给了另外两个人，而撰写及作为证人签署这份合同的人，正是列奥纳多的祖父安东尼奥·达·芬奇。一些与该合同相关的笔记显示，安东尼奥应邀起草合同时，正待在安奇诺村一座"农夫的房子"中：当时他正在玩西洋双陆棋。[3]

关于安东尼奥·达·芬奇的休闲爱好，这则故事是有趣的，但他与石屋的这点偶然联系，并不能作为他孙子在此出生的证据。这的确像是达·芬奇家族在乡下会拥有的房产，它为列奥纳多的成长勾勒出一幅重要的图景：地处农村，贴近土地，淳朴但绝不简陋。这也满足了我们追求确凿证据的欲望：一定要给他的出生地定位在一座确切的房子上。

尽管出生地难以确定，他的出生日期乃至时辰却是确定的。这件事被上文所说的当时已年近八旬的祖父安东尼奥精准地记录在由他的祖父传下来的旧笔记本封底上。在那里，他已经记下了他4个孩子的诞辰和洗礼，在底端仅剩的空间里，他记录了新一代家族成员的诞生——"1452年，4月15日，周六，晚上第3个小时，我的孙子出生了，他是我儿子塞尔·皮耶罗的儿子。他名叫列奥纳多。"[4]当时时间从黄昏时分开始估算（或更确切地说从圣母教堂颂晚祷的钟声响起时），晚上第3个小时是晚上10点半左右。

安东尼奥接着写道，婴儿由他家在镇上的邻居，教区神父皮耶罗·迪·巴尔托洛梅奥施洗。这一点大概意味着洗礼在芬奇镇的圣十字教区教堂举行，那里粗糙的石质洗礼盆从列奥纳多的时代开始就一直在使用了。按照习俗，孩子出生后的第二天接受洗礼，列奥纳多的洗礼是在4月16日，周日，也就是1452年复活节过后的第一个周日——卸白衣主日举行。洗礼仪式要在芬奇镇浸礼注册处登记，但现存最早的注册处记录已到了16世纪50年代。[5]超过10位教父母出席了这次洗礼仪式，人数相当可观（相比之下，出席列奥纳多父亲皮耶罗的洗礼仪式的教父母只有6位，而16世纪芬奇镇出席洗礼仪式的教父母的平均人数只有2到4位）。在列奥纳多的这些教父母中，有两位是达·芬奇家族在镇上的近邻：南尼·班蒂和南尼·迪·文佐的女儿玛利亚。出席洗礼的还有阿里戈·迪·乔瓦尼·泰德斯科，他在德意志出生，是里多尔菲家族的管家，这个家族是拥有芬奇镇周边土地的权贵。还有某个叫蒙娜丽莎·迪·多米尼克·布列塔尼的人，她的名字提醒我们，与列奥纳多最为著名的油画联系在一起的那个名字很常见。"蒙娜"仅仅意为"女主人"或"太太"，它是"夫人"（Madonna）这一尊称的缩写，但与其英文同义词相比，又少了些许贵族气质。如果列奥纳多真的像相信安奇诺村传闻的人认为的那样出生在穷乡僻壤，这场洗礼仪式未免显得过于热闹：他们可能举行了祝宴（使用了大量达·芬奇家族葡萄园所酿造的红酒）之类的"庆典"来为洗礼增色。尽管列奥纳多是私生子，镇上居民和家族成员都欢迎他的到来，在安东尼奥的字里行间，以及仪式记录中，都没有嫌恶之意。

这份关于列奥纳多出生和洗礼的珍贵记录，是德国学者埃米尔·穆勒（Emil Möller）博士在20世纪30年代从佛罗伦萨档案馆中发现的。（实际上，穆勒在信中宣告这个发现时还附笔："元首万岁！领袖万岁！"虽然，这可能会导致我们对他爱不起来，却不会改变他这个发现的价值。）列奥纳多是难以捉摸的人物，与他相关的历史记录也让人琢磨不透：文献证据模棱两可，事实扑朔迷离。我们应该感谢他年近八旬的祖父用坚定而清晰的笔触如实地记下了这件事，也感激他将列奥纳多的出生时间永恒而切实地定格在芬奇镇春日的景色中。无花果树在萌芽，梯田飘散着野生金盏花的香气，绿荫之处的第一束橄榄花正在绽放，朵朵小黄花预言着丰收将至。

达·芬奇家族

达·芬奇家族在当地家大势大，他们虽不是贵族人家，称不上富有，也不见得声名显赫，但拥有良好的地位和声望。他们过着15世纪那种令人羡慕的庄园主双重生活：在城里经商，于乡间务农。他们勤劳地经营着自家的葡萄园和果林，同时竭力培养在佛罗伦萨的人际关系，缔结有利的婚姻，使收益化为地产。我们无意将他们的生活方式浪漫化——毫无疑问，他们也会遇到不顺和困难，但他们似乎也都适应了，而且家族中还有几人十分长寿。

这个家族是公证人之家，这个职业随着13世纪繁荣的商贸发展而兴起。正是公证人来起草合同，为交易做证，保管和拒付汇票；他们还是记录的制造者和保管员，并且他们的工作渐渐衍生出其他职能——代理人、会计、投资经纪人——这些都推动了商业之轮运转。在佛罗伦萨，公证人行会是当时7所主要行会中最有威望的。最早有历史记载的达·芬奇家族成员是塞尔·米凯莱，他是一名公证人，他的儿子塞尔·奎多也继承了他的衣钵。（"塞尔"这个尊称，大致等同于英文中"先生"一词，一般用于称呼公证人和律师。）1339年的一次公证活动就记载有塞尔·圭多，这是这个家族第一次被记录在历史档案上的时间。安东尼奥·达·芬奇就曾用塞尔·圭多的旧"公证笔记本"来记录家族成员的生辰，其中包括奎多的玄孙列奥纳多·达·芬奇。家族最著名的公证人是奎多的儿子塞尔·皮耶罗（我应该称他为老塞尔·皮耶罗，以便和列奥纳多的父亲区分开来），他是个满怀抱负的人，活跃于14世纪晚期的佛罗伦萨，那是美第奇家族崛起前的最后几年。1361年，在被授予公证人身份后的第二年，他成为佛罗伦萨驻萨索费拉托宫廷的使者，随后他又被任命为佛罗伦萨共和国执政部门的公证人。他的兄弟乔瓦尼也是一名公证人，不过他似乎在1406年死于西班牙：这是一名出门远游的达·芬奇家族成员，这有一些反常。[6]

对14世纪的达·芬奇家族来说，佛罗伦萨是他们平日的家，是他们赖以生存的政治、经济首都，而芬奇镇是他们祖先的家，那里有继承下来的遗产，也是他们躲避城市夏日酷暑的地方。芬奇镇并不总是块宝地，它紧挨着佛罗伦萨的西部边境线，时常遭到佛罗伦萨的敌人袭击。14世纪20年代，卢卡的铁腕人物卡斯特鲁乔·卡斯特拉卡尼，又称"阉狗人"，就曾在芬奇镇城墙下扎营超过6年。随后出生于英格兰艾塞克斯郡的雇佣兵首领约翰·霍克伍德爵士也盯上了这座小镇，他的准军事部队"白色军团"在乡间引发莫大恐慌，这发生在1364年。霍克伍德——他的意大利名叫乔瓦尼·德·阿库托，因此又称约翰·夏普（"阿库托"有敏锐之意，即英文中的sharp）——当时受雇于比萨，几年后他却成为佛罗伦萨忠诚的指挥官。在一幅由乌切洛绘制的挂在城中大教堂里的壁画肖像中，他骑着白色的军马；列奥纳多肯定知道这幅画。有人认为，乔叟的《坎特伯雷故事集》中骑士的原型就是霍克伍德——那"忠贞、完美又温雅"的骑士是这个无情残忍、见利忘义的雇佣兵的一幅极具讽刺意味的肖像画。乔叟于14世纪70年代早期在佛罗伦萨出任外交使节，老塞尔·皮耶罗正好在这段时间涉足政坛，所以他很有可能曾见过这两位令人敬畏的英格兰人。乔叟在《教士讲的故事》中写道，"小心这些陪审员和公证人"，这提醒了我们，公证人这一职业并非总是那么"公正"。[7]

老塞尔·皮耶罗的儿子——看上去是他唯一的儿子——和他截然两样。这就是列奥纳多的祖父，我们已经对他略知一二的安东尼奥：他在安奇诺玩西洋双陆棋；一丝不苟地记录着家族成员的诞辰与洗礼。他1372年左右出生，很有可能曾当过他父亲的学徒，但他没有成为公证人。我们了解到，他一直在芬奇镇生活，选择了一种所谓文艺复兴早期乡绅的生活方式。

1427年，正是安东尼奥生活的时代，佛罗伦萨颁布了第一部卡塔斯托，这是一套新的土地登记和征税系统，它适用于共和国内全部土地所有者。这套系统要求土地所有者申报他们土地的年产量，并会依此征收1.5%的税款，人们还须上报家庭成员的人数，每人能获得200弗洛林津贴。这些可减税的家属被简称为"嘴巴"。卡塔斯托衍生出的纳税申报单，现在被佛罗伦萨国家档案馆归类成一系列气味刺鼻的档案包，它们是15世纪托斯卡纳地区的境内土地调查清册，使达·芬奇家族——还有成千上万的富翁和贫民——成为历史焦点浮出水面。在1427年第一部卡塔斯托的纳税申报单中，安东尼奥大约55岁，已经结婚并育有一名幼子。[8]他的妻子露西娅比他年轻20岁，是另一位公证人的女儿。她的老家离芬奇镇不远，位于阿尔巴诺山东侧的托伊亚迪巴凯莱托；这一家人还生产陶器，专门制作锡釉彩陶，拥有较广的客户群。安东尼奥的孩子——一个14个月大的男孩——和他的祖父、外祖父同名，叫皮耶罗。这就是列奥纳多的父亲，他出生于1426年4月19日。次年露西娅又诞下一子，名叫朱利亚诺，但他并没有出现在相关的纳税申报单中，所以他应该夭折了。丧子之痛在1432年有所弥补，他们的女儿维奥兰特出生了。

那个时候安东尼奥在芬奇镇附近的克斯特莱西亚拥有一座农庄，还有其他一些乡村产业：他们每年的收获大约有50蒲式耳小麦、5蒲式耳黍、26桶葡萄酒和2罐油。他在芬奇镇还拥有两块建筑用地，城墙内外各有一块。1427年，这一家人实际上没有住在他们家任何一处房产中，而是搬到一间"乡下的小房子"里，房子主人欠了安东尼奥的债。这是个双方都方便的安排：欠款以提供无偿住所的方式偿还，而且安东尼奥也可宣称自己"没有房子"。这没什么好惊讶的，在这些早期意大利纳税申报单上，

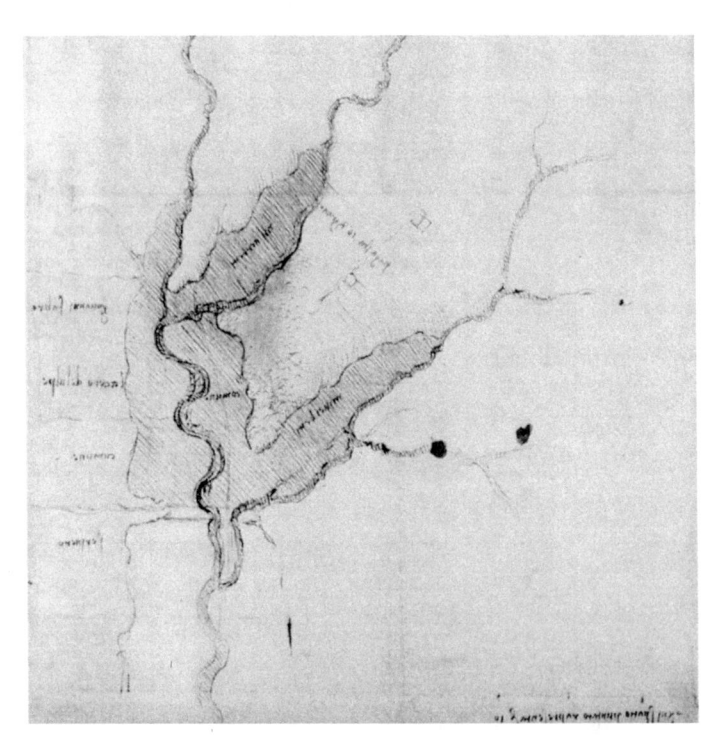

列奥纳多绘制的地图草稿，展示了芬奇镇附近的一处家族房产。

人们为了避税，往往夸大自己的贫穷程度。6年后，1433年的卡塔斯托记录了安东尼奥和他的家人住在芬奇镇的一个"带一个小花园的小房子"里。[9]这些小宅小院，再一次让纳税人钻了空子。

安东尼奥是个很有魅力的人，也是个重要的人，因为在列奥纳多大部分的童年时光中，他是一家之主。我们从字迹中就能看出，他是有文化的人——他选择了乡绅生活，放弃了佛罗伦萨高压但是高薪的工作。他听起来和他年轻一些的同辈——佛罗伦萨律师贝尔纳多·马基雅维利，那位知名作家的父亲——相似，拒绝了商业竞争，选择了更为安静愉悦的乡村生活。贝尔纳多是个博学的人：据说他将李维的《建城以来史》副本拿到书籍装订商那里，并且以他葡萄园产出的"三瓶红酒和一瓶醋"作为押金。[10]他过着典型托斯卡纳知识分子阶层——受过教育且爱书的乡下人——的生活，而安东尼奥·达·芬奇或许也是如此。这些人选择拥抱某种艰辛的生活，或者被认为是这样做的。当尼科洛·马基雅维利聊起自己的童年时，他以一贯尖酸的口气说："在我学会享受之前，我先学会了无欲无求。"[11]列奥纳多也十分珍视俭朴和简单的生活方式，这是他小时候在农村的生活留下的烙印。

家族的钟摆再度摆了回来，安东尼奥的第一个儿子皮耶罗饶有兴趣地踏进了"陪审员和公证人"的世界。这位生机勃勃的小塞尔·皮耶罗像是他同名祖父的转世，同样也在佛罗伦萨金融圈声名鹊起。他于1446年离开芬奇镇：那一年安东尼奥的卡塔斯托没有记录他和他的家人。他可能在次年，按照惯例在21岁时取得公证人的身份；他手中最早的法律文件日期为1448年。几年后，他在皮斯托亚做事，可能和他已婚并定居于此的妹妹住在一起。他也出现在比萨，但很快他就踏上了前往佛罗伦萨的老路，并且在那里开始经营自己的事业。他的公证人徽章——一种商标，和印刷商的标记没什么不同——可以在一份1458年11月的合同上看到：一个呈云状的手绘图案，中间有个字母"P"，还有一些部分像剑部分像非写实风格的树的花纹从"云"中钻出。[12]这份合同涉及鲁切拉伊家族，该家族是佛罗伦萨的商贾巨头，列奥纳多日后和他们也有一些交易。

人们会认为皮耶罗是一个典型的达·芬奇家族的人——野心勃勃，温文尔雅，不太热心——而安东尼奥最小的儿子，出生于1436年的弗朗切斯科则更多地继承了家族中乐于沉思、热爱乡村的一面。和父亲一样，弗朗切斯科没有当公证人的野心：他在商圈仅有的作为是在养蚕业上做了一些投机。另外，和父亲一样，他似乎一辈子住在芬奇镇，照料着家族的农田和葡萄园。在1498年的纳税申报单上，他简单地写道："我在乡下生活，没有工作。"[13] 列奥纳多出生的时候弗朗切斯科只有15岁，这位叔叔很年轻，在列奥纳多早年生活中是相当重要的人物。在第一版《艺苑名人传》中，瓦萨里甚至错误地将塞尔·皮耶罗·达·芬奇描述成列奥纳多的叔叔，这个奇怪的错误（在后来的版本中被修正）可能正好反映了列奥纳多与叔叔比与爸爸更亲的传闻。[14] 皮耶罗或许是一个心不在焉的父亲，终日忙于工作，也不关心孩子。我们可以确定的是，皮耶罗在遗嘱中没有为列奥纳多留下任何遗产：他那时有好几个合法的婚生孩子。但什么都没留给列奥纳多，这很能说明问题。相比之下，弗朗切斯科叔叔终生膝下无子，他把他的整个庄园都留给了列奥纳多——这份遗产，皮耶罗的合法子女曾拼命争夺过。

以上就是列奥纳多出生的家庭，由一群复杂的普通人组成，他们有着特殊的秉性，虽然这些秉性大部分已经不复再现，但也更鲜明地表达出文艺复兴时期社会身份所具有的双重面向——城邦与乡间庄园、城市与田园、行动与沉思。当时的许多作家甚至画家都论及了二者相对的优点，至少从罗马诗人贺拉斯的时代开始，他们就在这么做。我们不难从列奥纳多的生活和工作中看出这种双重性，他大部分的成年时光在城市中度过，但并不全然因为工作需要；然而他对农村的无限的爱，无论是它的形貌还是氛围，始终贯穿在他的写作和绘画之中。

达·芬奇的家族状况在某种程度上是非常清楚的。我们了解了列奥纳多家族传承的轮廓，也理解了他出生时的社会、文化、经济、物质甚至心理大环境。当然，这也只是故事的一半。而另一半，关于他的妈妈和她的祖上，我们几乎一无所知。在列奥纳多成长的故事里，她仿佛是一块被阴影深深笼罩的区域，然而，就像看他的画时，我们的眼睛被黑暗区域中闪烁的光芒吸引，好像它们将要向我们透露些秘密似的。

卡泰丽娜

> 胎儿在充满羊水的子宫里，心脏不会跳动，肺部也没有呼吸，因为一呼吸它就会立刻淹死。但是母亲的呼吸，还有她跳动的心脏，都在孕育着胎儿的生命。
>
> ——《巴黎手稿 C》, fol. 11r

春天来到了芬奇镇，一名年轻女子准备生下她的第一个孩子。在 1452 年初这个时间点上，我们对列奥纳多的妈妈了解不多，只知道她叫卡泰丽娜，大约 25 岁。她怀上了塞尔·皮耶罗·达·芬奇的孩子，但他不会也不能娶她。

卡泰丽娜一般被描述成乡村少女或者女仆。还有一种说法是，她是位于芬奇镇西南部的切雷托圭迪地区一位樵夫的女儿，那时那块土地还是一片橡树林。这些都仅是猜测，后一种说法尽管不古老，但尤为添油加醋。几乎所有的猜想都基于一点展开，即卡泰丽娜是个来自社会底层的贫穷女孩，这也是皮耶罗不能和她结婚的原因。这猜想也许是对的，但这不是皮耶罗拒绝她的唯一理由，另一个更有说服力的原因是，他那时已经订婚了。1452 年，列奥纳多出生最多 8 个月后，皮耶罗与阿尔比拉结婚，这位新娘是佛罗伦萨一名富有的公证人的女儿，当时年仅 16 岁。似乎塞尔·皮耶罗早有预谋，意图从这场婚姻中谋得经济继承权。在达·芬奇这种公证人家族看来，拒绝已经怀有身孕的卡泰丽娜可能既是一个有关婚约的问题，也是一个有关阶层的问题。我们曾试图在早期的土地登记簿中寻找她和她的家人在芬奇镇上的行踪，但没有找到吻合条件的信息（通过一份很久之后的文件我们最终得知，她大概出生于 1427 年）。她的资料在芬奇镇的土地登记簿上明显是空白的，这大概从侧面证实了她出身卑微，虽然这也可能只是因为她是从别处搬来这里的。

卡泰丽娜是个贫困的年轻女子，她既没有土地，也没有社会地位，这种说法当然是可能的。然而，奇怪的是，在唯一的列奥纳多早期传记中，对她的描述却在某种程度上截然相反，"列奥纳多继承了母亲的高贵血统"，这段文字是"佚名作者"在1540年前后写下的——一个不错的资料来源，虽然不一定可靠。他也是最早称列奥纳多是私生子的传记作者。[15]其他的早期资料来源，像比利、焦维奥、瓦萨里等人，都没提到这一点（比如瓦萨里，他一定读过"佚名作者"的这份手稿，但他刻意对此只字不提）。"佚名作者"说卡泰丽娜有"高贵血统"，可能是正确的，但同样也可理解成，这是他为了弥补曝光列奥纳多是私生子所加的补充文字。

无论她的出身如何，可以确定的是，列奥纳多因激情而生，是爱情的结晶。但这种激情是稍纵即逝的肉欲，还是皮耶罗"真的爱过"卡泰丽娜却不得不和别人结婚，我们无法判断。在一张1507年绘制的解剖图纸上，列奥纳多写道："如果男人在性交时，具有攻击性且内心不安，他将生出暴躁易怒、不可信赖的孩子。如果性交时双方充满爱欲，那么生出来的孩子会非常有才、聪明、活泼又讨人喜欢。"[16]这种说法由来已久——莎士比亚《李尔王》中的私生子埃德蒙也说过类似的话——但是或许列奥纳多认为这和他自己的受孕有特别的关联。如果是这样，那些无爱而生、暴躁易怒的小孩，可能指的是其父亲婚生、比他年龄小很多的同父异母的弟弟们。因为他在写下这段话时，正和他们展开一场激烈的诉讼案。

大概在列奥纳多出生一年后，也可能再稍早一些，卡泰丽娜与当地一名男子结婚了——或者说"嫁出去了"。他叫阿卡塔布里加，这是个绰号，字面意思是"乞求（accatta）吵架（briga）的人"，也就是"惹是生非者"或者"淘气包"。[17]这可能是在描述他的个性，也可能表示他当过兵，就像他的哥哥做过的，还有他的儿子将会做的。阿卡塔布里加是一个常见的雇佣兵绰号——当时人们也这么称呼佛罗伦萨的著名将领雅科博·达·卡斯泰尔弗兰科。所以在此背景下，这个绰号大体上就是"硬汉"的意思。

第一个提到阿卡塔布里加是卡泰丽娜丈夫的人正是那位给我们提供

了很多信息的安东尼奥·达·芬奇。在1457年的纳税申报单中，安东尼奥将5岁的列奥纳多列为他的受抚养者，并这样描述他："列奥纳多，塞尔·皮耶罗和现为阿卡塔布里加妻子的卡泰丽娜的私生子。"[18] 她丈夫的全名是安东尼奥·迪·皮耶罗·布蒂·德尔·瓦卡，和卡泰丽娜结婚时大概24岁——比她还年轻几岁——他是炼炉工、石灰匠，工作是将当地的石头制成石灰，以便制作砂浆、陶器和肥料。他的石灰窑在莫卡塔利，位于芬奇镇以南几英里外的恩波利路上，这石灰窑是他从佛罗伦萨圣皮尔·马蒂尔修道院的修士那里租来的。修道院的记录显示，他1449年起租，至1453年结束，这一年可能是他结婚的年份。到了1469年，塞尔·皮耶罗·达·芬奇很可能以阿卡塔布里加的名义租下这里。如今的莫卡塔利还有个小型工业园，但已经破败不堪。

阿卡塔布里加所属的布蒂家族，祖辈几代都在坎波泽比的土地上工作，这块土地位于芬奇镇以西不远的芬奇河附近的一处低矮的高地上，受圣潘塔莱奥尼教区管辖。他们拥有一块自己的土地，因此比佃户的生活优越一些，但也仅够他们维持生活。我们可以从土地登记簿上看到，该家族的经济实力在15世纪呈下滑趋势。卡泰丽娜和她的丈夫就生活在这里，可能带着达·芬奇家给她的嫁妆，一直生活了几十年。尚是婴儿的列奥纳多可能被她带来了这里，虽然这样符合情理，但我们不能确定。在1457年的土地登记簿中，他被列为达·芬奇家族的成员之一，但其中可能有金钱的因素——他值200弗洛林，可作为免于缴税的"嘴巴"——所以这可能无法反映真实的情况。贝克莱主教曾说，可能性是生活中伟大的向导，尽管这对传记作家而言并不总是一则好的座右铭。但是，我认为可能性相当有力地告诉我们，列奥纳多的早年时光是在坎波泽比度过的，得到了亲生母亲的照料，这个沿着山脊顶部建起的小村庄和芬奇镇本身，或者更为传统却更为靠不住的说法中的安奇诺村一样，都有可能是他幼年生活的场景。塞尔·皮耶罗和他的新婚妻子在佛罗伦萨生活，后者就是那个公证人的女儿阿尔比拉·迪·乔瓦尼·阿马多里，她是列奥纳多在城里的继母，而阿卡塔布里加是他乡下的继父。他孩提时代的感情关系已经相当复杂。

1454年左右，列奥纳多两岁那年，卡泰丽娜诞下一女，洗礼时取名为"皮耶拉",引起了某些人不必要的激动,这难道是为了纪念塞尔·皮耶罗?可能并不是这样,女孩的名字是按照传统,以阿卡塔布里加的妈妈的名字命名的,后者在缴税记录中被称为"皮耶拉女士"。[19] 1457年,第二个女儿玛利亚出生。1459年10月15日的土地登记簿简单地记录了这个家庭:阿卡塔布里加和他的妻子"卡泰丽娜女士"、5岁的皮耶拉和2岁的玛利亚。他们与阿卡塔布里加的父亲皮耶罗、继母安东尼娅、哥哥雅科博、嫂子菲奥里和侄女侄子莉莎、西蒙娜、小婴儿米歇尔一起生活在坎波泽比。他们的房子值10弗洛林,土地值60弗洛林。他们的土地半耕种半荒废,每年收成5蒲式耳小麦,他们的葡萄园每年产4桶葡萄酒。这些数据说明,他们的经济水平比达·芬奇家族差很多。

接下来还有3个孩子很快相继出生:莉莎贝特、弗朗切斯科和桑德拉。至1463年桑德拉出生时,卡泰丽娜已经在11年内生了6个孩子,5个婚生的小孩无疑都在坎波泽比的河对岸的圣潘塔莱奥尼教区小教堂受洗。如今它已经被废弃了,无人使用,只有鸽子会在柱廊屋顶逗留,跳来跳去。卡泰丽娜唯一的婚生儿子弗朗切斯科在1461年出生,却没能再繁衍后代,他后来入伍,大约30岁时,在比萨被军用石弩击中而亡。[20]

在1470年夏末的一天,阿卡塔布里加或许印证了他的绰号。那天他正在一片沼泽地间的马萨皮斯卡托亚休憩享乐,这片沼泽地位于阿尔巴诺山和西边的比萨丘陵之间。这天是一个宗教节日——9月8日,圣母玛利亚的生日——可是村里的庆祝活动被一场斗殴破坏了,而阿卡塔布里加在两周后的法庭质询中,作为目击证人之一被传唤。那天他的同伴是乔瓦尼·甘加兰迪,安奇诺村的一间橄榄油磨坊的所有者,或是那里的工人。我们再次发现,芬奇镇的世界真的很小。

卡泰丽娜和安东尼奥·布蒂,即阿卡塔布里加的婚姻从一开始就是权宜之计——为达·芬奇家族提供便利,因为卡泰丽娜的存在使他们在社会上颇为难堪。对于失身、被抛弃的卡泰丽娜,她更加迫切需要这场婚姻来帮她摆脱可能将会一贫如洗的境地。阿卡塔布里加可能为了钱才娶她,或者是为了能和达·芬奇家族这种本地"豪门"攀上关系,被虚荣诱惑。阿卡塔布里加后来一直为达·芬奇家族做小生意,1472年,他在芬奇镇为皮耶罗和弗朗切斯科签署地契做证，后来他又在佛罗伦萨见证了由塞尔·皮耶罗公证的一桩遗嘱案。反过来，弗朗切斯科·达·芬奇在1480年8月也给阿卡塔布里加做了一次公证人。当时阿卡塔布里加出售一小块与圣潘塔莱奥尼教堂毗邻的名为卡法乔的空地。购买土地的是里多尔菲家族，他们在那几年收购了不少布蒂家族的土地。如果这场婚姻最初是为了给达·芬奇家族提供便利，解决他们的问题，那么这场婚姻至少维持了很长一段时间，且收效甚好。在1487年的土地登记簿中，我们发现阿卡塔布里加仍和卡泰丽娜生活在一起，依旧和他们5个孩子中的4个住在一起（玛利亚或是嫁到别的地方，或是过世了）。根据记载，"卡泰丽娜女士"当时60岁，这是唯一涉及她出生日期的文献。阿卡塔布里加和他的哥哥平分了坎波泽比的房子，他们每人分得价值6弗洛林的半间屋子，以及5古亩的土地。

我们对列奥纳多的继父阿卡塔布里加了解得很少，他在达·芬奇幼年时只是模糊的存在——可能比他的亲生父亲和祖父更模糊。我们能了解到的只有乡村生活的穷困、手工劳作的辛苦和粗野的暴力——如果这个私生子不竭力逃离这一切的话，这就是等待着他的环境。

1490年左右，60岁出头的阿卡塔布里加去世。他过世后，卡泰丽娜展开她人生最后一次冒险，但这是后话了。

"我最早的记忆……"

显然，列奥纳多最早的记忆，不是关于他的母亲或父亲的，也不是关于其他人的，而是关于一只鸟的。数十年后，在列奥纳多50岁出头时，他写了一些关于鸟类飞行——他著名的永恒主题——的笔记，他尤为专注于叉尾红鸢的飞行方式。不知什么触发了他的回忆，在一页纸的上方，他写下一段简短的话：

那么刻意地书写鸢仿佛是我的宿命，因为我童年时代最早的记忆就是它。当时我在摇篮里,似乎有只鸢朝我飞来,用它的尾巴打开我的嘴,并且在我的双唇之间扑打了好几次。[21]

长期以来,人们一直在争论这个奇怪的小插曲到底是一段记忆——列奥纳多称它为回忆(ricordazione)——还是一个幻想。如果这是幻想,还将引发进一步的讨论——至少在达·芬奇研究的精神病学方面——看它属于他生命中的哪一个阶段。这是否真的源于童年,是早年的一场梦(或噩梦),这场梦是如此生动,以至于现在它似乎是一段真实的记忆?又或是他成年后的一个幻想,被投射回了他的童年时代,而这个幻想实际上与写下这段短文时的列奥纳多——1505年前后,此时列奥纳多已到中年——而非在摇篮中的婴儿列奥纳多更为相关?

鸢在芬奇镇上空展翅飞翔是一道常见的风景,它们顺着阿尔巴诺山脉的上升气流一飞冲天。如今,如果运气好的话,你仍能看到一只。它们绝不会被错认——长长的分叉的尾巴,宽大而优雅的弧形翼展,翼梢和尾羽处柔和而强烈的赤褐色在天空的映射下闪闪发光。由于它们独特的外形和盘旋方式,"鸢"在英语中的意思是"风筝",尽管在意大利它被称为鹰。鸢是最能适应人类社会的猛禽,它们是食腐动物,追随人类的营地生存,莎士比亚的文字中有它们曾出现在伊丽莎白时代的伦敦的证据。而如今,几乎在所有第三世界国家的城镇和乡村,人们都可以看见它们的身影。驻扎在印度的英军称它们为"该死的鹰"(shite hawks)。英国驯鹰师杰迈玛·帕里·琼斯说,鸢会"利用一切合适的时机,寻找容易捕食的目标",而且它们"以俯冲下来偷走盘子里的食物的习惯而闻名"。[22] 正如最后这句评论所表明的,列奥纳多的这段回忆,很可能源于真实的体验。一只饥肠辘辘的鸢,正搜寻着食物,俯冲下来,吓坏了摇篮中的婴儿。然而,列奥纳多回忆中奇怪且难忘的部分,是那只鸟把尾巴塞进他的嘴里,又扑打撞击(列奥纳多使用的是一个古老的写法,"percuotesse",是"撞击"一词的词源)了他的嘴唇,这实际上不太可能发生,因此大概有幻想的成分,是对记忆的无意识加工。

列奥纳多自己的用词,也支持了这是幻想的观点。虽然他说这件事是一段记忆,但这段记忆具有一种儿时朦胧记忆的模糊性,这种模糊性使人怀疑这是杜撰的故事,而非真实回忆。在最早的回忆中,他记得有一只鸢"似乎"朝他俯冲下来,他的语气有些迟疑,他在回想一些在脑海中生动有力但在理智上说不清楚的东西。他认为这件事发生了,但也可能没有发生。在之前的句子中,他已经使用了"仿佛"一词:研究鸢"仿佛是我的宿命"。"宿命"一词也很有趣,因为在这种语境下,它可能指的是我们所谓的一种强迫症或固恋。他表达的是,有些东西在驱使他一次又一次想起这只鸟,不断地"刻意"书写它。"宿命"一词说明这不是个人意志而是某种隐藏因素在起作用。

从某种意义上说,列奥纳多关于鸢的回忆,与他1505年前后重新燃起的对人类飞行的兴趣密切相关。现藏于都灵的《论鸟类飞行》小手抄本就是在那时创作的。手抄本包括一段著名的声明:"这只大鸟将在大切切罗山(Great Cecero)的山脊首次飞行,让全世界为之惊艳,让所有的编年史都将写满它的名声,并为它出生的巢带来永恒的荣耀。"[23] 一般理解这段话的意思是,列奥纳多当时正在计划驾驶一台飞行器,在佛罗伦萨北部菲耶索莱附近的切切罗山顶试飞。我们可以从同一页上的潦草笔记得知,1505年3月,他就在菲耶索莱附近。[24] 因此,那时的他正全身心投入探

《都灵古抄本》中的飞鸟速写,约1505年。

索人类飞行的可能性中,鸢的记忆涌入他的大脑,使他的思考融入了个人的记忆。当他还在摇篮里时,有一只鸢朝他飞下来,揭示了他的"宿命"。

第一次对列奥纳多的"鸢之幻想"展开心理学研究的是弗洛伊德，他在 1910 年出版了《列奥纳多·达·芬奇的童年记忆》。在书中，弗洛伊德主要把这个故事当作梦来分析，其中有一系列被编码过的潜意识和回忆。他认为，解密的关键是列奥纳多婴儿时期和他母亲的关系，但是他在这一点上的一些说法是站不住脚的，因为他以秃鹫的象征性联想为基础来讨论列奥纳多与母亲的联系（他所读到的列奥纳多笔记是一份有错误的德语译文，把那只鸟误译成秃鹫）。[25] 如此看来，我们必须抛弃他那学识渊博的关于埃及秃鹫象征主义的观点，以及许多其他在本传记作者看来过于具体或精心设计的"弗洛伊德式"的研究。但弗洛伊德的基本观点，即这个梦或幻想，特别是它发生在摇篮里这一点，与他对母亲的感觉有关，这是一个有价值的精神分析见解。

弗洛伊德认为，鸢将尾巴塞进婴儿的嘴里，暗藏着列奥纳多对哺乳的记忆："这个幻想掩饰了他对吮吸母亲乳房，或者被哺乳的怀念。这是展现人性之美的场景，像许多其他艺术家一样，他试图用画笔描绘这种人性之美。"在此，弗洛伊德指的是在 15 世纪 80 年代末绘于米兰的《哺乳圣母》（Litta Madonna）。被哺乳是"我们生命中最初的快乐之源"，也给我们留下了"不可磨灭的烙印"。[26] 但是认为鸢尾代表母亲的乳头，只能让我们走到这一步，因为这个幻想呈现的不仅仅，甚至并不主要是婴儿时期的安全感，这只鸟的行为似乎有胁迫性和入侵性，同时伴有强而有力的冲击力，这种感受与安全感完全不同。我们或许可以认为，列奥纳多对母亲的感情本身就十分矛盾，他感受到她的抗拒和敌意，由此产生的恐惧以这种更为压抑的色彩表达出来。我们想到 1454 年，卡泰丽娜生下了第一个女儿，那时列奥纳多两岁，对这个年龄的孩子来说，他们很容易将新婴儿的降生视为灾难，因为她将夺走妈妈的爱。或者，我们可以按照弗洛伊德的思路分析，鸢那令人不安的尾巴象征着阴茎，意味着其父亲具有威胁性的竞争。

弗洛伊德把这些想法应用到了他所知的列奥纳多的成长经历中。虽然他所知的没有我们现在多，但是由于安东尼奥·达·芬奇的卡塔斯托在 1910 年前就已经出版，关于列奥纳多的童年生活的大致脉络已经足够清晰了。弗洛伊德认为，这个幻想"似乎告诉我们，列奥纳多早年最重要的时光，没有与父亲和继母在一起，而是与他那穷困、遭遗弃的生母在一起"。在这个关键的婴儿期，"某些印象变得固定，对外部世界的反应方式也已经确立了"，同时被确立的是，与亲生父亲的隔阂。塞尔·皮耶罗在家庭中缺席，不仅导致他被排除在母亲与孩子的亲密关系外，而且被认为有可能威胁这种亲密关系，他具有威胁性，是潜在的干扰。因此，有关鸢的幻想暗示了他年幼时母亲带来的舒适与父亲带来的威胁两者之间形成的紧张关系，也为日后的紧张关系埋下了伏笔："任何一个在孩提时代渴望母亲的人都无法逃避想要把自己放在父亲的位置上的渴望，也无法不在想象中认同他，并在以后的生活中把超越他当作自己的任务。"[27] 列奥纳多的父亲于1504年去世，和列奥纳多写下有关鸢的笔记的时间十分接近，这似乎说明了一些问题。一些弗洛伊德分析的批评家指出，这是在高度推测的历史上又加入高度推测的心理分析。他们所言极是，但这些推测有一种连贯性，关于列奥纳多的童年，我们所知甚少，而弗洛伊德博士的推测，我认为值得参考。

列奥纳多还写过另一段和鸢有关的文字，弗洛伊德显然并不知道这段文字，但这段文字也引出了同样的问题。列奥纳多引用了一则与妒忌有关的关于鸢的民间故事："有人在书上读到说，当鸢看到巢中雏鸟过于肥胖时，出于妒忌，它会啄它们的肋骨，并拒绝给它们喂食。"[28] 这段话摘自《动物寓言集》，这是一本有关动物的寓言故事集，这段话写在15世纪90年代他在米兰时的笔记本上，比"鸢之记忆"早了几年。这个故事呼应了13世纪的修士托马索·戈扎迪尼的流行杂文集《美德之花》（*Fiore di virtù*）中的片段——我们知道列奥纳多也有这本书。和前文的著名回忆相比，这段话与列奥纳多的个人关联并不紧密，但也颇为有趣。在此同样出现了鸢和婴儿的关系（在这里是鸢与它的雏鸟的关系），这段话的核心是父母关爱的消失，本应是一片舒适温馨的景象——鸢正在巢中哺育幼鸟——却变成充满敌意的图景，鸢用喙"啄"它的孩子，正如它用尾巴"撞击"婴儿。再一次，我们可以把这视为对母亲从哺育者变成破坏者的恐惧，或者是对父亲的恐惧，认为父亲是争夺母爱的对手。鸢又一次将我们引入童年的恐惧和紧张中。[29]

另一段肯定会引起弗洛伊德兴趣的文字，出现在列奥纳多的《预言集》（Profezie）中。书中充斥着各种谜语和文字游戏，以预言的方式幽默地呈现出来。这些预言令人着迷之处在于，在谜底外，还常有意想不到的弦外之音，例如："羽毛带人冲上云霄，就像羽毛让鸟儿在空中翱翔。"谜底是能写下振奋人心的文字的"羽毛笔"，但隐藏的答案似乎也可以是"人类飞行"。类似的例子还有"会飞的生物，会用它们的羽毛载人"，谜底是"羽毛床"。[30] 谜底是"做梦"的预言最迷人，它简直是对列奥纳多自己那些最为之困扰的梦境的描述：

> 人类，好像能看见天空中未知的破坏者，好像人们正飞向天空，然后他们惊慌失措地，从空中火焰倾泻之处逃离。他们会听到所有动物在用人类的语言说话。他们的身体不需要移动，就能轻松抵达世界各地。在黑暗中，他们能看见最壮丽的景色。噢，人类的奇迹，什么样的疯狂让你们这样？你可以和每一种动物交流，而它们也会用人类的语言和你交流。你看见自己从高处坠落，却没有受伤。激浪会将你冲过去，并将你融进它们的激流之中……

下一行的字因纸上的裂缝而变得难以辨认，只能看出"usera[i] car[…]n madre e sorell[…]"。卡洛·佩德雷蒂（Carlo Pedretti）①推测这句话是"Userai carnalmente con madre e sorelle"，意思是"你会和你的妈妈及姐妹做爱"。他将之与《动物寓言集》中的好色骆驼对比："他常与母亲做爱，而从不碰姐妹（Se usasse continuo con la madre e sorelle mai le tocca）……"[31] 因此，这些"飞向天空""与动物对话"的幻想，诡异地与和母亲乱伦的幻想纠缠在一起。我们再一次置身于弗洛伊德对"鸢之幻

---

① 卡洛·佩德雷蒂是一位意大利艺术史学者，专门研究达·芬奇的作品，特别是手稿和笔记。他创作了超过40本关于达·芬奇的经历和作品的专著，以及超过500篇的论文。佩德雷蒂于2018年初过世，享年90岁。——本书脚注均为译者添加

鸟婴儿：乌菲兹美术馆藏油画《丽达与天鹅》细节。

想"的分析所描绘的图景中。

这些潜在的心理学含义，在列奥纳多最神秘的画作之一《丽达与天鹅》(Leda and the Swan，彩图 30)中也可以看到。这幅画现在已经失传了，但我们可以通过列奥纳多早年画稿和他的学生及追随者的原尺寸临摹品还原部分原貌。已知的最早草稿大约在 1504 年至 1505 年创作，和有关鸢的笔记恰好是同一时期。画作主题来自古代神话，天神朱庇特爱上了斯巴达的公主丽达，他化身为天鹅，并使她怀孕。他们的结合生下了——严格来说，在画作中是"孵化出"两对双胞胎——卡斯特和波吕刻斯，以及海伦和克莱登妮丝特拉。这一切——鸟、母亲，以及半人半鸟的小孩奇怪地从画作前景的蛋中孵化出来——似乎又回到了"鸢之幻想"中。与幻想一样，画作清晰地和列奥纳多当时对飞行的关注联系在一起，比如 1505 年左右，列奥纳多计划在佛罗伦萨切切罗山试飞他设计的"大鸟"或"飞行器"，这座山的名字在意大利方言中即指"天鹅"。

藏于卢浮宫的另一幅画《圣母子与圣安妮》(Virgin and Child with St

奥斯卡·普菲斯特发现在卢浮宫版《圣母子与圣安妮》中藏着一只鸟。

Anne）也为鸢的故事增添了一个奇特的脚注。这是一幅晚期画作，1510年左右完成，但这幅画还有另一个版本——一幅完整尺寸的草图——绘于1501年左右，所以它也可以大概归在列奥纳多50岁出头完成的作品中。这幅画的主题显然和母亲有关，圣安妮是玛利亚的母亲，然而人们经常指出，列奥纳多笔下的她似乎和玛利亚年龄相仿。这似乎是列奥纳多童年复杂家庭关系的映射，卡泰丽娜、阿尔比拉和露西娅——他的母亲、继母和祖母。若不是一名弗洛伊德的追随者奥斯卡·普菲斯特的奇特发现，这件事也就到此为止了，但是他发现了一只"隐藏"的鸟，藏在圣母长袍的皱褶中。这一发现发生于1913年，普菲斯特沿袭弗洛伊德的错误，认为那只鸟是秃鹫，但这不是关键，关键在于，把这幅画横过来看，这只鸟便清晰可见，一旦指出这只鸟的存在，它肯定看起来就在那里，但这就像那些植入列奥纳多童年的记忆，它真的存在吗？普菲斯特描述道："蓝色的长袍围在画面前方的女人［玛利亚］的臀部，并朝她大腿和右膝的方向延展，我们在这里可清晰看见一只秃鹫，看到它极度有特色的头部、脖颈，还有它身体开始处急转弯的曲线。"他看到这只鸟的翅膀顺着长袍伸向玛利亚的足部。衣服的另一部分"向上展开，搭在她的肩膀和孩子身上"，普菲斯特在这里看到鸟"张开的尾羽"，

"辐射状的线条就像是羽毛的轮廓"。最奇特的部分在于,"同列奥纳多幻想出来的童年的梦一样",尾羽"伸向孩子的嘴巴,也就是列奥纳多自己的嘴巴"。[32]

普菲斯特称之为"画谜",关于它有三种可能的解释:其一,列奥纳多故意把鸟画在那儿;其二,他在思考母亲形象时,不自觉地投射了鸟的形象;其三,这只鸟只是线条与阴影偶然形成的,无非是对垂褶布的演绎,别无他意,展现了列奥纳多磨炼了30余年的精湛画技。最可靠的答案是最后一个,如果你想要的是可靠的答案。

通过这些方式,这份最早的记忆——一只鸟朝摇篮中的他"飞来"——多年来伴随着他,与拥有母爱和丧失母爱所产生的种种情感,以及人类依靠机械飞翔的雄心壮志交织在一起,仿佛他会因此再次遇见那个半是回忆半是想象的天上来客。

在磨坊

一出芬奇镇,沿着右手边的路朝北走,在去往皮斯托亚途中,有间名为多奇亚磨坊的大石屋,如今,它已是一所私人住宅,但在人们的记忆中,它曾是一间可使用的橄榄油磨坊。列奥纳多肯定知道这里,他给橄榄油磨坊画过一幅精确的速写,并附上文字"芬奇镇的多奇亚磨坊",估计是他在1504年或1505年回老家时画的。[33]这幅画与关于鸢的回忆属于同一个时期,所以似乎同样包含着怀旧元素,他站在磨坊里,沉浸在孩提时的所见所"闻"之中。

列奥纳多是乡村孩子,他在农场——无论是继父在坎波泽比的小块农田,还是祖父在芬奇镇周围不大的农庄——长大,他的早年时光沉浸在农业生产的世界中:犁地与开渠、种植和收获,还有果林、麦田、葡萄园和橄榄树林。相比葡萄酒,橄榄油更是托斯卡纳山村典型而标志性的农产品,除了用来烹饪,橄榄油还可用来做灯油、润滑油、药物或药膏等,有各种各样的实际用途。对芬奇镇和许多类似的村镇来说,采收橄

一幅描绘农人劳动的素描，绘于1506年至1508年左右。

榄是全村参与的大事，在如今的托斯卡纳农村，这项活动依然享有特殊地位。有一句古老的乡下顺口溜表明，橄榄在10月初成熟——"10月8日橄榄树挂满了油"——而实际上，采收会维持数周，从10月持续到12月初。沿河郁郁葱葱地生长着芦苇，人们用它的茎做成长棍，打下新鲜橄榄。列奥纳多有一则"预言"，描述了橄榄丰收时的景象："它们从天而降，给予我们食物与光。"谜底即是"橄榄从树上掉下来"。[34] 收集好的橄榄被装在篮子里，运往类似多奇亚磨坊的磨坊中研磨、榨油。大多数现代磨坊已不再使用水和牲口推磨，而是靠电力运作，但某些磨坊仍在使用列奥纳多时代就在使用的石磨和转矩压榨。在磨坊潮湿芬芳的空气中、滑腻的地板上，放着大罐浑浊而略带绿色的油，这是珍贵的初榨油——这一切都不曾改变。

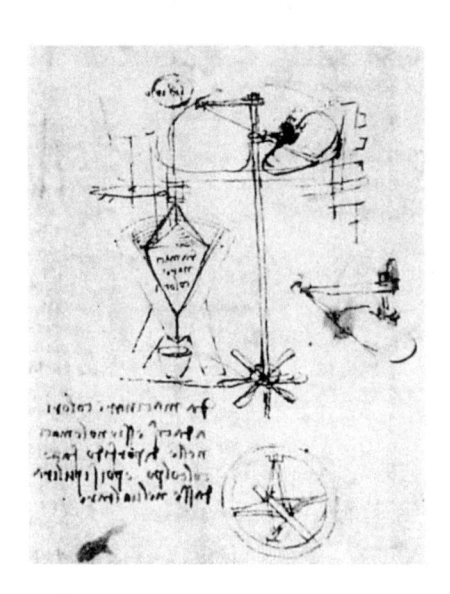

由芬奇镇榨橄榄油装置提供灵感的颜料研磨机械。

列奥纳多在他的多奇亚磨坊榨橄榄油装置速写旁还画了一个更为复杂的机械系统，并配上文字"通过水来研磨颜料"，他显然受到了装置的启发。这提醒我们，这位画家也在使用土地出产的果实和物质工作。他的颜料原料来自植物、树皮、泥土和矿物，这些需要被研磨成粉才能成为可以使用的颜料粉末。他常提到，画室学徒的工作之一是用杵和臼"研磨颜料"。这张纸上勾勒出来的装置就是为了使这项任务机械化而设计的。[35]

在此，在磨坊榨橄榄油，与在画室加工颜料产生了关联。当人们意识到列奥纳多是著名的油画家时，这种关联变得更加密切。他常用亚麻籽和胡桃的油作画。列奥纳多一生都在试验不同的混合方式——加入不同种类的松节油、压碎的芥末籽等，但这些只是主要材料。亚麻籽和胡桃的油与橄榄油一样，是用同一种机械压榨的，但是橄榄油不常被用来画油画，因为它太稠了。在《大西洋古抄本》中，有一则笔记说明他亲自参与了压榨胡桃油："胡桃被一层厚壳包裹着，如果榨油时不剥掉壳，这层壳会让榨出来的油染上颜色。当你用它作画时，这层壳还会从油中分离出来，浮在画的表面上，画就会变化［也就是变色］。"[36]

他的笔记本中还有其他有关压榨橄榄油的画稿，应该都与为油画制油有关，比如他在一本存于马德里的笔记中，详细地分析了一台由马拉动的用来榨取"橄榄油和坚果油的机器"，他非常精确地描述了规格："标注了 a 的铁质配件是一指宽""装坚果和橄榄的袋子是厚羊毛材质的，并编织成骡子的鞍鞯那样"。[37]

这里与他的童年有一种延续性。芬奇镇的橄榄油磨坊是这位艺术家画室的某种原型：在研磨和榨油的过程中，空气中逐渐飘散出新油的刺鼻气味。

列奥纳多在童年时期无疑还会看到另一种农活，就是用鲜嫩柳条编篮子。编出的篮子是这里的特产，因为芬奇镇盛产柳树（Salix viminalis）。实际上，这和芬奇镇的名字也有联系，所以对列奥纳多而言有着一种独特的吸引力。

在成名后，许多警句和题词都提到了列奥纳多，它们无一例外地在芬奇和"征服"（vincere）之间做双关。然而，小镇名字的实际起源和征服并没有关系，它源自描述柳树的古意大利词语 vinco（拉丁文是 vincus），而流经芬奇镇的芬奇河显然就是"柳树生长的河"。该词从拉丁文词语"vinculus"衍生而来，后者的意思为"结合"（柳条常用来捆绑），在意大

各种编织物。为列奥纳多"学院"（左）设计的绳结图案和丽达头部速写中的辫子。

利文学中也可发现许多以捆绑比喻结合的用法，例如但丁写的爱情的"甜蜜结合"（dolci vinci）。[38] 稍在语源学上进行追溯的话，拉丁文的"vincus"与古挪威语中的"viker"（柳枝）有关，该词衍生出英语中的"wicker"（柳条），例如"wickerwork"（柳条编织品），还有"weak"（弱），其词根含义为"柔软性"。所以，有趣的是，与"芬奇"相关的文字游戏以"征服"开场，以"软弱"和"柔软"作结。

列奥纳多借鉴当地的柳条编织工艺，并将之作为自己的个人标志，我们几乎可以说这是他的"商标"。现存一系列以他的设计图案为基础的版画，应该均是1500年后不久在威尼斯完成的。这些作品有着复杂的交织图案，中间是"Academia Leonardi Vinci"（列奥纳多·芬奇学院）几个词。毫无疑问，这是故意在玩"芬奇等于柳条"的文字游戏。廷臣、诗人尼科洛·达·科雷焦因1492年为曼图亚的侯爵夫人伊莎贝拉·德埃斯特（Isabella d'Este）设计"芬奇的幻想"而知名，可能指的就是一种绳结设计。[39] 列奥纳多无疑发现，这个关于他自己的名字的双关是不可抗拒的，也许它的部分吸引力在于，其中也包含了他童年时在芬奇镇周围看到的那些编织工的记忆。编织是妇女从事的工作，而卡泰丽娜不是没有做过的可能，因此，列奥纳多的绳结图案会在纸上重现他母亲将浸泡过的柳条编成篮子时的迷人动作。他在佛罗伦萨的那些年已做过这类设计了，因为他在1482年左右的画稿清单中提到了"许多绳结的画稿"。这些无疑是后来的威尼斯版画中的那种绳结图案：当谈起那些版画时，瓦萨里特意使用"groppo"（绳结）一词。[40]这些精致复杂的绳结，在《蒙娜丽莎》和《抱银貂的女子》（Lady with an Ermine）画中人物的服饰上，在发辫和潺潺流水中，在米兰的天轴厅（Sala delle Asse）壁画上交织的叶子里都可以看到。当乔瓦尼·保罗·洛马佐提起天轴厅壁画时，他写道："在树上，我们发现了列奥纳多的一项美丽发明，他将所有枝干绘成各种奇特的绳结图案。"[41]洛马佐用"canestrare"这样一个动词描述这些打结图案，他似乎已经理解了其中的基本关联，因为这个词所表达的准确意思是"仿照篮子（canestra）那样去编织"。

因此，以列奥纳多独特的方式，"芬奇"一词与词源"征服"的军事阳刚气概——以芬奇镇的堡垒圭迪城堡（Castello Guidi）为象征——背道而驰，转向模糊、迂回、缥缈的编织柳条形式，这是一个幻想，一个视觉谜语，一个没有答案的问题。

和动物说话

> 人类具有说话的伟大能力，但他们的话语通常虚荣而荒谬；动物说话的能力尽管微乎其微，它们的话语却实用且真诚。
>
> ——《巴黎手稿 F》，fol.96v

一只狗躺在一张旧羊皮上熟睡，一只蜘蛛在葡萄园里结网，一只乌鸫飞过荆棘丛，一只蚂蚁搬运着谷粒，一只老鼠被鼬鼠"围困在小窝中"，一只乌鸦叼着一枚坚果飞上钟楼屋顶——这些农村的美好生活片段，在列奥纳多 15 世纪 90 年代初于米兰写下的寓言故事中可以找到。这些寓言体现了丰富的乡村经验知识，与《伊索寓言》风格相似——我们从列奥纳多的一份书单中了解到，他有一本《伊索寓言》——但列奥纳多的寓言无论在独特性还是在措辞上，都似乎是原创性的。他的故事叙事明快，有些只有短短几行，故事中的动物、鸟类和昆虫都会说话，也都有故事要讲。[42]

也许，这些故事和列奥纳多如梦般的生活息息相关，从他的《预言集》中的"鸢之幻想"可见一斑——"你可以和每一种动物交流，而它们也会用人类的语言和你交流"。这个关于鸢的幻想，似乎本就属于寓言中的万物有灵的世界，我们甚至可以把这个幻想看成一段寓言，只是它会被反过来从鸢的角度来陈述："有一天，一只鸢在空中俯视，发现一个在摇篮中熟睡的婴儿……"人们将会想知道这个版本的故事后续如何发展。

对一个在农村长大的有些孤独的小孩来说，与动物结为亲密伙伴并不稀奇，一旦动物成为他生活的一部分，若长时间没有它们的陪伴，他就会不快乐。列奥纳多"喜爱"动物几乎是不言而喻的，瓦萨里说：

> 他怀着特别快乐的心情，喜爱所有的动物，他付出无与伦比的爱与耐心。比方说，当他路过卖鸟的地方，他会把鸟从笼子里拿出来，然后无论价格多贵，都付钱给鸟贩，并亲手放飞它们，将失去的自由还给它们。

众所周知，列奥纳多是一名素食主义者，这似乎与他热爱动物有关（尽管人们无法证实他一生都是素食主义者，但他晚年时确实是）。1516年，一位旅行印度的意大利人安德烈·科尔萨利在信中说，古吉拉特人是"温柔的民族……他们不吃任何带血的东西，也不允许任何人伤害任何生命，正如我们的列奥纳多·达·芬奇一样"。[43] 列奥纳多的密友，古怪的托马索·马西尼（Tommaso Masini）也说过类似的话："他不会以任何理由杀死一只跳蚤，他喜欢穿亚麻衣服，而不穿死掉的动物制成的皮草。"[44]

列奥纳多的寓言和预言表明，他对动物的苦难极为敏感，但他没有因为对动物的尊重，而变得多愁善感。他的解剖手稿中有大量关于动物的研究成果，从熊掌到牛的子宫，这些无疑都是基于他自己的解剖。一天，罗马教宗的园丁给他送来一只"长相奇特"的蜥蜴，他把它放在盒子里，并且用水银混合剂给它粘上翅膀、触角和胡须，希望可以把"朋友们吓得魂飞魄散"。至于这只蜥蜴有多么享受这种游戏精神，倒没有相关记载。这段瓦萨里记录的奇闻逸事带着孩子气的恶作剧的色彩，但发生于列奥纳多在罗马的那段时期,当时列奥纳多60岁出头。故事可能是瓦萨里杜撰的,也可能不是。

瓦萨里记载,列奥纳多"一直养"马,这件事不值得大惊小怪——文艺复兴时期,除了最穷困的人,人们都会"养"马——所以人们认为瓦萨里还有言外之意,即列奥纳多是一名鉴马师。不管怎样,他的速写本上有许多漂亮的习作可作为推断这一点的证据,其中最早的作品绘于15世纪70年代末,是为《牧羊人的崇拜》(Adoration of the Shepherds)准备的草图,但《牧羊人的崇拜》这幅画可能已失传,更有可能的是它一直处在筹划阶段。为了与这个主题的朴素意象保持一致,这些习作展示了他在农场里就能看到的那种为人熟悉的日常生活中的马,画中的马背朝我们,正在吃草,瘦骨嶙峋,并且有些笨拙;另一幅纸张类型相同的画稿上画着公牛和驴子,有着同样的写实基调。[45] 稍晚一些的画稿是为未完成的《博士来朝》而作的习作,它以一些马和骑手为背景,这些画稿中的马匹形象更有活力,也更加浪漫化。这些早期的习作之一——马与不用马鞍的骑手,曾是罗得岛纽波特布朗收藏馆的馆藏——是目前世界上最昂贵的素描。2001年7月,佳士得拍卖行以1200万美元的成交价将之售出,与前一年售出的米开朗琪罗《复活的基督》的一幅素描创下的纪录持平。列奥纳多的这张草稿,同明信片一般大小,每平方英寸(1平方英寸约等于6.45平方厘米)的价格比100万略便宜一点。[46] 后来他为一些作品——弗朗切斯科·斯福尔扎(Francesco Sforza)的骑马雕像(约1488—1494)、《安吉亚里战役》(Battle of Anghiari,约1503—1506)壁画、雇佣军队长詹贾科莫·特里武尔齐奥(Giangiacomo Trivulzio)的葬礼纪念碑(约1508—1511)——画了更多有关马的习作,但是早期在佛罗伦萨创作的素描应该是最可爱的。这些都是列奥纳多童年时期在农村看到的拉货的马,而后来创作的马都是受委托创作的战争中的骏马和军马。

列奥纳多忍不住要画马,这从一幅温莎城堡皇家图书馆收藏的战车画稿中即可看出。这幅画的重点是骇人的机械、带尖齿的轮子,以及炮弹连枷,但他无法克制地画下两匹拉着战车的马,其中一匹转过身来,且耳朵竖起,眼神警觉,仿佛被自己意外出现在这里吓了一跳。再一次地,这些

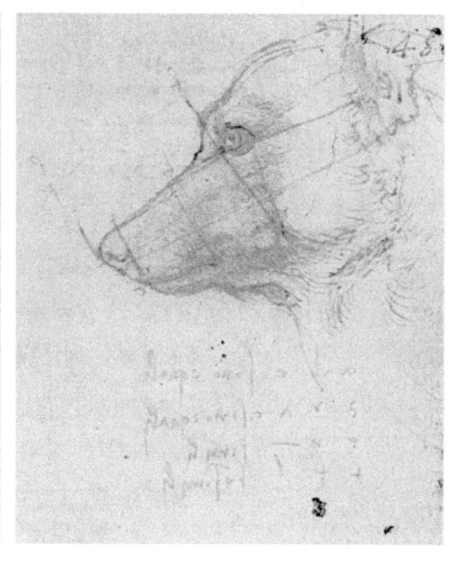

动物速写。上：牛和驴，还有马和不用马鞍的骑手，为佛罗伦萨时期油画的素描草图。下：一只坐着的狗与一只猫的速写，一只按比例绘制的狗的侧面速写。

马其实是农耕用马,而非军事用马,如果你将战车盖住,这只是两匹正在拉货或者犁耕的马。[47]

大英博物馆藏有一幅清新自然的画稿,描绘了一只狗,我敢说它——或者她,因为她显然是只母狗——是列奥纳多的狗。它是一只小猎犬,身形矮小,皮毛顺滑,至今仍在意大利各地随处可见。列奥纳多很好地捕捉到它的特点,小狗乖乖地坐着——出于顺从而非自愿——它的耳朵讨好地耷拉下来,嘴巴像是在笑,除了对主人的短暂服从,它的眼神还流露出对大千世界的警觉。列奥纳多在其他画稿中也描绘过类似的狗,但这不能说明它们是同一只。在 15 世纪 90 年代末的一个袖珍笔记本中,有一幅用红色粉笔画的一只狗的侧面像,比大英博物馆馆藏的顺从安坐小狗的绘制时间晚了 20 年左右,所以基本可以确定这是另一只狗。[48]

我最喜欢的列奥纳多的轻松生活片段就与狗有关。《巴黎手稿 F》是一本他 1508 年左右用过的中型笔记本,上面有一篇看起来是科学"证明"或者"结论"的短文,文章的标题是《为什么狗愿意闻其他狗的屁股》(我喜欢"愿意"这个词)。他的结论是,它们正在确定在那里能嗅出多少"肉的精华":

> 动物的粪便常会保留食物原初的精华……并且狗的嗅觉非常灵敏,它们可以通过鼻子来识别粪便中残存多少精华。如果闻一闻,知道这只狗被喂得很好,就会尊敬它,因为可以从中判断,它的主人非富即贵;如果它们没能闻出精华的味道[比如说肉],就会判断出这狗来头不大,主人贫穷卑微,就会咬它。[49]

这段话不仅具有准确性——狗的确通过这种方式获取嗅觉信息,并且用幽默的夸张手法表现社会学细节。二者结合得恰到好处。

猫在早期和晚期的画稿中都受到了青睐,我们似乎有很好的理由相信它们是列奥纳多的猫,或者至少是他工作室的猫,它们发挥了看家本领,是画室的捕鼠能手。如果他为《圣母子与猫》——这是另一幅 15 世纪 70 年代末的作品，或是失传或是被废弃了[50]——绘制的素描草图是根据生活而作（看起来肯定如此），那么我们可以推断，这些画中的猫咪不仅真实存在，还很受人信任。它被圣子拥抱、挤压和上下摆弄，在某些阶段，这只猫看起来极不情愿，但人们相信它不会伤害圣子。一则 1494 年左右的简短笔记描述了画室里的另一只猫："在夜里，如果你将目光落在光源和猫眼之间，你会看到它的双眼像在燃烧。"[51] 温莎城堡收藏的著名的群猫图，或同一只猫在不同位置的图，是他的一幅晚期画稿，可能创作于 1513 年至 1516 年他居住在罗马的时候；如果我们仔细观察，会发现其中一只猫，实则是一头小型的龙。[52]

我冒昧地为瓦萨里补充一点：列奥纳多除了养马，还"一直养"狗和猫，这些动物是他生命的一部分。

"雪之圣母"

这个乡村男孩了解土地的形态和轮廓，他知道盘山而上的小径：那些山间小路以及被忽视的角落。他知道"一个地方，有点陡，在一条岩石小径上方有一小片美丽的林地"。这个地方可以在列奥纳多的寓言故事中找到，一块"滚石"在其中悲叹它因为焦躁不安而离开了这个迷人之地。[53] 故事的寓意是，那些"抛弃孤独沉思的生活而来到城市生活"的人们终将后悔。彼时，列奥纳多在米兰写下这些话，那石径蜿蜒穿过林地的图景带着一丝怀乡之情，代表着也被他抛在了身后的乡村生活。

列奥纳多对乡村的喜爱贯穿于他的绘画中——画作中有明亮而神秘的风景，有精心描绘的植被、树木和林地。这种喜爱也可见于他在笔记本中展现的关于自然世界的渊博知识——植物、农业和民间传说。笔记提到了超过 100 种植物和 40 种不同树木；笔记也提到了尘菌、松露、桑葚、肉豆蔻、荨麻与蓟花，以及附子草和苦艾，[54] 这些详细的植物学知识，为他绘画中对自然的诗意描绘增添了科学精确度。

在《论绘画》中，他强调了画家进入乡村、亲身体验乡村的重要性

（这在文艺复兴时期的艺术家中绝不是普遍的做法）。它被描述得像是朝圣一般：你必须"离开你在城市中的家，离开你的家人和朋友，翻山越岭来到乡村"，你必须"让自己直面毒辣的太阳"。他说，从其他画家的作品或者书里的诗意描述中获取二手信息固然更容易一些——"这种方式不是更加便捷，不那么辛苦吗？因为你只需要待在凉快的地方，不用动，也不必担心生病"。然而，如果你只做这些，你的灵魂无法透过眼睛这扇"窗户"体验乡村那振奋人心的自然之美，"眼睛无法看到明亮之处的倒影，也无法看到阴暗的山谷"。[55] 他坚持认为，独自一人是体验自然的恰当方式，"当你独处时，你才完全属于自己。如果你有一个伙伴，那么你只拥有半个自己"。画家应"离群索居，更好地研究自然万物的形态"。他应该"保持孤独，尤其是当他致力于研究和思考那些不断出现在他眼前的东西，那些提供了要小心收藏在记忆中的材料的东西时"。列奥纳多警告说，这种对孤独的渴望将不会被他人所理解："我告诉你，别人会认为你疯了。"[56]

他在1490年左右写下了这些话。25年后，他再次在一篇收录在《大西洋古抄本》中的题为《画家兼哲学家在乡下的生活》的短文中提到这些观点。他再次强调，画家应该"离开他的同伴"。他通过行文优美的纲要提出艺术家们必须要培养接受能力："他的大脑必须能够根据眼前事物的不断变化而随机应变，也必须能够摆脱各种顾虑……最重要的是，他的心灵应像镜面，呈现眼前事物所有不同的色彩。"[57]

鉴于他和动物们感情密切，在我看来，列奥纳多孤独漫步的习惯源于童年时光的乡村生活。心灵得以摆脱顾虑，感官也变得灵敏，大脑如同镜面一般留下万物的印象——这位画家努力重现的几乎完全是一种孩童般的精神开放状态。

有人认为，列奥纳多的风景画之所以具有某种力量，部分原因在于其中包含了他对童年时代所见景色的诗意回忆。根据法国传记作家塞尔日·布朗利（Serge Bramly）的说法，我们可以在他画作的背景中看到"列奥纳多私藏的景色"：重现了芬奇镇崎岖的高地地形，"他童年时代的岩石、山泉和悬崖……被艺术和记忆的双重透镜放大"。[58] 列奥纳多本人

"记忆的图像"。从左至右：列奥纳多风景素描细节，1473 年；他的托斯卡纳地图细节，约 1503 年；从蒙特韦特利尼附近看到的蒙苏马努山。

似乎在《论绘画》中提过这个想法，他说，凝视画中的风景可以唤起你对其他真实风景的回忆，"你曾在其中享受过乐趣"。在虚构的风景中"你可以再次看见自己和你深爱的恋人，在鲜花盛开的草地上，或在绿树的柔和阴影下"。恋人在此增添了一丝修饰性色彩，但他的核心思想是风景编码并唤起了一段记忆："你又能看到你自己了。"[59]

列奥纳多最早的标明日期的作品极其准确地表现了景色与回忆的这种联系。这是一幅用墨水笔绘制的风景画，现藏于乌菲兹美术馆。（彩图 2）这幅画从尺寸来说很小——只有 7.5 英寸 ×11 英寸，比 A4 纸略小一点——但从构图来看，画作充满戏剧性和空间感，它展现了陡峭崎岖的山丘和广阔的积水平原的全景，一直延伸到地平线上更远的山丘。这幅画似乎是实地写生，其笔触迅速、引人联想、偏印象派，甚至有些抽象——比如说画面右手边的树林。然而，尽管画面是如此恣意放纵，风景中却点缀着引人注目的细节：一座城堡矗立在海角边，湿地中漂浮着几艘小船，还有一个瀑布。这些反过来又引导我们的目光越过风景望向远景的焦点，即远处一座塔顶般的圆锥状山丘，突然从平原的薄雾中拔地而起。这个特征也让我们认出了这处风景：圆锥状的小山毫无疑问是蒙苏马努山（Monsummano，或写作"Monsomano"，列奥纳多曾在一张地图上这样写）。[60] 这座山坐落在芬奇镇西北部，直线距离约 8 英里，沿着蜿蜒穿过兰波雷基奥和拉尔恰诺的小路步行几个小时就到了。我们非常确切地置身于列奥纳多童年时代的一道风景中。

如果这座小山丘是蒙苏马努山,我们就可以推断风景中的其他事物了。画面中的平地是位处蒙苏马努山西南方的富切基奥沼泽,远处的山脉是涅沃莱山谷,在其左边较低的圆形山丘大概是蒙地卡罗山,等等。这些是风景中的元素,但是一旦人们试图将它们与该地区的地图联系起来,或者真正在山坡上实地考察,画作立刻回归到神秘中。在阿尔巴诺山上,有许多位置极佳的瞭望点,能清晰地看到蒙苏马努山与众不同的形貌,可是没人知道画中的景色是从什么地点看到的。[61] 在探索了这个区域后,我自己认为不存在这样一个地点。前景左边的城堡或设防村庄尤其是个问题,没有一个可能的地点——蒙特韦特利尼、拉尔恰诺、帕匹阿诺——可以与蒙苏马努山形成那样的空间关系;另一个问题是,要越过沼泽看到蒙苏马努山,你必须处于比萨山上的某个地方,但如果是这样,蒙苏马努山就不会呈现出画中的形态。总而言之,这幅画所描绘的芬奇镇周边景色,或是想象出来的,或是理想化的,它基于真实的场景做了生动而漂亮的素描,但并非写实,画作所呈现的风景在现实中找不到,用相机也拍不出来,尽管它也许可以通过巧妙拼贴大致伪造一幅。或者,我们也许可以用滑翔翼俯瞰此地来重新找到这个视角(我坦白我还没这样尝试过),因为空中视角是可能性最高的。这是一个鸟瞰视角:他想象着从地面起飞,然后看到这番景象。这让我想起《都灵古抄本》中的一句关于鸟类飞行的话:"飞翔的鸟"——换句话说是"大鸟"或者飞行器——"必须始终高于云层,这样翅膀才不会被弄湿,才能看到更广袤的土地"。"看到更广袤的土地",这正是乌菲兹美术馆馆藏的这句话30年前的画稿中的高空翱翔视角所取得的成就。[62]

画稿的左上角是已知的列奥纳多最早的笔迹,他写道:"雪之圣母日,1473年8月5日。"这告诉我们,这幅画是他21岁时画的,那时候他已经在佛罗伦萨工作和居住几年了。这幅画可能与韦罗基奥《基督受洗》(*Baptism of Christ*)的背景中的风景有关,韦罗基奥1473年左右受委托创作《基督受洗》,众所周知列奥纳多也参与了创作。画作的确切日期与风景本身也有关系,因为雪之圣母在蒙特韦特利尼设防村庄外的一座小教堂中尤其受到推崇,现在这座教堂被称为雪之圣母的宣讲堂,矗立在蒙苏马努山南麓1英里外的地方。这座教堂的前身可以追溯到13世纪末,这里曾是一个不起眼的圣殿。虽然它的规模比现在的要小，但足够重要，里面安放一幅描绘圣母、圣子，以及围绕他们的四圣徒的精美壁画，其风格可与真蒂莱·达·法布里亚诺（Gentile da Fabriano）所绘的夸拉内西圣坛画（Quaranesi altarpiece，1425）媲美。

雪之圣母的故事要从一个与圣母大教堂的建造有关的传说说起，这间教堂坐落在罗马埃斯奎林山上。根据传说，教堂建造地点是依照一场不可思议的夏日飞雪在山上所降之处而选。然而，教堂建于4世纪，可是直到中世纪这个传说才出现。雪之圣母是当时在意大利流传的圣母玛利亚的各种崇拜形象之一，这些形象与特殊力量联系在一起，她们的圣殿大多在小镇或村庄的边界外，就像蒙特韦特利尼的一样。15世纪的记日作家（diarist）卢卡·兰杜奇（Lucca Landucci）提到，"距比伯纳一矢之地的圣殿"里另有一幅圣母玛利亚肖像，它具有治愈能力。[63]

每年8月5日在蒙特韦特利尼的教堂举办的雪之圣母节日庆典活动已有几个世纪的历史，现在那里也依旧举办。尽管坐在落日余晖中的老奶奶们会异口同声地告诉你，一切已经和从前不一样了，村庄现在挤满了游客（或者"客人"，按她们的用词）。这种变化主要是因为村里的年轻人越来越少，他们或是常年在外，或是准备出门，没有时间参与传统活动。日落前，似乎什么都不会发生，日落将至时，教堂前的小广场上忽然就挤满了人。一群穿着白色短袖衬衫的人聚集在一起，他们是村里的游行乐队；一辆红色的旧厢式货车撑开一个遮阳伞，变成一家快餐店；神父到场，胳膊上裹着他的法衣；圣母肖像——既不非常古老，与雪也没有很明显的关系——用淡蓝色的塔夫绸包裹着，被抬到教堂的门廊里。在举行了一场弥撒后，游行正式开始，队伍从教堂启程，沿着村里的墙基走一圈——从这里望向北方，隐约可以看见蒙苏马努山的大片山丘——然后通过古老的巴巴锡门。神父通过按钮扩音器吟诵着祝祷文，圣母肖像在轿子上摇摆，由四个壮实的男人抬着。温暖的8月夜里的这次暮光之行十分美妙，略带超现实主义色彩。下方的低地上闪烁着光芒，而乐队的伴奏，即便在最庄严隆重的时刻，似乎也透露着欢快。

风景、日期，以及这二者似乎指向的一度人头攒动的当地节日，这一切是如何结合在一起的?

为了得到某种答案,我们必须先提出另一个问题:1473 年 8 月 5 日,列奥纳多·达·芬奇在哪儿?从这幅素描的表面看来,似乎暗示着他正拿着写生本,坐在芬奇镇某处的山坡上画下这幅绝妙的画。有些人认为,画作背面有进一步的证据证明这一点,那里有另一幅风景草图(尚未完成,非常小)以及一句晦涩的涂鸦——"Io morando dant sono chontento"。单词"dant"可看作"d'Antonio"的缩写,但整句话的意思依旧难以捉摸。布朗利将它翻译成"我,与安东尼奥待在一起,感到高兴"。他进一步推断,安东尼奥不是指列奥纳多的祖父,因为他在几年前已经过世,而应该是列奥纳多的继父安东尼奥·布蒂,即阿卡塔布里加。所以,这说明这是列奥纳多到访芬奇镇时画的,他和他的母亲以及他在坎波泽比的家人一起,感到"高兴"。8 月时逃离城市生活——除了回到芬奇镇,他还能去哪?但这种解释只是推测。卡洛·佩德雷蒂认为,这短句只是随手涂鸦,复现了某个契约的开头:"我,莫兰多·德·安东尼奥,同意……"如果这种推测正确,这些词不具有个人意义,也不能作为列奥纳多出现在芬奇镇的证据,他很可能在佛罗伦萨。[64] 如果是这样,这幅画的重点就是想象与回忆:这是浮现在心中的芬奇镇风景,是翻山越岭前去参加蒙特韦特利尼夏季集市的记忆。佩德雷蒂是这样描述这幅画的:rapporto scenico——一部视觉戏剧——以"助记符号"蒙苏马努山为中心。[65]

我在搜索这幅画所绘的"真实"风景上一无所获,但我找到一个我认为可能有意义的观点。蒙苏马努山的"助记"风景不仅在芬奇镇周围的高处可见,而且可以在连接芬奇镇和圣潘塔莱奥尼的道路正前方隐约看见(尽管距离数英里)——换句话说,列奥纳多应该对这条路非常熟悉,这是他小时候往返于坎波泽比亲生母亲家和芬奇镇所走的路。因此,"助记符号"可能从很早以前就印刻在列奥纳多眼中和心中,这或许与他母亲有关。我还注意到,乌菲兹美术馆馆藏素描的标志性特征呼应了列奥纳多《天使报喜》(Annunciation)中的风景,这是一幅 15 世纪 70 年代初的画作,所以大致与乌菲兹画稿属于同一时期。《天使报喜》中可同样看到有乳头状突起的锥形小山(1999 年修复后看得更清晰)。在报喜天使左边的

风景与翅膀。列奥纳多《天使报喜》的细节，约1470年至1472年。

地平线上有一座；在绘画的表面，天使翅膀的弯角内有另一座。在离我们更近的地方，再一次呼应了乌菲兹美术馆馆藏素描，是一簇高耸的岩石，其陡峭垂直的外观与山丘的柔和曲线形成反差，画面远方那片朦胧的陆地和水域的混合地带，让人联想到芬奇镇下方的沼泽地。重复以此为主题进行创作，使人们感到这风景深植于列奥纳多的心灵中，如果将乳房状的山与天使如鸟的翅膀搭配在一起来看，我们便再次回到与鸢有关的"最早的记忆"，而根据弗洛伊德的观点，这是对母亲哺乳的回忆。

教 育

一切知识都基于我们的感官……

——《特里武尔齐奥古抄本》，fol.20v

我试图把尚是小男孩的列奥纳多在芬奇镇及其周边的成长经历片段拼凑起来。我们只能从他破碎的家庭、缺席的父亲、扰人的梦境和将一切都押在母爱上的做法来猜测他情绪波动的模式。在托斯卡纳乡村的日常生活中，这些情感以某种方式交织在一起，以致多年后，有许多难以把握的意涵仍被埋在鸢的飞翔图案、新榨橄榄油的气味、柳条编织的篮子以及风景画的形态中。这些是列奥纳多的情感教育中极少数可以还原的部分，即那些"仿佛是我的宿命"的东西，并在他作为"画家兼哲学家"的成年生活中回响。

在他所接受的更正规的教育方面——或许他没受过正规教育——我们了解得很少。瓦萨里是唯一谈及这一主题的早期传记作家，他的评价简短而间接，他将列奥纳多描述为聪明但令人捉摸不透的学生：

> 如果他不是如此变化无常，他大概能在早期课程中出类拔萃。他决心学习各种知识，却几乎马上就放弃了。当开始学习算数时，他在短短数月中突飞猛进，导致他不断地向他的老师提出各种各样的问题，并常常胜过老师。

瓦萨里还提到，列奥纳多学过音乐，以及无论他做其他什么事情，他也"从未放弃绘画和雕塑，这能更好地发挥他的想象力"。但这不能说明瓦萨里特别了解了列奥纳多的这一方面，只能说这符合人们通常对列奥纳多的人格和成就的看法。瓦萨里猜测列奥纳多曾有一位老师，但从他使用的"maestro"一词中，我们看不出这是学校的老师还是私人家教。芬奇镇上很可能有一所算数学校，一般入学年龄为10或11岁。

列奥纳多有句名言，说自己是"不识字的人"。[66]当然，他不是说自己是文盲，而是说他从未受过学术语言拉丁文的教育。他没有上过那种毕业后能进入大学的学校或课程，也没有学过自由七艺（liberal arts，这么叫是因为它们不是哪门手艺所必需的知识），即语法、逻辑、修辞、算数、几何、音乐和天文。取而代之的是，他当过学徒，这确实称得上是教育，尽管是在工作室中进行的，而非古老的大学。这种教育教授的是技能，而非追求智识成就，并且以意大利文教学，而非拉丁文。[67]列奥纳多后来突击学习了拉丁文——他有一个笔记本，上面写满了拉丁文单词，日期从

15 世纪 80 年代末开始——然而，无论研究任何主题，他都仍然执着于用俗语写作。他晚年时写道："我的母语单词太多了，我宁愿自责对事物的理解不够透彻，也不愿抱怨缺乏表达我的思想的词汇。"[68] 尽管他有时会偏离他有意形成的文体，但就像笔记留存的部分那样，总体格调是朴素、实用、口语化且简洁的。在绘画上他细致入微，但身为作家的他却倾向于朴实无华。借用本·琼生的话来说，他是一名"文字木匠"。

大学教育和工匠训练之间的区别不能过于刻板。文艺复兴时期艺术的总趋势即为缩小二者间的差距，并强调艺术家可以也应当被纳入学者、哲学家和科学家之列。这一观点的早期支持者是洛伦佐·吉贝尔蒂（Lorenzo Ghiberti），他是佛罗伦萨浸礼教堂铜门浮雕大师，他在《评述》（Commentaries）中说："在下列人文学科中，雕塑家和画家拥有扎实的知识是相宜的——语法、几何、哲学、医药、天文、透视、历史、解剖、理论、设计和算数。"而莱昂·巴蒂斯塔·阿尔贝蒂（Leon Battista Alberti）在其《论建筑》（De re aedificatoria）中也列举了一张类似的可取造诣的清单。这两位作家都响应了罗马伟大建筑师维特鲁威的训诫。[69] 所有这些学科，以及其他更多学科，成为列奥纳多的专业领域——他是擅长多学科的"文艺复兴人"的缩影。

列奥纳多说自己是"不识字的人"，是在嘲讽自己未能接受正规教育，但绝不是贬低自己。相反，他在强调他的独立性，他以自身"不识字"而自豪：他通过观察和经验获得知识，而非从他人那里获得先入为主的观点。列奥纳多是"经验的学徒"，证据的收集者——"小而确凿的事实，胜于天大的谎言"。[70] 他不能引用博学的专家的话，他们是自己的武断意见的零售商，"但我会引用更伟大也更有价值的东西，即经验，经验是所有大师的女主人"。那些只会"引用"——在追随、模仿和引用的意义上——的人是膨胀的人，顾名思义，他们因获得二手知识而膨胀，然而他们不过是他人作品的鼓吹者和朗诵者。[71]

他高举"自然"以反对二手知识。在此语境下，"自然"指的是物质世界的物理现象及其背后的固有力量和原则，这些都在"自然哲学"研究范畴内。"那些不把自然这位'所有大师的女主人'视为自己的标准的人，最终是徒劳无功的。"将自然比作女主人很常见,但对列奥纳多而言,这个比喻仿佛特别有吸引力,他在笔记中反复提到,"她"拥有一种比男性的推理和学习能力更强大的力量。绘画也是如此,他说,画家永远不应模仿他人的风格,因为如果这样做,画家就只是"自然的孙子,而非儿子"。[72]他称赞乔托是典型的自学成才的艺术家:"佛罗伦萨人乔托……没有满足于模仿他的老师契马布埃的作品。他出生在荒僻的山中,那里只有羊群和野兽栖息其中,自然指引着他的艺术创作,他从在岩石上描绘他照顾的羊群的动作起步。"[73]这段话——列奥纳多罕见地以崇拜的语气谈论艺术家前辈——与他自己缺乏正规教育的经历产生了共鸣。

因此,对列奥纳多而言,"不识字"也意味着"整洁":头脑里没有堆积如山的教条。这与列奥纳多关于清晰的重要观点是一致的:以准确和洞察力观看他面前的世界的视觉证据,从而通向事物的核心。对他来说,理解世界最关键的器官是眼睛,而非大脑:"眼睛,被称为'心灵的窗户',是欣赏大自然杰作的首要、恐怕也是最深入和丰富的途径。"[74] 他在众多对比文的一篇中写道,绘画的绝妙远远超过那些据说更具绅士派头的艺术,例如诗歌。尽管他称他无法信任语言的预设性和含糊性,而且语言总会掩盖自然传递的信息,但他还是写了几千页的手稿。《大西洋古抄本》中有一条讨论机械设计的评论,非常说明问题:"当你想让机械实现某种目的时,不要使自己困惑于机械众多不同的零件,而是要寻求最简明的方法:不要像那些不懂如何使用恰当词汇表达的人,迂回地用冗长的句子表达自己,还说不明白。"[75] 在这里,语言本身被和混乱与缺乏清晰度联系在一起:词语把事情弄得一团糟,语言是一种过于复杂的机械。这其中可能还有一丝有关社交的弦外之音,即列奥纳多在社交中缺乏沟通能力,是一个爱说不吉利的话、沉默寡言、容易造成尴尬局面的人。这与早期传记作家的观点截然不同,他们将他描述成一个有魅力的健谈者,但我怀疑,这更多的只是一种表演,而非他的天性。

瓦萨里给我们描绘了这样一幅画面——一个男孩对艺术的浓厚兴趣支撑着他断断续续地学习其他学科,例如数学,然而"他从未放弃绘画和雕塑，这能更好地发挥他的想象力"。再一次地，人们不想接受天才凭空而来的想法，他们希望知道他受过怎样的艺术教育。我们不知道他在佛罗伦萨做学徒之前受过什么教育，不过有一种有趣的猜测是，他的祖母露西娅对他的教育有贡献。如前所述，她的家族在芬奇镇以东数英里处的卡尔米尼亚诺附近的托伊亚迪巴凯莱托有间陶器作坊，后来被列奥纳多的父亲继承。他们生产的锡釉陶在佛罗伦萨很有名，人们认为它们的工艺质量很高。列奥纳多作品中的一些几何图案让人回想起陶器上使用的花纹图案，这可能说明他早年拜访祖母家时就被唤醒了对艺术最早的兴趣。[76]

我们可以谈谈渗透到芬奇镇这个乡村世界的那些艺术影响。在列奥纳多受洗的圣十字教堂里，有一尊精美的抹大拉的玛利亚（Mary Magdalene）彩色木雕，这件木雕可追溯到约15世纪50年代末。在列奥纳多的童年时期，这木雕可能是新买的，而且可能价格不菲。木雕很明显受到多纳泰罗（Donatello）著名的抹大拉雕像（约1456年）的影响，或是受到多纳泰罗的学生，比如内里·迪·比齐或罗穆阿尔多·德·堪德利作品的影响。这件震撼人心的作品可以说是列奥纳多第一次与文艺复兴盛期艺术有明显的接触。另外一件颇具多纳泰罗风格的作品是《迎宾圣母》（*Madonna of the Welcome*），这是一件大理石浅浮雕作品，位于奥尔比那诺附近的圣母玛利亚-德尔普鲁诺教堂中。[77]通过这些乡村的仿制品，多纳泰罗产生了巨大的影响：他是文艺复兴早期鼎盛时期的一位上了年纪的人物，曾是吉贝尔蒂和布鲁内莱斯基的同事。他的雕塑——富有表现力、张力，浸透着古典精神——影响了所有追随他的晚辈，包括列奥纳多的老师，主要是一名雕塑家的韦罗基奥。多纳泰罗1466年逝世于佛罗伦萨，大约是列奥纳多初到佛罗伦萨的时候。

在更远的地方，列奥纳多可能还看到过乔瓦尼·皮萨诺于14世纪早期创作的浅浮雕杰作，这件浮雕在皮斯托亚的圣安德烈亚讲坛上。他的姑姑维奥兰特住在这座城市里，他的父亲在此有商业利益。他还非常可能参观过河港恩波利，那是附近大小城镇中距离芬奇镇最近的，也是前往佛罗伦萨的中转站。我们知道阿卡塔布里加的父亲曾去过那里，因为在这家人的一份纳税申报单上，提到了他欠镇上的通行费没有付。在恩波利，年幼的列奥纳多可能看到过马索利诺和阿格诺罗·加迪等艺术家的画作。

在这里，他也可以看到阿尔诺河的浩瀚巨浪——考虑到他对水流原理和模式有浓厚兴趣，人们可以说这是一种教育经历——以及离城镇不远的一个沙岸上命运多舛的"巴达洛内"号（*Badalone*）残骸，这艘巨型划桨货船由菲利波·布鲁内莱斯基建造，用来将大理石料运送到佛罗伦萨。[78] 然而，它在处女航中搁浅，使百余吨上好的白色大理石沉入阿尔诺河的淤泥中。这起事故发生在1428年，因此人们的记忆还十分鲜活：这是一场轰动一时的失败，但也是一次英勇的失败。布鲁内莱斯基是早期文艺复兴的巨匠，一位有远见的建筑师和工程师，河湾上腐坏的废船残骸低声诉说着与芬奇镇截然不同的另一个世界的高贵伟大。

我们在考察列奥纳多所受的教育时，往往会发现与任何正规教育都没有关系——他肯定没有学过拉丁文；他一生更喜欢亲身体验经验，而非书本知识；他的艺术启蒙很可能源于凝视当地教堂的塑像和浮雕，而非专业的艺术学理训练。

另一个有力证明列奥纳多未接受正规教育、主要是自学成才的特征是他的手写笔迹。列奥纳多采用"镜像书写"的原因颇受争议。（准确来说，应是镜像字母，而不是单纯地反向写字。因为他不仅整行字从右往左写，每个字母也是反的：比如，列奥纳多笔下的 d 看起来是正常的 b。）这当然有很强的为了保密的心理因素——这不是一种严格意义上的密码，但它是一种面纱，使阅读他的手稿本质上极为费力。我们知道，他一直在提防别人剽窃他的想法和设计。

然而，他采用镜像书写的根本原因可能极为简单，即列奥纳多是左利手。对左利手来说，从右往左书写非常自然。教育会强行矫正左手写字的习惯，但列奥纳多没有这种压力，这成了他的终身习惯。[79] 他的笔迹也随着时间改变，从15世纪70年代华丽的环状风格发展到40年后细密而紧凑的字迹风格——这些变化是区分手稿时间的重要依据——但他书写的方向保持不变。这种颇为挑衅性的从右向左的写法是困难的且与众不同的，在典型的联想中，是"不祥的"（sinister，也有"左边的"之意）。这种

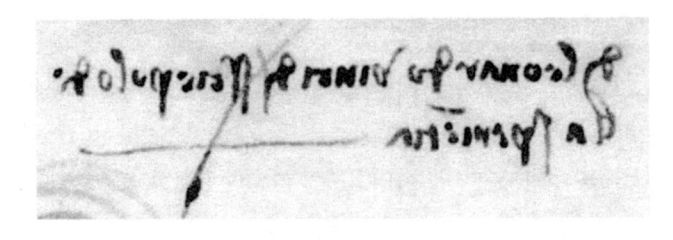

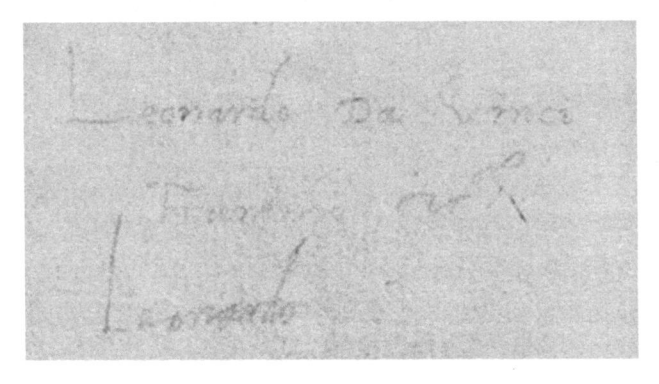

两个签名。他用镜像书写写下的"经验的学徒，列奥纳多·芬奇"（Leonardo Vinci disscepolo della sperientia）以及费力地从左到右写下的"佛罗伦萨人列奥纳多·达·芬奇"（Leonardo da Vinci Fiorentino）。

怪异的书写笔迹是"不识字的"列奥纳多的另一面，表现出深刻的独立精神，这也许是他童年农村生活留下的最伟大的遗产。

第二章

学徒期
1466—1477

佛罗伦萨是许多外乡人的中转站。

——《大西洋古抄本》, fol.323r-b

佛罗伦萨城

15 世纪 60 年代中叶的一天，少年列奥纳多离开芬奇镇，前往佛罗伦萨，他在那里将成为雕刻家安德烈亚·德尔·韦罗基奥的学徒。这是列奥纳多人生转折的决定性事件，我们对此了解很少。据唯一向我们提及此事的瓦萨里说，这段学徒生涯是由列奥纳多的父亲安排的：

> 有一天，塞尔·皮耶罗把列奥纳多的画作带给他的好友安德烈亚·德尔·韦罗基奥看，并问他是否认为学习绘画对这个男孩有好处。虽然列奥纳多只是初学者，但安德烈亚对他的画十分惊喜，并催促皮耶罗送他来学习。于是，皮耶罗便安排列奥纳多进入安德烈亚的工作室，列奥纳多对这个决定也很高兴。

瓦萨里没提列奥纳多当时的年龄，但他使用的"男孩"一词说明了这一点。这是列奥纳多的父亲和老师共同"安排"的——这将包括一项财务上的安排——这个男孩被告知了这个"决定"。男孩一般在 13 岁或 14 岁开始学徒生涯，对列奥纳多来说，他大概于 1466 年进入韦罗基奥的工作室。但这只能作为参考，许多男孩起步更早，有一些则更晚：巴尔托洛梅奥神父似乎 10 岁就开始当学徒了，曼特尼亚和卡拉瓦乔（Caravaggio）11 岁，米开朗琪罗和弗朗切斯科·波蒂西尼 13 岁，本韦努托·切利尼（Benvenuto Cellini）则是 15 岁。[1]

至少，我们对塞尔·皮耶罗当时的情况有所了解：他快 40 岁了，公证人事业蒸蒸日上，但生活也遭遇了变故。他的妻子阿尔比拉在度过了 12

年无子女婚姻之后终于怀孕,却死于分娩。她于1464年6月下葬,年约28岁。[2] 这对列奥纳多来说无疑也是失去了一位亲人:多年后,他仍和阿尔比拉的弟弟亚历山大·阿马多里保持联系。翌年,塞尔·皮耶罗再婚,依旧是与公证人家族联姻,这无疑对事业有利。新娘是弗兰切斯卡,塞尔·朱利亚诺·兰弗雷蒂尼的女儿,时年15岁。他们在普雷斯坦泽大街安家,房子坐落在领主宫的北角,一个享有盛名的地方。这座房子(未能留存至今)当年隶属于一个强盛的商会——"经商艺术"(Arte dei Mercanti),商会将房子转租给塞尔·皮耶罗后,每年收取24弗洛林的租金。[3]

祖父——列奥纳多在芬奇镇度过童年时光时的年迈族长——的去世,也可能是诱发列奥纳多搬到佛罗伦萨的因素之一。1465年时,安东尼奥肯定已经去世了,因为那年塞尔·皮耶罗称他为"已故的安东尼奥"。[4] 现在塞尔·皮耶罗成为一家之主,是时候尽一些父亲的责任了,为他的儿子,也是唯一的孩子列奥纳多的未来做打算。实际上,他再婚数月后发现,新娶的少妻和已故前妻一样无法怀孕。

所以,根据列奥纳多的这些家族情况,我们倾向于推测1466年是列奥纳多开启学徒生涯的年份。他的童年——他后来的许多作品似乎都描绘了或记得或忘记的童年景象——结束了。现在他来到他父亲的世界:属于成年人的竞争激烈的城市生活;这里充满了行会、合同与截止期限,他永远也未能完全适应这个世界。

15世纪60年代中叶的佛罗伦萨有约5万人。外交官、旅行家、列奥纳多日后的熟人,严谨的贝内代托·代(Benedetto Dei)一口气写下如下统计数据:佛罗伦萨城墙长7英里,设有80座用作军事防御的瞭望塔;城墙内有108座教堂、50座广场、33家银行和23座大型宫殿或公馆,"那里住着领主、官员、大臣、管家、供应商、公证人、公务员及他们的家属";这里还有270家毛织品作坊,84家专做凹雕和镶嵌工艺的木匠作坊,83家丝绸作坊。[5] 我们身处卓越的工艺之都,城市中的木雕艺人多于屠夫。这里也是时尚之都,服装产业的中心:织工、染工、制革工和毛皮衣制作工，以及林林总总的成衣店，诱惑着盼望褪去一身寒酸样的乡下少年。

大部分城墙和瞭望塔现已不复存在，但是列奥纳多时代的佛罗伦萨中心地标全都依然挺立：圣母百花大教堂，布鲁内莱斯基为其建造了大得惊人的砖砌穹顶；与之毗邻的是乔托设计的钟塔，修长而优雅；由吉贝尔蒂雕刻了铜门的浸礼教堂；塔楼高高耸立的领主宫（那时尚未改名为韦奇奥宫）；巴杰罗宫，或称波蒂斯塔宫；圣弥额尔教堂内的行会会馆和谷物市场；还有韦奇奥桥，是4座跨过阿尔诺河石桥中最古老的一座。这些都展现在绘制于约1470年至1472年的佛罗伦萨的"锁链地图"（The 'Chain Map' of Florence）中。地图一角还有一名年轻的绘图员，他坐在城市以南的小山上写生，仿佛正是我们想象中的少年列奥纳多。[6] 如今，这片景象已经发生些许变化。圣十字教堂附近的钟塔不见了，1529年它被闪电击毁。熙熙攘攘、臭气熏天的韦奇奥市场也不复存在，它在19世纪末被拆除。作为佛罗伦萨政治中心的领主广场甚至比今天还大，理论上，广场能容纳全部成年男性，每当危机来临，领主广场的钟就会被敲响——钟声隆隆低响，因此人们称其为"母牛"（La Vacca）——接着市民会在各自行政区的旗帜（当时城市一共有16个不同的行政区）下集合，再进入广场开议会。1494年，当法王查理八世短暂占领佛罗伦萨时，他威胁要"吹响号角"，作为他的士兵洗劫这座城市的信号，但他收到了佛罗伦萨人著名的回应——"我们会敲钟的。"[7]

佛罗伦萨是座美丽的城市，但不盛行放荡奢靡之风。节约、勤勉及公共意识等商业社会美德即使不总是被追捧，也会不断得到宣扬；这也被认为是共和国的美德，因为佛罗伦萨为其摆脱专制的公爵和国王而自豪。在美第奇宫殿的庭院中，那时有一尊多纳泰罗的雕塑作品《朱迪斯与霍洛芬斯》，其底座四周刻着："国家因奢侈而衰，城邦因崇德而兴。"[8] 一定程度的富庶是"美德"的标志，文艺复兴时期的佛罗伦萨所孕育的伟大艺术，不仅体现了声望与购买力，也体现出对真与美的追求，但是公民的自豪感与颓废的挥霍之间的界限值得考虑。尖刻机智的波焦·布拉乔利尼指出："贪婪是一种能够成就文明的情感。"为教堂委托艺术家制作宗教艺术品的富商常将本人的形象融入画面，这一定程度上是为他所获取的利润向上帝

佛罗伦萨的"锁链地图",约 1470 年至 1472 年。

赎罪。"佛罗伦萨人的信仰像是蜡,"传道者萨伏那洛拉说,"温度一高就融化。"[9]

在15世纪的绘画中,佛罗伦萨显得昏暗肃穆。这座城市由砂岩建成:有蜜褐色的硬砂岩和较软的灰色砂岩。这里几乎没有我们现在印象中的典型意大利式的彩色灰泥,教堂的外墙也没有五颜六色的大理石(圣母百花大教堂的大理石外立面至1887年才竣工)。城市住宅是用巨大的长方形石块建造的,其特有的粗糙表面使大型宫殿的立面看起来像方形的悬崖。佛罗伦萨当时曾掀起建筑热潮,据贝内代托·代所言,在过去20年中(他在1470年左右这样写),30间新宫殿拔地而起。身份显赫的家族都有富丽堂皇的宫殿,比如鲁切拉伊、托纳布奥尼、斯皮尼、帕奇、班琪,其中一些家族在列奥纳多的故事中扮演了一个角色——但论及恢宏,没有哪座宫殿能与拉加路上的美第奇宫媲美,这座宫殿由米凯洛佐·米凯洛奇设计,15世纪50年代末开始修建。宫殿庭院里矗立着多纳泰罗的雕像作品;主卧墙壁上挂着乌切洛画的《圣罗马诺战役》(*Battle of San Romano*);礼拜堂中,贝诺佐·戈佐利(Benozzo Gozzoli)熠熠生辉的壁画将美第奇家族的成员画入博士来朝的队伍中。科西莫·德·美第奇(Cosimo de' Medici)也在此设立了图书馆。这些宫殿既是商贸总部,也是私人府邸,这里还有管家和账房。它们也像是部落大本营,象征着城中的某一块地是某个大家族的。

这股建筑热潮被视为市民活力的标志,并受到当权者的积极鼓励。市政机构很快颁布法律,规定任何建造新宫殿的人都可享受40年的地方税务豁免权。记日作家卢卡·兰杜奇在他药房的门廊里,见证了对面修建斯特罗齐宫的全过程。他抱怨道:"周围的街道上到处都是骡子和驴,在运走垃圾和沙砾,这使行人很难通行。扬起的尘土和围观的人群,给我们店家造成极大不便。"尽管如此,他观察并记录了宫殿的建成过程:从挖掘地基、倒倾白垩岩和沙砾,到铺上第一块檐版和一种叫博齐(bozzi)的粗糙突出石块。人们把圣牌和钱币扔进沟渠中祈福。有一位叫特里巴尔多·德·罗西的小贩,回忆起自己曾与4岁的儿子瓜尔涅里到此一游:"我将瓜尔涅里抱起来,这样他就可以俯视房子的地基。他有一小束大马士革玫瑰花，我让他把花扔进地基里。我问他，将来会不会记住这件事，他说他会。"[10]

对许多人来说，这些新宫殿似乎代表了一种新而无情的纪念性——它们是那时的宅邸街区和高楼大厦，将中世纪佛罗伦萨更加拥挤、亲密的氛围一扫而空。为了给美第奇宫腾地方，20多座房屋被拆除，正如塞尔·皮耶罗在普雷斯坦泽大街上的房子——可能是列奥纳多在这座城市的第一个家——后来也将为宏伟的贡迪宫腾地方而被拆除。宫殿是佛罗伦萨政治与社会权力的门面，也是塞尔·皮耶罗涉足的世界，他为美第奇和其他豪门望族提供公证服务。他在这些华丽的门之间穿行，但对于他处于青春期的儿子——私生子、乡下人、"只受过一点儿教育"的列奥纳多——那些用粗糙石块砌成的高墙表现出排斥的姿态。尽管佛罗伦萨宣扬贤能统治，但实则是少数人掌握权力。"在佛罗伦萨，"马基雅维利的戏剧《曼陀罗花》(The Mandrake) 中的一个角色说，"如果你没有权势，狗都懒得吠你。"[11]

15世纪60年代，美第奇家族及其庞大的盟友和亲信网络就意味着权势。科西莫·德·美第奇1464年去世后，执政团的一项官方法令授予他"国父"(Pater Patriae) 头衔——这含糊得恰到好处的称号，低调承认了美第奇家族实则是一个统治王朝。美第奇家族是佛罗伦萨真正的统治者：他们在政府机关安插自己的心腹，用他们的银行与投资操控巨额的资金，以此来统治这座城市。[12] 科西莫的儿子皮耶罗（他也因痛风闻名，被称为"痛风者"）继承其父：那时他已年近50岁，爱读书、身体不好，既不具备他父亲的政治智慧，也没有他父亲那种受人欢迎的气质。他计划收回美第奇银行提供的巨额贷款，这引起了人们的恐慌。城内出现了派系，依地形被分为"山峦派"(the Poggio) 和"平原派"(the Piano)。反对美第奇统治的叫"山峦派"，领导者是富有而暴躁的卢卡·皮蒂，他的宫殿建在阿尔诺河以南的高地上，"山峦派"以此命名；忠于美第奇家族的则是"平原派"。1466年，"山峦派"企图发动政变，但是失败了，政变头目被流放。但他们得到威尼斯的武力支持，随时可以在佛罗伦萨引发危机。1467年7月，伊莫拉附近曾发生过武装冲突。这些紧急事态是列奥纳多来到佛罗伦萨最初几年的背景,皮耶罗极具魄力的儿子洛伦佐蓄势待发,1469年终于当权,年仅20岁。

在这些兴衰变迁中,塞尔·皮耶罗·达·芬奇精明地选择专为佛罗伦萨的宗教基金会提供公证服务,因为这些基金会不太受到政治变动的影响。他与各种修道团体建立起业务往来,其中包括圣母领报大教堂的圣母忠仆会和圣多纳托的奥古斯丁修会,它们日后都委托他的儿子创作了作品。[13]

人们通常认为,列奥纳多来到佛罗伦萨后眼界大开,这位年轻的土老帽被大都会的活力和气势迷得不可自拔。但是,在佛罗伦萨生活和工作前,他可能就到访过这里,我们也不能确定,列奥纳多是不是像人们通常认为的那样,一到佛罗伦萨就立刻进入韦罗基奥的工作室当学徒。有人认为,瓦萨里提到的数学老师——被列奥纳多考倒的那位——可能是塞尔·皮耶罗从佛罗伦萨雇来的家教,训练列奥纳多成为公证人助理。[14] 理论上,私生子的身份不允许他进入该行业,但让他在办公室中做些杂事也没问题。列奥纳多早年的笔迹,那些费心勾勒且极为华丽的字体,被认为是"公证体"。

塞尔·皮耶罗的办公室离他家只有几分钟的步行路程。办公室曾是布料店,租赁合同中清楚写明,室内有"一个适合公证工作的柜台"。办公室在"波蒂斯塔宫大门对面",也就是巴杰罗宫对面。[15] 办公室很可能坐落在一排半地下商铺中,嵌在拉巴迪亚教堂下方的罗马古城墙里,今天可以在此望见拉巴迪亚快餐店和梵蒂尼金铺。过去这里曾叫"书商街",如今是普洛孔索罗街的一部分,与之相邻的是"纸商角"。这些为塞尔·皮耶罗制作及保管记录、记录交易、撰写文书的工作提供了物质材料。列奥纳多痴迷于写笔记,可能是继承了他父亲的职业习惯和精神,他在海量的纸片上把自己与外部世界的种种互动都记录了下来。

无论如何,我们可以想象,在巴杰罗宫对面的小办公室里,列奥纳多从事了一段时间的不合适的文职工作。但如果这就是塞尔·皮耶罗为儿子设计的就业规划,那么他后来改变主意还是很明智的。

文艺复兴人

政治、商业、时尚、噪音、建筑尘土、街上游荡的狗——除却这些都市生活一成不变的元素，我们还需增添一些难以捉摸的元素，因为15世纪的佛罗伦萨，就像旅行指南一直告诉我们的那样，是"文艺复兴的摇篮"，或者至少是"摇篮"之一。我们无法精确定义什么是文艺复兴，文艺复兴从什么时候开始，又为什么发生。按照课本教给我们的版本，文艺复兴始于1453年君士坦丁堡的陷落。如此说来，一位名为乌尔班的匈牙利武器工匠起到了关键作用，他发明的新式攻城火炮是奥斯曼苏丹穆罕默德二世的军队攻破拜占庭三重城墙的关键。[16] 君士坦丁堡的陷落无疑是一个决定性事件，因为这导致了大批学者逃至意大利，他们带着大量抢救出来的手稿出逃，手稿记载着珍藏的古希腊科学与哲学智慧，包括欧几里得、托勒密、柏拉图、亚里士多德——当然，这些名字当时在意大利已被人熟知，但他们的作品只得到部分的研究——的作品。列奥纳多来到佛罗伦萨时，这些拜占庭移民刚来没多久，他们当中有伟大的亚里士多德学者乔安尼斯·阿尔吉罗普洛斯，这个名字被列奥纳多写在一份15世纪70年代末的名单上，这意味着他认识，或是想要认识乔安尼斯。[17]

但是拜占庭希腊学者的流入，只是加速了几个世纪以来的思想流动。阿拉伯的科技大多以希腊传统为基础，至少从12世纪起就已经渗透到欧洲，复兴古罗马文化也早已如火如荼；在某种程度上这也是文艺复兴的本质，即古典学问的"重生"。中世纪与文艺复兴两个时代间的突变和断裂论，主要是19世纪的评论家雅各布·布克哈特（Jacob Burckhardt）和儒勒·米什莱（Jules Michelet）建构的。按照马克思主义历史学家阿诺德·豪泽尔（Arnold Hauser）的说法，他们的目标是"为自由主义提供一个谱系"，换句话说，文艺复兴被塑造成后来理性主义政治启蒙思想的典范。[18] 如今，对文艺复兴的诠释已经摒弃了这种所谓"新黎明"的说法，而是从不那么迷人的社会经济因素中挖掘文艺复兴起源的真正原因——并非君士坦丁堡的陷落，而是复式记账和国际汇票的兴起，为思想艺术繁荣提供了经济条件。

尽管如此，米什莱为文艺复兴议程提出的激动人心的口号——"发现人与自然"——很好地表达了弥漫在15世纪60年代佛罗伦萨的气氛，当时这座城市充满了新思想和新模式，它们往往从新颖和现代的视角，重新审视旧的思想和模式。

美第奇家族的社交圈中不乏智慧博学之人，像是哲学家马尔西利奥·费奇诺（Marsilio Ficino）、学者诗人及翻译家阿尼奥洛·波利齐亚诺（Agnolo Poliziano）和克里斯托福罗·兰迪诺（Cristoforo Landino），但这个精英圈子对列奥纳多没有持久的吸引力，尽管他们曾有过一些有趣的接触。在列奥纳多心中，最具文艺复兴新气质的非莱昂·巴蒂斯塔·阿尔贝蒂莫属，列奥纳多后来收藏他的书，笔记中也体现了他的思想。阿尔贝蒂常被称为"第一个文艺复兴人"——这个定义不严谨，但传达了他作为榜样的重要性。同样的称谓常被用在布鲁内莱斯基身上，但当列奥纳多到达佛罗伦萨时，他已过世20年，而阿尔贝蒂还活着，那时阿尔贝蒂已年过60岁，多才多艺、治学严谨，如今我们也将这些品格视为"列奥纳多式品格"。阿尔贝蒂是建筑师、作家、古典学者、艺术理论家、音乐家、剧场设计师、城镇规划师——他还有许多身份。在他于1472年过世后，克里斯托福罗·兰迪诺很困惑："我应如何定义阿尔贝蒂？应将他归为哪类学者？我认为，他是自然科学家，探索自然的奥秘无疑就是他的使命。"[19] 最后这句话似乎也概括了列奥纳多，长久萦绕在我们心头。

阿尔贝蒂同样以举止优雅闻名，"高雅的化身"，人们如是称赞他。阿尔贝蒂认为，一个有涵养的人"必须精心修炼城中漫步、骑驾骏马、言行交谈这三项技艺"，但除此之外，还必须加上另一项技艺，"即这些都不应留下刻意的痕迹"。他是杰出的运动员——据说他能够站着起跳跃过人的头顶；他还能够在圣母百花大教堂内投掷硬币击中穹顶[20]——一枚约1450年打制的青铜徽章刻有他的自画像，上面的他英俊而五官端正，有着典型的西塞罗般的侧脸。体魄健美、衣着时尚、举止优雅、常配骏马，这些对列奥纳多也非常重要，也是他当时的形象的一部分，尽管他的身上还有乡村生活养成的粗糙朴素的另一面。

正如列奥纳多可能也注意到的那样,阿尔贝蒂是私生子。他的父亲是佛罗伦萨富商,出于政治原因被迫远走他乡,并在热那亚定居,1404年阿尔贝蒂于此地出生。与列奥纳多一样,阿尔贝蒂的私生子身份具有重要的两面性:他出身卑微,但这给了他一定的边缘性,使他免受家族传统与期望的束缚,长远观之反而有利。他的传记作者安东尼·格拉夫顿(Anthony Grafton)指出:"生来在账房遭遇的不公,驱使他在智识领域复仇。"[21] 他为自己开创了前所未有的职业,即为人们在建筑、科技、艺术和哲学等领域扮演"自由职业顾问"的角色。他以这个身份为教廷以及乌尔比诺和曼图亚宫廷服务,也为佛罗伦萨的美第奇和鲁切拉伊家族服务。当列奥纳多后来从佛罗伦萨的地平线眺望米兰的斯福尔扎家族时,他希望扮演阿尔贝蒂那样的角色。

对布克哈特来说,阿尔贝蒂是意大利人文主义闪亮的新光芒。但他身上也有怀疑和自我怀疑的层面,我已经暗示了这是文艺复兴精神的一部分。他常年与抑郁这个魔鬼斗争,格拉夫顿说:"他是一位自我创造的走钢丝演员。"春天和秋天使他陷入抑郁,因为鲜花和果实让他感到他的成就有多么渺小——"巴蒂斯塔,"他会告诉自己,"现在轮到你承诺为人类做出些贡献了。"这种一事无成的感受也会常常萦绕在列奥纳多心中,这是文艺复兴精神极度膨胀的负面结果,若可能性是无限的,那么能够实现的永远只是一部分。[22]

另一位列奥纳多在笔记中提到的上了年纪的大师叫保罗·达尔·波佐·托斯卡内利。他生于1397年,以天文学家、占星术士、数学家、地理学家、医生和语言学家等身份闻名,他是佛罗伦萨科学界的老前辈。早在15世纪20年代,他就是布鲁内莱斯基的朋友,据瓦萨里说,他还帮助他的这位建筑师好友设计圣母百花大教堂的穹顶。托斯卡内利和阿尔贝蒂的关系也很亲密,阿尔贝蒂为他创作了妙语连珠的组诗《晚餐集》,以"纪念我们长久的友谊"。托斯卡内利的大部分作品现已失传,只有一篇长手稿幸存,这基本是他亲笔撰写的,并与"佚名作者"的传记小品藏于佛罗伦萨的同一处。托斯卡内利手稿的拉丁文标题可译为《保罗·托斯卡内利为测量彗星而辛苦劳动、彻夜不眠》;它包含了对各种彗星轨迹的极其精确的测量,包括 1456 年哈雷彗星的记录。[23] 人们认为这些通宵达旦的工作是新经验主义的特征:坚持直接观察,积累原始数据,检验并质疑古代智慧——托斯卡内利是列奥纳多成为"经验的学徒"的早期榜样。今天,他最著名的身份是地理学家和制图学家,他对古老的托勒密世界地图持怀疑态度,从而为哥伦布发现美洲做出了贡献。约 1474 年,托斯卡内利写信给葡萄牙教士费尔南·马丁内斯,借助一幅地图向他说明,葡萄牙通往亚洲最快的路线是在伊比利亚的纬度上向西穿越大西洋(那时叫"大洋海")。哥伦布很有可能通过他与葡萄牙国王的关系了解了这一点。

波利齐亚诺这样描述托斯卡内利:"保罗双脚丈量地球,心灵遨游星空,平凡而不朽。"[24] 这优雅的比喻极好地概括了这位文艺复兴科学家的抱负。

阿尔贝蒂和托斯卡内利诠释了何为"文艺复兴人",当时可能没有这种称谓,但人们可能在 15 世纪 60 年代中叶的佛罗伦萨可以观察到这种理念,用兰迪诺的话说:"人生来就是为了探索大自然的奥秘。"他们的名字对 14 岁的工作室学徒列奥纳多·达·芬奇产生了多大的影响我们不得而知——列奥纳多当然是后来才提到他们——但他们是列奥纳多所呼吸的空气的一部分,为文艺复兴时期的大脑提供养分充足的氧气;他们为他的多学科职业生涯勾勒了蓝图,也成为他所遵循的传统。他在韦罗基奥工作室接受训练时,肯定读过阿尔贝蒂的著作《论绘画》,也曾心怀敬仰地站在新圣母玛利亚教堂和鲁切拉伊宫殿精致典雅的外墙前。

佛罗伦萨的画家和雕塑家觉得他们是这股新的探索精神的一部分,尽管在艺术发展上,那时更接近于一个转折期,而非艺术成就的高峰时期。主导了 15 世纪中叶艺术发展的大师们,此时或是垂垂老矣,或是已经过世,这些艺术大师中,安吉利科修士逝世于 1455 年,安德烈亚·德尔·卡斯塔尼奥逝世于 1457 年,而多梅尼科·韦内齐亚诺逝世于 1461 年(在此提到多梅尼科·韦内齐亚诺,是希望说明他并不是如瓦萨里绘声绘色地谣传的那样,被卡斯塔尼奥谋杀了)。当时的杰出雕塑家,影响力波及芬奇镇的多纳泰罗,逝世于 1466 年。麻烦缠身的菲利波·利比修士已经彻底离开佛罗伦萨,他余生在斯波莱托绘制大教堂壁画,1469 年在那里逝世。伟大的透视画法实践者保罗·乌切洛也已精疲力竭，他在1469年的纳税申报单上悲伤地写道："我老了，身体虚弱，没有工作，妻子也病倒了。"[25]

15世纪60年代中期崛起的新生代艺术家是才华横溢的专业人士，尽管他们不是昔日的伟人。当时重要的工作室主要有韦罗基奥（那时他以雕塑为主）的、波莱沃洛兄弟安东尼奥和皮耶罗的、多纳泰罗的学生内里·迪·比齐的、安吉利科修士的学生贝诺佐·戈佐利的、科西莫·罗塞利（Cosimo Rosselli）的，还有极为成功的卢卡与安德烈亚·德拉·罗比亚工作室，他们专门出产釉陶作品。还有一些逐渐崭露头角的年轻新秀值得期待：例如桑德罗·菲利佩皮（Sandro Filipepi），他还有个更家喻户晓的名字——波提切利（生于1444年左右）；还有专长壁画的多梅尼科·吉兰达约（生于1449年），他像是视觉记录者，用绘画记录佛罗伦萨生活。不久后，列奥纳多会通过激烈竞争但又紧密合作的工作室圈子，与上述不少艺术家熟络起来。米开朗琪罗和拉斐尔那时尚未出生，而乔尔乔·瓦萨里，那位伟大的佛罗伦萨艺术编年史作家，也没有出生。

安德烈亚的工作室

当我们谈论列奥纳多"进入安德烈亚·德尔·韦罗基奥的工作室"时，我们应避免提出"什么是艺术家的工作室，它看起来是怎样的"这类无关紧要的问题。在列奥纳多的时代，通常使用的是"bottega"一词，基本指的是商铺或工作坊，这个词很好地描绘了韦罗基奥工作室真实的日常状态：这是一个致力于生产艺术品的作坊，甚至是一个小工厂。有些工作室有专长，而韦罗基奥工作室绝非如此，多年来，这间工作室产出不同规格尺寸的绘画，大理石、青铜、木材和陶瓦等材质的雕塑，金器、银器和铁器，墓碑、嫁妆柜、长枪比武使用的三角旗、纹章徽章、整套盔甲，以及戏剧布景和戏服等——肯尼斯·克拉克则将之称为"韦罗基奥公司"。

从瓦萨里开始，人们就倾向于认为韦罗基奥更像一位工匠大师，而非"伟大的艺术家"。"韦罗基奥的雕塑与绘画风格往往是僵硬而粗糙的，"瓦萨里认为，"因为它来自不懈的学习，而非与生俱来的艺术天分。"[26]

虽然韦罗基奥以雕塑家闻名，但他曾接受金匠训练，也曾是金匠行会成员。他跟随布鲁内莱斯基、多纳泰罗、吉贝尔蒂、安东尼奥·德尔·波莱沃洛和吉兰达约等人的脚步，他们在职业生涯最初也都接受了金匠训练。他的老师叫弗朗切斯科·迪·卢卡·韦罗基奥，所以他其实是继承了老师的姓氏作为艺名，他的真名是安德烈亚·迪·乔内（Andrea di Cione）。学徒沿袭老师的姓氏并不少见——在行业范畴内成为他的"儿子"——这是入行的象征，例如"皮耶罗·迪·科西莫"这个名字说明他是老师科西莫·罗塞利的"儿子"。在最早提到韦罗基奥乃是独立艺术家的地方，他被称为韦罗基奥或"小韦罗基奥"，他也是当时最著名的艺术教师之一。他的学生和助手包括画家彼得罗·万努奇[Pietro Vannucci，人称佩鲁吉诺（Perugino）]、画家洛伦佐·迪·克雷迪（Lorenzo di Credi）、雕塑家阿尼奥洛·迪·波罗（Agnolo di Polo），当然还有列奥纳多。韦罗基奥似乎与许多独立艺术家保持着良好的关系，例如波提切利、吉兰达约、弗朗切斯科·波蒂西尼（Francesco Botticini）、比亚焦·德·安东尼奥（Biagio d'Antonio）和弗朗切斯科·迪·西莫内·费鲁奇（Francesco di Simone Ferrucci），所有这些人都曾与他的工作室有过联系。

韦罗基奥的工作室位于城墙以东的圣安布罗吉奥教区。他是本地人——在这里土生土长，逝于威尼斯，但遗体被运回这里，并安葬在教区教堂中，就在父亲的旁边。他大约出生于1434年至1437年，30岁左右时成为列奥纳多的老师。有记录说他的父亲米凯莱是窑工——和列奥纳多的继父阿卡塔布里加从事的职业一样——他的兄长西莫内进入教会工作。韦罗基奥家族的祖屋如今依然矗立，根据文献推断，是位于阿尼奥洛大街和马奇大街西北角的那栋高楼。韦罗基奥的工作室就在附近，在吉贝利纳大街上，紧邻着令人望而生畏的无窗的斯廷切市监狱，监狱的位置上现在是威尔第歌剧院。[27]

列奥纳多开始学徒生涯的工作室距离巴杰罗宫对面的塞尔·皮耶罗办公室只有几步之遥,可见佛罗伦萨城市布局之紧凑——家与工作的地方很近,人和人之间都是步行可达的距离——但这座拥挤的城市存在着隐形的社会边界。当你从设施齐全的市中心步入拥挤的工匠社区圣安布罗吉奥教区时,你已跨越了某种边界。街道的名字透露出一丝当地的特色——"鼠尾草街",曾出售鼠尾草与其他草药,我们可以感受到那里的气味;隔壁街区专售陶土器皿,你去"陶锅街"可以买到双把蒸煮小饭锅;在"洗衣盆街"可以买到较大的清洗盆。教堂北边的砌砖街可能是窑工米凯莱·迪·西莫内的工作地点。向东朝城墙走去,你会到达两座阴森的女修道院——为被监禁或归隐的修女而设,女修道院有 150 名修女,她们制作金银刺绣打发时间,萨伏那洛拉为此谴责过她们。这两座修道院隔壁是圣韦迪亚纳修道院,以杰出的归隐修女、来自卡斯特尔菲奥伦蒂纳的圣韦迪亚纳命名,她是一位 13 世纪时的修女,传说她在一间封闭的牢房中生活了 34 年,只有两条蛇相伴。穿过城门——十字门——是一片空旷的绿地,列奥纳多一定常去那里理清思绪。[28]

我们无法得知安德烈亚工作室具体是吉贝利纳大街上的哪栋建筑,但我们能大致勾勒其轮廓。典型的工作室是位于一楼的一个大而开放的空间,通向街道,工作室后面或楼上通常是学徒起居的地方。如果我们在圣安布罗吉奥教区和圣十字教堂之间漫步,还能看到工作室的遗迹。我们可以在砖砌建筑中依稀看见古老的拱形入口,建在那里的比萨店、自助洗衣店或者汽车维修店还留存着工作室内部空间的形貌:拱形天花板很低,工作空间横向延伸到整栋建筑的宽度,可以一瞥后面的院子。站在卡西内大街的路口,我们依稀能听见锤子的敲击声,似乎也能看到焊工星点的火光。列奥纳多于 1466 年左右首次体验艺术生活:体力活,被灰尘和噪音包围,清漆和溶剂散发出刺鼻气味,这里更像是车库,而非工作室。

那时恰逢安德烈亚·德尔·韦罗基奥迎来他艺术生涯的首次高峰。1467 年是颇为繁忙的一年,他完成了科西莫·德·美第奇在圣洛伦佐教堂的墓地,并开始制作他的雕塑杰作:为圣弥额尔教堂的一个外部壁龛打

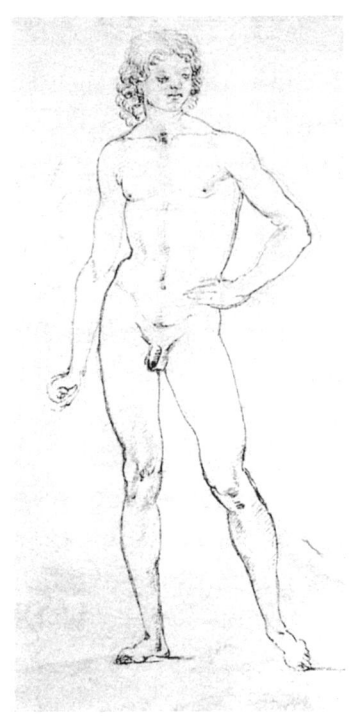

(左)韦罗基奥的《大卫》铜像,约1466年。(右)费鲁奇速写本中,以大卫姿态站立的男青年素描。

造的大型铜质群像《基督和圣托马斯》(Christ and St Thomas)。这两个项目都有丰厚的佣金。铜质群像是颇有权势的商人法庭委托制作的,法院专门审理涉及行会成员和商人的案件,具有很高的威望,这个组织与他的"好友"塞尔·皮耶罗也有联系。他还参与铸造和安装圣马可修道院的一座巨型铜钟,后来这座钟以萨伏那洛拉的追随者命名,叫"哀号者"(La Piagnona)。

韦罗基奥制作的另一尊著名铜像,根据最近的考证也被追溯到这一时期,特别令人感兴趣的是,列奥纳多可能是这尊铜像的模特,这就是韦罗基奥的《大卫》(David)。铜像高约4英尺,将大卫塑造成一个结实、留着一头卷发的年轻人,他脚边是砍下的留着浓密胡须的歌利亚的头颅。在大卫的短靴、盔甲和头发上,留下了很可能是大面积镀金的痕迹。韦罗基奥的《大卫》现存于巴杰罗宫,距离雕刻地点仅几百码。推测的铸造时间大概在15世纪70年代中期，因为洛伦佐·德·美第奇（Lorenzo de' Medici）1476年将它卖给执政团；但是研究韦罗基奥的专家安德鲁·巴特菲尔德（Andrew Butterfield）认为，作品的风格说明其完成时间应早得多，大约在1466年；这尊铜像可能是受洛伦佐的父亲皮耶罗委托，为位于卡勒吉的美第奇别墅花园打造。[29] 如果他推断的时间准确，那么这尊铜像创作于列奥纳多初到工作室时。韦罗基奥让新来的学徒当少年战士大卫的模特，还有什么比这更自然的事吗？所有早期的传记作家都指出，少年列奥纳多俊美异常。如果从视觉上对比这尊《大卫》与列奥纳多在《博士来朝》中插入的很可能是他自画像的样子，这种猜测就更有说服力。尽管没有任何早期文献支持这一观点，但很可能韦罗基奥雕刻的这位优雅、苗条、留着小波浪卷发的少年，正是14岁的列奥纳多。

若果真如此，我们又能获得一幅列奥纳多的肖像，虽然是二手的。这幅年轻裸体男子的金属笔素描，站姿和韦罗基奥的《大卫》一模一样，该画现藏于卢浮宫。这原是佛罗伦萨雕塑家弗朗切斯科·迪·西莫内·费鲁奇速写本中的一页，现在已经脱落。在速写本的另一页，费鲁奇指出，洛伦佐·迪·克雷迪——韦罗基奥的另一个学生——给他提供了一些韦罗基奥的"模特"（黏土人像、绘画、模型）供他复制。在另一页画着一个天使素描的纸上，有一行从右往左写的笔记，字迹像极了列奥纳多的。这个速写本的使用时间无法确定，其中提到了克雷迪，所以不可能早于15世纪70年代末，还有几页写下的内容是1487年至1488年的。[30] 这幅素描不像是对大卫模特的直接写生，很可能是费鲁奇临摹的韦罗基奥为制作《大卫》而绘的底稿。在筛选和推敲了信息，又注入一些想象后，我们看到少年列奥纳多·达·芬奇赤身裸体地站在吉贝利纳大街的工作室里。

没有什么能比韦罗基奥1488年去世后留在他的工作室的财产清单更突出或更辛酸地表达了这位佛罗伦萨艺术家工作室的现实。此处所说的工作室已不在吉贝利纳大街上了——1480年以前，他搬到离市中心更近的大教堂附近——但新工作室的具体地址并不重要。我如实转述这份清单，风格原封不动。他留下了：一张羽绒床、一张白床罩、一张床垫、两床被罩、一个彩绘床架、一张餐桌、一张餐桌用的长凳、一个打井水用的水桶、一个储粮柜、一罐油、三个大木桶盛着十四小桶的红酒、一大桶醋酒、一个教堂穹顶的模型、一把精致的鲁特琴、一本用本地语言写的《圣经》、一本《百篇小说集》(Cento novelle)手抄本、一本印刷版《莫斯奇诺》(Moscino)、彼特拉克的《胜利》(Trionfi)、罗马诗人奥维德的《书信集》(Pistole)、一幅安德烈亚的头像、一尊赤陶婴儿雕塑、一幅巨幅画、一个球体、两个陈旧的箱子、一尊圣约翰人像、两对价值十五弗洛林的风箱、两对小风箱、两尊半浮雕头像、一张铁砧板、一尊圣母玛利亚塑像、一幅侧脸像、两把斑岩杵、一对钳子、一块皮斯托亚红衣大主教的墓碑、一尊大型人像雕塑、三座粗灰泥制的丘比特裸像及它们的泥塑模型、各种大小的锤子、一个放着各类铁质工具的窑炉、大量松木和其他种类的燃木、五个制作大小不一的炮弹的模具。[31]

在这些家用杂物和从业设备中，有几样东西很吸引眼球。"精致的鲁特琴"证实了瓦萨里关于韦罗基奥是名音乐家的说法，列奥纳多的音乐才能有可能是在韦罗基奥的鼓励下培养起来的。清单中的书籍也让我们了解到工作室的精神内涵。其中有三本是具有文学价值但很受欢迎的文学作品：休闲读物。《百篇小说集》是14世纪佛罗伦萨小说家弗朗哥·萨凯蒂（Franco Sacchetti）创作的故事集，基本模仿了薄伽丘。彼特拉克的《胜利》是三行诗节的教化诗。还有奥维德的《书信集》，可能由卢卡·浦尔奇（Luca Pulci）翻译成意大利文，1481年在佛罗伦萨出版；列奥纳多后来也有一本，他还有一本奥维德的《变形记》(Metamorphoses)。[32] 韦罗基奥的清单提到的另一本书——"印刷版《莫斯奇诺》"——可能是莱昂·巴蒂斯塔·阿尔贝蒂的《苍蝇》，这是一本根据琉善的《苍蝇赞》创作的幽默作品。

清单上提到的画像或自画像（安德烈亚的头像）同样令人着迷，这不太可能是乌菲兹美术馆中的那张油画半身像——那是一个皮肤黝黑、嘴唇很薄、表情相当阴沉的男人。很多人认为这画的是韦罗基奥，但画中人物更像韦罗基奥某段时期的学徒佩鲁吉诺，因为该画和佩鲁贾汇兑协会宫收藏的佩鲁吉诺签名自画像惊人地相似。[33] 瓦萨里的《艺苑名人传》中配有一幅木版画像插图，显然画的是中年的韦罗基奥。在这些16世纪60年代末大批制作的木版画中，有一些是纯粹凭想象完成的肖像，但在此它把我们带往另一幅画。木版画人物的面部与乌菲兹美术馆中一张线条有力的素描如出一辙，后者无疑是韦罗基奥派的作品。画中人很有可能是韦罗基奥，画中的他40岁左右，并不英俊——宽脸、双下巴，性征有些模糊——但双眼炯炯有神。这应该不是物品清单上的那幅"头像"（它被描述为"quadro"，因此是一幅彩绘的画像），但两幅画可能有关联。这就是我们最接近列奥纳多老师韦罗基奥的画像了。

学手艺

> 许多人希望学习绘画，也享受绘画，却不具备真正的天赋。这种缺乏天赋表现在他们欠缺持之以恒的态度，像有些男孩，画什么都心急，他们从不把画画完整，也不认真打阴影……
>
> ——《巴黎手稿G》，fol. 25r

列奥纳多在工作室，除了当杂役和初级工，还可能是模特，他也是一名学徒，接受安德烈亚老师的专业培训。一份1467年起草的合同告诉我们，学徒需要掌握和学习什么。合同上写道，帕多瓦地区的画家弗朗切斯科·斯夸尔乔内需要教学生"平面的原理，按照我的方法画线条"，以及如何"在平面上放置人物"，他还要传授如何"在平面上放置物体，例如椅子、长凳或房屋"，以及如何将人的头部"用透视画法等大缩小"，还有"裸露的身体系统"。[34] 因此，概括来说，学徒要学习透视画法和人物写生。斯夸尔乔内也承诺，"学徒们将纸不离手"，而且"会为他们提供模特"。这些"模特"可能是斯夸尔乔内自己的作品，也可能是实物和真人。学徒会花很多时间临摹老师的"范本"。

由于纸张昂贵，学生们在练习时也会用覆盖了涂料的木质画板，配合使用有金属头的尖笔。切尼诺·切尼尼（Cennino Cennini）在他的著名作品《艺术手册》(Libro dell'arte)中建议,可以使用"长宽各9英寸见方的小块黄杨木画板",画板用"金匠用的那种墨鱼骨粉"打磨平滑,然后涂上一层用唾液湿润的骨灰——骨灰可使用鸡骨头制作,他的建议是"在餐桌下找到的那种"就行。[35] 列奥纳多最初的纸上绘画显示,他习惯先使用铅笔或银尖笔画出线条,然后再用墨水笔填好线条。

绘画能力是当时艺术教育的基础。瓦萨里强调了这一点,他明确指出塞尔·皮耶罗安排列奥纳多跟随韦罗基奥"学习绘画",而当列奥纳多成为老师后,他自己也强调这一点。根据保罗·焦维奥的说法,"列奥纳多不允许20岁以下的年轻学徒接触笔刷和颜料,只允许他们用尖头铅笔练习,勤奋临习古人的最佳范例,并以最简单的线条描摹自然之力、勾勒躯体线条"。[36] 这种练习方式在韦罗基奥忙碌的商业化工作室中不太可能实现——列奥纳多肯定在20岁前就开始作画了,但这说明他在韦罗基奥的严格训练下,掌握了金属尖笔的绘画技巧。韦罗基奥是他能找到的最好的老师,也可能是佛罗伦萨那一代匠人中最杰出的绘画者。瓦萨里闻名于世的收藏中也包括韦罗基奥的一些作品,包括"以极大的耐性和极高的判断力"完成的作品,其中"有几个有着可爱表情和头发的女性头像,列奥纳多总是在临摹她们的美"。这样的例子不胜枚举,瓦萨里使用的"总是"一词不仅仅是修辞说法,大英博物馆收藏的一幅韦罗基奥用黑色粉笔绘制的肖像画,与列奥纳多30多年后绘制的《丽达与天鹅》素描密切呼应。[37]

瓦萨里也拥有一些列奥纳多的习作,包括早期在亚麻画布上描绘垂褶布的练习。他认为,这些习作是列奥纳多当工作室学徒时的作品:"他制作黏土,将粘着石膏的破布搭在人像上,然后在上等兰斯布或者准备好的亚麻布上煞费苦心地把它们画出来。这些画作是黑白两色的,并且以尖笔勾勒而成,效果惊人,人们可以从我书中列举的例子看到。"一些早期练习绘制垂褶布的习作流传至今,其中一部分可与乌菲兹美术馆中的《天使报喜》联系起来,这可能是列奥纳多现存最早的油画作品(约1470年至1472年)。[38] 牛津大学基督教会学院收藏的一幅画,是《天使报喜》中天使袖子的习作,可能是一张更大的对开纸的一部分,原本上面很可能还有头部(可能是天使的头部),因为素描右边的空白处仍可见几缕长卷发。

一幅列奥纳多画在亚麻布上的垂褶布习作。

这个袖子与圣真纳罗天使赤陶雕像的袖子也极为相似,这座小型雕像近来被证实是列奥纳多做的(彩图 8)。

列奥纳多在这方面的才华先于极为注重垂褶布的风格主义画家展现出来。"他不仅是在磨炼画技,"亚历山德罗·韦佐西说,"他将其所有潜在的抽象性和力量都展现了出来。"[39] 这些垂褶布习作的放大版本看起来就像他后来所画风景中的岩石和山川。描绘布料的课题一直磨炼着他,《论绘画》有一个标题为《论裙子、垂褶布及皱褶》的章节,他在其中指出,布料"必须合身,而不能看起来像一捆空洞的布料",因为那只是"被填满的布"。他继续总结在视觉上的区别:

> 薄衣服,厚衣服,新旧衣服;褶皱或破碎或整齐;柔和的褶边,打上阴影抑或是淡淡的阴影,是否画出反光,笔触流畅还是反复,均要按照其层次和颜色决定。衣服根据层次与长短,再依照人物动作,决定是飘逸还是笔挺,例如是贴合身体,还是起伏飘动。[40]

另有一幅画着百合花的列奥纳多早期习作(彩图 3)也让人联想到《天使报喜》。他先用黑色粉笔画出清晰的形状,再用墨水笔润色,并用深褐色打底,用白色颜料在各处打上高光。它和《天使报喜》里的百合花很像,但这幅画并非《天使报喜》中的百合花的习作,因为这幅画中的花朵朝另一个方向倾斜。它更像是现藏于伦敦英国国家美术馆中韦罗基奥的《圣母子和两个天使》(*Madonna and Child with Two Angels*)中的百合花，但这幅画被裁剪过，只能看见花的局部。这幅画在纸的下方三分之一的部分有一些模糊的线条，影本上很难看到，线条似乎是几何透视图，更说明这是学徒时期的作品。

学徒课程的另一部分是用黏土和陶土制作模型。瓦萨里说，"年轻时的"列奥纳多"用黏土做过多个微笑女性的头像，这些头像现在还在被人用石膏翻模，他还做过一些儿童头像，就像一个老练的艺术家"。这些"微笑女性的头像"已经毫无踪迹，虽然韦罗基奥不朽的雕塑作品中包括很多丘比特裸像，但没有证据表明其中有列奥纳多的作品。

列奥纳多早年的雕塑生涯是个谜。有一尊漂亮的赤陶头像《少年基督》(*Youthful Christ*)被认为是他的作品，但是其年代仍有争议，这是一件早期习作，还是在15世纪90年代中叶完成的作品？（它与《最后的晚餐》中耶稣门徒的一些习作密切相关。）它也可能是后来乔瓦尼·保罗·洛马佐收藏的"小脑袋"：

> 我还有一尊少年基督的小型赤陶头像，由列奥纳多·芬奇亲手雕刻。我们在那上面能看到少年基督的朴素纯洁，也透着一些智慧、聪明和威严的特质。他有着年轻人亲切的一面，又像智慧的老人。[41]

关于列奥纳多作为雕塑家的活动，洛马佐有一些有趣的事要说，因为他曾读过一份现已遗失的手稿，列奥纳多在手稿中谈及雕塑，说雕塑是"绘画的姐妹"，而且还说："我曾因她而感到愉悦，我现在仍因她感到愉快。"列奥纳多又举了一些例子，"证明"他作为雕塑家而付出的诸多努力，"[我制作了]马、腿、头像、[栩栩如生的]圣母像、完整或局部的少年基督、许多老人的头像"。[42] 假设洛马佐如实地转述了这份遗失的手稿，这段话使我们想到《大西洋古抄本》中一份书写时间大约在1482年的著名清单，当时列奥纳多整理了他去米兰前已经完成的作品，其中的一些"许多老人的头像""许多全身裸像",还有"许多腿、脚以及各种姿势"——这些可能是指雕塑或黏土模型,而不是画稿。[43]

他可能还学习了如何制作模型,以及如何雕刻浮雕。卢浮宫现藏两幅天使赤陶浅浮雕肯定是韦罗基奥工作室的作品,有人认为它们是由列奥纳多制作的,因为它们与画作《基督受洗》中的天使相似。瓦萨里提到了韦罗基奥创作的一幅青铜浅浮雕,刻画了骁勇善战的波斯帝王大流士。虽然它已丢失,但几乎可以肯定的是,现藏于大英博物馆的一幅充满表现力的金属尖笔素描——列奥纳多的战士侧面像——记录了浮雕原本的样貌。[44]

金属尖笔素描,战士侧面像,可能以韦罗基奥浅浮雕为基础。

从写生、学习透视到制作黏土模型,学徒的最终目标是绘制油画。我们无法确知韦罗基奥何时开始接触油画,也不知道他的老师是谁;能够证明他是画家的文献最早可追溯到1468年,他当时向商人宫递交了《七大美德》系列画稿,但很可能他在此之前就已经活跃于画坛了。[45] 他的工作室主要制作中小尺寸的圣母子画像,其中有许多具备我们现在所说的"韦罗基奥风"。对这些画像产生直接影响的"先驱"是菲利波·利比修士笔下甜美、散发着柔光的圣母,并且通过他,这些画像也受到了尼德兰画派的影响。这些画像追求美感,但在体积和动作方面也有从韦罗基奥作为雕塑家的作品中衍生出来的强健感。现藏于柏林的《圣母和圣子》(Madonna and Child),一尊制作时间大约在1468年的小型半身雕塑,是展现这种风格的最早作品。其他的例子还有藏于爱丁堡的《拉斯金圣母》(Ruskin Madonna)、藏于伦敦英国国家美术馆的《圣母子和两位天使》、藏于佛罗伦萨学院美术馆的《海洋圣母》(Madonna of the Sea)、藏于华盛顿的《抱婴圣母》(Dreyfus Madonna)、藏于慕尼黑的《康乃馨圣母》

(*Madonna of the Carnation*)。这些画中的大部分可追溯至 15 世纪 70 年代初期到中期，它们都是板面绘画，画在木板上，当时画布还没有被用作底材。没有任何证据能证明，韦罗基奥工作室曾接过制作壁画的工作，那毕竟是吉兰达约工作室的专长。

但早在列奥纳多将画笔落在木画板上之前，他就已经在绘画的基本原理方面下了苦功夫。他必须了解不同类型木板的适用性，包括白杨木、胡桃木、梨木、花楸果木；在上述木材中，工作室主要选用白杨木，尤其是银白杨木。这是一种廉价、耐用的木料，也是木匠和细木工人常使用的木料。他还要学习如何准备不同种类的石膏，把以石膏为基础的白色胶涂料涂在木板表面，为未来在上面涂油彩提供"场地"，最后一步是将丝绸般柔滑的石膏底料刷在光滑雪白的木画板表面上，这层石膏具有极低的吸墨性。随着时间推移，列奥纳多会尝试制作更复杂的特制石膏：

> 在木板上涂上二次蒸馏的白色松节油和乳香脂……再覆上两至三层烈酒，酒在使用前需先用它溶解砒霜，或其他具有腐蚀性的升华物。然后涂上煮沸的亚麻籽油，使其可以彻底渗透每一寸木板，并在冷却之前，用布充分擦干木板。再在这上面用棍子涂上一层白色的液态清漆，最后用尿洗净。[46]

准备完毕的木板已经为下一道程序做好准备：将预备的草稿转移到一片空白的画板表面。作画常会用到构图完整的全尺寸草稿，即"卡通"（cartoon，源自意大利文 cartone），意思为一大张纸。画家会在草稿的轮廓上"刺"几个小孔，我们在很多油画上都能看见这类穿孔。将稿纸平整地在木板上固定好后，把木炭或浮石的精磨粉末撒在上面，这个过程叫作"透印"（pouncing），这个词其实是"浮石"（pumice）一词的变体。粉末穿过草稿上的孔，在木板上留下痕迹，这时就可以开始作画了。

按照传统，列奥纳多最先接触的画法是蛋彩画法，虽然油画很快就将成为新的主要作画方式。"蛋彩"（tempera）是一种黏合剂，能将颜料粉末"调和"（temper）至可用的状态，但在 15 世纪该词通指蛋液：将颜料与新鲜蛋黄混合——若是在手稿上作画,则使用蛋清——并加水稀释。蛋液很快就能干透,虽然有些颜色风干后比湿润时要淡一些,但颜色持久牢固,不易褪色。佛罗伦萨光彩夺目的壁画组画——马萨乔在卡尔米内的作品、戈佐利在美第奇宫的作品、吉兰达约在圣母百花大教堂的作品——全部是在新鲜湿润的石膏上使用蛋液绘成的。在工作室的日常声音和气味中,我们必须加上鸡的叫声与气味,一个繁忙的工作室在绘画时一定会用到鸡蛋。

油画技法早已确立——这是从尼德兰引进的绘画技术——但仍只是在最后才使用,用厚重的透明釉料修改不透明的蛋彩层,属于对蛋彩画的修饰。[47] 列奥纳多正处在两种技法的交会时期,他从传统蛋彩画起步,很快就对绘制色泽丰富的油画产生了热情,也成了油画大师。他意识到油画颜料在勾勒轮廓和绘制光影时的细腻和精妙。蛋液易干,这意味着你不得不用线条来绘制阴影,这被称为"线影法"或"交错线影法"。但油画的笔触更有层次,能够画出深度的色调和复杂的光影——列奥纳多作画时的标志性手法"晕涂法"。而且,绘制油画时不必着急,这对追求完美的列奥纳多至关重要。

学徒还需精通深奥的颜料知识:制作颜料的原材料、准备方式、混合效果。有些颜料用本地土壤(赭石、棕土、锡耶纳土)制成,而有些源自植物(植物黑),还有一些是有毒但相当简单的化学制品(铅白、铅锡黄)。这些构成了画家调色板的基础。传统调配肉色的方式是用黄赭石、植物黑和铅白,切尼诺称这种颜色为 verdaccio。

但是画家和他的客户向往的绚丽色彩,有时需要更加稀有和独特的材料。在早期意大利绘画中,有一种富有生动诗意的蓝色的颜料备受青睐,这种颜料被称为群青,由青金石研磨制成;青金石也被称为"蔚蓝的石头"(stone of azure,拉丁文是 lazulus,从波斯文 lazhward 演变而来)。青金石是自然产生的硅酸盐,富含硫黄。"群青色"听起来像是一种比海蓝色更深的蓝,但实际只是表示这是"从海外来"的。这是进口货,贵得吓人,于是成了一幅油画的价值和声望的代名词。在吉兰达约的《博士来朝》(1485 年)的合同中,规定"蓝色必须使用群青色,价格约每盎司 4

弗洛林"——尽管这种要求在逐渐消失,普鲁士蓝和石青色等更便宜的替代品正变得越来越普遍。[48]

另一种从矿物中提取的重要颜料是孔雀石绿,常用来画风景和树叶。[49]

还有一种鲜艳的朱砂红(vermiglio),由朱砂——一种红色硫化汞——研磨而成。这个词源自拉丁文 vermiculus,意为"小虫子",因为朱砂红很像胭脂虫萃取物。还有一种虫是"湖蓝色"的原料,这种颜料被添加到粉末颜料中,可形成富有光泽的釉料。

调制独特颜色的配方,在切尼诺的《艺术手册》和吉贝尔蒂的《回忆录》这两本流行的手册中十分常见。列奥纳多的手稿也记录了许多。在《大西洋古抄本》中,列奥纳多用早期作品中那种花哨的装饰性字体写道:

> 将绿色颜料[也就是孔雀石]与沥青混合,能使阴影更深。如果想要较浅的阴影,则需要在绿色颜料中混合黄赭石;如果想要更浅的话,就混入黄色颜料;如果要高光,就用纯黄色。然后将绿色和姜黄色混合,用来上釉……如果想画出美丽的红色,就用朱砂,或是红页岩,或烧过的赭石来打深色阴影。较浅的阴影部分,就用红页岩和朱砂,高光部分,就用纯朱砂,最后用湖蓝色上釉。[50]

这些颜料的原材料向我们解释了,为什么画家是医师和药剂师行会的成员。药剂师有各种稀罕物,你在他们那里能买到香料、麻醉药、草药、药水和药物,老式意大利药房仍自称香料铺。画家从弥漫着辛辣味的地方购买用来绘画的香料。在佛罗伦萨,专门提供颜料的还有圣吉乌斯托-阿尔-穆拉区的英格舒拉蒂修士们。据记载,菲利波·利比、波提切利、吉兰达约、米开朗琪罗都是他们的顾客,列奥纳多也不例外,他在1481年夏天花了4里拉,"从英格舒拉蒂修士们那里买了1盎司蓝铜矿"。[51]

这些都是见习画师需要掌握的专业知识,但是还有一些不那么明确的知识需要学习。除了是艺术工坊,工作室还是艺术家的出没之地,也是讨论与聊八卦的场所,是新技术和思想的温床,是未受正规教育的列奥纳多的"大学"。

桑德罗·波提切利与韦罗基奥画风的形成关系密切。他是一名独立画家,但是他的早期圣母子木版画受到韦罗基奥画风的影响——也可能是韦罗基奥受到波提切利影响。我们无从得知韦罗基奥接受了什么样的绘画训练,他可能当时准备向这位年轻艺术家学习。波提切利是画坛前辈菲利波·利比的徒弟,并在利比于1469年过世后,成为利比的私生子菲利皮诺的老师。15世纪60年代末70年代初,列奥纳多的画技逐渐成熟,波提切利肯定对他产生了重要的影响——《天使报喜》中的天使芭蕾舞者般的姿态正是波提切利擅长的。波提切利比列奥纳多年长七八岁,是个特别敏感的人,后来成为萨伏那洛拉的狂热追随者,而瓦萨里把他描绘为一个经常作弄别人的人。

我们很少见到列奥纳多对同时代艺术家的评论,但他评价过波提切

佛罗伦萨的同行们。左上:可能是安德烈亚·德尔·韦罗基奥的一名学生为他绘制的肖像画。右上:桑德罗·波提切利,来自他在约1478年创作的《博士来朝》,可能是其自画像。左下:彼得罗·佩鲁吉诺,绘于1500年的自画像。右下:洛伦佐·迪·克雷迪,绘于1488年的自画像。

利，语气出人意料地带有批评意味，他轻蔑地谈到波提切利所绘的"沉闷风景"，当他指出，"不要像许多人那样，将所有的树画成同一种绿色，即便它们远近相同"时，脑海中浮现的无疑是波提切利笔下不真实的神话般的森林。另一则批评是在列奥纳多提及波提切利的《天使报喜》时，他用幽默的方式抱怨，认为该画不够"端庄得体"："几天前，我看到一幅描绘天使报喜的画，但这天使似乎想把圣母赶出房间，动作带有我们面对憎恨的敌人可能会表现出来的攻击性，而圣母似乎要绝望地跳出窗外。"这幅画可能是波提切利在1490年左右为瓜尔迪家族的小礼拜堂绘制的《天使报喜》，画中蹲伏的天使可以被解释为具有侵略性，尽管这种解释是恶意的。类似的刻意批评也出现在一篇关于透视的评论中，他在开头写道："桑德罗！你没有说明为何第二层的景物看起来比第三层要低。"这指的是波提切利1500年画的《神秘的基督降生》（Mystic Nativity），画中天使的排列层次有悖透视原理。[52] 所有这些吹毛求疵看起来都很异常，这其中可能有心理因素，即渴望自己青出于蓝的愿望，凸显自我的不同之处。对列奥纳多来说，模仿是弱者的表现。

彼得罗·万努奇也是工作室圈子中的一位画家，因为他是佩鲁贾人，所以人称"佩鲁吉诺"。15世纪40年代末，他出生于佩鲁贾附近。在来到佛罗伦萨前，他曾跟一位翁布里亚的老师——可能是皮耶罗·德拉·弗朗切斯卡——学习，所以他不是列奥纳多那样的初级学徒。在1472年的一份佛罗伦萨档案记录中，他被冠以"Mag"（老师）的头衔。同列奥纳多一样，他也迅速转去创作油画。佩鲁吉诺和列奥纳多的名字一同出现在画家拉斐尔的父亲乔瓦尼·德·桑蒂斯的一首押韵叙事诗中：

> Due giovin par d'etade e par d'amori
> Leonardo da Vinci e'l Perugino,
> Pier della Pieve, ch'e un divin pittor...

这首诗大致是说列奥纳多和佩鲁吉诺是"两名少年，年龄相若，心心相印"。虽然二人中只有佩鲁吉诺是"非凡的画家"。[53]

韦罗基奥工作室中另一位有名气的学生是年轻英俊的洛伦佐·迪·克雷迪，他是金匠的儿子。他出生于 1457 年左右，比列奥纳多年轻，也是工作室的初级学徒。他最早被接受的作品是位于皮斯托亚的《圣母子、施洗者圣约翰和圣多纳图斯》(Madonna and Child with St John the Baptist and St Donatus)，大约从 1476 年开始绘制。这幅祭坛画的附饰画之一是小幅的《天使报喜》，显然是基于列奥纳多对这一主题的描绘，很可能由两人合作完成。[54] 1480 年，克雷迪的寡妇母亲在她的纳税申报单中陈述，洛伦佐在工作室中每年挣 12 弗洛林，这大概是基本工资，如果有特别的项目还有特定的工作报酬。15 世纪 80 年代初，韦罗基奥前往威尼斯后，克雷迪实际上成了工作室的负责人，韦罗基奥亲自点名他是工作室的继承者和管理者。[55] 瓦萨里说，韦罗基奥"爱"洛伦佐胜于其他学生——可能暗示他们是同性恋人的关系，但我们不知道这种说法是否属实。许多人宣称列奥纳多有同性恋情结，而且是在韦罗基奥的工作室里"学来的"，这种说法是没有切实根据的。

我们不清楚列奥纳多和佩鲁吉诺、克雷迪的关系如何。他的手稿中没有提到这一点，也没有提到他的老师韦罗基奥。吹毛求疵地批评或高傲地保持缄默都让我们感到，列奥纳多对他学艺初期所接触和所师从的艺术家并没有很强的感激之心。

最终，学徒做好了绘画的准备，实际上这仅意味着，他们做好了绘制画面的一部分的准备。在文艺复兴时期的工作室里，绘画由集体创作是约定俗成的。有些画虽是某一特定艺术家的作品，但实则他只画了作品的一部分，剩余部分是在他的监督下，由助手和学徒完成。有时候合同会限制作画人数，彼得罗·德拉·弗朗切斯科的一份合同规定，除了他本人，"其他画家不得执笔"。而菲利皮诺·利比不得不承诺，圣母百花大教堂斯特罗齐分堂中的壁画，必须"全部出自他之手，尤其是人物"。[56] 但总的来说，工作室的绘画并不完全由大师单独绘制。

韦罗基奥工作室最迷人的作品之一是小型木版画《托比亚斯和天使》(Tobias and the Angel)，现藏于伦敦的英国国家美术馆，大概绘于 1468

韦罗基奥的《托比亚斯和天使》。

年至 1470 年。托比亚斯（意大利文 Tobiolo）的故事被记录在杜撰的《多比传》中：这个故事讲述一个男孩为了治疗双目失明的父亲开始了一段冒险，在他的旅途中，大天使拉斐尔一直守护着他。这个故事具有传奇或童话的特点，肯定家庭价值的温暖内涵，已经成为流行的绘画主题。韦罗基奥版本的《托比亚斯和天使》正是诞生于这一时期的几幅作品中的一幅。他的版本与波莱沃洛兄弟和弗朗切斯科·波蒂西尼的版本非常类似，他们都画入了故事中的鱼和狗。波莱沃洛兄弟的作品是油画，也是三幅中最早的作品。韦罗基奥沿用了它的构图，[57] 他为两个角色注入了更多的能量和动感——风拂过他们的斗篷，托比亚斯腰带上的流苏巧妙地与远处的一棵小树融为一体。但韦罗基奥的天使翅膀画得不如波莱沃洛兄弟好，背景也很敷衍——韦罗基奥对风景没有感觉。

艺术史家大卫·A. 布朗（David A. Brown）认为，正是绘制风景画的技术局限从侧面证明了这幅画是合作作品，"韦罗基奥描绘自然的方式不够专业，但与预期相反，伦敦画板上的动物，就像画中的人物一样，胜过波莱沃格兄弟笔下的动物"。[58]换句话说，这些动物看起来太过生动，以至于不像是韦罗基奥的手笔。灰白色的鱼鳞闪闪发光，虽是以传统蛋彩画技法完成，但巧妙地捕捉到光影与表面。还有在天使身旁跳跃的白色小狗，两幅画都画了同品种的狗——博洛尼亚小猎犬——但韦罗基奥画中的小狗生动、警觉、步履欢快。它柔顺的长毛随风飘扬，描绘得非常精细，以至于整只狗看起来像半透明的。在小狗的身体下方，还可以看到早先画好的风景的线条。这只小动物仿佛是悬在纸上的全息图，宛若从童话中蹦出来的小狗（彩图4）。

狗和鱼显然不是韦罗基奥的手笔，他粗犷的雕塑般的风格体现在两个主要人物身上。狗和鱼出自助手之手，而这个助手肯定是列奥纳多·达·芬奇。将这幅画中卷曲的狗毛与列奥纳多绘于15世纪70年代初的天使的卷发相比较，就会发现它们非常相似。列奥纳多可能还绘制了托比亚斯的卷发，因为画中的托比亚斯与列奥纳多《天使报喜》中的天使拥有同样凌乱的额发。透过显微镜观察，可以发现托比亚斯耳边的卷发是用左手绘制的。韦罗基奥其他作品中的布料皱褶或风景中，也可能有列奥纳多早年留下的笔触，但这些是最早可被识别出来的——小狗、鱼、瀑布般的卷发，它们都是用精致且细腻的笔触完成的，这种笔触会随着时间的推移逐渐臻于完善，但这似乎已经成为这名杰出学徒的标志。

盛　景

1469年2月7日，一场马上长矛比武（giostra）在佛罗伦萨举行，为庆祝时年 20 岁的洛伦佐·德·美第奇开始参与公共生活，也庆祝他即将与克拉丽斯·奥尔西尼成婚（她是来自罗马的新娘，在这个时期是一个不受欢迎的选择）。他骑马率领骑兵队伍穿过街道，从美第奇宫来到举办马上比武大赛的圣十字广场。他的装备——丝绸、天鹅绒、珍珠、刻有雕镂图案的盔甲，还有那不勒斯国王赠予的白色战马——的华丽是不言而喻的，但让我们来看看他头顶飘扬的旗帜，这是专门为这个场合设计的"白色塔夫绸旌旗"。诗人路易吉·浦尔契（Luigi Pulci）这样描述旗子的设计图案："上方装饰着太阳，下方点缀着彩虹，一位女士站在中间的草堆里，身穿绣着金银色花朵的古风长袍"，画面背景"是一棵月桂树的树干，上面有几根枯萎的树枝，其间只有一根绿色的树枝"。[59]"月桂树"（lauro）一词是"洛伦佐"（Lorenzo）的双关语。他的父亲生病了，并在 1469 年底去世，洛伦佐是他们家族中强壮的"新芽"。

洛伦佐的旌旗由安德烈亚·德尔·韦罗基奥设计，现在早已失传。这面旌旗难以被列入他的代表作，但它充分说明了，在这个部分算是君主继承权力的时刻，韦罗基奥工作室所具有的威望。我们可以肯定，洛伦佐的旌旗是当时花钱能买到的最好的。它还提醒我们，艺术家参与了佛罗伦萨市民生活的诸多方面——不仅是绘画、雕塑和建筑，还有马上长矛比武这种奢华盛会。佛罗伦萨每年会固定举行各种盛会，比如大斋节前数周的狂欢节、神圣的复活节游行，还有 5 月的五朔节庆典。五朔节将断断续续地持续到 6 月 24 日，这天是佛罗伦萨主保圣人施洗者圣约翰的纪念日。节日当天，领主广场会举办"猎狮"活动，圣十字广场举办足球比赛，也就是现在所说的 calcio storico（古典足球）：一方 27 人，"多用拳头少用脚"。还有每年例行的赛马（the Palio），这比赛在城邦行政长官之间激烈展开。赛道穿过城市，从普拉

韦罗基奥为洛伦佐·德·美第奇创作的半身雕像。

多门到十字门,"母牛"敲响三次后比赛开始,获胜者的奖品与比赛同名,是一块镶着毛皮和金色流苏的深红色丝绸,可以避邪。当时著名的赛马手是戈斯坦佐·兰杜奇,他是记日作家卢卡的弟弟。[60]

美第奇家族深谙公开庆典抚慰人心的功能,洛伦佐执政期间,十分鼓励这类活动。"山峦派"可能会有人抱怨,他们认为美第奇家族举办这种大型庆典是为了分散人们的注意力,因为后者的自由正受到任人唯亲、操纵选票的侵蚀。如果说这里面有"面包和竞技"的政治因素的话,那么其中也包含着洛伦佐对庆典发自内心的喜爱。狂欢节正变得越来越复杂精致。装饰华丽的马车在火炬的照耀下游行,这是现代狂欢节彩车的鼻祖。传统上,它们代表不同的公会,不少狂欢节歌曲与职业有关,例如《裁缝之歌》《榨油工人之歌》等,但现在的狂欢节歌曲则倾向更优雅的古典或神话题材。这些节日"战车"越来越奢华精妙,成为胜者的政治隐喻,这些花车真的被称为"胜者"(trionfi),让人回想起罗马帝国的胜利庆典,只是当下成为彰显美第奇家族的权威与荣耀的工具。和以前一样,人们唱着淫秽下流的歌谣——只是现在的大人物想听的是《蜜饯小贩之歌》《阿里阿德涅和酒神巴克斯的胜利》这样的小调,这两首都由洛伦佐亲自创作,其他曲子则是他的文人好友阿尼奥洛·波利齐亚诺和路易吉·浦尔契创作;洛伦佐的传令官巴蒂斯塔·德尔·奥托奈奥也是创作这类歌曲的专家。

美第奇家族举办的马上长矛比武和狂欢节的盛大场面是当时最受欢迎的表演,所有节庆道具都要派上用场,包括旌旗、条幅、戏服、面具、盔甲、马衣和胜利马车,它们产自韦罗基奥工作室或其他同类工作室。人们认为列奥纳多不是那种天生快乐外向、陶醉于狂欢节的混乱的人,但这些表演让他惊叹不已。我们肯定能在观看马上长矛比武的人群中找到他——他可能还制作了旌旗。他是马匹和马术的鉴赏专家,后来还将参与米兰的马上长矛比武。我猜我们也可以在复活节的周日,在圣母百花大教堂外的人群中找到他,他正在观赏著名的纪念圣灵降临的烟花表演,表演中有一大车烟花由一队白牛从普拉多门拉来,一只人造鸽子顺着圣母百花大教堂和洗礼堂间拴好的金属丝线移动,最终点燃烟花。他可能记得这画面,因为在《大西洋古抄本》的一幅速写中，他描绘了一只在金属丝上的机械小鸟，标题为《喜剧之鸟》。早期传记作家们一致认为，列奥纳多创造了这种更为魔幻和更具戏剧效果的飞行器："他使用了某种特殊材料造出了会飞的鸟。"[61]

宗教表演是另一种佛罗伦萨公开表演，相当于中古英格兰的神秘剧。这些表演是在宗教节日时在教堂和修道院举行的，由宗教团体中的年轻男孩表演。这些表演是大手笔，显然受到了美第奇和其他家族的资助。表演中有特效——巨大的转盘旋转着变换场景，绳线和滑轮让演员们在空中飞来飞去。据瓦萨里说，布鲁内莱斯基发明过许多奇妙装置，使这些特效成为可能。在圣菲利斯，每年3月25日（天使报喜节）都会举办一场"天使报喜"表演。天堂在屋顶桁架间，玛利亚的房子在正厅的舞台上，天使加百列被危险地吊在一朵木质云彩上，宣告圣母受孕。另一场颇受欢迎的宗教表演一般是在耶稣升天节当天，于卡尔米内修道院上演。这些表演上演了与画家描绘的相同的宗教场景，人群的分组、姿态和生动的场面注入了绘画更微妙的叙述惯例。一位来访主教曾指出二者的关联，在天使报喜表演结束后，他评价道："加百列天使是一个美丽的年轻人，穿着雪白镶金的长袍，与我们在画中看到的来自天堂的天使一样。"当列奥纳多准备绘制他的版本的《天使报喜》时，这些他曾亲眼看过的场景是他必须处理的一部分。[62]

列奥纳多对表演的热爱后来在米兰加深，但是这股热情是在美第奇家族统治下的佛罗伦萨马上长矛比武、游行和宗教表演中孕育的。他是一个站在队伍边缘、英俊却有点古怪的年轻人——全神贯注但保持警觉，观察的同时也在计算和思考这一切是如何做到的。

1471年，韦罗基奥与助手们参与到另一场盛会——米兰公爵的来访——的筹备中。洛伦佐·德·美第奇委托韦罗基奥制作一套"罗马风格"的头盔和盔甲，作为赠予公爵的礼物。他另外要求工作室重新装修美第奇宫的客房。这标志着列奥纳多首次明确地与美第奇家族有了联系——仅作为室内装潢师，没有其他身份——这也是他第一次接触米兰宫廷，米兰将成为他未来几年的生活之处。

这场来访颇具争议。年迈的公爵弗朗切斯科·斯福尔扎是美第奇家族最重要的同盟之一，他 20 岁出头的儿子加莱亚佐·马里亚·斯福尔扎（Galeazzo Maria Sforza）在 1466 年继承了父亲的权力。小斯福尔扎是个阴险而挥霍无度的年轻人，并且因个性残暴而闻名。据米兰编年史学家贝尔纳迪诺·科里奥（Bernardino Corio）所言，"他的所作所为令人耻于记录"。但有些事情确实被记录下来了（尽管不能保证其真实性），比如他"强奸处女，并强抢人妇"；因为喜欢一个男人的妻子，而剁掉了这个男人的手；他下令处罚一个偷猎者，强迫他连毛带肉地生吞整只野兔。[63] 美第奇家族的友人认为应该放弃这位不受欢迎的年轻公爵，佛罗伦萨应转向老盟友威尼斯。但洛伦佐坚持认为，与米兰保持良好关系对佛罗伦萨保持繁荣至关重要。加莱亚佐的妻子萨伏依的波娜是法国国王的女儿这一事实，也是这段外交关系中的一个额外因素。

1471 年 3 月 15 日，公爵盛大的车队进入佛罗伦萨。米兰宫廷档案保存的一份标题为《佛罗伦萨访客名单》的文献可以让我们了解车队的规模——总共约有 800 匹骏马，载着随行的廷臣、神父、管家、理发师、厨师、号手、风笛手、驯狗师、驯鹰者、门房、侍从、服饰管理师和男仆（其中一位叫约翰尼·格兰德，即"大约翰"）。[64] 皮耶罗·德尔·波莱沃洛给加莱亚佐画的一幅肖像可能就是在这次到访期间完成的，肖像中的人有着鹰钩鼻，眉带嘲讽，还长着一张小嘴巴，一只过于洁净的手攥着一只手套。来访队伍中还有加莱亚佐的弟弟卢多维科，他以黝黑的肤色闻名，看起来像是非洲摩尔人。他那时仍是少年，处于米兰政治权力圈外围，但他的前途值得期待。在这第一次邂逅的 10 年后，列奥纳多会北上找他，寻求他的赞助。

鉴于列奥纳多后来效忠于米兰，佛罗伦萨人对公爵到访的回应是有趣的，因为它暗示了一些东西，也许在这个阶段，年轻的列奥纳多在无意识间被它吸引了。马基雅维利批评了当时佛罗伦萨年轻人的享乐主义——也就是我们当今所谓的"消费文化"——并特别将其与这次米兰公爵来访的有害影响联系在一起：

现在出现了和平时期常见的混乱。这座城市的年轻人更加独立，他们在衣着、宴饮和放荡上花了过多的钱。他们生活懒散，在赌博和女人身上浪费时间和金钱；他们只对攀比奢华的服饰、优雅的言谈举止和幽默风趣感兴趣……这些不良嗜好在米兰公爵一行到来后变得更加糟糕……如果公爵发现这座城市已经被宫廷所追捧的、与共和国的举止完全相反的娘娘腔所腐化，他则让这座城市堕入更加可悲的腐化状态。[65]

我们无法得知列奥纳多在15世纪80年代初移居米兰的确切原因，但也许是因为与佛罗伦萨共和国粗犷的资产阶级气质相比，马基雅维利认为产生了极为负面的影响的一些"宫廷"因素——时髦的着装、诙谐的玩笑和娘娘腔的举止——更适合他。

为了向公爵致敬，人们举办了宗教表演，其中包括在奥尔特阿尔诺区由布鲁内莱斯基设计的圣灵教堂中上演的《圣灵降临》。3月21日晚的表演过程中发生火灾，造成恐慌和严重的损失。佛罗伦萨的传道者认为，这是上天对米兰人的富裕堕落以及在大斋节期间大办宴会的惩罚。但在列奥纳多的记忆中，那团火的一个火花依然闪耀。

穹顶之巅

1470年或1471年初，一位叫比亚吉奥·德·安东尼奥·图奇的佛罗伦萨不知名画家绘制了一幅名为《托比亚斯与三个大天使》（*Tobias with Three Archangels*）的画，是托比亚斯这一主题的变形。这个流行的主题韦罗基奥和列奥纳多也创作过。[66] 画中人物背后是熟悉的佛罗伦萨风光——高墙、高塔、小山，以及画面中央圣母百花大教堂宏伟的穹顶。这些都是非常传统的内容，但比亚吉奥画下了他的真实所见，他看到了一个相当复杂的木质高脚手架，环绕在穹顶上的大理石"灯笼"式采光亭周围。这幅画因此成为穹顶上点睛之笔的一份独特视觉记录。穹顶的主要结构早在50年前就由布鲁内莱斯基完成——瓦萨里用令人难忘的措辞说它"挑战天空本身"。布鲁内莱斯基的设计原案在穹顶上还会安置球体和十字架,但从未完成。现在这个项目被交付给韦罗基奥工作室。如果人们可以用某种神奇的放大镜观察这幅画,或许可以辨认出脚手架上的人物,而这些人之一可能就是韦罗基奥的助手列奥纳多·达·芬奇。

这份重要的合同由大教堂的工程部在1468年9月授予韦罗基奥。第二年春天,他前往威尼斯和特雷维索购买制作球体的高质量铜。完成后的球体——也就是人们通常所说的palla——直径8英尺,重达2吨以上。[67]据瓦萨里说,铸造过程"需要极大的心力和精巧的手艺,才能使人从下方进入球体,并使其免受风的破坏"。制作这个球的模具,可能是前文韦罗基奥去世后工作室物品清单中提到的"球体"。

1471年5月27日,周一。球体被吊到穹顶的大理石"灯笼"顶端,距离地面350英尺高。大教堂的账目记录花费了2里拉,"在工人们把球体放上去时,为他们买面包和酒"。安装球体并将之固定在底座上,一共花费了3天时间,5月30日,工人又在球体顶部安置了十字架。张望的人群中有药剂师卢卡·兰杜奇,他说:"他们把十字架安置在那个球上,教士们和许多其他人走上前去,高唱《赞主诗》。"账目还记录了"付给执政团的号手们3里拉,因为在安装十字架时,他们在'灯笼'上演奏"。[68]

列奥纳多无疑对这个项目及其涉及的工程问题有直接的了解。在一本笔记的备忘录中,他还记录了一段具体的回忆:"想起了圣母百花大教堂焊接球体时使用的焊料。"[69]这则笔记约在1515年写下,那时他参与制作抛物柱面镜,需要将许多镜面焊接在一起。他回忆起40多年前那令人眩晕的佛罗伦萨项目,那时尚是少年的他在其中协助工作。

当然,这无法证明列奥纳多曾站在佛罗伦萨屋顶上方的脚手架上"挑战天空本身"。可除此之外,他还能在哪里呢?

这个项目拉近了列奥纳多与已成传奇人物的布鲁内莱斯基的作品间的距离。这位大教堂穹顶的总设计师为赋予文艺复兴时期身兼建筑师和工程师的人才一个新的地位做了很多工作。他是个矮小、丑陋、好斗的男人。"他看起来不起眼,"瓦萨里说,"但他的天赋超乎常人,使我们可以确定他是上天派来的天才。"那则著名的"鸡蛋逸闻"概括了他天生好挑衅的性格。我们了解到,在建造穹顶的比赛中,布鲁内莱斯基拒绝透露他的草图,却以打赌的方式赢得这场比赛。他说:"谁能让一枚鸡蛋立在一块扁平的大理石上,谁就可以建造穹顶,因为这能说明每位参赛者有多聪明。"一枚鸡蛋如期地被带到现场,参与竞赛的专家们徒劳地尝试让鸡蛋直立在大理石上,然后布鲁内莱斯基走上前,"优雅地用鸡蛋底部敲击大理石,然后让它稳稳地站立起来"。其他人连声抱怨,称他们"也可以做到",但布鲁内莱斯基笑道:"如果他们看过我的模型,也可以造出穹顶。"[70] 这则逸事很可能是杜撰的,但其中融合的表演技巧和独创性(也就是我们所说的"横向思维")是符合他的性格的,强烈的保护专业机密的动机也是如此。他被对别人剽窃他的创意的恐惧所困扰,这种恐惧往往是合理的——这是列奥纳多继承布鲁内莱斯基的另一特点。

佛罗伦萨大教堂,可以看到穹顶、"灯笼"和圆球。

这个穹顶一直是欧洲建筑奇迹之一——近600年后,它仍然是世界上最大的砖石穹顶。根据现代的估计,它由大约400万块砖建成,重约3.6万吨,而且没有使用"拱鹰架"(一个用以支撑砖石结构的木架)。实际上,它包括两座穹顶,一座套在另一座里面。据测量,较大的穹顶对角距离180英尺。每座穹顶由8个自承式拱架组成,同时建造并通过圆箍加固。[71] 布鲁内莱斯基的创新之一是引入使用安全系带:在建造穹顶的过程中,只有一名石匠坠落身亡——以当时的标准衡量,这是一个了不起的记录。

在穹顶上再安装一个重达2吨的铜球,带来的问题与布鲁内莱斯基早先遇到的问题相似,主要就是怎么到达那么高的地方。列奥纳多参与了这个项目,这使他有机会直接接触教堂工坊,并接触布鲁内莱斯基著名的起重机设计。《大西洋古抄本》中有许多素描记录了他对布鲁内莱斯基

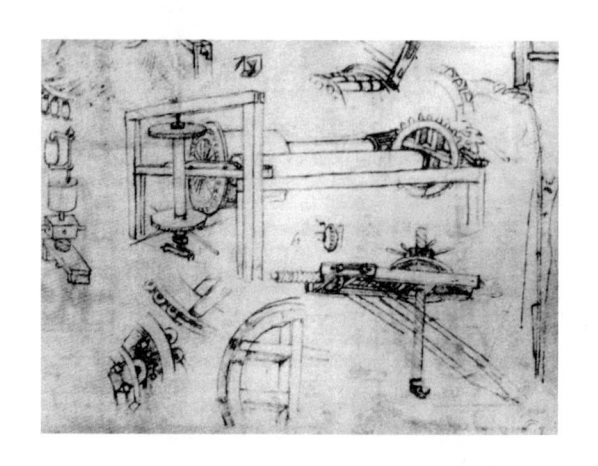

列奥纳多对布鲁内莱斯基的可逆起重机的技术研究。

装置的整体形式以及局部细节的研究，这些笔记大体可追溯到15世纪70年代末，但是很可能记录的是更早的大教堂工程。在文艺复兴时期其他工程师的笔记中，人们也可以找到类似的机械图纸，但列奥纳多将个别零件独立出来的分析方式，有力地表明他直接研究了机械的原型。[72] 笔记中的一幅画描绘了"大脖子"（collo grande），即一台布鲁内莱斯基1421年建造的机器，这台机器负责将施工用的石头和其他沉重的材料抬到大教堂顶端。这台机器的特别之处在于其传动装置，这说明它不需要牲口调转方向就能改变底部绞盘的转动方向，进而拉升或降下材料；另一幅图展示了布鲁内莱斯基的旋转式起重机，设计的目的是在建造穹顶的过程中，稳定而精确地放置石材；另外一幅图细致地描绘了起重机如何在圆形轨道上移动。所有这些装置都与铜球的吊装和放置有直接关系。[73]

在15世纪80年代末的一页思考一个海军攻击系统的笔记中，列奥纳多写道，他必须"铸造圣利贝拉塔歌剧院中的一颗"。[74] 这是佛罗伦萨圣母百花大教堂的另一个名字，他提到的是在大教堂的工坊找到的布鲁内莱斯基的另一台可以支撑缆绳拉力的机器。这一时期，列奥纳多自己也在思考着穹顶，这与米兰大教堂的一个项目有关。他的研究笔记体现出他对布鲁内莱斯基建筑设计的细致思考，后来的一幅画稿中描绘了砖块呈水波纹排列的一个穹顶，再次与其佛罗伦萨的伟大原型相呼应。[75]

如今，人们可以垂直登上大教堂的"灯笼"底座。有一段463级石阶的楼梯从耳堂的南侧向上延伸，稍微伸进穹顶的下缘——人们会在这里路过瓦萨里的壁画《最后的审判》中那双穿着凉鞋的巨足和裙褶，然后绕到穹顶的护壁板后面，出现在城市的顶部，古城中心的屋顶尽收眼底，放射状的街道仿佛略微受到挤压的自行车轮的轮幅一样穿过这些屋顶。人们可以看到韦罗基奥工作室所在的吉贝利纳大街，还有拉巴迪亚教堂高耸的尖顶——那里也是塞尔·皮耶罗办公室的位置。向北眺望，是美第奇家族巨型的砂岩立方体宫殿，看起来仍然仿佛刚刚才建成。

列奥纳多在 1471 年夏初的某天站在这里。人们可以感受到这一刻他心中的激情澎湃——部分来自在高处鸟瞰的愉悦，部分来自对布鲁内莱斯基的高超技术所具有的力量的感受，这种技术像是能够精确校准高度的魔法，将穹顶反重力地抛向半空。这是一个鼓舞人心的文艺复兴时刻。

第一批画

1472 年夏天，20 岁的列奥纳多注册成为佛罗伦萨画家兄弟会"圣路加公会"的一员。公会账本记录，"列奥纳多·迪·塞尔·皮耶罗·达·芬奇，画家（dipintore）"，缴纳会费 32 索尔迪，其中包括 16 索尔迪的年费，从 1472 年 7 月 1 日起按月分期付款，10 索尔迪是公会于 10 月 18 日圣路加节举办庆祝活动的捐款。[76] 据说圣路加画了一幅圣母玛利亚的肖像，因此是画家们的主保圣人。在这一年注册成为新成员的还有韦罗基奥、波提切利、佩鲁吉诺、多梅尼科·吉兰达约、波莱沃洛兄弟，以及菲利皮诺·利比。他们是 15 世纪 70 年代初佛罗伦萨的画坛精英。

圣路加公会创立于 14 世纪中叶，是一个由各种类型画家组成的松散的团体或联谊会。锡耶纳和米兰也建立了圣路加公会，之后巴黎、罗马和伦敦也出现了类似团体；伦敦的圣路加俱乐部也被称为"艺术大师"，1638 年由安东尼·凡·戴克创立，聚会地点是舰队街的玫瑰酒馆。最初的佛罗伦萨圣路加公会带有宗教色彩，但其本质是艺术家的俱乐部，毫无疑问其中的氛围也十分快乐轻松。圣路加公会与当时的画家行会——医师与药剂师行会（Arte dei Medici e Speziali）——截然不同，尽管它们的一些职能相同。圣路加公会的许多成员也是画家行会成员，但加入行会并非强制，例如菲利皮诺·利比1472年登记加入公会，他当时15岁左右，太年轻了，无法成为行会成员。实际上，行会对艺术事务的控制力大大下降，许多艺术家更趋向于不加入；这种下降在很大程度上是因为艺术家越来越自主寻找赞助人。行会的影响力局限在当地，然而艺术却正向国内和国际市场扩展。我们不知道列奥纳多是否加入了医师与药剂师行会——行会的记录是零散的，但没有证据表明他曾经加入过。

圣路加公会的记录也不完整。同时，为何所有的画家在同一年注册也是未解之谜，或许是公会的活动在较早的时候中断了。无论如何，列奥纳多在公会账本中的记录是他难为人知的艺术生涯上的一个有形标记。1472年中期，他成了一名dipintore：一位经验丰富的画家。

到这个时候，列奥纳多都画了些什么呢？可能性有很多。在此我们不考虑他参与创作韦罗基奥的《托比亚斯和天使》。虽然他画得很迷人，但也只画了一部分而已。所有可能性中最显而易见的是现藏于乌菲兹美术馆的《天使报喜》（彩图5），这幅画可能是为坐落在佛罗伦萨西南的奥利维托山上的圣巴尔托洛米奥修道院所画；18世纪末它第一次出现在文献中时，肯定就在那里。[77] 1867年，乌菲兹美术馆购买了这幅画，根据画板后面的标签显示，它曾被挂在圣巴尔托洛米奥的圣器收藏室。长方形的形制说明，它可能是被设计放在圣器收藏室中的家具上方的。在佛罗伦萨大教堂的北圣器收藏室中，朱利亚诺·达·迈亚诺细木镶嵌的《天使报喜》也有着类似的形制。众所周知，圣巴尔托洛米奥修道院于1472年部分重建——米凯洛奇修筑的入口上刻着这年份——这幅画可能是作为整修的一部分委托创作的。如今，这座修道院是一家军用医院。

在乌菲兹美术馆购下这幅画前，人们普遍认为它出自多梅尼科·吉兰达约之手。乌菲兹美术馆在1869年的目录中首次将之归为列奥纳多的作品，如今人们已普遍接受了这种说法，尽管仍有一两位修正主义者提出质疑。这些质疑恰好说明，这幅作品的风格很难辨别：这就是年轻的列奥纳多，显然仍然与韦罗基奥的工作室及其流行的形式和技巧有关联。大卫·A. 布朗总结得很好："这幅画将创新与抒情融为一体，但也有瑕疵和模仿的痕迹,《天使报喜》出自一位天赋极高却尚不成熟的画家之手。"[78] 模仿之处体现在圣母的面部刻画与着色上,她翘起的小手指是典型的韦罗基奥作画风格,诵经台的装饰也呼应了韦罗基奥在1472年完成的圣洛伦佐教堂的美第奇石棺。[79] 不足之处主要是透视问题,例如,右手边的柏树似乎与其他柏树在同一平面上,但如果这样看,渐渐远去的墙就显得长得不可思议。更重要的是,圣母和诵经台间的空间关系是不合逻辑的。从底座向上看,相比圣母,诵经台距离我们更近;但从她的右手向下看,诵经台则离我们更远,圣母那笨拙地伸长的右臂就是这种摇摆不定的结果。这两个构图错误都在画作的右半边。而另一边——天使、花园、渐渐模糊的动人远景——看起来更加饱满,完成度更高。有人认为这幅画可能是在不同的时间完成的。总的来说,这幅画的风格有些呆板,其成功之处在于带翅天使的独特美感,以及马丁·坎普(Martin Kemp)所说的对每处细节的"近视般的关注"。[80]

"天使报喜"是文艺复兴艺术最受欢迎的主题之一,几乎每个著名画家都就这一主题创作过一幅或多幅作品。这个主题讲述的是大天使加百列造访年轻的玛利亚,告诉她她将成为弥赛亚的母亲(《路加福音》1:26-38)这戏剧性的一幕。传道者和《圣经》注释者常会阐释这一主题,详细解释路加讲述的对话中,圣母听到天使告知的消息时表现出的5个"特征",即不安(conturbatio,"因这话就很惊慌")、沉思(congitatio,"又反复思想这样问安是什么意思")、询问(interrogatio,"我没有出嫁,怎么有这事呢?")、谦卑(humiliatio,"我是主的使女"),以及价值(meritatio),即她在天使离开后的宣福地位。不同的《天使报喜》作品关注圣母不同的"特征"。菲利波·利比在圣洛伦佐教堂的画作清楚地表现出玛利亚的不安,收在乌菲兹美术馆的波提切利的作品也是如此——就是被列奥纳多批评姿态过于夸张,也就是说显得过于不安的那幅作品。而安吉利科修士在圣马可修道院的作品则突出她的谦卑。[81] 这体现出神职人员的神学理论与画家的视觉语言间的有趣关联。但列奥纳多的《天使报喜》似乎不那么容易定性:圣母举起的左手说明她非常不安,而圣母平静而柔滑的脸说明她开始显露出谦卑。此处隐约展现出的心理活动,在《最后的晚餐》和《圣

列奥纳多·达·芬奇的《康乃馨圣母》。

母子与圣安妮》这些列奥纳多的成熟作品中也有所体现。我们在这幅画所描绘的时刻中感觉到了一个正在展开的故事,隐含着前因后果。那只有问题的手也传达了这一点:圣母右手拿着一本打开的书,表明天使到来前她正在阅读。这为这个典型的事件增添了一分意外性:天使的到访是短暂的打扰。

这本书本身就是天使报喜图像的传统组成部分:玛利亚正在阅读《圣经·旧约》先知预告弥赛亚到来的章节,书页看起来写着希伯来文,但实则是一片由一堆字母组合而成的毫无意义的图案,如果你走近观察,有一行读起来只是"ｍｎｏｐｑ"。前景中繁茂的春花与草地也是这一主题的传统元素,因为天使报喜节是3月25日,与春日联系在一起;《圣经》中这段故事的发生地点拿勒撒在希伯来语中意为"花朵"。天使手中的百合花反映了这一点,并且在佛罗伦萨的艺术中得到了特别的强调,因为这座城市的纹章以百合为特色。然而,在某一个方面上,列奥纳多的处理方式显然没有遵循常规。罗伯托·卡拉乔洛修士说,画家"有权为天使画上翅膀,象征他们游弋在万事万物中",[82] 但如何表现天使的翅膀似乎有固定的传统画法。列奥纳多为他的天使画上了短小而粗壮的翅膀——真实的鸟类翅膀——但是这双翅膀后来被一位身份不明的画家狠心地拉长了。延长的部分用沉闷的栗色着色,刺入风景深处,透过附加部分的油漆表面,后面的风景隐约可见。

15世纪70年代初,韦罗基奥工作室出品了各种圣母子作品,其中一幅尤其可被归于列奥纳多的手笔。这幅画是现藏于慕尼黑老绘画陈列馆的《康乃馨圣母》。圣母呈现出一贯的韦罗基奥风格——面色苍白、更像北欧人、有着金色的长卷发、下垂的双眸——但她与列奥纳多的《天使报喜》

中的圣母有着不同寻常的关联：她们身穿同样的红袖暗蓝裙子，同样的金色斗篷。画中闪烁着黄玉般微光的胸针未来将成为列奥纳多的标志，在《柏诺瓦的圣母》(*Benois Madonna*) 和《岩间圣母》(*Virgin of the Rocks*) 中都可以看到。但最能体现列奥纳多的特点的是透过圣母身后的凉廊可见的戏剧化风景——崎岖不平、陡峭嶙峋的山壁，这与工作室其他画作中古板的托斯卡纳背景截然不同，但它是列奥纳多《圣母子与圣安妮》《纺车边的圣母》(*Madonna of the Yarnwinder*) 和《蒙娜丽莎》等后期绘画的一个特征。

画面前景中，圣母的手肘差点碰到一个花瓶，据此可认定这幅藏在慕尼黑的画是瓦萨里在《艺苑名人传》的达·芬奇传中所描述的那幅"惟妙惟肖的"圣母像，瓦萨里说圣母旁边还有"一只盛着水、插着花的 caraffa"。"caraffa"一词准确地描述了画中描绘的那种宽腹玻璃瓶。瓦萨里接下来赞美花上的"露珠比实物更逼真"，但这幅画状况不佳，这个细节已经看不出来了。瓦萨里笃定地认为这幅画是列奥纳多的作品，而且是在师从韦罗基奥的时期创作的。他还指出，这幅画后来被教宗克莱门特七世收藏。克莱门特是洛伦佐的弟弟朱利亚诺·德·美第奇的私生子，而朱利亚诺是韦罗基奥的赞助人之一，因此这幅画可能是受他委托而绘制。肯尼斯·克拉克认为这幅画"毫无魅力"，但这无疑是列奥纳多的作品——这幅画"具有那种稚拙天才令人不悦的生命力"。[83]

列奥纳多独有的细节、与《天使报喜》的相似性，以及最初瓦萨里对其归属的指认，这一切都有力地证明《康乃馨圣母》是列奥纳多15世纪70年代早期的作品。另有一幅韦罗基奥风格的圣母子主题画像有时也被认为是他画的，即位于华盛顿的国家美术馆收藏的《石榴圣母》(*Madonna of the Pomegranate*)，它也被一位之前的收藏者称为《抱婴圣母》。画中人物十分温馨，但没有什么特别能与列奥纳多联系起来的地方。克拉克认为，这是洛伦佐·迪·克雷迪的一幅早期作品，画中人物柔和圆润的造型让人想起利比，也再一次说明波提切利对韦罗基奥个人风格产生的影响。

这一时期也是韦罗基奥和列奥纳多的著名合作期，例如充满戏剧性的《基督受洗》，现藏于乌菲兹美术馆（彩图7）。这幅画是为圣萨尔韦教堂绘制的——韦罗基奥的哥哥西莫内·迪·乔内是那里的修道院院长，他可能在委托中起到了重要作用。[84]瓦萨里认为这是韦罗基奥的最后一幅画：

> 安德烈亚在木板上作画，描绘圣约翰为基督施洗，列奥纳多画了一位拿着衣服的天使。虽然他还年轻，但他画的天使比安德烈亚画的人物好得多。这就是安德烈亚就此停止绘画的原因——一个男孩比他还懂得如何使用颜料，这让他感到羞愧。

这只是一种随处可见的轶闻，我们不应轻信。这幅画完成时，列奥纳多大概21岁，因此不是一个"男孩"。另外可以肯定的是，远处背景中迷雾朦胧的景色是他的手笔：左手边的风景与乌菲兹美术馆馆藏《雪之圣母》素描中的地形如出一辙，后者的完成时间是1473年8月5日，和《基督受洗》的创作时间十分相近。

列奥纳多绘制的跪立天使是整幅画最出彩的部分，让他的老师的作品相形见绌，这种说法最初由瓦萨里提出，此后的传记作家或多或少延续了这种观点，但我对这个传统观点一直很不满。这似乎纯属"对列奥纳多的个人崇拜"。完全由韦罗基奥绘制的两位主角非常生动有力——施洗者面容憔悴但神情坚毅，基督则平凡谦逊，有些丑陋（同金发圣母一样，基督的脸型也受到了尼德兰画派的影响）。耶稣那浸在一条淌过红褐色河床的洗礼水之河，或一条真实的小溪的美丽双脚也打动了我。列奥纳多画的天使有着金色的紧密卷发和机敏的转身动作，无疑是非常精致的，体现出微妙的造型和动感，远远超过他的老师；韦罗基奥还执着于用雕塑的方式塑造人物（施洗者的形象与韦罗基奥在佛罗伦萨圣弥额尔教堂制作的青铜基督十分相似）。但人性的戏剧、悲剧性的预言，还有伟大的力量遭到极大考验，这些属于韦罗基奥。如果说他在刻画人物上有技术缺陷，那么他在表现人物在情境中所具有的原始力量上不存在任何不足。除此之外，尽管列奥纳多的天使看起来很美，但或许有些过于轻盈，就像一篇年轻艺术家的获奖作文。

龙

《天使报喜》《康乃馨圣母》和《基督受洗》是韦罗基奥工作室众多作品中仅有的三幅宗教题材的作品,但每一幅都被青年列奥纳多·达·芬奇的柔亮笔触润色过。早期传记作家提过列奥纳多的第一个佛罗伦萨时期还有其他作品,现在均已丢失,特别是"佚名作者"曾描述过的一幅"描绘亚当和夏娃的水彩画",尤为可惜。根据瓦萨里的说法,列奥纳多在画完《基督受洗》的天使后接受了这幅作品的委托。他说那是"一幅底图,将在佛兰德用金线和丝线织成挂毯,然后送给葡萄牙国王,描绘的是亚当和夏娃在尘世乐园的罪过"。两位传记作家都说列奥纳多的底图目前——也就是16世纪40年代——在奥托维亚诺·德·美第奇(Ottaviano de' Medici)的宅邸中。瓦萨里的描述似乎源于他亲眼所见,列奥纳多对伊甸园的描绘令他着迷:

> 他使用明暗对照法作画,用白铅打高光,描绘了一片繁茂的草地,里面有动物。他描绘得如此细致,如此忠于自然,好像世界上没有什么能更加鼓舞人心或完美。画中的无花果树用透视法缩小,树的枝叶得到了精致地描绘,使人不禁感到震撼,感叹他竟有如此耐心。画中还有一棵棕榈树,棕榈散射的形状被画家以无与伦比的技巧捕捉。如果没有列奥纳多的理解力和耐心,这幅画就无法完成。

瓦萨里又补充了一段引人关注的文字,称这幅画是由列奥纳多的叔叔送给奥塔维亚诺·德·美第奇的。这里指的绝不可能是弗朗切斯科叔叔,他1507年就已经去世了,而且他不太可能与美第奇家族的任何成员过从甚密,所以这可能说的是菲耶索莱的教士亚历山德罗·阿马多里,他是列奥纳多第一位继母阿尔比拉的弟弟。阿尔比拉于1464年过世后,列奥纳多一直与这位叔叔保持联络，晚年时他还在想："不知道神父亚历山德罗·阿马多里是否还活着。"[85] 列奥纳多1482年离开佛罗伦萨时很可能将《亚当和夏娃》底图交付阿马多里，同时也将未完成的《博士来朝》赠予他的朋友乔瓦尼·德·班琪。这幅底图使用的技法——用笔刷以明暗对照法完成，且用白铅打高光——与《博士来朝》很相似，而后者也画有一棵很漂亮的棕榈树。

也是在这一时期，列奥纳多绘制了"一幅油画，描绘的是用盘缠的巨蛇来装扮自己的美杜莎头像"，这显然是他首次尝试古典主题。这幅画被"佚名作者"和瓦萨里（尽管只在再版的《艺苑名人传》中）提起，并且可能是美第奇家族1553年的藏品清单中列出的那一幅，即"一幅描绘地狱怒火的木板画，出自列奥纳多·达·芬奇之手，无装饰"。[86] 这幅画没有留下任何痕迹，并且在很长一段时间里被与卡拉瓦乔的美杜莎圆形构图绘画作品混为一谈。

列奥纳多另一幅失传的早期作品仅仅在瓦萨里讲述的一则长篇轶闻中被提到过。故事读起来像是意大利中篇小说的一个片段，并且其中提到的那幅画也很可能纯属杜撰，但这故事讲得很长，有许多详细的细节，让人不禁觉得里面有些内容可能是真的。故事开头就令人信服："话说塞尔·皮耶罗·达·芬奇在他乡下的房子里时，他的一位农场工人来拜访他……"这农民用他砍倒的无花果树制成了一面圆盾（rotello），然后他请求塞尔·皮耶罗把它带到佛罗伦萨上色。塞尔·皮耶罗欣然答应，因为"这个农民很擅长捉鸟和捕鱼，塞尔·皮耶罗经常让他做这些事"。他如约地将圆盾带到佛罗伦萨，请列奥纳多在上面画些东西。列奥纳多蔑视地打量着圆盾——它"木料歪曲，做工粗糙"——然而，几天后，他开始工作了：

他用火将圆盾烤直，然后交给木匠，木匠将粗糙笨重的圆盾弄得光滑平整。然后，列奥纳多给它涂上一层石膏粉，按照自己的方式准备好，接着他开始思考要怎么画才能吓退任何看到它的人，像之前的美杜莎头像那样。为达到这种效果，列奥纳多找来蜥蜴、壁虎、蟋蟀、蝴蝶、蝗虫、蝙蝠，以及其他类似的奇怪生物，并把它们带到除了他自己谁也不让进的小房间。他把这些动物身上不同部分的特征融合为一只恐怖吓人的怪物……最后他把这只动物画下来，描绘了它从黑暗的岩石裂缝中爬出来的样子，口吐毒液，眼冒火光，鼻孔生烟。

他花了很长时间来绘制这幅画，导致房间内动物尸体的恶臭使人无法忍受，但"列奥纳多没有察觉这一点，因为他太专注于他的艺术"。当他完成后，父亲和农民已经全然忘记这件事了。列奥纳多托人告诉他父亲，圆盾已经画好：

> 于是，一天清晨，塞尔·皮耶罗来到列奥纳多的房间取圆盾。他敲门，列奥纳多开门出来，告诉他稍等片刻；接着，他回到了房间，把圆盾放在画架上，再掩上窗，使光线变得昏暗。然后，列奥纳多邀请父亲进门欣赏，塞尔·皮耶罗乍一看圆盾，被吓了一跳，他没发现这是那块圆盾，也没有想到他看到的东西是画在上面的。他开始后退，但列奥纳多叫住他，并说："这项工作已经完成了，所以现在你可以把它带走，因为它已经达到了预期的效果。"塞尔·皮耶罗认为整件事非常了不起，大声赞扬列奥纳多变化莫测的想象力。

这则奇闻轶事的真伪无从考证，但其本质上具有很高的可信度。这个故事发生在佛罗伦萨——瓦萨里将它与《基督受洗》、失传的《亚当和夏娃》，还有《康乃馨圣母》放在一起叙述，因此时间约为15世纪70年代初，也就是列奥纳多与韦罗基奥一同工作的时候。故事背景很有趣，是在工作室里，列奥纳多"用火"将做工粗糙的圆盾烤直，并"按照自己的方式"给它涂上石膏粉，但列奥纳多也有私人画室，即"除了他自己谁也不让进的小房间"。这可能准确地反映出韦罗基奥工作室的情况——无论如何，至15世纪70年代中期，列奥纳多已经是首席助手了。这个故事也让人们强烈感受到列奥纳多是一个幻想家，他在自己的房间里孵化出了这个瓦萨里称之为 animalaccio 的哥特式生物。我们想起《论绘画》中的一句评论："画家如果想描绘地狱里的生物或恶魔，他要有多么丰富的创造力啊。"[87]

这则故事得到了另外一些东西的进一步佐证，例如藏于英国温莎城堡皇家图书馆的一些和龙相关的草图，以及一幅藏于法国卢浮宫的描绘龙打斗的画，这些作品的年代都约为15世纪70年代，而列奥纳多在《论绘画》的一段话中推荐的一种组合技术，正是瓦萨里在逸闻中提到的："你不可能凭空捏造任何动物，而不借鉴其他动物的特征。如果你想画一头……龙，要用獒犬或赛特犬的脑袋、猫的眼睛等。"[88] 洛马佐提到列奥纳多曾画过一幅描绘龙斗狮子的画，"其手法极为精妙，看过的人无法判断谁会获胜"。他补充道："我曾经有一张这幅对我来说非常珍贵的画的素描。"在乌菲兹美术馆中有一幅同主题的精彩素描，一些人认为这是列奥纳多原作的临摹本。[89] 这些龙的草图——有些是真实的，有些则是谣传——不能说明瓦萨里故事中绘制的盾牌真实存在过，但是它们表明，无论是理论还是实践，列奥纳多对画龙都不陌生。

这则故事还暗示了列奥纳多和他父亲间棘手的竞争关系。列奥纳多喜欢捉弄塞尔·皮耶罗，他第一次展示龙时，把父亲吓了一跳。父亲也回敬了一个诡计，因为在故事的最后，他偷偷卖掉了圆盾："他从小贩那儿买来另一面盾牌，画上一箭穿心的图案，然后给了那农民，后者余生都非常感激。然后，塞尔·皮耶罗又私下将列奥纳多的盾牌以 100 杜卡特的价钱卖给一位佛罗伦萨的商人。"塞尔·皮耶罗像往常一样获了利，但从另一方面来说却是输家。他在这个故事中的形象如同王尔德笔下的玩世不恭者："知道世间万物的价格，却对它们的价值一无所知。"

塞尔·皮耶罗戏弄列奥纳多真正阴险的一招是他再度成为父亲。1475年，他第三次结婚；第二年，在他 50 岁生日前几周，长年无后的阴霾因儿子的降生而散去。这孩子如期受洗，并取名为安东尼奥，以纪念塞尔·皮耶罗的父亲，也确保了他作为塞尔·皮耶罗的婚生子和继承人的地位——这是他第一个合法的婚生子，而非仅有血缘关系的私生子。[90] 对列奥纳多而言，这无疑是一个打击，因为这强调了他的私生子的身份。直到那时之前，他一直享受着父亲的鼓励和保护，无论父亲表达得多么粗暴生硬。他可能盼望着，如果塞尔·皮耶罗没有生下其他的孩子，他迟早会成为父亲的继承人，但是随着安东尼奥·迪·塞尔·皮耶罗·达·芬奇于1476年出生，列奥纳多被剥夺了继承权，他再次成为私生子、二等公民。不管怎样，瓦萨里的故事无意中包含了这些因素——骗人的父亲、被暗中藐视的天赋、为100杜卡特而失去了一件可传世的宝贵遗产。塞尔·皮耶罗漫步在街道上，腋下夹着圆盾，很高兴能走出那间充满死蜥蜴味道的诡异阴暗的房间。

吉内薇拉

> 甜蜜的空气弥漫四周，
> 爱情的火花处处闪耀……
>
> ——阿尼奥洛·波利齐亚诺，
> 《比武》(*Stanze per la Giostra*)

16世纪初，安东尼奥·比利首次提到列奥纳多绘制的《吉内薇拉·班琪》(*Ginevra de' Benci*，彩图6)，随后"佚名作者"和瓦萨里也提到了这幅画，然而，在很长的一段时间里，人们以为这幅画已经失传。直到20世纪初，这幅画才被认为是一幅小型半身木板肖像画，当时被隐蔽地藏在列支敦士登大公的瓦杜兹城堡内。[91] 人们注意到，画中人物是在一棵杜松树前，杜松树的意大利文为ginepro，是"吉内薇拉"(Ginevra)典型的双关语。随后的其他发现证实了这确实是列奥纳多画的《吉内薇拉·班琪》。这幅画现藏于华盛顿的国家美术馆，是列奥纳多唯一不在欧洲的重要画作。这是他画的第一幅肖像画，我认为这也是他的第一幅杰作。

这幅画比较小，略高于15英寸，尽管它曾经很大。但它有一种非凡

韦罗基奥的大理石雕塑作品《手执花束的女子》，约1476年。

可能是吉内薇拉·德·班琪肖像画遗失部分的手部素描。

的氛围。画中人的脸苍白、圆润并且忧郁，脸上的光亮与杜松树的深色树叶形成反差，就像月亮从云中出来一样。事实上，落在更远处的背景上的光线在水面上闪闪发光，盘旋在幽影一般的稀疏树木上。传统上认为这是暮光，但也可能是月光。画中人的眼皮很沉，目光出神，无论这猫一般的双眼望着什么，似乎都看不见，她望向遥不可及的远方，我们或许可以说，她游离在千里之外。她的头发是金色或红褐色，梳得紧贴头皮的头发非常光滑——一丝孟加锡发油的芬芳笼罩着她——但贴着她的脸的是一串一串的小卷发。在这封闭画面的寂静中，这些旋转的、缠绕的、醒目的卷发给人一种突然的放松感，使人摆脱了限制与束缚。这些卷发为这幅画近乎压抑的宁静气氛带来一股活力。卷发也已经是列奥纳多的一种商标（可以参见他的《托比亚斯和天使》和他画的天使），是挑剔的顾客希望从他那里得到的东西。

我称这幅画是列奥纳多第一幅杰作：这是我的主观臆断，而且也没什么意义，但这完美地表达了这幅画的神秘与美丽所激发的战栗感。这幅画肯定是在韦罗基奥工作室绘制的，与韦罗基奥的大理石雕塑《手执花束的女子》(*Woman with a Bunch of Flowers*，现藏于佛罗伦萨巴杰罗宫) 有密切关系，这尊雕塑很可能也是吉内薇拉的肖像。但是画作的优雅气质并非源于韦罗基奥，而是源自画家自身的独特情感。这是列奥纳多第一幅让人有一种透过画面就像透过一扇窗户，看到某个迷人的空间的感觉的画作。它展示了一个在恍惚状态下观看的世界。吉内薇拉雪花石膏般柔滑的脸营造出梦幻的质感，让她不太像人类，这正是他想要的效果——列奥纳多亲手将脸部的油漆表面弄光滑了。

吉内薇拉·德·班琪——波利齐亚诺叫她"班琪娜"——年轻、聪慧、美丽且富有。[92] 诗人亚历山德罗·布拉切西称赞她："全城没有比她更漂亮、更端庄的女子。"她出生于1457年的夏天，可能生于佛罗伦萨南部安泰洛地区的班琪庄园。这个家族因攀上美第奇家族而身份显赫，是美第奇家族的银行家与顾问。吉内薇拉的祖父乔瓦尼出身于中产阶级下层，曾与科西莫·德·美第奇有密切的商业往来；她的父亲阿梅里戈·德·班琪（Amerigo de' Benci）是日内瓦美第奇银行的主管。这个家族在城里圣十字教区如今的德·班琪路上有一座漂亮的城市宫邸。在1457年，即吉内薇拉出生那年的卡塔斯托上，阿梅里戈的家产估值超过2.6万弗洛林，使班琪家族成为佛罗伦萨仅次于美第奇家族的最富有的家族，美第奇家族的家产约是班琪家族的4倍。阿梅里戈也是一位著名的艺术收藏家和赞助人，但他没有委托列奥纳多绘制这幅肖像画——他于1468年过世，时年30多岁——然而，值得注意的是，他是佛罗伦萨哲学家马尔西利奥·费奇诺的早期赞助人，曾经送给后者一本稀有的希腊文柏拉图手稿。

1474年1月，16岁的吉内薇拉嫁给了布料商路易吉·迪·贝尔纳多·尼科里尼（Luigi di Bernardo Niccolini）。人们过去认为，列奥纳多画的肖像画是受她的丈夫委托，为婚礼而绘制。但吉内薇拉更出名的是和才华横溢却粗鲁的威尼斯大使贝尔纳多·本博（Bernardo Bembo）的关系，而近期研究有力地表明，正是他委托绘制了这幅肖像。1475年1月，本博以威尼斯大使的身份来到佛罗伦萨，当时他40岁出头，带着妻子和儿子，尽管他在其他地方还有一个情妇和一个私生子，但他很快就非常高调地与吉内薇拉投入"柏拉图式"恋情中。这种婚外情是被允许的：按照当时的习俗，他是她的"骑士仆从"（cavaliere servente），虽然人们猜测他们的关系实际早已突破贞洁的界线。克里斯托福罗·兰迪诺就此创作了一首诗，开玩笑说只要改动她名字里的两个字母，她就能与她的情人合为一体："虽然曾是班琪娅（Bencia），但是她的名字将变成本博娅（Bembia）。"诗人布拉切西为抚平离别的悲伤，"收集吉内薇拉故意从怀里掉落的紫罗兰，这样他就可以偷偷地把它们带给贝尔纳多"。韦罗基奥雕像中的花束，可能也暗指这个多情的游戏，虽然它们通常被认为是报春花。本博在亲手写下的一则笔记中描述她是"最美丽的女人，以她的美德和举止而闻名"。吉内薇拉也会写诗，她无疑会以诗句回应本博的骑士般的关爱，但这首诗只有一行得以流传下来——"我乞求宽恕；我是一只野虎。"

列奥纳多在画板的背面绘制了一个象征性的图案，从视觉上再次与杜松树形成双关；月桂和棕榈树枝编成的花环环绕着一根杜松树树干。图案上有一个卷轴，其上的座右铭是"形式为美德增色"，表达了柏拉图-彼特拉克的老生常谈：外在的身体之美体现了内在的精神之美。[93]

这个图案意外地透露出许多信息。首先，无论是从横向看还是从纵向看，它都偏离中心，并且有一部分从画板的侧边消失了，这清楚地表明画板曾被切割过。假设该图案落在背面的中心位置上，那么画板的右手边（换句话说，肖像的左手边）应当再宽出几英寸，而且画板底部还会再长出1/3左右。这迷人地暗示了，吉内薇拉肖像画最初肯定画到了她的腰部。在温莎城堡皇家图书馆的收藏中，有一幅精美的手部素描——或者实际上是两幅，各画了不同的一只手；右手拿着东西，尽管不太清楚是什么，其线条可能会让人联想到一束花的花梗，因为这再一次与韦罗基奥笔下拿着一束花的女人的手有了密切的视觉联系。这幅画稿很可能画的是吉内薇拉·德·班琪的手，因为肖像丢失了的底部上画着她的手。[94] 兰迪诺和布拉切西都曾提过吉内薇拉真实的美丽的双手，以及她"象牙般洁白的手指"。

画板背面的图案也说明这幅肖像画和贝尔纳多·本博之间确实存在特殊关系，因为本博的徽章正是图案中围绕着杜松枝的月桂和棕榈。徽章的图案可在目前藏于英格兰的两份和本博有关的手稿中发现，其一是本博亲笔誊抄并签名的马尔西利奥·费奇诺的《论爱》(De amore)的副本，这是一篇评论柏拉图《会饮篇》(Symposium)的文章，写于15世纪60年代初，1469年发表。花环出现在这份手稿的空白处，本博在旁边还写下了我前文引用的关于吉内薇拉的话。第二份手稿是藏于伊顿公学图书馆的一份《本博游记》(Bembicae Peregrinae)手稿副本，手稿中的诗描写了他在1468年至1469年间前往西班牙的旅行。[95] 列奥纳多设计的图案象征着吉内薇拉和本博间的羁绊。这也证实肖像并非如人们一直认为的那样，由她的丈夫在他们1474年结婚时委托的，而是她的柏拉图式恋人在一到两年后委托创作的。本博两度担任威尼斯驻佛罗伦萨大使——从1475年1月到1476年4月，以及从1478年7月到1480年5月。从风格上分析，这幅画更有可能是在他第一个任期完成的。

本博第一次出现在佛罗伦萨记录里是1475年1月28日，他来参加朱利亚诺·德·美第奇举办的比武。很可能就是在这里，他第一次遇见吉内薇拉，然后沉醉于宫廷之爱的氛围中。从波利齐亚诺优雅、甜美的纪念诗《比武》可以看出，这正是朱利亚诺所举办的比赛的主题。我在本节开头引用的对句，反映了典型的基调——"甜蜜的空气弥漫四周，爱情的火花处处闪耀"。[96] 韦罗基奥工作室很可能为朱利亚诺设计了比赛用的旌旗，就像他们曾为洛伦佐做过一样。乌菲兹美术馆中有一幅韦罗基奥的维纳斯与丘比特草稿，其细长三角形的形状说明这是一幅旌旗草图。维纳斯优雅圆润，是典型的韦罗基奥风格；而丘比特快速敏捷的动作——一只手从箭袋里抽出箭，另一只手调皮地去揭女神胸部的衣服——被认为出自列奥纳多之手。[97]

这场比武的核心偶像是朱利亚诺自己的情人：马泰奥·迪·韦斯普奇之妻，年轻的热内亚美人西蒙内塔·卡塔内；她是朱利亚诺的情妇，关系类似吉内薇拉与本博之间那种糊弄人的"柏拉图式"恋爱。但韦斯普奇并不喜欢成为他们柏拉图式恋爱中被"戴绿帽"的角色，结果导致韦斯普奇家族和美第奇家族的关系变得紧张起来。在比赛的象征表达中，西蒙内塔被和爱神维纳斯联系起来，波利齐亚诺就此写下了许多辞藻华丽的诗句。这反过来又和另一个事实吻合：西蒙内塔是波提切利《维纳斯的诞生》（*The Birth of Venus*）中维纳斯的模特，也是他的《春》（*Primavera*）中左手边维纳斯形象人物的原型。在第二幅画中，她正全神贯注地盯着一位伸手摘苹果的黝黑的年轻人——这似乎是朱利亚诺的画像。这两幅画于15世纪80年代初受朱利亚诺的表弟洛伦佐·迪·皮尔弗朗切斯科·德·美第奇委托，为他在佛罗伦萨附近的卡斯泰罗别墅所画。[98] 这些画被绘制时，西蒙内塔和朱利亚诺都已过世——前者于1476年死于肺结核，后者于1478年被刺杀。她的形象怀旧地唤起了人们对那场比赛中的迷人时刻的回忆。

我怀疑，源于1475年的比赛并于后来在波提切利的著名画作中被唤起的富有诗意的维纳斯主题，也是我们解开列奥纳多绘制的吉内薇拉肖像具有独特氛围之谜的一条线索；马尔西利奥·费奇诺作品中的一段简短的话表明，情况的确如此。费奇诺的《论从天界获得生命》（*De vita coelitus comparanda*）写于15世纪70年代初，他论述了什么可以被归结为新柏拉图主义魔法，文中的一部分谈及护身符的设计，其中一种赐予"健康和力量"的护身符被描述为"维纳斯作为少女的形象，手拿苹果与鲜花，穿着金色和白色的衣服"。[99] 我认为列奥纳多的吉内薇拉肖像画可能是按本博的要求，作为一种护身符来构思的，把吉内薇拉画成了维纳斯的形象。据我们所知，她手中没有苹果，但是她可能手执一束花，她的裙子是金色的，塑身上衣是白色的，她的头发和脸庞与这种配色相呼应。如果照这样理解，列奥纳多把吉内薇拉描绘成维纳斯，就和波提切利的画——波提切利的画更晚，所以可能是衍生品——将西蒙内塔·卡塔内描绘得如维纳斯一样。当然对费奇诺来说，维纳斯象征的是精神之爱而非性爱，就像我们知道本博也拥有的一份《论爱》中所说的，据说"维纳斯的狂热通过爱的激情把人的灵魂变成了神"。[100] 在本博和列奥纳多眼中，这幅画有这样的意义：哲学之爱的护身符。

本博与哲学家费奇诺在这些年的来往是有据可查的。他参加了费奇诺在卡勒吉的柏拉图式"学园"，他们通信往来，他在自己的那本费奇诺的《论爱》中写满他对吉内薇拉的赞美。他对吉内薇拉的整个追求过程都沉浸在一种半吊子新柏拉图主义的氛围中。班琪家族也是费奇诺圈子里的一部分，我们知道，吉内薇拉的父亲送给费奇诺一份珍贵的希腊文的柏拉图手稿；我们也知道，她的两位亲戚托马索和乔瓦尼·迪·洛伦佐是费奇诺的学术助理。

通过这些途径，吉内薇拉的肖像将列奥纳多带入费奇诺的哲学家和诗人"学园"。这幅画的委托人和肖像的主角都属于这个圈子，而这幅画自身就散发着费奇诺式的爱与魔法的微光。列奥纳多可能只是这个圈子的边缘人——一个普通的工作室帮手、一名受雇的工匠，但他的非凡才华将会被认可。列奥纳多不是柏拉图主义者：他作为"经验的学徒"另有看法，而他所追求的"第一因"不是柏拉图式的"世界心智"的流溢物。按照当时宽泛的哲学分类，他属于亚里士多德主义者，专注于物质世界的运作，而非内在精神。然而，对这位15世纪70年代中期的颇有抱负的青年艺术家而言，费奇诺一定是一位魅力超凡的人物。费奇诺希望用简约干净的语言——也包括意大利语：《论爱》于1474年被翻译成意大利语，"这样所有人都能接触到这种有益健康的甘露"——表达复杂的想法，这可能给列奥纳多留下了深刻的印象。费奇诺对柏拉图的哲学抱负做出了令人激动的概括：那些亲身实践哲学的人们的头脑"用智慧修复了它们的翅膀"，所以可以飞回"天国"。列奥纳多怎能抗拒这样的说法呢？[101]

《大西洋古抄本》中的一页上，有一些零散的证据表明列奥纳多与费奇诺的圈子有联系。列奥纳多手上有一串名字，第一个名字是贝尔纳多·迪·西莫内。在纸背面，这名字再次出现在一串涂鸦中，他用镜像文字写道："bernard di sim/di di disimon/ber bern berna"。[102] 列奥纳多指的可能是费奇诺的学生贝尔纳多·迪·西莫内·卡尼贾尼。从文字以及背面早期的绘画技术判断，这页纸的时间大概是1478年至1480年，纸上还可见一些文字片断。列奥纳多的心情是忧郁的，或者实际上处于思考哲学的情绪中："拥有时间和等待时间的人，会失去朋友"，以及"正如我在过去的日子里告诉你的那样，你知道我没有任何朋友"，还有这句令人难忘的一小段话：

我现在在燃烧。

　　如果这不是爱，那是什么？

　　吉内薇拉的肖像画也带着一丝这样的苦相思的忧郁气质。这位年轻女子表情超脱，但从中可以窥见一个更为属人的事实，那就是在这些有趣的柏拉图式姿态背后藏着一颗破碎的真心。1480年的卡塔斯托中，吉内薇拉的丈夫路易吉——我忍不住称他为长期受苦的丈夫——提到了他因她"生病"而负担了不少开销。这些不能当真（因为有可能是为了避税），但它碰巧与本博1480年5月最后离开佛罗伦萨的时间吻合，而按照传统说法，吉内薇拉在那之后便退隐乡村了。洛伦佐·德·美第奇为她写的两首十四行诗也说明了这种情况。他赞扬她决意"离开这座城市的激情和邪恶"，并且再也不"回头望"。我们不知道她是否像这些诗歌暗示的那般隐居乡村、专注祈祷，但确实，在与本博短暂的热恋后，人们就几乎再也没有听到她的消息。仅存的似乎只是一种追忆：逝去的岁月中的一位著名的美人。这个没有孩子的寡妇大约于1520年去世。

萨尔塔雷利丑闻

　　柏拉图式的爱情游戏，还是真实的感情？围绕在吉内薇拉肖像画上的这个问题，现在以与列奥纳多更切身相关的方式进入他的人生故事中。

　　1476年4月初，一封匿名举报信被投递到城市周围为此目的而设置的容器之一中，这些容器被称为"桶"（tamburi），它们还有个更生动的名字——"真相之洞"。一份被公证过的副本保存在巡夜长官（Ufficiali di Notte）的档案中，这些官员也是修道院道德的捍卫者，基本上是佛罗伦萨的守夜人，尽管他们也可以被描述为缉捕队。这份匿名声明如下：

　　致执政团的官员：我要揭发乔瓦尼·萨尔塔雷利的弟弟雅科博·萨尔塔雷利，他们一起住在瓦凯雷奇亚大街上的金铺里，正对着

"真相之洞"。他穿着黑色的衣服，大约 17 岁。雅科博从事着许多不道德的活动，同意满足那些提出如此邪恶的事情的人们。他一再地犯错，也就是说，他为几十人提供这种服务，我都有确凿的信息。现在我要告发其中一部分人，他们都与上述的雅科博鸡奸，我发誓。

告密者提供了 4 个雅科博所谓的伴侣或客户的姓名。他们是：

- 巴尔托洛梅奥·迪·帕斯奎诺，金匠，住在瓦凯雷奇亚大街上
- 列奥纳多·迪·塞尔·皮耶罗·达·芬奇，和安德烈亚·德尔·韦罗基奥住在一起
- 紧身短上衣制造商巴奇诺，住在圣弥额尔教堂附近，在通往谢尔奇走廊而且有两间大型剪羊毛商店的街上；他又开了一间新的紧身短上衣店
- 列奥纳多·托纳博尼，别名"特里"，身穿黑色衣服

这 4 个名字的旁边写着"absoluti cum conditione ut retamburentur"，这表明，他们在进一步调查前仍是自由的，并且如果被传唤，他们有义务出庭。两个月后，也就是 6 月 7 日，他们出庭了。针对他们的案子似乎被正式撤销了。[103]

这份骇人听闻的文件于 1896 年第一次公开，但是在此之前，这份文件肯定已经为人所知。在 1879 年出版的由加埃塔诺·米拉内西（Gaetano Milanesi）编辑的《瓦萨里全集》第四卷中，他指出当时存在针对列奥纳多的"某种指控"，但没有详述是什么。让-保罗·里希特和古斯特沃·乌兹利同样提到列奥纳多曾被指控犯下一种未指明的罪行：乌兹利称之为"恶意的谣言"。当尼诺·斯米拉利亚·斯科尼亚米利奥最终公开那份文件时，他煞费苦心地说列奥纳多在这件事上"没有嫌疑"，而且"对任何违反自然之法的爱都是陌生的"。[104]

自从有了弗洛伊德及其之后的研究，例如朱塞平娜·富马加利的《厄洛斯和列奥纳多》，这些否认列奥纳多具有同性恋倾向的早期观点看起来

很有趣。现在人们普遍认为列奥纳多是同性恋。至少他的早期传记作家之一乔瓦尼·保罗·洛马佐在这个问题上说得很清楚,在他1564年左右创作的《梦与推理》(*Sogni e raggionamenti*)中,他想象列奥纳多与古代伟大雕塑家菲迪亚斯展开对话。菲迪亚斯问起列奥纳多"最喜欢的学生"之一:

菲迪亚斯:你有没有和他玩过佛罗伦萨人沉迷的"背入式游戏"?

列奥纳多:玩过很多次!你应该知道他是个非常年轻俊美的男子,尤其是,他只有15岁左右。

菲迪亚斯:你这样说不感到羞耻吗?

列奥纳多:不!为什么我要感到羞耻?在有价值的人眼中,没什么能比这更值得骄傲。[105]

洛马佐提到的正是列奥纳多的米兰学生贾科莫·卡普罗蒂(Giacomo Caprotti),人称"萨莱"。瓦萨里更谨慎,但他对萨莱的描述很可能带有同样的意思:"他长得异常俊美和清秀,留着列奥纳多喜欢的那种可爱卷发。"瓦萨里使用的形容词是"vago",即清秀、漂亮、迷人,说明萨莱有一些娘娘腔。其他在暗示同性恋行为的语境下出现的年轻人包括一位名为保罗的学徒和一位叫菲奥拉万蒂的少年,我们稍后会提到他们。尽管列奥纳多的速写本里出现大量裸露的男子很寻常,但其中一部分画作确实很直白地描绘了同性性爱的画面。最显而易见的例子是《天使的化身》(*Angelo incarnato*),其正面全裸的下半身完全处于勃起的状态。这幅素描又和卢浮宫馆藏的可能是他最后一幅画的《施洗者圣约翰》相关。《施洗者圣约翰》温柔诗意地描绘了一位具有双性气质的少年,留着他"爱慕"的像萨莱那样的如瀑布般的卷发。从15世纪70年代初起,这种卷发就一直出现在他早期的工作室绘画中。

有些人希望将列奥纳多的性兴趣对象保持为这种诗意的、佩特式的具有双性特质的闪闪发光的天使,但他们必须面对一些文献记录。例如《阿伦德尔古抄本》第44页上的一份单词表,其中包括cazzo一词的双关语,而 cazzo 是阳具的不雅叫法；《福斯特古抄本》中的一幅素描被卡洛·佩德雷蒂称为"奔跑的鸡鸡"；近期修复的一张《大西洋古抄本》碎片背面画了两根阳具，阳具上还画了腿，使它们看起来像是卡通动物，其中一个还用它的"鼻子"轻推着一个圆环或是洞，后者上面潦草地写着"萨莱"。最后的涂鸦不是列奥纳多画的，而是他的学生和学徒们的幽默评论。[106]

归根结底，这一切都是解释问题。就像今天研究列奥纳多的大部分学者一样，我把他解读为同性恋者——虽然还存在一些引人入胜的证据可证明他不完全是同性恋，我稍后会分析。1476 年对他的指控很有道理，尽管这并不等同于说指控的内容就是真的。

在 15 世纪的佛罗伦萨当一名同性恋者意味着什么？[107] 可以想见，答案既复杂又模棱两可。一方面同性恋很普遍，正如洛马佐的对话所表明的，鸡奸者的"背入式游戏"和佛罗伦萨特别有关系，德意志地区的人们甚至直接用"佛罗伦萨人"这个词来表示"鸡奸者"。美第奇家族的社交圈也公开地接受了同性恋：雕塑家多纳泰罗、诗人波利齐亚诺、银行家菲利波·斯特罗齐都是众所周知的同性恋者。波提切利据说也是同性恋，和列奥纳多一样，他也是被匿名揭发的对象之一。之后的同性恋艺术家还有米开朗琪罗和本韦努托·切利尼，后者明显还是一个"男女通吃"之人——他在自传中兴致勃勃讲述了他对异性的征服。但实际上，他于 1523 年因为和一个名叫乔瓦尼·里戈利的人发生"淫秽的行为"而被佛罗伦萨地方法官罚款。雕塑家班迪内利指控他是"肮脏的鸡奸者"，切利尼却高调地回答："我希望上帝让我明白应如何实践这种高贵的艺术，因为朱庇特和美少年伽倪墨得斯在天堂就做过此事，人世间最伟大的帝王和君主也做这事。"[108] 即便这段话具有讽刺意味，它也抓住了洛马佐在对话中让列奥纳多表达的相同观点：在"有价值的人"眼中，同性恋行为是"值得骄傲"的。

另一个因素是佛罗伦萨人对柏拉图主义的狂热。柏拉图关于男人和男孩之间的理想爱情众所周知；费奇诺在《论爱》中有许多相关内容，虽然费奇诺强调说这是纯洁的，与性爱无关，但很明显，"柏拉图式"或"苏

折磨同性恋者。来自波提切利为但丁《地狱篇》中第七层地狱绘制的插图。

格拉底式"爱情的观念是同性恋的时尚伪装。我们已经知道,列奥纳多与费奇诺的圈子关系紧密:这个圈子有着优雅的男性同性爱的和谐基调,这可能是它的吸引力之一。

这一切使同性恋在15世纪70年代的佛罗伦萨散发了新的光芒,但纠察犯罪的巡夜长官并不认可。名义上,鸡奸仍是死罪,应受火刑(理论上如此,但几乎从未执行过)。从巡夜机构的数据调查看,在75年间(1430年至1505年),有超过1万名男性以鸡奸罪名被起诉,平均每年大约130人,其中只有1/5被定罪。一些人被处决,其他人则被流放、打上烙印、罚款,或遭到公开羞辱。[109] 因此,1476年针对列奥纳多的这类指控并不少见,但也绝不是小事:他几乎肯定被逮捕了,还可能面临严苛的惩罚。在柏拉图式的柔美爱情与巡夜机构的牢房之间,有着很大的落差。

此外,起诉是敬畏上帝的多数人针对一项普遍反对的行为的极端做法。神职人员经常在讲经坛上反对同性恋,尽管并不是所有人都像贝尔纳迪诺·达·谢纳那样,劝告所有忠诚的信徒朝圣十字教堂的地板吐口水,并高喊:"火啊!烧死所有鸡奸者吧!" 1484年,局势变得更糟,教宗训令将同性恋者污名化为恶魔:他们的"异端反常作为"就和传说中的女巫一样,"与魔鬼性交"。文学作品也反映出上帝对同性恋者施与无尽的惩罚，例如在但丁《神曲》的《地狱篇》中，被打入第七层地狱的是"违抗上帝、自然和艺术"的人，分别对应渎神者、鸡奸者和放高利贷者。鸡奸者是"可怜虫"或"污秽的人渣"，作为惩罚，要在"燃烧的沙漠"中永不停止地转圈，沙漠和封闭的圆圈（"他们将自己转成轮子"）是无法生育的意象：因为无法生育，鸡奸是一种禁忌——"违抗自然"。[110]但丁的作品比起神父憎恶同性恋的怒吼要隐晦得多，但在这之下是真实的忧虑。列奥纳多知道但丁的作品，而且在笔记中会引用他的话，他也知道波提切利曾为《神曲》绘制插图，其中最早的一批画稿可追溯到15世纪70年代。兰迪诺编辑的但丁文集中收录了基于这些插图的一些版画，于1481年在佛罗伦萨出版。我们只有后来的系列作品，于15世纪90年代中期为洛伦佐·迪·皮尔弗朗切斯科·德·美第奇所做。[111]但裸体的同性恋者受到火刑折磨、被铁链拴起来永恒地绕着圈子走来走去的画面告诉我们，一个因鸡奸罪被捕的敏感年轻人的心头可能萦绕着一丝负罪感和不祥预感。

　　这就是1476年4月列奥纳多被匿名向当局举报时的背景。我们对其动机一无所知，只知道一件事——这是故意要给雅科博·萨尔塔雷利和被指控与他鬼混的4个人制造麻烦。这场行动——或是这场行动的最初阶段——是为了定罪。

　　谁是雅科博·萨尔塔雷利呢？检举人告诉我们，他当时17岁左右，有一个叫乔瓦尼的哥哥，他们在瓦凯雷奇亚大街的金铺中一起生活和工作。从佛罗伦萨的卡塔斯托中，我们发现萨尔塔雷利是个大家族，主要居住在一个特定的区域：圣十字教区的卡罗小区。1427年，共有7个萨尔塔雷利家庭登记在册，有6家来自这一小区。他们当中最富有的是乔瓦尼·迪·伦佐·萨尔塔雷利，家产约有2918弗洛林，资料显示他的职业是皮毛经销商，特别是灰蓝色松鼠皮毛。1427年，乔瓦尼有7名家眷，1457年的卡塔斯托又记录了他的下一代，他的3个儿子巴尔托洛梅奥、安东尼奥和贝尔纳多仍住在同一社区。[112]雅科博·萨尔塔雷利似乎就是这个家族的成员。如果是这样的话，他也可能是在列奥纳多工作和生活的圣十字教区长大的。

有人指出，这份匿名告发信中涉及的几个人居住地点十分接近，其中两名被告人萨尔塔雷利和帕斯奎诺都在瓦凯雷奇亚大街居住和工作（从措辞上看，不太清楚他们是在同一间金铺生活和工作，还是在邻近的两间金铺）。检举人也是当地人，因为他描述雅科博工作的店铺正对着"真相之洞"，想必这个"真相之洞"正是他投递匿名举报信之处。瓦凯雷奇亚大街是一条短且宽的街，通往领主广场的西南角。往北走几个街区是奇马托里大街，那里住着另一名被告人，紧身短上衣商人巴奇诺。这份举报就像一位爱管闲事的邻居因为某些邻里小事而感到愤慨，或者可能这位邻居是商业上的竞争对手。艺术家安东尼奥·德尔·波莱沃洛是瓦凯雷奇亚大街上另一间金铺的主人，1480年他在纳税申报单中说，这是他众多"小型资产"之一，金铺由保罗·迪·乔瓦尼·索利亚尼运营，据称他是波莱沃洛的"画家和助手"。[113] 是否有可能，这份匿名举报信是索利亚尼投递的？这样恰好可以为另两位金匠对手——萨尔塔雷利和帕斯奎诺——以及画家对手列奥纳多制造麻烦。直到如今，匿名诋毁商业竞争对手仍是意大利生活的一个特征。

这份所谓的"罪犯"名单最后出现了一个奇怪的名字：列奥纳多·托纳博尼，又称"特里"。声明中没有他的住址，可能因为每个佛罗伦萨人都知道，在托纳博尼宫中随便就可以找到一个托纳博尼。托纳博尼宫位于从圣三一桥向上延伸的宽敞而讲究的街道上。托纳博尼是佛罗伦萨最重要家族之一，他们与美第奇家族的长期结盟在15世纪40年代初通过皮耶罗·德·美第奇与卢克雷齐娅·托纳博尼（Lucrezia Tornabuoni）的婚姻得以巩固。卢克雷齐娅很受编年史学家与评论家喜爱：温柔亲和又十分聪慧，既是诗人也是商人——她是佛罗伦萨新女性，为下一代的吉内薇拉·德·班琪这样的女性铺平了道路。卢克雷齐娅的哥哥乔瓦尼是美第奇银行罗马分行的经理，但通过与卢卡·皮蒂的女儿弗兰切斯卡的婚姻，他和美第奇家族的宿敌皮蒂家族也有联系。正是乔瓦尼委任吉兰达约绘制圣母百花大教堂那美妙绝伦的壁画，画中可见吉兰达约用"镜头"捕捉的许多名托纳博尼家族成员，或许列奥纳多·托纳博尼就在其中。

托纳博尼是个大家族,我们至今难以确认这位列奥纳多到底是谁。但是他与洛伦佐·德·美第奇的妈妈有亲属关系这件事,似乎为整个故事增添了另一个维度。一些人怀疑其中存在政治上的交叉影响。列奥纳多·达·芬奇是否卷入了某种通过诽谤列奥纳多·托纳博尼来反对美第奇家族的活动?就像我上文猜测波莱沃洛的商店经理是检举者一样,这也只是个未经证实的猜想。或许更有可能的是,托纳博尼和美第奇两家的联系在事后施加了某种影响力:某些人私下受到了指示,以确保这件事迅速而谨慎地得到处理。列奥纳多名字旁边的"赦免"一词告诉我们,针对他的指控已经撤销。这并没有告诉我们他在他们之中是无辜的,而且指控清单中出现了一名美第奇家族门客的名字,说明他被赦免很可能是受到权力的影响,而非他本人无罪。

据检举者说,雅科博·萨尔塔雷利"同意"性交,而且"为几十人提供这种服务"。我们不清楚雅科博在这里被描述为一个滥交的年轻同性恋者还是男妓。尽管二者很难区分,但这似乎很重要:列奥纳多是在与恋人做伴,还是找男妓?大体而言,这件事的基调似乎相当高档,瓦凯雷奇亚大街是个不错的地方,而萨尔塔雷利也被高薪聘为金匠学徒或助手。检举者的报告中还有一种非常常见的把戏——据说萨尔塔雷利为"几十人"提供了服务,但只有其中4位被点明了名字和样貌。4位情人还不能让一个男孩被视为男妓,即便他在事后从他们那里收到了礼物。

1896年,斯米拉利亚·斯科尼亚米利奥将这份告发信公开时,他猜测列奥纳多遭遇了不公正的指控,因为他可能只是单纯地请萨尔塔雷利来当模特。这当然是有道理的,只不过我们现在已经接受了列奥纳多是同性恋的事实,我

《少年基督》赤陶头像,被认为出自列奥纳多之手。

们可能会认为艺术家和模特的关系是一种背景,而不能洗脱罪名。列奥纳多《大西洋古抄本》中的一则含义隐晦的笔记增添了雅科博作为列奥纳多的艺术模特的可能性,但这则笔记又被划掉了。这张纸大概写于1505年,列奥纳多这样写道:"我做了少年基督之后,你们把我关进监狱,如果现在我做了他长大后的样子,你们会用更恶劣的方式对我。"[114] 这句话晦涩难懂,但一种理解方式是,少年基督的样子是以雅科博为模特的,当雅科博受到同性恋的谴责时,这就触犯了教会权威,而类似的问题也因为表现"长大后"的基督的绘画和雕塑作品而发酵。列奥纳多现存的唯一关于"少年基督"的作品是约15世纪70年代完成的《少年基督》赤陶头像。这是雅科博吗?他留着长发,双眼朝下,具有一种"气质",用乔瓦尼·保罗·洛马佐的话来说:"这或许是少年的温柔,但看起来也很老成。"

在纽约市的皮尔庞特·摩根图书馆(Pierpont Morgan Library)的一幅素描中,我看到了另一个可能是雅科博的形象的年轻人。这幅画稿肯定出自韦罗基奥的圈子,并被归于韦罗基奥和列奥纳多之手。画稿描绘了一位很俊俏的留着浓密卷发的圆脸少年,他丰满的嘴唇微微噘着,一双肿泡眼透着疲惫,表现出忧郁的神情,还有些傲慢自负的气质。这幅展示了大半身的头像与列奥纳多《天使报喜》中的圣母有几分奇怪的相似,和《少年基督》一样,它将同性恋与神圣主题令人不安地交织在一起。韦罗基奥的一幅现藏于柏林的素描很可能描绘了同一位模特,这幅画也曾一度被认为是列奥纳多的作品,馆长在这幅画的右下角标上了列奥纳多的名字。这幅画稿被穿过孔,可能是为

1475年左右,韦罗基奥工作室的一幅年轻男子的墨水肖像画。

了方便转移，这也可能是1476年被委托制作的福尔塔圭里纪念碑上的一位天使的草稿。无论如何，他都是那种为吉贝利纳大街上的艺术家们当模特的年轻漂亮男孩。如果有人提议做些"邪恶的事情"，他看起来可能会同意他们。

如果列奥纳多关于少年基督令人迷惑的话语指的就是萨尔塔雷利丑闻的话，那就表明1476年的举报导致他被监禁了一段时间。监禁时间可能并不长——或许只是被巡夜长官逮捕和拘留——但这件事留下了烙印。它为列奥纳多在《大西洋古抄本》中画的一些奇特的装置提供了线索，他称这些装置为助人越狱的装置：一台可以扯断窗户栏杆，另一台的标题是《从里面打开监狱》。[115] 这些画稿的年代大约是1480年，是列奥纳多最早的发明之一，这些发明可能和1476年被囚禁的经历有关，并且在30年后仍留在他的脑海中："你们把我关进监狱。"自由，列奥纳多曾写道，是"大自然最重要的礼物"，[116] 而且我们对他的一切了解都表明，任何类型的限制——身体的、职业的、智识的，特别是情绪的——都令他厌烦。

萨尔塔雷利丑闻是第一个，但不是唯一说明列奥纳多初到佛罗伦萨时有同性关系的事件。我们还需考虑到另一则含义模糊的备忘录——含义模糊是因为其中部分字迹难以辨认，它在乌菲兹美术馆收藏的一张满是素描和图表的纸上。[117] 素描当中有一对头像，其中之一可能是他早年的自画像，纸上的笔迹是列奥纳多早年典型的"公证体"，全部是花哨的圆体字，有些部分看起来像是他的涂鸦，或是正在试一支新笔。在纸张的顶端，列奥纳多写了一些关于一位名为菲奥拉万蒂·迪·多梅尼科（Fioravanti di Domenico）的佛罗伦萨年轻人的事。阅读起来有一定的困难，而且在左上角有污渍的地方，字迹几乎无法辨认。以下是里希特于19世纪80年代的抄录：

>　　Fioravanti di domenicho j [n] Firenze e co [m] pere
>　　Amantissimo quant'e mio...

他将这段话译成"佛罗伦萨的菲奥拉万蒂·迪·多梅尼科是我最爱的

朋友，亲如我的［兄弟］"，最后的词是对第二行末尾难以辨认的涂鸦的猜测。杰恩斯·蒂斯（Jens Thiis）在1913年出版的列奥纳多研究著作中，提供了另一种截然不同的解读：

Fioravanti di domenicho j[n]Firenze e che aparve
Amantissimo quanto mi e una vergine che io ami

这样的话，这句话告诉我们："佛罗伦萨的菲奥拉万蒂·迪·多梅尼科似乎很爱我，而且是我可能爱上的处男。"

卡洛·佩德雷蒂更认同里希特的解读，但是这样来看，第二行"mio"后面不过是"随手涂鸦，没有意义"。当然，要看清蒂斯声称他所看见的全部小字母十分困难，所以我们不能说这些笔记明显带有同性恋色彩；但是我们可以清楚看出，列奥纳多对他所"爱"的菲奥拉万蒂怀有非常温暖的感情。这个标准的从他处得来的名字使我们永远不太可能确认他是谁。[118] 他的容貌可能也被画在了列奥纳多的佛罗伦萨素描本的某一页上，但就如雅科博·萨尔塔雷利一样，仍然难以捉摸——不是一张脸，而是某种特定的基调或战栗感。

"皮斯托亚的亲密挚友"

在萨尔塔雷利丑闻之后，韦罗基奥应该是在皮斯托亚城做重要的工作，这可能是合宜的。1476年5月15日——正是在列奥纳多被指控到被赦免之间的那段紧张时期——韦罗基奥成功接到一份委任工作，即为纪念枢机主教尼科洛·福尔塔圭里而在皮斯托亚大教堂建造巨型大理石纪念碑。这个项目曾引发了一些争执，皮斯托亚的市议会投票决定为此投入300弗洛林，但韦罗基奥想要350弗洛林。1477年初，皮耶罗·德尔·波莱沃洛提交了一个模型，市议会倾向于接受，但争议由洛伦佐·德·美第奇仲裁，他决定支持韦罗基奥。[119]

大约同一时间，韦罗基奥受托为纪念洛伦佐的远房亲属、皮斯托亚的前主教多纳托·德·美第奇制作一幅祭坛画。这幅祭坛画描绘的圣母子有韦罗基奥风格，画面两侧是圣多纳图斯和施洗者圣约翰，是由洛伦佐·迪·克雷迪绘制的——这也是他首个年代确定的作品。祭坛画的绘制持续到1478年，但再次发生财务纠纷，所以直到1485年左右才完成。有明显的迹象说明，列奥纳多曾参与这幅祭坛画的最初构思。最近，有人提议他为圣多纳图斯——与这幅祭坛画所纪念的美第奇主教同名——画过小幅蛋彩画，作为预备草稿。现藏于温莎城堡皇家图书馆的一幅施洗者圣约翰的银尖笔画稿和克雷迪祭坛画中的圣约翰极为相似。[120] 卢浮宫现存一幅小型的《天使报喜》，原本也是皮斯托亚祭坛台座上的绘画之一，这幅画的构图明显基于列奥纳多所绘的《天使报喜》。人们有时会说祭坛台座的版本也出自列奥纳多之手，但它更有可能是克雷迪在列奥纳多指导下完成的作品。

这些图画上的关联说明，列奥纳多参与了皮斯托亚祭坛画的早期创作阶段。到目前为止，他是韦罗基奥工作室中最有成就的画家，他的年轻同事克雷迪在他的指导下工作是很自然的事。列奥纳多也曾参与了福尔塔圭里纪念碑的早期建造阶段，有人认为现藏于维多利亚和阿尔伯特博物馆的纪念碑陶土模型部分是他的作品。这些约在1476年至1477年间的皮斯托亚项目使列奥纳多得以在萨尔塔雷利丑闻的余波中重新树立起受欢迎的形象。皮斯托亚是他了解的城镇，实际上他有亲戚住在那里，他的姑姑维奥兰特嫁给了皮斯托亚人。这里正是那种当佛罗伦萨刮起丑闻风暴，可以让这个年轻人躲起来的令人愉悦的穷乡僻壤——他可能是被雇主派来的。

我们可以在上述那张对菲奥拉万蒂·迪·多梅尼科表露喜爱之情的纸上找到一些内容，来确认这件事。纸的底部有一句不完整的话，开头被撕掉了，剩下的部分写着"以及皮斯托亚的亲密挚友"（e chompa in pisstoja）——chompa 是 compare 的缩写，这个词饱含深情，是挚友和同志的意思。纸上另一个地方写着"1478年"。我们推测在此之前，列奥纳多已经在皮斯托亚交了一些朋友，菲奥拉万蒂可能是其中之一，另一个朋友可能是皮斯托亚诗人安东尼奥·卡梅利（Antonio Cammelli），几年后，我们可以在列奥纳多的伙伴中发现他的身影。这些难以辨认的文字进一步证明，列奥纳多利用这次机会，在萨尔塔雷利丑闻后的这段时间里与佛罗伦萨拉开了一段距离。

圣真纳罗村矗立在皮斯托亚以西几英里的小山山顶上，村里的教区教堂是罗马风格，由6世纪初维苏威火山爆发后逃亡到这里的那不勒斯难民建造。列奥纳多肯定知道这个村庄，因为他曾在一张托斯卡纳中部的地图上标出了它，这幅地图与一个开凿运河让阿尔诺河流经皮斯托亚和塞拉瓦莱的项目有关。[121]

在教堂内部西门旁的祭坛台座上，有一尊小型赤陶天使雕塑。这尊雕塑数个世纪以来长期遭到忽视，直到约50年前，才被认出是韦罗基奥工作室的作品，现在人们普遍认为，这件作品由列奥纳多·达·芬奇独立制作（彩图8）。这尊雕塑十分漂亮，天使神情警觉且充满动感。雕塑有些部分的造型很精确，其他部分则是潦草快速完成的，整体观感更像是典型的粗制模型，而不是完成的雕像。天使的右臂呼应了《天使报喜》中的天使，而长卷发则是列奥纳多的商标。天使的右脚略微延伸到了山墙上，其令人赞叹的写实主义——凸起的关节、破旧的凉鞋、向下卷曲的小脚趾——把我打动了。天使的姿态呼应了弗朗切斯科·费鲁奇速写本——正是那本有着韦罗基奥《大卫》模特素描的速写本——某一页上的一些人物。人像不是列奥纳多画的，但这页上的一行字似乎是他写的。

我们对制作这件作品的缘由一无所知。18世纪时，它肯定已经在圣真纳罗村了：它首次出现在记录中是1773年7月31日，当时一个工人的梯子倒在了它上面，把上半部砸碎了。一位名为巴尔索蒂的当地人煞费苦心地修复了它。天使的前额上至今仍可见一条小裂缝，仿佛意外导致的伤疤。在雕塑上可以看到的颜料痕迹——黄色、绿色和红色可能是修复者留下来的，但也可能表明他用的是原始颜色，换言之，它原本是一尊彩色雕塑，这是用赤陶或木头制作的教堂雕塑的传统。[122] 列奥纳多·达·芬奇的雕塑为何会矗立在皮斯托亚附近一座乡下小教堂的一个不起眼的角落里仍是个谜。一个答案可能是，这尊雕塑从一开始就在这里——换言之，就是从其1477年被一名佛罗伦萨青年艺术家创作出来后就在这里了，这位艺术家暂时躲在这里，他很乐意接受当地人的小件委托，也乐于享受在翠绿的托斯卡纳群山中得到的喘息。

1477年4月的一天，列奥纳多迎来了25岁生日。我想象着他凝视着镜中的自己：他后来将在一句说明性开头文字——"把a—b看成一张脸，镜像c—d来自它的形象"——后面苦苦思索这个动作所涉及的复杂的视光学。[123]他想知道他有多喜欢他所看到的这张脸。以15世纪佛罗伦萨的预期寿命标准来看，他已经不再是一个年轻人了。在某种程度上，他已经不会再有什么变化了。

对他人而言，镜子中的那张脸是一张非常美丽而且冰雪聪明的脸，早期的传记作者在这一点上是一致的。认识列奥纳多本人的保罗·焦维奥说："他生来很有礼貌、有教养并且大方。而且他的脸美得不可方物。"法国路易十二的宫廷作家让·勒迈尔曾谈起列奥纳多的"超自然的优雅"——这来自一首1509年发表的诗，可能来自诗人的亲眼所见。[124]"佚名作者"说，"他非常迷人，身材匀称，优雅又帅气"，留着漂亮的头发，梳成卷发，"垂到胸前"。在这些说法中，没有人提到他的长胡子，这一大家都相信的特征可能是后来增添的。

瓦萨里也坚持这种夸张的说法。列奥纳多"美得不可方物"，而且是个"无比优雅"的人——"他引人注目且十分英俊，他的存在为众多在苦海挣扎的灵魂带来安慰……或许有人会说他一无所有，而且他几乎不工作，但他总有仆人和马匹。"假如瓦萨里在今日写下这些话，他可能会这样总结：他的"存在"振奋了人们的精神，那种毫不费力的优雅让"他博得所有人的喜爱"，宛如"天赐的魅力"。瓦萨里也将列奥纳多描述为一个力量非凡、身形敏捷的人：他"十分强壮，可以承受任何暴力。他只用右手就可以掰弯门铃的铁环或马蹄铁，就好像它们是铅做的一般"。人们不得不将这些说法部分视为出于瓦萨里英雄化列奥纳多的倾向。这让我们想到莱昂·巴蒂斯塔·阿尔贝蒂在传说中所具有的非凡运动能力，我们对这一点也应该持保留态度。这是一种比喻，是对列奥纳多作为全能超级英雄的修辞性表达。也许是因为其他早期传记作家在描述列奥纳多的美貌时带有女性化色彩,瓦萨里试图纠正这一点。

无论他是否可以徒手掰弯马蹄铁,人们一致认为列奥纳多帅气、高大而且气宇不凡,他是优秀的骑手、不知疲惫的漫步者。我们知道,他也是个衣着时髦的人——有点像个花花公子。他的头发是精心梳理过的,他穿着玫瑰色的及膝束腰外衣、毛皮衬里的大衣,戴着翡翠戒指,脚踏科尔多瓦皮短靴。他还有些爱讲究:"用新鲜的玫瑰水滋润你的双手,然后在手中来回揉搓薰衣草花,这会很棒。"[125] 他对比画家和雕塑家时将后者描绘成汗流浃背、满身尘土的苦力:"他的脸被大理石粉尘弄脏了,看起来像是烤面包的工人。"相比之下,画家可以"轻松自在"地工作,他可以"穿着得体","挥动着蘸了精致颜料的轻笔刷",并且"用自己喜欢的衣服打扮自己"。[126]

但如果不去看镜子中他脸上的不确定、孤独和不满的紧张情绪,我们就不能理解这位相当爱炫耀的年轻人;他感觉自己是局外人:私生子、未受过教育、性取向非法。这些情绪将越来越隐蔽地隐藏在一种冷漠的光环中。它们在他手稿上零散且残缺不全的短语中隐约可见,像黑暗中的狭小裂缝:"如果自由对你来说是珍贵的,请不要揭穿,我的脸即是爱的牢笼……"[127]

第三章

独 立
1477—1482

他是个没能超越老师的可怜学生。

——《福斯特古抄本Ⅲ》, fol. 66v

列奥纳多的工作室

大约在1477年，列奥纳多于佛罗伦萨成立了自己的工作室。这样的发展很自然，他已经在韦罗基奥手下做了10年的学生、学徒和助手。吉内薇拉的肖像画证明他已经可以出师了——他的作品显然还有韦罗基奥风格的影子，但他的诗意格调是全新的。现在，他进入了一个艰难的独立时期：作为一位年轻的"大师"，他要面对人才济济、充满竞争的市场。

1478年1月10日，列奥纳多签署了一份合同，这是证明他自立门户的第一份资料，但在新近发现的另一份文献中，我们找到了一条有趣的线索，让我们了解了他的工作室的环境。这是博洛尼亚勋爵乔瓦尼·本蒂沃利奥（Giovanni Bentivoglio）写给洛伦佐·德·美第奇的一封信，信中提到了一个名为"保罗·德·列奥纳多·德·芬奇·达·佛罗伦萨"的人。[1] 这封信在20世纪90年代首次曝光时曾令意大利媒体界极度兴奋，因为名字的格式表明，这位保罗似乎是列奥纳多·达·芬奇迄今为止都无人知晓的儿子。不过稍加思考我们便知道这不可能，因为信中的内容暗示保罗不可能在1462年之后很久出生，但那时列奥纳多只有10岁，因此他更可能是列奥纳多的学徒。如前所述，就像韦罗基奥那样，学徒继承老师的名字是传统。

因此，我们似乎得知了列奥纳多第一批学徒中的一人的名字，伴随着这个名字的是一则小故事。本蒂沃利奥在1479年2月4日的信中说，保罗"一段时间前"被逐出佛罗伦萨，因为"他在那里过着放荡的生活"。流放是为了让他"重新做人"，"远离狐朋狗友"。看来洛伦佐·德·美第奇亲自参与了此事，因为保罗刚到博洛尼亚就被囚禁了。本蒂沃利奥特别强调，这是洛伦佐的要求："已按阁下信中的意思，将他送进监狱。"保罗在狱中待了6个月，"洗净了身上的罪恶"后才被释放，出狱之后他"钻研镶嵌工艺，这是他在那里［佛罗伦萨］就开始学习的手艺，如今他已是技术娴熟的手艺人，并希望以此谋生"。他现在急于回到佛罗伦萨，他的兄弟也给本蒂沃利奥写信请愿。这便是本蒂沃利奥写这封信的动机——希望洛伦佐能"仁慈地宽容他、原谅他"，这样保罗才能回家。本蒂沃利奥称，保罗现在已经改过自新，他保证从此"诚实做人，遵纪守法"。

这个故事很"有料"，涉及列奥纳多，他被认为是保罗的老师。鉴于保罗在博洛尼亚的监狱里被关6个月，出狱后作为镶嵌细工谋生，我们可以说，从他耻辱地离开佛罗伦萨到这封信之间，至少也有一年的时间，即1477年底或1478年初。我们可以回溯事情的经过：列奥纳多1477年时在佛罗伦萨收了一个名叫保罗的学徒或仆人，可能是个十几岁的孩子，有几个颇有社会地位的兄弟，本蒂沃利奥在信中两次提到他们；保罗可能没有父亲，所以兄弟们在这件事中扮演了父亲的角色——这与他在工作室的背景中作为列奥纳多的养子的身份是一致的。他已经接受了一些镶嵌细工的训练，这是一种要求很高的镶嵌木料工艺。然而，他过着"放荡的生活"，结交"狐朋狗友"，并在1478年初被逐出佛罗伦萨。信上没明确说明他究竟过的是何种"放荡"生活，但很可能是指同性恋。一个进一步的归咎——仅仅是一种归咎，但很难避免——是，少年保罗需要远离的"狐朋狗友"正是他的老师列奥纳多。所以，除了雅科博·萨尔塔雷利和菲奥拉万蒂·迪·多梅尼科，列奥纳多的男友名单上又多了一人。在工作室的传统中，他也是列奥纳多的"儿子"，这一点足以让弗洛伊德津津乐道。

因此，列奥纳多的新工作室从草创时期就笼罩着一丝丑闻。距离他与巡夜长官的冲突不足一年的时间，他再次卷入另一起同性恋的指控。洛伦佐·德·美第奇可能注意到了第一则丑闻，因为它涉及他母亲那边的一位家族成员，而他肯定参与了这次驱逐保罗·迪·列奥纳多的事件。

尽管被不祥的阴霾笼罩，列奥纳多还是在1478年1月10日接到了他作为独立画家的第一份有记录的委托。[2] 执政团委托他制作一幅大型祭坛画，挂在韦奇奥宫的圣贝尔纳多礼拜堂中。实际上，列奥纳多并不是执政团的首选——这份委托在上个月被皮耶罗·德尔·波莱沃洛谢绝了。这次邀请似乎是一份能为他带来声誉的美差，3月中旬执政团还会预付25弗洛林，所以列奥纳多始终没有交付这件作品是件奇怪的事。这是他首个放弃的项目，也是首次违约，这样的事情将始终与他的从业生涯相伴。

新祭坛装饰画是为了取代早先的一幅贝尔纳多·达迪（Bernado Daddi）的作品，那幅画画的是圣母玛利亚在圣伯纳德面前显灵，合同要求列奥纳多画一幅主题相同的油画。在他的画稿中，没有任何关于《向圣伯纳德显灵》（Vision of St Bernard）的草稿或习作。不过菲利皮诺·利比有一幅画，很可能能让我们一窥这幅不知是否真实存在的画作。据"佚名作者"说，列奥纳多实际上已经开始作画了，后来菲利皮诺根据他的准备性素描完成了这幅画。菲利皮诺的确绘制了一幅《向圣伯纳德显灵》祭坛画，这是一幅上乘佳作，目前藏于佛罗伦萨巴迪亚修道院。这幅画绘于15世纪80年代中叶，为普格利泽家族位于佛罗伦萨附近马里奥利山的礼拜堂而作，画的捐赠人是皮耶罗·德尔·普格利泽（Piero del Pugliese），他的名字出现在画的右下角。"佚名作者"所言是真实的吗？画面左侧绘有圣母和几位天使，的确可被称为"列奥纳多的画风"，是不是真的再现了一幅列奥纳多约1478年绘制的现已失传的底图？虽然有这种可能，因为画中的一位天使与列奥纳多《天使报喜》中的天使高度相似，但我们不必通过假设有一幅失传的画稿，来解释这种画风的出现。[3]

在那张提到菲奥拉万蒂·迪·多梅尼科的纸上，有句话被涂掉了一部分："1478年……月，两幅圣母玛利亚像"。日期可能是1478年的9月、11月或12月。列奥纳多当时开始创作的是哪两幅圣母像？是不是他1482年前后写下的行李清单中列出的两幅圣母像？他罗列了在佛罗伦萨完成并要带去米兰的所有作品，上面提到了两幅圣母像，"一幅已经完成"，另一幅是"完成了大部分的侧面像"。

肯尼斯·克拉克认为，侧面圣母像即现藏于圣彼得堡的《哺乳圣母》。它画完时肯定要晚一些：是列奥纳多在米兰的工作室的作品，大概画成于15世纪80年代末。但克拉克认为，这幅画正是列奥纳多在佛罗伦萨时就开始绘制，并在1482年的名单中提到的未完成状态下被带到米兰的那幅画。它的完稿显然有不是出自列奥纳多之手的部分，比如圣子诡异的头，应该是他的某个米兰学生——乔瓦尼·安东尼奥·博尔特拉菲奥（Giovanni Antonio Boltraffio）或马可·德奥焦诺（Marco d'Oggiono）——画的。但有一幅用银尖笔画在绿色的纸上的圣母头像素描，肯定是列奥纳多画的。[4]

《哺乳圣母》是否源自佛罗伦萨时期仍是未解之谜，但列奥纳多的另一幅画我们比较有把握，这幅画——《柏诺瓦的圣母》（彩图9）——现藏于圣彼得堡埃尔米塔日博物馆。从风格上看，这幅画属于列奥纳多第一个佛罗伦萨时期的作品，很可能是他于1478年开始绘制的"两幅圣母玛利亚像"之一，但我们不能确定这幅画是不是1482年清单上那幅"已经完成"的圣母像，因为画中的某些部分似乎还没有完成。

这幅小油画（19英寸×12英寸）——19世纪时被有些不熟练地转移到画布上——是列奥纳多最被低估的作品之一。尽管在细节上不完美，但这幅画所呈现的甜美、清新和动感，立即超越了韦罗基奥笔下翘着小手指的金发圣母的那份静态而神圣的优雅。画中的圣母显然还是一个少女，甚至不是一个非常漂亮的女孩。她那编成辫子的赤褐色长发从左肩垂下，让人一时想起西蒙内塔·卡塔内的模样——但也只是一瞬间，我们再次感受到列奥纳多显然在排斥经典的艺术造型，她与波提切利笔下慵懒、漂亮、杏仁眼的圣母截然不同。伟大的贝尔纳多·贝伦森——他一直更喜欢列奥纳多的素描，而非画作——却认为这位圣母很丑："她前额是秃的，双颊浮肿，笑起来没有牙齿，两眼无神，脖子上都是皱纹。"

另外，与韦罗基奥完全不同的是，画面呈现出一种新式的天鹅绒般的深色色调。在灰色和黄褐色的背景中，人物显得格外引人注目。色调安静、柔和且内敛。技术检测显示，底板有一层深棕色颜料，其他各色颜料在其上"如露水般沉淀下来"。[5]

画中的细节仍存在谜团。画作经过一些修饰：圣母的脖子和圣子的右手显示出后来用画笔抹平的痕迹；帏帐的下半也丢失了一部分。但通常是她的嘴给观者带来疑问。贝伦森不友善地强调，她看起来没有牙齿。根据德·利普哈特于1909年认真检查这幅画后的说法，她半张的嘴巴显示出"她的牙齿以几乎难以察觉的方式，被画在深色的底色之上"，然而由于涂料的氧化，这些痕迹现在似乎已经完全消失了。[6] 画中那扇空着的窗户也引发了疑问。有什么东西被不知何故地遮盖了吗？抑或这是列奥纳多独创的把戏？这扇看不见美景的窗子，使观者的目光再次回到画面中央时重新感受到了场景的内在感。位于高处的窗户为圣母子营造出离群出世之感，他们无法被俗世所观睹，我们对他们的一瞥乃是特权；缺乏目光交流使这一点得到了加强——无论是圣母还是圣子都没有望向观者；这个场景发生在圣母子之间，并以圣子凝视的花朵为中心。这朵小白花并不是像人们有时说的那样是一支茉莉花，茉莉花是五片花瓣（乌菲兹美术馆藏的《丽达与天鹅》上就是这么画的），而这支花只有四片花瓣，应属十字花科。据植物学家威廉·恩伯登说，它可能是芸芥花（Eruca sativa），无论是其十字形的花瓣还是苦味，都在传统上象征着基督的受难。[7] 就像在后来的《纺车边的圣母》中，婴儿基督凝视着预示他未来苦难的象征物。而微笑着递上花朵的圣母对此并不知情，她和圣子一样，被保护着免受自己将来的悲剧命运之苦。

这幅（最初的）木版画经历了一段浪漫曲折的历险。直到19世纪初，这幅画都下落不明。虽然它可能是1591年人们所说的那幅"出自列奥纳多之手的小幅木版油画"的圣母子像，彼时这幅画藏于佛罗伦萨博蒂家族府上。19世纪20年代，它意外地出现在克里米亚的阿斯特拉罕行省。根据一种说法，这幅画是随着一位巡回演出的意大利音乐家的行李来到这里的。到1824年，这幅画成为阿斯特拉罕的萨波日尼科夫家族的财产，根据这家人的记录，正是这一年，有一位叫科罗特科夫的艺术品修缮师将这幅画转移到了画布上。这幅画后来到了法国，被美术家莱昂·柏诺瓦（Léon Benois）收藏，他的妻子正是萨波日尼科夫家族的一员。在他过世后，他的妻子返回圣彼得堡。这幅画如今被称作《柏诺瓦的圣母》，1908年首次在圣彼得堡展出，1914年沙皇尼古拉斯二世为埃尔米塔日博物馆买下此画。

与《柏诺瓦的圣母》密切相关的画作共有三幅——一幅圣子头像,现存于乌菲兹美术馆,捕捉了圣子凝视花朵时专心致志的神态;一幅圣母子与一碗水果的画稿,现存于卢浮宫;一页素描,现存于大英博物馆。[8] 这些作品又引出这一时期其他圣母子(或至少是关于母子二人的)主题相关的素描,例如波尔图美术学院中有一幅迷人但鲜为人知的画稿,就带有《柏诺瓦的圣母》风格,这幅画描绘了孩子坐在母亲大腿上,她用盆里的水给他洗脚。直到最近,人们认为这幅画是拉法埃利诺·达·雷焦(Raffaellino da Reggio)——画家塔代奥·祖卡罗(Taddeo Zuccaro)的一位16世纪中叶的追随者——所画。1965年,菲利普·庞西认出这幅画为列奥纳多的作品,他在画的背后发现了一些列奥纳多的笔迹。因为画稿已经被裱装好,把画从镶嵌框中取出会有一定的风险,所以只有部分列奥纳多写在画背面的文字能够被破译。(当然,按照列奥纳多镜像书写的规则,透过来的文字可以按普通的从左往右读的方式辨认。)这是一个单词表,可以辨认出7个单词,都以字母a开头:affabile、armonia,等等。这可以将其与温莎城堡皇家图书馆收藏的一幅素描联系起来,后者描绘了一个胖乎乎的婴儿坐在妈妈的臂弯中,画背面也有一个按字母顺序排列的单词表。[9]

15世纪70年代末的这批素描中还有一幅描绘了圣母子与婴儿圣约翰,也藏于温莎城堡皇家图书馆。这幅素描可能最终被画成了一张完整的底稿,或者有可能甚至是一幅成品油画,因为那不勒斯的安德烈亚·达·萨莱诺在一幅油画中几乎照原样临摹了其中的圣母子。在这幅素描中,三个人物被挤压成金字塔形状,列奥纳多在20多年后绘制圣安妮群像时再次使用了这种构图。人物身后的风景提醒我们,他对嶙峋山丘的偏爱已经形成。这幅素描是列奥纳多作品中反复出现的一种人物组合的第一个版本——基督和施洗者圣约翰在孩提时代的相遇(这一插曲仅见于伪经)。后来在《岩间圣母》和英国国家美术馆馆藏的《圣母子与圣安妮和施洗者圣约翰》底稿中再度出现。这种人物组合在当时的意大利艺术作品中很罕见,列奥纳多在创新,或者说这种人物组合来自其他地方,而非绘画传统。联想到他的童年境遇,人们可能会猜测,这个反复出现的"另一个"孩子,这个看着浑然一体的圣母子的局外人,是否特别让列奥纳多产生共鸣——他和生母的关系中似乎充满了害怕被拒绝的恐惧。

但这些绘于佛罗伦萨的关于母子的素描展现的情感并非拒斥,而是赞美:母亲抱着宝宝逗他玩、喂他吃东西,还给他洗澡,以及,如果《哺乳圣母》也属于这类画稿,那么她还会给孩子喂奶。而其中最有趣的是圣母子

圣母和圣子,约1478年至1480年。左上:孩子的头部,可能是《柏诺瓦的圣母》中的圣子基督的一幅准备性草稿。右上:一幅被称为《浴盆》的波尔图美术学院馆藏素描。左下:一个孩子和一只猫素描。右下:圣母子和一只猫素描。

与一只猫的系列。《柏诺瓦的圣母》特别强调圣母玛利亚的年少——她年轻得仿佛还是少女,使人想起意大利著名电影导演帕索里尼的电影《马太福音》中的农家少女玛利亚。这些素描是列奥纳多在佛罗伦萨时期最充满生机的作品。人物的灵动姿态与怜爱之心跃然纸上,他们属于现实被画下的瞬间,而非一幅完成的油画。这些人物曾真实地存在于一个工作室或房间里。有4幅以墨水笔、木炭和金属尖头笔完成的素描,画上的人物彼此缠绕——像是动作的芭蕾——因为这位青年画家专注地以极快的速度用画笔捕捉他们的身体、姿态和生命在瞬间的真实。接下来还有4张完稿,在其中一张的背面,列奥纳多尝试画了一种不同姿态的圣母头像。完成度最高的是藏于乌菲兹美术馆的一幅淡彩墨水笔素描,笔触精准而肃穆。[10]

没有证据证明这些奇妙的素描最终被绘制成油画,目前来看,这些素描都在为他佛罗伦萨早期最伟大的绘画《博士来朝》做准备,画中的圣子坐在圣母的大腿上伸出手臂,与这些素描非常相像。但那只猫不见了,随之而去的是这些素描中充满活力、诙谐的音符。

被绞死的人

1478年4月26日,周日,快到正午时分,一场突如其来的骚动扰乱了佛罗伦萨大教堂里的弥撒庆祝活动。当神父举起圣体,教堂鸣起钟声时,一个名叫贝尔纳多·迪·班迪诺·巴龙切利(Bernardo di Bandino Baroncelli)的男人从斗篷中抽出一把刀,刺入洛伦佐·德·美第奇的弟弟朱利亚诺·德·美第奇的身体。当朱利亚诺摇晃着后退时,他又被另一个男人弗朗切斯科·德·帕奇(Francesco de' Pazzi)猛烈地反复捅了几刀,最终他的身体上共发现19处不同的刀伤。而洛伦佐本人成为集会上另外两名刺客——两位心怀不满的神父——的目标,但他们搞砸了。大量的血从洛伦佐的脖子上涌出,他被推到了北圣器储藏室的安全地带,青铜大门在他身后落锁,尽管他的朋友弗朗切斯科·诺里仍在与刺客扭打,受了致命伤,并最终被贝尔纳多·迪·班迪诺·巴龙切利杀害。

这就是"帕奇阴谋",[11]也被称为"四月阴谋",这是一场意图推翻美第奇统治的孤注一掷的政变,由佛罗伦萨富商帕奇家族煽动,并得到了教宗西克斯图斯四世(Sixtus IV)的暗中支持,还有包括比萨大主教在内的各种反美第奇势力加入。当时有许多人记录了这件事,包括暗杀行动发生时正在大教堂中的诗人阿尼奥洛·波利齐亚诺,后来见证了恐怖报复的记日作家卢卡·兰杜奇,以及佛罗伦萨历史学家,如马基雅维利和弗朗切斯科·圭恰迪尼(Francesco Guicciardini)。正是这些人的记录使人们得以重构这一事件,并流传至今,他们都或公开或暗中支持美第奇家族。但劳罗·马丁内斯最近的一本书提供了新角度。策划暗杀的人们动机复杂,但确实对美第奇家族强权政治的不择手段——也就是马丁内斯所谓的洛伦佐通过贿赂、操纵选票和盗用公款等方式"蚕食蚁啮"着佛罗伦萨大肆宣扬的政治自由——心怀不满。[12]约一年前米兰公爵遇刺身亡已是先例——也是在这座城市的大教堂举行弥撒时发生了类似的恐怖谋杀——而后对刺客的残暴处决也是一个预兆。

在大教堂的一片混乱中,刺客们逃走了,但计划的另一半——由佩鲁贾雇佣军组成的小分队夺取领主宫——以失败告终。当雅科波·德·帕奇骑马奔入广场并高呼"为了人民与自由!"时,他发现宫殿大门被锁上了。警钟"母牛"在塔楼中低鸣,全副武装的市民如潮水般涌向大街,起义失败。雅科波作为佛罗伦萨帕奇家族的一家之主,原本对侄子弗朗切斯科策划的政变持怀疑态度,后者是罗马帕奇银行的负责人。"你们的脖子会断的!"他警告这些同谋者,最终他被说服一同参与政变。他还真说对了,他的脖子与其他人一样被勒断了。

现在,血腥的报复开始了。佛罗伦萨顾不上按照残酷的礼仪执行公开处决:第一个晚上简直就是一场大规模的私刑。据兰杜奇记录,有超过20位参与政变的同谋犯在执政团宫和巴杰罗宫的窗外被吊死。接下来的几天中,至少又有60人被处死。复仇的第一天,当复仇小队在街上搜索残余势力时,洛伦佐出现在美第奇宫的一扇窗户前,受伤的脖子上缠着一条围巾:他是镇压者。根据瓦萨里的说法,韦罗基奥受委托为他制作3尊真人大小的蜡像,穿着打扮和他在获得残酷胜利时的一模一样。这些蜡像早已杳无踪迹，波提切利为被绞死的叛徒画的画像也失传了，他在7月中旬因为这些画收到了40弗洛林。[13] 艺术家的工作室就是以这种方式为他们的政治主人服务的。

4月28日，卢多维科·斯福尔扎（Ludovico Sforza）私下拜访了洛伦佐。卢多维科是列奥纳多日后的赞助人，也是被暗杀的公爵加莱亚佐·马里亚·斯福尔扎的弟弟。虽然加莱亚佐·马里亚·斯福尔扎的10岁的儿子吉安·加莱亚佐（Gian Galeazzo）应继承他的爵位，但现在卢多维科才是米兰真正的掌权者。未来20余年，他将一直控制着傀儡公爵。这次拜访是为了慰问并表示自己支持洛伦佐。

大教堂谋杀行动的4个刺客中有3个被抓获。弗朗切斯科·德·帕奇当晚即被绞死，而袭击洛伦佐未遂的两名神父5月5日被处死——据说他们被绞死前先被阉割了。至于第四个犯人，参与了两次行刺的贝尔纳多·迪·班迪诺，或是更狡猾或是更幸运，或是二者兼有，他在朱利亚诺被杀后的一片混乱中藏在离行凶现场只有几码外的大教堂钟楼里。尽管为他设了警戒，他依旧设法逃出了佛罗伦萨，跑到了塞尼加利亚的亚德里亚海岸，然后从那里乘船离开了意大利。他消失了，但美第奇家族处处有耳目，次年他们收到消息称，班迪诺躲在君士坦丁堡。佛罗伦萨领事洛伦佐·卡尔杜奇进行了外交交涉，使节携厚礼前往。最终，苏丹当局将班迪诺逮捕。他身披镣铐被押回佛罗伦萨，受到审讯，毫无疑问还受了酷刑。1479年12月28日，他在巴杰罗宫的窗外被绞死。[14]

那天列奥纳多也在现场，因为他画的绞死班迪诺的素描无疑是就地完成的。纸的左上角一丝不苟地写着笔记，准确记录了班迪诺受刑时的着装："棕褐色的小四角帽；锁边的黑色紧身短上衣；有

被绞死的贝尔纳多·迪·班迪诺·巴龙切利。

衬里的黑色坎肩；镶着狐狸皮的蓝色外套；点缀着红色和黑色天鹅绒的坎肩领子；黑色紧身裤。"这些笔记给画作增添了一丝报道的气息：一个小小的历史时刻正在被见证。它们还表明，列奥纳多打算把这幅画加工成波提切利一年前创作的那种油画。或许他是受委托这么做的，或许他只是被发生在塞尔·皮耶罗屋外的这一幕震惊了。[15]

尸体屈辱地摇摆着，双手被绑在身后，双脚赤裸着，列奥纳多捕捉到了一种奇怪的平静感。在班迪诺嘴唇朝下的瘦削脸庞上，几乎有一种沉思的神情，仿佛正在从这个全新的、极端的视角来审视他所犯下的错误。在左下角，列奥纳多又画了另一个头像，略微调整了角度，看起来像因疲惫而顺从地垂着头，这种形象常常在描绘十字架上的基督的作品中看得到。

索罗阿斯特罗

现在是时候将列奥纳多身边最有趣、最迷人的角色从默默无闻中解救出来介绍给读者了，他便是托马索·迪·乔瓦尼·马西尼（Tommaso di Giovanni Masini），人们更熟悉他令人印象深刻的别名——索罗阿斯特罗（Zoroastro）。"佚名作者"提到，他是列奥纳多于韦奇奥宫绘制壁画《安吉亚里战役》时的助手，1505年4月和8月向他支付款项的文件证实了这一点；这些文件将他描述为列奥纳多的雇工，他的工作是为列奥纳多"研磨颜料"。[16]这种明确的提及以及他被赋予相当低的地位，使大多数列奥纳多的传记作家认为他是1505年时列奥纳多的一名年轻学徒。但事实上，早在15世纪90年代，他就已经是列奥纳多在米兰的圈子里的一员了：大约1498年，一首米兰人匿名献给列奥纳多的诗提到他的名字叫"杰罗阿斯特罗"；还有其他证据表明，他们的联系可以追溯到列奥纳多的第一个佛罗伦萨时期。

托马索于1462年出生在佛罗伦萨与普拉托之间的平原上的佩雷托拉村，1520年卒于罗马，享年58岁，安葬在圣阿加塔-德戈蒂教堂。[17] 1637年，历史学家希皮奥内·阿米拉托所著的《手册》于佛罗伦萨出版，书中对他的一生做了简短但多姿多彩的描绘。

> 索罗阿斯特罗的原名叫托马索·马西尼,来自佛罗伦萨一英里外的佩雷托拉。他是园丁的儿子,但他说他是"华贵者"洛伦佐的姐夫贝尔纳多·鲁切拉伊的私生子。后来,他加入了列奥纳多·芬奇,列奥纳多用五倍子(gall-nut)为他做了一套衣服,因此,他在很长一段时间里被称为 Il Gallozzolo["the Gall-Nut"]。然后,他随列奥纳多去了米兰,并更名为索罗阿斯特罗。到达米兰后,他被称为 Indovino["预言师"],因为他信奉魔法。他后来到了罗马,与圣阿尼奥洛堡的堡主乔瓦尼·鲁切拉伊住在一起,之后与葡萄牙大使维塞奥主教住在一起,最后与里多尔菲住在一起。他是一位伟大的采矿技术专家……他死后安葬于圣阿加塔教堂墓地,在特雷西诺和乔瓦尼·拉斯卡里两人的墓之间。他的墓前有一尊天使像,手持一把钳子和一柄锤子,敲打着一个死人的骨架,代表他对复活的信仰。无论出于什么原因,他都不会杀死一只跳蚤,他喜欢穿亚麻布的衣服,免得穿死掉的动物的皮毛制成的皮草。[18]

虽然这段文字有模糊之处,但我们已经对索罗阿斯特罗的迷人形象有了大致了解。他介于宫廷小丑、魔术师和工程师之间,而且他与列奥纳多一样,也是素食主义者。那套五倍子做的衣服很古怪,但列奥纳多在有关戏服的笔记中提到过相似之物,他在那里描述了一件将黑白谷粒粘在涂有松节油和胶水的布料上的服装。[19]然而,阿米拉托没有提到演戏的事,他似乎是指列奥纳多做了一件不同寻常的嵌花服装,可能是一件斗篷,而托马索这位古怪的年轻人穿上了它,并因此获得了一个绰号。

索罗阿斯特罗可能是列奥纳多在1492年至1493年的一些会计票据中提到的"托马索大师":

> 9月27日,周四:托马索大师返回[米兰]。他独自工作到2月的倒数第二天……

11月的倒数第二天,我们统计账单……要付给托马索大师9个月的工资。之后他做了6盏烛台。[20]

这说明他是受列奥纳多的米兰工作室保护的独立工匠。他是个金属工匠,这与阿米拉托提到他对采矿感兴趣是一致的。在另一份接近同时代的资料——一份包含一些列奥纳多机械设计的副本的威尼斯手稿——中,他被描述为一名"铁匠"。[21] 1492年至1493年,列奥纳多参与了一个非常野心勃勃的项目——铸造一座名为"斯福尔扎铜马"的巨马塑像,毫无疑问,冶金专家马西尼也参与其中。他还参与了许多其他项目,包括军事和建筑方面的,以及飞行。

索罗阿斯特罗带着一种多变的特质,他的身份地位很难定义。对列奥纳多而言,他是"托马索大师",但为《安吉亚里战役》壁画做账的会计认为他只是一个负责调色的雇工或工作室助手。他也可能是"我的仆人托马索"——1504年为列奥纳多采购家居用品的人。如果是这样的话,我们还能在列奥纳多的《阿伦德尔古抄本》中发现一些他的笔迹样本,他的字圆润而端正。[22]

另一份记述了索罗阿斯特罗的一手资料近日浮出水面,这是一封来自维奥塞主教多姆·米格尔·达·席尔瓦的信——他是一个彬彬有礼、人脉深厚的葡萄牙人,也是卡斯蒂廖内的《廷臣论》(*The Courtier*)①中的谈话者之一。这封信写于1520年2月21日,写给贝尔纳多的儿子乔瓦尼·鲁切拉伊。这说明索罗阿斯特罗和达·席尔瓦以及鲁切拉伊都有联系,证实了阿米拉托对他的描述。我们从信中知道,索罗阿斯特罗曾住在鲁切拉伊位于佛罗伦萨城外的乡村别墅中。达·席尔瓦写道,在参观这座房子时,他很高兴地发现这里"一切都安排得就像索罗阿斯特罗还住在那里一样,

---

① 《廷臣论》是一本专门讨论礼节、行为和道德的礼仪书。礼仪书可追溯到13世纪的意大利与德意志地区。卡斯蒂廖内(Baldassare Castiglione)的《廷臣论》于1508年开始创作,至1561年出版,在16世纪的欧洲宫廷颇具影响力。这本书由一系列虚构的对话组成,对话的其中一方为乌尔比诺公爵,实则是作者的化身。乌尔比诺公爵与不同的人对话时,时刻彰显优雅、博学、冷静与得体等特质,是廷臣典范。

到处都可以看到很多带有干糊的煮锅,以及其他在火上的锅"。这些"煮锅"应该被理解为化学器皿——曲颈瓶、蒸馏器等,正如达·席尔瓦在信中接下去所表明的那样:

> 索罗阿斯特罗如今在我[罗马]的家中,我被他彻底迷住了。我们布置了很多特殊的秘密房间,在一个漂亮的正方形房间的角落里,在一个曾经是小礼拜堂的地方,我们设立了一个很好的厨房[即实验室],我在那里除了用风箱鼓风和将大量融化的铅倒出来,什么也不做。我们制作了闪闪发光的球体,球体中出现了奇怪的人形,他们头上长独角,还长着螃蟹一样的腿,鼻子像虾一样。我们在一个老旧的壁炉中用砖搭了一个炉子,我们在这里提炼和分离所有元素;利用这些元素,我们从一种永远燃烧和闪耀的海洋怪物身上提取了火。房间的中央有一张大桌子,上面杂乱地摆放着各式各样的罐子和烧瓶,还有糨糊、黏土、希腊沥青、朱砂、被绞死之人的牙齿和植物根茎。在车床上有一个由硫黄打磨而成的基座,上面放着一个黄色琥珀器皿。器皿里面有一条四脚蛇,此外什么都没有。我们认为这只四脚蛇是个奇迹。索罗阿斯特罗相信,它是一只从利比亚飞来的狮鹫带来并被扔在了马莫洛大桥上的;他就是在那里发现并驯服了它的。房间的墙上胡乱画着奇怪的面孔,贴着各类画稿,其中一幅画了一只正在给一群老鼠讲故事的猴子,老鼠们听得很认真。这里还有成千上万充满神秘色彩的东西。[23]

通过这生动的叙述,我们知道:索罗阿斯特罗是炼金术士,他会蒸馏和煎煮奇怪的液体;他还是奇怪的爬行动物的饲养者,并且确实是个艺术家,他在罗马实验室的墙上胡乱画着怪异的脸和会说话的动物。他差不多像是一个滑稽的、民间艺人版的列奥纳多·达·芬奇。他对炼金术或化学(当时二者大体是同一种活动,但目的不同)的兴趣与他作为冶金学家的工作是一致的。我忍不住认为列奥纳多在15世纪80年代末写的一份配方是给他拟的。这份配方的标题为《致命烟雾》,出现在一张和海战有关的纸上，其组成如下：

> 混合了硫酸与雄黄的砒霜
>
> 药用玫瑰水
>
> 蛤蟆的毒液——要用旱蛤蟆
>
> 疯狗的口水
>
> 山茱萸浆果煎液
>
> 塔兰托毒蛛[24]

在我看来，这绝对是索罗阿斯特罗写的；它几乎是一首小诗。

米格尔·达·席尔瓦写下这封信的几个月后，索罗阿斯特罗去世了。他在圣阿加塔教堂墓地的墓碑上刻着墓志铭："索罗阿斯特罗·马西尼，一个以正直、纯粹和宽容闻名的人，他是真正的哲学家，他着眼于大自然的黑暗，为大自然自身带来令人钦佩的好处。"列奥纳多不会介意把这句话也用在他自己的墓志铭上："ad naturae obscuritatem spectat..."（"着眼于大自然的黑暗……"）

索罗阿斯特罗在人们的记忆中挥之不去。喜剧小说家安东·弗朗切斯科·格拉齐尼（笔名为 Il Lasca——"斜齿鳊鱼"）在其小说集《晚餐》中提到一位名叫索罗阿斯特罗的"疯狂"魔术师。格拉齐尼于1503年出生于佛罗伦萨，16世纪中期写成《晚餐》。这个人物很可能是大致根据真实的索罗阿斯特罗改编的，但改编得太随意，以至于无法当作传记材料使用。格拉齐尼笔下的索罗阿斯特罗像是漫画里的魔术师，是一个刻板的形象。另外，我们无法得知该人物的样貌——"高挑、健硕、面色萎黄，他神情乖戾，举止傲慢，蓄着浓密的黑胡子，且从不打理"——是否与托马索·马西尼的长相一致。[25]

托马索常常被研究列奥纳多的学者低估：他似乎总是只被视为一个生动的脚注——一个有着高超骗术的古怪的马屁精。早期文献对他的描述都带有民间故事元素，无论是阿米拉托的速写，还是格拉齐尼的小说，甚至在达·席尔瓦的信中也是如此——这封信虽然是对他的真实报道，但无疑是为了让乔瓦尼·鲁切拉伊开心而故意写的有趣。列奥纳多对托马索的描述，就他给我们的版本来说，则全然不同：托马索制作烛台、研磨颜料、购买家用物品，做着十分务实的工作。人们还注意到了他与列奥纳多长久保持着联系。根据阿米拉托的说法，在列奥纳多于1482年左右离开佛罗伦萨前，他就已经"加入了"列奥纳多，并随列奥纳多去了米兰，因此在15世纪90年代初，我们能在列奥纳多的米兰工作室中看到他的身影。回到佛罗伦萨后，1505年，他为壁画《安吉亚里战役》调颜料。他们这就已经相识了25年了（虽然不一定一直是雇佣关系）；1513年至1516年，他们也可能都在罗马。托马索可能是个丑角，但他显然不是傻瓜。他在罗马的保护人和主人也令人印象深刻：乔瓦尼·鲁切拉伊、达·席尔瓦和乔万·巴蒂斯塔·里多尔菲。

当阿米拉托说托马索"加入了"列奥纳多时，他的意思是托马索以学徒或助手的身份进入列奥纳多的工作室。他可能在1478年取代了年轻的保罗·迪·列奥纳多，当时后者因"放荡的"行为被逐出佛罗伦萨。托马索那时应该16岁了：来自佩雷托拉的园丁之子，但已经是一个有前途的年轻人了。根据阿米拉托的说法，他自称是贝尔纳多·鲁切拉伊的亲生儿子：这可能是一个索罗阿斯特罗式的玩笑，但更可能是阿米拉托误会了什么，因为阿米拉托是这条消息的唯一来源。（托马索出生时，鲁切拉伊只有13岁，不太可能当父亲，但我也不认为完全不可能。）更有可能的是，他是贝尔纳多·鲁切拉伊的门客，正如他后来也是鲁切拉伊的儿子乔瓦尼的门客一样。贝尔纳多在费奇诺学园中表现勤奋，在后来的日子里，他在圣母百花大教堂转角处的鲁切拉伊花园成立了自己的柏拉图学园。托马索·马西尼的"索罗阿斯特罗"那一面，可能正是在信奉费奇诺魔法的圈子中发展起来的。我们发现列奥纳多通过和贝尔纳多·本博以及班琪家族的关系，与这个圈子联系在了一起。

谁也不想错过索罗阿斯特罗多姿多彩的一生：魔法、炼金术和随之而来的表演技能无疑都是他行为的一部分，也是他吸引罗马上流主顾的部分原因。（炼金术当然还有额外一重吸引力——代表着一种缥缈但诱人的获取无限财富的可能性。）但在这些表演背后，是一个有血有肉的真实的人，而且受到列奥纳多的重视。他是个正直的人，正如他的墓志铭所说：他是一个纯粹的人，一位哲学家。

技术专家

如果在15世纪70年代末，未来的金属工匠和炼金术士托马索·马西尼已经是列奥纳多的学徒或助手的话，那么他就会与列奥纳多早期试图在工程方面所做的努力联系在一起。正是在这一时期，我们发现了列奥纳多是技术专家的最初一批一致的迹象。我们可以从《大西洋古抄本》中和瓦萨里的文章中发现这些迹象，瓦萨里描述了列奥纳多在"还是个年轻人"时对各种技术问题表现出的兴趣，虽然有些含糊不清，但这肯定说的是他还在佛罗伦萨时的事。列奥纳多的这些想法是否转化成了实际的项目，是值得怀疑的。

正如我们前文所见，1471年列奥纳多参与为大教堂顶端安装球体的工程时，获得了许多布鲁内莱斯基巧妙的关于起重机的一手知识。他似乎在1478年至1480年重拾了这个兴趣，这可能正是《大西洋古抄本》中那些与布鲁内莱斯基的起重装置相关的画稿的日期。瓦萨里提到过列奥纳多对重型起重工具的兴趣："他展示了如何通过杠杆、吊车和绞盘来升降重物。"这些将特别适合瓦萨里描述的一个雄心勃勃的项目：

在他的众多模型和设计草图中，有一份他曾多次向当时统治着佛罗伦萨的聪敏的市民们提出。他向人们展示应如何抬起圣乔瓦尼圣殿［即洗礼堂］，然后在下面安置台阶，同时不破坏圣殿。他的论点很有力，许多人被说服了，相信这是可以实现的，直到他们散开后再仔细思考，才意识到这是不可能的。

列奥纳多的想法并不像瓦萨里暗示的那么离谱。25年前在博洛尼亚，工程师阿里斯托泰莱·菲奥拉万蒂完成了一次类似的壮举——移动一个教堂塔楼。抬高洗礼堂，在美学方面（把它抬高到与对面的大教堂同等的高度）和实用方面（保护它免受阿尔诺河周期性洪水的侵袭）都有优点。一个世纪后，将洗礼堂安置在台阶上的想法仍很流行，当时瓦萨里的朋友温琴佐·博尔吉尼发表了两幅在想象中重建洗礼堂的雕版画，画中的洗礼堂被"古典化"，并被放置在一个有台阶的基座上。[26]

我前文提到的那种"从里面打开监狱"的奇妙装置，也是列奥纳多对布鲁内莱斯基的工程学的进一步应用。《大西洋古抄本》中有一幅画稿，上面画了一个稳固的三脚架绞盘，绞盘上有一个与绞盘成直角的拧紧的螺栓，螺栓的末端有一个夹钳装置，列奥纳多称之为"钳子"。还有一幅画稿展示了这个装置正在扯断窗上的铁栏杆的画面。这个装置可能属于军用装备，但它也可能同样可以追溯到列奥纳多在雅科博·萨尔塔雷利受指控后被监禁的记忆——"你们把我关进监狱"。在《艺苑名人传》中的一个不起眼的地方，瓦萨里可能提到了这个装置，以及一位名为卡帕拉的铁匠："一些年轻市民带给他一张草图，草图上画着借助一个螺钉即可破坏铁栏杆的机械，他们请他做一个。"铁匠愤怒地拒绝了，他认为这是"盗贼才用的工具"，用来"抢劫他人或是羞辱年轻女孩"。他认为这些年轻人都是好人，并不想与这种"恶行"有任何瓜葛。[27] 这张草图会是现在在《大西洋古抄本》中看到的那幅吗？而列奥纳多会是拜访卡帕拉的那群可疑但本质上正派的年轻人中的一员吗？

瓦萨里还说，列奥纳多"设计了磨坊、缩绒机和水动力引擎"，而这呼应了一幅早期画稿中的磨石、磨具和烤炉。其他早期草图中还有测量空气湿度的湿度计和液压提水装置。后者显示了列奥纳多早期对阿基米德螺旋泵的兴趣，这是一种通过圆柱体中旋转的螺钉来提水的装置。[28] 这些草图，或是非常类似的图画，都出现在他写于1482年左右的作品清单上："一些水力机器"和"一些船上的机器"。清单中还提到了"熔炉的图纸"，但这些图纸似乎现已失传。

这些是列奥纳多最早的一些技术图纸，它们仍属于15世纪的工程师笔下的二维风格，就像人们在吉贝尔蒂、弗朗切斯科·迪·乔治·马尔蒂

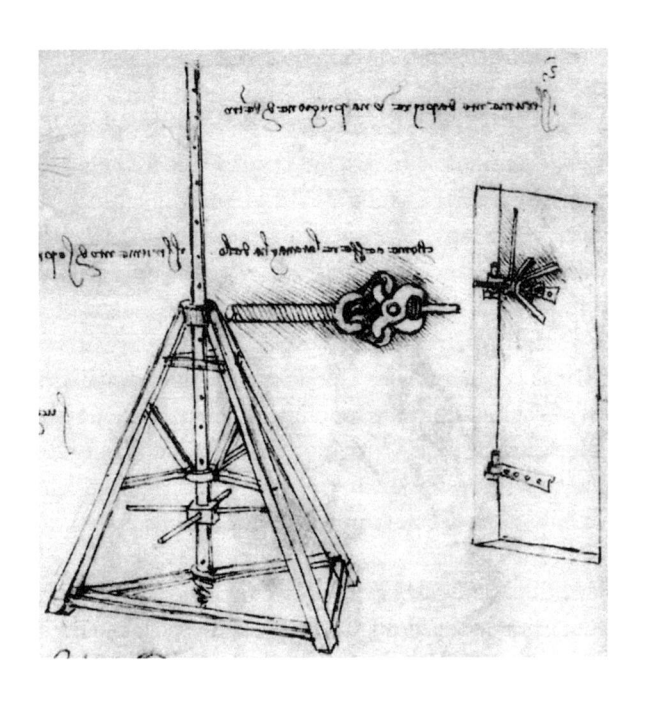

早期技术。列奥纳多用来"打开监狱"和提水的装置（下图）。

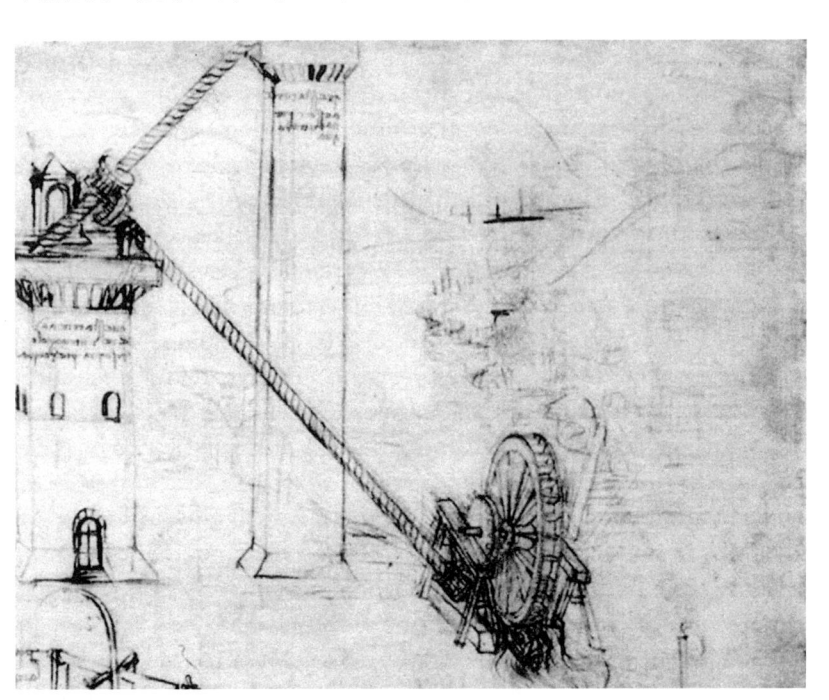

尼（Francesco di Giorgio Martini）和朱利亚诺·达·圣加洛（Giuliano da Sangallo）这些同时代人的画稿中看到的那样。直到后来，在他的"人体机械"习作之后，真正的列奥纳多式技术草图才发展起来：多面、细节丰富、有完整的造型和阴影，且不会失去其分析功能——一种用来解释机械过程和结构的视觉语言。

在《大西洋古抄本》中属于这一时期的另一页上，列着8个名字——可能是一个熟人圈，也可能是列奥纳多向往与之交往的人。[29] 我们能从这些名字中认出5个来，其中一位是画家多梅尼科·迪·米奇利诺，剩下4个人是科学家和学者。这再次告诉我们，列奥纳多是15世纪70年代末期初出茅庐的科学家。名单上第一条写着"卡洛·马尔莫奇的四分仪"（Quadrante di Carlo Marmocchi）。马尔莫奇是为执政团服务的工程师和数学家，"Quadrante"指的或者是他的一篇论文，或者是他拥有的一件真实存在的四分仪——一种测量天体高度的仪器。名单中的"贝内代托·德·阿巴克"是另一位著名的佛罗伦萨数学家，也叫"算术师贝内代托"。

这份名单中最知名的一位是被列奥纳多称为"医师保罗大师"的人，我们差不多可以确定他指的是伟大的保罗·达尔·波佐·托斯卡内利，我之前已经提到，他的地位相当于佛罗伦萨科学圈的元老。在托斯卡内利涉足的众多领域中，光学可能引起了列奥纳多的兴趣。许多人认为托斯卡内利写过一篇和透视有关的论文，这篇论文的一份副本现存于佛罗伦萨的里卡迪图书馆。这篇论文讨论了空中透视、光学错觉和天象观测，在15世纪相当著名，被艺术家当作透视手册使用，列奥纳多似乎在一些题为《太阳在西方变大的原因》[30]的笔记中引用了这篇文章。《大西洋古抄本》中的一幅有趣素描也属于这一时期，这幅素描描绘了一个人正在使用"透视绘图仪"观看，这是一种能帮助艺术家以准确的比例画物体的光学设备。素描的图说是"将你的双眼凑近管道"（也就是观察孔），画中的人是一位穿着宽松长袍的年轻男子，留着卷曲的头发，头戴四角帽。[31] 这很可能是一幅自画像，因为这个人物和绘于1481年至1482年的《博士来朝》中可能的自画像有一些相似之处。

列奥纳多名单上的最后一个名字是"梅塞尔·乔瓦尼·阿尔吉罗普洛"。这指的是希腊学者约阿尼斯·阿伊罗普洛斯,他可能是当时意大利最著名的亚里士多德主义者。[32] 1415 年左右,他在君士坦丁堡出生,与许多拜占庭学者相同,在 1453 年这座城市沦陷后来到意大利寻求庇护。1456 年至 1471 年的 15 年间,他在佛罗伦萨的大学——大讲堂——担任公共讲师,讲解亚里士多德的著作,包括道德、物理、形而上学和分析学等内容,他将所有这些著作翻译成了拉丁文。他是文艺复兴时代重新评价亚里士多德的重要人物,他强调亚里士多德哲学的分析性和科学性,而非经过中世纪学者锤炼过的形而上学。阿伊罗普洛斯影响了整整一代佛罗伦萨的知识分子——费奇诺、兰迪诺和波利齐亚诺都是他的学生和追随者,洛伦佐·德·美第奇也是他的拥趸。1477 年,在罗马度过一段时间后,他重回大讲堂,然而他的光环已远不如前,最终被取代了。1481 年,他离开佛罗伦萨。列奥纳多的笔记属于阿伊罗普洛斯的影响力衰落的最后一段时期。与另一位年迈的领袖级人物托斯卡内利一样,阿伊罗普洛斯是追求清晰明白的经验主义的先驱。波利齐亚诺写道,所有"探索不朽知识的人"都会感激他,因为他驱散了他们眼中的"迷雾和黑暗"。

在写着这些名字的同一张纸上,列奥纳多画了一幅使用压缩空气的钟表的草图,这反过来又唤起了一些阴郁的想法,既关于时间的流逝,也关于对"这种可悲的人生"逝去而"没能在凡人的心中留下记忆"的恐惧。这为他的学者和科学家名单增添了一丝决绝感——一种寻找和培养这些重要的人、努力做一些令人难忘的事的决心,这样他的"人生就不会白白浪费"。

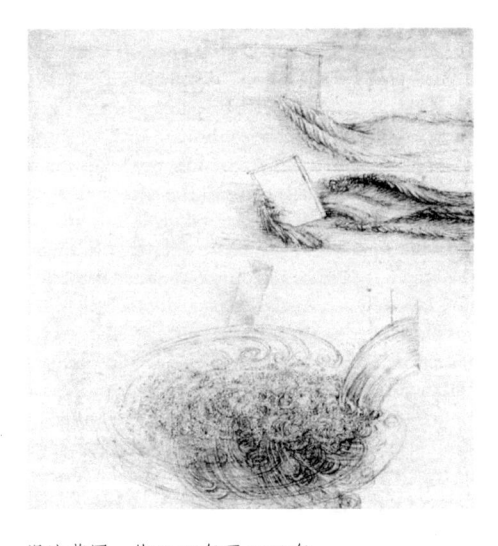

涡流草图,约 1508 年至 1510 年。

最早的列奥纳多飞行器设计图,约1478年至1480年。

  抬升重物、折断窗户的铁栏杆、提高水位以及引水——这些都是青年技术专家列奥纳多最初的愿望:用人类的聪明才智与精巧的机械对抗地心引力的强力;控制及利用自然能量。在液压计和阿基米德螺旋泵中,我们发现了列奥纳多物理学中一则重要的能量原理的起源——螺旋,或者列奥纳多所说的"蜗壳",螺钉、钻头、螺旋桨、涡轮机,以及自然界中的龙卷风和漩涡的力量都寓于其中。阿尔贝蒂在他的有关土木工程的作品《建筑十书》(列奥纳多一定知道这本书)中,也清晰地描述了漩涡的力量:"水的旋转或漩涡就像液态的钻头,没有什么东西能抵挡得住。"[33] 涡流的力量使列奥纳多着迷,在他晚期被称为"大洪水"的系列素描作品中,这种魅力表现得最为强烈。但其实在此之前,《吉内薇拉·班琪》中瀑布般的小卷发已初步表现出他的这种迷恋。

  这些与基础技术有关的对开页上还有些其他内容,即对地心引力的终极挑战。在乌菲兹美术馆收藏的列奥纳多画稿中,有一页脏兮兮的,年代约为1478年至1480年。[34] 纸的背面画着现存最早的列奥纳多飞行器的设计图,这只是一幅涂鸦,但内容绝对不会错。图稿是俯视图或仰视图,飞行器有着像蝙蝠一样的网状翅膀,像鸟一样张开的尾巴,以及一个形状很像皮划艇的驾驶舱或构架。飞行器旁有一幅更细致的机械图,该机械可以使飞行员通过操纵手柄来控制机翼。手柄的移动范围有限，说明它在本质上是一架悬挂式滑翔机（与后来能让机翼上下摆动的机械设计截然相反）。纸的另一面左上角的一条锯齿形线条证实了这一点，线条旁写着："这是鸟类降落的方式。"这条线展示了一只鸟以某个角度降落，其间穿插着短暂的上冲以减缓下降的势头。

这一简短的句子和说明这个句子的令人难以察觉的线条，构成了列奥纳多关于鸟类飞行机制的第一个已知的声明，正如纸背面画着的机械清楚地显示的那样，它已经与人类飞行的梦想联系在一起：正如他后来所说的，这是他的"宿命"，他回想起了或发明了那只冲向他的摇篮的鸢。

"匆忙的诗人"

在大约同一时期列奥纳多写下的另一份名单中，我们发现了"皮斯托亚的安东尼奥"这个名字。这指的是外粗内秀的诗人安东尼奥·卡梅利，他也被称为"皮斯托亚人"，他让我们看到了列奥纳多在15世纪70年代的佛罗伦萨朋友圈的另一面。[35] 1477年列奥纳多在皮斯托亚时，二人可能见过面：卡梅利很可能是列奥纳多提到的那些"皮斯托亚的亲密挚友"之一。人们在列奥纳多的笔记中发现的一些诗歌可能出自卡梅利之手，其中一首的时间可以精确追溯到1479年11月左右。

当时45岁上下的卡梅利是那一代人中最优秀的俗语诗人之一。他是使用俚语、言辞粗鄙的讽刺诗风格的代表，这种风格通常被称为"布尔基耶莱斯科"（burchiellesco），名字来自这一体裁的一位早期倡导者——来自佛罗伦萨的理发师多梅尼科·迪·乔瓦尼，也被称为"布尔基耶洛"（Il Burchiello）。这名字来自短语 alla burchia，字面意思为"匆忙"或"乱糟糟"。这些"匆忙的诗人"以即兴创作的感觉匆匆写出诗歌，刻意使用粗俗俚语，是15世纪的爵士诗人或说唱歌手——与引用典故和喜好彼特拉克式的奇思妙喻的波利齐亚诺和兰迪诺等人文主义诗人截然不同。其他属于这个反古典主义脉络的诗人有佛罗伦萨的路易吉·浦尔契和贝尔纳多·贝林乔尼（Bernardo Bellincioni），以及稍晚一些的弗朗切斯科·博尼（Francesco Berni），他于1498年出生于距离芬奇镇不远的兰波雷基奥镇。博尼曾向卡梅利致敬——"O spirito bizarro del Pistoia！"（"皮斯托亚奇异的灵魂！"）——著名讽刺作家彼得罗·阿雷蒂诺也赞美他的文笔"犀利且疾速"。[36]

卡梅利写的是"sonnets"，但并非那种后来在伊丽莎白时代的英格兰流行的有14行诗句的十四行诗。这个词的使用更广泛，sonetto只是表示"一支小歌"，与这些诗人使用的其他抒情形式——frottole、rispetti、strambotti，等等——几乎无法区分。他们的诗常配乐表演，有一些诗人，例如拉塞菲诺·阿基利诺，同时也是著名音乐家。卡梅利偶尔是浪漫的，但更多的时候是玩世不恭的，比如他活泼的诗歌《你在忙什么？》(Orsu che fia?)，大部分是诗人失意的妻子说的话：

> 我还不如嫁给裁缝：
> 他还会在我的纽扣眼上缝几针。
> 你时时刻刻都在创作歌曲和轮唱曲，
> 与我同住的丈夫像个小姑娘：
> 恶魔带走你和你的歌……

事实证明，这位诗人之所以不愿亲近妻子，不仅仅是因为他在创作他的"歌曲和轮唱曲"，而是因为他害怕她会再次怀孕：

> 我并不是很喜欢你所热衷的游戏，
> 因为我不想要更多的小狗围着炉边转了……[37]

贫穷、饥饿、失落和囚禁是常见的主题，诗人用轻佻的幽默语气表现这些主题。有一首典型的十四行诗，取笑卡梅利的丑陋——他"骨瘦如柴"，看起来像一只"没有嘴却在尖叫的猫头鹰"，等等——然后接上一句画龙点睛之语：

所以，所有想看我的人都要好好看看我：

当一个人没有钱的时候，他看起来是多么丑陋。

有些讽刺诗就是一系列巧妙的羞辱——卡梅利称这些嬉笑怒骂是"会说话的胡椒"，但他的语气通常是迷人而淡然的：

母鸡的小情人正在歌唱。

清晨的露水沾在草堆上……[38]

优雅的枢机主教比别纳很好地概括了卡梅利的风格——"咸涩中带着蜜意的玩笑"。

《大西洋古抄本》中一张纸上的一组简短风趣的拉丁文对句很可能出自卡梅利之手。[39] 诗歌的创作背景是 1479 年 11 月教宗联盟的部队包围了埃尔萨山口，这是帕奇阴谋之后引发的战争的一部分。小镇在 11 月 14 日投降，城墙被绰号为"吉贝利纳"的攻城大炮夷为平地。这门炮是人们在列奥纳多手稿中发现的这首诗的主题——实际上是想象中的讲述者，诗是这样开头的：

现在打开你们的城门，你们这些可怜虫，放下你们的吊桥，

因为费德里科在此，我，吉贝利纳，伴随他左右……

"费德里科"是乌尔比诺公爵费德里科·达·蒙泰费尔特罗，他是反佛罗伦萨联盟中的一位将领。在同一张纸上，列奥纳多还画了各种火炮：这首诗与这些画属于一体，相辅相成。

卡梅利本人可能就是这首诗的作者，还有其他间接的线索证明这一点。他的赞助人费拉拉的廷臣尼科洛·达·柯勒乔此时是佛罗伦萨联盟军中的一位高级军事人物，而卡梅利可能在他的军队内当兵。我们知道，1479 年夏天卡梅利在佛罗伦萨——8 月 20 日他回应了法庭的债务传票——

所以他并非没有可能在 11 月底或 12 月时身处佛罗伦萨，也就是这首诗推测的创作时间。

如果这首古怪的小诗出自"皮斯托亚人"之手，那么《大西洋古抄本》中的其他某些字句也应为他所作。其中之一是写给列奥纳多的一首很私人的诗，或更确切地说，是一首诗的草稿。不幸的是，这首诗被一大块墨迹遮住了，但红外线成像至少使其中一部分可以被识别。诗歌标题的一部分是"S……4"，可能是"诗歌第四篇"（Sonetto 4），它的开头是：

> 我的列奥纳多，你没有……
> 列奥纳多，你为何如此烦恼？

剩余的部分难以解读，但似乎在反复强调和解或道歉：诗的最后一词是"被宽恕"（perdonato）。这一页也出现了列奥纳多的镜像书写文字，是诗歌片段。他引用了两句古罗马诗人奥维德的诗句："事情在没有目击者的情况下完成了，只有黑夜知道这些事"，以及"喔！时间，一切事物的消耗者"；还有一句引自彼特拉克。有一副有趣简短的对句充满卡梅利的风格，实则引自卢卡·浦尔契（Lucca Pulci，路易吉的哥哥）：

> 不要因为我贫穷而鄙视我：
> 人想要的越多就越贫穷。[40]

这一页让我们感受到列奥纳多有创作诗歌的可能，也许是受到了风格多变的卡梅利的影响。

另一首笔迹相同的诗似乎是一首讽刺贝尔纳多·贝林乔尼的诗。贝林乔尼与卡梅利一样，也是创作布尔基耶莱斯科风格的佛罗伦萨诗人，只不过更年轻一些。贝林乔尼深得洛伦佐·德·美第奇（他与洛伦佐相互交换下流诗歌）及其母亲卢克雷齐娅·托纳博尼的喜爱，因此成了脾气暴躁的卡梅利合适的目标。[41] 列奥纳多很可能也认识他——后来在米兰的时候，他们肯定相识，还合作过。他们同龄，而且贝尔纳多出身贫寒，全靠自身智慧打拼——这是列奥纳多喜欢的类型。他活力四射，但很难相处，是个"问题少年"。他与美第奇家族的诗人兼神父马泰奥·弗兰科势不两立——贝林乔尼写了一首针对后者的诗，开头是"安静，不要喋喋不休，否则你会变成一只猴子的"。尖酸刻薄的路易吉·浦尔契喜欢贝林乔尼，并在他自己发表于1481年的伟大作品《巨人莫尔干特》(Morgante maggiore)这首滑稽史诗中称赞了贝林乔尼的才智——列奥纳多后来拥有了这本书，还引用过其中的诗句。因此，佛罗伦萨的文学潮流激荡着列奥纳多的工作室。

如果人们想了解列奥纳多受到的文学影响，卡梅利粗犷简洁的风格似乎比波利齐亚诺更文雅的风格更适合他，我们在吉内薇拉肖像画中可以感受到波利齐亚诺对他的影响。列奥纳多从来不是纯文学的爱好者，他尝试过不同的文学模式，但他的写作风格简洁、通俗，并倾向于不事雕琢。如果有时成了诗，他是通过清晰和密集的表达来实现的，而不是通过语言技巧和漂亮的谐音来做到这一点。

列奥纳多与这位来自皮斯托亚的坚毅诗人间的友谊有一些令人振奋的地方——"我的列奥纳多"无疑表明了他们的友谊——虽然我们从诗中也得知列奥纳多很"烦恼"，因此也有苦恼、压力和沮丧（虽然这也可能是说他"努力工作"，为了某件事而承受了许多痛苦）。另外他很"贫穷"，但只是在哲学意义上如此。我们可以推断，工作室的生意并不红火，但这里的夜晚是欢快的。

音乐家

列奥纳多与卡梅利和贝林乔尼这样的打油诗人之间的联系，将我们引向了他的另一项成就——这项成就常被我们遗忘。早期传记作家一致认为他是一位才华横溢的音乐家，尤其擅长弹奏"里拉琴"(lyre)。他在佛罗伦萨时一定就已经表现出色了，因为"佚名作者"和瓦萨里都坚持认为，1482年初他抵达米兰，是以音乐家而非画家或技术专家的身份出现在米兰宫廷的。这个想法如此奇异,以至于人们只能相信它是真的。

列奥纳多弹奏的里拉琴不是那种外形如竖琴的古代乐器,比如在有关极乐国土的漫画场景中弹奏的乐器。列奥纳多弹奏的是一种晚近发展出来的乐器,被称为"lira da braccio",字面意思为"用手臂支撑着演奏的里拉琴"。它本质上是中提琴的变体,而中提琴又是小提琴的前身。这种琴通常有七根弦,其中五根是音弦,用心形栓斗中的琴栓调音。这种乐器需要用弓演奏,同时用手指按压指板,以产生不同的音符。此外,这种琴还有两根开放弦没有穿过指板:它们是只产生一种音调的"持续音音弦",用左手的拇指拨动(或许列奥纳多用的是右手)来产生节奏。这些开放弦在音色和弹奏技巧上都与里拉琴很相似,因此而得名。美国南达科塔州的国家音乐博物馆收藏了一把16世纪威尼斯的这种七弦琴,在其雕花的侧板上涂写着一句用拉丁文写的话:"当马越过羊群来回奔跑时,树林回荡着悦耳的声音。"这句一语双关的田园风格格言——指的是弓上的马鬃、制弦的羊肠,还有做这把琴的木头——听起来像是列奥纳多令人费解的预言之一。[42]

画板上的天使在弹奏七弦琴,安布罗吉奥·德·普雷迪斯创作。

在这一时期的画作中,七弦琴或中提琴(通常很难分辨是哪一个)常常是天使在演奏。在乔瓦尼·贝利尼(Giovanni Bellini)、卡尔帕乔、拉斐尔和曼特尼亚的作品中,以及《斯福尔扎祈祷书》的页边插画中,都有类似的图像。英国国家美术馆馆藏的安布罗吉奥·德·普雷迪斯

音乐游戏。一幅描绘了想象中的弦乐器的素描,以及一个用乐谱构成的谜语,两者皆绘于15世纪80年代末。

(Ambrogio de Predis)的嵌板画所描绘的天使弹奏的绝对是七弦琴——你可以清晰地看到天使的左手拇指边是持续音音弦。这幅画原本是列奥纳多《岩间圣母》的侧板画,由他在米兰的主要同事之一完成,反映的可能是观看以及倾听列奥纳多演奏时的某种体验。

因此,列奥纳多演奏的乐器本质上是小提琴的前身。我们无法得知他何时以及向谁学习了演奏这种乐器。瓦萨里认为,音乐是少年列奥纳多的成就之一,但这可能只是这位传记作者的后见之明。我们知道韦罗基奥有一把鲁特琴,这说明他的工作室中有人会演奏音乐,列奥纳多可能是在那里学的音乐,至少是以非正规的方式学过。意大利雕塑家本韦努托·切利尼在描写他的父亲乔瓦尼于15世纪80年代在佛罗伦萨当学徒时说道:"据维特鲁威说,如果你想在建筑界有所成就,就必须要对音乐和绘画有一些了解。所以,乔瓦尼在掌握了绘画技巧后,便开始学习音乐,同时他还学会了出色地演奏中提琴和笛子。"切利尼还说,佛罗伦萨市民活动表演中的风笛手和其他音乐家——他父亲也是其中一员——都是非常受人尊敬的工匠,并且"他们中的一些属于重要行会,比如丝绸工人行会和纺织工人行会,因此,我父亲认为学会这些并不是不值得的"。[43] 这两段话似乎都与列奥纳多有关——精通音乐是学习艺术和建筑的必由之路,而佛罗伦萨的行会有制作音乐的深厚传统。

列奥纳多·达·芬奇演奏的是哪种音乐？他作的曲子没有流传下来。15 世纪晚期佛罗伦萨的配乐是响亮而多种多样的——笛声和鼓声、狂欢节上合唱的"轮唱曲"、伴随神圣显灵表演的器乐前奏和间奏、古列尔莫·埃布雷奥的时髦舞曲，以及弗朗切斯科·斯夸尔恰卢皮技巧超群的管风琴音乐。关于列奥纳多的音乐天赋，瓦萨里为我们留下的线索（或至少是一种猜测）是"他也是他那个时代中最熟练的即兴诗歌创作者"。这为我们描绘出列奥纳多一边手执七弦琴一边即兴朗诵和吟唱诗歌的场景。中提琴类乐器尤其与此场景联系在一起。那时的那不勒斯宫廷驻地作曲家、佛兰德的音乐家约翰内斯·廷克托里斯称赞中提琴是"声乐和史诗朗诵时的最佳配乐和装饰"。即兴表演的传统延续到了现代。苏格兰小说家托比亚斯·斯摩莱特在描述一场 1765 年的演出时说："给出主题后，他的兄弟就会拉小提琴来给他伴奏，然后他开始非常流利而准确地朗诵。接着他会毫无准备地朗诵 200 到 300 行诗，措辞巧妙，长短相宜。"[44] 这些技巧逐渐被情歌表演者所使用。情歌（frottole，"琐事"）本质上是唱出来的诗，这个词一般用来指各式配合音乐的抒情诗形式——十四行诗、颂歌、意大利民歌，等等。这些曲子的风格被描述为"半流行，半贵族"，即它们使用流行的曲调，但是以一种旨在取悦有教养的听众的方式。情歌的全盛时期比列奥纳多抵达米兰的时间晚一些，大约在世纪之交，而且尤其与伊莎贝拉·德埃斯特的曼图亚宫廷联系在一起，在那里，像塞拉菲诺·阿奎利诺这种精通音乐和诗歌的艺术家很有影响力。

我们大致可以说，如果在 1480 年左右的佛罗伦萨列奥纳多是一位典型的七弦琴演奏者的话，那么他很可能会演奏那种轻快多情的和弦音乐，以曼图亚情歌或是美第奇狂欢节歌曲为代表。他还可能会吟唱或朗诵彼特拉克、波利齐亚诺和洛伦佐·德·美第奇写的情诗，或者卡梅利和贝林乔尼更粗糙的小曲，这些作品中有许多肯定是打算用这种方式表演的。他和卡梅利的合作让人联想到晚间简单的即兴娱乐活动——他们表演《你在忙什么？》和其他曲目，如梦如幻，"皮斯托亚人"唱歌，列奥纳多·达·芬奇拉琴。然而，列奥纳多并不典型，他还会寻找其他的音乐氛围。佛罗伦萨还有一位演奏七弦琴的知名人士——哲学家马尔西利奥·费奇诺，他创作了"俄耳甫斯赞美诗"（他这样称呼他的作品），并用七弦琴演奏。因此，列奥纳多受到的另一种影响来自卡勒吉高深精妙的哲学晚会。有可能，与费奇诺圈子的交集使音乐家列奥纳多对音乐的理解达到了新的高度。他后来称音乐是"无形事物的表现"——这种说法带有很强烈的柏拉图主义色彩。[45] 因此，在这位情歌演奏者拉动和弹拨琴弦演奏出来的令人愉悦的音乐中，还有一些有点超凡脱俗和空灵的东西，在它不知不觉掠过你身边时，令你闭上眼睛驻足倾听。

我前文曾说，列奥纳多创作的曲子没有流传下来，但我们能在他发明的谜语中发现一些与音乐相关的表达的影子。在温莎城堡皇家图书馆收藏中，有6则谜语使用了音符。这些谜语通常是图像、音乐和语言符号的组合。只要人们知道意大利语中的鱼钩是 amo，下面这个例子就很容易理解：

amo［一个鱼钩的画］；
re sol la mi fa re mi［音符］；
rare［写下的文字］；
la sol mi fa sol［音符］；
lecita［写下的文字］。

这就变成如下这首浪漫小诗：Amore sola mi fa remirare, la sol mi fa sollecita，意为"只有爱才能让我记住，只有爱才能激发我的热情"。两段音符可以在键盘上演奏出来——DGAEFDE AGEFG。这是列奥纳多·达·芬奇创作的一段旋律。[46]

据瓦萨里说，列奥纳多为了给他在米兰的赞助人留下深刻印象，制作了一把特别的七弦琴："他带着一把自制的七弦琴，大部分是用银做的，呈马的头骨的形状，这古怪新奇的设计使音色更加饱满洪亮。"列奥纳多的笔记中找不到任何关于它的设计图案。18世纪时的列奥纳多学者卡洛·阿莫雷蒂（Carlo Amoretti）对迁至法国前的藏于安布罗西亚纳图书馆的列奥纳多手稿非常熟悉，他指出那里曾有一幅七弦琴画稿，可能就是瓦萨里所说的"头骨形七弦琴"。克雷莫纳的一群音乐学者和乐器制作者根据猜想重制了这样一把奇特的乐器。[47] 笔记中还有其他各种奇怪的乐器——独创版的手摇风琴、齐特琴、羽管键琴、机械鼓、"中提风琴"，等等。1490年前后，列奥纳多做了一个关于和声的小实验："拨动一把鲁特琴的琴弦会使另一把鲁特琴相同音高的弦产生相应的震动，如果你在与正演奏的琴相似的另一把琴上放一根稻草，就可以观察到这一点。"[48]

"佚名作者"还提供了另一条信息，他告诉我们列奥纳多曾向一位名叫阿塔兰特·米廖罗蒂（Atalante Migliorotti）的年轻人教授音乐，而且这位米廖罗蒂后来随他一起前往米兰——列奥纳多另一个复杂的佛罗伦萨朋友圈由此进入了我们的视线。阿塔兰特·米廖罗蒂很可能是私生子，生于1466年，因此他随列奥纳多去米兰时，年仅16岁。在1482年的清单中，列奥纳多带去米兰的一幅画可能是他的肖像："阿塔兰特抬起脸的肖像"。[49] 还有一幅描绘正在演奏一把弦乐器的年轻裸体男子的漂亮素描，画的可能也是他。（金属尖头笔画成的乐器没有上墨，在复制品中几乎看不见。）[50] 我们不知道阿塔兰特在米兰与列奥纳多一起待了多久，我们下一次听说他的名字时是在1491年的曼图亚，他在为款待伊莎贝拉·德埃斯特而上演的波利齐亚诺的歌剧《奥菲欧》中担任剧名角色。他似乎是一名乐器制作者，因为1493年的时候伊莎贝拉委托他制作了一把吉他，"有多少根弦随他的喜好决定"。1505年，他写信给曼图亚侯爵（伊莎贝拉的丈夫）称，他制作了一把新的"形状不同寻常"的十二弦琴，或许他回忆起了他的老师多年前制作的那把怪异的银七弦琴。

圣杰罗姆与狮子

"列奥纳多，你为何如此烦恼？"诗人卡梅利写道，我们可以在列奥纳多从1480年左右开始创作的《圣杰罗姆》（*St Jerome*）这幅有力且透着痛苦的作品中看到这种情绪。这幅现藏于梵蒂冈的画作并未完成,与《博士来朝》一样只有单一的底色。(列奥纳多于1481年初接到《博士来朝》的委托,并在次年前往米兰时放弃了。)筹备期间的画稿——"圣杰罗姆的许多人像"——被列在1482年的清单中,但并未流传下来。唯一与这幅画具体相关的是一对狮子头的素描,可以在他15世纪70年代末的一幅圣母子画稿的底部看到。[51]

荒野中的圣杰罗姆是一个非常受欢迎的题材,马萨乔、皮耶罗·德拉·弗兰切斯卡、曼特尼亚、贝利尼和洛伦佐·洛托都画过。这位圣徒还被描绘为在书房里写作的形象,例如吉兰达约在佛罗伦萨诸圣教堂的壁画所描绘的,这幅壁画大约与列奥纳多的画作在同一时间绘制。圣杰罗姆是一位4世纪的希腊学者,他是最博学雄辩的早期教会神父之一,以用拉丁语翻译《圣经》闻名。他象征着宗教与人文主义智识的结合,还曾在叙利亚沙漠过隐士般的生活,这一点充满戏剧张力,因而十分吸引画家。史料表明,这段隐居生活大约是374年至378年之间,当时他30多岁,但总被描绘为一位老人,列奥纳多笔下的他也是如此,只是被画成比较不常见的没有胡子的形象。他的形象令人想起斯多葛派哲学家和剧作家塞涅卡的一座著名的古典半身像,这进一步强调了他既是古典学者,也是基督徒的身份。[52]

这幅画描绘的是这位消瘦的圣徒正在用一块石头击打自己,这是忏悔者杰罗姆的形象。他颈部和肩部上紧绷的肌肉线条清晰可见,在某种意义上,这是列奥纳多的第一幅解剖学画稿。画中也呈现了圣杰罗姆的其他传统特征——紧贴着长袍的一团红色斑点是枢机主教的帽

列奥纳多未完成的《圣杰罗姆》,约1480年。

《圣杰罗姆》背景的细节，画中的教堂与圣母百花大教堂（下图）类似。

子；耶稣受难像在画面右上边缘被用弯弯曲曲的线条勾勒出来；头骨位于画面左下角，在狮子尾巴的弯曲处；当然，还有狮子本身。有一条视线为这幅画增添了动态：狮子望向圣徒，圣徒望着基督在十字架上的身体。

没有关于这幅画的早期记录，但在画中右上角岩石上的一扇奇怪的小窗户中，可以看到一座教堂的粗略草图。这典型地是在暗指圣杰罗姆是教会的一位创始教父，但它还有一个更具体的指涉。佛罗伦萨的观看者一眼就能认出，教堂带有两个弧形框缘的古典式正立面正是由莱昂·巴蒂斯塔·阿尔贝蒂设计，并于1472年竣工的圣母百花大教堂的正立面。这座教堂是鲁切拉伊家族的纪念建筑，他们的名字被刻在教堂正面，那些独特的曲线模仿了他们的家徽——船帆（象征好运）。教堂在这里出现，可能指的是列奥纳多的《圣杰罗姆》的赞助人并非阿尔贝蒂的伟大赞助人乔瓦尼·鲁切拉伊，他那时已过世，而是他的儿子贝尔纳多。我们在前面章节中曾短暂地遇到他：他是费奇诺的狂热追随者，可能也是青年怪才托马索·马西尼的庇护人（或所谓的"父亲"）。他大方慷慨、学识渊博，且精熟古典文物——从他1471年写成的博学的小册子《罗马城》(De urbe Roma)可见一斑——贝尔纳多·鲁切拉伊看起来很可能是这幅画的委托人。[53]

和所有关于圣杰罗姆的绘画一样，他有一头狮子相伴。这其实是文艺复兴时期长久存在的一个误会：那个将刺从狮子掌中拔出来并赢得了它的友情的圣徒是圣耶拉西莫（San Gerasimo），而非圣杰罗姆，但在那时狮子已经根深蒂固地与后者的形象绑定。

列奥纳多笔下的狮子无与伦比，他只用几根灵动的线条就勾勒出了它那流畅的猫科动物的线条。几乎可以肯定的是，狮子的形象源自现实生活。佛罗伦萨有一间著名的"狮子屋"，就在领主广场的后面。在特殊的场合，人们会把狮子带到领主广场举行"狮子狩猎"活动。15世纪50年代初米兰公爵到访期间，少年卢卡·兰杜奇就目睹了一次这种活动：只见狮子"扑向一匹吓坏了的马，这匹马把狮子从商人法庭拖到了广场中央"。兰杜奇还记录了1487年他的狮子屋参观之旅："那里有一位驯兽师，狮子在他身边时都表现得很温顺，所以他可以走进笼子，抚摸它们——尤其是其中的一头。"[54]

列奥纳多无疑见过这些狮子，因为他在温莎城堡皇家图书馆馆藏的一份解剖学手稿中回忆说："在佛罗伦萨，我曾见过一头狮子舔舐一只羊羔，那里大约饲养着20到30头狮子。狮子三两口将大部分羊毛舔掉，然后就把羊羔吃掉了。"这段文字可以追溯到16世纪初，但可能记录的是更早的经历。这与列奥纳多在《动物寓言集》中更具文学性的一段话形成了有趣的对比："当人们将羊羔作为食物放入笼中给狮子吃时，狮子们会表现得很顺从，仿佛羊羔是它们的母亲，所以人们常常看到笼中的狮子并不想杀掉它们。"[55] 这是用一种象征性的且更加感性的方式看待羊和狮子躺在一起的景象。相比之下，真实的回忆则精准、简洁、真实、果敢。我们看到他在那里，专注、冷静地观察这头野兽的破坏力。

在《圣杰罗姆》的画面中，通过透视的扭曲，前景中的狮子成为圣徒受苦的观看者。它看着他，嘴巴的状态介于狮吼和因惊讶而张开的表情之间，这使画面场景拥有一种列奥纳多所追求的瞬间的戏剧性。在某种意义上，通过雄狮（Leone）和列奥纳多（Leonardo）的双关，狮子代表了艺术家自己。这种语言上的联系也可以在列奥纳多的一幅画谜中找到，这幅画谜创作于15世纪80年代末，为取悦米兰宫廷而作。画谜描绘了一头狮子在桌子旁被大火吞噬。画的标题文字为"列奥纳多式的"（leonardesco，即 leone［狮子］＋ ardere［燃烧］＋ desco［桌子］）。"列奥纳多式的"一词当然是从"列奥纳多"演变而来的形容词，因此这幅画谜是利用双关画成的自画像或个人标志。莱昂·巴蒂斯塔·阿尔贝蒂也用过类似的双关（Leon 和 Leone），他在《寓言集》中将自己比作一头"燃烧着对荣耀的渴望"的狮子，列奥纳多可能知道这部著作。[56]

因此，画中狮子的存在也暗示了画家列奥纳多的存在，他们都见证了圣徒遭受的苦难。

画中的地形令人好奇。圣杰罗姆按照惯例被描绘为坐在隐居的洞穴外。画中右上角的方形空间可能是他的洞穴的入口，但由于它开向远景中的教堂，它又变成了某种窗户。因此，我们实际上是在洞穴中向外张望吗？这幅画，至少在其未完成的状态下，无法解答这个问题。列奥纳多几年后开始创作的令人难忘的《岩间圣母》，场景也被设置在一个想象的洞穴中，透过岩石的缝隙可以瞥见远处的景色。

这些设定似乎与《阿伦德尔古抄本》中的一段有趣的文字有关，这段文字描述了列奥纳多在黑漆漆的洞穴入口向内张望时的感受。[57] 这段文字的字迹相当华丽，属于列奥纳多在佛罗伦萨第一个时期的典型字迹：它可能可以追溯到1480年左右，与这两幅画大致属于同一时期。这页文字的开头是4处描述一次火山喷发的零散的文字，言辞十分夸张、过度用

力——"吐出来的火焰",等等——随后他笔锋一转,写下一段小故事,丝毫没有停顿犹豫的迹象:

> 在昏暗的岩石间徘徊了一段时间后,我来到一个巨大的洞口前站了一会儿,被眼前新发现的这个地方震惊了。我弯下腰,弓着背,左手扶膝,右手遮住低垂的双眉。我一直这样弓着腰往里看,企图看清楚里面有什么东西,但里面一片漆黑,让我无法看清。我在那里停留了一段时间,突然心中有两种感觉冒了出来:恐惧与渴望——恐惧是因为害怕那个可怕的黑暗洞穴,渴望是想看看里面是否有什么奇妙的东西。

这段文字是有意识的文学创作,是列奥纳多在这方面最早的努力尝试。他写得如此鲜活,表明它可能包含了一段可能来自童年的记忆。这将使它与鸢之幻想并列,作为罕见的个人经历记述,表达了一种类似的心理上的不确定——"恐惧与渴望"。

人们可以说,《岩间圣母》恰恰展示了在洞穴的黑暗中的"奇妙的东西":在这组标志性的群像中,婴儿基督和婴儿圣约翰相会,预言了基督教的救赎信息。这幅画的冲击力部分来自阴暗的岩洞背景中的甜蜜气氛,颠覆了观者的期望,因为在中世纪的想象中,这样的洞口象征着地狱或冥界的入口。列奥纳多也曾表现过这种意象——并非在绘画作品中,而是在波利齐亚诺的音乐剧《奥菲欧》的舞台布景里,这部剧讲述俄耳甫斯的后人下到冥界拯救欧律狄刻的故事。列奥纳多在草图里画了大片的岩山,精妙的机械将之打开,里面露出一个圆形的房间。戏剧中的这个洞穴正是地狱的形象,正如列奥纳多所说,这是冥王布鲁托的"住所"。他在笔记中设想了地狱之门被揭开的一幕:"当冥王布鲁托的乐园打开大门,出现了许多恶魔,敲着12只形状类似地狱之门的鼓,同时出现的还有死神、复仇女神、地狱犬,以及许多哭泣的裸体婴儿、各种颜色的烟火。"[58]

列奥纳多以这些方式重温了《阿伦德尔古抄本》中的"黑暗洞穴",以及它所唤起的恐惧与渴望。在《圣杰罗姆》中,黑暗洞穴是严格的自我克制的荒凉之地；在《岩间圣母》中，黑暗洞穴是宁静美好的场景；在米兰的一个舞台上，黑暗洞穴是地狱之火的异象。其中的含义仍然模糊不清，就像在原文中一样，如果这个洞穴有一个意义的话，那就是未知事物的模糊性。如果人们仔细观察大自然的黑暗秘密，会发现什么？是恐怖之物还是奇妙之物？[59]因此，通过这一珍贵的自我反省的小片段，我们发现列奥纳多是一位犹豫的探索者，在洞口徘徊。我们再次感受到伴随着文艺复兴时期伟大的知识探索之旅的焦躁情绪：在某些时刻，他或许在想，黑暗是不是最好不要被照亮。

美第奇花园

我们对列奥纳多在佛罗伦萨的"圈子"有一些了解——他的学生托马索和阿塔兰特、他的文友卡梅利和贝林乔尼、他崇拜的哲学家托斯卡内利和阿伊罗普洛斯、他的男友雅科博和菲奥拉万蒂。我们认为他还熟识以下佛罗伦萨艺术家——波提切利、波莱沃洛、吉兰达约、佩鲁吉诺、克雷迪、菲利皮诺·利比，等等——尽管他从未在笔记中提过他们，除了波提切利，而且他对其颇为不屑。（1480年，韦罗基奥离开佛罗伦萨前往威尼斯，据我们所知，在他8年后去世之前都没有回来过。）我们还知道列奥纳多与一些地位更高的人有联系，他们可以被称为列奥纳多的赞助者，包括班琪家族、贝尔纳多·鲁切拉伊，可能还有一些位于卡勒吉的费奇诺柏拉图学园中的上流社会成员。但他与佛罗伦萨最首要的家族的关系，尤其是与洛伦佐·德·美第奇的关系如何，我们几乎一无所知。

如果"佚名作者"的说法可靠，那么列奥纳多是颇受洛伦佐喜爱的门客："列奥纳多年轻时与'华贵者'洛伦佐·德·美第奇生活在一起，洛伦佐资助他，雇他在佛罗伦萨圣马可广场的花园工作。"洛伦佐于1480年购下这些花园，当作礼物送给妻子克拉丽斯，这些花园属于道明会的圣马可修道院，美第奇家族在那里有设备齐全的房间，由艺术家安吉利科修士装饰，家族成员常去那里虔诚修行。他在那里还修建了一种雕塑公园，由多纳泰罗之前的学生贝托尔多·迪·乔瓦尼（Bertoldo di Giovanni）管理。艺术家们受到邀请，到此研究这些令人振奋的古典雕塑收藏，并给它们做修复。[60]

"佚名作者"的说法常常被当作史实而被复述，但我认为应谨慎对待。洛伦佐为列奥纳多提供住所（"佚名作者"使用的短语"stare con"大体上是"生活在一起"的意思），还为他支付生活费用，这两点瓦萨里从未提过。关于列奥纳多于1482年前往米兰的说法也存在类似的分歧。据"佚名作者"说，是洛伦佐将列奥纳多"派去那里的"，但是瓦萨里称列奥纳多是被卢多维科·斯福尔扎"邀请"前往那里的。瓦萨里本人是科西莫·德·美第奇公爵的门客，像培养青年列奥纳多的才华这样的功劳，他肯定会将之归于他的赞助人家族中的那位杰出祖先。瓦萨里知道并引用了"佚名作者"版本的列奥纳多传记，这给了他两次这么做的机会，但每一次他都没有这样做。他删除了任何有关洛伦佐曾资助列奥纳多的话，还驳斥了列奥纳多于1482年成为洛伦佐的使者的说法。我怀疑瓦萨里对洛伦佐只字不提，正是因为他了解这些事情。他的缄默几乎相当于一种声明——列奥纳多没得到洛伦佐的支持和鼓励。

我之所以怀疑"佚名作者"关于列奥纳多和洛伦佐之间的关系的说法，另一方面的原因在于这些话如果用来描述洛伦佐10年后对青年米开朗琪罗的赞助，是正确的。瓦萨里说："米开朗琪罗一直持有打开［圣马可］花园大门的钥匙……他在美第奇家中住了4年……他被安排了一个房间，用洛伦佐的餐桌吃饭，而且每个月有5杜卡特的生活补贴。"[61] 所有这些都有其他史料的支撑，他住在美第奇家中的4年应该是1489年至1492年左右。很可能"佚名作者"在半个世纪后写这些事情时张冠李戴，认为列奥纳多是这些好处的受益者。我不想让列奥纳多从洛伦佐的雕塑花园中的那种令人振奋的氛围里彻底消失，他很可能去过这个雕塑花园——圣杰罗姆肖像所具有的雕塑感可能正是直接受此影响，彼得罗·马拉尼（Pietro Marani）与其他人也如此认为。但列奥纳多是洛伦佐所偏爱的门客这一更广泛的观点，并未得到证实。[62]

列奥纳多与韦罗基奥共事，必然会使他接触美第奇家族——1471年筹备迎接米兰公爵的到访;设计马上比武竞赛的旌旗;为洛伦佐十分爱慕的吉内薇拉·德·班琪绘制肖像;为纪念一位美第奇家族的主教而绘制的皮斯托亚祭坛画。然而,一旦列奥纳多离开韦罗基奥的工作室,相关的记录似乎就发生了变化。1476年,他卷入一起同性恋案件,对洛伦佐的母亲所属的托纳博尼家族来说,这令人尴尬。第二年,由洛伦佐亲自批准,列奥纳多的学生或仆人保罗因另一桩丑闻被流放。1478年,列奥纳多接下执政团委托的绘制圣贝尔纳多祭坛画这项重要任务,但未能完成。1479年,他画了谋杀朱利亚诺·德·美第奇的刺客的悬尸的素描,但显然没有像韦罗基奥和波提切利那样,被美第奇家族委托绘制一幅等大的政治宣传画。上述每一个独立的事件都无法说明洛伦佐对列奥纳多没有好感,但把它们放在一起看,情况似乎看起来就是这样。

进一步的迹象出现在1481年,当时洛伦佐派遣了一队艺术家前往罗马,希望巩固佛罗伦萨和教宗间的友好关系。入选协助装饰新建成的西斯廷教堂的艺术家有佩鲁吉诺、波提切利、吉兰达约和科西莫·罗塞利。1481年10月27日,他们联名签订了绘制《圣经》中10个故事场景的合同。这是一项极为重要的委托,还能领到不菲的回报,比如吉兰达约因《召唤圣彼得和圣安德鲁》而获得250杜卡特。[63] 列奥纳多可能纯粹是出于实际原因而没能参与,例如他不是一个壁画画家,或是他正忙于另一项委托任务,但这进一步让我觉得列奥纳多不是洛伦佐最喜爱的画家之一:他被认为太不可靠、很难相处,并且他过于公开他在同性恋这方面的态度,使他不适宜担任佛罗伦萨的文化使节。因此,1481年10月时,至少在他看来情况就是这样的,因为其他他觉得不如他的艺术家都收拾行李并前往罗马了。

在晚年时——可能是1515年在罗马时——列奥纳多写下"Li medici mi crearono e distrussono"。[64] 这句话可被译为"美第奇家族创造了我,也摧毁了我"或"医生们创造了我,也摧毁了我"。第一种译法确实暗示,当他的事业刚刚起步时洛伦佐资助过他,因此美第奇家族"创造了"他,但他在1515年时说他也被这个家族"摧毁了"就十分奇怪了,因为他当时依靠洛伦佐的儿子朱利亚诺的资助在罗马生活,并且他们的关系很好。

这句话完全不需要提到美第奇家族就能说得通：列奥纳多在别的地方曾将医生描述为"生命的摧毁者"，他对这种职业大体上持批评态度。那时他已经60岁出头了，健康状况每况愈下。当他写下这句话时，他可能想到了"美第奇"和"医生"的双关，但这句话不能被用来证明洛伦佐曾积极资助过他。

本章给出的都是反面证据，这种证据往往不是很有可读性，但是我认为，习惯上过于随意地称列奥纳多在佛罗伦萨期间是美第奇家族的门客这一说法是值得质疑的。他的才华肯定会引起美第奇家族的注意，但人们也能感觉到他受到排斥：这个年轻人不太能融入这个圈子。

列奥纳多画过一幅小型侧身像，看起来很像洛伦佐的肖像画。这是出自《大西洋古抄本》中的那些"温莎碎片"中的一张。[65] 从风格推测，这幅画的创作年代大约是1485年或更晚。换言之，这幅画绘于米兰。因此，它可能是列奥纳多对洛伦佐的回忆，而不是写生。

《博士来朝》

1481年初，列奥纳多受委托为圣多纳托的奥古斯丁修道院绘制大型祭坛画，修道院坐落在斯科皮托村中，村庄位于城墙外，距离普拉托城门不远。这座修道院财力雄厚，购买了波提切利和菲利皮诺·利比的作品。1479年起，修道院的生意往来由塞尔·皮耶罗·达·芬奇处理，他很可能参与了这次委托，也可能参与设计了合同中相当复杂的细节。从列奥纳多的角度来看，这份合同似乎并不令人满意，人们可以从中看出列奥纳多要面对的令人恼火的困难。必须采取一些措施以使列奥纳多在经济上独立，这是塞尔·皮耶罗能提供的最大帮助。

最初的协议是在1481年3月达成的，它规定列奥纳多应该在"24个月内、最多不超过30个月内完成这幅画，并且如果他没有完成这幅画，他就要放弃他所做的一切，而我们有权随心所欲地加以处置"。这些条款没什么不寻常之处，但说明列奥纳多已经有了不可靠的名声。然而，支付方式是不寻常的。他不会收到任何预付的现金，而是获得"一处位于埃尔萨山口的房产的1/3"，这处房产是"弗朗切斯科兄弟会的神父西莫内"遗赠给修道院的。这处房产不可分割（"他不可以签订新的合同将之转手"），但他有权在3年后将其卖回给修道院修士，"前提是他们也愿意"，价格为300弗洛林。随之而来的是一个复杂的问题：列奥纳多有义务为"萨尔韦斯特罗·迪·乔瓦尼的女儿提供150弗洛林的嫁妆"。这种限定继承条款很可能是弗朗切斯科兄弟会神父西莫内最初的遗赠条款中的部分内容——为相识的贫困家庭支付嫁妆是当时遗嘱中常见的一种慈善形式。列奥纳多还承诺自己提供"颜料、金料和所有其他费用"。[66]

这份奇怪的合同的最终结果是，修道院向列奥纳多支付150弗洛林（这处房产的约定价值减去嫁妆费用）。这笔款项是滞后支付的（他在3年内不能出售这处房产），而且不包括任何准备费用。列奥纳多最后可以拿到的金额还不错，但是条款苛刻。埃尔萨山谷——位于佛罗伦萨以南的一个乡村地区——的这处房产是他唯一预先得到的东西：也许他搬去那里住了。

到了6月，也就是最初达成协议的3个月后，列奥纳多的艰难处境变得明显起来。他不得不要求修道院"支付上述嫁妆，因为他说他无力支付，而且时间在流逝，这对我们来说是不利的"。他因为这项工作已经在修士们那里借记了28弗洛林。由于修道院垫付款项为他买颜料，他的账户金额又扣除了一些。同样是在6月，我们了解到，"画家列奥纳多大师"收到了"一堆木柴和一堆大型圆木"，作为装饰修道院的钟的报酬。8月，他"欠了我们大约5蒲式耳的谷物，我们的车夫曾把这些谷物送到了他的住处"。（这栋房子大概是埃尔萨山谷的那处房产。）9月28日，也就是这一系列记录中的最后一则的日期，他"欠了我们一桶朱红葡萄酒"。[67]

这就是1481年列奥纳多的真实处境：他买不起颜料；他借钱买谷物和葡萄酒；他为修道院打零工，但是报酬是柴火。随着夜晚变长，祭坛画的轮廓开始浮现在一块白杨木画板上。

这份合同和这种拮据的生活情况带来的作品是《博士来朝》，它是列奥纳多早期在佛罗伦萨最后也是最伟大的作品（彩图10）。这是他所有架上绘画中尺寸最大的一幅：8英尺高，几乎一样宽（2.46米×2.43米）。这个尺寸及其少见的方形，大概反映了圣多纳托祭坛上的可用空间的情况。

这幅画从未被交付（这也许是因为修道院在16世纪初被彻底拆毁）。当列奥纳多于1482年初前往米兰时，它还没有完成。据瓦萨里说，列奥纳多将画交给他的朋友，吉内薇拉的哥哥乔瓦尼·德·班琪保管。我们不知道这幅画何时成了美第奇家族的收藏品，1621年它被列在了美第奇宫的藏品清单上。这幅画现在是乌菲兹美术馆最著名的绘画作品之一，尽管更准确地说，它只是一幅底板画。复杂的构图已经画出来了，但大部分细节只是敷衍了事，这仍然只是一幅草稿。作画的颜料由灯黑、稀释的胶和铅白混合而成。画上还有一些棕褐色的复绘，虽然最近有人质疑这是列奥纳多所为。这幅画整体呈现出黄褐色调，是由于后期涂上的几层清漆变色造成的。

画的主题是文艺复兴时期最受欢迎的绘画主题之一——三位东方的国王或博士来到伯利恒，向刚出生的基督致敬。列奥纳多无疑知道贝诺佐·戈佐利在美第奇宫的同主题壁画，以及波提切利在圣母百花大教堂的同主题作品。波提切利版本的《博士来朝》是1476年受货币兑换协会的乔瓦尼·拉米委托而绘制的。（这幅现藏于乌菲兹美术馆的《博士来朝》是波提切利流传下来的4幅中的第二幅；最早的一幅可能绘于1470年前，目前藏于伦敦的英国国家美术馆。）列奥纳多这幅画中使用了所有的传统元素，但在人物群像的处理上具有革命性。画中的人物并不是列为一队，人像和面孔组成了暴风雨般的旋涡：画中总共有超过60个人和动物。在这种不清晰的未完成状态中，这一大群人透着一些模棱两可的东西：这群本应有着崇拜和好奇之心的人看起来几乎是一群暴徒。圣母子被围了起来，成为画面中央的一个静止的点，但围绕在这个空间周围的人群向他们的挤压，也表明了他们的脆弱，仿佛他们即将被吞噬。这种恐怖的旋涡就像国王们送给圣子具有象征意义的礼物一样，预示着圣子的命运。

对这幅画的宗教解读还有一些微妙之处。[68] 画面中央的树根蜿蜒伸下来触到基督的头——暗指以赛亚的预言:"从耶西的本必发一条,从他根生的枝子必结果实。"破碎的建筑以及从砖石中生长出的灌木,是传统上对被摧毁的"大卫家"的暗示,而耶稣的降生会使之得到重建——画中可以看到工人们正在楼梯上忙着重建房屋——但是房屋外形是典型的佛罗伦萨风格。房屋的柱子和拱门呼应了圣米亚托-德尔-蒙特的长老会教堂,这是佛罗伦萨继浸礼堂之后最古老的教堂,据说建在这座城市最著名的基督教殉道者米亚托的墓地上。与《圣杰罗姆》中的圣母百花大教堂的正立面相同,这种视觉联系将形成中的宗教信仰锚定在佛罗伦萨的风景中。

这些与主显节相关的图像的不同组成部分都出现在了画面中,但其中一个非常基本的元素没有出现:约瑟在哪?在其他所有以"博士来朝"为主题的绘画中他都会出现,在这幅画中却显得模糊不清。他是画面右手边人群中那个满脸胡须、因为惊讶而把手举到额前的男人吗?抑或他是位于画面最左侧,远远凝望并陷入沉思的那个人?可能是前者,但在这里,模棱两可是至关重要的:父亲无法辨认,被淹没在人群边缘。人们可能会抵制这种精神分析解读,但这种处理在列奥纳多的绘画中频繁出现,令我们无法忽视:他总是将约瑟从神圣家族中剔除。约瑟没有出现在《岩间圣母》中(画中的故事发生于从埃及逃亡的过程中,因此他理应出现),而且约瑟在列奥纳多所有版本的《圣母子与圣安妮》中消失,出现在画中的这个家庭的第三名成员不是孩子的父亲,而是祖母。人们就算不是弗洛伊德的追随者,也能感到其中有深层的心理因素。

2001年初,乌菲兹美术馆宣布打算清洁和复原《博士来朝》。以反文物修复的资深人士纽约哥伦比亚大学教授詹姆斯·贝克(James Beck)为首的人们立刻表示抗议。[69]这幅画过于易损,阴影和细节太过复杂,而且其光泽由内而生,无法修复。当我与乌菲兹美术馆的文艺复兴艺术主管安东尼奥·纳塔利(Antonio Natali)谈到此事时,他用了支持修复文物派最喜欢的词——"易读性"。他颇具说服力地将这幅画比作一首"被埋藏的诗"。"如果你在读彼特拉克,你会希望在这里读几个字,又在那里读几个字吗?不。一幅画也是如此——你希望能够读懂全部内容。"

这幅画的情况很差，这是毋庸置疑的。颜料的表面覆盖着后来涂上的一层肮脏的"皮肤"：大量的胶水、油脂和树脂的混合物。在画板颜色较深的区域，这些涂料已经形成了一层厚重的棕褐色包浆。它们也因氧化作用而泛白：表面出现许多使之更加光滑的微小网状物，就像破裂的挡风玻璃。但是反对修复的人们质疑"易读性"这个概念，认为这是将艺术家本人故意遗留的模糊状态强行"澄清"，至少在《博士来朝》的案例中如此。有人认为，目前的修复浪潮是为了迎合现代人喜好明亮和清晰度的品位——追求像照片或数字成像那样的清晰度。因此，修复是画廊的商业决定：既是保护问题，也是营销问题。"问题的关键是哲学性的，"贝克教授说，"我们真的想让过去的绘画作品现代化吗？清洁这幅画就像是给七旬老人做面部拉皮手术。"

乌菲兹美术馆的技术部门位于街对面的一个不起眼的庭院里。在二楼的小房间中，摆放着列奥纳多的《博士来朝》，它横放在3个支架上，看起来就像一张大野餐桌。房间很小，铺着白瓷砖，窗上贴着奶油色的纸，确保光线不会损害画作。墙上的挂钩挂着一把鸡毛掸子和一个超市的购物袋。这里可以隐约闻到一些化学气味，让人联想到医学实验室或者兽医的手术室。修复者们经常会借用一些医学上的意象，将画作比作一位伟大而年迈的病人。这番情形有些私密性：画作被剥去了它在画廊中的高贵气韵，被平放着，等待着人们的处理。

著名的修复师阿尔菲奥·德尔·塞拉在画旁来回踱步，测量尺寸——这是修复工作最初几周的内容，争议已经导致工作中断。德尔·塞拉是一位矮胖的皮斯托亚人，60岁出头，留着白色短发，穿着短袖衬衫。他看上去像是一个工匠，而他也希望别人这样看待他。他做过许多大师作品的修复工作，包括马蒂尼、杜乔、契马布埃、乔托、曼特尼亚、佩鲁吉诺、拉斐尔和提香的作品。近期项目包括波提切利的《维纳斯的诞生》和列奥纳多的《天使报喜》。他对争议不屑一顾：这至少给了他与这幅画相处的时间并了解它。"每一次修复，"他说，"都是一次诠释工作。没有可以适用于任何情况的一个自动的或通用的规则。你需要敏感、尊重和知识——不停地质问自己，这才是所需要的。"[70]

我们蹲下来，凝视这幅画的背面。画板是由 10 块垂直的木板黏合在一起形成的，横向的支撑板是后来加上去的，可能是在 17 世纪。这些木板的宽度基本相同（大概 9 英寸），但左边边缘黏了一块更窄的木板，大概是为了满足这幅画的委托要求的尺寸。德尔·塞拉指出了中间木板的弯曲问题，它可能会导致画作表面开裂。这在一定程度上是由于时间和湿度造成的损耗，但也同时反映出列奥纳多 500 年前对木材的选择。德尔·塞拉用图表解释了原木的重要性。如果要制作画板，需要选取树干的一部分——这幅画使用的是一种名为 gattice 的白杨木——纵向切开；离中心最近的切口是最好的，因为年轮是对称平衡的，切口如果靠近外围，品质就不太好。德尔·塞拉最近修复了《天使报喜》，并且对列奥纳多的《基督受洗》也很熟悉，这两幅画的木板都状况极佳。这两幅画都是在韦罗基奥的工作室完成的，使用了优质的材料。而《博士来朝》是一幅独立完成的作品，列奥纳多创作它时只得向雇主赊购谷物和葡萄酒，因此凑合着用了较便宜的木材。德尔·塞拉补充说，乔托的老师契马布埃有过这样的先例，他使用了"木匠会扔掉的那种非常薄的木材"——简而言之，就是边角料。

德尔·塞拉对待这幅画很随意、很放松：我们谈话时，他没有将手肘支在画上，但如果他这样做了我也不意外。他沾湿一团棉花，快速地擦拭了画面右侧的一小块区域，那里淡淡勾勒的一头牛和一头驴的头便突然从一团幽暗中浮现出来，而它们原本很容易被忽略。

在接下来的几个月里，修复的故事将变得扑朔迷离。2001 年末，乌菲兹美术馆决定委任艺术鉴定专家毛里齐奥·塞拉奇尼（Maurizio Seracini）对这幅画进行技术检测。经过几个月的细致分析，塞拉奇尼抛出一枚重磅炸弹——《博士来朝》不同部分复绘的红褐色并非列奥纳多所绘。这一结论的线索源于对微小的颜料取样横截面——神秘的微米厚的颜料表层侧面——所进行的微观分析。他几乎在每一个横截面上都发现，最上面一层的褐色颜料已经渗入下面更早绘制的单色层。当颜色被刷到上面时，原有的颜料表面已经有了足够深的裂缝，使褐色的湿颜料渗入其中。塞拉奇尼说——这正是问题之关键——这种裂痕只会在相当长的一段时间后形成，可能是 50 年到 100 年。因此，画作表面这一层是在列奥纳多过世后，由一位不知名的艺术家遵循他那个时代关于如何改进一幅画的信条涂上的。[71]

塞拉奇尼对这则证据的解释自从提出以后就备受争议。然而，面对这场新争议，修复项目被明智地悄然搁置。如今《博士来朝》再次悬挂在了乌菲兹美术馆的列奥纳多展厅中。虽然争论仍在继续，但它表面的污垢和背后的秘密保持着原来的样子。

这幅列奥纳多在佛罗伦萨时期未能完成的杰作，使我们得以深入地体悟他的内心、他的工作方式、他对各种基督教象征和佛罗伦萨意象的处理手法，以及他对动力和旋涡运动的非凡感知，虽然其中还有许多难以捉摸之处。但这幅画也告诉了我们一些其他的事情，因为在这幅画的最右边站着一个穿长斗篷的高个子年轻男子，我们几乎可以确定，这就是列奥纳多大约29岁时的自画像（彩图1）。

文艺复兴时期的自画像是一个棘手的问题，因为视觉证据往往是循环论证的，但我们知道15世纪的意大利画家常会在群像中加入自画像；惯例上是艺术家会将本人画成从画中往外看的样子，使自己成为他所创作的虚构场景与观者的真实世界之间的调停者。在一些情况下，自画像十分明确，例如在戈佐利的《博士之旅》（*Procession of the Magi*）中，艺术家本人把自己的名字写在了人群中朝外看的那个人的帽子上，帮助我们确认了身份。但更多的时候人们必须推测，或借助时人的推测。瓦萨里第二版《艺苑名人传》中有艺术家的装饰性木刻肖像画，它们是在瓦萨里的指导下，由德意志雕刻家克里斯托弗·科廖拉诺所刻，对我们辨认艺术家是有用的。例如，从马萨乔的木刻肖像画可以清楚看出，瓦萨里认为《纳税银》（*Tribute Money*）——马萨乔为布兰卡齐礼拜堂所绘的壁画——中那张黝黑且相当阴郁的面孔是他的自画像。这一点已基本被人们接受，但瓦萨里也不是万无一失的，他照着安德烈亚·达·菲伦泽在新圣母玛利亚大教堂所绘的《得胜的教会》（*Church Triumphant*）中的一个人物刻了契马布埃的肖像，但画中这个人佩戴着嘉德骑士勋位的徽章，几乎可以肯定他是一个来访的英格兰人。[72]

第一位习惯性在作品中加入自画像的是菲利波·利比修士，他在巴尔巴多里祭坛画中的人群里凝视着我们。这件作品之前藏于圣灵教堂，现存于法国卢浮宫。这幅画是1437年委托绘制的，展示了利比30岁出头的样子。从1447年完成《圣母加冕》（Coronation of the Virgin，现藏于乌菲兹美术馆）到15世纪50年代完成普拉托大教堂的《圣史蒂芬的殉道》（Martyrdom of St Stephen），他在画中渐渐变老。在所有自画像中，他都以圆脸、皮肤黝黑，以及长着略显滑稽的支棱着的耳朵的修士形象出现。这对耳朵成为他与众不同的特征。在斯波莱托大教堂他的坟墓上的雕刻头像上，这对耳朵被显著地呈现出来。那是1490年，也就是他过世20年后加上去的，人虽已逝，但人们铭记着他那对支棱着的耳朵。

安德烈亚·曼特尼亚（Andrea Mantegna）是另一位作品中充满自画像的活跃于15世纪中叶的画家。在曼图亚贡扎加城堡婚房的一根壁柱上的风俗画里，我们可以看到他用单色画的他那张浮肿、看起来忧心忡忡的脸。这幅自画像诙谐幽默，描绘了画家本人陷入遐想时的样子。在现藏于柏林的《基督在圣殿中的显现》中，有一名在黑暗中向外凝视的年轻男子，也是他的自画像。这幅画与他的婚事有关，他在1454年与威尼斯画家乔瓦尼·贝利尼的妹妹尼科洛西亚·贝利尼结婚。贝利尼所绘的《基督在圣殿中的显现》在构图上与曼特尼亚的作品几乎相同，只是有两个人物在右边四处张望，其中之一是曼特尼亚，另一个就是贝利尼。（在这两幅画中，圣母的原型可能都是尼科洛西亚本人。）再一次地，这两幅肖像有一个特别的统一特征——嘴巴向下弯曲，与瓦萨里为《艺苑名人传》中的曼特尼亚所配的木刻肖像如出一辙。[73]

至15世纪80年代初列奥纳多绘制《博士来朝》时，在作品中加入自画像已成为一种惯例。在佩鲁吉诺的壁画《圣彼得接过钥匙》（St Peter Receiving the Keys）中，一排人脸中出现的一张不好看的脸就是他的自画像，可以通过比较现藏佩鲁贾货币兑换协会于1500年左右绘制的一幅自画像辨认出来。在多梅尼科·吉兰达约的许多壁画中，那张望向画外的英俊、长着黑眼睛的脸肯定是他本人的。

艺术家将自己画入作品中，在一定程度上是对个人身份和地位的一种

青年列奥纳多的画像？左上：韦罗基奥雕塑《大卫》的细节，约1466年。右上：菲奥拉万蒂那一页手稿的涂鸦，约1478年。左下：《博士来朝》的草稿。右下：使用透视绘图仪的艺术家，约1478年至1480年。

自信的声明：就像他将画作的委托人画入画中，他也同样可以把自己画进去。摆着"调停"、向外张望的姿势的艺术家担任了莱昂·巴蒂斯塔·阿尔贝蒂所说的解说者的角色。阿尔贝蒂将这个人物描绘为被他称为 storia（历史或故事）的那种绘画——本质上指的是描绘一个故事场景的绘画，画里有许多人物——的重要组成部分。"在 storia 中，应该有一个人提醒并告知我们正在发生的事情，或者招手让我们看。"[74] 列奥纳多的《博士来朝》中人物众多，是 storia 式绘画的一个经典例子、一个典型的戏剧性场景的再现。列奥纳多《博士来朝》中那个站在人群边缘的青年男子正是扮演了阿尔贝蒂所设定的解说者的角色，而他占据的位置与波提切利版《博士来朝》中的那个身体转向画面外的青年男子一样，这个青年男子也被认为是作者的自画像。列奥纳多肯定知道这幅几年前为新圣母玛利亚大教堂绘制的作品。

通过视觉上的对比，我们似乎能够确认位于画面边缘的人就是列奥纳多。他与韦罗基奥的《大卫》、菲奥拉万蒂那张对开页上的年轻人，以及那个正在使用透视绘图仪的青年画家十分相似。另外，在列奥纳多为《博士来朝》创作的现藏卢浮宫的多幅墨水笔草稿中，有一个身材高挑、留着长发的年轻男子，他与成品画作中的任何人物都不相符，但他转身的姿势说明这可能是为解说者这一角色打的草稿；这也可以被认为是一幅自画像。

在乌菲兹美术馆的修复实验室中，修复者用湿棉轻擦了一下画板，画中那位英俊、宽脸的年轻人短暂地容光焕发。他心情如何？他转身不看画面中心的圣母子，但右臂似乎向后伸出，邀请我们望向这对母子。他就是这幅画的解说者：超然、冷静、边缘、讶异，甚至可能是怀疑的。他将我们带到这一重大的场景中，自己却不是其中的一部分。

离　开

画中向外张望的年轻男子越过了容纳并束缚着他的画框。圣多纳托账户最后一次提到列奥纳多是在 1481 年 9 月，在那之后的某个时候，他离开了佛罗伦萨并前往米兰。据我们所知，他在超过18年的时间里都没再回来过，尽管他在当时并不一定会料到如此，所以我们不能说他是决绝、挑衅性地离开这里。他是想离开他的家乡、他的父亲、他停滞不前和前途未卜的事业，抑或只是想离开一段时间，一路向北，尝试一些新的东西？

正如我已经提到的，令人意想不到的是列奥纳多是以音乐家的身份前往米兰的。我还提到过，关于他是被洛伦佐·德·美第奇"派去那里的"，还是被卢多维科·斯福尔扎"邀请"前往的，早期的描述中存在着分歧。在这种小问题背后有一个更大的问题：列奥纳多怀着怎样的心情离开佛罗伦萨？他是作为一名文化使者，作为展现佛罗伦萨人的才华和创造力的典范而被派往米兰的吗？还是他离开时心情低落，心中充满挫败与沮丧感——他的画没画完，他的生活方式备受争议，他的名誉毁誉参半（有才华但是难相处）？这不是一个非此即彼的问题，两种心情可以同时都有。列奥纳多准备离开，而洛伦佐也准备让他离开。焦躁不安和权宜之计，这两种强烈的动机汇集成一个奇思妙想：制作一把马头骨形状的带有一个银共鸣箱的七弦琴。

列奥纳多的启程日期无法确定。有关他在佛罗伦萨的最后的记录是1481年9月28日：这一天，圣多纳托的葡萄园送来"朱红葡萄酒"。米兰最早有关他的记录是1483年4月25日，这一天，他签署了《岩间圣母》的合同。"佚名作者"说他30岁时离开，如果我们按字面意思理解，出发日期则是1482年4月15日之后的某天。

有一种有趣的可能，即列奥纳多于1482年初作为贝尔纳多·鲁切拉伊和皮尔·弗朗切斯科·达·圣米亚托的公使团随员前往米兰。[75] 人们很容易就能把列奥纳多与学识渊博且广受欢迎的贝尔纳多·鲁切拉伊联系起来，鲁切拉伊是时尚的柏拉图主义者、托马索·马西尼的赞助人，而且可能是列奥纳多所绘的《圣杰罗姆》的委托人。他那时快40岁，是佛罗伦萨最富有的人之一，还是洛伦佐·德·美第奇的姐夫。他将在米兰停留4年，最后两年（1484—1486）任佛罗伦萨驻米兰大使。漫谈诗人贝尔纳多·贝林乔尼所作的一首十四行诗，可能指出了列奥纳多与鲁切拉伊及随他前往米兰的公使皮尔·弗朗切斯科·达·圣米亚托之间的联系。诗的标题是"S a Madonna Lucretia essendo l'auctore a Fiesole"——换言之，这是一首从菲耶索莱写给卢克雷齐娅·托纳博尼，即洛伦佐·德·美第奇的妈妈的十四行诗。诗中提到的"贝尔纳多先生"和"皮耶罗"，可信地被确认为鲁切拉伊和圣米亚托。诗中有以下几句：

在菲耶索莱，和皮耶罗一起的是列奥纳多，
他们一起达成了一项协议。[76]

贝尔纳多和皮尔·弗朗切斯科于1481年12月10日被任命为公使，1482年2月7日离开佛罗伦萨前往米兰，这可能告诉了我们列奥纳多离开的日期。

在离开前不久，列奥纳多起草了那份我时常引用的佛罗伦萨作品清单，包含他将要带去米兰的油画、画稿和模型。清单中罗列的内容如下："两幅圣母像"，其中一幅可能是《柏诺瓦的圣母》；"圣杰罗姆的人像习作"；一幅阿塔兰特·米廖罗蒂"抬起脸"的肖像；"一些造船机械"和"一些取水机械"设计草图；"许多源于大自然的花卉"以及"许多绳结设计图案"。这些是我们可以认出的列奥纳多15世纪70年代末的作品，但这份清单也令人沮丧，因为许多物品现在无法辨认，几乎可以肯定已经失传，例如清单中的"8个圣塞巴斯蒂安""吉卜赛人头像""公爵头像"（可能是已故的米兰公爵弗朗切斯科·斯福尔扎，原因很快我们就会谈到）在哪里？在某些情况中，他的描述令人费解——"4 disegui della tavola da santo angiolo"指的是一幅以圣天使为主题的画，还是一幅为圣安吉洛教堂绘制的画？[①] 就这一点而言，"componimenti d'angioli"指的是描绘天使的作品，还是描绘角度的作品？[②] 他对头发的迷恋已经可以明显看出来——有5个不同的画作条目，都是用头发区别开来，如"有一头秀发的

---

① 歧义在于"santo angiolo"，既有圣天使之意，也可指圣徒安吉洛。
② 原文"angioli"既可理解为天使，也可理解为角度。

列奥纳多的作品清单,约1482年,写在《大西洋古抄本》中一张布满涂鸦的纸上。

侧脸像""有一头卷发的一张全脸画"和"将头发扎成一个结的女孩头像"等。在这些艺术作品中,我们还能看到一件玉髓——一种石英类的宝石,其中最著名的品种是玛瑙和红玉髓。

写有这份清单的对开页上还有一些其他令人惊讶的地方。清单上的第一个条目(或者说是现代抄写版中的第一个条目)是"一个有着一头浓密头发的年轻人的全脸头像"。这个条目不是列奥纳多写的,而且可能是在另一个时间写的。它相对于列表其余部分是颠倒的,并且是从左往右写的;这行笔迹却与那首关于"吉贝利纳"的攻城大炮的诗,以及那首以"我的列奥纳多"开头的十四行诗的笔迹几乎一模一样——换言之,这笔迹是皮斯托亚诗人安东尼奥·卡梅利的。在这张对开页的左下角,有一幅十分拙劣的侧脸漫画,画着一位面色阴郁、戴着四角帽的长发少年。我猜想这会不会是列奥纳多在佛罗伦萨最后的形象——"列奥纳多,你为何如此烦恼?"或许这幅漫画出自这位皮斯托亚人之手,它也可能是索罗阿斯特罗画的,因为他的罗马实验室墙上画满了"奇怪的面孔"。

如果这份作品清单是一份回顾性文件,那么那封著名的写给卢多维科·斯福尔扎的"介绍信",则是列奥纳多在雄心勃勃地展望着他在米兰的未来。这封信可能是他在佛罗伦萨时就写好了,准备一有机会就献给卢多维科。幸存下来的副本是用一手漂亮的字誊抄的,可能出自专业抄写员之手,但由于其中有几处细微的改动和插入,说明它不可能是终稿。[77] 列奥纳多在信中详细说明了他能提供的技能,措辞非常自信,虽然令人惊讶的是,信中罗列的技能主要与军事工程有关,而他那时尚不具备任何相关的专业知识或经验。这就是他在准备离开佛罗伦萨时梦寐以求的新角色:米兰公爵的工程师。

信的开头华丽冗长:

我最显赫的大人:

我充分地观察和研究了那些自诩军事武器专家或制造者的所谓发明,我发现他们的机械设计和操作方式与普通机械并无二致。因此,我冒昧地向阁下呈现我的技艺,向阁下介绍我的机密,并且我很乐意在您方便的任何时候有效地向您展示所有这些东西……

接下来是一份编好号码的清单，上面列着他将向卢多维科透漏其中的秘密的"仪器"，简直是一份军事装备的小册子：

1. 我有一些方法可以使桥梁既轻便又坚固，易于移动，无论是追击还是躲避敌人时都会很有用；还有其他更坚固的桥，战火和攻击都无法将之摧毁……
2. 在围城时，我知道如何将战壕中的水排出，并使各种各样的桥梁、廊道、伸缩梯和其他设备适合于这种军事行动。
3. 如果被围剿的区域由于沟岸高或地势高而无法通过轰炸来攻陷，我有办法摧毁任何堡垒或障碍物，即使它是修建在坚硬的石头上的……
4. 我有某些型号的加农炮，非常容易携带，这种加农炮可以发射小石头，几乎就像下冰雹，所产生的烟雾会给敌人造成极大的恐慌，并带来巨大的损失和混乱……
5. 我有办法悄悄地建造地下隧道和抵达要塞的蜿蜒的秘密通道，以到达想要到达的地点，就算需要从战壕或河流下面通过也没有问题。
6. 我要造一些完全无懈可击的装甲车，用大炮突破敌方的防线，没有任何部队能够阻挡它们。步兵可尾随其后，毫发无损，且不会遭遇任何抵抗。
7. 如有需要，我会制造大炮、迫击炮和轻型炮，它们外形美观而且实用，与一般大炮有很大的不同。
8. 当轰炸战术不现实时，我会设计石弩、投石机和三角钉，[78] 还有其他极为有效的不常用机械……
9. 在海上作战时，我有多种高效的攻防机械，以及可以抵御猛烈炮轰、火药和烟雾的军舰。

"总而言之，"他总结道，"我能设计出无数种用于攻击或防御的机械。"问题立刻在我们心中浮现，并且也会很快地浮现在卢多维科·斯福尔扎心中：他真的可以吗？有可能，列奥纳多具备基础的工程技术，他有快速学习的能力，并且曾与金属工匠托马索·马西尼一起工作。但除了在纸面上，上述任何一种机械都没有真实存在过。[79] 这封信读起来有一丝科幻气息，仿佛他的想象力是超前的。这是一位多才多艺的幻想家的演讲，他将在稍后补充细节。

信的最后，列奥纳多终于想起来他还是一名艺术家——"在绘画方面，我什么都可以画"——他还向卢多维科提出了最后一个具体提议，有些人认为这是他去往米兰的真正动机："我能够着手制作铜马，这将为您父王的快乐回忆以及著名的斯福尔扎家族带来不朽的荣耀和无限的尊贵。"这里是第一次提到伟大的弗朗切斯科·斯福尔扎骑马雕像，这尊雕像会在未来数年中占据列奥纳多的生活，但最终徒劳无功。1480年，他从前的老师韦罗基奥曾前往威尼斯制作类似的作品：巴尔托洛梅奥·科莱奥尼的骑马像。而斯福尔扎有一项委托工作的消息已经在佛罗伦萨流传多年：波切伊奥洛兄弟工作室已经制作了一些设计图样。[80] 这些纪念雕像宏伟高贵，造价高昂，将成为非常知名的作品：列奥纳多的想法很宏大。

他小心翼翼地以他特有的神秘气息整理好这些文件：一份记录了过去的清单和一份关于未来的规划书。他把它们连同一些素描和半成品的油画、几尊泥土塑像、闪亮的玉髓和一把装在箱子里的银七弦琴，一起放入了旅行箱或马鞍袋。

第四章

新视野
1482—1490

坐在羽绒垫上或躺在被子下，
都同样不能天下扬名，
一旦没有声名，虚度此生的人
只会在世上留下这样的残痕：
犹如水中的泡沫，空中的烟云。

——列奥纳多摘抄的但丁《神曲·地狱篇》诗句，
温莎城堡皇家图书馆收藏，fol. 12349v

米　兰

列奥纳多估算从佛罗伦萨到米兰的路程为180英里——他在计算距离时总是使用公制之前的"mighia"。[1] 现代的公路地图显示两地距离为188英里。从当时人们旅行的大概情况推算，骑马出行的日均行程在20英里到30英里之间（如果你使用驿马，每天分两到三阶段行进），所以这段旅途大概为期一周。北上的常规路线是越过亚平宁山脉到达博洛尼亚，这条路与如今的A1高速公路平行，然后穿过波河河谷的下游抵达摩德纳小城，这里是埃斯特的一部分封地。

对热衷于列奥纳多手稿的学者而言，摩德纳与手稿有一处独特的关联：列奥纳多曾以之为题开过一个下流玩笑。笔记中随处可见各种下流的话，但这一则尤其直白。这不仅是一则笑话，更准确地说，它是一条讽刺性的评论，直指摩德纳地方政府设置的高昂的入城费：

> 一名要进入摩德纳城的男人，必须缴纳5索尔迪的入城费。他的大惊小怪引来许多人围观，大家问他为何如此吃惊。马索回答说："我当然吃惊！整个人进入这里只需要5索尔迪，而在佛罗伦萨我要付10金杜卡特才能插入我的老二，而在这里我只花这么点儿钱就可以把我的老二、蛋蛋，以及我剩余的所有部分插进去。愿上帝保佑这座美好的城市，以及她的统治者！"[2]

我的翻译贴近原文的粗俗程度——cazzo译为"老二"，coghone译为"蛋蛋"，这里明显指的是在佛罗伦萨召妓。故事讲到一半时出现了马索这个名字，这可能是在笑话中常用的一个人名，也可能表明这则嘲讽的污言秽语是列奥纳多认识的某个人告诉他的。这则笑话甚至可能是托马索·马西尼，即索罗阿斯特罗讲的；1482 年初的某一天，他们在前往米兰的途中路过摩德纳。

他们在波河低地途径雷焦艾米利亚、帕尔马、皮亚琴察，最终到达米兰。米兰城中的哥特式尖塔从寒冷的伦巴第平原拔地而起。罗马人称米兰为 Mediolanum，意为"平原的中心"。征服此地的伦巴第人将这里的名字篡改为 Mayland，米兰的名字由此而来。这是一座不断发展壮大的十字路口城镇：它的选址不具有战略意义，不太合理，不靠近任何河流，比如波河、阿达河和提契诺河——它们都环绕着平原。冬天的气候潮湿而多雾，因此人们可以想象列奥纳多到达米兰时的景象：万物都染上了北方柔和的光，这些光将渗入他的画作中。

1482 年的米兰是一座正在崛起的城市。米兰大约有 8 万人口，略高于佛罗伦萨，尽管这座城市缺乏使佛罗伦萨具有凝聚力的那种政治和商业组织。米兰是一个老式的封建城邦，由一个家族依靠强大的军事力量统治，而非依靠立法。斯福尔扎家族是最近才出现的贵族。1450 年，卢多维科的父亲弗朗切斯科·斯福尔扎接替了该城前几任统治者维斯孔蒂家族，宣布自己为米兰公爵。斯福尔扎的家族姓氏最早只能追溯到卢多维科的祖父，即农民出身的雇佣兵穆佐·阿腾多洛，他将斯福尔扎用作他的战斗诨名（来自表示"强迫"或"迫使"的 sforzare）。对朱尔斯·米什莱这样的浪漫主义历史学家而言，斯福尔扎家族是"白手起家、耐心而且狡猾的英雄"，但对他们同时代的人而言，这些自命的公爵不过是"粗鲁的士兵"。[3] 但这对现在来往于各地的艺术家列奥纳多·达·芬奇十分有利，因为暴发的新贵常常是求贤若渴的赞助人。浮夸和炫耀替代了血统，成为斯福尔扎家族的代名词。这座城市已经拥有了北方的高雅教养，满是勃艮第的时尚和德意志的技术。早在 10 年前，当斯福尔扎家族的骑行队列让佛罗伦萨人眼花缭乱、震惊不已时，列奥纳多就已经瞥见了这种魅力。

中世纪米兰的样貌，即列奥纳多于 15 世纪 80 年代所知晓的那个米兰，在现代地图上仍可辨识：消失已久的城墙呈椭圆形，城墙的痕迹沿着一系列宽阔的街道还可寻见，这些街道如今是城市的内环路。原本的古城墙——建于12世纪末，在神圣罗马帝国皇帝腓特烈一世（人称巴巴罗萨或红胡子）摧毁城市之后——与外环那些有堡垒的城墙不同，后者有些部分保留至今，例如位于公共花园最北端的威尼斯城门堡垒。后来的墙是西班牙人在16世纪中叶建造的，在列奥纳多生活的时代尚不存在。中世纪建造的城墙周长略长于3英里，与卢卡现存的城墙差不多长，所以步行1小时可走完3/4左右。考虑到佛罗伦萨以西的卢卡城人口如今少于1万人，我们可以想象，在15世纪拥有8万市民的米兰是多么拥挤不堪。城墙上有10座城门，其中的8座在《大西洋古抄本》的城市地图中有详细的说明，城墙下是从西边鸟瞰这座城市的全景，可以看到城堡、大教堂和圣戈塔尔多教堂高耸的尖顶。[4]

鲁切拉伊和圣米亚托的佛罗伦萨使者团从南而来，随行人员中或许有列奥纳多·达·芬奇、托马索·马西尼和阿塔兰特·米廖罗蒂，他们很可能是通过罗马门进入米兰的。罗马门的大理石正面有描绘"圣安布罗斯用鞭子将亚流异端逐出米兰"的激烈场景的浮雕，以及"男人与龙"（传统观点认为这个男人是巴巴罗萨）浮雕。12世纪时雕刻这些浮雕的石匠的名字被刻在石头上：吉拉尔迪和安塞尔莫。[5]

使者团继续朝城内前行，穿过大教堂庞大的哥特式建筑群，到达俯瞰着城市北侧令人生畏的斯福尔扎城堡。这座城堡的前身是圣焦维奥城堡，15世纪60年代末卢多维科的哥哥加莱亚佐·玛利亚将之扩建加固，并把权力中心从大教堂附近的维斯孔蒂城堡移至此处。一位佚名的佛罗伦萨人在列奥纳多抵达的两年前，即1480年，总结说这是一座"被沟渠环绕的壮美城堡，占地半平方英里[1平方英里约等于2.59平方千米]或者更多，还有一座周长为3英里的围墙花园"。[6]

从外面看，这是一座由深红色砖墙围成的阴森堡垒。穿过由佛罗伦萨建筑师菲拉雷特设计的高大门楼，你会进入宽敞的——面积大小显然对斯福尔扎家族而言很重要——外部庭院，然后进入北面有护城河的内部庭院。内部庭院的右边是用于宫廷活动的公爵府，左边是面积较小的罗切塔

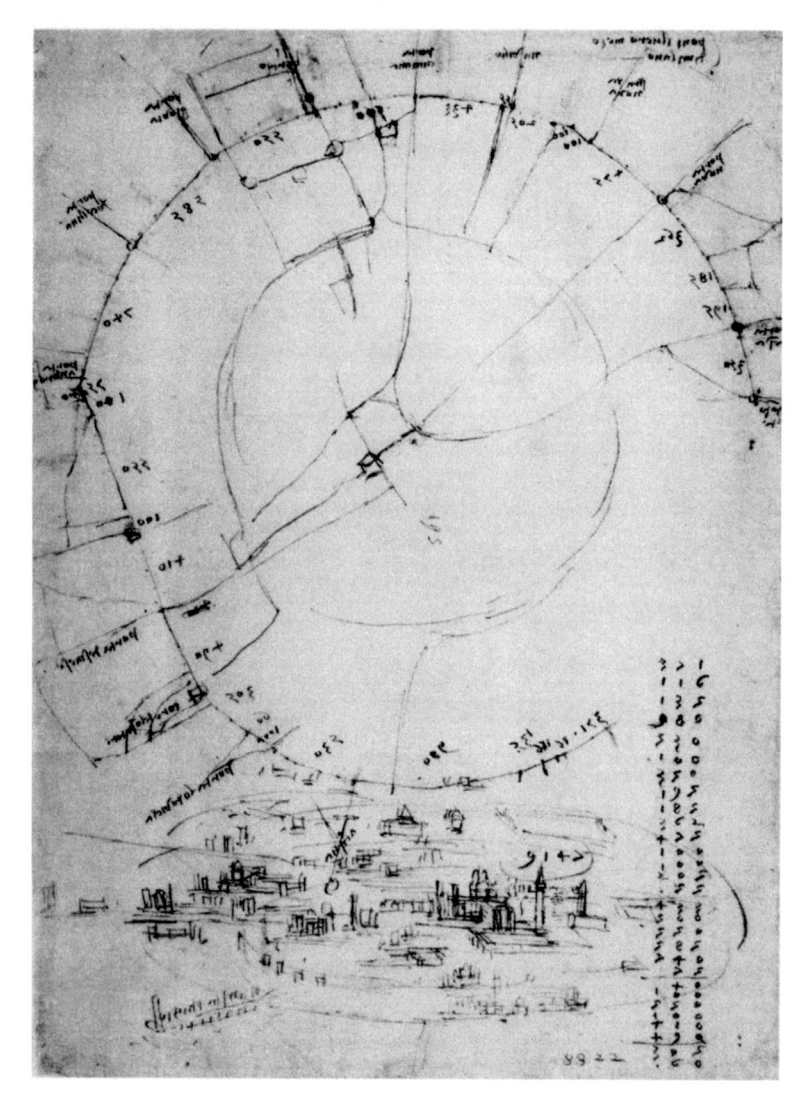

列奥纳多画的米兰地图草稿，约1508年。

庭院，公爵的私人住所——一间高墙环绕且有士兵守卫的内室——就在此处。卢多维科为其添加的优雅柱廊没有减弱这样一种感觉，即在一个偏执有着正当理由的时代，这里是一块戒备森严的禁地。

列奥纳多抵达这里后，并不清楚他将在这座堡垒般的宫殿中生活多久，因为他与慷慨大方但难以捉摸的卢多维科间的关系起伏不定。他在城堡东北角的天轴厅装饰过的墙和天花板上留下了自己轻微的痕迹。之所以只有轻微的痕迹，是因为 100 年前的修复工程包含大量重新绘制的工作：置身室内你就能明白这一点，但碰巧我第一次看到天轴厅是在室外，从城堡的后方，那里的墙壁爬满常青藤，冠小嘴乌鸦在通风处喧闹地筑着巢。而透过楼上的一扇窗，你能瞥见列奥纳多 1498 年在那里画的枝蔓交错的苍翠树荫，如今它与乌鸦一起提醒着我们，在"所有大师的女主人"——自然——面前，政治权力只是虚妄。

卢多维科·斯福尔扎侧面像，一位伦巴第佚名画家所绘，来自 15 世纪 90 年代初的一幅祭坛装饰画。

1482 年 2 月中下旬抵达米兰时，这些佛罗伦萨人发现这座城市正处于"圣安布罗斯狂欢节"中，这场庆祝活动将大斋节前的狂欢节与 2 月 23 日城市的主保圣人圣安布罗斯的纪念日结合在一起。这种背景让列奥纳多以音乐家身份进入米兰宫廷社会变得更加合理，正如"佚名作者"所说，并由瓦萨里详细阐述的："列奥纳多受到公爵邀请来到米兰，公爵是七弦琴的狂热爱好者……列奥纳多的表现超过了所有聚集在那里演奏的音乐家。"我们或许可以想象，某种形式的竞赛也是宫廷狂欢庆祝活动的一部分，举办竞赛的场所可能就在公爵府。列奥纳多后来的一则笔记可能提到的正是这类场合："尼可莱奥·德尔·特科（Nicholaio del Turco）之子塔德奥（Tadeo），1497 年米迦勒节前夕时年 9 岁；那天他前往米兰，并弹奏了鲁特琴，被评为意大利最棒的乐手之一。"[7]

因此，列奥纳多作为一名演艺人员进入了卢多维科·斯福尔扎——米兰的铁腕人物"摩尔人"（尽管还没有像瓦萨里称呼他那样已成为公爵）——的世界。这可能是他们第一次会面，尽管列奥纳多 10 年前在佛罗伦萨肯定已经见过他了，当时卢多维科陪同他的哥哥加莱亚佐·马利亚对佛罗伦萨进行了华丽的访问。他们完全是同时代的人：卢多维科，弗朗切斯科·斯福尔扎的第四个婚生子，于 1452 年初生于维杰瓦诺。他的绰号是"摩尔人"（Il Moro），一方面与他的名字"莫罗"（Mauro）是双关，另一方面是因为他的肤色很黑。他的纹章上有一个摩尔人的头颅；在一个

约瑟夫·赫夫纳格尔的雕版米兰地图，约1572年。

彩绘的嫁妆箱上，他被描绘为坐在马背上，身边有一个荷戟的摩尔人士兵护卫。在这个狂热喜好双关语的世界中，他的另一个徽章图案是一棵桑树（也叫 moro），指的是他大力支持的米兰丝绸业。1476年加莱亚佐·马利亚遇刺身亡后，卢多维科迅速采取行动，隔离了已是寡妇的公爵夫人萨伏依的波娜和公爵的合法继承人——当年只有10岁的吉安·加莱亚佐。作为摄政，他像公爵一样统治着一切，虽然他尚未拥有这个身份。当然，他冷酷无情、野心勃勃、贪得无厌，但是他也十分务实，而且充满智慧——至少他在占星和占卜方面的弱点开始占上风前是这样的，他真诚地渴望创造米兰的文艺复兴。他的所有画像都十分相似，全是侧身像，画中的他壮硕魁梧，长着大下巴。现存于米兰布雷拉画廊的斯福尔扎祭坛装饰画中有他的肖像，展现出他自负的样子。他可能在自言自语地哼着一首流行的宣传歌曲：

天上有一个上帝，
地上有一个摩尔人。[8]

3月6日，贝尔纳多·鲁切拉伊给洛伦佐·德·美第奇发回一份报告。他和卢多维科讨论了"卡萨尔马焦雷堡垒的项目规划和设计"，卢多维科

1. 列奥纳多29岁时的模样,《博士来朝》中的这个年轻人很可能是他的自画像。

2.芬奇镇附近的风景,这也是我们已知的列奥纳多最早的画作。

3.一幅百合花素描。

5.《天使报喜》。

4.安德烈亚·德尔·韦罗基奥的《托比亚斯和天使》中的狗,很可能是列奥纳多画的。

6. 肖像画《吉内薇拉·班琪》。

7. 韦罗基奥的《基督受洗》，画中跪着的天使和风景出自列奥纳多之手。

8. 圣真纳罗的天使赤陶雕塑，被认为是列奥纳多的作品。

9.《柏诺瓦的圣母》。

10.《博士来朝》,列奥纳多1482年离开佛罗伦萨时没有带走,画作尚未完成。

11.卢浮宫版本的《岩间圣母》的草图细节。

12. 卢浮宫馆藏的《岩间圣母》。

13.《抱银貂的女子》,切奇利娅·加莱拉尼的肖像画。

14.《音乐家》。

15.这幅肖像画被称作《美丽的费隆妮叶夫人》,画中人可能是卢克雷齐娅·克里韦利。

表示很满意。或许列奥纳多以鲁切拉伊随从的身份出现也与波河上的这个防御工事项目有关。他来到这里,既是作为佛罗伦萨和米兰之间的我们今天所谓的"技术合作"的一分子,也是因为他拥有制作和演奏新奇乐器的技能。

一时间,列奥纳多自己也成了新奇人物。他的音乐迷住了"摩尔人",而且他在工程学上的专长似乎十分有用。现在,他可以迅速地向卢多维科展示他带来的那封著名的"介绍信"或"计划书"了,其上列着他"知道如何"制造的诱人的武器装备——加农炮、装甲车、围城器械、隧道掘进机和易移动的桥。有一些描绘了部分这些机器的画稿是在米兰完成的,所以或许卢多维科对此感兴趣。他信中说的那种能够"发射小石头,几乎就像下冰雹"的便携式加农炮,在温莎城堡皇家图书馆的一幅约1484年绘制的画稿中被发现,画稿背面画的是一座遭到炮击的设防城镇的草图。装甲车的图纸可以在大英博物馆馆藏的约1487—1488年画稿中看到,《巴黎手稿B》中同一时期的一则笔记也讨论了这种装甲车,说这些装甲车"代替了大象",真是一种奇怪的早已不用的说法。马丁·坎普指出,在这些军事项目中,"务实的发明、古老的先例和不切实际的想象不可思议地完美融合在一起"。[9]

列奥纳多在计划书中概述的以及在后来的图纸中研究的武器装备,既有实际用途上的吸引力,也有心理上的吸引力。这是对15世纪专制君主的野心、虚荣和弱点的抨击;这是一种彰显无所不能的修辞。在一幅描绘

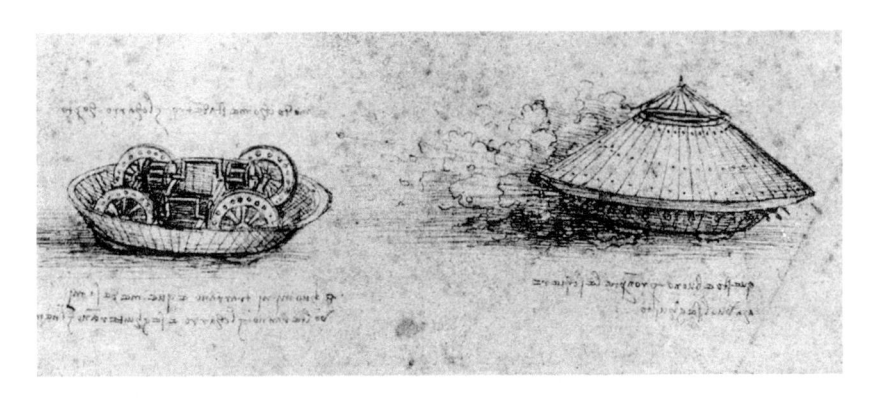

列奥纳多的装甲车,约1487年至1488年。

战争的剧场,一幅米兰军火铸造厂的戏剧性的素描。

了一个铸炮厂的精美素描中,赤身裸体的矮小工人操控着巨大的杠杆和炮架,这使人们脑海中浮现出德国导演弗里茨·朗拍摄的《大都会》中的场景。它传达出技术的戏剧性和宏伟的感觉,这也暗含在能带来布鲁内莱斯基式震颤的承诺中。列奥纳多想知道,"摩尔人"能成为实现他的梦想和抱负的赞助人吗?在这一点上,明显可见某种程度的幻灭,因为他在散射炮的上方写了半句话:"如果这个米兰人愿意做一次与众不同的事情,就好了……"[10]

列奥纳多在计划书的结尾提到了他在军事方面以外的技能，看起来几乎是后来才添加上去的：

> 在和平年代，我相信我可以在建筑与房屋设计方面，无论是公共建筑还是私人住宅，以及在将水从一处引至另一处方面，都与其他任何人一样，完全满足各种需求。而且我还能制作大理石、青铜或泥土雕塑，画各种画，同其他任何人一样。

对我们来说，发现画家、雕塑家和建筑师列奥纳多藏在坦克、迫击炮和炸弹制造者列奥纳多身后，是一件很奇怪的事情，但这就是他对当时形势的看法：对在斯福尔扎家族统治下的米兰什么是最重要的事的理解，或者，就像瓦萨里经常说的那样，他对自己的天赋有错误认识。

放逐者和艺术家

伦巴第是异乡，这里的做事方式与佛罗伦萨不同。气候、风景、生活方式，还有语言——当地人说一种受德语影响的方言，z的咬字很重，使Giovanni变成Zoane、Giorgio变成Zorzo——全都新奇而陌生。音乐晚会和武器装备的承诺不足以让列奥纳多（像人们通常以为的那样）立刻融入米兰的宫廷生活。他从未如此像一个局外人，一个放逐者，一个要重新开始的人。这既是一次孤独的经历，也是自我定义的过程：他出现在米兰的记录中时，很少有名字后不加上"佛罗伦萨人"这个绰号的情况。他以过去在佛罗伦萨从未有过，将来也不会再有的方式，成为一名佛罗伦萨人。

佛罗伦萨对米兰有很强的影响力，而这可能是列奥纳多初到米兰几个月时感受到的氛围。佛罗伦萨在商业方面的影响力惯常以美第奇银行的形式存在。美第奇银行的米兰总部是一座大型宫殿，位于今天的波西大街上，是卢多维科的父亲送给科西莫·德·美第奇的，人们要从一座有华丽雕刻的科林斯式拱门进入宫殿，伦巴第和托斯卡纳的装饰图案在拱门上巧妙地结合在一起，象征着外交上的合作。这里既是会客厅也是账房——类似佛罗伦萨旅人的领事馆。美第奇家族在米兰的首席代理人是波尔蒂纳里家族，列奥纳多肯定是认识他们的。在15世纪90年代初的一份备忘录中，他提醒自己要"向贝内代托·波尔蒂纳里询问，在佛兰德人们如何在冰面上行走"。[11]

1482年居住在米兰的知名佛罗伦萨人中有一位经验丰富的旅行家、作家和外交大使贝内代托·代，当时大概65岁。他第一次访问这座城市是在15世纪40年代末，正如他所说，当"弗朗切斯科·斯福尔扎手握宝剑拿下这座城市"时，他就在那里。他也认识波尔蒂纳里家族的人，1476年他以波尔蒂纳里家族特使的身份旅居法国和尼德兰，这也大概可以解释为何贝内代托·波尔蒂纳里对佛兰德的滑冰者有所了解。列奥纳多可能已经在佛罗伦萨见过贝内代托·代，后者是科学家托斯卡内利和诗人路易吉·浦尔契的朋友。浦尔契曾为他写了一首十四行诗："太初乃暗，黑暗永存"。这是对《创世纪》的挑衅性戏仿，引发了一些丑闻。我们由此可以看出，贝内代托·代对宗教持怀疑态度：

你看到了吗？贝内代托·代，
那些跪在地上喃喃自语，
喊着万福玛利亚的伪君子是多么愚蠢！
如果你能看到前往罗马的成群结队的朝圣者，
你会在街头大笑……

浦尔契"唾弃上帝"的行为遭到哲学家费奇诺的谴责。这一切发生于1476年初，与列奥纳多绘制带有费奇诺色彩的吉内薇拉肖像画的时间大致相同。浦尔契和贝内代托·代——就像安东尼奥·卡梅利一样——代表着一种更尖刻、更怀疑的态度，这似乎与列奥纳多气味相投。1480年至1487年，贝内代托·代基本上一直在米兰为卢多维科·斯福尔扎效力，他正处于他身为外交家和通讯者的事业巅峰：他认识每一个人，知道每一件事，是"真相的号角"。从他在佛罗伦萨的家人和朋友（他鼓励他们每周写信）到贡扎加、埃斯特、本蒂沃利奥这些强大家族的通信者形成了一个网络，他通过这个网络收集和发布新闻。[12]

列奥纳多当然知道这位忙碌、爱交际的佛罗伦萨人，作为"摩尔人"的政治顾问，贝内代托虽然薪酬不高，但是地位显赫。（他相当痛苦地说，为了从卢多维科那里得到些小费，他要有"面对瘟疫的勇气"。）列奥纳多会饶有兴致地倾听贝内代托·代在土耳其、希腊、巴尔干半岛和北非地区的旅行趣事，没有多少人能像贝内代托·代一样，告诉你在廷巴克图地区生活的亲身经历。这种兴趣在列奥纳多一篇趣文中可见一斑，这是一篇类似游记或时事通讯的滑稽文章，以"亲爱的贝内代托·代"开头。这篇文章可追溯至1487年左右，也就是贝内代托·代离开米兰的时候。文章明显具有虚构性质，说明这是戏仿之作，贝内代托·代在文中是讲述荒诞故事的人。文中提到的有关巨人的故事可能来自贝内代托·代的老朋友路易吉·浦尔契的著名作品《巨人莫尔干特》，据我们所知，列奥纳多有这本书。[13]

另一位为"摩尔人"效力的佛罗伦萨人是皮耶罗·迪·韦斯普奇。在帕奇阴谋之后，他由于受到教唆密谋者逃跑的控告而被关入斯廷切监狱，不过真实原因更有可能是他是朱利亚诺·德·美第奇的宿敌。这种敌意源于朱利亚诺对西蒙内塔·卡塔内的追求，但她嫁给了皮耶罗的儿子马泰奥。1480年，韦斯普奇"的所有权利都得到了恢复"，但他选择了有尊严的流放。[14]卢多维科欢迎他，而且任命他为公爵顾问，但1485年他在邻近城镇亚历山德里亚的一场小规模冲突中丧生。

银行家、外交家和流亡者：这些人组成了佛罗伦萨人在"摩尔人"的宫廷中发挥影响力的小圈子，他们对列奥纳多而言可能也是有用的人脉。列奥纳多还认识巴尔托洛梅奥·卡尔科，一位优秀的佛罗伦萨希腊文化学者，卢多维科任命他为秘书，作为他"净化米兰人的粗俗语言"计划的组成部分。这种说法带着知识分子的势利，而佛罗伦萨人的存在或许引发了米兰本邦的廷臣的反感。后来还有一位来自佛罗伦萨的门客，即喜欢说长道短的诗人贝尔纳多·贝林乔尼，列奥纳多在佛罗伦萨时就认识他，尽管他可能直到1485年才来到米兰。

在艺术上，米兰是一个兼收并蓄的混合体。作为枢纽城市，它吸收了来自北方——德意志、法国、勃艮第、佛兰德——的影响，也吸纳了邻近艺术中心，例如威尼斯和帕多瓦的影响。这座城市满是法国和德意志的石匠与雕塑家，他们的哥特式作品装饰着大教堂。15 世纪 80 年代初大教堂装饰作品的总负责人是来自格拉茨的德意志人约翰·内克塞姆博格。这些影响力混合在一起，阻碍了本土发展出有辨识度的艺术特色，但在喜欢炫耀和浮夸的斯福尔扎统治的新时代，需要大量艺术创作。1481 年时，米兰的画家协会，即圣卢卡协会，大约有 60 名成员。

1482 年，在米兰工作的最杰出艺术家也是一位移居至此的外来人，尽管他来自亚平宁山脉东部马尔凯地区的山村。他就是画家和建筑师多纳托·布拉曼特（Donato Bramante）。他成了列奥纳多的好朋友，列奥纳多在一则笔记中称他为"多尼诺"，而且他们的友谊似乎很早就形成了。布拉曼特于 1444 年出生于乌尔比诺附近，比列奥纳多大 8 岁。他年轻时可能在费德里科·达·蒙泰费尔特罗的乌尔比诺宫廷见过那位著名的阿尔贝蒂。在 15 世纪 70 年代定居米兰前，他过着旅行画家的生活。1482 年，他正在设计他的第一个大型建筑委托项目，即圣母礼拜堂。他受到米兰宫廷诗人的尊敬，还写过尖刻的讽刺性短评。瓦萨里形容布拉曼特是一个善良而亲切的人，并且提到他喜欢演奏鲁特琴。拉斐尔的壁画《雅典学园》以及一幅现藏于卢浮宫的粉笔素描中出现了他的面孔，这些较晚的作品将他描绘为一个强壮、头发稀疏而蓬乱的圆脸男子。[15]

在这个时期优秀的米兰本土艺术家中，有出生于布雷希亚的温琴佐·佛帕。他受到曼特尼亚和乔瓦尼·贝利尼的影响，他对某种闪烁的银光的掌握，似乎预示了列奥纳多在光与影上的技法；除了他，米兰还有更年轻的艺术家安布罗吉奥·达·福萨诺（被人称为"勃艮第人"）、贝尔纳迪诺·布蒂诺内和贝尔纳多·泽纳莱。但与列奥纳多在米兰最初几年中关系最密切的本土艺术家是德·普雷迪斯家族，1483 年初，该家族中有 2 名成员被记录为列奥纳多的同事或同伴。

德·普雷迪斯家族工作室是一个欣欣向荣的家族企业：4 个兄弟都很活跃。最年长的克里斯托福罗（文献记录他是一个哑巴）的主要工作是为书稿绘制彩饰,以佛兰德风格制作精美的微型画。列奥纳多与克里斯托福罗的同父异母弟弟安布罗吉奥有着一段特殊的情谊,持续了许多年。安布罗吉奥出生于1455年左右,在克里斯托福罗的工作室开启了他的事业,他最早有记录的作品年代大约为1472年至1474年,是为博罗梅奥家族的时祷书绘制的微缩插画。他之后与另一个弟弟贝尔纳迪诺一起在米兰铸币厂工作。至1482年时,他开始成为一名肖像画家,同年,费拉拉公爵夫人给"卢多维科·斯福尔扎阁下的米兰画家,安布罗吉奥·德·普雷迪斯"10布拉乔奥的绸缎。因此,在列奥纳多来到米兰时,他已经是"卢多维科的画家"了,可能专门画他擅长的肖像画。[16]

列奥纳多很快与这个人脉深厚的艺术家家族熟识起来,1483年4月签订的《岩间圣母》的合同中,他是安布罗吉奥·德·普雷迪斯和埃万杰利斯塔·德·普雷迪斯的合作伙伴。这是一种对双方都有用的合作伙伴关系——列奥纳多从业更久、技艺更精湛,而德·普雷迪斯家族有人脉和客户。列奥纳多在合同中被称为"大师",而埃万杰利斯塔和安布罗吉奥则没有头衔。他看起来是寄宿在普雷迪斯家里,或住在他们附近,因为他们三个人的地址是一样的:"普拉托的圣温琴佐教区城墙内"。普拉托的圣温琴佐教堂是早期罗马风格,就坐落在城墙西南段外,靠近提契诺门。该教区被称为"城墙内"的地方是如今的雷西斯滕扎广场与托尔乔竞技场围起来的区域。1483年最初几个月,列奥纳多与索罗阿斯特罗、阿塔兰特·米廖罗蒂一同在此住宿,德·普雷迪斯工作室由他安排管理。

《岩间圣母》

列奥纳多与德·普雷迪斯兄弟合作的成果是美丽而神秘的油画《岩间圣母》(彩图12)。这幅画的神秘感部分是其本身散发出来的——画面气氛难以名状,令人捉摸不透,色调朦胧,画中人处在与世隔绝的环境中。从历史角度看,这幅画也是神秘的。有关这幅画的记录很多,但这些文献所讲述的故事是错综复杂和自相矛盾的。这幅画有两个不同的版本,相似但不完全相同，它们之间的关系存在争议。目前普遍的看法是，卢浮宫的版本年代更早，约为1483年至1485年，并且基本上由列奥纳多独立完成，而藏于英国国家美术馆的那幅年代略晚，由安布罗吉奥·德·普雷迪斯和列奥纳多共同完成。然而，后者究竟比卢浮宫版晚了多长时间，则完全取决于人们如何解读文献。

无论如何，最初的情况似乎没有什么争议。这幅画的合同于1483年4月25日签署，由一位名为安东尼奥·德·卡皮塔尼的公证人起草。[17]这份文件于一个世纪前在档案馆中被重新找到，是有关列奥纳多在米兰的最早的记录。合同订立的一方是列奥纳多——"佛罗伦萨的列奥纳多·达·芬奇大师"——与埃万杰利斯塔和安布罗吉奥·德·普雷迪斯，另一方是一个名叫"圣灵感孕兄弟会"的宗教团体，这项委托的内容是为该兄弟会在圣弗朗切斯科教堂内的小礼拜堂绘制一幅顶部呈弧形的祭坛画。这份合同能让他们名声大噪，因为在米兰，14世纪初由维斯孔蒂家族建造的圣弗朗切斯科教堂是仅次于米兰大教堂的最大的教堂。（圣弗朗切斯科教堂于1576年被毁，现在是加里波第兵营的驻扎地。）此兄弟会虽然披着宗教和神圣的外衣，却是一个由米兰富豪家族组成的联系紧密的俱乐部，成员有科里奥家族、卡萨蒂家族和波佐博内利家族等。

几位艺术家需要绘制3幅嵌板画：位于中间的嵌板有6英尺高，4英尺宽，两侧的嵌板更小一些。画幅的尺寸是指定的，因为这3幅画要适合已有的木质框架。这个精美的木框由雕刻家贾科莫·德尔·马伊诺制作，上面刻有浅浮雕人像。画家还需要为画框上色和镀金，并对它做可能需要的修复。我们能猜出大致的分工：就我们所知工作内容仅限于微型画的埃万杰利斯塔将负责装饰画框，宫廷画师安布罗吉奥负责两侧的嵌板画，而中间的部分就被交给这位佛罗伦萨大师。

这幅画的截止日期是那一年的12月8日，即圣灵感孕节。作画时间只有不足8个月，非常紧迫。这幅画的报酬是800里拉，但酬金是以极为缓慢的速度分阶段支付的。画家们将于1483年5月1日收到一笔100里拉的首付款，然后从1483年7月开始每月拿到40里拉。由于这幅画将于1483年12月交付，因此超过一半的酬金将被拖欠。这份合同与列奥纳多和圣多纳托的修士签署的《博士来朝》合同一样，非常吝啬。

这便是故事的开端了，但从这个有着绝对清晰性——一份有日期的文件，一份明确的合约——的时刻开始，事情很快就转入一种我们更为熟悉的列奥纳多式的不确定迷雾中。

毫无疑问，《岩间圣母》是因这项委托而创作的作品，但这幅画古怪地偏离了客户的要求。按照合同，中间的画板应描绘许多天使和两位先知围着圣母子的场景，而两侧的画板应各画4个唱歌或演奏乐器的天使。除了圣母子，《岩间圣母》没有满足其中任何一项要求，只有一个天使，没有先知，另外凭空出现了婴儿圣约翰；两侧的画板也不合要求，各自只画了一个天使。

一个可能的原因是，列奥纳多在接受委任之前就已经在绘制这幅画了，或是它的某个版本，然后他不顾合同的细节要求继续创作这幅作品。肯尼斯·克拉克认为，卢浮宫的《岩间圣母》实际上在佛罗伦萨时期就已经开始画了，就像他认为《哺乳圣母》的创作也是始于那个时期。[18] 诚然，这幅画确实带有佛罗伦萨时期作品的感觉，例如面容的俊俏、头部的动感和长长的卷发，圣母和天使仍保持着韦罗基奥风格。但这正是米兰的客户们想要的——他们选择列奥纳多，正是因为想要精致复杂的佛罗伦萨风格。更晚完成的伦敦版本则传递了非常不一样的感觉。那幅画更为朴素，人物脸上泛着苍白的蜡感光泽，具有一种更加平淡、伤感和隐逸的美。如果巴黎版本的基调是朦胧的，那么伦敦版本则有着更鲜明的月光般的边线。后来加上的光环——在第一个版本中没有出现，在列奥纳多所有佛罗伦萨时期绘制的圣母像中也几乎从未出现——很可能是为了满足圣灵感孕兄弟会教义方面的要求。

这两幅作品之间的关系仍然神秘，后来关于这一主题的一系列法律文件也并没有给这个谜团带来多少启示。这些文件大多存在争议，最晚的一份可追溯至1508年，即最初签订委托合同的25年后。这些文件说明画家们于1485年前后交付了作品，但在付款问题上存在分歧。这些问题一直悬而未决，到1492年左右，列奥纳多与安布罗吉奥·德·普雷迪斯给卢多维科·斯福尔扎写了一封申请信,希望他可以帮助他们向兄弟会索取酬金。[19] 在这份文辞无比简约的法律文件中,这幅画被称为"那个佛罗伦萨人画的圣母像"。我们得知,他们要求把酬金调整为1200里拉,他们称,根据合同已经拿到的800里拉勉强只够支付画框的装饰酬劳。该兄弟会的回应是只给了他们微不足道的100里拉。他们现在要求更公正的报酬,或是允许他们收回作品,因为他们在别处有其他有意向的买家。这里提到的另一位潜在买家,可能是一条线索。这位有兴趣的买家是否为卢多维科本人?1493年,马克西米利安皇帝与卢多维科的侄女比安卡·玛利亚结婚,卢多维科作为结婚礼物送给皇帝的那件未具名的祭坛装饰画就是《岩间圣母》吗?列奥纳多最早的传记——安东尼奥·比利在笔记本上对其的简短描写——中有一句评论,或许可以说明那份礼物就是《岩间圣母》:"他为米兰的卢多维科大人绘制了一幅祭坛画,据说它是你能见到的最美丽的一幅画。这位大人将这幅画送给了德意志的皇帝。"《岩间圣母》是列奥纳多已知的唯一绘于米兰的祭坛画,它实际上并不像比利所说的那样是为卢多维科而作,但后者可能在1492年或1493年从兄弟会那里将它买回,并作为礼物送给马克西米利安。安布罗吉奥本人此时出现在因斯布鲁克的皇宫中,使这种可能更加可信。[20]

《岩间圣母》被送到德意志,可能解释了它最终为何出现在卢浮宫。卢浮宫馆藏的一些列奥纳多的作品是他本人于1516年带到法国的,但没有迹象表明其中包括《岩间圣母》。这幅画可能是随着哈布斯堡家族的收藏品一同于1528年或更晚被转移到法国的。当时马克西米利安的孙女埃莱奥诺拉嫁给了弗朗索瓦一世,使画作最终出现在卢浮宫。1625年时,这幅画一定在法国,卡西亚诺·德尔·波佐那时在枫丹白露看到过它。

这一理论为这幅画的第二个版本,即伦敦版提供了一个特定的创作原因:这是一幅为圣灵感孕兄弟会而作的复制品,以替代送给皇帝的那幅。按照这种说法,伦敦版可能是1493年至1499年间的某个时候开始创作的,即列奥纳多离开米兰时;而后来1503年至1508年的诉讼中提到的画应该也指的是这一幅,而非巴黎版。藏于温莎城堡的一幅美丽的红色粉笔婴儿侧脸画像也支持了上述推测的时间,这幅画中的婴儿与伦敦版中的幼儿基督姿势相同,并且其画风也是列奥纳多在15世纪90年代中期时的典型绘画风格。[21]

《岩间圣母》是列奥纳多最神秘的画作之一。观看这幅画,我们的眼睛会立刻被前景中几只手非凡的芭蕾舞姿所吸引:圣母庇护圣子的手、天使伸出手指的手、圣子祝福的手。

这幅画得名于其中的岩石景观,可能的先例有菲利皮诺·利比现藏于柏林的《基督诞生》(Nativity),以及曼特尼亚作于15世纪60年代早期的《博士来朝》,后者是为曼图亚的贡扎加家族所绘。二者都想象基督诞生的地点是一个小岩洞。然而,列奥纳多的作品描绘了婴儿基督与婴儿圣约翰的相遇,传统上这二人的相遇发生于神圣家族逃出埃及时。(他们的相遇不见于圣经记载,而是出自伪经《圣雅各福音》。)岩石是荒野和沙漠的意象(后者在文艺复兴时期的意义是一个无人居住或被遗弃的地方)。[22] 画中的静止场景暗含着一段故事:这家人一路奔波,而现在他们在休息,天色渐晚,他们将会在这个条件恶劣但能提供庇护的洞穴过夜。我前文曾提到,《大西洋古抄本》中那段写于1480年左右的引人入胜的短文以洞穴为主题,《岩间圣母》恰恰展示了在洞穴的幽暗处有一些"奇妙的东西"。当我们看着《岩间圣母》时,会感到恍然大悟,我们有点像那篇短文的叙述者,那个"在昏暗的岩石间徘徊了一段时间"的人,现在他停了下来,"我来到一个巨大的洞口前站了一会儿,被眼前新发现的这个地方震惊了……"。

自然环境和其中所显露的宗教意象的相互作用,被一系列具有象征宗教属性的完美地实体化的野花所突显。在圣母头部右方的是耧斗菜,它更加广为人知的名字的意思是"圣灵的鸽子"。在她右手上方的是一种拉拉藤属的植物,我们在英文中常称之为"圣母的垫床草",传统上与马槽联系在一起。婴儿基督的脚下是仙客来,其心形的叶子使之成为爱与虔诚的象征;在他膝盖旁边的是簇生的报春花,象征美德(就像在韦罗基奥的雕塑《手执花束的女子》中一样)。在跪着的圣约翰下面可以看到另一种十分常见的植物茛苔,传统上它被种在坟墓上,由于这种植物在春天很快长

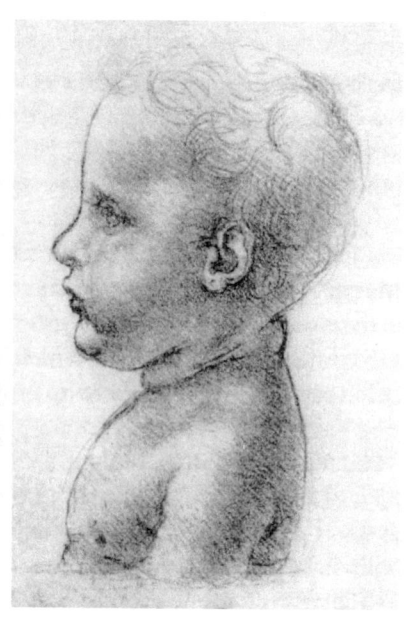

伦敦版《岩间圣母》中的幼儿基督和天使（左），以及圣子头部和肩部的红色粉笔素描。

出有光泽的绿叶，因而被认为是复活的象征。画中的岩石上沿边缘长着金丝桃，或称"圣约翰花"，其黄色花瓣上的小红点象征着殉道的圣约翰的鲜血。[23] 这些象征性的联想是画家和他们的有教养的观众所共享的视觉词汇的一部分，但这幅画的精确性和使人身临其境之感，也坚决地表明这些是真正的植物，而我们所看到的也是物质现实的自然——岩石、石头和植物——发生了属灵的变化。画面中央的人物是圣灵感孕兄弟会向其致敬的圣母，但她某种程度上也是自然的女性化身——"所有大师的女主人"——列奥纳多对她情有独钟。

逃离之路

1485年，米兰正处于长达3年的黑死病疫情之中。列奥纳多在佛罗伦萨期间曾经历过黑死病疫情：1479年，佛罗伦萨曾爆发过黑死病，但短短几周后就平息了下来。米兰这次则严重得多。虽然可能有些夸大，但据估算，城市里约 1/3 的人口因此死亡。我们知道这幅景象：居民区惨遭蹂躏，空中弥漫着雾气，尸体被车运走并集体掩埋，教士们在布道坛上散布歇斯底里的言辞，人们忧心忡忡地检查身上的淋巴是否有肿块——这是感染的征兆。1485 年 3 月 16 日，发生了日全食，人们认为这是不祥的预兆。列奥纳多通过一大张打孔的纸观看了日食，就像他在一则标题为《如何在不伤害眼睛的情况下观看日食》的简短笔记中所建议的那样。[24]

在这场流行病肆虐米兰的整个过程中，列奥纳多一直在创作《岩间圣母》：除了米兰提契诺门附近的德·普雷迪斯工作室，我们没有理由认为他在别的地方。我们知道，列奥纳多是一个很讲究的人，手指上有玫瑰水的香味，恶臭的气味、拥挤的人群和他们携带的传染病毒困扰着他，用他自己的话说："人们像山羊一般聚在一起，一个挨着一个，每个角落都弥漫着恶臭，散播着瘟疫和死亡。"[25] 但这幅画描绘了迷人的天地，所有这些都被排除在外：一个远离世间万物的凉爽岩洞，被赐予了荒野的祝福。

大约在这个时期，他写下了一份药方——可能是治疗黑死病的秘方：

  取药用毒麦的种子

  棉花中的酒精

  一些白色天仙子

  一些起绒草

  乌头的种子和根

  将上述材料脱水。将它们的粉末和樟脑混在一起就做好了。[26]

黑死病的经历及其造成的紧迫感，使列奥纳多产生了最早的关于"理想城市"的形制和实践的构想。这是一个在文艺复兴时期十分流行的话题。阿尔贝蒂和菲拉雷特都曾讨论过这个话题，而在他们之前，伟大的罗马建筑师维特鲁威也讨论过；我们可以想象列奥纳多和他博学的朋友多纳托·布拉曼特就这个话题进行交谈的场景。他在 1487 年左右的笔记和画稿为我们展示了一座通风良好、用几何图形构建的未来城市，城市中有广场、凉廊、隧道和运河。（所谓的"未来"，是一种奇怪的死胡同意义

关于"理想城市"的笔记和草图。

上的未来,即在过去设想的未来。)这座未来城市建有两层:上层供人步行、社交,较为美观,与现代都市的"步行区"类似,而下层则建立在人工水道网络上,用来运送货物和牲畜,供商人和仓库使用,以及供他所谓的"普通"人居住。城市街道宽阔,房屋的高度得到了控制,烟囱高高地立在屋顶上排放烟尘。他建议在公共建筑中使用螺旋楼梯,因为方形楼梯有阴暗的角落,人们会在那里小便。改善卫生条件是他最关心的问题,无疑是为了应对黑死病。他也设想过理想的厕所,虽然不是像约翰·哈灵顿爵士在一个世纪后发明的那种冲水马桶,但也设备齐全:"厕所的座位应像修道院中的旋转栅门那样可以旋转,然后依靠平衡物使它回到原来的位置。厕所的天花板应有许多的孔,这样人们才能呼吸。"[27]

也是在这一时期,他再次将注意力转到人类飞行这一迷人的主题上:

> 看看一只鹰如何拍击它的翅膀,在非常稀薄的空气中支撑它沉重的躯体……同样看看海面上流动的空气如何鼓满船帆,推动沉重的货船前行……所以,如果一个人拥有足够大的翅膀并被适当附着在身上,他或许就能克服空气阻力,征服空气,在其上飞翔。[28]

这段话之后是他对降落伞的描述和一幅相关草图:"如果有一张 12 布

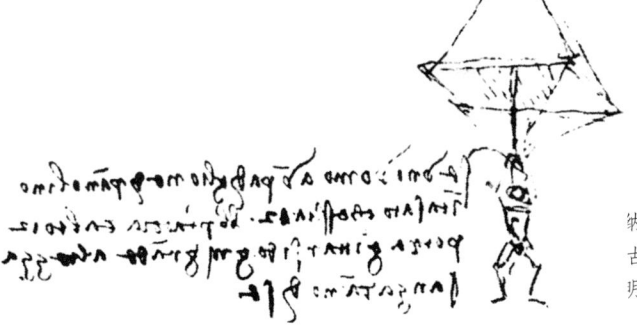

纳多的降落伞:《大古抄本》中的素描明,约1485年。

拉乔奥［3.66米］宽、12布拉乔奥长的覆有亚麻布的罩篷,一个人可以从任何高度跳下来并毫发无损。"这表明他现在正在认真考虑人类飞行的可能性,不然他为什么会思考降落伞呢?

直到2000年6月26日,列奥纳多的金字塔形降落伞都只是停留在设想阶段。那一天,英国跳伞运动员阿德里安·尼古拉斯从南非克鲁格国家公园上空1万英尺的高空试跳。他的降落伞几乎完全按照列奥纳多所说的规格制作,只是用棉帆布取代了亚麻布。绑在松木杆子上的罩篷的重量接近200磅——约是现代常规降落伞的40倍——但即使是这个重量,下降过程仍十分完美。尼古拉斯在5分钟内降落了7000英尺,速度缓慢。在最后的降落阶段他脱离了那个降落伞,转而使用现代普通降落伞——列奥纳多的设计的一个缺陷在于降落伞不可折叠,所以有整个装置落在他身上的危险。"我的心情平和而快乐,"尼古拉斯事后说,"我忍不住要说:'达·芬奇先生,你实现了诺言,我非常感谢你。'"[29]

这些都是在精神上逃离这座瘟疫肆虐之城的方式:《岩间圣母》中温馨的荒野、乌托邦般的"理想城市"中的通风大道,以及开阔的高空飞行空间。但有些东西是他无法逃避的,也就是他自身的一些东西,列奥纳多在这一时期的另一些作品是现藏于牛津大学基督教会学院的一系列古怪而又意味深长的讽喻画。[30]这些画稿有两个主题:享乐过后无法避免的痛苦和妒忌对美德的攻击。但这两个主题常常界限模糊,使人们感到这些画实

享乐和痛苦的讽喻画。

际上是关于同一件事的,即经验在本质上所具有的双重性,积极的因素都有其消极的一面,"另一面"无可避免地具有潜伏性和破坏性。这些画画得很粗糙,似乎都是仓促完成的。

享乐和痛苦被表现为一个混种的男性生物,一个身体上长出了两个头和两双手臂,旁边的说明文字写道:"享乐和痛苦就像双胞胎一样,因为它们从不离开彼此,仿佛粘在一起[appiccati]。"痛苦是一位蓄着胡须的老人,而快乐是一个长发的年轻人。这幅画为列奥纳多在不同时期以不同风格绘制的许多素描提供了一种注解。这些素描都画着一位老人(常被称为"瘪嘴老人",突出的下巴、内陷的嘴唇表明他没有牙齿)面对着一个年轻英俊的卷发男子。在这个混种男性生物下方的两处说明文字告诉我们,这具躯体一只脚踩着黄金,另一只脚深陷泥潭。

另一部分文字写道:"如果你选择享乐,要知道他背后有一个会给你带来苦难和后悔的人。"列奥纳多一直喜欢使用双关,"苦难"(tribolatione)被表现为从老人右手削下来的神秘的长刺的小物件,这是一种武器,意大利文写作 tribolo。在英语中,它被称为 caltrop(蒺藜)。这种武器出现在 15 世纪 80 年代末的一幅标题为《铁蒺藜》('triboli di ferro')的素描中,并附有一段文字解释了如何将它们撒在壕沟底部的地面上以阻止敌人前进。在评论这段文字时,朱利奥·佩洛伯爵回忆道:"几年前[这段话写于 1881 年],在米兰城堡内建造新骑术学校时,我亲眼看到他们找到两枚铁蒺藜,它们与列奥纳多描绘和描述的一模一样。"[31] 这个双关将这幅素描与列奥纳多作为(或希望成为)一名军事工程师的工作联系在一起。

象征痛苦的老人的一只手让带刺的小物件落下,另一只手挥动着一根可能代表后悔的鞭状物。享乐效仿着痛苦的动作:他的一只手扔出一串硬币,因为享乐是昂贵的——这使人想起那则有关摩德纳的笑话:"我要付 10 金杜卡特才能插入我的老二。"他的另一只手握着一根芦苇。列奥纳多对芦苇的解释十分有趣,因为这是一种相当罕见的双重文本——就像关于鸢的笔记一样——在解释表面上的主题的时候,突然揭示另一个更私密的主题。他解释说,享乐"右手拿着一根芦苇,他的右手无用且无力,芦苇造成的伤口是有毒的"。这明显带有象征意义，然而，后面的文字渐渐变成一种回忆或遐想，文字如下：

> 在托斯卡纳，他们用芦苇作为床的支撑物，象征着人们在床上做的是无用的梦、一个人一生的大部分时间都在这里消磨、那么多有用的时间都是在这里浪费的。清晨，当大脑镇定安静了，身体可以开始新的劳作时，却有很多人享受着无用的快乐，一方面在脑海中想象着不可能的事情，另一方面也在身体上享受那些常常令人生陷入失败[mancamento di vita]的快乐：这就是人们使用芦苇支撑床的原因。

人们可以认为，托斯卡纳地区使用编织的芦苇来支撑床是出于实用的考虑，而非其象征意义，而列奥纳多用这种绵密得令人窒息的句法所阐述和得出的寓意则更个人化。这是一段自我忏悔：当他早上躺在床上时，他会做"无用的梦"，也就是性幻想；他对此感到愧疚，因为他本该起床工作，也或许是因为他的性幻想对象是同性。享乐手中握着的那根象征阴茎的茎状物只是一根虚弱而"无用的"芦苇，这显然象征着阴茎不再肿胀了，而根据文中大意，这可能是因为自慰，而非性交。而对感染的提及——"造成的伤口是有毒的"——打断了围绕这幅景象涌现的自我厌恶情绪，似乎又一次将它与米兰的有毒感染联系起来。

"美德与妒忌"主题的素描也指向同一个方向：它们表达了同样的理念，即这些相反的品质是彼此固有的，而且倾向于用带有色情意味的意象来表达这一点。我们还记得，"美德"不仅意味着道德之善，也意味着追求卓越的精神与智识的力量[即"男子气概"，因为美德（virtue）一词的拉丁语词根为 vir（男人）]。广义上的美德是一个人在所有表现形式上都更高或更好的自我；妒忌则是攻击、贬低和破坏美德的东西。与"享乐和痛苦"相似，美德与妒忌也被表现为两个缠绕在一起的身体。下面的文字写道："美德一出生，她就会生出妒忌反对自己，因为找到没有影子的身体，要比找到没有妒忌如影随形的美德要快得多。"在画中，妒忌的眼睛被一根橄榄枝刺伤，耳朵则被一根月桂或桃金娘的树枝刺伤，列奥纳多解

妒忌骑在死亡上的讽喻画。

释说，这是"为了表明胜利和真理冒犯了她"。尽管文字将美德描述为女性（"她就会生出妒忌"），但这一点在画中完全看不出——没有明显的乳房。而且，人物的动作呈现既暗示着分娩，也暗示着性交：实际上，这幅素描与温莎城堡皇家图书馆收藏的一幅著名名解剖图十分相似，那幅画描绘的正是对半切开的正在交媾的一男一女。[32]

在另一幅素描中，两个女性人物骑着一只巨型蟾蜍，说明文字表明她们二人分别代表妒忌和忘恩负义，她们身后迅速赶来的是手持镰刀的死神骷髅——人们再次感受到瘟疫的氛围。妒忌射出一支箭，箭尖上固定着一个人的舌头，这是一种公认的代表"虚假报告"的形象。在另一幅画稿中，妒忌骑在一具骷髅上。在这两幅画中，妒忌都被描绘为一位双乳下垂的老妪（"瘦削而干瘪"），但她戴着"一副面容姣好的面具"。骑乘的女性形象带有性的色彩，这个形象呼应了列奥纳多早期的一幅奇怪的素描，在那幅素描中，一位涂了腮红的年轻女子骑在一个年迈的男人身上，这幅画一般被称作《亚里士多德和菲丽丝》（*Aristotle and Phyllis*）。[33] 众所周知，哲学家亚里士多德与比自己年轻许多的女子结婚，后者是他朋友的侄女。尽管他那时只有40岁左右，但是这个故事被阐释为了年迈的哲学家沉迷于性感美貌的年轻女子。A. E. 波帕姆说："菲丽丝骑在亚里士多德的背上，是中世纪玩世不恭者最喜欢的主题之一，典型地代表了爱情征服了智识。篮子里的维吉尔的故事、参孙与达利拉的故事也属于这类故事。"[34] 在这幅素描的背面，列奥纳多写下一串单词："情妇、享乐、痛苦、爱情、嫉妒、快乐、妒忌、财富、忏悔。"

《亚里士多德和菲丽丝》这幅素描可能比牛津大学收藏的讽喻画早几年完成，但我们在其中看到的是相同的心理状态。这幅素描的主题在本质上是色情的，讽喻画则更为隐晦地表达出色情的意味。在这些画作中，有一种圈闭或耗散无序——所有的动量都会被它的对立面取消，所有聚在一起的东西都将分崩离析，黄金终会化为泥土——的感觉。一个人努力向上，总被一股相反的力量所拖累，这可能是他人的妒忌和恶意，但更关键的是他内心的某些东西：致命的、使人愧疚的、消耗精力的软弱或性欲的"感染"。

最早的笔记本

我们已知最早的保存完好的列奥纳多笔记本可追溯到 15 世纪 80 年代中期。我们目前看到的大多数文献和草稿都是装订起来的杂集中的活页纸,或牛津大学基督教会学院的藏品中的活页纸。其中一些可能最初是笔记本或速写本的一部分,但根据留存下来证据,列奥纳多大约在 15 世纪 80 年代中叶开始"保存"笔记本。我们感到这时的他似乎与文字和解了,由他所受的教育的性质和他是一个"不识字的人"带来的困难和不满得到了解决。这在一定程度上似乎是因为他写字更为熟练了,因为现在列奥纳多的笔迹变得更加流畅简洁;奥古斯特·马里诺尼所说的他早期字迹中的那种"花哨和华丽"消失了。[35]

现存最早的笔记本可能是藏于法兰西学会的《巴黎手稿 B》。一般认为它可追溯到 1487 年至 1490 年,尽管其中有一两页的年代可能更早。[36] 这是一个标准的练习本,页面大小为 9 英寸 × 6.5 英寸,和今天的信纸尺寸相近。笔记本原来的牛皮纸封套保存了下来,其上有拴扣和搭环。手稿的文字基本完整,但笔记本本身被一分为二。笔记本原本有 100 页,但在 19 世纪 40 年代,它成为偷书者利布里伯爵的目标之一,他撕下了最后的几页(91 至 100 页),把它们与其他赃物一同卖给了英国书籍爱好者阿什伯纳姆勋爵。这些书页如今已被还给了巴黎,但它们仍然与笔记本的其他部分分开装订。

《巴黎手稿 B》的主题多种多样,令人惊叹。装订成册的笔记本正是记录多种多样想法的载体,体现了一种兴趣与另一种兴趣的碰撞,持续记录着列奥纳多热衷的事情。手稿中有关于建筑的内容,包括前文提到的那座乌托邦式的未来城市,以及一些教堂的设计;还有大量有关军事技术的内容,既有实用的,也有"属于未来的",包括潜水艇和看起来险恶的偷袭船,"适用于在夜间烧毁桥,船帆必须是黑色的"。[37] 还有一架阿基特洛尼托,这是一种以蒸汽为动力的铜质加农炮,列奥纳多声称灵感来自阿基米德设计的一种武器:当把水注入加热的凹槽,蒸汽压力会使加农炮弹射出——"它狰狞的面目和咆哮的声音,像是一个奇迹"。[38] 他的军事机械总带着戏剧感，符合他所谓的"战争的剧场"；手稿中的其他地方还有肌肉发达、辛勤劳作的工人，以及正在爬墙的一名士兵。所有这些，都与列奥纳多一直渴望成为斯福尔扎家族的建筑师和工程师有关。

对他来说，飞翔仍然很重要。《巴黎手稿B》中有经典的列奥纳多飞行器的最初详细设计图。准确来说，他的飞行器应被称为扑翼飞机，是一种使用鸟类飞行原理飞行的机器，不同于利用螺旋原理飞行的直升机。这是一系列震撼人心的草图，在笔记本中是第73至79页，被一些人认为是他所有飞行器设计图中最为清晰连贯的。[39] 这几页手稿的内容包含两个版本的"水平扑翼飞机"，这两种飞机都需要飞行员俯卧，机翼装置在他的背上。飞行员用脚踏板和手柄来上下操纵机翼，并通过绳索和杠杆控制方向。在第75页的设计图中，列奥纳多另有创新，即"装在脖子上的方向舵"——一条长长的鳍状尾，由一条绳子或一根连接杆纵向贯穿飞机，与飞行员脖子上的支架相连。在第79页中，他又画了一种不同的水平扑翼飞机，这个版本比前一版更为复杂，也更不现实。在这一页上，我们还能看到一架看起来更梦幻的"垂直扑翼飞机"——飞行员站在驾驶舱中，操控着4个巨大的翅膀，使其看似一只蜻蜓，这两对翅膀"扇动时纵横交错，像马奔跑时一般运动"。飞行员用头部、双手和双脚移动这架机械：列奥纳多估算飞行员的头部"将有相当于200磅的力量"。驾驶舱长约20布拉乔奥（约12米），翼展长40布拉乔奥。后面一页则描绘了发射台：一个有可伸缩阶梯的平台，高20布拉乔奥（这个数字及其倍数，反复出现在飞行器实验中）。这里也用了鸟的比喻："看雨燕，它们无法从地面起飞是因为它们的腿太短……这些阶梯是用来当腿的。"[40]

与军用机械一同浮现在我脑海中的还有"科幻"一词，更不用说"希思·罗宾逊"①了。这些机器是否曾经被建造出来，还是说它们只是精心编造出来的白日梦？马丁·坎普指出，这些素描中没有一幅"完全没有疑问、完整和明确的"，它们"构成了一场有关方法和手段的未完成的讨

---

① 20世纪初的英国漫画家，经常画奇思妙想的机械装置，因而他的名字也成为结构精美、外形古怪华丽但无使用价值的物件的代名词。

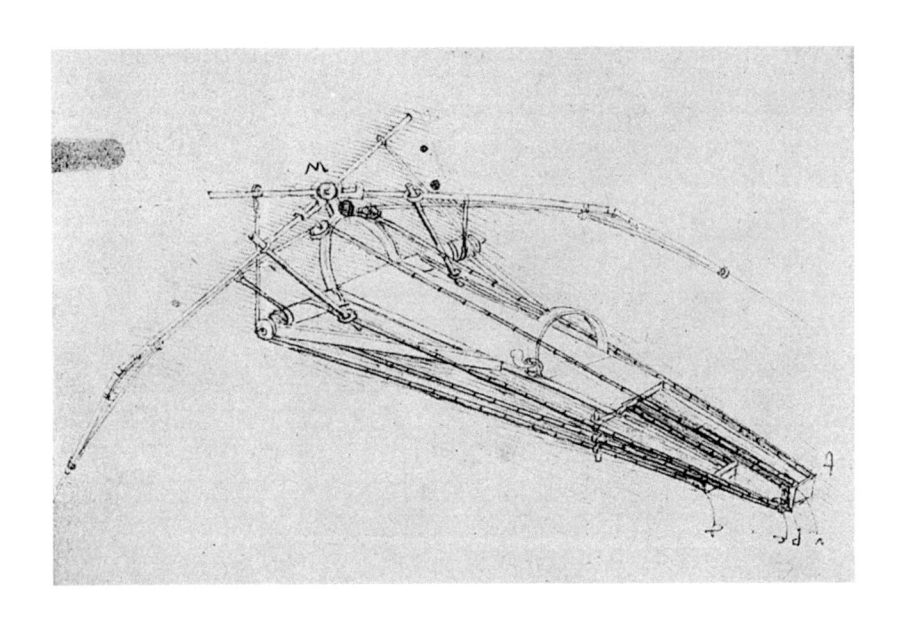

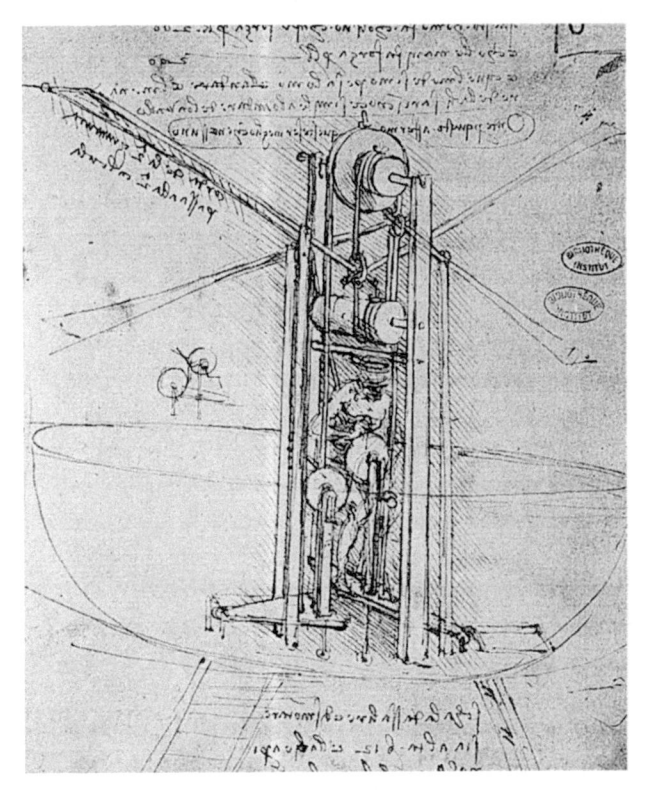

扑翼飞行器。《巴黎手稿B》中的飞行器设计,展示了水平和竖直两个版本。

论"。[41] 但并非全部手稿都是纸上谈兵——手稿第 88 页的背面画有一幅戏剧性的素描，展示了一个巨大的正在进行试验的人造机翼。一名男子正在努力操作一根木控制杆以使它拍打起来。文字说明写道：

> 如果想要正确地测试机翼，可以用纸做一个机翼，安装在用网和杆子组成的框架上，大约长 20 布拉乔奥，宽度也是一样。将它固定在一块重 200 磅的木板上，并突然施力，如上所示，如果 200 磅的木板在机翼落下之前升起来，就可以认为试验是成功的。要确保发力够快。

他简洁地总结道："如果没有达到预期效果，就不要继续在这上面浪费时间了。"[42]

在其他地方，列奥纳多还设想过直升机的原型。他写道，如果"这个螺旋状的装置"快速旋转，"螺旋就将在空气中找到和它匹配的母螺纹，并向上攀升"。与降落伞相同，这架原始直升机的旋翼也应覆上"浆洗的亚麻布，以堵住气孔"。[43]

飞行器和武器、城市和教堂、齿轮和车轮，以及几何图形，《巴黎手稿 B》中还画有许多其他内容，包括带有一个怪兽脑袋的弦乐器，似乎与列奥纳多几年前带到米兰的七弦琴有些关联。它画在利布里偷走的第一页，也就是手稿的第 91 页上；在第 92 页上，有一系列相关的刀子和弯刀，刀柄雕刻得非常精美。

手稿最后一页即第 100 页的背面是封底——是在脱掉它的牛皮保护封套后的封底——因此，多年来，列奥纳多在上面随手写了一些字，画了一些画，杂乱地记录了列奥纳多·达·芬奇工作室里的一些时刻。封底左上角是一个算式，很可能是在算钱；右边是一系列单词，其中一个（sorbire）也出现在了另一本笔记《特里武尔齐奥古抄本》中的拉丁语单词列表里。然后是一份备忘录清单，多数有着含糊的外来词尾："向卢多维科大师索要水管、小烤箱、火绒箱、永动［机？］、小风箱、锻炉风箱。"[44] 备忘录下方是 3 行模糊的希伯文外观的图像文字，然后再往下是

4幅速写，分别画了一只飞蛾、一只蝙蝠、一只蜻蜓和一只蝴蝶。在蝙蝠下方，在左下角长长的裂缝之上，有一句话："animale, che fuge dell'uno elemento nell'altro"——一句优美的关于飞行的列奥纳多式典型概述："快速地从一种自然环境进入另一种自然环境的动物。"右下角有一幅人物速写，被马里诺尼描述为"一个表达敬意的身穿斗篷的男子"，但他的脸被画得有些滑稽，与其说他是跪着表达敬意，不如说他蹲在那里。他伸出手去抓蝙蝠翅膀的下部，这个部分覆盖着涂鸦和交叉阴影线，因此带有一些肉感，所以这抓的动作微微透出一种淫荡的感觉，对于这只热切希望"逃往"另一种自然环境的有翼生物而言，这个动作无疑是一种潜在的阻碍。他似乎与牛津大学收藏的讽喻画中的美德与妒忌、享乐与痛苦的矛盾体同属一类，他正是拖你后腿的人。这些就是出现在这本旧笔记本的封底上的无意识图案。

另有两本笔记也同属于这个最初的时期，一般认为年代约为1487年至1490年。一本是小型口袋笔记本，是现藏于伦敦维多利亚和阿尔伯特博物馆的《福斯特古抄本》的一部分。[45] 这本笔记讨论了用阿基米德螺旋泵来提水，以及一些其他液压机械。笔记中还包含许多化学配方，可能反映了索罗阿斯特罗的存在，列奥纳多在1492年称他为"托马索大师"。笔记中还谈论了永动之谜，后来这一主题被他斥为幻觉，是"迷信"的结果，与炼金术士点石成金的妄想一样。

另一本早期笔记是《特里武尔齐奥古抄本》，名字取自18世纪时收藏这个古抄本的米兰家族，但他们与列奥纳多认识的那位文艺复兴时期的雇佣兵詹贾科莫·特里武尔齐奥没有关系。这本古抄本与同时期的《巴黎手稿B》相同，都包含许多建筑方面的内容，其中还有一些诙谐的讽刺画，这种好笑的画作后来成为列奥纳多画稿中的一个十分迷人体裁。但大部分页面上都是一系列辛苦写下的拉丁语单词表，罗列了数百个单词，必要时还被翻译为意大利文：这是在速成拉丁语，这门语言当时仍是学术和哲学的国际通用语言。我们能从中感觉到刻苦用功、辛勤研究和使人筋疲力尽的时间安排。

《特里武尔齐奥古抄本》最初几页的一页中[46]写下了一列5个单词，如下：

> donato
>
> lapidario
>
> plinio
>
> dabacho
>
> morgante

乍一看，这像是另一张词汇表，然而并非如此，这些单词是书名的缩写。由于没有标题，所以我们无法确定这些是不是列奥纳多拥有的书，但这些书名全都出现在他后来的藏书清单中，因此这份书单似乎确实是列奥纳多藏书的最早已知记录。这些书是他在那时仅有的书吗？不是没有可能，因为印刷图书价格不菲，仍是一种新奇的玩意。它们并不总是受到当时的书籍爱好者的欢迎：佛罗伦萨书商维斯帕斯亚诺·达·比斯蒂奇赞扬乌尔比诺公爵图书馆的手稿"配有漂亮的插画，用银和猩红色的皮革装订得很精美"，他还补充说："如果那里有一本印刷出来的书，会是其他藏书的奇耻大辱！"[47]列奥纳多后来的清单显示出他快速获得了许多书，《大西洋古抄本》中的一份15世纪90年代早期的清单列了40本书，而著名的1504年马德里清单则包含116本书。

《特里武尔齐奥古抄本》清单上的5本书是他在15世纪80年代末时的兴趣的缩影。Donato指的是一本流行的拉丁文语法书，即由埃尔乌斯·多纳图斯所著的《语法讲稿》(*De octo partibus orationis*)。这本书在15世纪有许多版本，实际上donato一词成了拉丁语语法书的通用缩写（donatello即小本的Donato，指初级语法书）。这个词在这里出现，与拉丁语词汇表联系了起来。

Lapidario这个词因太过含糊而很难确定其具体意思。它是某种关于宝石和矿物的手册，19世纪的书籍爱好者吉罗拉莫·达达伯爵（Count Girolamo d'Adda）——第一位系统研究列奥纳多的阅读物的人——认为这可能是《石之书》(Liber Lapidum)的意大利语译本,这本书由12世纪的法国主教马尔博迪厄斯所著,也被称为《论宝石》(De gemmis),专门研究珍贵石头的药用特性。[48]

Plinio毫无疑问指的是老普林尼所著的《自然史》(Historia naturalis)。普林尼善于观察、学识渊博,但容易轻信他人,于公元79年死于维苏威火山爆发。他的著作《自然史》是十分受欢迎的集合了古典知识与学问的宝库,内容覆盖了地理、自然科学、发明和艺术。他是科莫本地人,被认为是伦巴第当地的英雄。列奥纳多拥有的版本可能是1476年在威尼斯出版的克里斯托福罗·兰迪诺的意大利语译本。列奥纳多可能在佛罗伦萨时就已经结识了兰迪诺。

Dabacho(即d'abaco)也是一个过于宽泛的词,应当是指"算盘"(abacus),这个词在这个语境下指的可能是任何一本算术书。保罗·达格马利撰写的《论算术》(Trattato d'abaco)很有名,但这本书很陈旧了;更晚近的作品是皮耶罗·波戈·达·威尼西亚的著作《新算数》(Nobel opera de arithmetica),出版于1484年。列奥纳多在别处曾提到过这位"皮耶罗·达尔·波戈老师"。

Morgante这个词把我们再次带回佛罗伦萨,这是路易吉·浦尔契写的广受欢迎的浪漫史诗,他是洛伦佐·德·美第奇和贝内代托·代的粗鲁且不虔诚的朋友。这部滑稽的充满俚语的作品——和安东尼奥·卡梅利的风格相似,尽管在形式上更内敛、更微妙——共有两个版本。较长的版本有28章,也被称为《巨人莫尔干特》,1482年于佛罗伦萨出版。列奥纳多不止一次引用这本书,而且他有可能从书中取了一个绰号"萨莱"——意为"小恶魔"——送给了他任性的年轻米兰学徒贾科莫·卡普罗蒂。

语法、自然科学、数学与诗歌,这一小排书陈列在这位自学成才者的书架上,但正如我们所看到的,这只是列奥纳多藏书的开始。在《大西洋古抄本》中的一页上,有一份用红色粉笔写下的书单(时间大概是1492年),这份书单背面的一些笔记几乎被一字不落地抄在《巴黎手稿A》上,也是在这个时间。[49]到了这个时候,也就是在写下《特里武尔齐奥古抄本》的小书单大约5年后,列奥纳多的图书量已达37本书。(清单中罗列了40个条目,但李维的三卷本《建城以来史》被分列为3部作品,而菲莱尔弗的《书信集》被提到了2次。)

大体说来,这37本书中有6本是关于哲学和宗教的,15本是关于科学技术的,16本是文学作品。第一类中包括《圣经》《诗篇》《明哲言行录》和一本叫作《灵魂不朽》('de immortalita d'anima')的著作,这本书几乎可以确定就是费奇诺的《柏拉图神学》的意大利文版,其拉丁文版于1481年出版,副标题正是《灵魂不朽》。不出我们所料,科学技术类著作品类繁多,有关于数学、军事科学、农业、外科、法律、音乐、手相术和宝石的书,还有3本关于健康的书。(有没有人觉得他可能有疑病症?)也许令人惊讶的是文学类书籍的丰富。诚然,文学类书籍很广泛:我将3本讨论如何写作的语法和修辞书也归在此类,还有一本旅行书(某个版本的《曼德维尔游记》),这本书当然更多的属于虚构,而非纪实。剩下的是令人印象深刻的散文和诗集,包括伊索、李维和奥维德的经典之作,某个版本的彼特拉克文集,多明我会修士费德里戈·弗雷奇的类但丁风格的《四王记》(Quadriregio),一本名为《美德之花》的散文集,一篇名为《大棒》的下流打油诗和一篇名为《布尔奇耶罗》的滑稽诗歌,波吉奥·布拉乔利尼的《妙语录》(Facetiae),菲莱尔弗的《书信集》,卢卡·浦尔契的《德律阿德斯的爱》(Driadeo d'amore),以及他的弟弟路易吉·浦尔契写的《巨人莫尔干特》,后者可能正是《特里武尔齐奥古抄本》中提到的那本。这些书是他的休闲读物,用来消遣和放松。

离奇故事,小小谜题

可能是在1487年的一天,列奥纳多从一本废弃的大教堂账簿中拿出一些多余的纸张,在其中两张的空白背面起草了一篇关于一个非洲巨人的极为生动的故事。[50] 他把它寄给了旅行者和书信家贝内代托·代,后者是另一个活跃在米兰宫廷的佛罗伦萨人。代于1487年离开米兰,而根据这份草稿的笔迹判断，故事正是在这一年创作的，因此这可能是列奥纳多送他的礼物。或许这个故事是在告别仪式上朗诵的，索罗阿斯特罗正好扮演了巨人的角色。又或者，和列奥纳多以往的虎头蛇尾一样，除了这份草稿，再无下文。故事这样开头：

> 亲爱的贝内代托·代——我为您带来一些来自东方的消息，您应该知道，在6月时，这里出现了一个从利比亚沙漠来的巨人。这巨人出生在阿特拉斯山，他是个黑人，抵抗阿尔塔薛西斯、埃及人、阿拉伯人、米底人和波斯人。他生活在海里，以鲸鱼、海蛇和船只为食。

故事接着讲述了巨人和当地人类居民之间的一场惊天动地的战斗，其中有许多格列佛式的对人的渺小的描写："像蚂蚁爬过倒下的橡树的树干一样在他的身体上猛力奔跑。"在被他们乱捅所导致的"刺痛"惊醒后，巨人发出"可怕的雷鸣般的咆哮"，"当他举起一只手凑到面前时发现，上面都是人，紧紧抓着他的毛发"。

里希特评注它是个"善意的嘲笑"，我们或许可以称之为"滑稽模仿"——这显然是披着旅行者信件外衣的幻想作品。当时的旅行札记大多是以书信的形式写成的。因此，这是一个关于这种令人怀疑的真实性的笑话，也有可能是一个特别针对贝内代托·代的善意的嘲笑，因为后者就是这样的离奇故事的提供者。这则故事的背景与贝内代托自己的非洲之旅一致，他无疑是用传统手法添油加醋地描述了他的非洲之行。

列奥纳多想到的可能是巨人安泰俄斯被赫拉克勒斯杀死的传说，据说安泰俄斯也来自利比亚。更具体地说，这位巨人是对非洲黑人夸张化的可怕描述——他有"非常可怕的黑色的脸""充血的眼睛""宽大的鼻孔"和"厚厚的嘴唇"。毫无疑问，列奥纳多在这里乐于沉溺在这一种族的刻板印象中。他是在戏仿言辞夸张的旅行作家，还是在表达他自身尚未解决的某种情结，我们无从得知。虽然非洲黑人很有异国情调，但他们在意大利绝非无人知晓；尽管列奥纳多从没画过他们，但许多文艺复兴的艺术家都画过——尤其是在以博士来朝为主题的作品中，他们会伴随异国的国王或者博士出现。他们还常常与超凡的性能力联系在一起，例如在列奥纳多的 1492 年书单上就有一首下流的诗《大棒》，诗中讲述了一位富商的妻子爱慕她的"埃塞俄比亚"仆人的"大棒"。[51] 而卢多维科的绰号"摩尔人"可能暗示他有超凡的性能力；这个词在那时指非洲黑人，而不是（或者也是）马格里布的非洲阿拉伯人——莎士比亚笔下的奥赛罗毫无疑问是黑人，被称为"威尼斯的摩尔人"。

这头黑人巨怪最终吃掉了所有人，并踩坏了他们的房子，所以列奥纳多的滑稽模仿都与灾难性的毁灭主题相关，这是他反复表现的痴迷的主题之一，以"大洪水"系列绘画最为著名。故事的结尾是这样一句令人难以忘怀的话："我不知道该说什么或该做什么，因为无论我走到哪里，似乎都是头朝下从那他巨大的喉咙顺流而下，在一片死寂中，永远地埋葬在这大肚子里。"这让人想起了一个古老的短篇故事的叙事技巧，即叙述者最终被他叙述的故事反噬——在此案例中是被巨人吞食——但它也有一种梦幻般的品质，通过句子中有关浮动的意象表达出来，而人们会感到这不仅是一种叙事手法，而且是列奥纳多在接近他内心的某种东西：一场被吞噬和被淹没的噩梦，其含义很可能可以在句末最后一个词中找到。① 我们还记得列奥纳多的那个"预言"，它结果变成了梦的记录：飞翔与坠落、和动物交谈，以及乱伦的欲望。

在更晚的一本笔记中，还有另一处对黑色巨人的生动描绘。这次没有那么有趣，因为它是从另一本书上抄来的，即安东尼奥·普奇（Antonio Pucci）的《东方女王》（Queen of the Orient），但是列奥纳多转抄这段文字本身就值得注意。他没有完全按照原文抄写，我特别喜欢对第一句所做的改动：普奇描述那巨人"比炭（carbone）还黑"，列奥纳多将这句话改写成"比黄边胡蜂（calabrone）还黑"。[52] 这种名为 calabrone 的昆虫是一种体形较大且会飞的黑色甲虫，如今在托斯卡纳地区仍很常见，而在昆虫王国里，它确实是一个巨人。他只增加了一个音节，就把陈词滥调转变为精准详细、富有诗意的比喻，这恰如其分的比喻堪比他的老朋友"皮斯托

---

① 最后一个词为"死亡"（death），译文为符合中文习惯，语序有所调整。

亚人"。

我们感受到列奥纳多在语言、文学效果和叙事细节上愈发自信。巨人的故事虽然本身无足轻重，但却展示了这些技能。这则故事写于 15 世纪 80 年代末，那时他开始获得一些基础的散文和诗歌类图书，也是在那时他养成了保留笔记的习惯。笔记当然不是文学作品，笔记使用的语言是与工作——描述、观察、问题、解决方案、清单——相关的，但仍然追求清晰简洁，他有意识地将写作作为对视觉语言至关重要的补充，而他已经是视觉语言的大师了。比起他完全模糊的文学抱负，他书架上的那些语法和修辞书籍可能更多地与他的科学研究、他作为解释者的角色有关。

对列奥纳多而言，文学意义上的写作仍然处于边缘地位。（然而有些自相矛盾的是，他最喜欢的文学练习的主题之一是绘画与诗歌间的对比；在比较中，绘画总是被认为更优越，这种辩论也是《论绘画》导言的一部分。）他培养文学修养，似乎是将之作为一种社交或宫廷生活的技巧。在佛罗伦萨，他与卡梅利和贝林乔尼这样的诗人为伍，但据我们所知，他在这一领域的成就仅限于他弹奏着七弦琴边歌边舞的即兴表演。写给贝内代托·代的信也是类似的情况，这是一种娱乐方式或诙谐的文字，很可能是为某个特定场合而作。他优美的最后一句话是一颗出乎意料的宝石：一个小小的剧情突变，以一种令人难以忘怀、不安的音符结束了表演。我认为这是列奥纳多作为作家的典型模式：简陋的形式、直白的表达、出乎意料的诗意瞬间。

列奥纳多对双关和文字游戏的喜爱，也是他对文学涉猎有限的部分体现。有一页 15 世纪 80 年代末的手稿，正好体现了这种文学把戏，也使我们得以再窥他的心路历程。这是温莎城堡皇家图书馆收藏的一大张稿纸，纸上写满了肯尼斯·克拉克相当有趣地称之为"谜题文字"的东西，也就是更普遍地被称为画谜（rebus）或密码的东西。[53]

画谜是指以图像化的方式来表达一个词、名字或句子，即一种视觉密码。尽管这游戏是以图像替代词汇，但它当然是一个彻头彻尾的语言游戏，因为谜题的解答完全依赖于语言上的联系，而且往往是双重含义。

"rebus"一词可能来源于狂欢节时事通讯的标题"de rebus quae gerunture"("关于正在发生的事情",即时事,为避免诽谤,这种通讯使用图画和象形符号取代名称),或更正式地来自解释原则——"non verbis sed rebus"("不用语言,而是用物")。长久以来,意大利人对双关式的密码情有独钟——表现家族姓氏的纹章画谜尤为流行,尽管此时还没有用于制作更复杂的纹章和纹章箴言的规则手册。

列奥纳多设法将共计154个画谜挤进了这张温莎城堡皇家图书馆收藏的稿纸两面。(同一时期的其他一些图形文字使总数达到200个左右。)[54] 图像文字本身是仓促画成的,巧妙之处在于精神上的原创性。有些只有一幅画,但通常是画与文字或字母的组合(因而这些也不是"纯粹的"画谜)。这页纸似乎是一份工作草稿,他在其上尝试了一些想法,一些不够好的无疑被抛弃了。每幅画谜下都写着关键字,是画谜的双关语答案。画着谷堆和一块岩石的画谜谜底是"大灾难"(gran calamità),因为grano和grain(谷物)是双关,calamita和a magnetic stone(一块磁石)是双关。依此类推,一个字母o和一颗梨(pera)等于opera(歌剧);一张脸(faccia)和一头驴(asino)等于fa casino,这是一句俚语,意为某人将事情搞得一团糟。当进入完整的句子时,一些双关语会反复出现,比如"如果那

温莎城堡皇家图书馆收藏的画谜局部。

个"（se la）总是用马鞍（sella）表示，而"快乐"（felice）则常以蕨类植物（felce）表示。这些已经成为可重复使用的图像词汇。

这里有一种列奥纳多是知识分子宫廷小丑的感觉：这些是派对上的游戏、笔墨消遣。我们可以想象，当廷臣们绞尽脑汁猜答案时，这位神秘的谜语大师来回踱着步。画谜还产生了一种实用的副产品，因为人们喜欢拿图像文字作建筑装饰。根据米兰建筑师切萨雷·切萨里亚诺的说法，斯福尔扎城堡装饰着许多这种带寓意的图像文字，尽管人们现在已经看不到了。列奥纳多的朋友布拉曼特后来为梵蒂冈的贝尔维德庭院设计了一段纪念教宗尤利乌斯二世的铭文，用雕刻的图像文字拼出了"Julio II Pont Maximo"。因此，对这位 15 世纪 80 年代中期有抱负的建筑师来说，列奥纳多在这里练习的画谜技巧也有实际用途。

不管实用与否，画谜中都有一丝精神病学家所谓的"自由联想"游戏的味道。他的思维在不同层次的意义之间徘徊，在图画与字母之间游荡，享受着奇妙的符号组合带来的兴奋感。他想出的一些短语能产生一定的心理刺激——"我们已经摆脱了所有的耻辱"或"现在我彻底完蛋了［字面意思是'油炸的'］"。而心理学家们可能会对我之前提到的那幅潦草的小自画像稍微有些兴趣，恰如《圣杰罗姆》中的狮子：火中的狮子是 Leone 加 ardere，也就是列奥纳多（Leonardo）。作为指向自身的双关或图像文字，它似乎令人沮丧：狮子是公认的高贵且强大，却被吞噬和毁灭。我们似乎又一次置身于牛津大学收藏的讽喻画的那种不安氛围中。即使是在这里，在这些宫廷猜谜游戏中，我们也发现文字打开了列奥纳多内心生活的裂缝。

同样是为宫廷娱乐而设计的还有列奥纳多令人费解的"预言"，我前文已经引用过一些，其中一则预言添加了相当于舞台指导的内容："以狂热或疯狂的方式说出来，仿佛来自大脑中的疯狂。"[55] 换句话说，它们要在一种模拟说神谕时的狂热的状态下说出来。索罗阿斯特罗很明显是这种表演的人选，他的绰号之一就是预言家（Indovino）；这个词有一种神秘的故弄玄虚的意味（比较 indovinello，"谜语"的意思），也符合这种娱乐性的预言。

这些预言的幽默之处在于其精巧的虎头蛇尾式的解释。大多数情况下，它们会在含义上出现小小的转折，与画谜的视觉双关相同：那些"走在树梢上"的人是穿着木底鞋的人，那些"踩着巨型野兽毛皮行走"的人是穿着牛皮鞋的人，而那些"借助星星跑得像最快的生物一样快"的人是使用星形马刺的人。"头离开时会变大，头放回去会缩小"的"身体"是枕头。那种"把舌头伸到别的动物的屁股中"的动物指的是屠夫把猪和小牛的舌头包在内脏里的习惯。[56] 这些意思都得靠听众猜测。

但也有一种虚实并用的成分：预言往往是极具表现力的短文，在谜底揭晓后仍会在大脑中挥之不去。就像列奥纳多写给贝内代托·代的滑稽模仿的时事通讯一样，它们迷失在一幅灾难和暴力的图景中。这些预言也表达了一种大自然是被人类的贪婪所伤害和剥削的受害者的观点：

> 会有许多人剥掉妈妈的皮，把她的皮肤翻个底朝天。[耕地的人]
> 人们会狠狠打击赋予他们生命的东西。[打谷的人]
> 希律王的时代将会回来，那时无辜的孩子将被从他们的保姆身边带走，会带着重伤死于残忍之人手中。[孩子们]
> 在无情的打击下，许多年幼的孩子将从他们母亲的怀抱中被夺走，丢弃在地上，然后被撕成碎片。[核桃、橄榄等][57]

这种同情生态环境的自然观也出现在了列奥纳多的寓言中，这些寓言可能也是为了在宫廷上朗诵而写的。据我们所知，幸存下来的30篇左右的寓言故事都是原创作品。[58] 它们模仿了《伊索寓言》，但不是照搬。列奥纳多可能也知道阿尔贝蒂的文集《寓言集》（直到1568年才出版，但毫无疑问可以看到手稿）。这些寓言充满万物有灵的意味，认为风景是有生命的，不仅动物被赋予了发言权，树木、植物和石头也一样。他们成为有感情的生物，会感觉到痛，这种痛往往是人类造成的。一棵栗子树被想象为想要保护孩子的父母，她"甜蜜的孩子"——板栗——被从她身上撕扯下来。"不幸的柳树残废了、被砍了、被毁了"，丰收即是创伤。还有一则关于一棵核桃树的很短的寓言，近乎一首精辟的小散文诗：路边的核桃树向旅人展示了它丰硕的果实；每个人都用石头砸它。[59]

列奥纳多喜欢笑话，他写下了许多笑话，这是一项不应被附予任何特别意义的传统活动：当时的摘录簿都写满了笑话。写下来的笑话必须被认为是口述笑话的苍白反映。人们可以想象列奥纳多在讲笑话时可能面无表情、假装严肃。瓦萨里热情地指出，与列奥纳多谈话令人愉快，这说明他可能是个言谈风趣的人。我认为他也有相反的形象，沉默寡言又冷漠孤僻，尽管如此，开玩笑和让人发笑——也使自己开怀大笑——是列奥纳多的生命的一部分。他最著名的画作在意大利被称为《乔康达》[*La Gioconda*，"诙谐（或开玩笑）的女人"]，可能不是偶然。

列奥纳多的笑话质量参差不齐：有些笑话的双关语相当乏味，其中的一两则已经失去了笑点，落入了词语上的死胡同。有些笑话是嘲讽——特别是反教士的那些，有些很下流，是在我们会认为属于乔叟式的强健气质的意义上。讽刺和淫秽在薄伽丘和他的模仿者的故事中都有先例，更晚近的还出现在文艺复兴时期的妙语录中，尤其是波吉奥·布拉乔利尼的，他的一些笑话非常粗俗。

笑话散布在列奥纳多的笔记本和手稿中。这里有几个：

有一个人试图借毕达哥拉斯的权威以证明他以前曾生活在这世上，而另一个人不接受他的观点。所以第一个人说："我记得你是磨坊主，这表明我以前来过这里。"另一个人认为这是在嘲笑他，于是回答道："你说得对，因为现在我记得你是帮我运面粉的驴子。"

有人问一位画家，为什么他能把已经死了的人画得那么漂亮，却生出这么丑的孩子。画家回答，因为他白天画画，晚上造娃。

有个女人在洗衣服，她的双脚被冻红了。路过她身旁的一位神父很震惊，问她这红从何而来，女人马上回答说是脚下的火将她烧成这样的。然后神父抓住了他身上使他更像神父而不是修女的那一部分，走近她，并非常礼貌地问她是否愿意好心帮他点燃他的蜡烛。

彼特拉克如此疯狂地爱上月桂叶，那是因为它们与香肠和画眉鸟搭配在一起后非常好吃。[60]

最后这则笑话利用了月桂（lauro）和劳拉（Laura）的双关，因为彼特拉克的这首情诗是写给劳拉的。

建筑项目

1487年，米兰大教堂工程部正在考虑在大教堂的中心部分加上一个圆顶塔楼，而列奥纳多是提交设计草案的人之一。在一位名叫贝尔纳多的木匠帮助下，他制作了一个木质模型，他还从工程部那里得到几笔小额资助，以支付制作模型的费用——1487年7月至1488年1月，账本上共列有7笔款项。[61]（这可能解释了他为何使用大教堂的废纸给贝内代托·代写"时事通讯"。）其他参与投标的建筑师中包括他的朋友多纳托·布拉曼特。

《巴黎手稿B》中有一幅草稿描绘了一个扶壁系统，旨在为圆顶塔楼的鼓形墙壁提供更宽的底座。随附的文字描述了一个实验，以说明一个拱架结构上的重量分布：

> 把一个人放置在一个竖井中间的称重装置上，然后让他用四肢抵住井壁。你会发现他在秤上的重量轻了很多。如果你把重物放在他的肩上，你会看到，往他身上加的重物越多，他的四肢挤压墙壁的力量就越大，而他在秤上的重量就越小。[62]

这个优雅但相当危险的实验说明，拱架结构的特性是横向分散重量，而不是将重量全部压在支撑柱上。在竖井中伸开四肢的人让我想到了列奥纳多著名的"维特鲁威人"，也让我想到了索罗阿斯特罗，他在我的想象中一直是那个会站出来做这类"示范"的人,我也把他想象成那个被绑在扑翼飞行器上的飞行测试员。

列奥纳多的笔记中有一篇关于教堂圆顶塔楼的演讲草稿。这篇讲稿以华丽的措辞开篇:"各位大人、神父和代表"。这篇讲稿的主题是建筑的视觉与结构的和谐与人体的平衡和谐之间的类比。建筑仿佛身体,"健康是由各种元素的平衡或协调来维持的,如果它们不能和睦相处,健康就会受损或遭到破坏"。所以建筑师就像是一名医生:

> 你们知道,当医生合理使用药物时,可以使病人康复,而彻底了解药物的人,如果他理解人、生命及其构成,还有健康的原理,那么他就可以正确使用药物。通晓这些事物的人,也知道什么与之相悖,所以比其他人更能成为一名有效的治疗者。这也是这座病恹恹的大教堂所需要的——它需要一名建筑师"医生",他懂得房屋的原理,以及正确建造建筑物所依据的法则……

这样的类比并非列奥纳多所独创,它在阿尔贝蒂和菲拉雷特等文艺复兴时期的建筑师的著作中可以见到,还有年代更早的维特鲁威。[63] 列奥纳多在这份草稿中相当详尽地阐述了这一主题,我只引用了其中的一小部分。把它想象成一场真实的演讲,其内容模糊、说教和不断重复。人们会觉得这类事情不是他的强项。然后,他忽然对这场表演感到厌倦,讲稿以漫不经心的句子结束:"选择我或另一个比我更好地阐释了这一点的人;把所有的情感都抛在一边。"

这篇演讲稿后来有没有派上用场也无法确定。圆顶塔楼项目像常见的那样陷入了延误,直到3年后才授予合同。列奥纳多似乎从那时起就丧失了兴趣:他甚至没有出现在最后的入围名单上。[64] 项目的"咨询会"于1490年6月27日在斯福尔扎城堡召开,卢多维科和米兰大主教出席了会议。最终,伦巴第建筑师阿马德奥和多尔切博诺的设计获胜。

列奥纳多在这个时期还有一系列"圣殿"——以一个中央祭坛为基础

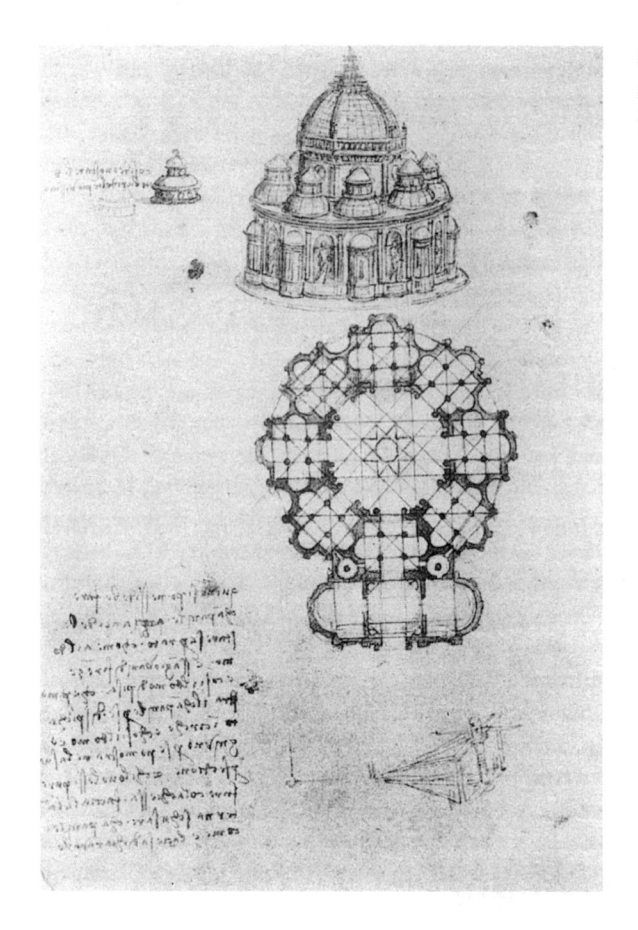

基于一个中央祭坛而建的一座"圣殿"的设计草图。

的教堂——的设计草图。[65] 列奥纳多可以在维特鲁威和阿尔贝蒂的建筑手册中找到类似的例子，尽管这种类型的教堂设计尤其与布拉曼特后来的作品联系在一起，他们可能已经有了思想上的交流。布拉曼特为圣玛利亚感恩教堂设计的改建方案运用了半集中式的设计，列奥纳多也正是在这里绘制了《最后的晚餐》。

这里所示的圣殿——该草图来自利布里从《巴黎手稿B》中偷走的一页，现已单独装订——被完美地建成了。我们可以看到，其地面平面图基于一套复杂的被称为"西塔数列"（theta progression）的几何系统。这里再次显现出阿尔贝蒂的影响，他建议在建筑中使用"自然比例"，该比例"不是来自数字，而是来自方根和乘方"。但人们也怀疑，这可能也受到了布拉曼特的影响，后者无疑比这个阶段的列奥纳多更加精通数学和几何。[66] 这一页左下角的注释表明列奥纳多同时在思考现实情况中的教堂和等比数列。他在思考钟楼是否应像佛罗伦萨和比萨那样与大教堂分开，"各自展现其自身的完美"，或者钟楼是否应并入教堂，"像基亚拉瓦莱教堂那样，将'灯笼'式采光亭用作钟楼"。中世纪的基亚拉瓦莱修道院距离米兰只有几英里远；列奥纳多曾在别处提起那里的一座占星时钟，他说这座钟展示了"月亮、太阳、小时和分钟"。[67]

在一页时间可追溯至1489年初的笔记上，列奥纳多描绘了一座小型圆顶建筑的立式图和平面图，但这不是圣殿或教堂，文字说明称它是"米兰公爵夫人花园的凉亭"。[68] 这指的是斯福尔扎城堡公园内的一间已建成的凉亭，在1480年的一份记录中，它被描述为一栋砖砌建筑，"被流水和迷宫状的树篱包围着"；在米兰闷热潮湿的夏天，这里可能被当成浴室使用。1489年2月，年轻的米兰公爵和那不勒斯国王的孙女阿拉贡的伊莎贝拉联姻，也许重建凉亭的计划与此有关。《巴黎手稿B》丢失的一页可能包含凉亭改建的另一份设计方案以及装饰方面的笔记：粉色的大理石墙壁、白色的浴池、月亮女神狄安娜的马赛克镶嵌画，"鳗鱼头部形态的喷泉嘴，喷出冷水和热水"——所有这些都来自19世纪法国传记作家阿尔塞纳·乌赛（Arsène Houssaye）的证词，他在利布里伯爵撕下笔记本中的几页之前曾见过这个笔记本。后来的一则关于"公爵夫人的浴室"的管道工程的笔记可能指的也是这栋建筑。[69] 我将这个项目列在列奥纳多早期的建筑项目中，但后一则笔记让人觉得列奥纳多只是个打零工的。

"摩尔人"的情妇

……在他的画中，
她看起来在侧耳聆听，而不是在说话。

——贝尔纳多·贝林乔尼的十四行诗

早期笔记本中写满了类型多得惊人的计划和项目，涉猎广泛已然成为列奥纳多的标志,但这些计划和项目也只是一个单一的计划——受雇于卢多维科·斯福尔扎的宫廷——的组成部分。军事武器、城市规划、飞行器和建筑设计,甚至宫廷画谜——所有的这些如今成为纸上的化石,记录了列奥纳多为了成为"摩尔人"手下的全能专家所做出的努力。这种专家即后布鲁内莱斯基时代最广泛意义上的"工程师",指的是善于发明创造的人。我们不知道卢多维科在多大程度上回应了这一切,他无疑对这位佛罗伦萨人的才华印象深刻,但这种欣赏是否转化成了对后者的具体的赞助?有可能,就像他的佛罗伦萨同胞贝内代托·代一样,列奥纳多从斯福尔扎的金库中得到了一些小费、津贴和不定期的薪酬;也有可能,列奥纳多得到了用来开发他设计的攻击型潜艇和蒸汽动力加农炮的资金;还有可能,他是因为重新设计公爵夫人位于城堡花园里的"凉亭"而得到了一些报酬。这些加起来也不多——这让人想起当时的米兰廷臣托马索·泰巴尔蒂(Tommaso Tebaldi)说过的一句尖刻的谚语:"谁在宫廷里讨生活,谁就会死在济贫院。"[70] 因此,列奥纳多的笔记所告诉我们的更多的是他在这个阶段的抱负和野心,而非他谋生的方式。实际上,我们所知的列奥纳多从卢多维科那里得到的第一项委托,既不在工程领域,也不在建筑领域,而是为"摩尔人"年轻貌美的情妇切奇利娅·加莱拉尼(Cecilia Gallerani)绘制肖像画。[71]

卢多维科·斯福尔扎不像他的公爵兄长那样是堕落的典范,但他享受着专制统治带来的性特权。他将他的女性公民视为他的私人狩猎场里的鹿——他可以随意享受,而且,所有年轻少女都知道,无论自己在这件事上的个人感受如何,如果自己被他看上,她就为自己和自己的家族拿到一张通往舒适生活和享有特权的通行证。切奇利娅·加莱拉尼生于1473年初;她的父亲法齐奥是一名公职人员,曾在佛罗伦萨和卢卡担任大使;她的母亲玛格丽塔·布斯蒂是一位著名法学博士的女儿。切奇利娅家境不错,但称不上大富大贵,她的父亲在她7岁时就过世了,而且她还有6个哥哥,所以她只是过着相对富足的生活。她聪慧伶俐,受过良好的教育,后来成为许多作家的赞助人,包括小说家马泰奥·班代洛。我们可从大量描写她的诗歌和信件中看出她的美丽和迷人,但是这没什么必要,因为正如当时人们所常说的,她活在列奥纳多为她绘制的肖像画里,也就是众所周知的《抱银貂的女子》(彩图 13)。

她成为"摩尔人"的情妇的时间并没有确切记载,但我们可以大致猜到。一份 1487 年 6 月的文件正式解除了她与乔瓦尼·斯特凡诺·维斯孔蒂儿时订下的婚约,这背后很可能是因卢多维科对她的爱慕。她那时只有 14 岁,虽然很年轻,但这种情况并不罕见。1489 年夏初,切奇利娅不再与家人一起住,而是移居到新修道院教区的一处未指明归属的房产中,我们很难不将此看作他们的爱巢。同年,她的哥哥西格里奥在与人争论时失手杀了人,在卢多维科的亲自干预下,逃脱了法律制裁。根据这一间接证据,切奇利娅似乎于 1487 年成为卢多维科的情妇。尽管直到 1490 年,我们才有无可争辩的证据证明两人的亲密关系——她在那一年怀孕了。

虽然切奇利娅的婚约可以被随意解除,但卢多维科的却重要得多。自 1480 年以来,出于合理的政治理由,卢多维科一直保证会与费拉拉公爵的女儿比娅特丽斯·德埃斯特(Beatrice d'Este)结婚。现在婚礼即将隆重举行,这个重要的家族联盟将通过米兰人的权势和仪式的大规模公开展示来庆祝。1490 年 11 月 8 日,费拉拉公爵收到他在米兰的大使雅科博·特罗蒂寄来的一封非常令人不安的信件,他汇报说卢多维科对"我们的公爵夫人"(即比娅特丽斯)的求婚意图不甚确定,因为他仍沉迷于"那个他所热恋的人"(即切奇利娅)。他写道:"他让她在城堡中伴其左右,无论他去哪里都带着她,想把一切给她。她已经怀有身孕,娇美如花,而且他常带我一起去看她。"他可能觉得自己把这事描述得过于温馨了,于是圆滑地总结道:"我们无法强迫时间加速流逝,但它已经让一切都准备好了。"甚至在这里,他也忍不住地使用了一个有点过火的双关,即 Sforza 和 sforzare,后者也有"强迫性交"的意思。

卢多维科和比娅特丽斯的婚礼如期举行,并在 1491 年 1 月 16 日举行了盛大的庆祝活动,但切奇利娅继续施展着她的魔力。婚礼一个月后,特罗蒂大使汇报说,"摩尔人""在他耳边"告诉他,"他想去他在城堡中的私人房间与切奇利娅做爱,静静地和她待在一起。他的妻子也希望如此,因为她不愿与他同房"。比娅特丽斯拒绝与卢多维科同房，显然是因为他婚后继续和切奇利娅调情。然而，3月21日，特罗蒂又汇报说，卢多维科已经下令让切奇利娅离开城堡："他不想再碰她，也不想和她发生关系，她现在肚子很大，在为他生下孩子前不能再做那种事了。"4月时，他汇报说"摩尔人"为她在城里安排了住处，可能还是新修道院教区中的那套房子。

5月3日，切奇利娅诞下一子，取名为切萨雷·斯福尔扎·维斯孔蒂。诗人贝林乔尼匆忙创作了3首十四行诗庆祝孩子的出生，他在诗中称她为"岛"[Isola，来自切奇利娅（Cecilia）和西西里岛（Sicilia）的双关]，祝贺她是让"'摩尔人'的种子结出硕果"的器皿。1492年2月的一封信能体现出这位诗人与切奇利娅的友好关系，他在信中告诉卢多维科：

> 我昨天早上与切奇利娅夫人共进早餐，并且在那里一直待到晚上，我是她的挚友。我对上帝发誓，我们和切萨雷先生玩得很开心，他长得十分可爱，胖嘟嘟的，就是个小胖子。等他长大后，我想我会永远得到老爷[切萨雷]的宠爱。[72]

遗憾的是，情况并非如此，这个巧言令色的打油诗人在那年夏末就去世了。

最早提到列奥纳多肖像画的人也是贝林乔尼，在一首献给自然的十四行诗中，他以一贯的献殷勤的语气写道：

> 哦，自然多么善妒
> 妒忌为你其中一颗明星画像的芬奇，
> 美丽的切奇利娅，她美丽的双眼
> 令日光黯淡无光
> …………
> 不如这样想：她越是动人美好，
> 在未来的时光中你越是荣耀。

因此要感谢卢多维科

以及列奥纳多的才华和双手，

他们都希望与后代分享她。[73]

据我所知，这是对列奥纳多画作最早的文学描述。这首诗包含了对这幅画颇为敏锐的观察，即我在本节开头引用的诗句："在他的画中，她看起来在侧耳聆听，而不是在说话。"这捕捉到了画中人的姿态：她被画面之外的事物吸引了注意力。这是否也包含了他对切奇利娅的个人回忆——"而不是在说话"，唯有这次她没有喋喋不休？

这就是这幅画的创作背景：斯福尔扎宫廷中的性爱、流言与诗歌。与列奥纳多早期画的吉内薇拉·德·班琪的肖像画相似，这幅画也是一个女人为取悦她的情人而作。但作于米兰的这幅画更加露骨，画中没有本博对吉内薇拉的柏拉图式迷恋，切奇利娅的画像带着一丝情欲，与静谧得如月光般的吉内薇拉画像不同。切奇利娅的手轻抚着一只毛茸茸的动物，这是一种性暗示；她时尚的配饰——金色的额饰、黑色的头带、紧束的面纱、项链——暗示着她作为情妇的受约束和被监禁的状态。我想起了《论绘画》中的一段话，在其中列奥纳多认为画家和诗人一样都具有"用爱点燃人心"的能力——他可以使人"爱上一幅画"。他讲了这样一则故事：

> 我曾画过一幅神圣主题的画，一个男子看到后爱上了她，并买走了画。他希望将象征神圣主题的标志从画中移除，这样他就可以毫无顾虑地与画接吻了。但最后良知战胜了他的渴求和欲望，他不得不把这幅将画从家中挪走。[74]

这当然不可能是切奇利娅的肖像，但是将画视为爱意的对象、一种情爱的诱惑的想法，令人联想到这幅肖像。

女孩怀里抱着的银貂为这幅画带来一系列象征性和民俗性的联想。银貂是意大利北方的一种鼬，冬天时皮毛是白色的（尽管在画中因为清漆褪色，这只动物的皮毛看起来是黄褐色的）。这种动物让人想到纯洁和干净，正如列奥纳多于15世纪90年代初的《动物寓言集》中所言："银貂，因为天性克制……为了保护自己的纯洁，宁可被猎人捕走，也不愿藏在泥泞的洞穴里。"[75] 这种说法并非列奥纳多的原创，《动物寓言集》中有许多摘自他常常翻阅的《美德之花》抄本中的话，这就是其中一句。象征着纯洁的银貂也出现在维托雷·卡尔帕乔的一幅约1515年的骑士画像中，画中银貂头顶的椭圆形装饰中写道："宁愿死去，也不愿被玷污。"这种与纯洁的联系使这幅肖像画增添了一丝一定程度上属于讽刺的意味：与色情相反的象征意义。另一个与银貂有关联的是一则学术性的双关语。鼬在希腊语中是galé，与切奇利娅的姓加莱拉尼（Gallerani）形成双关，与吉内薇拉肖像画中的杜松同理。列奥纳多喜欢这种文字游戏，或是他在投顾客所好，尽管他似乎不太可能知道这个相当晦涩的希腊语词语；或许他从卢多维科的秘书，即那位希腊学者巴尔托洛梅奥·卡尔科那里得到了一些帮助。

  这些意义与银貂相关，但这种动物在这里有更特殊的意义。它是对卢多维科本人的象征性暗示，1488年，那不勒斯国王费兰特·迪·阿拉戈纳授予他"银貂"的头衔（费兰特是阿拉贡的伊莎贝拉的祖父，而伊莎贝拉很快就要与年轻的吉安·加莱亚佐公爵成婚）。贝林乔尼在一首十四行诗中称卢多维科是"意大利摩尔人、白色银貂"。[76] 因此，切奇利娅怀里抱着的银貂是这个无论在社会关系还是性爱关系上都与她联系在一起的男人的象征。的确，我们能注意到它警惕的双眼和强壮的前腿，以及张开的爪子勾在女孩的红色袖子上。列奥纳多一如既往地强有力地呈现了这个象征，使它映照了现实，人们能够意识到银貂是掠食者，卢多维科也一样。列奥纳多很有可能是从现实生活中获得了灵感——皮革商曾经将银貂进口到米兰。一位莫斯科旅人曾写信给卢多维科的兄长，承诺送他"漂亮的黑貂、银貂、熊和白兔，活的死的都有"。[77] 鼬及其同属的生物，比如鼬鼠、貂鼠、雪貂等，都是观赏性宠物，所以这幅肖像画整体而言不是空想出来的：它有着近乎照片一般的真实感，在黑色背景下闪耀着美丽的光芒，与现实产生了共鸣。

虽然搬出了城堡，但切奇利娅仍然深受"摩尔人"的宠爱，她还是他亲生儿子的母亲，因此他很疼爱她。她获得了位于米兰北部萨拉诺的土地，1492年她嫁给了克雷默那人卢多维科·贝尔加米尼伯爵。她在米兰卡马尼奥拉宫举行小型沙龙，有许多人在那里向她大献殷勤，其中包括小说家马泰奥·班代洛，他为她撰写了两部小说，并赞扬她的机智和学识，还有她的拉丁诗文。

这幅肖像画一直在她手中，1498年4月26日，狂热的收藏家伊莎贝拉·德埃斯特给她写了一封信，提出了一个典型的专横要求（信中语气还算和善，毕竟伊莎贝拉是比娅特丽斯的妹妹）：

> 我们今天碰巧观赏了佐亚内·贝利尼［即乔瓦尼·贝利尼］绘制的一些精美肖像，然后我们开始讨论列奥纳多的作品，希望我们可以看到他的作品，并且与我们现在收藏的绘画做比较。想到列奥纳多·芬奇曾为你画过画像，你可以通过这位把信交给你的人将画像带给我。除了能与我们的其他画做比较，它也能让我们一睹你的芳容，我们很高兴。一旦我们研究完，就会将画像还给你。

4月29日，切奇利娅回信说她已经把画像寄出：

> 如果画中人与我长得更像的话，我会更加愿意把画像寄出。尊贵的夫人您不要认为这是因为这位大师有什么过错，我真心认为他是无与伦比的。仅仅是因为在创作这幅画像时，我还不完美，从那之后我的容貌已经完全变了，所以如果你将画像放在我旁边，没人相信那是我。[78]

这并非这幅肖像画的最后一趟旅程。切奇利娅1536年过世后，这幅画留在了米兰。18世纪时，根据安布罗西亚纳图书馆管理员卡洛·阿莫雷蒂的说法，"这幅画仍可在米兰博纳萨娜侯爵的收藏中看到"，他还暗示，还有几幅画也是基于此画创作的：一幅画的是手持一把齐特琴的圣切奇利娅，另一幅描绘了"这位著名的女士，和她还是花季少女时由列奥纳多创作的第一幅肖像画一样,但她手中没有拿齐特琴,而是握着长袍的一处皱褶"。[79] 后来,大约1800年,画像被波兰亚当·耶日·恰尔托雷斯基亲王买下,献给他的母亲伊莎贝拉。她将画像挂在她称为"哥特屋"的画廊中,该画廊位于波兰克拉科夫附近的普瓦维的家族庄园里。正是在这一时期,画像的左上角被添加了错误的铭文:

美丽的费隆妮叶夫人
列奥纳多·达·芬奇

伊莎贝拉·恰尔托雷斯基在一则笔记中曾解释说,这幅画"应该是法王弗朗索瓦一世情人的画像。她被人称为'美人'费隆妮叶夫人,因为据说她是一名五金商人的妻子"。(人们顽固地认为列奥纳多曾为这位带有传奇色彩的法国女人画过肖像画,同样错误的是,如今人们认为他的另一幅米兰肖像画画的是费隆妮叶夫人。)

1842年,恰尔托雷斯基家族流亡巴黎,并随身携带了这幅画;画存放在他们于兰伯特酒店中的公寓里逾30年,但法国艺术界似乎对此一无所知。阿尔塞纳·乌塞在1869年列出的详尽作品清单中,将此画列为遗失。普法战争后,恰尔托雷斯基家族重返波兰,1876年《抱银貂的女子》第一次在克拉科夫的恰尔托雷斯基博物馆中向公众展出。至20世纪初,这幅画已经被公认为列奥纳多的真迹,并且确认画中人正是贝林乔尼和其他人所记载的切奇利娅·加莱拉尼。

第二次世界大战期间,这幅画经历了最后一场冒险。就在1939年纳粹入侵波兰前,这幅画与恰尔托雷斯基的其他收藏品——一幅伦勃朗的风景画,一幅拉斐尔的肖像画——一同藏于谢尼亚瓦,但藏身之地被发现了。《抱银貂的女子》短暂地在柏林德皇弗里德里希博物馆中展出,并被保留给希特勒位于林茨的私人博物馆("元首博物馆"),但这幅画最终成为纳粹驻波兰总督汉斯·弗兰克的私人收藏,保管在他位于巴伐利亚的别墅中,1945年被波兰-美国委员会发现。这幅小小的胡桃木画板上留下了爱情与战争的痕迹,而这一切的起点,都是1489年左右时的列奥纳多的工作室。

米兰工作室

至15世纪80年代末，列奥纳多已经在米兰成立了自己的工作室。这间工作室基本上与他在佛罗伦萨接受训练的工作室一样——一间在大师的指导下制作委托作品的工作室。工作室产出的一些作品，例如切奇利娅的肖像画，几乎完全是他独立创作的。其他作品则大多是在他的指导下由助手完成，偶尔他也会巧妙地干预和纠正。这就是列奥纳多后来在佛罗伦萨的工作室的一位访客所描述的那种工作方式：在那里，"两名助手负责临摹，而他时不时地亲自动手"。[80] 有时，助手们临摹列奥纳多的模板，或者是油画或者是草稿。有时候他们在一种整体风格或作为工作室的标志的"样貌"下更自由地工作。正如我们所看到的，一些合同会区分老师和助手的画作的价格。有一则笔记约写于1492年，因此指的是米兰工作室，列奥纳多在其中批评那些"愚蠢的画家"，他们抱怨自己"不能发挥出最好的水平，是因为没有得到足够的报酬"：他们应该有意识地"随身携带"一批画作，"那么他们就可以说，这幅价格很高，那幅比较适中，那幅相当便宜"。[81] 想必那些"相当便宜"的作品，就是大师没怎么投入精力的作品。

在乔瓦尼·保罗·洛马佐的《梦与推理》（书中也讨论了列奥纳多对同性恋"背入式"游戏的喜爱）中，有一段想象中的列奥纳多与菲迪亚斯的对话。列奥纳多说："我的作品很受欢迎，即使是我的追随者临摹出来的作品，也受人赞赏。"原文中他使用了creati（仆人）一词，字面意思是他"造就"的人。这再一次涉及工作室的工作模式：学生临摹老师的原作。在某些情况下，比如《丽达与天鹅》，只有临摹版流传了下来。

另外一则一手资料来自保罗·焦维奥。他记录了列奥纳多让他的学生缓慢而透彻地学习他的手艺，非常严格：他"不允许20岁以下的年轻人触碰笔刷和颜料，只允许他们用铅笔练习"。焦维奥也很清楚地提到"一群为他的工作室的成功做出了很大贡献的年轻人"。这听起来像是精准地描述了当时的情况——列奥纳多有一群桀骜不驯的年轻随从、一个青少年团伙。

我们可以还原一些列奥纳多在米兰第一个工作室的成员,其中肯定包括安布罗吉奥·德·普雷迪斯,可能还有后者在1491年初便早逝了的哥哥埃万杰利斯塔。他们是他创作《岩间圣母》时的搭档,安布罗吉奥在接下来的20多年中,一直以合伙人和搭档的身份与列奥纳多紧密合作,但偶尔他们之间也有争执。另外两名早期助手是乔瓦尼·安东尼奥·博尔特拉菲奥和马可·德奥焦诺,瓦萨里称这两位都是列奥纳多的"学生"。[82]

博尔特拉菲奥大约出生于1467年,是一个富裕贵族家族的私生子。他的私生子身份使他与列奥纳多有了情感上的联系,但这并没有阻碍他继承财产:他始终有"富裕的业余爱好者"的名声(不管是对是错),就是莎士比亚说的那种"有财有势的俊秀子弟"。他的墓碑位于康皮托的圣保罗教堂,碑文写着他一生致力于在"正事的间隙"(inter seria)作画,这再次表明他是业余的,而他其他更"严肃"的活动没有被记录下来。瓦萨里称他为"技艺精湛、眼光敏锐的艺术家",这是一种含蓄的赞扬。他在巅峰时期是一位具有诗意而敏锐的画家,这可以从他现藏于米兰波尔迪·佩佐利博物馆的《圣母与圣子》(Modonna and Child)以及现藏于乌菲兹美术馆的《那喀索斯》(Narcissus)看得出来。博尔特拉菲奥曾为诗人吉罗拉莫·卡西奥(Girolamo Casio)画过肖像,后者称博尔特拉菲奥是列奥纳多"唯一的学生":当然这不是字面上的意义,而是"唯一真正的门徒"的意思。[83] 马可·德奥焦诺是一位富裕的金匠的儿子,这家人来自米兰北部布里安扎的奥焦诺地区,但他的父亲克里斯托费罗在15世纪60年代就在城里定居,所以马可很可能在米兰出生。至1487年时,他有了自己的学徒普罗塔西奥·克里韦利(可能是卢克雷齐娅·克里韦利的亲戚,后来列奥纳多给她画过肖像画)。像博尔特拉菲奥一样,他也是作为训练有素的独立画家进入列奥纳多工作室的;他们不是学徒,而是年轻的助手。在列奥纳多的一份关于一个在1490年夏加入工作室的10岁男孩贾科莫·卡普罗蒂，也就是"萨莱"的不端行为的备忘录中，二人都被提到了：

> 9月7日[1490年]，他从和我一起住的马可那里偷了一支价值22索尔迪的笔。那是一支银尖笔，他从他的[马可的]工作室里偷走……
>
> 4月2日[1491年]，焦万·安东尼奥将一支银尖笔落在他的一幅画上，又被这位贾科莫偷走了。[84]

这些是列奥纳多工作室内的剪影：助手的小工作室或书房、躺在油画上的银尖笔，以及一个逮到机会就偷东西的小孩。博尔特拉菲奥擅长使用银尖笔，在他现存的一些绘画中可以看出这一点，例如存于都灵的基督像，也有人认为这幅画画的是酒神巴克斯。这种绘画技法原本在伦巴第地区鲜为人知，但通过列奥纳多的影响力逐渐传播开来。

另一位列奥纳多工作室的早期成员是谜一般的人物"那不勒斯人"弗朗切斯科（Francesco Napoletano）。直到最近，他唯一确定的作品是现藏于苏黎世美术馆的引人注目的《圣母子、施洗者圣约翰和圣塞巴斯蒂安》，沿着圣母宝座的底座有他的签名。两位圣徒的形象都与列奥纳多的圣徒范本十分相似。[85] 多亏贾尼斯·谢尔和格拉齐奥索·西罗尼的档案研究，我们现在对弗朗切斯科有了更多了解。[86] 他叫弗朗切斯科·加利，出生于那不勒斯，具体日期不详，1501年左右卒于威尼斯。他过世时与一位名叫安德列娜·罗西尼的伴侣住在一起，和她有两个孩子。人们推断他过世时尚年轻。他的过世时间说明，他作品中带有强烈的列奥纳多风格不仅仅是后来的模仿；他活跃于15世纪90年代的画坛，直接受到了列奥纳多的影响。我们几乎可以确定，他正是1494年8月8日公爵信中那位被称为钱币模具设计师的弗朗切斯科·加利，这封信中提到的另一位设计师是列奥纳多的同事安布罗吉奥·德·普雷迪斯，这使弗朗切斯科置身于米兰肖像画的制作群体中。设计勋章和钱币与绘制肖像画密切相关，伦巴第地区的肖像画传统是全身侧面像，被美术史学家称为"钱币模具"。

列奥纳多米兰工作室的早期成员中还应该有托马索·马西尼，即索罗阿斯特罗，他可能正是1492年9月的一则笔记中提到的"托马索大师"；据描述，他在那天"回到"了工作室，因此他在某个时间之前就是工作室的一员。还有一位名叫朱利奥的德意志人，他是1493年3月新来的。[87] 然而这两位都不是画家，而是金属工匠。

在一封写给卢多维科的怒气冲冲的信件草稿中，列奥纳多抱怨自己被欠钱："这使我非常苦恼，因为我不得不赚钱养活自己……"列奥纳多指的是这3年来负担着6个人的经济负担——"我喂养了这6个人36个月"——这正是土地登记簿上使用的语言，仿佛这一小群学徒和助手是他的家人一般。[88] 这份草稿日期不详，可能写于1495年。这6个在15世纪90年代初靠他养活的人可能是博尔特拉菲奥、马可·德奥焦诺、弗朗切斯科·纳波莱塔诺、萨莱、索罗阿斯特罗和德意志人朱利奥。（安布罗吉奥·德·普雷迪斯是合伙人，并非需要提供食宿的助手。）

后来的名单说明，在15世纪90年代末，工作室不断有新学徒——加莱亚佐、贝内代托、约迪蒂、詹马里亚、吉拉尔多、詹皮埃特罗（Gianpietro）和巴尔托洛梅奥——加入。[89] 这份名单只有最后两个名字可以确认身份，它们后来又出现在一份1497年左右的名单上。詹皮埃特罗可能是乔瓦尼·彼得罗·里佐利（Giovanni Pietro Rizzoli），被称为佳比特里诺（Gimpietrino），他成为列奥纳多第二个米兰时期时最优秀的助手之一；巴尔托洛梅奥可能指的是巴尔托洛梅奥·苏阿尔迪（Bartolomeo Suardi），是布拉曼特的追随者，布拉曼特又称布拉曼蒂诺。还有许多更年轻的伦巴第画家深受列奥纳多的影响，他们也被称为他的"门徒"，其中包括切萨雷·达·塞斯托、贝尔纳迪诺·卢伊尼、安德烈亚·索拉里奥和乔瓦尼·巴齐（他也被称作索杜玛），尽管他们当中没有一个人能被证明是在大师的指导下学习的。这就是所谓的"列奥纳多派"，肯尼斯·克拉克戏称他们为"没有柴郡猫的微笑"。当乔瓦尼·保罗·洛马佐让列奥纳多说"在宗教主题的构思和设计上，我如此完美，以至于许多人试图汲取我之前画的那些人物的精神"时，他想到的是这些门徒。[90]

列奥纳多的米兰工作室制作了一系列高质量的宫廷肖像画和宗教绘画作品,这些画作无疑价格不菲。切奇利娅·加莱拉尼的肖像画是其中之一,另外还有3幅画也被认为全部或基本上是出自列奥纳多之手。

现存于米兰安布罗西亚纳画廊的《音乐家》是工作室制作的肖像画中最生动的作品之一(彩图14)。这是一幅半身木板油画画像,画中是一位英俊的年轻男子,他带着一顶鲜艳的红色贝雷帽,帽子下是长长的金色卷发。这是列奥纳多唯一已知的男性肖像画,虽然他的素描本上有许多肖像草图。这幅画没有被列入1618年博罗梅奥的遗赠清单,这份清单中的作品组成了安布罗西亚纳收藏的核心。这幅画在1686年的一份名录中被第一次提到,在那里它被描述为"米兰公爵的肖像",而且人们认为这幅画出自贝尔纳迪诺·卢伊尼之手。1905年,这幅画得到了清洁,人们可以看到画中人右手拿着的乐谱,这幅画的惯用标题也由此而来。[91]

人们经常认为列奥纳多画的这位音乐家是弗兰基诺·加富里奥,从1484年到后者过世的近40年的时间内,他都是米兰大教堂唱诗班的指挥。大教堂档案馆里现存着他为三、四、五个声部创作的作品。他也是一位多产的作家,是最早使用意大利语阐述音乐理论的人之一。列奥纳多有一则笔记提到了一本"有关乐器的书",可能指的是加富里奥的《乐器的和谐》(*De harmonia musicorum instrumentorum*)。[92] 画像中的乐谱几乎已经看不见了,只隐约可见五线谱和字母"Cant. Ang."。根据塞尔日·布拉姆利的说法,这指的是加富里奥所作的《天使赞美曲》(*Canticum angelicum*),但这似乎是一个误读。加富里奥曾写过一本乐理书,即《天使和神的作品》(*Angelicum ac divinum opus musicae*),但这本书至1508年才出版,是在这幅画像之后20年左右,这之间的联系太过薄弱,无法解释这个短语。

列奥纳多认识加富里奥,后者是米兰的显要人物,可能会坐在工作室中让画家为自己画像,但其中仍有许多疑问。他还有其他画像存世,有一幅在他的出生地,即意大利米兰市东南部城镇洛迪,还有一幅是他《乐器的和谐》一书扉页上的木刻版画,都不是特别像列奥纳多肖像画中的那个人。他的年龄也有问题,这幅画像一般被认为与切奇利娅的肖像画像属于同一时期,即大约1488年至1490年,当时加富里奥已近40岁,而这对这位安布罗西亚纳画像上的音乐家来说似乎年龄过大了。

另一种可能是,这幅画像画的是列奥纳多很熟悉的一位年轻音乐家和歌唱家——他以前的学生阿塔兰特·米廖罗蒂。[93] 1490年,受伊莎贝拉·德埃斯特的委托,波利齐亚诺的轻歌剧《奥菲欧》在曼图亚附近的马尔米罗洛上演,阿塔兰特在其中担任主角。列奥纳多很有可能参与了制作(他后来在米兰也筹划上演了一部《奥菲欧》),他可能受委托为这位英俊、机灵的年轻明星画肖像。我们知道他曾画过"阿塔兰特抬起脸的肖像",可能是一幅草稿,被列入1482年的作品清单中。1490年时,阿塔兰特大约24岁,在我看来,与大教堂的唱诗指挥和音乐学家加富里奥相比,他更有可能是列奥纳多《音乐家》的画中人。

《音乐家》的某些部分——例如束腰外衣上的漆面——看起来画得很敷衍。这幅画有时被描述为"未完成",但这可能是列奥纳多在艺术上做出的决定:故意将画的边缘画得随意,框住画面中心精心画成的脸。切奇利娅·加莱拉尼的画像也有类似的问题:她左手的糟糕造型是由于后来的笨拙操作(也许是在19世纪初添加文字的时候)所致,还是列奥纳多刻意而为?这只手几乎没怎么被勾勒出来,而是融入了黑暗中,在黑暗环绕着的中心的明亮部分,是少女和她有四条腿的朋友;更准确地说,这只手可能改变了构图的形状和重点。这种模糊或潦草的边缘轮廓在素描中很常见,但在油画中却不常见,油画传统上有着统一的完成程度。X光检测显示,背景中有一扇窗户,与《柏诺瓦的圣母》中的窗户相似,这扇窗户后来被背景的黑色涂料覆盖,这样做可能出于同样的动机,即尽量降低干扰。这是列奥纳多在米兰创作的肖像画的一个特点——舒缓、天鹅绒般的背景、前景人物似乎是聚光灯下的焦点,仿佛在一些微妙的隐喻性歌舞表演中表演。

有一幅名为《美丽的费隆妮叶夫人》(彩图15)的性感的全脸肖像现藏于卢浮宫,年代约为15世纪90年代中期。这幅画没有《抱银貂的女子》那么迷人和微妙,但可能属于列奥纳多作品中的一个特定的子类——斯福尔扎情妇们的肖像画。这位美丽的女士有着性感的嘴巴和直接的挑衅目光——异常地聚焦在观者身上，而非远处虚无的某处——我们基本可以确定这是卢克雷齐娅·克里韦利的画像，她是"摩尔人"继切奇利娅·加莱拉尼之后的情妇。有独立证据表明列奥纳多为她画过肖像，而在他现存的作品中，这幅画最有可能是她的画像。[94] 和切奇利娅一样，这位年轻女士的怀孕标志着她的地位发生了变化，而且给这幅画提供了大致的日期。1497 年 3 月，卢克雷齐娅生了一个儿子乔瓦尼·保罗，人们公认他是卢多维科的孩子。同年，卢多维科的妻子比娅特丽斯突然去世，他因为忧郁而隐退了一段时间；她生气勃勃，受人欢迎，尽管不是总能受到"摩尔人"的善待，她仍得到许多宠爱。这幅卢克雷齐娅的肖像画，以及诗人随意提到的她是"摩尔人"的"情妇"一事，更有可能发生在这一切之前，即大约 1495 年至 1496 年。

《哺乳圣母》也因其 19 世纪时的收藏者安东尼奥·利塔公爵而被称作《利塔圣母》，是一幅神秘的油画，但从很多方面来看，它都是典型的列奥纳多工作室作品。圣母的头像与卢浮宫的一幅著名素描十分相似，而后者确定出自列奥纳多之手。但是，人们通常认为《哺乳圣母》出自一位米兰助手之手，或许是马可·德奥焦诺，而非更乖僻的博尔特拉菲奥，虽然可能二人都参与了创作。[95] 列奥纳多到底在多大程度上参与了这幅画作，我们只能猜测。大眼睛、嘴唇丰满的圣婴带着一种使人厌烦的甜腻，令他看起来有些不真实。列奥纳多的情感可能徘徊在多愁善感的边缘——《纺车边的圣母》即是另一例——这种倾向很容易成为像马可·德奥焦诺这样的二流追随者创作的列奥纳多风格作品中的一种病态。（英国汉普顿宫现存的《圣子和婴儿施洗者圣约翰彼此相拥》是列奥纳多风格甜腻作品的一个明显的例子，其中的一个孩子与《哺乳圣母》中的圣子很像。）风景则画得敷衍了事。圣子左手中的那只金丝雀缺乏列奥纳多笔下那种活泼和生动的细节。只有圣母面部和颈部柔和细腻的造型以及标志性的闪闪发光的婴儿卷发，说明列奥纳多参与了绘制。这正是在对列奥纳多后来的佛罗伦萨工作室的描绘中所见到的那种工作室作品："他的两名助手负责临摹，而他时不时亲自动手。"

这一系列画作代表了列奥纳多作为画家的一次事业小高峰：这是一系列带有这位大师独特的笔触或气韵的商业作品。许多其他画作即使不是他的作品，也可以说是他的工作室的作品。例如，安布罗吉奥·德·普雷迪斯绘制了美丽的侧脸肖像《戴珍珠项链的女士》(*Lady with a Pearl Necklace*)，有时被确认为画中人是比娅特丽斯·德埃斯特。他的另一幅引人注目的肖像画现存于伦敦的英国国家美术馆，画中的年轻男子留着姜黄色的米兰花童短发，穿着豹皮领子大衣，年代为1494年。[96] 还有博尔特拉菲奥那幅现藏于米兰波尔迪佩佐利美术馆的美丽的《圣母子》，其动感十足的姿势极具列奥纳多风格；还有他创作的那幅富有魅力、充满女性气质的吉罗拉莫·卡西奥肖像画（实际上这幅肖像画太过女性化，使17世纪鉴赏家伊尼哥·琼斯一度认为这是列奥纳多为吉内薇拉·德·班琪绘制的肖像画。琼斯将画中人外套上编织的字母读作"G.B."，但实际上是"C.B."，可能指的是卡西奥的情妇Costanza Bentivoglio）。[97] 马可·德奥焦诺平淡无奇而忠实地临摹了《岩间圣母》。各种米兰版本的《救世主》(*Salvator Mundi*) 都可以追溯到列奥纳多的原作。

其中一例我们有一份书面合同。1491年6月14日，博尔特拉菲奥和马可·德奥焦诺受委托为米兰圣乔瓦尼穆洛教堂画一幅祭坛装饰画。顾客是格里菲兄弟，他们在那里捐赠了一座小教堂，以纪念他们的父亲贝内文托大主教列奥纳多·格里菲。按照合同约定，画家需要在次年11月，即赶在圣伦纳德（这座小教堂是献给他的）的节日前交付祭坛画，但他们未能按期完成；祭坛画直至1494年才完成。这幅画是《基督复活及圣伦纳德和圣卢西亚》，现藏于柏林。[98] 这幅画的上半部出自马可之手，博尔特拉菲奥则负责跪着的圣徒。整幅作品都受到了列奥纳多的影响：金字塔式的构图、复活的基督的螺旋式对立平衡、风景的岩石条纹。合同中将两位画家称为合作伙伴，并没有提到列奥纳多，但我们从萨莱的备忘录中了解到，两位艺术家在1491年时都是列奥纳多工作室的成员。这幅画是工作室支持下的一份独立委任，就像列奥纳多的吉内薇拉像是韦罗基奥工作室资助下的独立项目。格里菲祭坛画的佣金是50杜卡特，与1483年给列奥纳多与德·普雷迪斯兄弟的《岩间圣母》的200杜卡特相比，不是一个

米兰工作室。左上：列奥纳多《哺乳圣母》的银笔尖素描。右上：《哺乳圣母》，约1490年由工作室集体绘制。左下：安布罗吉奥·德·普雷迪斯，《戴珍珠项链的女士》，可能是比娅特丽斯·德埃斯特的肖像画。右下：乔瓦尼·安东尼奥·博尔特拉菲奥的《圣母子》。

大数目。[99]这反映了这幅画的地位：委托工作室二等艺术家绘制的作品。正像列奥纳多所说的，它"相当便宜"。

解剖学家

列奥纳多对解剖学产生兴趣的最早迹象——第一批素描、最早有目的性的笔记——始于15世纪80年代末，这只是他影响最深远的一项成就的开端。就他的实际贡献——他所带来的改变——而言，他作为解剖学家所取得的成绩远比他作为工程师、发明家或建筑师重要得多。他比以前更严格、更具体地描绘和记录了人体；他的人体解剖图为描述人体器官创造了新的视觉语言，与他为机械绘制的机械草图一样。做这些研究需要顽强的勇气，因为这类研究在当时还是禁忌，受到教义的质疑，并且还必须在没有发明冷冻技术前的环境中做尸检，压力极大、令人作呕。列奥纳多的解剖学成就体现了他乐于实践、秉持经验主义和动手调查的信念，这是对先哲——盖伦、希波克拉底、亚里士多德，他们三人仍是当时医药学的中流砥柱——公认的智慧的探索和重新评估。

正统教义认为解剖学是一种过分的好奇：人是按照上帝的形象造出来的，不应像机械那样被分解。解剖学揭示了"大自然精心隐藏的东西"，早期人文主义者科卢切·萨卢塔蒂这样写道，"我不明白怎样才能看着身体上的洞而不流泪"。至少曾有一次，列奥纳多的解剖活动使他与教会产生了冲突：1515年在罗马，一个怀有恶意的人"成为我在解剖学上的阻碍，在教宗面前和医院中诋毁我"。[100]

列奥纳多的解剖学研究属于"科学家列奥纳多"的工作范畴，但与作为艺术家的列奥纳多也有着重要的联系：解剖学研究消除了这两个角色之间的隔阂，或者表明它们之间没有真正的隔阂。解剖学同几何学和数学一样，都是绘画的基础。在一幅描绘了颈部和肩膀神经的解剖草图下方，列奥纳多写道："这种演示对优秀的制图员来说是必要的，就像拉丁语词源对优秀的语法学家来说一样。"[101] 人们会想到在《最后的晚餐》中，列奥纳多用紧绷而扭曲的颈部肌肉表现了当下这一戏剧化场面。因此，他对解剖学产生了兴趣，就像他后来对光学产生了兴趣一样，是他作为画家工作的必然结果，或许特别是他作为米兰工作室的老师指导学生及学徒绘画的必然结果。这里出现了"画家兼哲学家"的理念，他的艺术是建立在他对所描绘的一切拥有深厚的科学知识之上的。自此开始，他勤勉地写作短文和论文，这些在他过世后都被收录进列奥纳多伟大的文集《论绘画》中。对早期的传记作家而言，列奥纳多这么做并非全然是一件好事：焦维奥确信，列奥纳多作为艺术家之所以低产，完全是因为他在"艺术的副业"上花费了大量时间，这些副业中最主要的就是解剖学和光学。瓦萨里也认为这些研究是无关紧要的，并且最终削弱了列奥纳多的艺术创作。

列奥纳多或许曾经在韦罗基奥那里就已经学过解剖学。15 世纪 70 年代佛罗伦萨的具象风格——安东尼奥·德尔·波莱沃洛的绘画、韦罗基奥的雕塑——在解剖学细节和戏剧表现力上都十分强烈。波莱沃洛有许多详细描绘人体肌肉的草稿，显然是借助解剖学知识画成的，之后他绘制了著名的《裸体男子之战》(*Battle of the Nude Men*)。[102] 列奥纳多可能听说过，甚至可能认识佛罗伦萨解剖学家安东尼奥·贝尼维尼，他是洛伦佐·德·美第奇的朋友。贝尼维尼研究心脏和其他内部器官的功能，但他最感兴趣的是解剖处决后的尸体，寻找犯罪行为的解剖学指标。他的论文《论隐藏的原因》(*De abditis causis*) 报告了他在做过 20 次这样的解剖后的发现。

或许还有其他佛罗伦萨的影响需要纳入考虑，但正是在米兰，他表现出了对解剖学的强烈兴趣。实际上，1489 年，列奥纳多正在计划写一本关于这个主题的"书"——一份论文手稿。有文字资料可以证明这一点：在残留的草稿和内容清单中，有一份的日期是 1489 年 4 月 2 日。列奥纳多后来为这本计划中的书或论文起名为《论人体》(*De figura umana*)，再次说明了解剖学和绘画的联系。[103]

1489 年，36 岁的列奥纳多思考着死亡的通用象征，即人的头骨。他在现藏于温莎城堡的 3 页手稿上描绘了 8 幅头骨速写——有侧面图、截面图，以及俯视图。[104] 这些头骨画得很精致，阴影效果很美，并相当诡异。不同的草图展示了不同的细节：一幅描绘了面部的血管；一幅表现了眼眶及上颌窦（眼窝和颌骨）之间的关系；另一幅则是空腔颅骨的俯视图，描绘了颅内神经和血管。但正如附注所示，他的主要兴趣与其说是科学的，不如说是形而上学的。一幅草稿中的头骨按比例画成了正方形，列奥纳多在旁边写道："在 a-m 线和 c-b 线相交的地方，就是所有感官的会合点。"

他试图指出的这种"所有感官的会合点"，就是亚里士多德所假设的"共同感觉"（sensus communis）。在这里，各种感官得以被协调和诠释。共同感觉被描述为大脑三个"脑室"（ventricle）中最重要的一个，另两个脑室是收集原始感观数据的"印象"（imprensiva）和存储处理过的信息的"记忆"（memoria）。脑室仅指一个场所或腔室，但共同感觉也很活跃。以电脑类比，共同感觉类似中央处理器：既是一个物理实体，也是一个形而上的系统。在与头骨草稿同时期的一些笔记中，列奥纳多为这套经典理论写下如下定义：

> 共同感觉是判断其他感官给予它的东西的东西。古代先哲总结说，人的解释能力来自一个器官，其他的五种感官都将信息送至这个器官……他们说这个共同感觉位于头部中央，在印象和记忆的区域之间。

因此，共同感觉是理性、想象、智力，甚至灵魂的家园。列奥纳多继续写道：

> 灵魂似乎栖息在这个器官中……这个器官被称为共同感觉。共同感觉不像许多人认为的那样散布在全身，而是集中一处，因为如果它遍布全身，又处处相同的话，便没有必要让不同感官会合了……共同感觉就是灵魂所在之处。[105]

按照字面意思理解的话，我们可以从温莎城堡皇家图书馆收藏的头

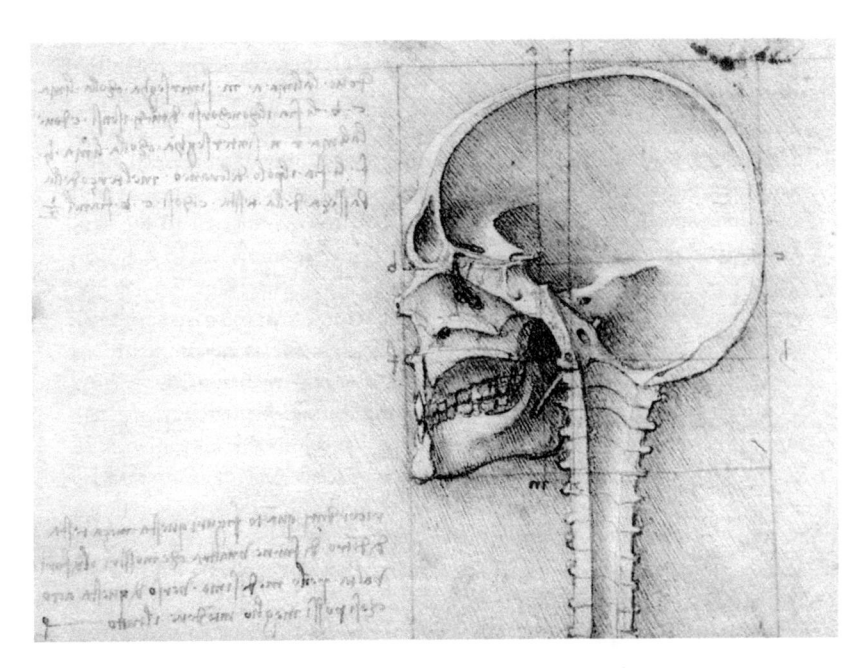

"灵魂所在之处"，人类头骨的剖面草图，并测量数据以定位共同感觉。

骨速写中得出一个非同寻常的想法，即列奥纳多为一个人的灵魂所在的地方提供了一个实际的参考坐标网，这当然太过于表面了。列奥纳多是在研究而非假设，他指出这个理论来自"古代先哲"，主要是亚里士多德，他还指出这一理论对其他古代先哲——柏拉图主义者、神秘主义者——的影响，他们认为万物有灵。尽管如此，这仍然是典型的列奥纳多式的飞跃——一定程度上惊人的研究潜力。通过这些速写所说明的这种清晰、冷静的研究，肯定有可能找到一个人大脑中的秘密。如果共同感觉真的存在，我们一定可以找到它；如果灵魂真的存在，也一定在那里。我们通过这些笔记听到了他的想法：他同时是魔术师和怀疑论者。他一丝不苟地凝视着头骨中的各个角落和腔室，眼中燃烧着强烈而模糊的好奇，其中交织着"恐惧与渴望——恐惧是因为害怕那个可怕的黑暗洞穴，渴望是想看看里面是否有什么奇妙的东西"。

在其中一页头骨速写背面，他写下了日期，1489年4月2日，并列下他将要研究的主题。他从专门针对头部和面部的问题开始，因此与头骨系列速写联系在一起：

> 肌腱会引起眼睛的运动，所以一只眼睛的运动会带动另一只。
> 关于皱眉。
> 关于眉毛的扬起和低垂。
> 关于眼睛的睁开和闭合。
> 关于鼻孔的翕动。
> 关于张开嘴唇而牙关紧闭。
> 关于噘起嘴唇。
> 关于大笑。
> 关于震惊……

然后，他突然扩大了研究范围，这也是他的典型做法，几乎没有停顿，就从大笑和震惊所调动的肌肉运动突然转向：

> 描述人一开始为何在子宫内，以及为何八个月大的胎儿无法存活。
> 什么是打喷嚏。
> 什么是打哈欠。
> 癫痫
> 痉挛
> 麻痹
> 冷得发抖
> 流汗
> 饥饿
> 睡觉
> 口渴
> 情欲

然后，他继续研究人体的肌腱和肌肉系统——"关于引起肩膀到肘部运动的肌腱系统""关于引起大腿运动的肌腱系统"，等等。这一主题可能与另一幅描绘了手臂和腿部的肌腱的早期解剖学速写有关。[106] 这幅速写在技术上的缺陷表明这是列奥纳多在解剖的同时画的，因此画得更粗糙、更仓促。

在这个解剖学研究项目中，我们已经感受到列奥纳多对全面性的渴望，而这也成为列奥纳多科学研究的弱点：一切都必须重新解释，每个主题都会打开许多其他需要检视的主题。

"论人体"这一研究的一部分是一系列草图，这些草图以平面图的方式描绘人体比例，并建立了人体不同部分之间的数学比例。[107] 我们在此再次发现了维特鲁威的影响。维特鲁威是公元1世纪的罗马伟大建筑师和军事工程师，他的著作是一份对古典时期有关和谐比例主题的理论和实践的独特记录。温莎城堡皇家图书馆藏有一些关于这一主题的素描，年代约为1490年；另有一些草稿现已失传，但在《惠更斯古抄本》中可以看到副本，这份古抄本于16世纪下半叶汇成，可能由米兰艺术家吉罗拉莫·菲吉诺编汇，他是列奥纳多的前助手弗朗切斯科·梅尔齐的学生，因此可以接触到梅尔齐收集的大量列奥纳多的资料。

这些关于人体比例的速写中最著名的一幅——事实上是世界上最著名的素描之一——即《维特鲁威人》(*Vitruvian Man*)，也被称为《圆形中的人》(*Homo ad circulum*)，它已经成为列奥纳多和他志向远大的心灵的一种标志。就像大多数非常著名的作品一样，人们更多的是在孤立的名气的聚光灯下看它，而非在其创作背景下看它。

《维特鲁威人》是一幅大尺寸金属笔素描（13.5英寸×9.5英寸），现存于威尼斯的学院美术馆。[108] 它之所以存于威尼斯，可能与乔康多修士1511年在威尼斯出版的对开本《维特鲁威文集》有关，其中有一幅依照这幅素描而作的版画。素描上方和下方都有手写的文字。上方的文字这样写道：

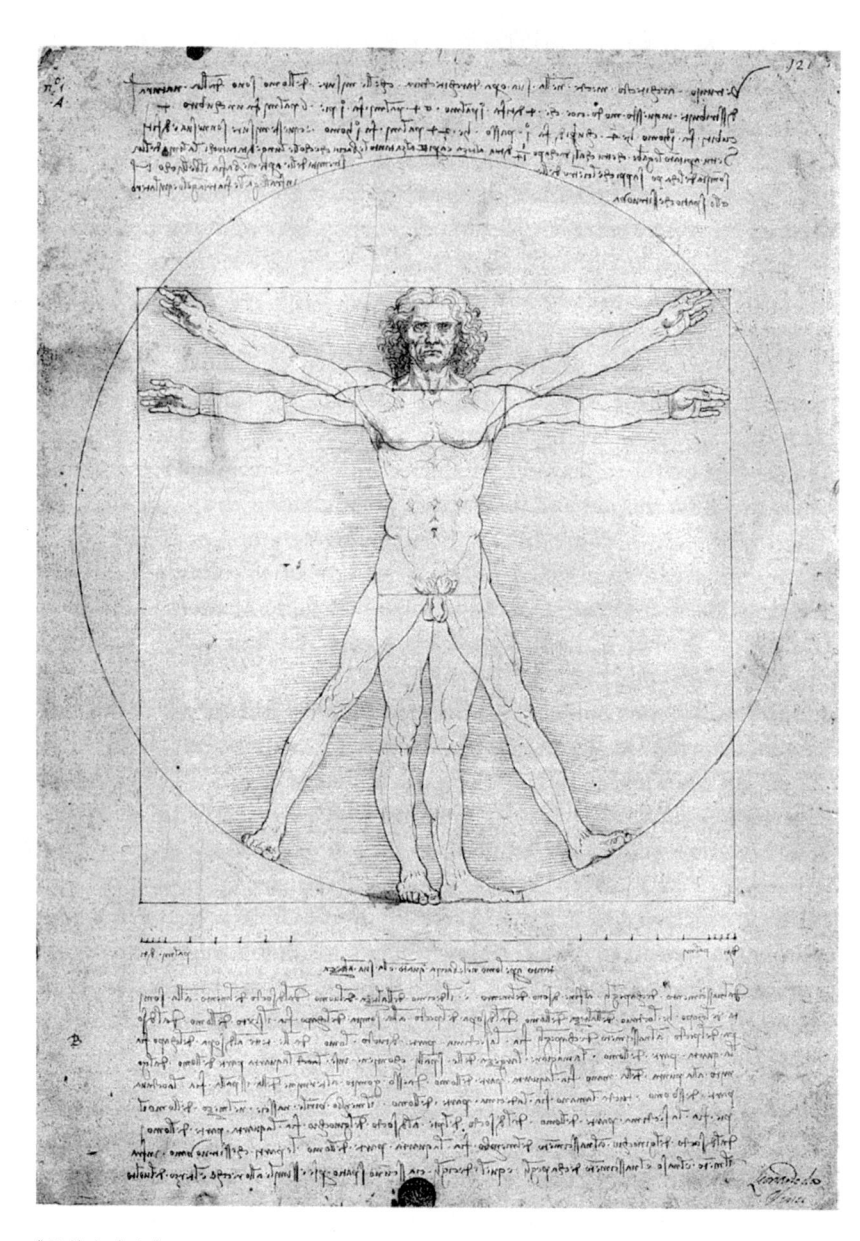

《维特鲁威人》。

建筑师维特鲁威在他关于建筑的作品中说，大自然以如下方式安排人体比例：四指为一掌；四掌为一足；六掌为一腕尺（cubit）［前臂的长度，词源为拉丁文cubitus，即肘部］；四腕尺为人身高……

这些比例——引自维特鲁威的《建筑十书》的第3卷开头——写到后面越来越精密："从肘部到指尖的长度是身高的1/5；从肘部到腋窝的长度是身高的1/8"等。素描下方是以手指和手掌为单位画的量尺。

素描中画的是同一个男子摆着两种不同的姿势，与文字中的两句话相呼应。双腿并拢、双臂水平伸出的男子说明了素描下方的这个句子："Tanto apre l'omo nelle braccia quanto è la sua altezza"——"人张开双臂的宽度等于他的身高"。因此，这名男子被封闭在一个正方形中，正方形的每条边有96指长（或24掌长）。另一个人双腿分开，双臂抬得更高，表达了一种更为专业的维特鲁威法则：

如果你张开双腿，使身高降低1/14，然后抬起你张开的双臂，直到中指的指尖与头顶齐平，你会发现张开的四肢的中心是你的肚脐，双腿之间的空间将是一个等边三角形。

画中这名男子被封闭在一个以他的肚脐为圆心的圆中。

这幅素描的魅力部分源于抽象几何与观察到的物理现实的相互作用。画中人的身体只画了个大概，但是轮廓优美，肌肉结实。双脚似乎真的踩在正方形的底边上，或是撑着圆环。这两个形体为观者带来一些动感，使人想到体操运动员的动作，或像鸟摆动翅膀一样上下挥动手臂的人。人的身体以简洁、图解式的线条勾勒，但面部的处理方式相当不同。人脸画得更精细，打上了富有戏剧性的阴影：这个人怒目而视。

我有时会想，《维特鲁威人》是否是一幅自画像。直观而言，它似乎并不是——这幅素描绘于1490年左右，画中人看起来比38岁大。同样的情况是，脸部是用来说明附加文字中所说的人体比例的，例如从发根到眉毛的距离等于下巴尖端到嘴的距离。从这个意义上说，这些特征是理想的或模范的。然而，这幅素描的整体理念似乎是对这些抽象的生理-几何对称进行物理性的现实表现，因此圆圈中这个看起来严肃的人似乎不是随便的一个人，而是某个人物——某个眼神犀利深邃，留着浓密的中分卷发的人。至少我想说，《维特鲁威人》中含有自画像的元素：那个代表着自然和谐的人也代表着唯一能够理解它们的人——作为艺术家、解剖学家和建筑师的列奥纳多·达·芬奇。

斯福尔扎铜马

1489 年 7 月 22 日，佛罗伦萨驻米兰大使彼得罗·阿拉曼尼如往常一样给佛罗伦萨的洛伦佐·德·美第奇写信定期汇报情况，这封信包括以下内容：

> 君主卢多维科计划为他的父亲建造一座与之相称的纪念雕像，根据他的命令，列奥纳多被要求制作一尊全副武装的弗朗切斯科公爵骑着青铜大马的雕像。由于君主大人心中所想的是前所未见的绝妙雕像，他让我给您写信，询问您能否派一到两个专门从事这类工作的佛罗伦萨艺术家来米兰。在我看来，虽然他把任务交给了列奥纳多，但他并不相信列奥纳多能顺利交差。[109]

尽管列奥纳多能否胜任这项任务还存在一些不确定性，但至少在阿拉曼尼大使心中，这封信是一份至关重要的文件。到 1489 年年中，卢多维科终于委任列奥纳多制作他说了很久的斯福尔扎铜马。虽然他还有疑虑，委任却是认真严肃的：卢多维科订下的"模型"不是微缩迷你模型，而是一尊泥塑的全尺寸版本，然后将用它来制作青铜雕像的模具。卢多维科在邀请两名佛罗伦萨专门从事"这类工作"—— 大型冶金和熔炉工作——的专家时，考虑到了后期的阶段，但洛伦佐回信说，没有这样的大师。[110]

我们看到，在过去的 7 年中，列奥纳多努力在斯福尔扎的宫廷中站稳脚跟，而有了这个重要的公共项目委托，我们终于可以说他达到目标了。证明他获得青睐的其他标志有切奇利娅·加莱拉尼的画像，这无疑是受了"摩尔人"的委托，以及重建公爵夫人在城堡花园中的"凉亭"，这可能也得到了卢多维科的亲自批准。这些项目也可以追溯到1489年左右。

1490年4月23日之前，列奥纳多肯定就已经在做铜马的项目了，因为那一天他在一本新笔记，即现在的《巴黎手稿C》中提到，"我开始使用这本笔记，而且再次开始造马"。笔记的其他地方还提到了报酬："4月28日，我从马尔凯西诺[卢多维科的财务主管马尔凯西诺·斯坦加]那里收到103里拉。"这段话没有提到年份，很可能是1490年，也就是在使用《巴黎手稿C》的5天后，似乎指的是与斯福尔扎铜马有关的一笔正式报酬。他现在开始认真创作了。[111]

这项伟大但最终徒劳无功的冒险要追溯到15世纪60年代末，当时有人首次提出了要建造一座巨大的骑马雕像来纪念弗朗切斯科·斯福尔扎的想法。这个项目的消息传遍了佛罗伦萨各工作室：安东尼奥·德尔·波莱沃洛曾有过一个设计图案，现存慕尼黑。列奥纳多在1482年写给卢多维科的计划书中首次提到他对骑马雕像感兴趣。那时他对此已经有了一点经验，因为他可能在韦罗基奥的巴尔托洛梅奥·科莱奥尼骑马雕像的筹备阶段协助过后者：温莎城堡皇家图书馆收藏的一页纸上画着一匹马的比例分析，这肯定与科莱奥尼项目有关。[112]韦罗基奥把生命的最后几年都奉献给了这件伟大的作品，如今这座雕像矗立在威尼斯。这座雕像对列奥纳多产生了怎样的影响是个复杂的问题：他可能没有亲眼见过这座雕像（没有证据表明他曾在这一阶段到访过威尼斯），但他肯定常常想起这座雕像，作为衡量自己的努力的准绳——当他的老师于1488年留下未完成的雕像而过世，为这位一直想要"超越他"的学生留下了施展空间后，或许就更是如此了。

当列奥纳多在1489年的最后几个月开始起草规划和设计时，他是如何设想这尊铜马雕像的？简短的答案是，他按照一贯的做法，设想了一尊前所未有的铜马雕像。当时意大利有4尊著名的骑马雕像：罗马的马可·奥勒留骑马雕像,年代为公元 2 世纪;稍晚一些的位于意大利西北部帕维亚的古典雕像《太阳王》;意大利东北部帕多瓦的多纳泰罗的《格太梅拉达骑马像》,15 世纪 50 年代中期完工;韦罗基奥在威尼斯的科莱奥尼骑马像,目前仍未完工。这些雕像无一例外地展示了马在行走或小跑。在每一种情况下,马都抬起左前腿,表示它正在前进,而其他马蹄则落在底座上。与以上这种常见形式不同,列奥纳多最早的斯福尔扎铜马的素描显示,在他的设想中,马是剧烈地暴跳起来。所有草稿中最出色的是温莎城堡皇家图书馆所藏的一张用金属笔画在蓝色特制纸上的速写,画中的马优雅而充满活力,尽管克拉克——研究列奥纳多马匹素描的专家——发现这个造型不如后来草图上的"丰满和线条熟练"。[113]

  这种设计的主要问题来自技术层面:如何只用固定在底座上的两条后腿支撑一匹巨大的铜马的重量。草图试着给出了一种解决方案:在马的前蹄下安置一个倒下的敌人。另一页上有一幅更为敷衍的草图,竖立起来的马下有一个树桩。[114] 但稳定性的问题依然存在:这个想法引人注目,但不切实际,也许这正是卢多维科对列奥纳多感到担忧的原因,正如阿拉曼尼大使所言:"他并不相信列奥纳多能顺利交差。"

  列奥纳多很快就放弃了这个想法,下一个阶段的草图描绘了较为传统的马的小跑姿态。之所以会有这种重新考虑,似乎是因为 1490 年 6 月他在帕维亚观看过《太阳王》后受到了启发。《大西洋古抄本》的一页笔记保存了这座雕塑引发的一连串思考。他在这一页的顶端写了 5 句话,每句都另起一行,所以它们看起来像箴言,而它们读起来也很像。但人们也觉得,这是当他敬畏地站在《太阳王》前,脑海中浮现出与他自己几个月前又"重新开始"思索的马有关的想法时,随便编造的箴言。这页笔记的顶端被裁掉了,所以第一行字失传了,人们只能看到其残存的部分。第一句话可能提到了另一尊骑马纪念雕像,这样就能够解释下一行(现在成了第一行)突兀的开头:

  帕维亚的那一尊最值得称赞的是它的动作。
  仿古比仿新更值得称赞。

正如城堡和男人所表现的那样，美感与实用不可兼得。

这小跑的姿态几乎具有一匹自由之马的品质。

在自然活力缺失的地方，我们必须以人工的方式补充。

在同一页上他画了一幅小跑的马的小型素描，无疑是受到了《太阳王》启发：这可能是设计斯福尔扎铜马的新阶段的第一个设计图案。[115]

这当然不是列奥纳多参考的唯一一座雕塑。从这个阶段起，他画了一系列充满活力的马匹素描，这些素描明显源于生活——这些皮光毛滑、体形庞大的动物，在他笔下显得生机勃勃（彩图17）。这使我们想到斯福尔扎铜马的个人灵感来源：作为骑手的列奥纳多毕生爱马。他画的马来自年轻的米兰廷臣兼士兵加莱亚佐·圣塞韦里诺（Galeazzo Sanseverino）的马厩，不久后，加莱亚佐就娶了卢多维科的一个私生女，从而改善了自己的命运。列奥纳多特别提到了"加莱亚佐先生的大西班牙种小马"，名叫西西里亚诺。[116]

帕维亚的《太阳王》所展示的是正在小跑的马，几乎可以肯定这就是斯福尔扎铜马的黏土模型所采用的姿势，后者最终于1493年左右完成。我们无法确定，因为黏土模型已经被毁，而雕像本身也从未被铸造：这是列奥纳多另一个未完成的项目。然而，就连他的失败也有一种魔力。半个世纪后，作家彼得罗·阿雷蒂诺在谈到一位雕塑家制作一尊骑马雕像时会说："他会以这样一种方式制作一个马的铸件，使列奥纳多在米兰做的那个不再会有人提及。"这暗示了列奥纳多的模型在被毁掉后的很长时间内仍被"提及"。[117]但这些后来的阶段——马的制作和摧毁——属于下一章。

在旧宫

斯福尔扎铜马的正式委托让列奥纳多得到一处官方住所，这是非常实在的好处，很可能是在这个时候，列奥纳多住进了旧宫。这个宽敞的新住所是他身份的一个标志，尽管实际上是这匹巨大的马本身需要这么大的空间。

旧宫曾是米兰第一个伟大王朝,即维斯孔蒂王朝的宫殿所在地和权力中心,它在斯福尔扎时代被斯福尔扎城堡取代。旧宫位于广场南侧的大教堂附近,宏伟却破败,是上一个时代的象征。它戒备森严,有塔楼和护城河;墙内建筑排列在两座被门廊包围的大型庭院旁。[118] 宫殿的一部分是忧郁的年轻公爵吉安·加莱亚佐的住所,虽然卢多维科越来越倾向于让他安全地隐居在帕维亚那令人生畏的切尔托萨要塞。今天,旧宫已经荡然无存:它在18世纪被拆除,为修建宏伟的王宫让路。

在温莎城堡皇家图书馆收藏的画谜中,有一幅宫殿的平面图,可能画的正是旧宫。这幅平面图绘制的年代显然早于画谜,因为画谜被巧妙地嵌入了平面图的空白空间中,就像是插入宫殿房间的一幅小型壁画一样。后来的一则笔记给出了一些尺寸数据:"大厅有128步长,27布拉乔奥宽。"[119] 如果1步大致可以换算为30英寸,1布拉乔奥约为24英寸,我们看到的是一个超过300英尺长、50英尺宽的广阔空间。这间衰落的旧维斯孔蒂宴会厅或许就是列奥纳多设计斯福尔扎铜马的工作室。

在人们心中,与列奥纳多租用旧宫联系在一起的无疑是斯福尔扎铜马,米兰宫廷诗人巴尔达萨雷·塔孔激动地写道:

看他[卢多维科]在旧宫
　如何铸造一座纪念他父亲的巨大金属雕像[120]

而在列奥纳多绘制《最后的晚餐》时,他著名的见证人马泰奥·班代洛记录说,他看到列奥纳多"离开制作那匹奇妙的黏土马模型的旧宫"。[121]

但也不只是这匹马需要这样的空间——还有扑翼飞机或飞行器。在《大西洋古抄本》中迷人的一页上,粗略地画着一架翼展宽阔的飞行器、一把通向它的爬梯,还有一条笔记写道:"用木板将上方的大房间围起来,并将模型造得又高又大。模型可以放在屋顶上,从各方面来说,这都是整个意大利最合适的地方。如果你站在屋顶,站在塔楼的旁边,圆顶塔楼上的人就看不到你了。"[122] 这指的显然是旧宫的屋顶，因为这里距离大教堂的圆顶塔楼足够近，所以在那上面工作的人可以看到；而用来隐藏他的活动的塔楼，可能是旧宫本身的一座塔楼，也可能是邻近的圣戈塔多教堂的钟楼。当旧宫作为维斯孔蒂宫廷所在地时，圣戈塔多教堂曾是维斯孔蒂家族的小礼拜堂。工人更有可能是在大教堂于1490年开始建造圆顶塔楼后，出现在了那上面。

列奥纳多可能真的在米兰测试了一架飞行器。数学家兼哲学家吉罗拉莫·卡达诺认为列奥纳多是一个"非凡的人"，他毫不含糊地表示列奥纳多"尝试过飞行，但失败了"。卡达诺于1501年出生在附近的帕维亚，列奥纳多最后一次离开米兰时他12岁，他可能记录了一些自己了解的事情。[123]

《莱斯特古抄本》里有一条关于化石的笔记，可能也提到了旧宫："在帕尔马和皮亚琴察的山区，可以找到大量的贝壳和珊瑚。当我在米兰制作那匹巨大的马时，几个农民带了一大袋贝壳和珊瑚来到我的工厂。"[124] 列奥纳多使用的词是fabbrica，使人们可以感受到这里的工作规模：一间工厂，或实际上是一个由专业工人组成的复杂组织，类似附近大教堂的工程部。

这就是列奥纳多在米兰的家——一座宏伟但相当古老的宫殿，有带柱廊的庭院和通风的走廊，坐落在大教堂广场的边缘。这就是他用来建造巨马雕像和飞行器的飞机库般的工作室。他的工作室还生产宫廷肖像画和美丽的圣母像；他的书房堆满了笔记本和手稿；小房间给他的助手们；他的实验室留给索罗阿斯特罗做实验。他的书架、箱子和古玩，他的储物柜和马厩，他的橱柜里满满的锡制品——11只小碗、11只大碗、7个盘子、3个托盘、5个烛台，全都被仔细地列在15世纪90年代初的一个笔记本中。[125]

他只是权且住在这里——一座废弃的意大利宫殿称不上是个家——但人们也知道列奥纳多渴望干净整洁，对居住环境非常挑剔。在1490年4月23日的一页很有可能写于旧宫的笔记上，他写道："你若想知道人的灵魂如何栖息在他的身体内，就看看他的身体如何对待它的日常住所；如果后者是无序的，那么他的身体就和灵魂一样处在一个无序和混乱的状态。"在另一篇写于这个时期的文字中，他描绘了画家在"他的住所中摆满迷人的绘画，保存完好，常伴有音乐或各类好书的朗诵"。[126] 有那么一会儿，人们仿佛听到七弦琴的乐声飘进了庭院里。这当然是一幅理想化的图景，忽略了前来索要报酬的木匠、不请自来的廷臣、丢失的银尖笔、角落里抓挠跳蚤的狗——这些才是生意兴隆、繁荣的工作室的日常生活，他就在这样的环境中创作和讨生计。

第五章

在旧宫
1490—1499

命运女神迎面走来时,要牢牢地抓住她——从前面我告诉你,因为她后面是秃的……

——《大西洋古抄本》, fol. 289v

戏剧演出

新的十年以一场庆祝吉安·加莱亚佐公爵与阿拉贡的伊莎贝拉新婚的戏剧表演开始，颇为吉祥。[1] 这是一场名为《天堂》的假面剧或轻歌剧，由贝尔纳多·贝林乔尼填词，列奥纳多·达·芬奇负责舞台布景与戏服设计。这场戏剧表演于1490年1月13日晚在城堡的绿厅上演——这是列奥纳多参与的最早有文字记载的戏剧作品。

吉安·加莱亚佐当时20岁，是一个脸色苍白、勤奋好学、忧郁的年轻人。有一份他和他专横的叔叔卢多维科签了名的文件，我们从中可以生动地看出他们的关系。阿拉贡的伊莎贝拉比吉安·加莱亚佐小1岁，是他美丽的王室表妹：她的父亲阿方索是那不勒斯王国的继承人，而母亲是卢多维科的姐姐伊波利塔·玛利亚。很多人都提到过伊莎贝拉的美貌：她"如此美丽，像太阳一般，光芒四射"，这是费拉拉大使雅科博·特罗蒂说的（我们也能从他对切奇利娅·加莱拉尼的评论中读到类似的美誉）。列奥纳多的助手博尔特拉菲奥曾画过一幅精美的红色粉笔素描，传统上认为画的就是她。

贝林乔尼第一版的诗歌在其逝世后于1493年在米兰出版，《天堂》的

博尔特拉菲奥的红色粉笔肖像画，据信画中人是阿拉贡的伊莎贝拉。

介绍如下：

> 以下这出轻歌剧，由贝尔纳多·贝林乔尼先生为一场庆祝活动，或更准确来说是为一场演出而作，名为《天堂》，这是应卢多维科大人的要求，为赞美米兰公爵夫人而创作的。它之所以取名为《天堂》，是因为来自佛罗伦萨的列奥纳多·达·芬奇大师以伟大的天才和技巧，创造了一个拥有全部7颗绕轨道飞行的行星的天堂。行星由人饰演，根据诗人对行星的描述，他们有着相应的打扮和着装，这些行星全都颂扬伊莎贝拉公爵夫人。阅读剧本时，这番景象便能浮现在你的脑海中。[2]

从这段简介的字里行间看起来，这场演出令人难忘的部分，似乎是列奥纳多制造的视觉效果，而非贝林乔尼大师易朽的诗作。幸运的是，我们还有敏于观察的特罗蒂大使记录了演出当天的情况。

大厅中挂满了常绿树叶做成的花饰，丝绸覆盖着四周墙壁。大厅一侧是一个倾斜的舞台，长40英尺，上面铺着地毯，下面是为音乐家准备的稍矮的舞台。另一侧则是"天堂"本身，被丝绸幕布遮盖着，直到表演开始时幕布才被揭开。晚上8点开始，音乐家们——风笛手、长号手、手鼓手演奏了一曲那不勒斯小调，向光彩照人、舞姿曼妙的年轻公爵夫人致敬。接着是一群乔装成来此拜见她的"列国使节"的演员，他们代表着西班牙、土耳其、波兰、匈牙利、德意志和法兰西，每个人都说出了一个为她跳舞、表演假面剧的理由。将近午夜时分，戏剧表演真正开始。灯光暗了下来，帷幔揭开，天堂出现在人们眼前：

> 天堂的形状像半个鸡蛋，内壁贴满金子，有许多小灯点缀其上，仿若繁星，扮演七颗行星的演员按照其角度站在特定的壁龛上，或高或低。在这个半球的顶部边缘排列着黄道十二宫，玻璃后面有几盏灯，形成一幅壮美的奇观。在这个天堂里，人们听到一阵阵悦耳的歌声与甜美的声音。[3]

观众惊叹于这闪闪发光的幻境，随后"报喜者"——一名打扮成天使的男孩，就像在贝林乔尼和列奥纳多都十分熟悉的佛罗伦萨神圣剧中那样——向前迈出一步，开始表演。

《天堂》向我们展示了列奥纳多作为米兰宫廷盛景打造者和舞台特效制作者的一面。这是那个时代的多媒体盛宴——以木头和布料布景，通过色彩、灯光、音乐、芭蕾与诗歌的结合，将其转化为一种空灵的东西，并赋予其活力。同年晚些时候，这场演出在另一场上流社会的婚礼上再次上演。在列奥纳多的笔记本里，仅有几处关于《天堂》的记录：一幅"让天堂呈现于舞台上"的"蓝白相间方格图案布"的速写，以及一张开支清单，上面列着"金子、贴金子的胶水"和25磅的用来"制作星星"的蜡。[4]

几乎就在一年后，列奥纳多参加了卢多维科和比娅特丽斯·德埃斯特的婚礼，以及卢多维科的侄女安娜·斯福尔扎和比娅特丽斯的哥哥阿方索·德埃斯特的婚礼。作为庆祝活动的一部分，加莱亚佐·圣塞韦里诺组织了一场马上比武大会，这位风度翩翩的年轻军官现在已经是"摩尔人"的女婿了（1490年1月10日他与卢多维科的私生女比安卡成婚；他们无疑是出席3天后《天堂》表演的贵宾之一）。他在骑马、马上比武、摔跤、跳高和"使用各类武器"方面的高超技艺被记录在卡斯蒂廖内的《廷臣论》中。有一段开头写道："考虑到加莱亚佐·圣塞韦里诺先生的优雅体态和敏捷。"[5] 1491年1月26日，列奥纳多记录说："我在加莱亚佐先生的家里，为他的比武大赛组织了一场表演。"他还提到圣塞韦里诺的一些男仆穿上戏服，打扮成野人。[6] 他们扮演的野人是颇受欢迎的民间传说人物，与中世纪英格兰的绿人同源——绿人象征着大自然不可征服的力量，是人类处于原始纯真状态的形象。他们穿着由兽皮或是叶子和树皮制成的穴居人的服装，挥舞着一根有节的木棒；这些将是他设计戏服的惯用模版（有人可能会联想到索罗阿斯特罗的用五倍子做的衣服）。当时的人对比武大赛的描述是"一大群人骑着马，打扮得像野人，拿着大鼓和刺耳的号角"。圣塞韦里诺本人拿着一面金色盾牌，上面画着一个留胡子的人，即"野蛮人"。他站在公爵讲台上，宣布他是"印度人国王之子"。在1491年，这肯定是指印度，而非新大陆。当时，哥伦布和他的卡拉维尔帆船

"圣玛利亚"号还没有离开西班牙，但它预示了野人的形象将如何与美洲原住民联系在一起。观众还会特别注意到他那顶金光灿灿的头盔上的螺旋犄角，头盔顶上还有一条长长的尾巴一直延伸到他的马背上的翼蛇——简而言之，这是列奥纳多心中的"龙"——的形象。所有服装都"表现出凶猛的元素"。[7]

和龙一样，列奥纳多也把野人设计得怪诞骇人。列奥纳多为剧场创作的作品，让他以绘画所不具备的方式接触到纯粹的幻想、异国情调和怪诞。他在《论绘画》中写道：

> 如果画家希望看到那种吸引他的美，其实这就在于他创造美的能力；如果他希望看到可怕的、可笑的、滑稽的，或真正可怜的怪物，那么他就可以成为它们的主人或创造者……如果画家想描绘地狱中的生灵和魔鬼，他得有多么丰富的想象涌现出来才能够完成。[8]

他笼统地使用了"画家"这个词，但事实上，他的画作中没有一幅包含这种怪诞或地狱般的素材，也就是他所谓的想象的"涌现"。（最接近这种状态的一幅画是《博士来朝》，画中的人脸形成了旋涡，透着一股邪恶；还有现已失传的《丽达与天鹅》，其题材是色情怪诞的。）正是在他的绘画中，他的幻想得到了自由发挥，他画作中的大部分"怪物"都与他作为假面剧和露天表演的设计者这个角色有关。一个典型的例子是藏于温莎城堡皇家图书馆的一幅黑色粉笔素描，画的是一位戴着头顶伸出一支号角的大象头饰的假面舞者，他吹着装饰成大象鼻子的一支风笛。可能整套装置就是一种风笛，宽大的戏服是风笛的风袋，而头顶的号角就是单音管。[9]

大象音乐家的造型诙谐有趣，但其他的图画更难理解：当你看着它们的时候，它们会发生改变。有一对动物面具似乎是噩梦版的狗：一只是毛发蓬乱、疯疯癫癫的哈巴狗；另一只是傻乎乎的猎犬，毛发蓬乱，目光呆滞，肿胀的下唇耷拉着，露出羊的牙齿。[10] 我们仿若置身于恐怖故事中，看到了奇怪的实验室杂交品种。如果你将哈巴狗素描倒过来看，它的脸又

怪物。两副于15世纪90年代中叶设计的面具（上），以及一幅老年女子的怪诞肖像画，这是弗朗切斯科·梅尔齐后来的临摹作品。

变成了蝙蝠。这个生物身上带着类似嚼子和缰绳的东西，这可能表示这是一个由穿着戏服、拉着战车或花车的仆人佩戴的面具。根据画风推测，这些画稿大概完成于 15 世纪 90 年代初，因此可能是为斯福尔扎的庆祝活动所绘。

米兰传记作家保罗·焦维奥记录了列奥纳多在戏剧布景方面的技巧，称列奥纳多是"一切精致与欢乐的发明者和仲裁者，特别是在戏剧方面"。这强调了列奥纳多创造出来的物件的优雅——毫无疑问，就像我们在《天堂》中看到的那样——但这些作品还有更为诡异的一面：那些野人和怪物，似乎是其创造者宣泄黑暗幻想的途径。至少，这些在宫廷宴会上短期有用的东西为列奥纳多提供了一个借口，使他得以创造一些令人振奋的夸张事物，与米兰工作室作品中的那种冷静、克制的风格截然不同。

这些与戏剧相关的怪物和杂种与他在 15 世纪 80 年代末、90 年代初的另一类十分常见的绘画题材有着紧密的关联，即怪诞形象。这些怪诞形象表现出极为丑陋和怪异的特征，尤其是老翁和老妪，大多是用墨水笔画的侧脸像。这些画暗含讽刺意味，也许是对宫廷生活的势利和浮夸的私下报复。然而，虽然这些画可能是对特定个人的讽刺，但更多的时候，他似乎只是在对丑陋和畸形进行思考。用他自己的话说，这表明他有点痴迷于"可笑的、滑稽的或真正可怜的"人。这些浮肿、拉长或向内凹陷的面庞是人体理想比例——他的维特鲁威人素描——的反面，是生理失调的范例。这些素描在温莎城堡皇家图书馆的收藏中随处可见，有些是列奥纳多的原作，另一些是临摹作品，可能出自弗朗切斯科·梅尔齐之手。这些临摹作品抓住了原作的幽默感，细节上与原作并不完全一样，所以出现在《比诺》这类儿童漫画杂志中也毫无争议。17 世纪时，温塞劳斯·霍拉绘制的列奥纳多怪诞形象版画在英格兰流传，其中有一位长得像青蛙的肥胖贵妇，也就是出现在坦尼尔绘制的《爱丽丝梦游仙境》插画中的那位"丑陋的女公爵"，其形象已经是英格兰民间传说的一部分。[11]

列奥纳多这些怪诞形象画作虽是 15 世纪的产物，但本质上是现代意义上的漫画。这些作品无情地夸大、扭曲人的生理特征，是吉尔雷、罗伯特·克拉姆等漫画家作品的前身。除了有趣，它们还像所有伟大的漫画作品一样，蕴含着更多的东西：在笑声中隐含着一丝不安。这类漫画中最令人不安的一幅，也是最杰出的一幅，是温莎城堡皇家图书馆收藏的一幅描绘了5个怪诞人头的墨水笔画，一般认为，这是列奥纳多15世纪90年代初的作品（彩图19）。这幅素描本质上具有戏剧色彩，但场景设置并不清楚，这种难以捉摸的意义加剧了这幅画散发出来的威胁气氛。这里正在发生一些事情，但你不知道是什么。这一幕既像噩梦，也似幻觉，或者实际上是在疯人院——人们会联想到《李尔王》或彼得·魏斯的《马拉/萨德》剧中癫狂的宫廷。画面中央的人头戴橡树叶花冠，仿佛得胜的罗马皇帝，但你一看就知道他并非皇帝，只是一个不知何故认为自己是皇帝的糊涂的老人。他的四周有4个人，挤在一起压迫着他：两个露出全脸的人，一个在狂笑或喊叫，另一个呆若木鸡；他的两侧各有一人，一个肥胖丑陋，长着鹰钩鼻，另一个是牙缝很大、裹着头巾的瘦小恶毒的老妇人。后面这两个人常被描述为女性，尽管在我看来并不确定。中间的老人是他们关注的中心，他们似乎在带着恶意地怂恿——左边那个老妇人的手似乎把他推到了人群的中心。诙谐、嘲弄、残忍、同情：观者可以自由选择自己的反应。无牙的"瘪嘴老人"侧脸像在列奥纳多的笔记本中反复出现，在此（还有其他出现过这个形象的地方），人们感到这位老人是列奥纳多的缩影：一个虚弱无力、微不足道、自欺欺人的人物——他是这位伟大的文艺复兴成就者的黑暗孪生兄弟。

这幅素描很有名，画中人物也在当时佛兰德大师昆汀·马西斯的两幅画中得到了密切的呼应，后来又在霍拉的版画中得到了呼应。[12] 18世纪，围绕着老人的四个人物被视为四种"激情"或"性情"的图示。让-保罗·里希特赋予他们更为现代并且带有精神分析色彩的解读，他认为这四个人（从右到左）分别代表了痴呆、固执、疯癫和愚钝，而位于中心头戴花冠的人物是"自大狂人格"。[13] 这些解读似乎过于简单化。温莎城堡皇家图书馆现任图书管理员马丁·克莱顿近来把这幅素描命名为《被吉卜赛人戏弄的男人》。他认为，右边的人物正在给老人看手相，可能画稿右侧边缘被裁去了一些，但根据男人的肩膀和女人的手推断，这种说法很有说服力。至于左边的女人，肯尼斯·克拉克将其解释为"用胳膊搂着画面中心的人物"，但在克莱顿看来，她正伸手到老人的袖子下面偷钱包。克莱顿将此与当时关于吉卜赛人爱耍诡计的各种描述联系起来，特别是 1493 年 4 月米兰颁布的一项法令，命令驱逐城中的吉卜赛人，把他们"吊在绞刑架上处死"，因为他们犯下了和"土匪、暴徒、江湖骗子"一样的罪。[14] 在创作这幅素描时，列奥纳多可能处在官方敌视吉卜赛人的背景下——事实上，列奥纳多本人也有可能对他们的诡计有所了解。在《大西洋古抄本》的一份家庭开销清单中，有一则开支条目令人惊讶："算命费，6 索尔迪。"同样在马德里图书清单中，也有两本和手相有关的著作（《手相学》和《米兰手相学》）。[15]

这是一个令人信服的解释，但人们仍认为这幅画不止于此，画中那种超现实或精神错乱的气氛，使它不仅仅是一幅描绘街头骗术的素描。昆汀·马西斯在 1520 年左右绘制了一幅画，其中包含了素描中的三个人物，但他画的是一场"虚假的"或"怪诞的"订婚礼：根据两个"吉卜赛女人"创作的人物现在显然是男性，而非女性，而画中真正的"新娘"则是一位留着长卷发的中性人物，让人联想到列奥纳多创作的另一种类型的人，所以这场订婚礼可能是同性之间的。硬币从年迈的新郎钱袋中溢出来：这是一场骗局，但它本身并不是一个扒窃的场景。我怀疑马西斯是不是知道一些我们所不知道的关于列奥纳多这幅画的信息。

乔瓦尼·保罗·洛马佐在列奥纳多去世后的数十年里，一直孜孜不倦地搜集关于后者的故事，他曾讲过如下内容：

> 在他那个时代，他的仆人讲过一个故事。故事说，曾有一次，他想画一幅农民们大笑的画［虽然他未能完成，只是画了草稿］。他选了一些他认为合适的人，并与他们熟悉起来，在一些朋友的帮助下，他为他们举办了一次聚会。聚会上，他坐在他们对面，开始讲这世上最疯狂最荒诞的事，逗得他们忍不住大笑。于是，在他们不注意的时候，他观察着农民们听了他讲荒诞故事后的姿势和反应，并记在心里。待他们离开后，他回到自己的房间，画了一幅完美的画。所有观

看这幅画的人都笑了,仿佛他们也在聚会上听到了列奥纳多讲的荒诞故事一般。

我们无法确定上述故事中提到的画是否就是列奥纳多的"五人头"素描,因为"五人头"素描中只有两个人在笑,而且气氛情绪也不同。但这则故事表明了列奥纳多对亲自观察秉持的信念,这是通过视觉报道事实的基础,使他的作品乃至于这些超现实绘画才会如此生动,似乎触手可及。米兰宫廷中的一个列奥纳多同时代人,费拉拉人克里斯托福罗·吉拉尔迪也说过类似的话:

> 当列奥纳多希望描绘某个人物时……他会去有那一类人聚集的地方,观察他们的面孔、举止、衣着和身体活动的方式等。在他发现他想要的东西后,他就用墨水笔将之记录在那个他一直挂在腰间的小本子上。[16]

"论光影"

"1490年4月23日,我开始写这本笔记"——"这本笔记"指的就是现在的《巴黎手稿C》。它由14张纸组成,对折起来变成28页;纸张的尺寸很大,非常薄,上面有一个由一个小圆圈和两条波浪线组成的水印,看起来像一只长了两条尾巴的蝌蚪,但它参考的肯定是米兰的一种传统标志——维斯孔蒂蛇。这是列奥纳多第一部可称得上是一篇内容协调一致的论文的手稿,主题是"光的表现方式"。弗朗切斯科·梅尔齐将这本书概括为"一本关于光与影的书"。[17]尽管这部手稿中有很多与这一主题相关的详细材料,但列奥纳多无法长期只做一项研究,因此手稿中还有许多其他主题的笔记和素描,包括物理、声学、游戏、笑话和水,等等。手稿的一些页面上还有小幅高度写实的静物(锤子、钟、刀子、酒桶、劈木头用的斧头等)写生,这些是在手稿正文简朴的图表以外的放松。把光学与几何学严格结合起来是一项科学性很强的工作。他的字迹很整齐，在绘制图表上花费了不少心血，他用墨水笔精心画出平行的阴影线，以表现微妙的明暗层次。这部手稿是在1490年至1491年旧宫的书桌上写成的，与他大胆使用明暗对照法绘制的音乐家肖像大致属于同一时期。

与1489年时计划撰写的解剖学论文一样，列奥纳多这本"论光影的书"也是他试图成为具有全面科学知识的画家的计划的一部分，并符合这些年工作室的气氛：大师传授他的经验智慧。而且，就像早先的解剖学研究一样，光与影的研究令人担忧地不断展开，手头的工作如"九头蛇"——砍去一个头立即长出一个新头——般不断出现。很快，眼下的文章只是一个开始。《大西洋古抄本》中有一页密密麻麻地写着，他要为这一主题撰写7本"书"：

> 在我关于阴影的第一个命题中，我指出，每一个不透明物体及其表面，都被光与影包围着；我在这个基础上写出了第一本书。而且，这些阴影本身因为光照程度不同，又呈现出不同层次的暗度；我称这些为初级阴影，因为它们是最初形成的阴影，覆盖并固定在一个物体上，我将以此为基础撰写第二本书。

第三本书是关于次级阴影的，依此类推，直到第七本书。[18]

在这一时期的另一份手稿中，列奥纳多定义了不同种类的光源（"二级光""反射光"等）和不同性质的光，比如穿过窗户"受限"的光和乡间的"自由的光"。[19] 他使用"撞击"一词来形容洒落在物体上的光，这给人一种感觉，认为光是动态的。他还在其他地方将光定义为一种"精神力量"，这里的"精神"具有亚里士多德所谓的"非物质性"或"无法感知"的意义：一股没有质量的能量。[20]

因此，列奥纳多冷静而固执地制定了描绘光影的法则，这是"让人们了解物体形状最确定的手段"，因此对于"卓越的绘画科学"也是必不可少的。[21] 我们在此找到了列奥纳多用"晕涂法"达到最微妙和最难以捉摸的效果的科学基础，按照他自己的定义，就是"阴影与高光不依靠阴影线融合在一起,就像烟雾一般"。[22] 这种微妙的风格在《蒙娜丽莎》中得到很好的体现,画中不仅描绘了光与影,还形成了一种情绪或气氛,一种包含着对世事无常的感悟和悔恨的秋意。"晕涂法"的层次也是一种描绘距离的方法,因此是实现透视效果的辅助手段。在《论绘画》中,列奥纳多认为描绘物体时,"远方的物体应因距离而消失",较近的物体"要有明显而清晰的边界",而较远的物体则是"烟雾般模糊的边界"。[23] 他将此称为"隐没透视"(与按体积透视不同)。这个短语再次暗示了一种精神氛围和视觉现象:在蒙娜丽莎身后延伸的距离,是这种"隐没透视"的诗意升华。

这一时期他的书桌上还放着一个更小更厚的笔记本,是标准的八开本,即现在的《巴黎手稿A》。这部手稿原本有114页,列奥纳多连续地标注了页码,但它后来不幸地引起了利布里伯爵的注意,被他撕掉了50页,其中17页就此失传。[24]《巴黎手稿A》本质上是一本画家手册,尽管与切尼诺·切尼尼的那种传统佛罗伦萨画册大不相同。这部手稿直接从画家的角度讨论绘画技法,并涉及各种主题——光学、透视、比例、运动、力学等。此外手稿中还有更多关于光影主题的讨论,包括下面这段使人们再次想起《蒙娜丽莎》的话:

> 你如果希望为某人画一幅肖像,最好选在阴沉的天气或者傍晚时分画……傍晚或天气不好时,你会在街上看到往来的男女脸上满是优雅和甜蜜的神情。所以,噢,画家,画画时找一处四壁漆黑的庭院,屋顶也最好是重重叠叠的那种……如果遇到晴天,应该用遮阳篷遮盖。傍晚、阴天或雾天时作画也不失为一种选择,这将是完美的氛围。[25]

这些都是列奥纳多获得更加微妙和阴郁的绘画特点的实际方法,与他在佛罗伦萨当学徒期间接受的那种棱角分明、阳光灿烂的美学迥然不同。

在这本笔记主要关注的技术细节中,我们可以意外地瞥见列奥纳多想象的过程，用他的话说就是"唤醒心灵创造力"的过程：

> 看任何一堵污迹斑驳的墙，或带有各种斑点图案的石头，你会发现那些图案与各种风景很像……或人们相互搏斗的场面，或怪异的面孔和服装：你可以将这些无穷无尽的图案提炼成精致的呈现形式。除了从墙与石头上提炼图像，相同的方法也可以用在钟声里。在钟声里，你会听到任何你能想到的名字或词语。[26]

同样的想法以不同的措辞在《论绘画》中得到再次表述，这是他与波提切利争执的一部分："仅仅是向墙上扔一块浸泡了各种色彩颜料的海绵，从墙上留下的痕迹中，我们能看到许多美丽的风景……我的意思是，人们可以在这种痕迹中看到人头、动物、打斗、岩石、海洋、云朵、树林或其他类似的东西。"这种视觉幻想或自由联想将列奥纳多心中有各种幻想和随意转换关注主题的一面转化为生产力："混乱的事物点亮心灵，促成伟大作品的创作。"[27]

我们在《巴黎手稿 A》中发现了《论绘画》的最初蓝图；与其他资料相比，梅尔齐在编纂《论绘画》时，更常使用这部手稿。列奥纳多本人可能将这部笔记扩充，写成了一本更正式的书。1498 年，在《神圣的比例》(Divina proportione) 一书的题献中，数学家卢卡·帕乔利（Luca Pacioli）说列奥纳多"已经完成了一本有价值的关于绘画和人体运动的书"。这本书可能和后来洛马佐提到的是同一本，洛马佐称列奥纳多在其中讨论了绘画与雕塑的相对优点："我几年前读到了一本书，是他用左手写成的，这本书是应米兰公爵卢多维科·斯福尔扎的要求撰写的。"绘画和雕塑之间的这种比较出现在《论绘画》的开头，也在《巴黎手稿 A》中以草稿的形式出现。这些评论表明，在 1498 年之前的某个时候，列奥纳多为了取悦"摩尔人"，把《巴黎手稿 A》中的一些材料誊抄到一本"书"上，也就是装订好的手稿里。[28]

《巴黎手稿 A》的第一页上有一幅小型素描，描绘了"一个人的影子"，说明了一个关于半影的观点。素描下方的说明性文字的开头是："如果窗子 a-b 让阳光照进了屋子，阳光会让窗子看起来更大，也会使人的影子缩小，这样，当人将他自己缩小的影子与……比较时……"我省略了变得复杂的后文，因为从整体上来说，附带的素描更加有趣。这幅小而潦草的素描是一幅自画像：那个身影"完全如上图所示"的人肯定也是画这幅画的人，而这个人肯定是列奥纳多·达·芬奇。在 15 世纪 90 年代初一个阳光明媚的日子里，他站在一扇拱形窗户前，可能是在旧宫，素描没有画他的五官，只有他"罩在"影子里的身体轮廓。

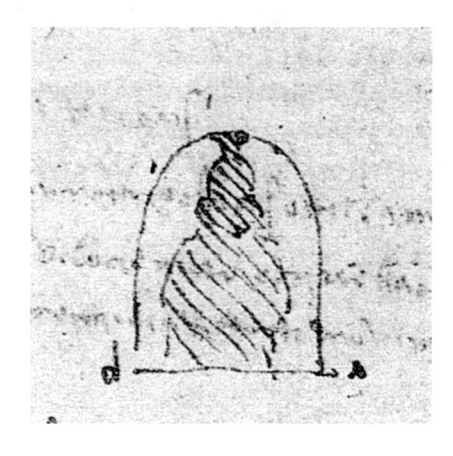

列奥纳多的影子。

《巴黎手稿 C》与《巴黎手稿 A》精心布置的页面上有分块的文字和插图，这表明列奥纳多的构想与锡耶纳建筑师和工程师弗朗切斯科·迪·乔治·马尔蒂尼讨论技术的手稿很相似。列奥纳多肯定知道这些手稿，他实际上拥有的一页现藏于佛罗伦萨劳伦齐阿纳图书馆，页边的空白处有他的笔记和涂鸦。[29] 马尔蒂尼当时人在米兰，这使我相信他确实对列奥纳多产生了影响。1489 年，马尔蒂尼肯定在米兰，那时他正在为米兰大教堂准备圆顶塔楼的模型。1490 年夏，他和列奥纳多一起前往帕维亚旅行。马尔蒂尼当时 50 岁出头，阅历丰富。关于这趟旅行，我们知道一些有趣的细节，而且可以强烈感受到列奥纳多很享受这次旅行，因为这让他得以离开画架和书桌，稍微放松一下。

1490 年 6 月初，马尔蒂尼受帕维亚大教堂工程部之邀，为大教堂的重建工作提供建议，而卢多维科建议列奥纳多也一同前往。6 月 18 日左右，二人骑马从米兰出发，随行人员有"工程师、助手和仆人"，其中可能包括索罗阿斯特罗，他是列奥纳多随行人员中的驻地工程师和特效师。米兰到帕维亚的路途不是很远，大概 20 英里。抵达帕维亚后，他们在一家叫

"萨拉森人"的旅馆住宿。他们结账时花了20里拉，大教堂的工程部在6月21日支付了这笔费用。据文献记载，他们"受邀提供咨询服务"，说明他们是顾问。[30]

帕维亚在政治上是米兰的卫星城，也是一座骄傲的小城市，自称"百塔之城"。帕维亚有一所著名的大学，创办于14世纪，彼特拉克和克里斯托弗·哥伦布都是从这里毕业的。这个地方似乎让列奥纳多焕发了活力。前文中我曾提到，他看到骑马雕塑《太阳王》时激动的反应为他设计斯福尔扎铜马提供了新的想法，但他的笔记本上还有许多关于这次旅行的细微痕迹，它们反过来又向我们反映了列奥纳多本人的形象。在这次看起来惬意的夏季短途旅行中，他细心观察，耐心询问，对一切都非常感兴趣。现在他在河边，观察河道的挖掘工作：

我看着他们在加固帕维亚的古城墙基底，这段古城墙在提契诺河河岸。那里的旧木堆中，橡木像木炭一样黑，赤杨木如巴西木一般红，而且仍然很重，硬得像铁，没沾上一丁点污迹。[31]

现在他正站在维斯孔蒂古堡外观察，发现"烟囱有6排出口，每排相距1布拉乔奥"。我们跟随他来到城堡内著名的图书馆，图书馆里的书都是加莱亚佐·维斯孔蒂二世收藏的。列奥纳多在那里找到了波兰数学家维泰洛的一份手稿，并写道："维泰洛那里有805条关于透视法的结论。"列奥纳多后来回到米兰又写道："设法弄到帕维亚图书馆里的维泰洛处理数学问题的手稿。"[32] 我们已无法确定令列奥纳多垂涎的是哪部手稿，因为在1500年法国占领时期，帕维亚图书馆的藏书就散落各地了。

在这些有关帕维亚的笔记中，有一幅出乎意料的小素描：一幅潦草绘成的平面图，旁边标注着"妓院"。这间妓院也在帕维亚吗？他去过那里吗？有可能。如果他不是出于通常的原因去妓院，那么就是因为妓院像大教堂、河岸建筑工地或博学的维泰洛的手稿一样，能够激起他的兴趣。也可能因为妓院传统上是艺术模特的来源——我在后文会探讨，为列奥纳多的失传作品《丽达与天鹅》当模特的，可能是一名妓女。

小魔头

> 我待你如亲生儿子一般喂你喝牛奶。
>
> ——《大西洋古抄本》，fol. 220 v-c

如他的一则笔记所示，列奥纳多在 7 月中旬回到了米兰。这则笔记看起来很随意，因此隐藏了它在情感上的重要意义："1490 年的圣抹大拉的玛利亚日［7 月 22 日］这天，贾科莫来和我一起住。"[33]

贾科莫是一名 10 岁男孩，来自米兰北部几英里外蒙扎附近的奥雷诺。他的全名叫乔瓦尼·贾科莫·迪·彼得罗·卡普罗蒂，但他的昵称"萨莱"更为世人所熟知。我们对他的父亲彼得罗了解得不多：他肯定不富裕，我们也不知道他以何为生，但他可能也不是人们通常描绘的那种普通农民，贾科莫也不是那种顽劣的野孩子。一份法律文件把彼得罗称作"已故的乔瓦尼大师之子"。"大师"这个尊称使用的很随意，但能说明萨莱的祖父叫乔瓦尼，他也以祖父的名字命名，祖父拥有一些土地，也有一定的社会地位。无论如何，彼得罗已经准备支付贾科莫在列奥纳多·达·芬奇大师工作室生活学习的费用——或许是因为这个男孩表现出艺术天赋，或许是因为彼得罗想摆脱他，也可能是因为列奥纳多发现了这个男孩的天赋，想培养他。贾科莫似乎是独生子，尽管在他后面的故事中还出现了两个贪婪的妹妹。[34]

这个男孩很可能以仆人的身份受雇，打杂、跑腿和出苦力，也经常充当工作室的模特，但同时他也会被培养成一名画家，而他确实成了一名优秀的"列奥纳多派"画家。与此同时，他也是我们现在所说的"小流氓"，是个不折不扣的莽撞少年，很快他就得到了一个伴随终生的绰号——萨莱。这个绰号首次出现在一张列奥纳多 1494 年 1 月写下的账单上，意思为"小魔头"，也可能是"小鬼"；从语言学的角度来看，它似乎是从阿拉伯语传入的。这个绰号更直接地出现在路易吉·浦尔契经久不衰的幽默史诗《巨人莫尔干特》中，这本书出现在列奥纳多的每一份书单里。"萨莱"有时也被昵称为"萨莱诺"（Salaino），这导致人们将他与后来的列奥纳多派画家安德烈亚·索拉里奥（Andrea Solario）混淆：这位其实并不存在的"安德烈亚·萨莱诺"经常出现在19世纪的人对列奥纳多米兰社交圈的描述中。[35]

记载了贾科莫在旧宫作为仆人或者学徒第一年时的各种不端行为的清单，可能是列奥纳多所有笔记中对他自己之外的一个人的活动所做的最长连续记录了（我排除了他的文学尝试）。这份清单的目的在于记账，因为上面分项列出了因男孩的不端行为造成的财产损失，清单还列出了他在服装方面的开销。最后的日期是1491年9月，从笔迹来看，列奥纳多是一次性写完的——墨水的颜色是统一的深褐色——所以整个这段话实际上是在贾科莫到达大约14个月后写下的。毫无疑问，这是写给贾科莫的父亲的，让他赔偿损失。然而，这段文字在很大程度上却带有一种奇怪的个人色彩，以及一种又爱又恨的语气。因此，这份原本应是气急败坏的抱怨清单却引人遐想。

这份清单从萨莱来到工作室的"第二天"开始，即7月23日，周一：

第二天，我请人为他裁剪了两件衬衣、一双袜子和一件短上衣，而当我准备好结账的钱时，他从我的包里把钱偷走了。他无论如何都不肯承认，即便我完全确定就是他干的。

4里拉

那件事的第二天，我和贾科莫·安德烈亚共进晚餐，而刚刚说到的这位贾科莫吃掉了2里拉的饭，并且捣蛋害我赔了4里拉。他打破了3个调料罐子，打翻了葡萄酒，这之后他和我一同吃晚餐，我在那里……[句子未写完]

失窃物件。9月7日，他从和我一起住的马可那里偷了一支价值22索尔迪的笔。那是一支银尖笔，他从他的[马可的]工作室里偷走，马可翻箱倒柜找了一通后发现这支笔藏在贾科莫的箱子里。

1里拉

失窃物件。接下来的1月26日，在加莱亚佐·达·圣塞韦里诺先生家中为他的比武大赛安排的表演中，一些男仆需要脱掉衣服，试穿表演中的野人戏服。其中一个男仆把他的钱包和一些衣服混在一起放在床上，贾科莫发现了，并拿走了里面全部的钱。

2里拉4索尔迪

失窃物件。同样是在加莱亚佐家中，阿戈斯蒂诺·达·帕维亚大师送给我一张土耳其兽皮，让我制作一双短靴。不到一个月，贾科莫就从我这儿把兽皮偷走，并以20索尔迪的价格卖给一位鞋匠。他后来坦白说他拿这些钱买了八角糖。

2里拉

失窃物件。又是偷笔，4月2日，焦万·安东尼奥［博尔特拉菲奥］将一支银尖笔落在他的一幅画上，又被这位贾科莫偷走了。这支笔价值24索尔迪。

1里拉4索尔迪

在页边空白处，作为总结，列奥纳多写下了4个词：小偷、骗子、不知悔改、贪婪。因此，列奥纳多对贾科莫的报告非常糟糕。但在这位大师寄信时，他眼中难道没有闪烁的光芒吗？

这份账单最后列出了一份服装开支清单，我们从中得知他似乎为萨莱购置了1件斗篷、6件衬衣、3件短上衣、4双长袜、1件有衬里的紧身上衣、24双鞋、1顶帽子和一些蕾丝，总价值32里拉。这份服装开支清单的标题为"第一年"，与账单的其他部分一样，这份清单似乎也在统计与浪漫之中取得了平衡。

这种关于萨莱的恶作剧和偷窃行为的流浪汉小说式描述，带着一丝默片喜剧的气息：萨莱这个狡猾的小骗子蹑手蹑脚地在作案，伴随着恰到好处的表现蹑脚走路的钢琴背景音乐。这份账单也充满了精彩的细节——大块的八角糖、土耳其兽皮、床上的钱包、地板上打碎的油瓶。而最生动的记载也许是第二条："我和贾科莫·安德烈亚共进晚餐，而刚刚说到的这位贾科莫吃掉了2里拉的饭……"这顿晚餐可能是在建筑师贾科莫·安德烈亚·达·费拉拉家里吃的：列奥纳多是客人，小贾科莫陪着他。这是他到工作室两天后发生的事。他在这场夏季晚宴中以怎样的身份出席？列奥纳多的小随从？他有趣的吉祥物？还是新的帅气小男宠？尽管他举止不端，但另一个晚上他又被带在身边——"这之后他和我一同吃晚餐，我在那里……"——但列奥纳多这句话没有写完。或许在这份给萨莱父亲的清单中，最好不要说太多与课程无关的短途旅行。这里的主旨在于二人间的同伴关系：贾科莫陪在他身边。列奥纳多就此进入了他成年生活中最长的一段恋情，因为在之后的28年里，萨莱一直出现在他的核心圈子里。然而，我们不清楚他们最后一次见面是何时：1519年列奥纳多过世时，萨莱并不在他身边。他们可能因为分手而各奔东西，即便如此，也丝毫没有影响列奥纳多在遗嘱中留给他一大笔遗产。

对列奥纳多来说，萨莱是未经打磨的璞玉，这个野孩子似乎满足了他的某种需求。"萨莱诺"是他的"小魔头"，一个无法无天的精灵。他几乎是列奥纳多的投影：列奥纳多本性里的这个部分——喜爱开玩笑、任性、游手好闲——化身为年轻的小魔头贾科莫，这使他得以摆脱这个部分，全身心地投入更严格、更无趣的工作、研究和实验中。坏蛋贾科莫是列奥纳多的替罪羊。

他们也是同性恋的关系，这一点是毋庸置疑的，尽管那些认为列奥纳多不可思议地如圣人一般纯洁的人坚称，他过着一种禁欲的生活。瓦萨里如此描述萨莱的美："在米兰，列奥纳多把一个米兰人收为他自己的仆人，并取名为萨莱，他异常俊美迷人。他有一头漂亮的卷发，正是列奥纳多喜欢的样子。"瓦萨里的意思不言而喻。洛马佐更为直白，尽管他是通过想象列奥纳多和古代雕塑家菲迪亚斯之间的对话来表达的，这就使他的描述蒙上了一层文学的面纱。菲迪亚斯称萨莱是列奥纳多"最喜欢的学生"之一，并问他："你有没有和他玩过佛罗伦萨人沉迷的'背入式游戏'？"列奥纳多回道："玩过很多次！你应该知道他是个非常年轻俊美的男子，尤其是，他只有15岁左右。"洛马佐说的话不能全信，但他的消息很灵通，他似乎是在说，萨莱在进入青春期后便成了列奥纳多的性伴侣。根据弗洛伊德的观点，同性恋者对年轻男孩（或有孩子气的年轻俊美男子）的爱是对他自己童年的无意识再现，因此也是对缺失的母爱情感氛围的再现。我们再次发现了某种自我认同，即当列奥纳多看到萨莱的脸时，他有意无意地仿佛看到了还是小男孩的自己。萨莱的母亲也叫卡泰丽娜，这又加深了这一层心理关联。

我们当然也可以看看萨莱的脸，但我们需要小心，因为有些画虽然被称为萨莱的肖像，但实际上它们不可能是。其中最早的一幅藏于温莎城堡皇家图书馆，画在了一页佛罗伦萨时期的圣母子画像上，绘成时间大概是萨莱出生的时候。温莎城堡皇家图书馆还藏有一幅带有中性气质的年轻男子的侧脸像，按照风格推断，作画时间大概是15世纪80年代末，因此也不可能是萨莱。[36] 那些自称是真的的萨莱肖像画与这些相似，但具有个性化的特点。换言之，萨莱的面容有一种列奥纳多常常涂鸦的理想男性之美，这正是列奥纳多被他吸引的原因。

最有可能的是温莎城堡皇家图书馆收藏的一幅双人侧脸像。右边的画像是把红黑两色粉笔混合后，画在事先准备好的粉色的纸上。左边的是用黑色粉笔画在白纸上。画中的男子与克拉克所说的"列奥纳多早期作品中具有韦罗基奥风格的男孩"不同，他的下巴更圆润、更性感，头发更短、更卷曲——这正是瓦萨里特别提到的特征："他有一头漂亮的卷发，正是列奥纳多喜欢的样子。"这幅画的怪异之处在于他额头的平滑线条——前额到鼻梁之间是一条平滑的线。从绘画风格上看，比如对粉笔的微妙运用，可以确定绘制这幅画的年份是1508年左右，即列奥纳多第二个米兰时期的开端。这组肖像中的萨莱接近30岁——一个慵懒、相当精致的年轻男子，带着一副具有欺骗性的孩童般的表情。他垂下眼睑，表情处在享乐与无聊两种状态之间。放到今天，你可以看到这样的年轻人在广场闲逛，或是骑着小摩托车从狭窄的街道上穿梭而过。

这一独特侧脸像的早期版本还包括博尔特拉菲奥的一幅素描，描绘了一位头戴橡树叶花冠的年轻男子；还有大英博物馆馆藏的一幅一个具有中性特征的人物的侧脸版画。[37] 后者印有"ACHA. LE. VI."的标志，即"列奥纳多·芬奇学院"，说明这幅画的年代是15世纪90年代末；我会在下一章重点讨论这所难以捉摸的米兰"学院"。这些作品都出自列奥纳多的工作室，有可能正是列奥纳多当时画的一幅已失传的萨莱画像的临摹版。

萨莱的样貌，温莎城堡收藏的黑色粉笔侧脸像（上）和博尔特拉菲奥画的《那喀索斯》。

博尔特拉菲奥忧郁哀伤的《那喀索斯》有两个版本（分别藏于乌菲兹美术馆和英国国家美术馆），这两幅侧面像都没有额头，头发是卷曲的。

如果这些都是以萨莱为原型的，那么乌菲兹美术馆馆藏的、列奥纳多用红色粉笔绘制的双人肖像画中的那个年轻男子就也是萨莱：在浓密的卷发下，他那颇有特点的额头线条隐约可见。他的对面是一位秃顶老人的侧面像，和列奥纳多笔下的很多老人侧面像一样没有牙齿。这位老人凝视着他，

"老人盯着漂亮少年"，约 1497 年至 1500 年。

右手似乎搭在少年的肩膀上，但前臂没有画出来，于是这两具躯体合二为一，让我们想起列奥纳多的"享乐和痛苦"的讽喻画。这幅画的年代也是 15 世纪 90 年代末，画中的萨莱已近 20 岁。这幅画带着一种悲情的喜剧色彩，就像最初的那份记录了萨莱斑斑劣迹的清单一样，但现在这种幽默感中又融入了自嘲和悲悯。老人的凝视越过了时间的鸿沟，望着他心爱的男孩，而这个男孩也是他逝去的童年的一面镜子。列奥纳多在这个时候已经 45 岁了，还是个精力充沛的人，但在这里（在其他画中也是如此）他将自己画成一个"瘪嘴老人"。这可能是一种对性的不确定性的形象描绘：他渴望成为一位情人，却发现自己不过是个年迈的父亲。这幅画的基调暗示了一个甜爹对他傲慢的小男宠的渴望。

萨莱从 1490 年那个狡猾的小骗子成长为一个时尚但并不完全值得信赖的年轻人，就像人们在这些肖像画中看到的那样。以下的文献可证明列奥纳多是"甜爹"的说法，因为向来节俭的列奥纳多为他被宠坏的年轻男

孩大肆挥霍，购买华丽的衣饰。在一则1497年4月4日题为《萨莱诺开销》的笔记的记录中，他送给萨莱一件特别时髦的斗篷作礼物：

4布拉乔奥的银布	15里拉4索尔迪
剪裁良好的绿丝绒	9里拉
缎带	9索尔迪
小戒指	12索尔迪
剪裁费	1里拉5索尔迪
缝在前面的缎带	5索尔迪

算完这些开销后，列奥纳多补充道，"萨莱偷了那些索尔迪"，意思大概是他拿走了找回的零钱。后来萨莱又得到了3金杜卡特，"他说他需要这些钱买一双有配饰的玫瑰色长袜"。列奥纳多也记录了借给萨莱的钱，有时候萨莱也借给列奥纳多一点小钱。1508年10月，"我借给萨莱13克朗帮他妹妹置办嫁妆"。[38] 还有一段关于韦尔切利纳门外的一座房子的传奇故事。大约在1497年时，"摩尔人"将它送给列奥纳多；列奥纳多离开米兰时将这座房子租给了萨莱的父亲，渐渐地它似乎变成了萨莱自己的财产。他将其租了出去并翻修了一番，后来列奥纳多在遗嘱中正式将这座房子"永远地"遗赠给萨莱和他的继承人。[39]

他们靠礼物维持关系。人们可以看出萨莱是个贪得无厌的年轻人：他榨取主人的慷慨和喜爱。他们也会争吵和和解。《大西洋古抄本》中有一页写道："萨莱，我想休息了。所以不要吵了，以后也不要吵了，因为我投降了。"（这句话不是列奥纳多写下的；它奇怪地出现在一张购物清单上，仿佛写清单的人在那一刻听到或无意中听到了它。）[40] 但在他们的长久关系中，其他品质也闪耀着光芒：萨莱是他的学生、仆人、抄写员、娈童、伴侣、杂工、心爱之人和知音，他提供了"周到而良好的服务"，让列奥纳多在立遗嘱时还想着他。从他1490年夏天来到列奥纳多身边的那一刻起，这个长着天使面容的坏孩子就成了列奥纳多贴身人员中不可分割的一部分：他的影子。

猎 熊

　　1492年4月15日，周日，列奥纳多庆祝了他的40岁生日。他对此的感想，无论是何种感想，都没有相关的记录。1492年10月12日，哥伦布在他向西穿越大西洋的途中看到了陆地——很可能是巴哈马群岛的瓦特林岛——之后在海地和古巴登陆。同样，这则重大消息当时也无人知晓，直到哥伦布1493年3月归来后才传遍欧洲。

　　列奥纳多没有留下任何关于这次新大陆的发现和探索的评论，这很奇怪，因为他非常热衷于各种新发现。[41]他对异国他乡之旅确实没什么兴趣，他自己的活动范围也很小，往南走最远也只到罗马，他第一次也是唯一一次离开意大利是在他64岁的时候。（人们曾认为他在1502年至1503年左右到访过君士坦丁堡，但证据并不充分。）人们可以反驳这一点，说他是心灵的漫游者；或者不这么夸张，说他常常进行旅程相对较短的旅行，每次旅行都是为了通过亲身感受和经历——值得注意和思考的原始经验数据——满足他的好奇心。列奥纳多喜欢运动，无论是步行还是骑马。他曾呼吁画家必须"离开你在城市中的家，离开你的家人和朋友，翻山越岭到乡下去"——这些话大约写于这个时期，并保存在梅尔齐誊写的《论绘画》中。

　　从米兰大教堂的屋顶或旧宫的塔楼向北眺望，可以看到阿尔卑斯山脉那些引人注目的山峰，这些山峰被称为"格里涅"。列奥纳多至少有3次，甚至可能还有更多次，登上阿尔卑斯山，其中最早的一次可以追溯到15世纪90年代初。这些旅行可能出于工程项目的需求，比如为开凿运河调研水路、勘测矿藏、常年寻找木材。但在15世纪70年代初的《康乃馨圣母》中，他已经明显表现出对山的迷恋，这也是他晚期作品的一个特点，所以我们可以猜测，这些远距离徒步旅行是由于其自身而受到珍视的：一段冒险、一次逃离城市的机会，以及一段沉浸在纯粹自然中的时间。

　　列奥纳多的旅行途经米兰北部的湖畔小镇莱科。莱科和米兰之间的老路被称为"铁之路"，因为小石头谷采石场的矿石通过这条路运输下来。站在这条路上，向位于东北方的格里涅望去，风景与温莎城堡皇家图书馆中收藏的一幅描绘一条山脉的素描很像，而莱科本身可能也在一幅引人注目的笔触粗放的素描中得到了描绘,这幅阿尔卑斯山的风景与《雪之圣母》所描绘的大范围托斯卡纳风景如出一辙。画中不远处有一座小城,周围环绕着令人生畏的群峰;远处还有一片湖,可能是莱科湖,半掩在暴雨中。《论绘画》罗列的画家可以表现而雕塑家不能刻画的细微效果中,有一项就是"雨幕后可分辨的阴云密布的山脉和山谷"。[42]

这些素描是后来的旅行的结果,但我们有一些列奥纳多于15世纪90年代初一次或几次前往莱科以北地区旅行的笔记。[43]这些游记很可能是后来写的——这些纸上没有留下曾被带进山里的痕迹。这是一篇关于科莫湖周围阿尔卑斯地区的简短地形报告,但透过文字表面,我们仿佛看到列奥纳多·达·芬奇走在小径上:这个身材高大、衣着考究的人可能是探险队的一员,但不知何故在队伍中孤独地走着。他步履轻快,常常停下来,在他"一直挂在腰间"的小笔记本上记笔记和速写。笔记的文字很简练,说明这是一份报告,同时也反映出他高度集中的注意力和敏锐的观察力。

在莱科上方隐约可见的是格里涅的南部山脉,主峰为曼代洛山:"这块乡村地区能够发现的最大的裸岩就在曼代洛山……山脚下有一个通向湖泊的孔洞,向下走200步就到湖边了。这里长年结冰,一直有风。"他描述的这段200步的羊肠小道现在依然可见。[44]这条小道沿着隆吉奥上方的山蜿蜒而上,沿着梅里亚河的河道而行。在河流分叉处,它沿着台阶陡峭地上升到一个洞口,这个洞口可能正是列奥纳多所描述的"通向湖泊的孔洞"。

在格里涅群山的北部和东部,探险队进入小石头谷:

当你从莱科沿路走入小石头谷时,站在维莫尼奥和因特洛比奥之间,你会发现特罗吉亚河就在你的右手边,河水从一块很高的岩石上倾泻而下,落地后流入地下,那里也是河流的尽头。再往前走3英里,在一个名为普拉托-圣彼得罗的地方附近有铜矿和银矿,那里也有铁矿和奇妙的东西……这里的舟形乌头长得很茂盛,还有大型落石和瀑布。

舟形乌头是乌头的一种,今天在这片区域仍然很常见。[45]《岩间圣母》

中有这种植物,就在圣母的左肩上,而舟形乌头也出现在了列奥纳多"致命的烟"的配方中。

他越走越高,越走越深,进入科莫湖东北方的泰利纳山谷。

> 泰利纳山谷,顾名思义,是一个被高耸而可怕的群山环绕的山谷……阿达河流经这座山谷,这条河最初的40多英里在德意志地区。一种叫河鳟的鱼在这条河里繁殖,河沙里有大量的银,它们以此为生。
>
> 泰利纳山谷的山头是博尔米奥群山,那里环境恶劣,常年积雪。这里有银貂[但生活在这个海拔上的更可能是土拨鼠]。
>
> 博尔米奥有温泉,而大约比科莫湖海拔高8英里的普利尼亚纳泉每6个小时潮水就会涨落一次,涨潮时可为两间磨坊提供动力,而退潮时水便干涸了。

他后来在《莱斯特古抄本》中想起这个普利尼亚纳湖(最早记录它奇特的潮水涨落现象的是一个科莫的本地人老普林尼),写道:"我亲眼看到退潮时水位如此之低,仿佛在看一口深井中的水。"[46]

除了该地区壮观的自然现象,列奥纳多的笔记还涉及了其他东西。高地人民简朴但适应性强的生活方式给他留下了深刻印象:这里的土地坚硬但肥沃,产物味道很好。在泰利纳山谷,"他们酿造了很多烈酒,但这里的牛很多,当地人会告诉你,这里产的牛奶比酒还多"。这里也有"不错的旅舍",你在这里只需要花几索尔迪就能吃上一顿丰盛的晚餐——"一瓶酒的价钱不超过1索尔迪,1磅小牛肉是1索尔迪,盐是10德纳里,黄油和盐价格一样,满满一篮鸡蛋只要1索尔迪"。加上一点面包("这里的每个人都可以卖"面包,不仅限于有执照的面包师),我们就可以在一天艰苦的徒步旅行后,吃上一顿美味的阿尔卑斯山晚餐,恢复体力。分量也很足:"总共30盎司。"

他在这些笔记中描述的最荒凉的地区是"基亚文纳山谷"——换言之,梅拉河谷。梅拉河从基亚文纳山上流下,注入科莫湖。这座山正挨着与瑞

士的边界线,对面不远处就是圣莫里茨:

> 基亚文纳山谷……尽是非常高的贫瘠山峰,山上有许多巨石。在这些山中,你可以看到一种被称为"马兰戈尼"(marangoni)的水鸟[鸬鹚,但这似乎不太可能;也可能是指野雁]。这里生长着冷杉、落叶松和松树。这里有鹿、野山羊、岩羚羊和可怕的熊。爬上去必须手脚并用。下雪时,农民带着能让熊从山坡上滚下来的巨大装置去那里。

这段文字非常生动:手脚并用地在陡峭的山坡上爬,鸟儿从松树林中飞起。还有那些被当地人用装置困住的"可怕的熊",这种装置使熊"traboccare giù"——一个动态动词,字面意思是"漫溢"或"溢出",因此熊应是面朝下跌入猎人挖的坑里。这种装置可能是一种绊线系统。

列奥纳多曾画过一幅熊首图,还有一幅画常被认为是一头正在行走的熊,尽管我们无法确定这两幅画画的是不是一头活着的熊。[47] 这头"正在行走"的动物很可能是一头死熊,被人恰到好处地支起来,就像在数不尽的"王牌猎人"的照片中那样;画中的熊伸出的舌头和上翻的眼睛实际上说明了这点。温莎城堡皇家图书馆收藏的一系列解剖素描也属于这一时期,这些素描曾被无意义地归类为"怪物的脚",但从1919年起,这些素描就被确认为画的是一头熊的后腿。[48] 列奥纳多并不需要到阿尔卑斯山去看熊,有许多熊被带进了米兰城:活熊用来表演,死熊被剥取了皮毛——但是这些素描似乎与他15世纪90年代初在基亚文纳山谷的猎熊经历有关。

他在另一次阿尔卑斯山探险中到了更高的地方,因为他在一则笔记中写道,"我们在空中看到的蓝色不是固有的颜色",而是由大气效应造成的,"所有登上蒙博索山顶的人都能目睹我亲眼看到的景象"。关于蒙博索山指的是哪一座山,人们看法不一。一种可能是罗莎峰,它似乎也被称为博索峰(Monte Boso),源于拉丁文的buscus,意为树木繁茂,山的南侧树木生长得尤为茂盛,列奥纳多攀爬的可能就是这一侧。[49] 直到1801年,人类才征服罗莎峰的最高峰(15200英尺),但列奥纳多所说的可能并不是已经登上顶峰。他告诉我们他在7月份时去过那里，但没有具体说年份。他简洁地指出，即使是在7月，冰层也"很厚"。

这段笔记中最重要的一句话——所有关于他的阿尔卑斯山之旅的笔记中隐含的那句话——是这样的："我亲眼看到的景象。"他会理解伟大的德意志医生帕拉切尔苏斯写于16世纪30年代左右的话："想探索自然的人，必须以脚丈量自然之书。学习写作要通过字母，但要了解自然，只能通过一寸一寸的土地去了解。一寸土地就是一页书。因此，《自然法典》必须要以这样的方式翻页。"[50]

铸 马

这里有一则会让所有书虫都兴奋不已的故事。1967年2月，马萨诸塞大学的早期西班牙文学专家胡莱斯·皮库斯（Jules Piccus）博士在马德里国家图书馆中寻找中世纪民谣手稿时，偶然发现了两本用红色摩洛哥皮革装订的厚厚的书，尺寸约为9英寸×5英寸。他惊讶地发现，书中包含一组素描和文字手稿，扉页上用18世纪的西班牙文写着"防御工事、机械学和几何学论文"（'Tractados de fortificación, mecanica y geometra'），由"著名画家列奥纳多·达·芬奇"著。少数学者知道这座图书馆曾藏有这两本书，因为一些早期的清单曾提到过它们，但他们认为这两本书已经遗失或被盗了。现在看来，它们只不过是被放错了地方，就像在那些古老的大型图书馆中可能发生的那样：它们消失在书堆中。[51]

在这两本书中，装订在一起的最早的几篇论文是一本有17个对开页的小笔记本，它们构成了《马德里古抄本Ⅱ》（Madrid Codex Ⅱ）的最后一部分，其中包含了关于铸造斯福尔扎铜马的详细注解和说明。手稿中有两页标注了日期的纸，说明了大致的时间安排——列奥纳多于1491年5月17日开工，他在这一天写道："所有与这匹正在建造中的铜马有关的内容都要记在这里。"另一页纸上的日期是1493年12月20日，记录了他决定从侧面而非从上往下铸造铜马。[52]

斯福尔扎铜马的实际铸造过程包含 3 个不同的阶段：用黏土制作全尺寸模型；制作模具——将蜡质的模型夹在用铁架固定在一起的两个耐火材料层中；最后采用"失蜡法"工艺用青铜铸造雕像，在这个过程中，蜡模被熔化，熔化的青铜水被注入两个耐火材料层的空腔中。[53] 正如我们已经看到的，列奥纳多对这座雕像的构想，已经从宏伟但不切实际的直立形态演变为更传统的小跑或腾跃形态。1490 年 6 月，他对《太阳王》雕像的热情回应可能标志着这一转变，尽管最早的想法似乎还在他的脑海中挥之不去，因为他在一幅模具草图中描绘了一匹直立的马。但大多数铸造图，包括那些收录在马德里笔记本中的，都描绘的是小跑的马，所以我们可以非常确定这就是这座雕塑在列奥纳多脑海中的最后形态。一幅描绘《太阳王》小跑中的马的草图旁有一些笔记，听起来几乎像是雕塑家的咒语：

简单而沉稳的动作，
简单而沉稳的力量。[54]

1492 年，他正紧锣密鼓地制作模具。温莎城堡皇家图书馆收藏了一幅模具草图，模具由两个部分组成，草图中还画了滑轮和齿轮的设计图案，大概是用来吊装模具的。[55] 马德里的笔记本记录了他的技术细节：

模具的内部组成
将粗河沙、灰烬、碎砖、蛋清和醋与泥土混合，但要先测试一下。

浸泡模具内部
你重新烤制了模具后，要趁热用希腊沥青或亚麻油或松节油或动物油脂浸泡，每种都尝试一下，使用效果最好的那种。

古抄本中一幅细致的红色粉笔素描描绘了马头和颈部的外部模具，以木和铁制成的扣紧的框架固定在适当的位置。[56]

瓦萨里在《艺苑名人传》中佛罗伦萨建筑家朱利亚诺·达·圣加洛的

章节内称，圣加洛曾与列奥纳多讨论过铸马的事，"质疑了不可能的事"。根据文献记载，1492 年 10 月时圣加洛确实在米兰。[57] 所谓的"不可能的事"，应该指的是列奥纳多尝试把这匹马作为一个整体来铸造的决定，这是反传统的做法。瓦萨里（错误地）认为这是雕像没有完工的原因："他将作品的尺寸做得如此之大，以至于不可能完成……它真的是太庞大了，想要将其一次铸成是一件不可能的事。"

这些技术说明和潦草的图表背后是庞大的工业活动场景，旧宫成了火神伏尔甘的锻冶场：熔炉、窑炕、起重机和吊杆，这一场景让人想起那幅大炮铸造厂的素描。人们必须牢记这座雕像巨大的尺寸：用保罗·焦维奥的话说，这座雕像"异常巨大"，他可能是在孩提时代见过这座雕像的黏土模型。马德里笔记中记录的一些数据显示，这匹马从马蹄到头部长 12 布拉乔奥（约 24 英尺），相当于 4 个高大男子的身高相加，马后腿的球节到抬起的前腿之间的长度也差不多与此相同。因此列奥纳多想铸造的马体型是真马的 3 倍。最后铸造所用青铜的重量是 100 梅拉（约 75 吨）。[58]

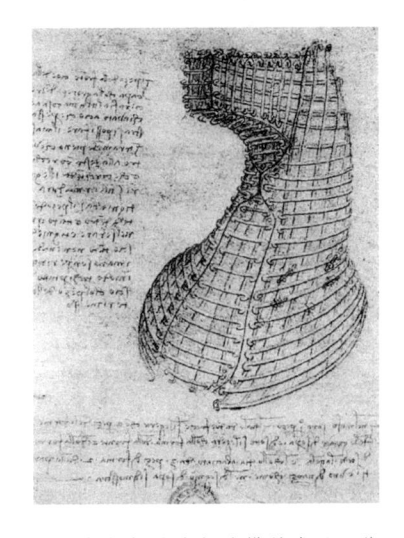

斯福尔扎铜马头部的模具成品，约 1492 年。

这匹马的黏土模型于 1493 年末展出，当时正值卢多维科的侄女比安卡与神圣罗马帝国皇帝、哈布斯堡家族的马克西米利安的婚礼。婚礼于 11 月 30 日在米兰通过代理人举行，婚礼现场发表了许多庆祝诗歌，它们全都提到这匹铜马，作为它们赞美卢多维科的一部分。巴尔达萨雷·塔科内写道：

> 看看他［卢多维科］如何在韦奇奥宫
> 用金属铸造一个庞然大物以纪念他的父亲：
> 我确信无论是希腊还是罗马
> 都没见过比这更巨大的。

看看这匹马多么俊美:

列奥纳多·达·芬奇独自创造了它……

由于这匹铜马从来没被真正铸造出来,塔科内指的应该是铜马的模型。另一位打油诗人兰奇诺·库尔齐奥认为这匹马十分逼真,因而他想象这匹马对一位受惊的看客说了几句话。[59] 瓦萨里说:"那些看过列奥纳多制作的宏大泥塑模型的人,都会认为他们从未见过比这更精美、更宏伟的作品。"

那时,列奥纳多已经在思考铸造的程序了,因为他在1493年10月20日写道:"我决定铸马的时候不铸造它的尾巴,并从侧面铸造,因为如果我铸马时将雕塑倒立,水与雕塑之间的距离只有1布拉乔奥,而且……因为模具需要埋在地下数小时,那么离水1布拉乔奥的头部就会受潮,铸件无法成型。"[60] 这些考虑指的是铸造时所使用的坑。如果将马倒立铸造,需要一个深12布拉乔奥的坑,这样马的头部距离伦巴第平原的浅层地下水就会太近。

描绘弹簧中的力量递减的草图,摘自《马德里古抄本Ⅰ》。

《马德里古抄本Ⅰ》中华丽的草图表明,列奥纳多作为工程师和机械师的工作从1493年1月1日开始,持续了七八年的时间。1492年至1493年制作的庞大的斯福尔扎铜马黏土模型只是这个时期的工作的一部分。在封面上,列奥纳多为这本笔记命名为《数量与力之书》。这可能也是他在别处提到过的"机械零件书"和"物理技术书",若不是他曾提到过,我们甚至都不知道它的存在。[61] 这是一本精彩的工程手册,其内容包括大量定制的工业设备:纺织机、谷物磨粉机、风车的原型、自动捻线的纺车；还有各种起重装置，包括设计成在装载物接触地面时就脱开的吊钩。但它主要不是一种关于发明的书。手册没有展示最终可投入使用的机械，而是关注基础的机械原理和涉及的运动。其内容针对装配线的实际情况，具有系统性和实践性。列奥纳多是在讨论字面意义上的螺母和螺栓，还有链传动和带传动、万向节和叉形接头、滚柱轴承和圆盘轴承、双向螺纹和外摆线齿轮。就像这部手稿的首任编辑拉迪斯劳斯·雷蒂富有感染力地表达的那样，这是一个研究者的天堂。

其中也有列奥纳多的助手的身影。德意志人朱利奥于1493年开始为列奥纳多工作，他在一则关于支撑水平轴的圆盘轴承的笔记中被提到："朱利奥说他在德意志见过两个这样的轮子，都是绕着主轴旋转的。"[62] 冶金学家托马索·马西尼，即索罗阿斯特罗，在这些研究中也是一位重要的助手，毫无疑问他也参与了铸造铜马的工程。《福斯特古抄本》的一则笔记告诉我们，1492年9月"托马索大师回来了"；他可能是与朱利亚诺·达·圣加洛一起从佛罗伦萨赶来的，列奥纳多在接下来的一个月里与朱利亚诺·达·圣加洛交谈，后者对于铜马"质疑了不可能的事"。列奥纳多曾为一个对开式轴承的轴承座的活动部分指定了特殊合金，我们可能可以将之归功于托马索。这种材料本质上是一种"抗磨合金"，比美国发明家艾萨克·巴比特1839年申请的专利早了几个世纪。[63]

在《马德里古抄本Ⅰ》的草图中，有一幅画展示了列奥纳多最令人着迷的发明之一———一个身穿盔甲的骑士机器人——的可移动组件。以不同齿数的齿轮为特色的机械装置，以及由主轴调节的精巧的小动力机器，都可以被解读为机器人"可程序化模块"的一部分。这个机器人骑士能够弯曲双腿，活动双臂和双手，还能转动头部。它的嘴是张开的，机器内置的自动滚筒使它能够"说话"。《福斯特古抄本》中有这个"机器骑士"的头部和颈部草图。1495年前后，它曾在米兰展出。[64] 机器人在16世纪的民众和宫廷节日中变得相当普遍，但列奥纳多的似乎是最早的之一。实际上，他对自动化运动的兴趣可追溯到他在佛罗伦萨的岁月。他有一张15世纪70年代末绘制的技术图纸，展示了一个由小齿轮控制、由弹簧驱动的轮式平台。这可能是在佛罗伦萨的游行活动上使用的，它可以短距离承载一些雕像。2004年4月，佛罗伦萨自然历史博物馆首次展示了被媒体称为"列奥纳多之车"的重建装置。这种早期的兴趣可以与韦罗基奥最受欢迎的发明之一——设立在韦奇奥市场上整点敲钟的小丘比特人像——联系在一起。[65] 钟表学原理是列奥纳多制作自动机器人的一个重要背景，尽管根据复原了一个骑士机器人模型的美国国家航天局科学家马克·罗斯海姆的说法，列奥纳多远远超越了齿轮发条装置的局限：他的机器人的可程序化模块无异于"可编程模拟计算机文明故事中的第一个已知的例子"。[66]

机器骑士完美结合了列奥纳多对诸多事物的热情，例如机械、解剖学、雕塑和戏剧。他还创造了其他类似的奇迹，其中包括一头机械狮子。1515年时，这头机械狮子在法王弗朗索瓦一世面前打开后露出了一束法国百合花，令后者感到震惊。洛马佐在谈到它时说，"它靠轮轴的力量移动"，有那么一刻，他仿佛是在解释它是如何运作的。[67]

"卡泰丽娜来了……"

1493年夏，一位名叫卡泰丽娜的女人来到了旧宫。翌年年初，她仍在那里，因为列奥纳多在家庭账本中提到了她。然后，大概是1495年，列奥纳多又记录了一笔她的丧葬费。[68] 我们不知道她的身份，但我们很难抗拒这样一种可能性，即她是列奥纳多的母亲。她在1493年时差不多有65岁了，并且从1490年左右就开始守寡。

列奥纳多如下记录了她的到来：

> 7月16日。
> 卡泰丽娜是在第16天来的
> 1493年7月。

人们可以立刻注意到他如抽搐般的重复，10年后他父亲去世的备忘录也出现了这样的现象。在后一种情况中，弗洛伊德将其解释为他所谓的"留置"的心理机制,在这种机制中,深层情感被升华或转移到繁琐的重复动作和"无关紧要的细节"中。对于列奥纳多在父亲过世后写下的笔记,弗洛伊德写道:"精神分析学家很早就发现,这种遗忘或重复的情况意义重大,正是这种'分心'让原本被隐藏起来的冲动得以显露出来。"因此,这种"留置"的症状与更著名的"弗洛伊德口误"有相似之处,在这种口误中,语言的错误揭示了一个被压抑的想法。[69]

卡泰丽娜的丧葬账单完全是一篇平淡无奇的账目。人们在此可以再次看到列奥纳多将注意力转移到那些"无关紧要的细节"上:

卡泰丽娜的丧葬费:

3磅蜡	27索尔迪
棺材	8索尔迪
棺罩	12索尔迪
搬运和安置十字架	4索尔迪
抬棺	8索尔迪
4名神父和4名神职人员	20索尔迪
钟、书和海绵	2索尔迪
掘墓人	16索尔迪
给长者	8索尔迪
当局许可证	1索尔迪
[小计]	106索尔迪
医生	5索尔迪
糖果和蜡烛	12索尔迪
[合计]	123索尔迪

这不是一场奢华的葬礼。所有开销加在一起也不过6里拉多一点——1497年,他花了4倍于此的钱为萨莱买了一件精美的银披风。用来做蜡烛的蜡一共只有3磅,而他为自己的葬礼规定的是40磅(将在4座教堂中分别放置用10磅蜡制成的"粗蜡烛")。

我们无法确定"卡泰丽娜"就是他的母亲，但如果她不是，那她又是谁？在他的笔记本的其他地方，那些到他家里做客或与他住在一起的都是男人：助手、学徒和仆人。从法律上看，卡泰丽娜不可能当学徒，她也不太可能是某种熟练的助手。唯一看似合理的解释是，她是仆人：我们可以说，她是一名厨娘和管家，就像后来在法国服侍他的玛图丽娜。这便是米兰笔记本中提到的卡泰丽娜的两种可能的身份：一名原本默默无闻的女人，作为管家服侍了列奥纳多几年；他守寡的母亲，在晚年时与他团聚，作为他获得成功的标志在此安顿下来，当她1495年临终之际，有儿子陪伴在身边，终年68岁。这两种情况在本质上都有可能，我们必须做出自己的选择。有些人认为，她的葬礼朴素，说明她不是他的母亲。但在生活习惯和作风上，卡泰丽娜是一名典型的托斯卡纳农妇，不管人们对她的性格有何种猜测，也不会让我们认为她会假装不是这样。在坎波泽比的小农场的多年艰辛劳作塑造了她的本质。她的葬礼简单但得体，这对她来说很合适。

如果我们翻阅列奥纳多记录卡泰丽娜到来的口袋笔记本《福斯特古抄本Ⅲ》，会发现当时他正在思考哲学。他草草写下了一些简短的格言和思索，其中有以下几条：

> 智慧是经验的女儿……

> 这是人类最大的愚蠢——他现在勤俭节约是为了以后可以享受生活，而当他可以享受辛勤劳动的成果时，他却年华已逝……

> 对某些动物而言，自然似乎是一位残忍的继母，而非亲生母亲；对另一些动物而言，自然则不是继母，而是一位温柔的母亲……

> 需求是本性的女主人和女教师……

> 当镜子映出女王的身影时，它会自吹自擂，但当女王离开时，镜

子再次变得卑微，恢复了原样……

这株植物抱怨放在它旁边的那根老干树枝和它周围的老荆棘，但是干树枝使它挺拔生长，而老荆棘则保护它免受坏人的破坏。[70]

1493年至1494年，列奥纳多还使用过3本口袋笔记本，现已合订为《巴黎手稿H》，其中也有许多类似的精辟格言：

不要在过去的事情上撒谎……

所有伤痛都会留下痛苦的记忆，除了最大的伤痛，即死亡，死亡在结束生命时也抹去了所有记忆。[71]

这些沉思得来的格言散布在他的手稿中，但在这里尤其集中。它们属于神秘的卡泰丽娜与他同在旧宫居住的时期。格言中的意象（亲生母亲、继母、女教师和女王）以及它们关于记忆、转瞬即逝和死亡的主题，使人更加相信这位卡泰丽娜就是他的母亲。这些格言以特有的直率反映了这次秋日的团聚，以及从中浮现的真情实感。

战争的回声

1494年，在准备铸造斯福尔扎铜马、处理《岩间圣母》纠纷、恢复与母亲的情感关系，以及研究《马德里古抄本》中的复杂机械的同时，列奥纳多追求一种充实的日常生活。我们可以看到，一方面他在工作，而另一方面他也有娱乐，他的口袋笔记本保留了一些生活片段：

1494年1月29日——

长袜布料　　　　　　　　　　　　　　　　4里拉3索尔迪

亚麻布	16 索尔迪
制衣费	8 索尔迪
一枚碧玉环	13 索尔迪
一块水晶	11 索尔迪

1494年2月2日——在斯福尔扎城堡［卢多维科在维杰瓦诺的夏宫］，我绘制了25级台阶，每级台阶2/3布拉乔奥高，8布拉乔奥宽。

1494年3月14日——加莱亚佐来与我同住，同意每月付5里拉的费用……他的父亲给我2莱茵弗洛林。

1494年3月20日——维杰瓦诺的一片葡萄园……冬天时，这里覆盖着泥土。

［1494年？］5月6日——在夜里，如果你在灯火和猫的眼睛之间，你会看到它的眼睛像着火了一样。

［1494年——可能在维杰瓦诺，估算装饰报价］

物件：每个小拱顶	7 里拉
天蓝色和金色颜料支出	3.5 里拉
时间	4 天
窗户	1.5 里拉
窗户下的飞檐	每布拉乔奥6 索尔迪
物件：罗马历史的24幅画	每幅14 里拉
哲学家	10 里拉
壁柱的一盎司天蓝色颜料	10 索尔迪
金色颜料	15 索尔迪[72]

在维杰瓦诺，列奥纳多是斯福尔扎的室内设计师，卢多维科要求他

做一种不同类型的设计,即政治宣传用的徽章,这份工作使他成为"摩尔人"的形象设计师。卢多维科的声望正在下降。在15世纪的党争氛围中,总有一些人感到自己受到排挤,形成了怨恨的核心,逐渐地他们的怨恨有了焦点:卢多维科对绝对权力的渴望现在已经相当明目张胆了。他孤立吉安·加莱亚佐和伊莎贝拉,把他们关在帕维亚的切尔托萨那暗无天日的堡垒中,年轻公爵的健康在那里每况愈下。他断绝了与那不勒斯国王的关系,这位国王曾对自己的孙女遭受这种待遇提出抗议。他向皇帝示好,因为皇帝有权宣布他为合法的公爵——他的侄女比安卡在嫁给皇帝时带去了50万杜卡特的嫁妆,这被广泛认为是用纳税人的钱换取公爵爵位的行贿。

有各种不同的草图都可以被认为是政治纹章的设计草案,旨在表达官方的说法,即卢多维科是公国内唯一实际可能的统治者,因此应该得到承认。其中有一幅画的是一条狗小心翼翼地与一条咄咄逼人的蛇对抗,配文"不要违抗"。[73] 这条蛇是维斯孔蒂家族的纹章,象征着米兰;狗在传统意义上象征着忠诚。徽章似乎传达了这样的信息:米兰不应"违抗"其忠诚的护卫者卢多维科;狗的脖子上挂着卷轴,可能象征着他的领导得到了法律的认可。另一幅草图上画了一个筛子,配文是"我不会失败,因为我团结",这同样是一则表达政治团结的信息。[74]

这些草图中还有一幅讽喻作品(有别于徽章),"'摩尔人'戴着眼镜,嫉妒与诽谤被一同描绘,而正义因'摩尔人'变黑了",[75] 这张活页现在属于法国南部巴约讷的波纳特藏品。黑脸的"摩尔人"举着象征真理的眼镜看着嫉妒,而嫉妒则举着一面旗帜,旗帜上画着一只被箭射中的鸟。这可能是有关一场宣传游行的想法——一则盛装的三维讽喻。在后来一本约1497年的笔记本中可以找到相似的描述:"'摩尔人'以财富的形式出现","瓜尔蒂埃洛先生〔瓜尔蒂埃洛·巴斯卡皮,公爵的财务主管〕恭敬地在他身后举起他的长袍"。"可怕的贫穷"——被描绘成女性,就像对嫉妒和诽谤的描绘——正跑向一个"年轻的小伙子",而"摩尔人"用"他的长袍保护了他,用金权杖恐吓这个怪物"。[76] 列奥纳多在一封1495年左右的信的零碎草稿中提到了巴斯卡皮,他在这封信中抱怨未收到付款:"或许阁下您没有给瓜尔蒂埃洛先生更多的指示,因为您以为我有足够的钱……"[77]

这些政治徽章和讽喻画看起来像画稿一样普通，它们传达的意义毫不含糊。人们怀疑，做卢多维科的宣传工具并不特别符合列奥纳多的本意。他在赞助人持续掌权这件事上有既得利益，并准备为此贡献自己的技能。他与卢多维科合作，就像他后来与残暴的军阀切萨雷·波吉亚（Cesare Borgia）合作一样。当然，他的生计依赖于这种合作关系，但我们也应注意到列奥纳多的默许态度，他对政治漠不关心。他是一个不抱幻想的人：他知道权力斗争的残酷现实，并学会与之共处。机会主义就是一切：命运女神迎面走来时，要牢牢抓住她——一刻都迟不得，"因为她后面是秃的"。或许他的矛盾情绪体现在一幅画着黑莓灌木丛的徽章草图上，配文是"甜、苦、多刺"。画的上方写着意大利语单词"more"，即黑莓，与"amore"（爱）是双关语，但进一步的与"Il Moro"（摩尔人）的双关让人难以忽视，它可能透露了受雇于暴君的艺术家在内心感受到的痛苦。[78]

1494年9月15日——"朱利奥开始为我的工作室造锁"。[79]

此时，米兰的锁匠们都在忙着。外国军队驻扎在了这片土地上——法军在前往那不勒斯王国的途中，以武力宣称他们对该领土拥有主权。卢多维科欢迎他们到来：他们组成联盟，共同对抗敌对的那不勒斯人。他和比娅特丽斯在帕维亚举行盛大的狂欢和宴会，款待法国国王查理八世。他的一名将军奥尔良公爵的祖母来自维斯孔蒂家族，因此他虚张声势地称他拥有统治米兰国的权利，但被忽视了；奥尔良公爵目前正忙于占领热那亚。在帕维亚，吉安·加莱亚佐躺在床上奄奄一息。查理国王拜访了他，同情他，但被伊莎贝拉公爵夫人弄得很尴尬，她含泪恳求国王宽恕她的父亲阿方索。她的祖父费兰特于几个月前去世，阿方索现在是那不勒斯的国王。"她最好为自己祈祷，因为她还是一位年轻貌美的女士。"查理国王的随从、历史学家菲利普·德·科米纳这样说道。在最后的日子里，吉安·加莱亚佐在卢多维科的囚禁下十分可怜："在弥留之际，他思念光彩夺目地骑行在法王身边的叔叔"，并且问卢多维科身边的人，"是否认为他的'摩尔人'阁下祝福他身体健康，对他生病感到难过"。[80]

1494年10月21日——吉安·加莱亚佐在帕维亚的切尔托萨去世，享年25岁。人们普遍怀疑他是被卢多维科毒死的。

1494年10月22日——卢多维科在斯福尔扎城堡受封成为公爵。

1494年11月1日——卢多维科的岳父费拉拉公爵埃尔科莱·德埃斯特抵达米兰。他与很多人一样，对卢多维科和法国人的和睦相处感到震惊。费拉拉公爵想要加强自身防御工事，以防法国入侵（或威尼斯的侵略，因为威尼斯也因法国驻军而动员了军队）。这位公爵也是一位有权势的债主——卢多维科欠他3000杜卡特。迫于压力，卢多维科给了他一份"礼物"——大量适合铸造大炮的青铜。

1494年11月17日——一位米兰外交官写道：

> 费拉拉公爵……任命扎宁·迪·阿尔博杰托大师，为他建造3门小型加农炮，一门是法式的，另两门是其他风格的。他从公爵［卢多维科］那里得到一份礼物：100梅拉的金属，这些金属原本是用来制作纪念弗朗切斯科公爵的铜马雕像的。这些金属已被运往帕维亚，再从那里沿着波河向下到达费拉拉，刚才说到的扎宁大师已经陪同公爵回到费拉拉去制造大炮。[81]

因此，一份外交报告不经意地宣布，铸造铜马雕像的青铜被征用，这对列奥纳多和他的工作室来说是一个重大打击，而且还是一个他无法忽视的讽刺：青铜马这件伟大的军事艺术品变成了真正的武器。当面对战争的必需品时，想象的作品是多么脆弱无力！

大约同一时间，佛罗伦萨的消息也传到了米兰：法国部队在城外扎营；皮耶罗·德·美第奇——洛伦佐的儿子和继承人——签署了一项不光彩的条约，让他们获得了比萨及其他领地的控制权；市民们愤怒地采取了行动。11月9日，皮耶罗和他的两个弟弟，乔瓦尼以及朱利亚诺，徒步溜出圣加洛大门，逃往博洛尼亚的避难所。美第奇家族倒下了。愤怒的暴民拥入美第奇宫殿，打砸抢掠，这预示着政权的瓦解。吉罗拉莫·萨沃纳罗拉富有魅力的神权政体填充了权力的真空，这位脾气暴躁的道明会修士曾是佛罗伦萨改革名义上的领袖,他在讲坛上宣讲的道德净化言论现在演变成了现实中的"虚荣的篝火",许多绘画、书籍和手稿被这篝火摧毁。

因此,对列奥纳多来说,在维杰瓦诺测量楼梯的这一年开始得足够愉快,但在他的故乡遥远的战争回声中结束了,伟大的斯福尔扎铜马工程也成了一片废墟。他在旧宫的工作室里怒气冲冲地起草了一封写给卢多维科的信,但他写这封信的那一页纸被垂直地撕成了两半,在剩下的半张纸上,我们只能看到剩下的不完整的句子:

> 如果有人给我其他项目……
> 作为对我服务的回报,因为我并没有资格来……
> 我也不希望改变我的艺术……
> 阁下,我知道阁下您已无暇顾及……
> 为了让阁下您想起我微小的需求,以及归于沉寂的艺术……
> 对我来说保持沉默会让阁下您认为我没有价值……
> 我终生为您服务,时刻准备着为您效劳……
> 对于那匹马,我会保持缄默,因为我知道现在的情况……

还有很多句,直到最后哀伤的结尾几行:

> 记得装饰房子的任务……
> 向您致敬,只是问问……[82]

但这些已足矣。理论上,手稿的损毁时间可能在蓬佩奥·莱奥尼于16世纪80年代装订《大西洋古抄本》之前的任何一刻,但让我们接受这样一种可能:暴怒的列奥纳多·达·芬奇将纸撕成两半,大模大样地走到旧宫的屋顶上,这才得到了一些短暂的轻微满足。这一天,谁也不敢打扰他。

绘制《最后的晚餐》

15世纪90年代，未来的小说家马泰奥·班代洛还是个小男孩，他那时在米兰道明会的圣玛利亚感恩修道院做见习修士，他的叔叔温琴佐是那里的院长。他常在那里观看列奥纳多·达·芬奇在修道院食堂的北墙上工作来打发时间，当时列奥纳多正在绘制斯福尔扎时期的伟大杰作——《最后的晚餐》。

他会很早到达，爬上脚手架，然后开始工作。有时候他从早到晚待在那里，从未放下他的画笔，不吃不喝，不停地画画。有时他会两到三天，甚至四天都不碰画笔，而是每天花好几个小时站在他的作品前，双臂交叉，独自审视和批判他自己画的人物。我还看到他在正午时分，受到某种突如其来的冲动的驱使，离开他制作那令人惊叹的铜马黏土模型的旧宫，直奔圣母玛利亚感恩修道院，不找阴凉处，径直爬到脚手架上，拿起画笔画上一两笔，然后再次离开。[83]

班代洛是在这件事过去几十年后写下这些文字的。有一些事情弄混了：列奥纳多可能是从1495年起开始绘制《最后的晚餐》，因此不可能与制作铜马黏土模型处于同一时间段，因为黏土模型于1493年底展出。然而，这段文字仍然可以使我们一窥这位大师真实的工作情况，表现了他的创作节奏，一阵阵的努力穿插着那些令人费解的沉默的沉思，这沉思易于使其他人——尤其是付钱的委托人——误认为他在偷懒、胡思乱想。这段文字为我们描绘了一幅奇妙的画面：列奥纳多顶着正午的烈日大步走过街道，除了突然想到的一些有关构图细节的小问题的解决方案，心里没想休息、乘凉或其他的事情。"一两笔"告诉我们，从本质上说，他的艺术创作是刻苦积累的过程。人们在圣玛利亚感恩修道院看到的那幅大型视觉叙事作品，是由成千上万的微小笔触和成千上万的细微决定组成的。如果我们熟悉各种世界名画，这看起来似乎就是必然的，否则还有什么其他的可能呢？画作的每一寸都只能是画家不懈奋斗的结果。

圣玛利亚感恩修道院坐落在城堡西边古老的韦尔切利纳门外。几年来(你可能有所听闻),那里一直是一片建筑工地。1492 年,为修建布拉曼特设计的新讲坛和圆顶塔楼,人们拆除了教堂的唱诗台和耳房,同时决定扩大与其毗邻的修道院。至 1495 年时,修道院食堂的翻新肯定已经完成——同年,多纳托·迪·蒙托尔法诺完成了修道院南墙上的壁画《耶稣受难》(Crucifixion)。《最后的晚餐》画在这幅壁画对面的墙上,大概也是这一年开始绘制的。教堂的翻修计划是受卢多维科委托和出资支持的,他打算将翻修后的教堂作为未来斯福尔扎家族的陵墓。对这个公爵家族来说,这样的纪念建筑是相宜的。1497 年,他的妻子比娅特丽斯和女儿比安卡突然去世,这项工程就变得尤为急迫。失去两位至亲沉重打击了"摩尔人",使他也进入了一段忧郁而虔诚的时期:翻新感恩修道院既是经济上的投资,也寄托了他的情感,他常来这里的食堂用餐。因此,列奥纳多的伟大壁画——严格来说它不是湿壁画,因为它是用油画颜料画成的——是斯福尔扎这个著名项目的亮点:这幅追求创新的作品为整个翻新工作增光添彩。[84]

若要追溯这幅布克哈特口中的"令人不休不眠的杰作"的制作过程,我们首先需要看温莎城堡皇家图书馆收藏的一页笔记,这页笔记上有一幅墨水笔画的早期构图草图。[85] 草图表现的仍是传统的"最后的晚餐"肖像画——犹大没有与众人坐在一起,他背对着我们,坐在桌子靠近前景的一侧,而圣约翰在基督身旁睡着了,指的是当耶稣宣布遭到背叛的消息时,他正"侧身挨近耶稣的怀里"。画作最后的版本放弃了这两个人物。

这页笔记上有两幅分开的素描。左手边的草图中有 10 个人物,这页纸可能被裁剪过,所以少了 3 个人。在这些人身后,淡淡地画着几扇拱门——这让我们首先想到这幅画的背景,即这顿晚餐的地点马可楼。右手边的草图描绘了 4 个人物,但基本上是基督和犹大的素描。列奥纳多在此集中表现了确认背叛者身份的戏剧化瞬间:"耶稣回答说,同我蘸手在盘子里的,就是他要卖我。"(《马太福音》26∶23)犹大从他的凳子上站起来,正把手伸向盘子。素描画了两种基督的手的姿势——一种是手

《最后的晚餐》习作。上：温莎城堡皇家图书馆收藏的早期构图素描。下：犹大的头部（左）和大雅各的习作。

抬起来好像要伸向前方，另一种是手已经摸到盘子，在与他的背叛者的手接触时有所迟疑。这幅较小的速写使故事焦点更加集中，找到了戏剧性的支点，即二人的手若有似无地相触的一刻。为了聚焦于这一刻，列奥纳多已经将故事从更传统的描绘圣餐仪式的"最后的晚餐"向前移了几帧。

这幅较小的素描的另一个组成部分是睡着的圣约翰，耶稣把手臂搭在他的背上。这是圣经中的温柔音符——约翰是"耶稣所爱的"门徒——但在某些无宗教信仰的怀疑论者眼中，约翰"侧身挨近耶稣的怀里"是同性恋的表现。100 年后，克里斯托夫·马洛曾发表渎神言论称，基督对约翰怀有一种"超乎正常的爱"，并"把他当作索多玛[①]的罪人"。人们还记得萨尔塔雷利绯闻，这个事件的潜台词是，官方不赞同让具有女性气质的年轻男子当天使和少年基督的模特。列奥纳多最后在作品中把他俩分开了，但约翰仍是所有门徒中最年轻俊美的。

不久之后，列奥纳多绘制了一幅红色粉笔素描，现存于威尼斯学院美术馆，这幅素描或许又被其他人用墨水重新描了一遍。[86] 素描看起来很粗糙，主要是因为墨水，但《最后的晚餐》的构图已经初见端倪：门徒被分成几组，个人特征得到了更多的强调，人物下方有匆匆写下的文字以说明身份（腓力被提到两次）。但犹大仍位于桌子靠近我们的一侧，约翰也仍在昏睡。

这些素描让我们得以窥视列奥纳多的早期构想：他快速、专注地画好这些微型蓝图，在过程中不断问自己：画成这样还是那样？但正如在列奥纳多身上经常发生的那样，这幅画有着更深的根源，虽然这些速写是第一批为感恩修道院的《最后的晚餐》实际绘制的草稿，但我们在他的素描本中发现了一张更早的草图，时间可追溯到 15 世纪 80 年代左右，上面画着 3 幅相互关联的素描：一群人坐在桌旁，一个人双手托着自己的脑袋，还有一个人毫无疑问是基督，他的手指指着那预示着灾难的盘子。[87] 这些素描并非为《最后的晚餐》创作的草稿：那一群人不是门徒，只是 5 个坐在桌子前的男人，闲聊着打发时间。我们可以猜测，画中的场景可能是村里的某次节日活动，人们围坐在用支架支撑的桌子前。但列奥纳多被激发了灵感，所以他在同一张纸上快速画下了一幅举行圣餐仪式的基督的素描，15 年后，这个灵感终于在米兰的伟大壁画中开花结果。

温莎城堡皇家图书馆和威尼斯学院收藏的素描，重点逐渐从整体布局转移到个体人物的特征上，所以我们得以在温莎城堡皇家图书馆收藏中看到著名的头像系列，这些头像大多以红色粉笔画成，有些完成度很

---

① 在《圣经》中，索多玛是一座沉溺男色的淫乱城市，索多玛（Sodoma）也衍生出"鸡奸"（sodomy）一词，指男性间的性行为。

高。这些人物终于从迷雾中显现出来：犹大、彼得、大雅各、圣腓力（几乎可以肯定，后两个角色使用了同一名模特，尽管在画中他们各有不同）。在这些素描中，还有一幅精美的圣约翰的手部特写，以及一幅圣彼得衣袖的速写。[88]《福斯特古抄本》对这些素描的简短评述补充了它们的相关信息：来自帕尔马的亚历山大是耶稣的手部模特；"住在比塔的克里斯托法诺·达·卡斯蒂廖内，头部很美"。有一则笔记的标题简单地写着"耶稣"，列奥纳多在下面写着"乔瓦尼·孔蒂，与摩塔洛枢机主教一起的那位"，这可能告诉了我们基督的模特的名字。据消息灵通的阿拉贡的路易吉说，他在1517年看到了这幅画，并说画中有些门徒是"米兰的廷臣和重要市民的真实肖像"。[89]

在一则著名的笔记中，列奥纳多列举了一些门徒的反应：

有一个人正在喝酒，将酒杯放回原位，将头转向说话的人。

另一位将手指拧在一起，表情严肃地转向他的同伴，他将手掌摊开，肩耸到耳朵，惊讶地张大了嘴……

另一个人转过身，手里握着刀，碰倒了桌上的一个玻璃杯……

另一人身子向前倾，看着说话的人，用手遮住了双眼。[90]

其中一些人物在最终的画作中得到了表现——白胡子的圣安德烈（左起第三个人）摊开了手掌并耸着肩膀。其他人则有所变化，手中握着刀转身的（圣彼得）与碰倒玻璃杯的人分成了两个人，后者成了打翻盐罐的人（犹大）。这些姿态至少有一种已经出现在温莎城堡皇家图书馆收藏的第一幅构图速写中：在人数较少的那群人中，那个位于基督和犹大之间的人"用手遮住了双眼"。

与构图规划一样，情感的动态也体现了列奥纳多创作《最后的晚餐》时的全新观念，他打破了中世纪继承下来的传统，即门徒们僵硬地在桌子前坐成一排。在佛罗伦萨，他可能已经见过塔代奥·加迪、安德烈亚·德尔·卡斯塔尼奥、安吉利科修士和多梅尼科·吉兰达约版本的《最后的晚餐》。[91]吉兰达约的《最后的晚餐》优雅得近乎呆滞，壁画位于万圣教堂的食堂，是在列奥纳多前往米兰前不久完成的。在列奥纳多的版本中，用餐者排成一行的方式被神奇地打断了，取而代之的是，我们看到一群人组成了波浪形，彼得罗·马拉尼将之比作《巴黎手稿C》中的光学图示。[92] 波浪被分为4组，每组有3名门徒：这些三五成群的人突然陷入危机时刻。列奥纳多也找到了他的戏剧化时刻——不是圣餐仪式，也不是确认犹大的身份，而是基督宣布消息时众人因震惊而动弹不得："正吃的时候，耶稣说，我实在告诉你们，你们中间有一个人要卖我了。他们就甚忧愁。"（《马太福音》26:21-2）因此，在一定程度上，构图所具有的新颖的流动性是一个几乎电影化的叙事选择——选择描绘讲出真相的那一刻——所带来的。这幅壁画最早一批的评论者之一卢卡·帕乔利很好地描述了这一点。他在写于1498年12月14日的《神圣的比例》的献词中写道：

> 人们很难想象比众门徒听到真理之声道出"你们中间有一个人要卖我了"时的表情更为专注的样子了。通过他们的行为和姿态，他们似乎在相互交谈，一个人和另一个人，而那个人又和另一个人，他们都充满着强烈的好奇心。我们的列奥纳多用他的一双巧手创造了这一切，相当可敬。[93]

帕乔利的描述很有趣，因为他那时与列奥纳多关系很亲近，因此这段评论可能也反映了列奥纳多自己关于"专注"和"好奇"的陈述——这二者使得对基督的关注以及使徒之间的互动感变得异常激烈。这幅画就达到了这样的效果：人物不是排成一列，而是相互交错，"一个人和另一个人，而那个人又和另一个人"交谈。

然后是犹大，他是这幅画中的反派。温莎城堡皇家图书馆收藏的一幅准备性侧面速写，画的是一个与其说邪恶不如说丑陋的男人，几乎是一个丑八怪，但他带着一丝懊悔和自我厌恶，使这幅侧脸画带着悲剧色彩，或实际上是基督的宽恕。（最近的修复工作使《最后的晚餐》恢复了每个人面部的微妙细节，这些细节原本在后来的修饰中丢失了；犹大就是一个例子，他的脸现在比修复前更加接近准备性侧面速写的样子。）即使他的手原本已伸向要浸入盘子里的面包，但在听到基督的话后，又缩了回去。

关于列奥纳多《最后的晚餐》中犹大的脸，瓦萨里曾说过一段著名的逸事：感恩修道院的院长总是不断催促列奥纳多"快点完成作品"，并向公爵抱怨这位艺术家总是拖延时间。列奥纳多回应卢多维科说，他还在寻找一位长得极为邪恶狠毒的人作为犹大的原型，但如果他找不到合适的人选，"他完全可以用那位不机灵、缺乏耐心的院长"当模特。这番话逗得公爵大笑不止，而"那位不幸的院长一脸困惑，担心在他花园中干活的工人去了"。这是瓦萨里众多能被证明具有一定的真实性的趣闻中的一条，或至少当时有人目睹了这一幕。这则故事是从1554年出版的詹巴蒂斯塔·吉拉尔迪·钦提奥的《关于小说创作的演讲》中抄来的，而钦提奥则是从他的父亲克里斯托福罗·吉拉尔迪那里听来的，后者是费拉拉的外交大使，在米兰时与列奥纳多有私交。吉拉尔迪版的故事声称记录了列奥纳多自己的话：

> 我还要画犹大的头部，你们都知道，他就是那个大叛徒，因此他的脸应该表现出他所有的邪恶……因此，一年来，我每天早晚都去博尔盖托，所有卑微又卑贱的人都住在那里，他们大多数人邪恶堕落，我希望在那里可以找到一张符合这个邪恶角色的脸。直到如今我都没能找到……如果我最后找不到合适的，就不得不用这位神父、修道院院长的脸了。[94]

不管这个故事是真是假，我们现在都离列奥纳多的真实记录不远了。这就是认识他的克里斯托福罗·吉拉尔迪记忆中或想象中的列奥纳多说的话："因此，一年来，我每天早晚都去博尔盖托……"

《最后的晚餐》的绘制始于在修道院食堂的墙上均匀地涂抹上一层灰泥，这构成了壁画的底层结构。[95] 中间部分的灰泥层——也就是画面展示主要情节的地方——比较粗糙，为其上的涂料层提供了更好的黏着力：我们可以看到，两个部分之间的连接处有一条模糊的水平线，靠近用透视法描绘的天花板的中间位置。人们在最近一次修复工作中发现,勾勒《最后的晚餐》轮廓的画稿是直接在灰泥上完成的——"极简的红线,徒手画成,笔触流畅……为他的构图界定了图块"。完成这一步后,再涂上石膏底料:现代分析显示,这层石膏底料是"一种微颗粒混合物,100微米至200微米厚,由蛋白质黏合剂将碳酸钙与镁黏合而成",在这之上是一层薄薄的铅白。在这个阶段,列奥纳多在表面留下一些切口,主要是为了确定建筑背景的形式和视角,他还在画区的中心打了一个小洞,作为整幅画的灭点,这体现了他对精确性的可怕的追求。这个洞可以在放大的照片中看到,就在基督的右太阳穴上。

所有这些准备工作提醒着我们,这是一项工作室成员的集体作业(班代洛在记述中遗漏了这一点,使人误认为它是由这位艺术家单独创作的)。据说米开朗琪罗独自创作了西斯廷教堂壁画,列奥纳多不是这样工作的,他有一个助手团队:可能包括马可·德奥焦诺,他绘制了《最后的晚餐》最早一批临摹本之一;萨莱,当时大概16岁了,作为列奥纳多的仆人工作;托马索·马西尼,有文献显示他后来参与绘制了一幅大型壁画(佛罗伦萨的《安吉亚里战役》壁画)。除了这些他信任的助手,他可能还新收了学徒和助手,他们的名字能在《大西洋古抄本》的两页笔记中找到:[96]

> 约蒂提9月8日到,每月4杜卡特。
>
> 贝内代托10月17日到,每月4杜卡特。

这里的年份不是1496年就是1497年。4杜卡特是列奥纳多对他们的食宿征收的费用,他们则作为他的助手赚钱。因此,到年底时,贝内代托已经赚了近39里拉——略低于10杜卡特——这大约相当于他在这10周内欠下的的食宿费用。贝内代托的名字也出现在了一页未标明日期的笔记上,页边的空白处被裁掉了一部分,上面记录了大概同一时间在工作室工作的人员:

> [...] nco 4

[...] iberdo 4

詹马里亚 4

贝内代托 4

詹彼得罗 4

萨莱 3

巴尔托洛梅奥 3

吉拉尔多 4

第一个名字可能是"弗朗科"（Franco），大概是指弗朗切斯科·加利，人称"那不勒斯人"；第五个名字可能是指詹彼得里诺·里佐利；而倒数第二个名字可能是巴尔托洛梅奥·苏阿尔迪，人称"小布拉曼特"，他支付的是较低的3杜卡特的食宿费，是列奥纳多的朋友布拉曼特的学生。

这幅画本身可能是从所描绘的场景上方的3个半月形纹章开始画起的；只是现在这部分已经严重损毁，但仍可看到铭文和盾徽，以及一个用水果和青草编制的美丽花环。中央场景可能是从左侧画起的。我们在此进入了马泰奥·班代洛所描述的时期，充满了紧张的工作和双臂交叉的沉思。班代洛的说法得到了现代技术数据的支持："列奥纳多有时会停下来反思，并专注于精修重要细节，使他的作画进度十分缓慢……每个人物和桌子上的每个物品的轮廓都表现出或大或小的修改痕迹，修改之处会渗入相邻的颜色，证明列奥纳多为自己留有很大的自由度，使他不止一次地做出修改。"[97] 壁画修复师发现，基督手指的姿态有过变更，在最初版本上，手指要长得多。

1496年夏，在列奥纳多绘制《最后的晚餐》的同时，他也在装饰一些斯福尔扎城堡内的房间，很可能是比娅特丽斯公爵夫人的房间。这就是他在我之前引用的那封被他撕碎的信中提到的工作："记得装饰房子的任务……"

1496年6月8日发生了一件事，使列奥纳多罕见地失去了冷静。公爵的一位秘书记录了这件事，他写道："装饰房间的那位画家闹出今天的丑闻，并因此离开了。"[98] 这种紧张关系或许与写给公爵的另一封不完整的信件草稿有关，列奥纳多在其中抱怨了自己资金紧张："您本应该发现我很需要钱，这使我感到非常困扰，而且……我必须要谋生，这迫使我不得不中断工作，去处理一些不太重要的事情，而不是跟进大人您交给我的工作。"[99] 这项重要的工作必然指的是《最后的晚餐》，而让他分心的"不太重要"的事情，可能指的是装饰公爵夫人的房间。

这封信的语气十分暴躁：想想"我必须要谋生"这句几乎毫不掩饰的讽刺，这是公爵不熟悉的一种不便。他接着说："或许阁下您没有给瓜尔蒂埃洛先生更多的指示，因为您以为我有足够的钱……如果阁下您认为我有钱，您一定是被蒙蔽了。"他指的是瓜尔蒂埃洛·巴斯卡皮，后者在其他地方被称为"公爵礼物的裁判员"，即公爵的付款人。列奥纳多似乎没有收到期望中的"礼物"：所谓的"礼物"本质上指的是以一种非常不规范的形式支付的款项，无法被称为薪水。关于《最后的晚餐》的佣金是多少，说法很多。据班代洛说，列奥纳多年薪为 2000 杜卡特，但消息灵通的吉罗拉莫·布加蒂（16 世纪中叶感恩修道院的一名修士）说，"摩尔人"每年只给他 500 杜卡特。[100] 这笔钱可以与《岩间圣母》的佣金相提并论，列奥纳多和安布罗吉奥·德·普雷迪斯为《岩间圣母》要求支付 1200 里拉，约 300 杜卡特。

在这封发牢骚的信中，在这次出人意料的怒气爆发——在城堡里引发了"丑闻"——中，我们有幸从背面一瞥列奥纳多在承受绘制《最后的晚餐》的巨大创作压力下的样子，这种压力总是会因为令人分心的事情而加重，而非缓解。这与班代洛观察到的列奥纳多是同一个人，那个在酷热、安静的街上严肃地大步走向感恩修道院的列奥纳多。

班代洛还讲过另一个故事，在这个故事中，列奥纳多的心绪更轻松，他在和感恩修道院的一位尊贵客人聊天，这位客人是枢机主教雷蒙德·佩劳，也就是古尔克主教。文献证实，1497 年 1 月底这位枢机主教确实在米兰。[101] 列奥纳多爬下脚手架迎接他。"他们聊了很多事，"班代洛回忆道，"尤其是卓越的绘画。一些在场的人说，他们谈到希望看到那些被伟大作家高度赞扬的古代绘画，这样就可以判断我们这个时代的画家是否能与古人相提并论了。"列奥纳多还讲了一则传奇故事让大家高兴,故事说的是年轻的菲利波·利比被"萨拉森人"抓住了当奴隶,他通过高超的画技最终赢回自由。这则故事与瓦萨里《艺苑名人传》中菲利波·利比的故事十分接近。[102] 但这里有两个问题:瓦萨里是从班代洛那里听来这个故事的吗?班代洛真的是从列奥纳多·达·芬奇口中第一次听到这个故事吗?我们对这两个问题最多都只能说:有可能。1554年班代洛的《故事集》首次发表于卢卡——比第一版《艺苑名人传》晚了4年——但其中的故事一定是在更早之前就写完了,而且可能有手稿。列奥纳多很有可能是从菲利波的儿子菲利皮诺那里听到这则故事的,15世纪70年代他们在佛罗伦萨相识,二人的关系很亲密。同样有可能的是,投机的班代洛错误地将其归于列奥纳多,从而使一个好故事变得更好。

1497年夏天,列奥纳多仍在画《最后的晚餐》。那年修道院的账目上记录了一笔支付给工人37里拉的报酬,"因为他们为修道院食堂的窗子做了些活儿,就是列奥纳多画门徒的地方"。1497年6月29日,卢多维科给他的秘书马尔凯西诺·斯坦加写了一封信,在信中说希望"那个佛罗伦萨来的列奥纳多能尽快完成他在修道院食堂的工作",那么他就可以"参加食堂另一面墙的工作了"。[103] 我们从这里或许可以看出公爵的不耐烦。

众所周知,列奥纳多的这幅伟大壁画以不那么成功的方式进行了创新。他混合使用油和蛋液来作画,而不是传统的在新鲜灰泥上作画的湿壁画技巧。这种画法使他能够更慢地工作并重画,但随着颜料开始脱落,它的缺点很快就变得明显起来。本就存在的潮湿问题加剧了这种情况。列奥纳多在世时,表面颜料的脱落问题就已经很明显了。1517年,记日作家安东尼奥·德·贝亚蒂斯(Antonio de Beatis)指出,这幅壁画"开始腐坏"。16世纪50年代瓦萨里看到这幅画时,那里"除了一团斑点,什么都看不清"。[104] 毫无疑问,这是导致这幅画有许多早期临摹本的一个原因,其中两幅是马可·德奥焦诺和詹彼得里诺画的,他们可能参与了原画的创作。这也是后世出现大规模和强制性修复项目的原因之一。有记载的最早的一次在18世纪初,但很可能这不是第一次。20世纪30年代,肯尼斯·克拉克将这幅壁画的现况与早期复制品以及温莎城堡皇家图书馆收藏的准备性速写做对比后,哀叹修复者呆板的手笔使这幅画失去了微妙的细节:他认为修复后的作品有着"夸张的苦相,带有米开朗琪罗《最后的审判》的味道",说明修复者是一位"无力的16世纪风格主义画家"。[105]

这幅画与生俱来的、自我导致的脆弱现在似乎成为其魅力的一部分。它在短短几十年内就变成了"一团斑点",在19世纪早期又遭到拿破仑士兵的肆意破坏,在1943年夏天又险些被盟军的炸弹击中。这幅画能够保存至今,就是一个奇迹。

最近一次也是最具野心的修复工程是由皮宁·布兰比拉·巴尔塞隆主持的,于1999年公布于众。这项修复工作花费了超过20年的时间和约200亿里拉(约600万英镑)。这次修复的主要目的是消除早年修复工作留下的叠印:在显微镜下,一层由清漆和覆盖的颜料形成的结壳被刮掉,他们希望下方留下的一些原始的颜料能够显露出来。用布兰比拉·巴尔塞隆的话说,这幅画"就像一个重病患者"。[106] 修复工作像往常一样遭到了批评,批评者称修复工作导致作品"丢失了原作的灵魂"——但我们现在看到的样子已经十分接近500多年前列奥纳多和他助手们在睁大了眼睛的小男孩班代洛的注视下画在墙上的那幅画。当然,只是部分更接近了:原画表面只有约20%幸存下来。这幅壁画像个幽灵一样附着在墙上,残缺不全却有着令人着迷的表情和姿态,描绘了最后的晚餐上简单却引人注目的细节:半满的酒杯、桌布上的金丝银线,还有在此刻情绪激昂的圣彼得手中握着的那把如谋杀武器一般的刀。

"列奥纳多学院"

不要让不是数学家的人读我的文章……

——《福斯特古抄本III》,fol. 82v

1496年,随着数学家卢卡·帕乔利修士——列奥纳多称他为"卢卡大师"——的到来，在《最后的晚餐》这一伟大事业的阴影下，一段伟大的友谊也绽放开来。

帕乔利来自托斯卡纳南部边缘的小镇圣塞波尔克罗，那时他50岁出头。他年轻时师从皮耶罗·德拉·弗朗切斯卡，皮耶罗在那里有一间工作室；他深受皮耶罗有关透视的数学论著的影响。在瓦萨里看来，他在自己后来的著作中剽窃了这些观点。15世纪70年代中叶，他放弃了很有前途的会计师工作，成了方济各会修士，立誓要过清贫的生活，12年来他一直是一名旅居学者，四处讲授哲学和数学；在佩鲁贾、那不勒斯、罗马、乌尔比诺和威尼斯属克罗地亚的扎达尔都可以看到他的身影。1494年，他出版了第一本书，即百科全书式的《算数、几何与比例集成》（*Summa de arithmetica, geometria e proportione*，下文简称《集成》）。这本书用意大利语写成，覆盖了600张密印的对开页，因此是意大利语脱离拉丁语的现代化进程的一部分。《大西洋古抄本》中的一则笔记记录了列奥纳多曾以6里拉的价格购买了一本《卢卡大师的算数书》抄本，他在笔记本中做了许多摘录，有一部分可能与《最后的晚餐》的几何构图有关。[107] 正如书名所表达的，这是一部集成式的而非原创的作品，这部著作包含算数理论和实践、代数、几何和三角学的部分；还有一篇关于复式簿记的共有36章的论文，一些关于博弈论的有趣讨论，以及一份意大利各城邦使用的货币、重量、测量单位的换算表。与其他所有被称为哲学家的同时代人相比，卢卡有很强的实践倾向。他因一句格言而被人们铭记，那就是"定期算账能保持更长久的友谊"。

1495年，雅各布·德·巴巴里为帕乔利绘制了一幅肖像画。这幅画像中的他身着方济各会的衣饰和兜帽，一只手放在一本几何书上，另一只手指着一块画着几何图案的石板，石板侧面刻着欧几里得的名字。桌子上放着几何学家的工具：粉笔和海绵、定尺和指南针。一个仿佛一颗巨大水晶的三维多面体模型悬挂在他的右肩上。桌上还有一本皮面装订的大书，封面上印着"LI. RI. LUC. BUR."，即"圣塞波尔克罗镇的教士卢卡的书"（*Liber reverendi Luca Burgensis*），指的是他前一年出版的《集成》。站在他身后的英俊青年男子很可能是乌尔比诺公爵圭多巴尔多·达·蒙泰费尔

雅各布·德·巴巴里为卢卡·帕乔利修士绘制的肖像画,约1495年。

特罗(Guidobaldo da Montefeltro),《集成》就是献给他的。

帕乔利于1495年末或1496年到达米兰,所以这幅精美的肖像画展示了列奥纳多刚认识他时他的样子。他应"摩尔人"的亲自邀请而来,但也有可能是列奥纳多帮忙推荐了这位新的数学大师。他们似乎很快就成了朋友,第二年就开始合作了。帕乔利撰写他的杰作《神圣比例》,而列奥纳多为他提供几何插图。三卷本的第一卷于1498年底完成;两份日期为1498年12月14日的手稿被赠送给卢多维科和加莱亚佐·圣塞韦里诺。在1509年印刷版的前言中,帕乔利声称,描绘"所有规则和从属实体"(即规则和半规则的多边形)的图表是由"米兰市最杰出的画家、透视学家、建筑师、音乐家和所有成就的大师,佛罗伦萨人列奥纳多·达·芬奇完成的;我们一同在那座城市里最高贵的公爵卢多维科·马里亚·斯福尔扎·安格洛的领导下工作,那是1496年至1499年"。[108] 在献给卢多维科和加莱亚佐·圣塞韦里诺的手稿中,这些图表是用墨水和水彩颜料画的,它们可能是助手画的副本。这些图表的版画出现在 1509 年的印刷版中。因此，这些鲜为人知的多边形和多面体应该是列奥纳多第一次出版在书籍里的作品，也是第一次被大规模印刷的作品。

列奥纳多写道，数学提供了"至高无上的确定性"。[109] 这曾是他在工作室接受的基础训练的一部分，但如今在卢卡·帕乔利的引领下，他开始探索更为抽象的几何世界，即和谐与比例的法则。他对欧几里得的详细研究，可以在

列奥纳多设计的十二面体，在帕乔利《神圣比例》中版画（1509）。

15 世纪 90 年代末的两本口袋笔记本中找到，即《巴黎手稿 M》和《巴黎手稿 I》。但他也意识到了自己在更基础的知识上有空白，并写下一则敦促自己学习的备忘录："跟卢卡先生学习如何乘平方根。"[110]

列奥纳多和卢卡·帕乔利的合作——在列奥纳多的笔记中得到了证实，帕乔利在《神圣比例》前言中也清楚地提到了这一点——是神秘的列奥纳多学院的历史基础之一。学院是否真实存在有很多的争议：人们最多可以肯定的是，这所学院曾存在于纸上，存在于有"Academia Leonardi Vinci"（"列奥纳多·芬奇学院"拼写方法各异，有时是缩写）这几个字的一系列漂亮的绳结设计图案中。这些图案似乎是为这个听起来很庄严的机构设计的一种纹章，但许多人相信这只是列奥纳多的白日梦。

人们只见过这些设计图案的版画，几乎可以肯定是在 16 世纪初的头几年在威尼斯制成的：有强有力的证据表明，阿尔布雷特·丢勒在 1504 年至 1505 年到访威尼斯时，见过这些图案的印刷品。[111] 这些印刷品所基于的原稿没有保存下来，但有一种可信的说法是，原稿是 15 世纪 90 年代末在米兰完成的，而且列奥纳多在 1500 年到访威尼斯时带着它们——据我们所知，这是他第一次来到威尼斯。因此，这些原稿可能与列奥纳多 1498 年绘制的天轴厅屋顶错综复杂的图案属同一时期，洛马佐将后者描

述为一项"奇特的绳结图案"的"美丽发明"。这些原稿可能也和列奥纳多为帕乔利《神圣比例》所绘的多面体图案属于同一时期,即1498年或更早。这些多面体也绘于米兰,同样,后来在威尼斯制成版画。

"学院标志"的原始设计似乎是在列奥纳多和帕乔利合作的背景下完成的。认为他们二人构成了某个确定的知识分子团体的核心的想法似乎被过于轻易地忽视了。实际上,一本17世纪初出版的名不见经传的小书——吉拉洛莫·博尔谢里的《米兰贵族拾遗》——就独立地提到了这一点。作者在书中提到"斯福尔扎艺术与建筑学院",以及列奥纳多在其中的角色:"我本人在圭多·马任塔手上看过一些关于透视、机械和建筑的课程讲稿(lettioni),用的是法语字母,但是用意大利语写的,这些讲稿都是这个学院以前发表的,被认为出自列奥纳多之手。"[112] 藏书家马任塔于1613年逝世,他无疑拥有许多列奥纳多的手稿。在去世前的某个时候,他曾向博尔谢里展示过一份手稿,其中包含一些被认为是列奥纳多的演讲或课程的内容。这份手稿似乎是16世纪的——它所使用的"法语字母"暗示它是在米兰被法军占领时制作的——但它所包含的内容最初是在这个"斯福尔扎学院"的支持下发表的,而这所学院只可能存在于1499年卢多维科·斯福尔扎政权垮台前。所有这一切都只是从表面解读博尔谢里的说法。他描述的手稿现已失传,而且我们也无法核实他对这份手稿的来源的描述。尽管如此,这依然是对列奥纳多的"学院"及其所讨论的主题——透视、机械、建筑——的一份独立的描述。

我们还能在这个高端谈话俱乐部中见到谁?显然,这当中很可能有列奥纳多的同事多纳托·布拉曼特,他是感恩修道院的建筑师,精通欧几里得几何学,而且是但丁作品的诠释者,实际上,他也擅长设计绳结图案。(列奥纳多在手稿中的一则笔记里明确提到了某个"布拉曼特的绳结图案",而洛马佐也曾提到他拥有这方面的技术。)[113] 另一位可能的俱乐部成员是知识分子和宫廷诗人加思帕·维斯孔蒂,他是布拉曼特的密友,他这样描述布拉曼特:"与计算布拉曼特所拥有的全部知识相比,你更容易数清天堂里的圣灵。"[114] 列奥纳多拥有一本《加思帕·维斯孔蒂先生的十四行诗》(马德里手稿书单中是这样描述的)副本,指的可能是维斯孔蒂于 1493 年在米兰发表的《韵诗》。我们也可以在俱乐部成员中加上列奥纳多最聪慧的追随者博尔特拉菲奥，而我不确定俱乐部是否给托马索·马西尼留出了表演的空间。其他可能的俱乐部成员可以在帕乔利提到的一场辩论中找到，用他的话说，这是"一场著名的科学决斗"。这场辩论于 1498 年 2 月 8 日在城堡中举行，公爵也出席了。[115] 参与辩论的人包括方济各会神学家多梅尼科·蓬佐内和弗朗切斯科·布斯蒂·达·洛迪，宫廷占星家安布罗吉奥·瓦雷塞·达·洛萨特，医师安德烈亚·达·诺瓦拉、加布里埃莱·皮洛瓦诺、尼科洛·库萨诺和阿尔维斯·马利亚诺，以及费拉拉的建筑师贾科莫·安德烈亚。

列奥纳多肯定认识这份名单上的最后 3 个名字。尼科洛·库萨诺是斯福尔扎的宫廷医师，列奥纳多曾在一则笔记中简短地提到过"库萨诺医师"和他的儿子吉罗拉莫。列奥纳多在 1508 年左右通过梅尔齐向后者表达了嘉奖。[116] 他在笔记中常会提及马利亚诺家族，主要与书有关：

> 一本代数书，马利亚诺家有，由他们的爸爸撰写……
>
> 一本关于骨骼的书，马利亚诺家族写的……
>
> 阿尔基诺论比例的书，上面有马利亚诺的笔记，这本书从法齐奥先生那里取得……
>
> 朱利亚诺·达·马利亚诺大师有一种美丽的草药。他住在木匠斯特拉米家对面……
>
> 朱利亚诺·达·马利亚诺医师……有一位只有一只手的管家。[117]

朱利亚诺也是一位名医，还是《代数》一书的作者；1498 年在城堡里参与辩论的阿尔维斯是他的一个儿子。建筑师贾科莫·安德烈亚曾在 1490 年的夏天招待过列奥纳多，正是在那次的晚宴上，淘气鬼萨莱打翻了油瓶。

"摩尔人"的女婿加莱亚佐·圣塞韦里诺也出席了这场在城堡举行的辩论。他英俊、时尚而且聪明，是马上比武的著名冠军，还是一位技艺高超的歌唱家。他是"摩尔人"的"头号宠儿"。列奥纳多至少从 1491 年起就认识他，那时他为加莱亚佐的马上比武比赛设计了"野人"表演，而且对加莱亚佐马厩里的马产生了浓厚的兴趣，觉得它们有可能为斯福尔扎铜马提供原型。加莱亚佐也是帕乔利的赞助人，后者刚到米兰时就住在加莱亚佐的房子里；帕乔利的《神圣比例》的一份手稿就是献给他的。帕乔利还指出，在列奥纳多为这本论著设计的60个几何体中，有一组是为加莱亚佐设计的。如果有人希望为这个短期的小型学院增添一些真实感，我会说圣塞韦里诺是这所学院的一个可能的赞助人或名誉上的领袖。帕乔利在《神圣比例》前言中似乎也透露了类似的意思："公爵和加莱亚佐·圣塞韦里诺的社交圈子中有哲学家和神学家、医师和占星师、建筑师和工程师，以及发明新鲜事物的天才发明家。"

现藏于纽约大都会博物馆的一份列奥纳多手稿上，有一张以朱庇特和达娜厄为主题的假面剧演员名单，还有一些素描。我们基本可以确定，这是1496年1月31日在圣塞韦里诺的长兄、卡亚佐伯爵詹弗朗切斯科的家中表演的"喜剧"，公爵也出席观看了。[118] 这部剧由卢多维科的大臣巴尔达萨雷·塔科内创作，他混合八行体诗和三行体诗的体裁写成（我之前提到过他关于斯福尔扎铜马的诗）。列奥纳多的演员名单中也提到了他——"塔孔"，他是演员之一。达娜厄由一个名为弗朗切斯科·罗马诺的男孩饰演；朱庇特由神父詹弗朗切斯科·坦奇饰演，他曾是诗人贝林乔尼的赞助人。圣塞韦里诺也一同参与演出了这场古典题材的精致小歌舞剧，这也许是源自"斯福尔扎学院"的另一场表演。

那些错综复杂的绳结图案中的"Academia Leonardi Vinci"字样可能并不是指一个正式成立的"俱乐部"，但它也似乎不仅仅是一个白日梦。对列奥纳多而言，"学院"一词可能会让他想起20年前他在佛罗伦萨知道的那所费奇诺的柏拉图学院，这种怀旧情绪可能会因为萨伏那洛拉主导的佛罗伦萨当前的基要主义气氛而更加强烈。我们可能会认为这所米兰的"学院"是以费奇诺学院的一个变体：米兰学院的研究范围可能更为广阔，关注更多的学科，也更为"科学"。我们或许可以在此看到帕乔利的影响力——这位哲学家和数学家将列奥纳多重新带入柏拉图思想，而列奥纳多过去拒绝柏拉图思想，更支持亚里士多德式的实验和研究体系。人们认为

"学院"是一群知识分子组成的松散组织，他们会面、讨论、演讲和读书，地点有时在城堡，有时在韦尔切利纳门外的加莱亚佐·圣塞韦里诺私宅，而有时无疑就在旧宫——那间伟大的创造奇迹的工厂，那里总有一些新奇的玩意儿可供考察，有绘画和雕塑可供欣赏，有书籍可供查阅，还有音乐可供欣赏。随行人员中那些喜欢吵闹的人——那个"青少年团伙"——禁止入内；索罗阿斯特罗被要求举止得体。这个破旧的宴会厅在火把的照耀下看起来很不错，不过一旦这些"学者"开始活动，纯粹依靠脑力就能照亮这里。

有两件奇特的作品——一首诗和一幅壁画——似乎属于这所米兰"学院"的范畴。

这首诗写在一本 8 页的未署名小册子上，名为《透视罗马古物》(Antiquarie prospetiche Romane)。[119] 这首诗的创作年代不详，但是诗的内容可以证明它写于 15 世纪 90 年代末期——不可能早于 1495 年，因为诗中提到 1494 年 12 月查理八世的军队在罗马时发生的一件事。这位匿名作者自称 "Prospectivo Melanese depictore"，你可以认为这是一个诙谐的别名 (Prospectivo Melanese the painter，"展望未来的米兰画家")；也可以认为这是一种自我描述 (the Milanese perspective painter，"米兰透视画家")。用最近一位编辑的说法，这首诗是"半粗野的三行诗"，充满了晦涩的伦巴第俗语，但在其中有一件事是确定的：这首诗是写给列奥纳多·达·芬奇的，且言辞友好："亲爱的、亲切的、令人愉快的伙伴／我亲爱的芬奇。"因此，这位作者将自己视为列奥纳多社交圈中的一员，而且他至少提到了列奥纳多社交圈中的另一位成员——"杰罗阿斯特罗"，大概正是索罗阿斯特罗。诗中还有一个隐晦的暗指："韦罗基奥的吉卜赛女人。"

这首诗是一篇游记，描述了罗马古典时期的文物，并邀请列奥纳多在那里与作者见面，一同探索"古物的遗迹"。(这首诗是否真的是在罗马写的尚存争议：显然这首诗是写给米兰读者的，可能是在米兰写的。) 诗中有许多对列奥纳多的溢美之词，包括"芬奇"(Vinci) 和"占领"(vincere) 的惯用双关。它尤其称赞列奥纳多是一位"受古物启发的"雕塑家：能够塑造出"比其他任何雕塑都更具生命力、更神圣的生物"——这想必指的就是斯福尔扎铜马。有趣的是，列奥纳多还被誉为作家或演说家：

> 芬奇，你是用语言征服的胜利者，
>
> 像真正的加图……
>
> 而通过你的技巧，其他所有作家
>
> 都会发现自己都被你的风格打败了，并在你的风格面前黯然失色。

这些诗句指的可能是"学院"中的辩论和演讲。

有人认为这首《透视罗马古物》的作者是多纳托·布拉曼特，他以擅长创作讽刺性的十四行诗著称，但布拉曼特不是米兰人。其他被认为是这首诗的作者的还有安布罗吉奥·德·普雷迪斯、"小布拉曼特"、贝尔纳多·泽纳莱，以及刚刚崭露头角的年轻建筑师切萨雷·切萨里亚诺；他后来写过关于维特鲁威的文章，其中包括一幅勃起版的列奥纳多《维特鲁威人》的版画。这些人中，只有德·普雷迪斯可能称呼列奥纳多是他的伙伴；众所周知，他在15世纪90年代至少到访过罗马一次。标题页上的英文缩写"P.M."可能代表了"Prospectivo Melanese"，但也可能一语双关地代表"Predis Mediolanensis"（"米兰的普雷迪斯"）之类的词。[120] 标题页上有一幅奇特的版画，画中的裸体男子单膝跪地，他的姿势使我们想起列奥纳多笔下的圣杰罗姆。他左手拿着一副圆规，右手拿着一个球体，跪在一个画有几何图案的圆圈里。画的背景是一座带柱廊的圆形庙宇的一部分，这种庙宇可以在《巴黎手稿B》中找到，而且也与布拉曼特有关。背景中的岩石也使人联想到《岩间圣母》。这些合起来表明了米兰"学院"的兴趣所在——透视、建筑、几何、绘画。整幅画的基调表明，这是为一个亲朋密友的私人社交圈绘制的一幅画。《马德里古抄本》书单上的"古物之书"很可能是对列奥纳多自己所拥有的这首诗的一个副本的记录。

我还会把这所"学院"与布拉曼特的神秘壁画《武装者》(*Men at*

Arms）联系起来，这组壁画现存于米兰布雷拉画廊，但之前曾收藏在兰佐尼大街上的帕尼伽罗拉府。这组壁画描绘了 7 个站在虚构的壁龛中的人物，以及两位希腊哲学家——德谟克利特和赫拉克利特——的半身像。只有两个站立的人像完全保存了下来：一位是手执权杖的廷臣，另一位是身着铠甲的战士，挥舞着一把大剑。其他的人都没了下半身，所以更难辨认他们的身份，但一位戴着月桂花环的人显然是诗人，另一位似乎是歌唱家。跟据彼得罗·马拉尼的说法，这组壁画表现了新柏拉图思想中的"英雄"，英雄的美德来自身体力量的磨炼（手持武器的战士）与精神的升华（歌唱家和诗人）。[121] 哲学家身后的字母组合"LX"可能代表了法律（lex），这也带有柏拉图式的意味，"法律"在哲学上指的是事物的基本和谐秩序。我们无法确定壁画的年代，也无法确定房子的主人是谁。[122] 壁画中的人物可以与布拉曼特精美的板面油画《廊柱间的基督》相媲美（同样存于米兰布雷拉画廊），后者的年代通常追溯到 15 世纪 90 年代，其哲学基调似乎说明它属于"学院"的产物。

我的兴趣集中在哲学家德谟克利特和赫拉克利特这对肖像上，他们坐在一张桌子旁，中间放了一个硕大的地球仪。二人欢笑和流泪的传统特征表明了他们的身份：据说，德谟克利特嘲笑人类的愚蠢，赫拉克利特则因其对人类处境的悲观看法，以"哭泣的哲学家"闻名。这幅画与费奇诺学院的关系更明确，因为在卡勒吉的学院被费奇诺称为"gymnasium"的讲堂中，挂着一幅主题完全相同的画作。费奇诺在其拉丁文版的柏拉图著作集中写道："你在我的讲堂里有没有看到一幅画，上面画着德谟克利特和赫拉克利特分处地球仪的两边？他们一个在笑，一个在哭。"[123] 在历史上，这两位哲学家要早于柏拉图，他们代表了面对人类处境的两种对立的态度，这是这位柏拉图专家试图超越或"调和"到平衡状态的另一种二元论。

1901 年，当壁画被迁移到米兰布雷拉画廊时，两位哲学家的肖像挂在房间里壁炉架的上方，壁画的其余部分都在房间里，但是一份 18 世纪时对帕尼伽罗拉府的描写称，在当时的主人将这两幅肖像挪到壁画的房间之前，"赫拉克利特和德谟克利特在隔壁房间的门的上方"。[124] 所以这两幅肖像画最初是用来引介壁画《武装者》的：当你走向那间华丽奢侈的房间时，两位哲学家在门口迎接你，邀请你走进去，并为这段经历奠定了基调——对那些了解这些事情的人而言，这种基调直接暗指了佛罗伦萨费奇诺学院的意象。

根据洛马佐的说法，《武装者》中的一些人像是当时的几个米兰人的肖像。技术分析也倾向于证实这一点：每个头颅都构成了一个完整的乔尔纳塔①，这说明布拉曼特非常用心地描绘每个人物的特征。这两位哲学家无疑具有同时代人的面貌，而不是古代哲学家的常见特征——他们没有长长的胡子或飘逸的古代长袍。二人的胡子刮得很干净，而赫拉克利特明显穿的是文艺复兴时期的服装。我们有一个很好的例子可以认为德谟克利特的肖像就是自画像。拉斐尔在梵蒂冈的《雅典学园》中将布拉曼特画成欧几里得，德谟克利特与之很相像，德谟克利特和卢浮宫的一幅相关的粉笔肖像也十分相似。这些肖像表明，布拉曼特是圆脸、秃顶。《雅典学园》绘于1509年左右，比帕尼伽罗拉府的壁画晚了10多年，但二者总体上有很大的相似之处：人们特别注意到德谟克利特刚开始秃起来的头顶。

如果布拉曼特的面孔是德谟克利特的原型，那赫拉克利特又以谁为原型？这肯定是布拉曼特的朋友和哲学家同事列奥纳多·达·芬奇，他对变化和运动的痴迷与赫拉克利特的哲学一致（"万物皆流"），而他的神秘和智慧的光环也许会为他赢得另一个用来形容赫拉克利特的称号——"黑暗者"。[125]

还有进一步证据支持这一观点。首先，我们注意到赫拉克利特面前书桌上的手稿是从右向左写的：这一页的右上角可以清楚看到大写的首字母。其次，对哲学家的描绘完全符合列奥纳多《论绘画》中的指示："流泪的人会在眉毛的交接处扬起眉毛，并将眉毛连在一起，同时在眉间和眉毛上方产生皱纹，他的嘴角向下垂；但笑的人会上扬嘴角，眉头舒展而放松。"[126] 同样值得注意的是，在后来的一幅被归于洛马佐的描绘德谟克利

---

① 乔尔纳塔（giornata）是一个艺术术语，源自意大利文，意为"一天的工作"（a day's painting），指的是绘制壁画时一天可完成的绘画量。在绘制壁画的过程中，把握每日的工作量至关重要。因为绘制壁画时，需要先在墙壁上涂抹适量的灰泥，使之干燥，再在上面作画。一位资深的壁画画家能够精确把握每天画多大面积，并涂上适量的灰泥。

两幅可能是米兰时期的列奥纳多画像。多纳托·布拉曼特壁画中的哲学家赫拉克利特（左）以及《维特鲁威人》的面孔。

特和赫拉克利特的米兰绘画中，根据其中长胡子圣人的模样，我们也基本可以确认画中的赫拉克利特是列奥纳多的肖像，这表明洛马佐脑海中存在的某种联系可能是布拉曼特的壁画创造的。

除去眼泪和皱纹、深陷的双眼——赫拉克利特式的悲伤特征——我们在这里看到了一幅描绘列奥纳多·达·芬奇的壁画，由他最亲密的朋友之一创作。画中的他45岁左右，留着黑色卷发，身穿毛皮镶边的长袍，手指修长的双手优雅地交叉在一起。这是米兰时期的列奥纳多仅存的两幅画像之一，另一幅是15世纪90年代左右的《维特鲁威人》，画中人的脸与赫拉克利特的有很大的相似之处。

列奥纳多的花园

1497年，列奥纳多成为一块有葡萄园的土地的所有者。这块地位于韦尔切利纳门外，在感恩修道院和圣维托雷修道院之间。严格说来，这不是列奥纳多拥有的第一块地产——他在埃尔萨山口有一处完全抵押了的房产，这是《博士来朝》的合同中的一部分内容——但有葡萄园的这块土地确实归他所有，没有任何附加条件，而且在他22年后起草遗嘱时仍然属于他。在遗嘱中，这块土地被描述为"他在米兰城墙外拥有的一座花园"。这便是当他在法国逐渐老去时，他记忆中的私家花园。

这是卢多维科赠给他的礼物。这块土地的转让记录已经找不到了，但是后来的一份关于这块土地附近地产的文件告诉了我们转让日期。这份"摩尔人"的律师与一位名叫伊丽莎贝特·特罗瓦马拉的寡妇签订的合同提到，14个月前米兰的六人委员会就已经将这个葡萄园转让给了列奥纳多；合同日期为1498年10月2日，所以列奥纳多在1497年8月初获得了葡萄园，[127] 这也是他完成《最后的晚餐》的大致时间。

这块土地占地约16古丈（pertica）。古丈在词源上和英语的杆（pole）有关，但古丈是一个大得多的单位。根据列奥纳多的说法，1古丈相当于1936平方布拉乔奥。用布拉乔奥做标准并不精准，因为米兰的布拉乔奥比佛罗伦萨的布拉乔奥稍长一些，但取整计算，这块葡萄园面积略大于1公顷，约3英亩，是一个相当大的乡村花园。根据卢卡·贝尔特拉米（Luca Beltrami）的经典作品《列奥纳多的葡萄园》判断，葡萄园大概长200米，宽50米——又细又长，葡萄园通常是这样的。[128]

这块土地总是被称为列奥纳多的葡萄园或花园，但那里肯定也有一座某种形式的房子。一份1513年的文件把它描述成"sedimine uno cum zardino et vinea"，如今的房地产中介会将之翻译成"一座带花园和葡萄园的独立住宅"。[129] 那时，这处地产由萨莱管理：他以每年100里拉的价格出租了房子的一部分，并留了一些房间给他鳏居的母亲住。因此，这处地产不仅仅是一座葡萄园或一间酒棚，尽管它也不一定非常气派。据说1515年时这座花园里有建设工程，但不清楚是在建造新房子还是在翻修老房子。

列奥纳多的笔记和手绘示意图详细地记录了这块珍贵土地的长度和宽度：

从桥到大门中央的长度是31布拉乔奥。
从桥那里开始算第1个布拉乔奥。
从桥到路的拐角，共长23.5布拉乔奥。

他迷失在单位换算的迷宫中，在平方、古丈和臂长中不断地换算。他计算出土地的价值为每平方4索尔迪，相当于每古丈371里拉，所以这块土地的总价值为1931.25杜卡特。[130] 这一串数字不仅是帕乔利算术的实际成果，也说明了列奥纳多将这块土地视为有形资产，是他安全感的来源；

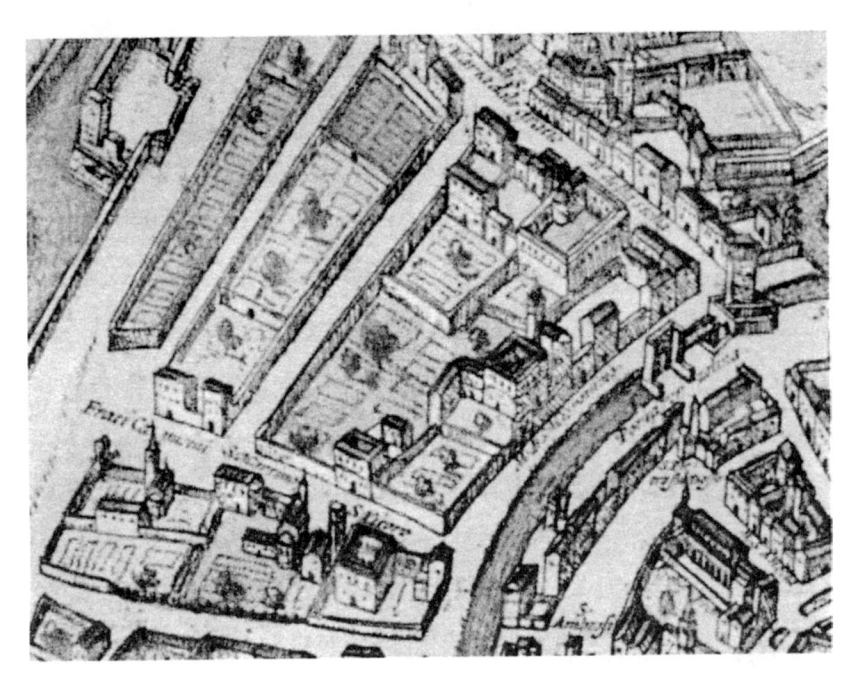

葡萄园。霍芬吉尔版米兰地图的细节，描绘了古老的韦尔切利纳门（右侧的L形结构）和圣玛利亚感恩修道院（顶部）。中间宽阔的斜角路是如今的泽纳莱路，葡萄园坐落于右边被墙围起来的区域。

我们可以理解这对一个居无定所且没有固定收入的 45 岁男人的重要性。我们也可以猜到列奥纳多是多么喜欢它，因为这里美丽、宁静而青翠，是夏天远离城市喧闹街道的庇护所。

  这处地产坐落在感恩修道院以南，位于马真塔路南端路旁的一排建筑物后面。贝尔特拉米 85 年前在这里调研时，此处还有一座葡萄园；你今天仍然可以在这里看到密集而葱郁的小片绿植和花园。你可以在大致位于葡萄园东端的"列奥纳多菜园餐厅"吃一顿饭，来庆祝花园的一部分得以幸存。这一地区如今是米兰上流社会人士的住宅区，那些高大华丽的公寓有新古典主义风格的阳台，带有一丝意大利复兴时代的自信氛围。南面是圣朱塞佩医院，以及古老的有着文艺复兴时期美丽回廊的圣维托雷修道院。从那里，你可以沿着泽纳莱路向感恩修道院方向折回，曾经存在的葡萄园就在你的右手边。这条连接着感恩修道院和圣维托雷修道院的路大概是在 1498 年修建或扩建的，列奥纳多笔记本上的一些规划图正是与这个项目有关。[131] 或许路况的改善会使他的房产增值，这是一笔回扣。

韦尔切利纳门外的地区绿树成荫，令人向往。那几年，这一地区有了很大的发展，尤其是为公爵服务的那些人的房子和花园。住在那里的人有加莱亚佐·圣塞韦里诺，他是列奥纳多和帕乔利的朋友，也可能是他们的"学院"的赞助人。这位优秀牧马人的马厩很著名——列奥纳多的一些马厩草稿可追溯到15世纪90年代末，这些草图可能正是翻修马厩的项目的草图。[132] 16世纪阿尔卢诺地区的编年史《高卢纪事》中记载："这些马厩是如此美丽，装修是如此精美，使人们以为阿波罗和战神马尔斯的马被拴在这里。"瓦萨里写到"小布拉曼特"的壁画时，提到的或许也是这些马厩，"韦尔切利纳门外，城堡附近，他装饰了一些马厩，如今已经被毁坏了。他画了几匹正在接受训练的马，其中一匹马画得太栩栩如生了，使另一匹马以为它是真的，便朝它踢了几脚"。[133]

另一个名门望族，阿特拉尼家族，也从"摩尔人"那里得到了这里的房产。他们的房子的正面朝着韦尔切利路（今天的马真塔大道）；房子后面的花园紧挨着列奥纳多的葡萄园，形成了葡萄园的北部边界。房子的天花板后来得到了贝尔纳迪诺·卢伊尼的壁画的装饰，充满了列奥纳多风格的装饰图案（就像卢伊尼的许多作品一样）。这时是16世纪初，当时阿特拉尼家族的房子是米兰最杰出的知识分子社交聚会的地方。[134]

列奥纳多的一则笔记提到他在这个高档郊区的其他邻居："万杰利斯塔"和"马里奥罗先生"。[135] 人们很容易认为前者指的是他已故的同事埃万杰利斯塔·德·普雷迪斯，但这似乎不太可能。"马里奥罗先生"指的是马里奥罗·德·圭斯卡迪，他是一位重要的米兰廷臣。《大西洋古抄本》中的一系列建筑平面图很可能是列奥纳多于1499年为圭斯卡迪宅邸绘制的作品，这座宅邸被描述为"新建但尚未完工"。这位主顾本人手中有其中一幅平面图，上面有一些文字说明：

> 我们想要一间25布拉乔奥的起居室，一间给我自己使用的警卫室，还有一间带两个里间的房间，分别给我的妻子和她的女仆们，以

及一个小庭院。

项目，一间能容下 16 匹马的双排马厩和一间给马夫的房间。

项目，一间带食物橱柜的厨房。

项目，一间 20 布拉乔奥的餐厅，供佣人用餐。

项目，一间办公室。

列奥纳多自己的笔记既体现了富有而挑剔的顾客要求，也反映出他自己的严格与一丝不苟：

> 佣人的大房间应该远离厨房，这样房子的主人就不会听到他们的嘈杂声。厨房要便于清洗锡镴制品，这样主人也不会看到锡镴制品在屋里搬来搬去……
>
> 为了方便起见，食物橱柜、储木间、厨房、鸡舍和佣人走廊应该相连。而花园、马厩和粪肥堆也应该毗邻……
>
> 女主人应该有她自己的房间和走廊，与佣人的走廊分开……她自己房间的两侧还有两个小房间，一间给女佣，而另一间给奶妈，还有几个小房间用来放她们的餐具……
>
> 厨房里的人可以通过宽敞低矮的窗子上菜，或者通过可旋转的桌子……
>
> 厨房的窗子应在储藏室前，这样柴火可以拿进来。
>
> 我希望用一扇门就能关上整座房子。[136]

这最后一点说明使人想起《巴黎手稿 B》中的一套属于"理想城市"范畴的住宅设计，设计图旁写着"锁起标有 m 的出口，那么就锁上了整座房子"。[137] 这是非常务实的设计，但也展示出列奥纳多对保密和隐私的强烈倾向，他的内心世界是封闭的。

在他的"花园"里，列奥纳多可以做自己。他在自己的地界上踱来踱去，检查葡萄藤，坐在树下的阴凉处策划着他永远也抽不出时间来做的改进计划。他欣然漫步。仿佛是为了庆祝这种田园情调，他还在城堡中建了另一座花园——天轴厅美妙的虚构树荫。

1497年1月，卢多维科·斯福尔扎的妻子因难产过世，他情绪低落，开始改建城堡北翼，供他独处和休息。北翼塔楼的底层是天轴厅，也被称为木板室，之所以如此称呼这个房间，是因为它的墙壁周围有刻有斯福尔扎家族徽章的木板。紧随其后的是两个较小的房间，被称为"黑色小屋"（Salette Negre），通向横跨城堡护城河的迷人但现已破败的凉廊。

列奥纳多1498年在这里工作，我们通过公爵的财务主管瓜尔蒂埃洛·巴斯卡皮——就是在列奥纳多的讽喻画中托着公爵长袍的那位"瓜尔蒂埃洛先生"——的报告得知：

> 1498年4月20日——根据您的委托，"黑色小屋"正在施工中……安布罗吉奥先生［公爵的工程师安布罗吉奥·费拉里］和列奥纳多大师之间签署了一份协议，所以一切都很顺利，在完工前不会浪费任何时间。

> 1498年4月21日——周一，塔楼内的大天轴厅将被清空。列奥纳多大师答应9月底之前完成全部工作。[138]

因此，列奥纳多于1498年4月完成了"黑色小屋"的装饰工作，而天轴厅正在为他立即展开工作做准备。他承诺在9月底前"完成全部工作"：还有5个月的时间。

天轴厅的天花板壁画差不多是列奥纳多作为斯福尔扎的室内设计师留给我们的全部作品。列奥纳多于1494年在维杰瓦诺的夏宫、于1496年在比娅特丽斯·斯福尔扎的寓所，以及在天轴厅的工作开始前正在装饰的"黑色小屋"的成果，都不复存在了。在这间宽敞、有长窗户，但本质上相当阴暗的房间中，他创造了一首美妙的幻想曲、一首绿色的狂想曲。浓密的树枝缠在一起，像窗帘一样覆盖着墙壁和天花板，形成了一个郁郁葱葱的室内凉亭；一条金色的绳索蜿蜒穿过有光泽的树叶，形成环状并

天轴厅壁画的局部。

打结。当G. P. 洛马佐说"在树上，我们发现了列奥纳多的一项美丽发明，他将所有枝干绘成各种奇特的绳结图案，布拉曼特也使用了同样的技术，将它们都编织在一起"时，他无疑是在描述这个房间——这条评论把天轴厅和用复杂的绳结图案构成的学院"标志"联系起来，而学院标志的原稿大概也是在这一时期被设计出来的。

这个图案由18棵树组成，树干从地面开始。有些树在水平方向上分叉，有两对向内弯曲，在房间的两扇窗户上方形成了枝叶繁茂的拱形；8根树干向上伸到拱形的天花板，天花板中央有一个镶着金边的眼状的开口，图案在那里会集成卢多维科和比娅特丽斯挽起双臂的样子。这些粗壮的树木象征着斯福尔扎家族的力量和发展（在维杰瓦诺夏宫，扎根的树作为斯福尔扎家族的徽章，出现在了两个圆形图案中），而环绕交织在树枝上的金线可以与德埃斯特的"芬奇的幻想"联系起来，或许也可以与《戴珍珠项链的女士》中袖子上的金色图案联系起来，后者可能是安布罗吉奥·德·普雷迪斯画的比娅特丽斯肖像。[139]

1893年时，整个房间覆盖着一层厚重的白色涂料，当其中一面墙上的白色涂料被移除后，人们重新发现了这幅令人眼花缭乱的壁画。（最初是谁粉刷了墙，以及为何这样做，我们不得而知。）在时任城堡工程主管的卢卡·贝尔特拉米的指导下，这些装饰得以修复，天轴厅于1902年重新对公众开放。从那之后，由于过度的插补和添加，修复工作一直受到严厉的谴责——"从某种程度上来说，这几乎是一种破坏行为"。[140] 明显的修改在1954年的一次修复工作中被移除了，但是我们现在看到的壁画与列奥纳多当时创作的壁画有多大的差异，仍然是不清楚的。

东北方向的墙上有一小块地方没有受到过度的修复，那里靠近窗户，通过这扇可以看到黑色小屋的背面。这块墙上只有一层单色的底层色，明显未完成。贝尔特拉米认为这部分是后来添加上去的，于是就用一块木板盖上了，但这部分现在被认为是在大师的直接指导下由助手完成的。这里描绘了一棵巨树的树根被强有力地包裹在石层中，这些石层似乎是一座已成废墟的古老建筑的根基。这使人们想起了列奥纳多的一则寓言，寓言讲述了一颗坚果扎在墙壁的缝隙中然后发芽了的故事："随着交错的树根越来越粗，它们开始把墙壁推开，迫使古老的石头离开原来的位置。然后，墙发现得太晚了，徒劳地为它的毁灭而哀叹。"[141]

如果这象征着斯福尔扎家族根深蒂固的力量，那么其他事件将会很快赋予这一象征另一层含意。在这"绿荫如盖"的天轴厅中举行盛大庆祝活动的家族即将倾覆，许多其他人的好运也将随之走到尽头，其中包括列奥纳多。他似乎满足于当下的生活——《最后的晚餐》已经完成且受到赞誉，他在学院收获了友情，在他的花园中尽享宁静的快乐。布拉曼特壁画描绘的那位忧心忡忡的哲学家似乎轻松了一些。但现在看来，这稍可喘息的时间十分短暂，因为1499年初有消息传到米兰，称法国人在他们的新国王路易十二——之前的奥尔良公爵——的领导下正在集结一支侵略部队。5年前，他曾宣称自己拥有米兰公国的统治权，但卢多维科不明智地对此一笑置之。

"把你带不走的卖掉……"

当法国军队在意大利边境集结时,列奥纳多开始了结他的各种事务。1499年4月1日,他支付了如下款项:

薩莱20里拉

给法齐奥2里拉

巴尔托洛梅奥4里拉

阿里戈15里拉[142]

在这些人中,法齐奥可能是数学家吉罗拉莫·卡尔达诺的父亲法齐奥·卡尔达诺,他可能是列奥纳多的债主。其他人都是助手:萨莱,当时19岁;巴尔托洛梅奥,可能是"小布拉曼特";还有阿里戈,这是个新名字,可能和朱利奥一样是德意志人。["阿里戈"实际上是哈里(Harry),从海因里希(Heinrich)演变而来;人们可以想到列奥纳多的德意志教父阿里戈·迪·乔瓦尼·泰德斯科。]这个名字后来又出现在了一张列奥纳多写于1506年至1508年的清单上。

在同一页纸上,列奥纳多计算了他钱箱中的各种硬币——杜卡特、弗洛林、格罗索尼(grossoni)等,这些钱共计1280里拉。然后,他用纸包把钱包好,有些是白色的,有些是蓝色的。他将这些小包的钱分放在工作室的各个角落,有一个放在保存钉子的盒子旁,其他几包分别放在一个"长长的架子"的两端,而在钱箱里,他只放了"几把安布罗西尼"(ambrosini,一种米兰的小额零钱),并用布包好。这幅画面很生动:大师安排了一次小型的寻宝活动;他把彩色的包裹摆放好,就是这样。他脑子里想的是强盗或抢劫者——他们很快就会到来。当然,他们会找到钱箱,但不会找到随意藏在杂物中的纸包。这是一个机智的计划,尽管其中并非没有弗洛伊德式的"留置"的元素,即通过不断重复的动作掩饰或转移压力。

5月,法国军队进入意大利;7月底,他们占领了阿斯蒂和阿拉佐的要塞,威胁到公国的边缘。然后,加莱亚佐的兄长詹弗朗切斯科·圣塞韦里诺出人意料地叛逃,列奥纳多的《朱庇特和达娜厄》就是在他的房子里上演的。有一则笔记可能属于这段军事紧张时局:"在米兰公爵的公园,我看到一颗 700 磅重的炮弹从 1 布拉乔奥高的地方发射出来。炮弹反弹了 28 次,每一次反弹的高度与前一次反弹的高度之比都相同。"[143]

"1499 年 8 月的第一天,"列奥纳多平静地在《大西洋古抄本》中的一页上写道,"我在这里写下关于运动和重量的内容。"这页笔记上确实写满了有关这一主题的笔记:与《马德里古抄本Ⅰ》的机械研究和《福斯特古抄本》中的物理学相关的研究。在同一张纸上还有"公爵夫人浴室"的设计草图和笔记。在一本同时期的笔记本中,在"浴室"这一标题下,他写道:"要为公爵夫人的炉灶加热水,要在 4 份冷水中加入 3 份热水。"[144] 这位公爵夫人一定是吉安·加莱亚佐的遗孀阿拉贡的伊莎贝拉。她是列奥纳多的邻居,和她生病的儿子"小公爵"弗朗切斯科一起住在旧宫的另一个地方。或许,列奥纳多在热水供应问题上为她提供帮助是一种权宜之计。她不是"摩尔人"的朋友,实际上,"摩尔人"把她囚禁起来了,而她怀疑是他毒杀了她的丈夫,她的儿子将会是法国占领后首批被"解放"的人质。因此,列奥纳多实则与一位期待着侵略者到来的人走得很近。

法军继续进攻。瓦伦扎于 8 月 19 日沦陷;接着是亚历山德里亚。8 月 30 日,米兰陷入混乱,詹贾科莫·特里武尔齐奥领导的反斯福尔扎派煽动了一场民众起义。公爵的财务主管安东尼奥·兰德里亚尼遇害。9 月 2 日,如今无须占星师解读这些迹象,卢多维科·斯福尔扎也明白他必须逃离米兰。他向北逃往因斯布鲁克,希望获得皇帝马克西米利安的支持。斯福尔扎城堡的守护者贝尔纳迪诺·达·科尔特也投降了,9 月 6 日,在没有遭到抵抗的情况下,法军占领了米兰。编年史家科里奥讲述了第二天发生的事:

暴民聚集在安布罗吉奥·库尔齐奥的房子前,将其彻底摧毁,以至于那里几乎没有什么有价值的东西了;暴民还扫荡和摧毁了主管公爵出纳的贝尔贡齐奥·博塔的花园、加莱亚佐·圣塞韦里诺的宫殿和马厩，以及卢多维科的管家马里奥罗最近修建但尚未完成的住宅。[145]

列奥纳多认识所有这些人和他们的家人。他熟悉他们的房子——他可能是马里奥罗的住宅的建筑师，这座房子就在他的葡萄园的拐角处；他也认得加莱亚佐马厩里每一匹受惊的马。

10月6日，路易十二胜利入城。他在米兰停留约6周——这是一段危险的占领时期，尤其对那些与"摩尔人"关系亲近的人来说。列奥纳多与法国人打交道了吗？他有没有充分利用局势以追求对自己最有利的结果？我们基本可以肯定，他有。"利尼备忘录"（Ligny memorandum）是一个谜案，它在《大西洋古抄本》的一页上，他在其中写道："找到英格尔（Ingil），然后告诉他你会在埃莫（Amor）等他，然后你会和他一起去伊洛潘（Ilopan）。"[146] 第一个名字被加密了——从后向前读，可看出实际是"Ligni"一词，即法军首领利尼伯爵路易·德·卢森堡。列奥纳多可能是在1494年遇到他的，那时利尼陪着他的亲戚查理八世参加了那次更早的、更具外交手腕的法国对米兰的入侵；现在列奥纳多想和他谈谈，实际上想和他一起远征那不勒斯（"伊洛潘"）。在同一页笔记上，他决定"从让·德·帕里斯那里学到给干壁画上色的方法，以及他制作彩纸的方法"。让·德·帕里斯指的是著名法国画家让·佩雷亚尔，他也加入了远征。《大西洋古抄本》中还有一段题为《列奥纳多大师的回忆录》的文字，其中敦促他"尽快地写一份关于佛罗伦萨的报告，特别是关于尊敬的热罗尼莫神父［萨伏那洛拉］管理佛罗伦萨城邦的方式和风格"。[147] 这一提供政治情报的要求可能同样属于与法国人修好的方式。

两年后，回到佛罗伦萨，列奥纳多为法王最喜欢的弗洛里蒙·罗贝泰（Florimond Robertet）绘制《纺车边的圣母》，并且因为他对法王本人负有某些未指明的"义务"，而拒绝了其他委托。如果这反映出列奥纳多与国王路易和罗贝泰有私交，那么这必然是1499年在米兰建立起来的。他可能还见过魅力十足的人称"瓦朗斯人"的切萨雷·波吉亚，后者当时在法军某中队担任指挥官，后来成为列奥纳多战争剧场绘画的雇主。

列奥纳多在米兰一直待到12月。写有"利尼备忘录"的那页纸上还罗列了他离开前要做的事情：

做两个盒子。

赶骡人的毯子——或更好的，用床单。共有3张，你可以把其中1张留在芬奇镇。

从感恩修道院拿火盆。

从乔瓦尼·伦巴多那里拿维罗纳剧场。

买桌布和毛巾、帽子和鞋子，4对软管，1件羊皮短上衣和做其他东西的皮子。

亚历山德罗的车床。

把你带不走的卖掉。

12月14日，他将600弗洛林转入佛罗伦萨新圣母玛利亚医院的一个账户中。在米兰帮他处理财务的是迪诺家族的人，这笔钱通过两张300弗洛林的汇票转去，将钱安全地存入佛罗伦萨还需要几周时间。[148] 他可能是因为有传言说"摩尔人"即将返回米兰而离开。法国将领们多少有些沾沾自喜地撤退了——路易十二和利尼返回法国；斯图尔特·德奥比尼和波吉亚的军队去了费拉拉——那些忠于公爵的人散播着他将带着瑞士雇佣兵和马克西米利安的帝国援兵归来的消息。

最终，"摩尔人"的回归是短暂且不光彩的，但是列奥纳多没有空等他回来。他是在法国占领期间留下来的人，可以说是与占领者"同谋"的人。他不能指望从再度崛起的"摩尔人"那里获得多少同情。因此，1499年的最后几天，列奥纳多离开了米兰，他既是为了逃避他的前赞助人，也是为了躲避当时的局势。12月14日的积蓄转移可能是他在米兰最后做的事：最后的清算。差不多18年前，他雄心勃勃地带着大捆的画稿、定制的七弦琴，以及一群离经叛道的佛罗伦萨年轻助手来到这里。此刻离别，列奥纳多已经截然不同：他已47岁，紧裹着羊皮上衣来抵御寒冷，放弃在斯福尔扎门下这段时光取得的不确定的成就，走向了一个更加不确定的未来。

第六章

漂 泊
1500—1506

运动是所有生命的因。

——《巴黎手稿 H》, fol. 141r

曼图亚和威尼斯

列奥纳多的第一站是曼图亚年轻的侯爵夫人伊莎贝拉·德埃斯特的宫廷。他无疑在米兰就见过她了：1491年，在她姐姐比娅特丽斯嫁给卢多维科的婚礼上，以及1495年初，当法国战胜那不勒斯的消息传来时——这件事应该更能触动她，因为她的丈夫弗朗切斯科·贡扎加是与法军作战的人之一。她知道列奥纳多为切奇利娅·加莱拉尼绘制的肖像画，后者把这幅画像寄给她了，以便她将之与威尼斯大师乔瓦尼·贝利尼的肖像画作品放在一起比较；她也认识列奥纳多的音乐门生阿塔兰特·米廖罗蒂，1490年时，她叫他来曼图亚，并在波利齐亚诺的《奥菲欧》中担任主角。简而言之，她和列奥纳多很熟，尽管他们之间是否有很亲密的私交就是另一回事了。

伊莎贝拉·德埃斯特意志坚强，受过极好的教育，而且非常富有。尽管只有25岁左右，她却如专横的巴黎沙龙女主人一般统治着她的宫廷。费拉拉的埃斯特家族是意大利最古老、最显赫的家族之一，他们的封地包括位于意大利北部的摩德纳、东部的安科纳、南部的雷焦。（这个家族还有一个建立于11世纪末的德意志分支，这一支血脉是不伦瑞克和汉诺威的埃斯特-圭尔夫家族的前身，英国王室也来自这一支。）1491年1月，16岁的伊莎贝拉嫁给了曼图亚的侯爵弗朗切斯科·贡扎加二世，这是一场外交上的三重结盟，另两重结盟是她姐姐与卢多维科的联姻，以及她哥哥与卢多维科的侄女安娜的联姻。贡扎加家族是米兰维斯孔蒂家族的死敌，但通过联姻，这些处在适婚年龄的姐妹使斯福尔扎家族、贡扎加家族与费拉拉家族彼此成为盟友。

伊莎贝拉风度翩翩地抵达曼图亚，梦幻地从水路顺波河而下，然后乘坐凯旋式马车进入了这座小巧雅致的堡垒之城，13个彩绘的婚礼箱也装不下她的私人物品。很快，她成为这个炫耀性消费时代的标志，是一个狂热、甚至有时不择手段的奇珍异宝收藏家。她任性地谈起她姐姐的财富（斯福尔扎家族比贡扎加家族还要富有，但是比娅特丽斯不是收藏家）：" 愿上帝保佑我们这些慷慨花钱的人能有足够多的钱。"她的收藏品以贡扎加家族收藏的宝石、浮雕和凹雕珠宝饰物——这些小巧便携的资产是当时很受欢迎的收藏品——为基础，但在15世纪90年代后期，她在信中表现出收藏的胃口进一步扩大。"你知道我们多么渴望古董"，她在1499年给她在罗马的代理人的信中这样写道，而且"我们现在有兴趣收藏一些青铜和大理石的雕像和头像"。[1] 这些古董和雕像是为了充实她在贡扎加城堡中建立的陈列室——她那著名的书房及其配套房间。她开始委托绘画作品，在她写给切奇利娅·加莱拉尼的信中，就表明了她对贝利尼和列奥纳多的兴趣，这只是一部分。最终，这间书房装饰了9幅大型绘画，都是伊莎贝拉自己指定的精美讽喻画，其中有两幅是曼图亚宫廷的资深艺术家安德烈亚·曼特尼亚的作品，两幅是费拉拉的洛伦佐·科斯塔的作品，一幅是列奥纳多旧时的同事佩鲁吉诺的作品；但尽管她努力了，还是没有一幅出自列奥纳多之手。

伊莎贝拉是一位极为聪慧和有洞察力的女人。她赞助诗人和音乐家，自己也是一位杰出的诗琴演奏家；她特别善于弹奏轻柔的情歌，这是她在社交晚宴上的拿手好戏。但她最重要的身份是收藏家，她的热情近乎痴迷。1539年去世时，她的遗产包括1241枚硬币和徽章；72只花瓶、酒壶和杯子，其中55只镶嵌着彩石（玛瑙、水苍玉等）；70尊青铜、大理石、镶嵌彩石的大小雕塑，以及13幅半身像；其他还有手表、镶嵌盒、珊瑚碎片、一个星盘、一支"独角兽的角"和一颗"三掌长"的鱼牙。[2]

列奥纳多为伊莎贝拉画的半身肖像画现藏于卢浮宫，我们基本可以确定这幅画完成于1499年与1500年之交的冬天，那时他在曼图亚，是她的座上宾，人们也可以称她为他的饭票。这幅画用黑色粉笔、红色粉笔和黄色蜡笔画成，底部显然被裁掉了：一幅十分接近原作的16世纪匿名临摹作品（现存于牛津基督教堂学院）显示，她的双手放在矮护墙上，伸出的右手食指指向一本也放在矮护墙上的书。这幅画的尺寸很大，说明这是一幅为油画准备的底稿，图像轮廓周围的穿孔也是证据，这是为了方便将其转移到画板上。列奥纳多从来没有完成过一幅她的油画肖像，尽管有证据表明，他后来动手画过，但如今已经失传了。

这幅素描展现了侧脸上甜美的造型与含蓄的任性形成的微妙对比。我们看到一位志得意满的年轻贵族妇女，因为她知道那些收了她的钱的人——例如肖像画家——会满足她的愿望。她的脸有些丰腴，并且有点"娇惯坏了"：她可能惯于挑剔，生气时可能会跺脚，高兴时可能会咯咯笑。我们从其他地方得知，伊莎贝拉是位反复无常的公主。1512年她的宠物狗奥拉去世时，她要求人们吊唁它——它的悼文以拉丁语和意大利语两种语言写成。佛罗伦萨驻曼图亚的大使马基雅维利恼火地指出她每天很

列奥纳多画的伊莎贝拉·德埃斯特，1500年。

晚起床，中午前不接待任何正式访客。这幅完整的侧脸像是那种硬币和徽章上常见的"钱币"风格，以一种高贵、权威的方式呈现了她。这幅画既展示了她希望被别人看到的模样，也展示了列奥纳多对她的真实看法，所以其中包含了讽刺的潜台词，说明这位艺术家在这些困难的日子里因需要保护而选择了权宜的奉承讨好。

列奥纳多没有在曼图亚停留太久。大约在1500年2月，他继续前往威尼斯。3月中旬时他肯定已经到达威尼斯了，洛伦佐·古兹纳戈拜访了他。古兹纳戈是一位居住在威尼斯的费拉拉音乐家和乐器制作人，他之前曾在米兰斯福尔扎的宫廷工作过，因此很可能与列奥纳多有私交。3月13日，古兹纳戈在给伊莎贝拉的信中写道："同样在威尼斯的还有列奥纳多·达·芬奇，他给我看了夫人您的画像，这幅画很逼真、很漂亮，好得不能再好了。"透过这番平淡的盛赞之辞，我们得知列奥纳多当时住在威尼斯，而他身边的画架上有一幅伊莎贝拉·德埃斯特的画像。古兹纳戈说这是一幅"画像"，我们基本可以肯定他说的是一幅油画，而不是素描。（"画像"也可以指临摹本，在这个意义上可以是一幅素描，但这不是这个词在这里的意思。）这幅画可能没有完成，但足以让人称赞它很逼真，而且"很漂亮"。[3]

这幅失传的伊莎贝拉·德埃斯特肖像画尤其令人感兴趣，因为它可能包含了《蒙娜丽莎》手部的第一个绘画版本。这幅草图中的双手——卢浮宫收藏的画作中只有这双手的一部分，但可以从牛津基督教堂学院的临摹版（彩图21）还原这双手——与那双更著名的手几乎完全相同：右手的手指轻轻搭在左前臂上，左前臂则平放在一个坚实的表面上（这幅画中是放在矮护墙上，在《蒙娜丽莎》中则是平放在椅子扶手上）。在这幅画中还可以看出他为《蒙娜丽莎》做的其他准备。伊莎贝拉的头发画的不是很清楚，但是其形态缺乏自然的垂坠感，说明她的头发和蒙娜丽莎的头发一样，被一层轻薄的头纱覆盖着。伊莎贝拉的半身像强烈地让人联想到《蒙娜丽莎》——裙子的剪裁、微弱的乳沟凹痕、左肩的位置——当然，在《蒙娜丽莎》中，画中人稍微转向她的右边（或画的左边），而伊莎贝拉的半身像则转向她的左边。如果我们从背面看卢浮宫馆藏的那幅画，这种差异就可以消除,其中伊莎贝拉的形象以镜像呈现(彩图22)。这个形象非比寻常:蒙娜丽莎幽灵般地附在纸上(尽管这是颜料晕开的效果,模糊了面部的轮廓,使画中人似乎面对着我们)。

关于《蒙娜丽莎》有很多谜团,但我们似乎在此得知了一些接近事实的情况,即她的姿态和外貌的某些细节首次出现在一幅列奥纳多于1500年最初几个月开始绘制的肖像画中。

列奥纳多在威尼斯的短暂停留——据我们所知这是他第一次到威尼斯——留下了一些有趣的微小痕迹。《大西洋古抄本》中有一页折叠得很好、修改得很多的纸,上面有一份写给威尼斯元老院"声名显赫的大人们"的报告草稿,内容是关于加固伊松佐河(位于威尼斯东北部的弗留利地区)的防御工事来抵御土耳其入侵威胁的可能性的。这似乎是一项官方委托的工作。列奥纳多可能在3月初到访了这个地区,之后在元老院于3月13日召开的会议上,元老们提名某些"工程师"将被派往弗留利。[4] 纸张的折叠表明列奥纳多把纸揣进口袋里带到了现场。一幅用红色粉笔画的标题为《戈里齐亚桥》和《维帕奇高地》的速写说明,他到过意大利东北部的戈里齐亚附近的维帕奇河附近。他还去了另一个地方,我们可通过一则后来的关于武器运输的笔记确定地点,他写道,武器的运输应"以我在弗留利的格拉迪斯卡所提议的方式完成"。[5]

他的报告风格简洁明了:"我仔细检查了伊松佐河的情况……"他记录了洪水的高度。他和当地人交谈:"我从乡下人那里了解到……"他阴郁地评论水的力量太过强大,使人造的建筑物无法抵御。他的一些建议似乎已经付诸实践,因为在《阿伦德尔古抄本》的一则后来的笔记中,他在提到位于罗莫朗坦的法国宫殿时写道:"让闸门可以移动,就像我在弗留利建造的那个一样。"[6]

威尼斯还有一种另类的技术吸引了他,那就是印刷术。这座城市处在铜板雕刻新技术的前沿,这种新技术使用腐蚀性的强酸在铜板上蚀刻图像。这项技术仍处于实验阶段,但毫无疑问,列奥纳多无疑明白它在复制他的技术图纸方面的潜力。铜板蚀刻具有传统木刻无法企及的优美线条。

大约在他 1500 年逗留威尼斯期间，"列奥纳多学院"的标志图案被雕刻和印刷出来；米兰安布罗西亚纳图书馆保存着 6 份早期样本。尽管列奥纳多对这项技术有兴趣，他仍然傲慢地认为独一无二的绘画要优于数量众多的复制印刷品："绘画不会像印刷书籍那样产出无穷无尽的孩子；她是独一无二的，从不生出和她一模一样的孩子，这种稀有性使她比那些到处印刷出版的书籍更加优秀。"[7]

他的其他艺术活动我们知之甚少。他很可能遇到了威尼斯年轻的油画大师乔治·达·卡斯泰尔弗兰科，威尼斯人称他为佐尔齐，我们今天称他为乔尔乔内（Giorgione）——"大乔治"（Big George）。他的作品深受列奥纳多的影响，例如约 1508 年的《暴风雨》，致敬了列奥纳多的色彩和光感技法、晕涂法技巧、极富戏剧性的瞬间的叙事手法。列奥纳多 1500 年在这座城市的短暂停留是一个在这种更广泛的影响下的特殊交流时刻。

1500 年 4 月中旬，消息从米兰传到威尼斯：2 月初，当阿斯卡尼奥·斯福尔扎和加莱亚佐·圣塞韦里诺领导的忠于斯福尔扎的军队重新入城时，斯福尔扎家族的命运有过短暂复苏。但是"摩尔人"将要回归的谣言止于意大利西北部的诺瓦拉；4 月 10 日，他的瑞士雇佣军溃逃，他可耻地伪装成仆人，但仍被俘虏了。4 月 15 日，米兰又回到了法国的控制下。

列奥纳多在他的袖珍笔记本《巴黎手稿 L》的内封上草草写下了这一最新事件的简略摘要——这些断断续续的句子仿佛还原了他听到的消息：

> 城堡主成了俘虏。
> 比斯康特［即维斯孔蒂］被拖走了，然后他的儿子被杀了。
> 吉安·德拉·罗萨抢了他的钱。
> 然后，博尔贡佐改变了主意，逃离了厄运。
> 公爵失去了他的领地、他的财产和他的自由，他想做的一切都没能完成。

一些评论者认为，这些记录的时间可以追溯到 1499 年 9 月——法军首次入侵，但公爵"失去了……他的自由"显然是指卢多维科在诺瓦拉被俘。被囚禁的城堡主是法国总督，他在 2 月份将城堡交还给米兰人，并在 4 月 15 日法军重新占领米兰时被囚禁。吉安·德拉·罗萨可能是"摩尔人"的医生和占星师乔瓦尼·德·罗萨特，而博尔贡佐是他的廷臣贝尔贡齐奥·博塔。列奥纳多没有提到他的朋友、建筑师贾科莫·安德烈亚更戏剧性的命运：他作为斯福尔扎的同谋者而被法国人监禁，尽管有大人物出面帮他恳求，他还是于 5 月 12 日被斩首，并在城堡内被卸成四块。有人推断，当列奥纳多写下这则笔记时，这一切还没有发生。

"摩尔人"确实失去了自由。他被带往法国，并被囚禁在法国都兰的洛什城堡。他一直待在那里，被囚禁得半疯，直到 8 年后过世。那句"他想做的一切都没能完成"，既是对政治命运无常的反映，也是列奥纳多对卢多维科放弃斯福尔扎铜马一事的更加个人化的强调。他后来通过编年史家萨巴·卡斯蒂廖内的记录得知，法军弓箭手破坏了斯福尔扎铜马的黏土模型。卡斯蒂廖内在将近 50 年后写道："我记得那件事，现在我带着悲伤和愤怒说，这件高贵而巧妙的作品被来自加斯科涅的弓箭手当成了靶子。"[8]

如果列奥纳多打算回到米兰，最近的这些剧变可能会改变他的想法。囚禁、没收财产、谋杀。4 月 15 日后不久的某天，他在笔记本的内封潦草地写下了这些可怕的消息。4 月 24 日时，他已经抵达佛罗伦萨。

回到佛罗伦萨

1500 年 4 月 24 日，列奥纳多从新圣母玛利亚医院的账户里取走 50 弗洛林。在离开佛罗伦萨 18 年后，他又回到了这里。[9] 他发现许多人、事、物都还很熟悉。他的父亲当时 75 岁左右，仍是一名执业公证人，依然住在距离韦罗基奥工作室旧址不远的吉贝利纳路上。或许二人已经冰释前嫌：男孩已经证明了他自己，而父亲也有了婚生孩子——现在共有 11 个孩子，最小的孩子几年前才出生。尽管他们之间的怨恨可能根深蒂固，但已经没有那么重要了。列奥纳多告诉他卡泰丽娜与自己度过了她最后的日子了吗？塞尔·皮耶罗想知道吗？

艺术界中的一些老面孔已经消失了——波莱沃洛兄弟都过世了，多梅尼科·吉兰达约也过世了，但是列奥纳多之前的同事洛伦佐·迪·克雷迪仍然经营着从韦罗基奥那里继承的工作室，而在波塞拉纳路上，波提切利仍然以精致的老式风格作画。即将到来的——人们只听过他的名字，没有见过他的面容，因为1500年时他人在罗马——是一颗傲慢的新星，他来自卡普雷塞，是地方法官的儿子，名叫米开朗琪罗·迪·卢多维科·博纳罗蒂，当时25岁，正在为他首件杰出的雕塑作品《哀悼基督》(Pietà)收尾。

但随着美第奇家族的黯然失势——尽管只是暂时的——佛罗伦萨人的生活发生了一些变化。那是萨伏那洛拉神权统治后的阴郁岁月，"虚荣的篝火"最终吞噬了萨伏那洛拉本人，1498年5月23日，他在领主广场被绞死和焚烧。那是金融危机时期，有几个行会濒临破产；由于与比萨——1494年割让给法国——的战争代价高昂、操作不善，国库捉襟见肘，这导致了税收上升。

列奥纳多小心翼翼地在他年轻时熟悉但现已改变的地标中找到自己的位置。这是一段充满不确定性的时期，是在老地方的新的开始。在佛罗伦萨人看来，他古怪而善变。1501年初，一位观察家报告说："列奥纳多的生活极为不规律和随意，他似乎就是在混日子。"[10]

尽管被认为古怪，列奥纳多仍然是作为被普遍认可的大师、知名艺术家归来的。《最后的晚餐》是他的最高成就，斯福尔扎铜马虽然失败但也很伟大，而且他并不缺少工作机会。据瓦萨里说，他很快受到圣母领报大教堂的圣母忠仆会修士的款待：

> 列奥纳多回到佛罗伦萨时，他发现圣母忠仆会修士已经委托菲利皮诺［·利比］为圣母领报大教堂内高高的祭坛画一幅装饰画。列奥纳多表示很愿意做这件事，菲利皮诺听说后，像他一如既往做老好人那样，决定放弃这项工作。然后，修士们为了保证列奥纳多做完这项

工作，将他带进了他们的房子里，包下了他和他的家人的所有开销。

圣母领报大教堂毗邻美第奇家族在圣马可广场的雕塑花园，是佛罗伦萨最富有的教堂之一。它是圣母忠仆会的总会，该修会于13世纪初创立于佛罗伦萨，米开罗佐在15世纪60年代改建了这间教堂，以容纳前来膜拜神奇的圣母像的朝圣者。洛伦佐的父亲皮耶罗·德·美第奇为修缮工程提供了资金，容纳圣像的神龛上刻着不太得体的铭文——"仅大理石就花费了4000弗洛林"。修道院的公证人是皮耶罗·达·芬奇，这可能是列奥纳多及他的"家人"受到款待的原因之一。[11]

1500年9月15日，圣母忠仆会委托建筑师和木雕师巴乔·达尼奥洛为这幅祭坛画制作一个巨大的镀金框架。根据画框的尺寸推测，这幅画高5布拉乔奥，宽3布拉乔奥（约10英尺×6英尺）——比列奥纳多之前的任何一幅板面画都大。[12]

瓦萨里接着写道：

他让他们等了很久，这段时间内他甚至什么都没有做，然后他最终画出了圣母和圣安妮与婴儿基督的草图。这件作品不但赢得了所有艺术家的惊叹，而且当它完成两天后就吸引了一群男女老少，他们成群结队地聚集在那里，仿佛是在参加一个伟大的节日，惊愕地凝视着他创造的奇迹。

这让我们得以一窥列奥纳多当时的声望。列奥纳多一幅底稿的完成，某种程度上与剧场"首映礼"有相同的效果；人群挤满了圣母领报大教堂通常很安静的回廊。

这幅底稿已经丢失了。英国国家美术馆馆藏的著名伯林顿府底稿显然不是这幅画，后者是几年后画成的，而且构图也不同。加尔莫罗会的代理主教弗拉·彼得罗·诺韦拉腊修士于1501年4月写下一段文字，称他看到了"尚未完成"的草稿，所以他看到这幅画的时间似乎早于瓦萨里描述的让公众观看的时间。在写给伊莎贝拉·德埃斯特的信中，诺韦拉腊这样描述列奥纳多的活动：

> 自他到佛罗伦萨以来，他只画了一幅底稿。这幅画描绘了1岁左右的婴儿基督，几乎要从他母亲的怀抱中挣脱出来。他抓着一只小羊羔，似乎在挤它。那位母亲几乎从圣安妮的膝上站起来，紧紧抓住孩子，想把他的注意力从小羊羔上转开。小羊羔在此象征着受难。圣安妮稍微从她的座位上站起来，似乎想阻止她的女儿把孩子和小羊羔分开，这或许象征着教会的愿望，即希望基督不受阻碍地走上受难之路。这些人物是真人大小，但是底稿的尺寸没那么大，因为他们都是坐着或俯身向前，而每一个人物都有一部分在另一个人前面，朝向左边。这幅草图还没有画完。[13]

这幅在1501年4月还未完成的底稿，无疑是瓦萨里提到的在完成后吸引了大批惊叹的观众的那幅。然而，令人烦恼的是，瓦萨里对它的描述截然不同："圣母……温柔地将婴儿基督抱在膝上，用纯洁的目光望着圣约翰，画里的圣约翰是一个与一只小羊羔玩耍的小男孩。"这与诺韦拉腊的描述不符（他提到了小羊羔，但没有提到圣约翰），也与现藏伦敦的底稿不符（画中有圣约翰，但没有小羊羔）。要解释这一现象并不困难，因为瓦萨里补充说，圣母领报大教堂的底稿"后来被带到了法国"，这几乎就是说瓦萨里实际上没有亲眼看到这幅画。我怀疑他对这幅底图的描述——就像紧接着这段的一段对《蒙娜丽莎》的描述一样——是根据其他人的转述编造的。因此，诺韦拉腊对1501年底稿的描述是唯一可靠的记录。

尽管这幅画在细节上与伯林顿府底稿有所不同，但诺韦拉腊描述的底稿的构图与现藏卢浮宫的《圣母子与圣安妮》非常相似。这幅画的年代大约可追溯到1510年，所以我们似乎可以把圣母领报大教堂的底稿视为后来这幅画已失传的原型，而伦敦底稿则是中间的变体。还有各种更小的有关这组人物的墨水笔素描，其中两幅（一幅现藏于威尼斯学院美术馆，另一幅为日内瓦私人收藏）可能与圣母领报大教堂的底稿有关：事实上，日内瓦这幅素描的背面有一则已褪色的16世纪时手写的注解，写的是"圣母领报大教堂的列奥纳多"。[14]

和列奥纳多一贯以来的许多事情一样，这很复杂，但结果是，在大约10年的时间里，圣母玛利亚和她的母亲圣安妮在一起这个主题——有心理学家指出，父亲被严格排除在这个家庭群体之外——反复出现在列奥纳多的创作中。失传的1501年底稿、现存伦敦的1508年左右的底稿、卢浮宫收藏的1510年左右的油画、不同时期的更小的素描，这些都是一个创作主题的变体，围绕着一个中心图像反复出现。这已经成为列奥纳多的常态——漫长而缓慢的变化，拥有密集出现的元素的杰作：《蒙娜丽莎》《丽达与天鹅》和《施洗者圣约翰》。

瓦萨里说，在画圣母与圣安妮的底稿前，列奥纳多"让他们等了很久"，我们可以在此补充他在这一时期的一些其他活动。

1500年夏，他在佛罗伦萨南部的山丘上为佛罗伦萨商人安杰洛·德尔·托瓦格利亚的乡村别墅画速写。这大概是8月初的事——此时也非常适宜出城——因为在8月11日，他为这座别墅绘制的作品被送往曼图亚侯爵那里，后者几个月前是列奥纳多的东家。托瓦格利亚是侯爵在佛罗伦萨的代理人之一；他的别墅矗立在城市南边的山丘上，可以俯瞰艾玛山谷的美景。我们从这幅画所附的信件得知，侯爵几年前曾在这里做客，并心血来潮想在曼图亚附近建一座复制品。[15] 温莎城堡皇家图书馆收藏的一大张对开页可能是一位学生对这幅速写的临摹，描绘了一座用"乡间"石头建造的宏伟的房子、一条有廊柱的凉廊、一个露台和一座花园。《阿伦德尔古抄本》中有一幅草稿，也不是列奥纳多的作品，似乎描绘了凉廊的一个细节，在柱子的设计上有一些变化。[16]

如果仔细看温莎城堡皇家图书馆素描里的凉廊，我们会注意到凉廊后方是敞开的，只被一堵与一层的窗台平齐的矮墙所包围。它看起来很像蒙娜丽莎身处其中的那种凉廊，在她身后可以辨认出一个低矮的栏杆，还有两个只能在画作两边看到的圆形山墙，让人联想到画作空间外的两根柱子（或者可能是画作被剪裁过，所以现在看不到了）。人们普遍认为，拉斐尔的《玛达莱娜·多尼肖像》的速写是以《蒙娜丽莎》的一幅草稿为基础的，拉斐尔的速写更清晰地展示了凉廊，尽管栏杆相对于画中人物的高度要比《蒙娜丽莎》中的高一些。《蒙娜丽莎》有一种复杂而诡异的魅力，这部分是由于其采用了略显超现实主义的双重视角，即其中的风景是从一个不明显的空中视角观看的，但女人则仿佛就站在你面前。就像伊莎贝拉·德埃斯特的底稿，那些被托瓦格利亚别墅凉廊的柱子框起来的艾玛山谷的景色，可能是《蒙娜丽莎》的另一个隐秘素材来源。

这段时期，列奥纳多也受召成为一名顾问工程师。俯瞰着佛罗伦萨的圣萨尔瓦托雷-德尔-奥塞凡札教堂因山体滑坡而遭遇了结构性破坏，用列奥纳多的话说就是"墙体破碎"。他的建议摘要现藏于佛罗伦萨国家档案馆："关于圣萨尔瓦托雷教堂及其所需的补救措施，列奥纳多·达·芬奇说他已经提交了一幅平面图，展示了建筑物的问题与河道有关，河水在岩层之间流动到砖厂所在的地方……而岩层断裂之处就是问题所在。"[17] 根据列奥纳多的建议，规划者于1501年3月22日做出了翻新排水系统和水道的决定。

1501年的最初几个月，列奥纳多短暂地到罗马旅行：据我们所知，这是他第一次到访罗马——20年前他被西斯廷教堂的委托人忽视，当时的失望还没有完全忘记。所有关于这次旅行的信息都在《大西洋古抄本》的一页对开页上，上面有一则笔记："在罗马，在老蒂沃利，哈德良宫。"这则笔记下方还有一条日期为1501年3月10日的笔记，笔记的内容是关于兑换货币的，抖动的笔迹说明这是在马车或马背上写下的。[18] 这表明，1501年初他在罗马，参观了蒂沃利的哈德良别墅的废墟。这页纸上还有一幅圆形城堡的草图，城堡旁边的河上还画着一座四墩的桥，这可能就是圣天使堡。1501年3月，一些古代雕塑——缪斯群像，现存于马德里的普拉多博物馆——在蒂沃利出土，列奥纳多可能见过它们。他无疑与布拉曼特见面了，后者当时正开始他的伟大项目——重新设计圣彼得大教堂，但他最终未能完成。列奥纳多还将一系列古代建筑和雕塑画了下来，并汇集成一本"书"，但现已失传。一位不知名的米兰艺术家见过这本书，他临摹了其中一些草图,并对哈德良别墅的海洋剧场一景做了注释,他说"这座神庙出现在列奥纳多大师的一本书里,这本书是在罗马完成的"。[19]

曼图亚、威尼斯、佛罗伦萨、罗马,这便是列奥纳多在新世纪头几年的生活基调:动荡不安,四处漂泊。

执着的侯爵夫人

列奥纳多在罗马短暂停留后,便返回佛罗伦萨,他回到了圣母领报大教堂。然后,1501年4月初,他与人脉广泛的教士彼得罗·诺韦拉腊修士见面,后者是加尔莫罗修会的代理主教,这次带着伊莎贝拉·德埃斯特的蛮横要求来见列奥纳多。诺韦拉腊短暂作为侯爵夫人的传信人的角色,为我们打开了一扇窗户,让我们了解列奥纳多1501年在佛罗伦萨时的环境和活动,甚至是他的精神世界。这里的3封首次得到全文翻译的信件,讲述了这段关于追求和闪躲的奇妙故事。[20]

伊莎贝拉·德埃斯特致彼得罗·诺韦拉腊修士;曼图亚,1501年3月29日

最尊敬的主教大人:

如果那个佛罗伦萨画家列奥纳多出现在佛罗伦萨,我们请求你去了解他的情况,以及他手头是否有工作委托。我听说他现在有委托,请了解他的工作情况,并告诉我你认为他是否可能在那里停留一段时间。因此,请尊敬的主教大人试探试探他,您一定知道如何做,看他是否愿意为我们的书房画一幅画:如果他乐于做这件事,我们可以让他决定这幅画的主题和交付时间。如果您发现他不愿意,请您至少说服他为我画一小幅虔诚而甜美的圣母像,画这种风格的画是他的天赋。请您也问问他是否愿意为我们另画一幅素描,因为我们的侯爵已经将他留在这里的那幅送人了。如果这一切您都能做到,我会非常感激您，也感激列奥纳多为我提供的服务……

彼得罗·诺韦拉腊修士回伊莎贝拉·德埃斯特；佛罗伦萨，1501 年 4 月 3 日

最显赫、最杰出的夫人：

　　我刚刚收到夫人您的来信，并且会迅速、尽责地满足您的要求，但据我所知，列奥纳多的生活极为不规律和随意，他似乎就是在混日子。从他来到佛罗伦萨后，只完成了一幅底稿……［这里接着描述了《圣母子与圣安妮》，前一节曾摘录过。］他其他什么都没做，虽然在他的两位助手临摹时，他时不时的给他们加上一两笔。他把很多时间都花在几何学上，对画笔提不起任何兴致。我给您写信只是告诉您，我收到夫人您的信了。我会按照您的要求去做，并尽快通知夫人。

彼得罗·诺韦拉腊修士致伊莎贝拉·德埃斯特；佛罗伦萨，1501 年 4 月 14 日

最显赫、最杰出的夫人：

　　在这个圣周期间，我通过他的学生萨莱以及其他熟悉他的人，了解了画家列奥纳多的想法。为了弄清楚他的想法，圣周的周三［4 月 7 日］，他们把他请到了我这里。简而言之，他的数学实验极大地分散了他的精力，甚至使他不愿拿起画笔。我把夫人的愿望告诉了他，而他非常愿意满足您的愿望，以感谢您在曼图亚对他的盛情款待。我们畅所欲言，并得出以下结论：如果他能免除对法兰西国王陛下的义务，而又不会招致不公正的待遇——他希望最多用一个月的时间解决这个问题，之后他会以最快的速度为夫人您效劳。无论如何，一旦他为法王的宠儿罗贝泰画的小画像完成，他就马上为您画肖像，并寄给阁下。我赠予他两枚金币激励他。他正在画的小画是圣母玛利亚的画像，她坐在那里像是打算纺纱，而圣子把脚放在装着纺线的篮子里，彼得罗·诺韦拉腊修士写给伊莎贝拉·德埃斯特的信，1501年4月14日。

抓着纺锤，全神贯注盯着组成一个十字架状的4根轮辐，仿佛他渴望这个十字架，微笑着紧紧握着它，不想把它交给母亲，而他的母亲似乎想把它从他手中夺走。这是我竭尽所能从他那里了解到的情况。昨天我布道了，愿上帝保佑他的信众硕果累累。

这些信让我们得以一窥列奥纳多这位难以捉摸的名人。这次见面是通过萨莱安排的，他仿佛是列奥纳多的个人助理，他们以礼貌而闪躲的方式对待这位修士。列奥纳多是被"请到"修士那里的，他们得出了一个"结论"，但当彼得罗·诺韦拉腊修士给侯爵夫人回信的时候，才发现这次见面的成果实则寥寥："这是我竭尽所能从他那里了解到的情况。"

我们也了解到列奥纳多的一些情况：他对绘画感到厌倦，"不愿拿起画笔"；他把时间花在了研究数学和几何上，而且持续受到卢卡·帕乔利的影响（卢卡·帕乔利在此之后不久就会被安置在佛罗伦萨）。我们还发现了列奥纳多与法国人打交道的确凿证据，大概是在他离开米兰之前，因为他说他自己对国王路易负有"义务"。我们很难得知这个义务究竟是什么：或许正是诺韦拉腊接下来所描述的为国王的"宠儿"弗洛里蒙·罗贝泰绘制的小画。[21] 诺韦拉腊可能有点夸大了列奥纳多的承诺：他急于给侯爵夫人留下一个列奥纳多没有直接拒绝提议的印象。

列奥纳多1501年初创作的这幅"小画"就是《纺车边的圣母》。这幅画有不同的版本，其中有两幅来自私人收藏，而且都宣称其局部是由列奥纳多大师完成的。这两个版本被简便地称为里福德版和巴克卢版，尽管实际上前者已经不再属于蒙特利尔的里福德家族的藏品了，而是属于纽约的一个私人收藏，而巴克卢版——在我写作这本书期间——也不再挂在巴克卢公爵的乡间别墅德拉姆兰里格城堡的楼梯上了，2003年8月，两个小偷乔装成游客，将之偷走。[22] 闭路电视监控画面显示，他们把这幅画藏在大衣下带走，然后上了一辆白色的车。这次盗画事件与1911年卢浮宫《蒙娜丽莎》被盗事件遥相呼应，当时《蒙娜丽莎》被一名叫温琴佐·佩鲁贾的工作人员藏进工作服里带出了画廊。这些盗窃事件带有绑架的意

《纺车边的圣母》（里福德版），列奥纳多与助理合绘，约 1501 年至 1504 年。

味——实际上，佩鲁贾把《蒙娜丽莎》放在他家里达两年之久，他把画藏在壁炉下的一个盒子里，这使得这件事看起来更像是绑架，而非盗窃。

诺韦拉腊对这幅画的描述简洁而准确，但奇怪之处在于孩子脚边的"装着纺线的篮子"这个细节，因为这个篮子在任何版本里都不存在。X 光和红外线检测也找不到。但是人们在检查这幅画的里福德版时，确实发现了另一处有趣的原画再现：在圣母头部左边的中景处有一座奇特的平顶建筑，其正面有一扇门或长窗户。[23] 这里被颜料覆盖后，成了壮美朦胧的山水景观的一部分，向远处冰蓝色的山脉延伸。人们在这幅画中提前感受到了《蒙娜丽莎》那种颤栗之美。事实上，两幅画有一处精确的对应：景观中都有一座横跨河流下游的长长的拱桥（彩图 23）。这通常被认为是靠近阿雷佐的布里亚诺桥，1502 年夏天，列奥纳多曾到这里旅行并绘制了地图。[24]

纺车似乎是列奥纳多的独创，尽管它是婴儿基督沉思自己未来受难的象征的一部分，在列奥纳多早期的佛罗伦萨木板画中，这种象征物是花——现存慕尼黑的《康乃馨圣母》中血红的康乃馨、《柏诺瓦的圣母》中有着十字形花瓣的芸芥花。列奥纳多以他特有的戏剧性在绘画中注入了瞬间的气势和预言性的音符——圣子倾向微型的十字架、倾向画面边缘、倾向未来的连贯动作；圣母手部的保护动作，仿佛是因为不祥的预感所导致的瞬间出神而顿住了。人物的造型完美无缺：这是继4年前《最后的晚餐》完成后，我们所知的第一幅具象绘画，这幅画延续了《最后的晚餐》中对人体姿态精准而考究的描绘：对心理活动的描绘。所有这些都无法改变人们对这幅画的感受，即这幅画有种丰腴感：在所有列奥纳多亲笔签名的作品中，这一幅最接近"列奥纳多风格"那种丰腴的多愁善感。圣母伸出的手和《岩间圣母》中圣母的手遥相呼应，只不过不再是祝福的手势；圣母的脸也变了：那座奇妙洞穴中的苗条少女变得更丰满，面部也更圆润，显得更加世俗。某种纯真感已不复存在。

7月，侯爵夫人再次主动采取攻势。她给列奥纳多写了一封私人信件，这封信现已失传。这封信由她的另一位中间人曼弗雷多·德·曼弗雷迪送达，这从后者于1501年7月31日写给伊莎贝拉的报告中可以看出：

> 我已经把夫人您最近寄给我的信亲手交给佛罗伦萨的列奥纳多了。我和他说明白了，如果他愿意回信，我可以将他的信转给夫人您，这样可以节省他的开支。他读了您的信并说他会回信，但我再没有听到他的消息，我最后派了我的人去他那儿，看他想要做什么。他回复说，现在他还不能给夫人您回信，但是我应该告诉您，他已经着手做夫人您希望他做的事了。简而言之，这就是我尽力从列奥纳多那里得来的消息了。[25]

人们同情曼弗雷多，他夹在伊莎贝拉不可抗拒的占有欲和列奥纳多毫不动摇的不情愿之间。那件夫人"希望他做的事",可能指的是她的肖像画或在给诺韦拉腊的信中提到的为她书房而作的画。曼弗雷多向她保证列奥纳多已经"着手做"了;如果他指的是画像,这不会令侯爵夫人感到太满意,因为她知道列奥纳多一年前就已经开始创作这幅画像了。列奥纳多拒绝按照赞助人的节奏创作,他的超脱态度令人振奋,他并不急需赞助:他舒适地住在圣母领报大教堂为他安排的住所中,生活开销也由圣母忠仆会充裕的金库支付;他还有一项法国宫廷的委托工作,甚至更多。他希望有足够空间来追求他的其他梦想:追求向他保证了"至高无上的确定性"的数学和几何;追求慢慢填满了《马德里古抄本》的机械技术;追求他从未遗忘的伟大飞行之梦——那段"从一种自然环境进入另一种自然环境"的旅程,那段远离所有这些琐碎唠叨的旅程。

1501年11月19日,他又从他在新圣母玛利亚医院的存款中取出50弗洛林。[26] 1502年5月,应伊莎贝拉的另一项请求,他查看了一些以前属于美第奇家族的古董花瓶,并对其进行估价。"我将花瓶展示给画家列奥纳多·芬奇,"她的另一位代理人弗朗切斯科·马拉泰斯塔于5月12日写道,"他赞美了所有花瓶,尤其是那只水晶花瓶,因为这是一件完整而透亮的花瓶……列奥纳多说他从来没有见过比这更好的作品。"[27] 在这些被偶然记录的艺术家日常生活中,在去储存所和参观古董商人陈列室之间,有一天具有更为私人化、更为模糊的意义:1502年4月15日,列奥纳多50岁了。

波吉亚家族

1502年5月,列奥纳多对原属美第奇家族的花瓶的看法递交到了弗朗切斯科·马拉泰斯塔那里,这是我们这一年最后一次听到他在佛罗伦萨的消息。初夏,他再次动身,他有了一位新雇主:切萨雷·波吉亚,教宗亚历山大六世的私生子,他是冷酷狡诈的代名词,是马基雅维利笔下的"君主"典范。他的家族充斥着谋杀、放荡和乱伦的故事:他的妹妹卢克雷齐娅·波吉亚的口碑尤为不佳。这些说法中有些是假的，有些不是。和"摩尔人"一样，甚至更甚，波吉亚家族不赞助精神脆弱的人。弗洛伊德相信，这些吸引了列奥纳多的强势男人是他童年时缺席的父亲的替代品。

波吉亚家族（最初是博尔哈家族）起源于西班牙（斗牛是切萨雷最具男子气概的成就之一）。1492年，枢机主教罗德里戈·博尔哈成为教宗，称亚历山大六世。他那时60岁，是个臭名昭著的浪荡子，疯狂地为他的私生子女谋好出路。在平图里乔为他绘制的画像中，他秃顶、双下巴、穿着奢华的长袍，勉为其难地跪在一幅圣像前。圭恰迪尼这样评价他："他或许比他之前任何一位教宗都更加邪恶，也更加幸运……他在肉体和精神上犯下了最大限度的全部罪恶。"[28] 身为佛罗伦萨人的圭恰迪尼很难保持中立，但他的评价得到了其他人的响应。

切萨雷是罗德里戈与他的罗马情妇乔瓦娜·卡塔内（也叫瓦诺莎·卡塔内）的儿子。他出生于1476年；4年后，他的母亲又生下卢克雷齐娅。他在17岁时被任命为枢机主教，但到访过他位于特拉斯泰韦雷的宫殿的人发现，他的生活习惯完全跟教会不沾边："他准备去狩猎，穿着非常世俗的绸缎衣服，全副武装……他聪明迷人，行为举止像一位伟大的君王。他开朗活泼，热爱社交。这位枢机主教从来没有担任神职的意愿，但他的圣俸每年超过1.6万杜卡特。"[29] 1497年，他的弟弟乔瓦尼被发现漂浮在台伯河上，喉咙被割断：这是切萨雷犯下的众多谋杀案中的第一宗。据说切萨雷妒忌弟弟拥有的世俗权力（后者是甘迪亚的公爵），而他只有教会的俸禄。1498年，他"脱下紫袍"，成为教会的总指挥官，实质上是教宗的军队的司令。在法国，他通过谈判，使教宗和新国王路易十二结盟。1499年，他与路易的表妹夏洛特·德阿尔布雷成婚，成为瓦朗斯公爵（Duke of Valentinois）；他的意大利语绰号"瓦朗斯人"（Il Valentino）正是由此而来，这是与他同时代的人所熟知的名字。这一年，他随法国军队入侵意大利，并与路易十二一起进入米兰。这可能是列奥纳多第一次见到他：23岁，高大魁梧，有着炯炯有神的蓝眼睛；他是优秀的士兵、冷酷的野心家。他的座右铭使人想起与他同名的伟大人物："要么恺撒（Caesar），要么一无所有。"

波吉亚的计划是征服罗马涅，国王路易承诺为他提供军事支持。罗马涅位于罗马北部，是一个无法无天的地区，名义上受教宗管辖，但实际由独立君主和高级教士控制。在接下来的几个月内，波吉亚带着一支庞大的法国军队在意大利中部建立了一个权力基地。正如马基雅维利后来所认为的，他高明地在一个迄今没有组织结构的地区建立了一个事实上的"公国"。1500年底，他成为伊莫拉、弗利、佩扎罗、里米尼和切塞纳的主人；1501年春，法恩扎也落入他手中，他得以控制佛罗伦萨通往亚德里亚海的主要商道。波吉亚顶着罗马涅公爵的新头衔，神气十足地向佛罗伦萨发出威胁。共和国紧张地进行和谈，最终波吉亚"受聘"为雇佣军队长，而佛罗伦萨每年需付给他3万杜卡特的天价佣金——这是佛罗伦萨对实质上的保护费的一种委婉的说法。波吉亚离开后，又到达伊特鲁里亚海岸，他在那里将港口城市皮翁比诺收入囊中。

人们度过了一段平静的时光，但1502年夏初又传来了令人不安的消息。6月4日，阿雷佐出人意料地抵抗佛罗伦萨的统治，并且宣称支持波吉亚。几周后，通过一次标志性的闪电快攻，波吉亚拿下了乌尔比诺，赶走了他的前盟友圭多巴尔多·达·蒙泰费尔特罗。佛罗伦萨特使沃尔特拉主教弗朗切斯科·索代里尼（Francesco Soderini）很快被派去见当时在乌尔比诺的波吉亚。与他同行的还有一位30岁出头、志向远大的公务员尼科洛·马基雅维利。

在6月26日的一份报告中，马基雅维利记述了他们与波吉亚的会面。[30] 黑暗降临，宫殿大门紧锁，重兵把守，公爵专横地要求佛罗伦萨要对未来的想法做出"明确保证"。"我知道你的城市对我不友好，只会像对待刺客一般抛弃我，"他说，"如果你拒绝和我做朋友，那么我将与你为敌。"特使喃喃地做出保证，并请求公爵从阿雷佐撤兵。这次会面的气氛很紧张，一触即发，马基雅维利的报道以敬畏而着迷的口吻总结道：

> 这位公爵很有野心，在他看来没有什么了不起的事情。为了荣耀和扩张领土，他孜孜不倦，不向疲劳和危险屈服。他在别人尚不知道他离开一处之前就抵达了另一处，他赢得士兵的好感，他吸引了意大

利最优秀的人,他总能时运高涨。因为所有这些,他战无不胜、令人敬畏。

马基雅维利在月底回到佛罗伦萨。不久之后传来消息说,这位"令人敬畏"的公爵攻占了卡梅利诺,然后将目光投向了博洛尼亚。

正是在这样的背景下,列奥纳多于1502年开始为切萨雷·波吉亚服务。波吉亚名义上不是佛罗伦萨的敌人,但他是一个非常危险且不可预测的新邻居。比萨战争已经耗尽了佛罗伦萨的人力物力,如果他选择入侵,佛罗伦萨人不太可能抵抗他;法国人现在对这位在一定程度上由他们创造出来的贪婪的新巨头感到震惊,他们许诺为佛罗伦萨提供资金和士兵,但是也不能完全指望法国。一场恢复友好关系的游戏是佛罗伦萨唯一的直接手段:当务之急是与他保持联络,正如文艺复兴时期的谚语所说,"彻底了解他"。我们不知道列奥纳多具体是在何时以怎样的方式开始为波吉亚工作,但很可能他是通过索代里尼和马基雅维利介绍给波吉亚的——提供技术援助,同时也有收集情报的意图。对吸引了"意大利最优秀的人"的波吉亚而言,列奥纳多是一名熟练的军事工程师;对佛罗伦萨人而言,他是耳目——"瓦朗斯人"宫廷中的"自己人"。[31]

我们可以根据列奥纳多整个夏天都随身携带的口袋笔记本《巴黎手稿L》来了解他的行踪,尽管事件顺序并不总是很清楚。笔记本的第一页是一份备忘清单,显示他准备了一些必要的装备:指南针、剑鞘皮带、靴子的鞋底、轻便的帽子、一条"游泳带"和一件皮革短上衣,还有"一本用来画素描的空白本子"和一些炭笔。另一份备忘清单可能也是同一时期的,现在在《阿伦德尔古抄本》的一页活页上。这份清单以"'瓦朗斯人'在哪?"开始。(这使人想起马基雅维利对波吉亚闪电般的扩张的评价:"他在别人尚不知道他离开一处之前就抵达了另一处。")这份备忘清单中包含一个物件,即"sostenacolo delli ochiali",指的可能是眼镜框,也可能是用于测绘的光学设备的支架。(如果是前者,这可能是他视力下降的一个迹象,视力在以后的几年里会成为一个问题。)这份清单还提到一些佛罗伦萨的上流人物，包括外交官弗朗切斯科·潘多尔菲尼，这再一次说明列奥纳多为波吉亚提供服务多少有些半官方的色彩。[32]

1502年7月末，列奥纳多到达乌尔比诺，但是他的路线是迂回的——频频变换方向，穿过分散的波吉亚领土的各个部分：这是一次调研之旅。旅途的第一站是地中海沿岸的皮翁比诺，当时刚被波吉亚征服不久，如今它是一座小镇，游客们在此匆匆而过，搭上前往厄尔巴岛的汽车轮渡。他的笔记主要关注这里的防御工事和港口容量，一则关于海浪流动的笔记说"在皮翁比诺的海面上出现的"（fatta al mare di Piombino）。他的一些素描描绘了波普洛尼亚周边的海岸线，说明他从利沃诺沿着海岸线旅行。[33] 他从皮翁比诺向内陆行进，向东到达叛军控制的阿雷佐地区，在那里他可能是第一次见到波吉亚的同盟维泰洛佐·维泰利。从那里，这条路通往亚平宁的高地，在那里他收集了一些地形数据，这些数据后来出现在他绘制的该地区的地图上。也许是在这个时候，他看到了在布里亚诺横跨阿尔诺河的五拱桥，以及引人注目的烟囱状岩石，这是从拉泰里纳到皮安迪斯科的阿尔诺河谷上游的特色。有人认为，这座桥和这里的风景可以在《纺车边的圣母》和《蒙娜丽莎》的背景中看到。[34] 它们在视觉上有很强的相似

列奥纳多用红色粉笔画的肖像画，如今画中人被认为是切萨雷·波吉亚。

韦奇奥宫中的尼科洛·马基雅维利画像，由塞迪·第·提托绘制。

性，并且年代也对得上，尽管列奥纳多风景画中的山水——早在1474年的《康乃馨圣母》中就可以看到——是许多视角的综合体，有虚有实。

在蒙泰费尔特罗位于乌尔比诺的宏伟蜜色宫殿中，他再次见到了这位富有魅力的公爵：自他们在米兰见面后，已经过去了3年，岁月在他们的脸上留下了痕迹。列奥纳多在他的口袋笔记本中描绘了宫殿的楼梯，并记下了一处有趣的鸽子窝。[35] 这些平静而离题的观察令人发狂，但又相当奇妙：关于他在波吉亚宫廷的那几个月，我们想了解的太多，而他告诉我们的太少。除了他的疑问"'瓦朗斯人'在哪"，列奥纳多唯一提到波吉亚的地方是一份手稿："波吉亚会把帕多瓦主教的阿基米德手稿给我，而维泰洛佐会把那份存在圣塞波尔克罗镇的手稿给我。"[36] 这些手稿是战利品：知识的掠夺。一幅用红色粉笔画的从三个角度展示的一个留着胡须、眼皮低垂的男人的画像，很可能就是波吉亚的肖像。

他们在一起的时间不长，因为7月底，波吉亚北上米兰，以巩固他和路易十二的友谊。也许列奥纳多希望与他一起去，但他没有去成；相反，他毫无疑问受到了明确的指示，开始了一段轻快的波吉亚东部领土之旅。我们可从一系列标注了日期的简短笔记中了解他的行程安排：

  7月30日——"乌尔比诺的鸽子窝"
  8月1日——"在佩萨罗图书馆"
  8月8日——"就像你8月8日在里米尼喷泉看到的那样，从不同的瀑布中发出和谐的声音"
  8月10日——"切塞纳的圣洛伦佐节"
  8月15日——"切塞纳8月中旬的圣母玛利亚日"[37]

他在罗马涅的首府切塞纳时写了许多笔记。这地方风景如画，风俗独特。笔记中有一幅窗户的画，并配有以下文字："切塞纳的窗户：a是亚麻做的窗框，b是木头做的窗户，顶部是1/4个圆。"在笔记本的其他地方，他画了一个挂了两串葡萄的钩子——"切塞纳人就是这样运送葡萄的"——然后他用艺术家的眼光评论说，挖壕沟的工人组成了一座金字塔。[38] 他注意到一种乡村的通信方式："罗马涅的牧羊人在亚平宁山脉的山脚制作角状的空腔，并在这空腔中放置一个真的角，然后这个角和他们做的空腔结合，发出巨大的声响。"[39] 这里的土地很平坦：他考虑过建造风车磨坊的可能性，这在那时的意大利还闻所未闻。他批评了当地的手推车的设计，这种车前面有两个小轮子，后面有两个高轮子，这"使手推车很难被推动，因为前轮承重太大了"。这种失败的设计使这个落后而积弱的地区遭到了列奥纳多的嘲笑：罗马涅是"所有愚行的聚焦地"。[40] 这种语气不太像他，可能他当时的情绪是脆弱的。

1502 年 8 月 18 日，一份辞藻华丽、令人印象深刻的文件被起草：列奥纳多的通行证。这份文件写于帕维亚，波吉亚和法国宫廷都在那里。

> 法兰西的切萨雷·波吉亚，承蒙上帝恩宠，是罗马涅和瓦朗斯公爵、亚德里亚海的君王、皮翁比诺之主，也是神圣罗马教廷的掌旗官和统帅：致我们所有看到这份文件的副将、堡主、将军、雇佣兵长官、官员、士兵和臣民。我们任命这位文件持有人，我们最优秀和最受爱戴的建筑师兼总工程师列奥纳多·芬奇，在我们的委托下，负责考察各地的风土和防御工事，根据情况需要和他的判断，需要为他提供所有一切必要的协助。[41]

这份文件给了列奥纳多在波吉亚的领土内旅行的自由，并且"为他和他的随行人员"支付了费用——我们或许可以在队伍中看到托马索和萨莱。列奥纳多应该"受到友好地接待，并允许他查看、测量和仔细调查他想要的任何东西"。其他的工程师"在此应保留自己的意见并遵从他的意见"。这种文件在充斥着路障和检查站、存疑的哨兵和多管闲事的堡主的地方很常见，它提醒人们，在波吉亚新获得的封地的边界上有许多危险。

有了这些权力加持，列奥纳多在和切塞纳和亚德里亚海的切塞纳蒂科港参与了各类建造防御工事的工程。亚德里亚海的港口和运河的草图标注的绘制时间为 1502 年 9 月 6 日上午 9 点。[42] 然后，波吉亚从米兰回来，战斗又开始了。《大西洋古抄本》的一则笔记说明，10 月 11 日福松布罗内投降时,列奥纳多就在现场。卢卡·帕乔利的《论数字的力量》中有一则生动的逸闻,让我们得以一窥列奥纳多与波吉亚的军队一起行军的情景:

> 有一天,罗马涅公爵、皮翁比诺现在的主人,即"瓦朗斯人"切萨雷,和他的部队在一条宽24步的河边发现,他们找不到任何桥梁,也找不到任何可以造桥的材料,除了一堆全被砍成16步长的木头。而那位高贵的工程师,单单利用这些木头,既没有用铁,也没有用绳子,或其他任何建筑材料,就造出了一座足以让他的部队通过的坚固的桥梁。[43]

这些数据是为了表明一个数学上的观点的,但这个故事很可能是真实的。波吉亚的这位"高贵的工程师"只能是列奥纳多,他大概是这则故事的来源:1503年他和帕乔利都在佛罗伦萨。

我们感到这一时期的列奥纳多干劲十足。在这些被占领的城镇之间、要塞和城堡之间,在这些辗转而漫长的旅途、借住的客栈、清晨出发和躲避正午烈日的队伍中,我们都能看到列奥纳多留下的足迹。他将自己置身于物理性技术工作的世界:他是经验的学徒,带着他的四分仪、他的眼镜和他的笔记本,以步丈量,记录水流,检测要塞。我们可以感觉到,他把过去20年来舒适的城市生活不耐烦地丢到一边,似乎在他看来,已经开始做的事情有许多,而完成的却那么少。人们又一次感觉到列奥纳多建议画家"离开你在城市中的家""离开你的家人和朋友,翻山越岭",以及"让自己直面毒辣的太阳"。但我们也可以怀疑,列奥纳多在为波吉亚服务的同时,心中也怀有对他的雇主的本性的矛盾心理;作为波吉亚最为器重的军事工程师,他帮助波吉亚扩大了破坏力和暴力,他对此也有矛盾心理。战争是"世界上最残酷的疯狂",列奥纳多曾经这样写道,[44]在1502年的这几个月中,他目睹了战争。因此,笔记中的那些片刻的记录,从某种意义上说是零散的,但它们——一间鸽舍、一座喷泉、一串葡萄，或是那些只是写着"这天我在这里"的笔记，或许，鉴于波吉亚接触的每一种东西都渗透着危险，就会有"我还活着"的笔记——本身也是完整的。

秋天在伊莫拉

夏天接近尾声时，"瓦朗斯人"在伊莫拉建立了他的临时行宫。伊莫拉是一座要塞小城，位于博洛尼亚和里米尼间的罗马古道上。这将是他在这个冬天的指挥部；如果这座堡垒坚不可摧，这也可能成为他永久的指挥部。列奥纳多的稿纸上有堡垒平面图，上面写着一些测量出来的数据：护城河有 40 英尺深，城墙厚 15 英尺——这在波吉亚充满战火和对决的世界里是至关重要的数据。[45]

1502 年 10 月 7 日下午早些时候，尼科洛·马基雅维利来到这里，他再次被派来与叛逆的公爵谈判。马基雅维利是一个骨瘦如柴、面色苍白、挂着微笑的男人，他的朋友都叫他马基雅（Il Machia），这是"macchia"（污点或污迹）的双关语。他当时还不出名，也不是作家，但是他思想的缜密和洞察力已经受到重视。他那时 33 岁，受过良好的教育，人脉广泛，但并不富有。他安然度过了美第奇家族倒台和萨伏那洛拉神权政体那段风雨飘摇的时期，从 1498 年开始担任第二国务厅的长官。这是一个有影响力的职位，但工作很枯燥，年薪为 128 金弗洛林。国务厅的官员本质上是公务员，由执政团任命，在民选官员不断更换时确保政治和外交活动的连续性。马基雅维利是幕后人物、演讲稿撰稿人、舆论专家，并越来越频繁地成为政治纷争的解决者。1500 年，在与路易十二的谈判中，他表现良好，在佛罗伦萨与比萨之间耗尽精力的战争中寻得了法国的长期支持；他在《君主论》中记录了他对这次长达 6 个月的外交任务的反思。[46]

马基雅维利在"瓦朗斯人"的宫廷中待了 3 个月。他从伊莫拉发回的快信中，不时夹杂着希望被召回佛罗伦萨的请求。他预期这项任务危险、令人不适、最终毫无意义，但他只能不情愿地接受。正如他时常指出的那样,公爵是个纯粹的行动派:后者的格言之一即"空谈是廉价的",而马基雅维利给他提供的就是空谈。他是佛罗伦萨的大使,但他没有得到任何签署条约的授权。执政团无视了他请求被召回佛罗伦萨的愿望,他们希望他待在那里,汇报"公爵的愿望"。他前一年才与玛丽埃塔成婚,这位年轻活泼的妻子总是苦恼地抱怨他不在身边。

甚至在他刚抵达伊莫拉时,就有一群心怀不满的将领——其中包括维泰洛佐·维泰利,正是他煽动了阿雷佐地区的叛乱——在波吉亚的领地上发动武装叛乱的消息传来,并推翻了乌尔比诺公爵等地方统治者。波吉亚对他们设在马焦内的战事委员会一笑置之:"失败者大会。"他以一种天生的雄辩口吻——马基雅维利将之描绘得很到位——说道:"他们脚下的土地正在燃烧,扑灭这场火所需要的水,远比他们能提供的要多。"[47] 10月11日,他发动进攻,洗劫了叛军几天前占领的福松布罗内要塞。作为公爵的军事工程师,列奥纳多当时一定在场。《大西洋古抄本》中有一则关于要塞的笔记写道:"注意,逃生通道不能直接通向堡垒内部,否则指挥官就会被制服,就像在福松布罗内发生的那样。"[48]

伊莫拉上演了一段趣的历史小片段:三位文艺复兴时期的伟大人物躲在罗马涅多风平原上的一座堡垒里,每个人似乎都警觉地看着其他人,这种警觉部分是出于着迷,部分是出于紧张的怀疑。无论如何,马基雅维利和列奥纳多似乎建立了一种友好的关系:我们会发现他们在下一年的一些佛罗伦萨项目中有联系,这些项目表明马基雅维利重视列奥纳多作为工程师和艺术家所拥有的才能。我们无从得知他们在伊莫拉的交往情况:列奥纳多的名字从未出现在马基雅维利的信件中。这种沉默可能是出于外交考虑:马基雅维利知道他的信件在离开伊莫拉前会被截获和阅读,他可能不希望损害列奥纳多作为佛罗伦萨人却服务于切萨雷的微妙地位。但信中也有可能提到了列奥纳多,只是使用了化名。11月1日,马基雅维利写道,在与波吉亚的秘书——一个名为阿戈比托的人——交谈后,他通过"与另一位同样了解波吉亚大人的秘密的人"交谈来核实自己收集到的信息。11月8日,他提到一位匿名的"朋友",这位朋友对切萨雷的意图的分析"值得关注"。很可能在这两个案例中,他未指明身份的信息来源都是

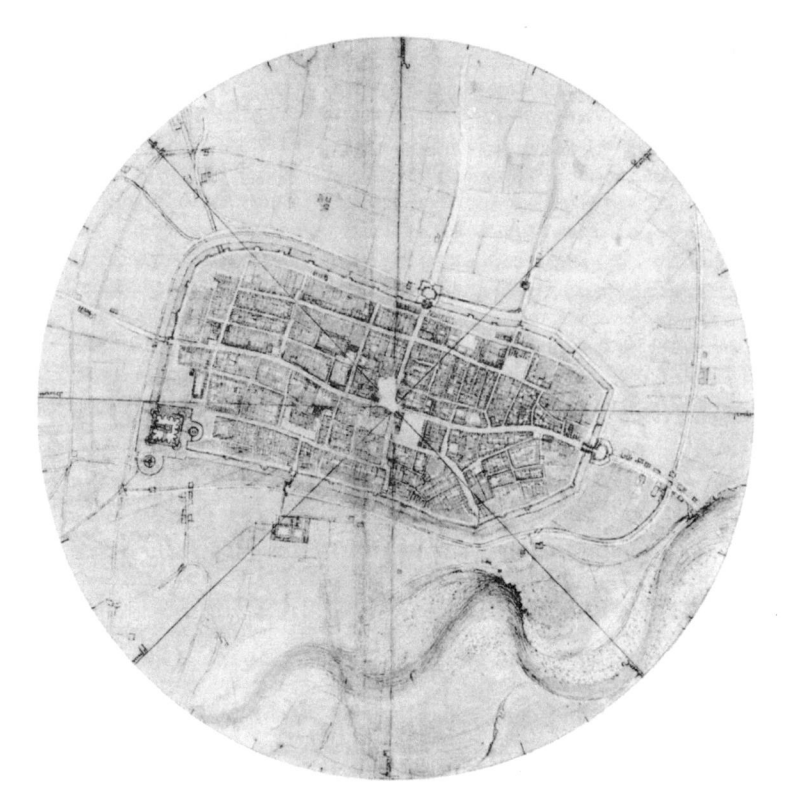

伊莫拉地图，约1502年。

列奥纳多。[49]

正因为列奥纳多出现在这种令人兴奋的强权政治氛围中，我们拥有了他绘制的伊莫拉的美丽地图。这幅地图细节丰富、色彩精美，被称为"那个时代最准确、最美丽的地图"。一张被反复折叠过的地图的草图得以保存至今。他拿着这张纸，在伊莫拉的街道上踱来踱去，并原地记下了测量结果。[50]

这些地图是列奥纳多1502年这些辛苦旅行的真正成果，其中包括一幅美丽的基亚纳山谷鸟瞰地图（彩图18）。[51] 这幅地图的中心是阿雷佐和丘西之间的区域，可与现代地图媲美；这个区域以外的测量结果更像是推测出来的。（位于地图中心的长湖基亚纳湖后来被排干了。）地图背面的边缘有封口蜡的残余：这是用来把地图固定在墙上或木板上的；村庄和河流的名字是以传统的从左往右的形式书写的，再次表明这幅地图是用于展示的。这幅地图很可能是为波吉亚绘制的，不过也有另一种可能性，即这是几年后为阿尔诺河的河道规划绘制的。温莎城堡皇家图书馆收藏的一张草稿描绘了中心地带的鸟瞰图，列出了附近各个城镇之间的距离。这些数据已经被圈画过，说明列奥纳多在绘制地图完稿时参考了这些数据。另一张草稿非常详细地描绘了卡斯蒂廖内和蒙特基奥周围的道路和河流，旁边还有一些以布拉乔奥为单位标注的距离，可能是列奥纳多亲自测量的。[52]

另一幅比例尺更大的地图与基亚纳山谷地图是同一种绘图方向（左侧是北），这幅地图描绘了意大利中部的整个水系，包括从奇维塔韦基亚到拉斯佩齐亚的地中海沿岸，绵延约170英里，一直延伸到里米尼的亚德里亚海沿岸。研究表明，列奥纳多这幅地图的原型是一幅当时藏于乌尔比诺图书馆、绘于1470年左右的地图，但他使用轮廓阴影法重制，放弃了15世纪地图绘制传统，给人一种客观记录地形的观感。[53] 1502年7月下旬，列奥纳多很可能在乌尔比诺研究这幅地图，这进一步说明这些地图是为波吉亚绘制的，其中一些实际上可能是在伊莫拉完成的。

马基雅维利生病了。11月22日，他在伊莫拉写道："两天前，我发了高烧，到现在身体仍然很糟糕。"12月6日，他再次请求被召回："这样可以减轻政府开支，也可以缓解我的不便。过去的12天里，我病得厉害，如果继续这样下去，我担心他们会把我装在篮子里送回来了。"[54]

波吉亚和叛军的谈判是一场虚幻的和解。12月26日，马基雅维利从切塞纳发回可怕的报告："今天早上，人们发现里米诺先生躺在广场上，被切成两半；他仍躺在那里，让众人都有机会看到他的尸体。"尸体旁放着一把血迹斑斑的刀和一个木楔，是屠夫用来劈开动物身体的工具。里米诺，即拉米罗·德·洛夸，并非叛乱者，而是一个实实在在的暴徒，他在罗马涅实施恐怖统治，很不受欢迎，因此成为牺牲品。"人们尚不清楚他因何而死，"马基雅维利补充道，"但这就是君主寻乐的方式，他也向我们展示了，他可以根据他们的功过而成就或毁掉这些人。"

12月31日上午，波吉亚进入塞尼加利亚。他在那里假装和谈，私下会见了叛军的头目维泰洛佐·维泰利、奥利韦罗托·达·费尔莫和奥尔西尼兄弟。但是这次会晤是个陷阱,波吉亚抓住了这些叛乱者,并把他们绑了起来;他还解除了驻守在城墙外的步兵的武装。那天晚上,马基雅维利潦草地写了一封充满戏剧性的信件:"虽然现在已经是第23个小时了,但洗劫仍在继续。我很烦恼,我不知道在这种无人能够送信的情况下能否把这封信件送出。"至于叛乱者,"我认为他们活不到第二天早上了"。他说对了一半:维泰洛佐和奥利韦罗托当晚就被勒死;奥尔西尼兄弟多活了两三周,最后被吊死在皮耶韦城堡。[55] 当列奥纳多的赞助人在切塞纳和塞尼加利亚用屠刀和铰链伸张正义时,他也在场吗?这并非不可能。

1503年最初的几周内,"瓦朗斯人"攻占了佩鲁贾和锡耶纳。列奥纳多笔记本上的简短评论显示他本人和"瓦朗斯人"当时都在锡耶纳。他很欣赏那里的一座巨型的教堂钟,直径长10布拉乔奥,他还要求自己记住"钟的移动方式及钟锤是如何固定的"。[56] 他的笔记再一次是离题的、平静的、逃避现实的:他把关注点移向别处。1月20日,"瓦朗斯人"围攻锡耶纳期间,马基雅维利满怀感激地迎来了一位佛罗伦萨新任特使雅各布·萨尔维亚蒂,他向"瓦朗斯人"和列奥纳多道别,准备返回佛罗伦萨,他确定自己看到了政治领袖的新楷模——果断、清醒、无情,而且完全摆脱了道德和宗教束缚。10年后,他在《君主论》中这样描写波吉亚:

> 如果我来总结公爵的所有行为,我不知道该如何指责他。相反,在我看来,他应该被当作榜样,正如我所做的,将他视为一位借助财富和他人帮助而促使帝国崛起的榜样。以他伟大的精神和崇高的计划,他必然达到如此成就。[57]

1503年2月,波吉亚前往罗马,与他病重的父亲亚历山大六世进行会谈。列奥纳多可能与他一同去了罗马,但如果是这样,那么这次拜访的时间很短,因为他在3月初便已回到佛罗伦萨。[58] 离开波吉亚的决定——如果是他下的决定——是明智的。1503年8月18日,随着父亲的过世,波吉亚的好运到头了,他的真正权力根基,即教宗的影响力破碎了。新教宗尤利乌斯二世拒绝承认他的罗马涅公爵的头衔，并要求他归还领土。接下来发生了逮捕和逃跑，以及在那不勒斯发动的一次反教宗的活动。最终，1507年，他作为雇佣兵在西班牙早逝，年仅30岁左右。

一封给苏丹的信

  1952年，一份非同寻常的文件在伊斯坦布尔的托普卡匹博物馆国家档案馆里被发现。[59] 文件的开头是优雅的手写土耳其语，可以被概括为："一位名叫列奥纳多的异教徒从热那亚寄来的一封信的副本。"如果这是可信的，那么这就是列奥纳多写给苏丹巴耶济德二世的那封信被翻译成当时的土耳其语的版本。信中，列奥纳多提出想要为他提供工程服务。在这封信的结尾，抄写员写道"这封信写于7月3日"，但他没有写年份。我们基本可以确定是1503年，也就是说这封信写于佛罗伦萨，当时列奥纳多离开波吉亚后，脑子里充满了大型技术项目。（这封信被描述为"从热那亚寄来"，只意味着这封信来自一艘从热那亚发出的船。）

  这封信的开头有点像20年前他写给"摩尔人"的那封自称可以提供技术服务的著名自荐信："我，作为您的仆人……将建造一座不需要水，仅靠风力提供动力的磨坊"，以及"上帝，愿他被称颂，赐予我一种无须绳缆，而是用自动水力机器从船上汲水的方法"。但这些只是为他的主要服务所做的铺垫，他真正想做的是设计和建造一座跨越金角湾的桥：

> 我，作为您的仆人，听说您打算建造一座从斯坦布尔到加拉塔的桥，但您没有这样做，因为您没有找到有能力做这件事的人。我，作为您的仆人，知道怎么做。我会把它提高到建筑物的高度，这样就没有人能翻越它了，因为它太高了……我这么做，是为了让船只即使在升起风帆的情况下也可以从下方通行……我将建造一座吊桥，以便人们通过，并到达安纳托利亚海岸……愿上帝让您相信这些话，而且考虑一下这位随时能为您服务的仆人。

在1502年至1503年伴随波吉亚期间,《巴黎手稿L》是列奥纳多频繁使用的笔记本,笔记中似乎包含了一些与这个项目相关的设计草图,尽管其设计在某些方面与信中的描述有所不同。这幅草图展现了一个有着"鸟尾式"支座的漂亮的流线型结构。列奥纳多描述道:"佩拉到君士坦丁堡的桥,宽40布拉乔奥,高于水面70布拉乔奥,长600布拉乔奥,其中海上部分长400布拉乔奥,陆地部分长200布拉乔奥,因此自己形成了支座。"[60] 计算很符合实际情况:金角湾的宽度约为800英尺,所以"海上部分长400布拉乔奥"完全正确。整座桥的预估长度换算后约为1200英尺,这使它成为当时世界上最长的桥。

该项目的肇始时间可能是1503年2月,当时列奥纳多在罗马短暂逗留。前一年,苏丹巴耶济德的大使们一直在罗马与教宗亚历山大进行磋商。他们很可能提到了苏丹想要一位意大利工程师在金角湾建一座桥的愿望,当时那里只有一座漂浮在桶上的临时浮桥。据瓦萨里说,那些对此感兴趣的人中包括年轻的米开朗琪罗:"据我所知,米开朗琪罗想去君士坦丁堡为土耳其人服务,土耳其人曾通过方济各会的修士邀请他来建造一座从君士坦丁堡到佩拉的桥。"瓦萨里认为这发生在米开朗琪罗与教宗尤利乌斯二世发生争执期间的1504年左右。阿斯卡尼奥·康迪维在《米开朗琪罗的一生》中讲述了大致相同的故事。[61]

1503年2月,列奥纳多为切萨雷·波吉亚宫廷服务时曾到访罗马,因而为此提供了背景:他得知了苏丹的兴趣,他在笔记本上画了一个雏形,然后用适当的华丽辞藻写了一封自我吹嘘的信。有人认为,这座桥的设计参考的是从伊莫拉到佛罗伦萨路上的那座位于里奥堡的阿利多西桥。[62] 后者从1499年开始建造,1502年秋天列奥纳多在伊莫拉附近考察地形时就可以看到它,当时它可能还没有建好。

类似列奥纳多的那个保存在约1485年的笔记中,并在5个多世纪后进行了空中测试的降落伞设计,这座桥最近也按照列奥纳多的规格建造出来了,尽管比博斯普鲁斯海峡上的预定位置向北挪了1500英里。2001年10月31日,这座桥的缩小版(100码长)在挪威首都奥斯陆以南20英里

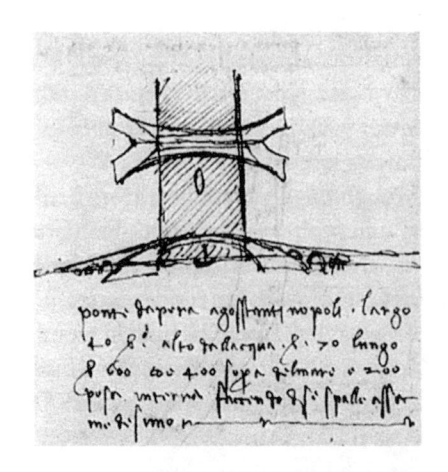

君士坦丁堡的桥草图（上），韦比约恩·桑德在奥斯的成品（下）。

的奥斯揭幕。这座桥由挪威艺术家韦比约恩·桑德（Vebjorn Sand）设计建造，用松木、柚木和不锈钢建成，耗资约 100 万英镑，被用来当作高速公路上的人行天桥。

列奥纳多的影响未曾间断：他的作品一代又一代地产生着影响力，贯穿后世所有列奥纳多风格的人——艺术家、雕塑家、机械建造师和跳伞员，他们的想象力都被列奥纳多配以突兀图注的小幅草图，以及其中蕴含的专注思考的力量所触动。"这座桥只是需要被建造出来，"桑德在报道中说，"它可以用木头或石头建成，任何规模的都可以，因为原理是可行的。"于是，1503 年萌发的一个想法所孕育的孢子，最终在奥斯陆 E18 高速公路上开花。[63]

河流改道

1503年3月初，列奥纳多回到佛罗伦萨，他在强盗般的公爵的宫廷中煎熬了几个月。3月4日，他从佛罗伦萨新圣母玛利亚医院的账户上取出50杜卡特。他把这笔交易记在了一张纸上，并写下一则神秘的笔记："记得让行政长官把账目清掉，然后让公证人先生为我提供一张手写的收据。"[64] "清掉"（拉丁语为cancellare，指用画十字交叉线来取消一份契约的行为，来自cancellus，指摩擦发出的刺耳声音）一词是法律意义上的。这则笔记可能与圣母领报大教堂那幅未交付的祭坛装饰画有关，指账目结账，而提到的那位"公证人"可能是皮耶罗·达·芬奇，他是圣母领报大教堂的圣母公仆会的公证人。这就是列奥纳多对他父亲的看法吗？公证人先生或阁下？这里的行政长官指的是皮耶罗·索代里尼，1502年末他被选为佛罗伦萨共和国的行政长官，实际上相当于总理：一个正直却缺乏想象力的人，他和列奥纳多的关系并不总是友好的。

4月8日，列奥纳多借给"微型画画家凡特"4金杜卡特——这指的应是阿塔凡特·迪·加布里埃洛，他与列奥纳多年龄相仿，可能年轻时就是列奥纳多的朋友了。"萨莱拿着钱到他那里并亲手给他；他说他会在40天内还钱。"同一天，列奥纳多也给了萨莱一些钱买"玫瑰色长袜"——他自己的束腰外衣是同样的颜色，正如"佚名作者"的记录："他穿着一件玫瑰色及膝束腰外衣，只到膝盖，而当时大多数人还穿着长袍。"[65] 人们可以感受到列奥纳多社交圈内那股时髦的气息，这与共和政体的佛罗伦萨共和国的氛围有些不同。这段对列奥纳多穿衣打扮的描述可能来自一位佛罗伦萨画家的回忆，"佚名作者"称他为加维内或P.达·加维内。

6月14日，列奥纳多又从他的账户上取出50金弗洛林。或许他正处于一种危险的状态：前途未卜，积蓄流失。我们不知道这段时间他住在哪里：圣母领报大教堂的大门不再向他敞开。或许就是这段时间，有人——或许是他的一位学生——在《大西洋古抄本》中的一页上写道："这里生活很拮据……"[66]

但是，一个令人兴奋的新项目正在招手，这个项目的目的无异于是改变阿尔诺河的河道。实际上，这是两个独立的项目：一个是将阿尔诺河下游改道，这纯粹是军事策略，目的是切断比萨与大海的通路；另一个更宏大的计划是将佛罗伦萨以西的整条河流开渠，使之能够通航。马基雅维利现在是索代里尼在军事和政治事务上的得力助手，他密切参与了这两个项目。列奥纳多作为波吉亚的工程师时，马基雅维利见过一些他的工程作品，或许河流改道的想法最初是从他们在伊莫拉的谈话中酝酿的。

1494年，皮耶罗·德·美第奇暂时将比萨割让给法国人，次年法国人撤出意大利后，比萨宣告独立。佛罗伦萨人企图重新夺回这座城，但他们的努力徒劳无功，令人难堪：比萨人可以无限期地坚守下去，因为他们能通过他们位于阿尔诺河入海口的港口获得运来的食物和补给。因此，用马基雅维利的一位助手的话来说，这个使河流改道的新战略——合乎逻辑但技术上极富挑战性——"能切断比萨人的生命之源"。[67]

1503年6月19日，佛罗伦萨军队占领拉韦鲁卡要塞。这是一个仍然可以在比萨群山南坡上看到的土丘，俯瞰着阿尔诺河下游的平地。两天后，列奥纳多到了这里；负责的政府官员皮耶尔弗朗切斯科·托辛尼向佛罗伦萨汇报说："列奥纳多·达·芬奇在几个同伴的陪同下亲自来了。我们向他展示了一切，我们认为他对拉韦鲁卡感到满意，他喜欢他看到的东西，后来他说他想过让它坚不可摧的方法。"[68]这封简洁的信件展现了列奥纳多在一个夏日里在比萨群山上的活动：一丝不苟（"我们向他展示了一切"），充满热情（"他喜欢他看到的东西"）。

一个月后，他作为由亚历山德罗·德利·阿尔比齐带领的官方代表团的一员，再次来到这里。7月22日他在那里，画了一幅阿尔诺河下游的草图。23日他参与了佛罗伦萨战斗营的讨论，战斗营可能是在里格莱昂内，圭杜奇将军次日报告：

> 昨天我们迎来了亚历山大·德利·阿尔比齐，带着阁下您［行政长官索代里尼］的信，一同到来的有列奥纳多·达·芬奇和一些其他人。我们研究了计划，经过多次讨论和质疑后，得出这个计划非常有

用的结论,如果阿尔诺河真的可以在这里改变流向,至少可以防止山脉受到敌人的攻击。[69]

乔瓦尼·皮斐罗也在代表团中,执政团后来偿还他56里拉,以支付"一驾6匹马的马车的费用、餐费,以及与列奥纳多·达·芬奇一同测量比萨附近阿尔诺河的水位的费用"。他也被称为乔瓦尼·迪·安德烈亚·皮斐罗,很可能是乔瓦尼·迪·安德烈亚·切利尼,也就是著名雕塑家本韦努托·切利尼的父亲,他曾是执政团的一名风笛手。[70]

圭杜奇将军1503年7月24日的信件是最早提到阿尔诺河改道的记录,他们研究的"计划"与行政长官发来的授权信表明,这个项目在纸面上进展顺利。他们想要将河流向南引流到里窝那附近的一块名为斯塔尼奥的沼泽地,河水将被堰堤引到一条1英里长、16布拉乔奥(32英尺)深的大沟里,然后在其中再分为两支较小的沟渠。这条河和斯塔尼奥分流处的出水口之间的距离约为12英里,列奥纳多估计,开凿沟渠需要挖出100万吨的泥土。在一份研究时间和运动的早期例子中,他计算了一个工人能移动多少泥土;由于沟渠过深,他估计,从底部挖出一桶土需要经过14名工人运输才能抵达顶部。经过一些复杂的计算后,他得出结论,整个项目有5.4万个人日(即一个人一天完成的工作量)。[71] 他指出,或者可以使用"各种机器"来加快速度,其中一种是《大西洋古抄本》中画的挖土机:草图旁的测量数据与阿尔诺沟渠的测量数据完全一致,因此这台机器似乎是专门为这项工作设计的。另一项计算是这样的:"挖土机一铲能挖土25磅;6铲可以装满一辆手推车;20辆手推车可以装满一驾马车。"[72] 这些都是列奥纳多作为土木和军事工程师的具体工作内容。

阿尔诺-斯塔尼奥运河的挖掘工作一年多后才动工。在后期阶段,列奥纳多没有积极参与:另一名水利工程师科隆比诺接手负责,一些最终实施的工作与列奥纳多的计划不同。1504年8月20日,工程在"法贾诺塔"动工,这座塔被拆除,为堰堤提供建材。但这个项目彻底失败了,并在两个月后被放弃,原因是拖欠工资引发的不安情绪日渐增长。马基雅维利的助手比亚焦·博纳科尔西在一份报告中简明扼要地总结道:

做出最后决定后，人们在里格莱昂内建立了一个营地，而且请来了水利工程师。他们说他们需要2000名工人和大量的木材来修建一道堰堤拦住河流，并且将河水沿着两个沟渠导向斯塔尼奥。他们承诺可以用3万或4万个人日竣工［大大低于列奥纳多预估的数字］。怀着这种期望，项目在［1504年］8月20日开工，并以每人每日1卡里诺的工钱雇佣了2000名工人。这个项目实际上花费的人力和时间远远超过计划，而且没有任何收益。虽然做了这些估算，但8万个人日都不足以完成项目一半的工作量……除了河水泛滥时，河水从未流入沟渠中，而一旦河水平息，水就会回流。整个工程耗费7000杜卡特或更多，因为除了支付工资，还需要维持1000名士兵以保护工人免受比萨人的攻击。[73]

1504年10月初，灾难降临。一场猛烈的暴风雨使几艘守护沟渠口的船只遇难，80人丧生。沟渠的围墙坍塌了，整个平原被洪水淹没，摧毁了许多农田。10月中旬，即开工不到两个月后，这个项目就被放弃了。佛罗伦萨撤军，比萨人填满了沟渠，这段插曲很快被遗忘——在与比萨持续到1509年的长期拉锯战中，又是一次浪费时间、金钱和生命的活动。

这个流产的项目是列奥纳多一个更为宏伟的梦想——建造一条长长的运河，消除阿尔诺河的航行问题，让佛罗伦萨拥有自己的出海通道——的一部分。佛罗伦萨下游的河流不能通航，因为这段位于锡尼亚和蒙特卢波之间、在城市以西10英里处的河水十分湍急，也因为从那里到比萨的河道大多很浅、淤泥淤积和蜿蜒曲折：这使人们想起布鲁内莱斯基那艘命途多舛的、搁浅在恩波利沙滩的"巴达洛内"号。这条大运河与这项军事分流工程截然不同，但他参与河流改道项目可能推动了这个更大的运河计划，后者可能已经在他的脑海中思考了一段时间。这些计划的联合效应——如果生效——将使佛罗伦萨与海洋相连，从而使这座城市得以参与到新世界的贸易和探索之中。佛罗伦萨航海家阿梅里戈·迪·韦斯普奇在给他的意大利赞助人洛伦佐·迪·皮耶罗弗朗切斯科·德·美第奇的信中对此表达了高度的兴奋，这封信的摘要于 1504 年在佛罗伦萨出版。

这为一个已经存在了一段时间的想法提供了一个热门话题：早在 1347 年就有人提出要修建阿尔诺运河，而列奥纳多也思考这个问题 10 年了，甚至更久。《大西洋古抄本》中有一页关于这一主题的笔记提到比萨人是这个计划的受益方，这似乎是在 1495 年佛罗伦萨与比萨形成敌对关系之前写下来的。他写道：

> 应该在阿雷佐的基亚纳山谷建造水闸，这样当阿尔诺河在夏天缺水时，运河也不会干涸。运河的底部应该有 20 布拉乔奥宽，顶部有 30 布拉乔奥宽，2 布拉乔奥深，或者是 4 布拉乔奥，这样就有 2 布拉乔奥的水可用于磨坊和草地，利于该地区的发展。而普拉多、皮斯托亚和比萨每年可以获得 20 万杜卡特的收入，并且会投入劳工和金钱给这个有用的项目；卢凯塞也一样，因为塞斯托湖将变得可以通航。我要让它穿过普拉多和皮斯托亚，然后穿过塞拉瓦莱流入湖中，这样就不需要水闸了。[74]

他以每 60 平方布拉乔奥花费 1 里拉的价格计算了这笔费用，虽然这还没有包括"穿过"在塞拉瓦莱的山的浩大工程将耗费的成本。

一些 1503 年至 1504 年的地图和平面图描绘了运河的建议路线。其中一幅的一角有一则笔记写道："他们不知道为什么阿尔诺河永远无法有笔直的河道：这是因为流入阿尔诺河的河水在流入的地方沉积了泥沙，然后从对面带走了泥沙，从而使河道变得弯曲了。"[75] 人们从中听出了一丝不耐烦的感觉，那种威严的语气会使一些人感到刺耳。"他们"不知道这个基本事实，他现在必须无数次地加以解释。

这条运河仍然是一场梦：军事分流计划的失败或许是一种挫败，尽管这项工程的巨大成本无疑使执政团感到泄气。工程没有继续，佛罗伦萨和比萨间的 A11 高速公路覆盖了与拟议中的运河大致相同的路线。因此可以说，列奥纳多的愿景只是在他未能预测到水道本身作为一种交通媒介的衰亡的情况下才是错误的。他的想象力输给了内燃机。

这些运河工程，以及他后来在米兰的其他工程项目，是列奥纳多毕生对水、水流、压力、旋涡和水的折射的迷恋的又一例证。他做笔记、分析、画草图，而且他确实把水画得很美：吉内薇拉身后沼泽上泛起的阴沉的微光、《天使报喜》中的海景、《纺车边的圣母》和《蒙娜丽莎》中向前流淌的侵蚀着岩石的蜿蜒河流。

丽莎女士

许多梦想被带到你的门前……

——纳特·金·科尔，《蒙娜丽莎》
（杰伊·利文斯通和雷·埃文斯撰词，1949）

列奥纳多为何在几年前对画笔感到厌倦至极、无法忍受？他会再次拿起画笔吗？看起来他会。我们基本可以确定，1503年夏，当列奥纳多没有在战斗营和挖掘现场漫步时，当他没有在计算实现他的机智策略所需的泄水速率和用工工时时，几乎可以肯定的是，他正在绘制一幅画。正如最近一本关于这一主题的书的副标题所说的那样，这幅画可以被公正地称为"世界上最著名的油画"。[76]

"列奥纳多答应为弗朗切斯科·德尔·乔康达的妻子蒙娜丽莎画一幅肖像画；他画了4年，一直没有画完。"瓦萨里就这样轻快地开始了他对《蒙娜丽莎》的记述，这是当时对这幅画最全面的描述，也是唯一提到画中模特的名字的记述，尽管正确与否人们争论不休。根据瓦萨里的鉴定，这幅画应被称为《蒙娜丽莎》，不过这个名字在19世纪前并不常用。在意大利，这幅画也常被称为《乔康达》(*La Gioconda*)，在法国则被称为《乔孔达》(*La Joconde*)。这似乎也指的是"乔康达的丽莎"，但由于"giocondo"作为形容词意为"欢乐的"，它就成了一个纯粹描述性的标题：《快活的女人》(*The Jocund Woman*)、《顽皮的女人》(*The Playful Woman*)或《开玩笑的女人》(*The Joker Lady*)，甚至可能是《调情的女人》(*The Tease Lady*)。这类双关是该时期的特色,也是列奥纳多的特色,但对那些不相信瓦萨里说法的人而言,这个标题在不必提及乔康达妻子这个身份的情况下也完全说得通。[77]

在信息量庞大的第一句话后,瓦萨里用了一整段来赞美这幅画的栩栩如生。但其中有些描述是不准确的,或至少是不恰当的,因为他从来没有真正看到过这幅画:正如他所说,这幅肖像画"现在归枫丹白露宫的法兰西国王弗朗索瓦所有"。[78]瓦萨里特别大肆赞扬了画中人的眉毛——"极为自然,一条长得浓密,一条长得稀疏"。然而,《蒙娜丽莎》的画中人明显没有眉毛,而且颜料层下也没有找到以前画过眉毛的痕迹。他以一段简短的轶事收尾:"当他为她画像时,他雇佣了歌手和音乐家,也总是有小丑来逗她开心,驱散了画家们通常会带进肖像画中的忧郁;因此,在列奥纳多这幅画中,有一个令人愉悦的开怀大笑[ghigno],这个笑容如此美妙,让人仿佛看到了比人更神圣的东西。"这种氛围很美好,与列奥纳多在《论绘画》中谈到的画家需要在优雅的氛围中工作的论点不谋而合,但这再次让人感觉不太恰当。在真实的《蒙娜丽莎》上,这种欢乐气氛的证据在哪里?这幅画上有微笑,但只是一丝隐隐的微笑,而非"ghigno"一词通常所指开怀大笑["grin"(咧嘴笑)一词就是从这个词来的]。瓦萨里经常这样做,他会夸大二手资料,以便让它听起来更可信。他的描述常因在视觉上不够准确而遭到批评,尽管我们当然更不知道列奥纳多绘制《蒙娜丽莎》时是什么样子。如今《蒙娜丽莎》昏黄的外观,是几个世纪以来人们为其涂上保护性的清漆氧化后而轻微泛黄的结果。早在1625年,就有一位观众抱怨这幅画"被清漆严重损坏,看不清"。[79]这是这幅画的朦胧效果——主张修复《蒙娜丽莎》的人们可能会说这是模糊不清——的另一个方面。这幅画罩着的一层清漆"面纱",上面有成千上万个细小的裂纹,敢于揭开"面纱"去看下面是什么的人,才是一个勇敢的修复者。

实际上,瓦萨里没有给出这幅画的创作日期——考证日期并非他的强项——但在《艺苑名人传》中,他直截了当地将这幅画归于列奥纳多第二个佛罗伦萨时期的作品,即1501年绘制《圣母子与圣安妮》底稿与1503年至1506年创作壁画《安吉亚里战役》之间。鉴于我们从彼得罗·诺韦拉腊那里了解到的情况，列奥纳多在1501年几乎没有画过画，加上1502年的大部分时间他都在为波吉亚服务，这通常被解读为1503年他在回到佛罗伦萨后的某个时候开始创作《蒙娜丽莎》。卢浮宫倾向于选择这一绘制时间，2003年秋，卢浮宫举办了《蒙娜丽莎》创作500周年的庆典。马基雅维利的朋友卢卡·乌戈利尼随意开的一个玩笑也可以支持这个日期，1503年11月11日，乌戈利利给尼科洛写信，祝贺后者的长子诞生："我亲爱的朋友，恭喜！显然，玛丽埃塔女士没有欺骗你，因为他简直和你长得一模一样。列奥纳多·达·芬奇也画不出比这更好的肖像了。"乌戈利尼在说这番话时，或许想到的正是1503年在列奥纳多的工作室中已经成形的《蒙娜丽莎》。[80]

在前几章中，我提到了《蒙娜丽莎》中那些似乎令人期待的东西——伊莎贝拉·德埃斯特的双手和胸部、托瓦格利亚别墅的凉廊、布里亚诺的桥，以及《纺车边的圣母》中的景观。其中一些尚存争议，尽管第一项和最后一项在1500年至1502年的作品中有明显的相似之处。而伊莎贝拉·德埃斯特那幅未完成却总是出现但又触而不及的肖像尤为引人注意——1500年洛伦佐·古兹纳戈曾在威尼斯见过这幅画；1501年至1502年，伊莎贝拉在佛罗伦萨的代理人也提到过这幅画（"他就马上为您画肖像，并寄给阁下"；"他已经着手做夫人您希望他做的事了"）。这幅丢失的作品似乎是现存的伊莎贝拉画像草稿和《蒙娜丽莎》之间缺失的一环，处于前者死板的完整侧身像与后者细致入微、微微歪斜的全脸像之间的一个概念性阶段。温莎城堡皇家图书馆收藏的一幅红色粉笔素描常被描述为《纺车边的圣母》的草稿，也可以被视为处于从德埃斯特侧脸像发展到乔康达夫人的凝视这条弧线上的中间阶段。[81]我们知道这就是列奥纳多工作的方式，不断回到图像和观念上，围绕着它们，重新定义它们。绘画在演化，从一种形态变成另一种形态，仿若古典世界中的异教神灵。据瓦萨里说，列奥纳多在《蒙娜丽莎》上花费了4年的时间，我们就此可以推断，绘制时间约为1503年至1507年；这个时间跨度大体上与1508年初列奥纳多离开佛罗伦萨吻合。在那段时间里，列奥纳多绘制了一张解剖学素描，包含9幅嘴巴和唇部草稿，还附有一些"被称为唇的肌肉"的生理学笔记。[82] 其中有一幅与众不同，有着轻盈、充满诗意的特点，描绘的是一张微笑的嘴巴——几乎和《蒙娜丽莎》中的微笑一模一样（彩图20）。

瓦萨里对这幅画的的描述并不理想，但在同时代作家中，他是唯一给出了这幅画的名字和创作时间的人。他说的对吗？他的说法似乎越来越有可能是正确的。关于画中人是谁，人们有许多不同的理论，这些理论大多是在过去的100年中提出的。1914年，安德烈·科皮耶发表文章《〈乔孔达〉是蒙娜丽莎的画像吗？》(*La 'Joconde' est-elle le portrait de Mona Lisa?*)，开启了这场讨论。我很熟悉其他这些理论，然而它们没有一个经得起太多的质疑。其他可能的候选人——伊莎贝拉·瓜兰达、帕奇菲卡·布兰达诺、科斯坦扎·达瓦洛斯和卡泰丽娜·斯福尔扎等——很像是为了解决莎士比亚"作者身份之争"而被提到的作家。这些候选人的支持者们试图揭开一个谜团，但人们必须首先问一问：真的有什么谜团需要解开吗？

瓦萨里提到的"蒙娜丽莎"的确存在。[83] 她是丽莎·迪·安东马里亚·盖拉尔迪尼（Lisa di Antonmaria Gherardini），1479年6月15日出生。她的父亲是佛罗伦萨人，受人尊敬，但不是很富有；她的家族在圣特里尼塔附近有一栋联排别墅，在格雷韦附近的波焦地区的圣多纳托有一小处地产，她可能在这里出生。1495年3月，15岁的她嫁给弗朗切斯科·迪·巴尔托洛梅奥·德尔·乔康达；他是位富有的商人，主要经营丝绸和布料贸易，当时35岁，曾两次丧妻，膝下有一幼子巴尔托洛梅奥。在这场婚姻之前，两个家族就有联系：丽莎的继母卡米拉是乔康达第一任妻子的姐姐；乔康达第一次认识丽莎时，她可能还是小孩。到1503年，即推测中这幅画像的绘制时间，她已经为乔康达育有两子，分别是皮耶罗和安德烈亚，以及一个在婴儿时期就去世的女儿。有人认为，丧女是蒙娜丽莎头发上罩着精致黑纱的原因，但这不太可能：这个女婴在4年前，即1499年的夏天就过世了。更有可能的是，纱巾和深色裙子是当时流行的"西班牙风"时装，就像1502年卢克雷齐娅·波吉亚与阿方索·德埃斯特结婚时穿的那种，当时风靡一时。弗朗切斯科·德尔·乔康达经营服装业，他对时尚了如指掌。这位肖像画家也是如此，用瓦萨里平淡无奇的话说，他答应要画这幅画了。

乔康达正是佛罗伦萨艺术家寻找的那种客户——"佛罗伦萨的市民和商人"，正如他在婚姻合同中被描述的那样。他曾非连续地4次担任市政官员，有一位名叫马切洛·斯特罗齐的生意合伙人，拉斐尔曾为后者的妹妹玛达莱娜·多尼画了一幅蒙娜丽莎风格的画像。[84] 乔康达还与鲁切拉伊家族有关联：他的第一任妻子是鲁切拉伊家族的成员，丽莎的继母也是。他后来与圣母领报大教堂的圣母忠仆会有了联系，并捐赠修建了一座家族礼拜堂，并为其委托制作了一幅他的主保圣人圣方济各的祭坛装饰画；这发生在16世纪20年代，但可能反映了他与圣母领报大教堂早有往来。乔康达对艺术或艺术品交易的兴趣，从当时一位没什么名气的画家和雕塑家瓦莱里奥大师的尸检清单就能看出来：瓦莱里奥去世时仍然欠着乔康达的钱，为了补偿债务，乔康达拿走了他所有的绘画、素描和雕塑。[85]

1503年4月5日，弗朗切斯科·德尔·乔康达在斯图法大街购置了一座房子——这将是他们夫妇和3个男孩的新家；最小的安德烈亚只有5个月大，或许他的降生是搬家的原因。这是一个有许多面墙需要装饰的新家，就像富裕的房主们所做的那样，有什么比在其中一面墙上挂上漂亮、迷人、衣着时髦的年轻妻子的肖像更自然的呢？他的妻子23岁，很年轻，但已经因为做了母亲而变得温柔宽厚。

在瓦萨里的记录之前，有3份关于这幅画的零散的文献，这些文献是支持了瓦萨里的说法，还是与之相矛盾？

我们已知最早提到这幅画的是安东尼奥·德·贝亚蒂斯，他是阿拉贡枢机主教路易吉的秘书，他的日记记录了他们1517年到访列奥纳多的法国工作室的经历。[86] 年迈的大师为他们展示了3幅画。根据贝亚蒂斯的描述，我们很容易就可以确定其中两幅分别是《施洗者圣约翰》和《圣母子与圣安妮》，如今这两幅作品都藏于卢浮宫；几乎可以肯定第三幅就是《蒙娜丽莎》。贝亚蒂斯（这暗示着列奥纳多本人也如此）描述这幅画是"一幅某位佛罗伦萨女士的肖像，在已故的马尼菲科·朱利亚诺·德·美第奇的敦促下而绘"。前半句听起来似乎指的是丽莎·德尔·乔康达，她确实是一位佛罗伦萨女士，但后半句问题比较大。朱利亚诺是洛伦佐·德·美第奇第三个也是最小的儿子，据我们所知，列奥纳多与他的来往是在1513年至1515年间，是在罗马而非佛罗伦萨。

对一些人而言，这似乎提供了一种与瓦萨里截然不同的说法，使《蒙娜丽莎》更像是一幅晚期作品（绘画的风格似乎可以证实这一点，展示给参观者的另外两幅画肯定也是如此）。这反过来导致这幅著名的面孔有了其他候选的主人，例如朱利亚诺的情人帕奇菲卡·布兰达诺，她是一位来自乌尔比诺的年轻寡妇，1511年，她为他生了孩子——蒙在蒙娜丽莎头发上的葬礼黑纱，可能暗指她寡妇的身份。另一位候选人是美丽聪明的那不勒斯人伊莎贝拉·瓜兰达，朱利亚诺在罗马时被她迷倒，她也是切奇利娅·加莱拉尼的表妹，15世纪80年代末，列奥纳多曾在米兰为切奇利娅画过肖像画。[87] 这两位女士似乎都是在朱利亚诺的"敦促"下画了肖像画的。直到1515年初朱利亚诺成婚时，肖像画可能都还在列奥纳多手中。但是，这两位女子都不是佛罗伦萨人，因而不符合贝亚蒂斯的日记的描述。事实上，贝亚蒂斯的描述似乎排除了画中人是伊莎贝拉·瓜兰达的可能。她是著名的那不勒斯美人，阿拉贡的路易吉和贝亚蒂斯都来自那不勒斯，所以很可能知道她的长相，而贝亚蒂斯在日记其他地方也提到过她和她的美貌，更加证明他知道她的长相。[88] 如果列奥纳多向他们展示的真的是伊莎贝拉·瓜兰达的肖像画，贝亚蒂斯肯定会直接说出她的名字，而不会将她描述为"某位佛罗伦萨女士"。这些证据彼此矛盾，使她们就是《蒙娜丽莎》画中人的说法变得相当站不住脚。

人们普遍认为，贝亚蒂斯推翻了瓦萨里认为画中人是丽莎·德尔·乔康达的说法，因为她不可能是朱利亚诺·德·美第奇的情妇：她是一位受人尊敬的已婚女子，而非高级妓女；而且无论如何，1494年至1512年，朱利亚诺不在佛罗伦萨，而是流放在外。在我看来，这种论点似乎有问题。朱利亚诺·德·美第奇和丽莎·盖拉尔迪尼确实是同时代的人，都出生于1479年。他们很可能见过面，他们的家族因通婚而联系在一起。朱利亚诺的姑姑纳妮娜嫁给了贝尔纳多·鲁切拉伊，他的侄女又嫁给了丽莎的父亲；因此丽莎年轻的继母是朱利亚诺的表姐，故而朱利亚诺和丽莎彼此认识是站得住脚的。1494年11月，他们都15岁，朱利亚诺随同家人逃离了这座城市。这场动乱发生的几个月后，丽莎嫁给了中年丧妻的弗朗切斯科·德尔·乔康达，而朱利亚诺通过丽莎的继母卡米拉认识了丽莎。

如果本书是一部小说或电影剧本，我会夸大证据，说朱利亚诺和丽莎间存在一段爱情故事：他们是青年情侣，受政治的冲击而不幸分开。这对"命运乖蹇的恋人"的故事还没完。1500年，朱利亚诺·德·美第奇在威尼斯，他自然会拜访那位著名的同乡人列奥纳多·达·芬奇，列奥纳多是在1500年2月来到这里的；若果真如此，他很可能会在列奥纳多的工作室里看到在姿态和画风上都与《蒙娜丽莎》接近的那幅未完成的伊莎贝拉·德埃斯特画像，正如3月17日洛伦佐·贡扎加在这里看到的一样。4月，列奥纳多动身前往佛罗伦萨。朱利亚诺·德·美第奇就是在那时"授意"列奥纳多为"某位佛罗伦萨女士"画一幅画像的吗？这位女士在他记忆中仍是美丽的少女，尽管现在——他听说——她已经结婚生子。

这种说法难以服人，但这表明，我们目前唯一已知列奥纳多对《蒙娜丽莎》的评论——也就是安东尼奥·德·贝亚蒂斯1517年的记录——本身并不像通常所说的那样，推翻了瓦萨里的说法。照情况来说，朱利亚诺和丽莎很可能在十几岁时相识，这幅肖像以某种方式唤起或纪念他们曾经的浪漫爱情（就像吉内薇拉的肖像让人想起她和贝尔纳多·本博的婚外情一样），这是无法证实的，但也并非难以置信。况且，这种说法与她丈夫委托绘制了这幅画像这种更平淡乏味的说法（就像瓦萨里说的那样）并不相悖；相反，这深化了这幅画的情感深度，使之充满了怀旧、忧郁和阴谋的色彩，令人想起过去美第奇时代那些佛罗伦萨的爱情游戏。

20世纪90年代初，人们在米兰档案馆中发现了另一份早期文献。[89]这是一份萨莱的遗产清单，是在他1524年3月突然去世后拟定的，上面列出了他拥有的一些绘画作品。其中一些的名字可以与我们已知的列奥纳多部分作品对应上。这些作品的标价极高，说明应该是原作而非临摹本。这些画是否真是原作则是另外一回事：萨莱能够熟练而高效地模仿大师的作品。这些画中"有一幅叫《乔康达》"，价格为505里拉。[90]人们认为这支持了瓦萨里的说法，因为这说明在他认定画中人是丽莎·德尔·乔康达前，这幅画便以《乔康达》的名字为人所知。

第三份文献常被人默默遗忘，因为这份文件不仅十分简短，而且有错误，但我相信它也很重要。在"佚名作者"的列奥纳多传记中，出现了以下陈述："画了一幅皮耶罗·弗朗切斯科·德尔·乔康达的写生。（Ritrasse dal naturale Piero Francesco del Giocondo.）"人们对此的通常解释是，"佚名作者"错误地说，列奥纳多绘制了一幅丽莎丈夫的肖像。实际上，正如弗兰克·策尔纳（Frank Zöllner）所指出的，"佚名作者"说的根本不是这个意思，丽莎的丈夫是弗朗切斯科，皮耶罗·迪·弗朗切斯科是她的儿子；[91] 但这就更加不可能了，因为1508年列奥纳多离开佛罗伦萨时，皮耶罗只有8岁。我猜测真正的错误在于笔误。"佚名作者"的手稿上时有粗心大意或句子支离破碎的情况出现，也有删减和插入——例如，乔康达这句话下方有一行写道："Dipinse a［空格］una testa di ［Medusa被划掉］Megara."我认为乔康达的那句话出现了类似的不完整。这句话不是"Ritrasse dal naturale Piero Francesco del Giocondo"，而应该是"Ritrasse dal naturale per Francesco del Giocondo..."，此处的省略号表明这句话没有写完，因此这句话的意思是："他为弗朗切斯科·德尔·乔康达画了一幅……的写生。"相比之下，瓦萨里的那句开场白是完整的："列奥纳多答应为弗朗切斯科·德尔·乔康达的妻子丽莎夫人画一幅肖像画。（Prese Leonardo a fare per Francesco del Giocondo il ritratto di Mona Lisa su moglie.）"如果真是如此，瓦萨里似乎正确地使用了"佚名作者"在某种程度上歪曲了的原始材料。

这些零碎的证据表明，瓦萨里对这幅画的起源的描述很可能是准确的：这幅画是丽莎·盖拉尔迪尼的画像，1503年左右受到她的丈夫委托而绘，那时她20岁出头。对一些人而言，这似乎乏味无趣、不尽如人意，因为这幅世界最著名的绘画的画中人竟然是佛罗伦萨的一位藉藉无名的家庭主妇（其他的候选人则更具魅力、更加高贵），但于我而言，这平凡的内核似乎为这幅画增添了诗意。无论如何，这就是这幅画最初的情况了。瓦萨里还提到列奥纳多"一直没有画完"，这大概指的是1508年列奥纳多离开佛罗伦萨时画像仍未完成。安东尼奥·德·贝亚蒂斯在 9 年后看到这幅画时，它还在列奥纳多手中，很可能这段时间里它已经发生了变化。这幅画成为他的长期伴侣，跟随他在各个工作室间辗转，只要条件允许，大师就会在它前面驻足，润色并反思，寻找以往没有发现的细节。在漫长的沉思中，这幅画浸染了那些微妙的色彩，有了那些人们能够感觉到但永远无法完全定义的细微差别。时间流逝在《蒙娜丽莎》上留下了痕迹：她脸颊上的落日之光、她背后那山丘沉淀着的漫长岁月，当然还有那个永远距离真正的微笑只有一瞬间——一个永远不会到来的未来时刻——的微笑。

从另一种意义上说，作为一种文化客体，这幅画还有漫长的未来。它实际上到了现代才具有不言自明的名气。早期评论者对这幅画充满热情，但他们似乎并不认为这幅画极为美妙或独特。《蒙娜丽莎》被提升到偶像级的地位是 19 世纪中叶的事，这源于欧洲北部对整个意大利文艺复兴，特别是列奥纳多的迷恋。这幅挂在卢浮宫的画受到了某种高卢式的，或者说巴黎式的扭曲。蒙娜丽莎的形象与人们对"蛇蝎美人"的病态浪漫幻想联系在一起：这位诱人、充满异国情调的"无情的美人"，在当时如此激发了当时男性的想象力。

赋予乔康达夫人"蛇蝎美人"形象的一位重要人物是小说家、艺术评论家和吸食大麻的泰奥菲勒·戈捷。对他而言，蒙娜丽莎是"有着神秘微笑的美人斯芬克斯"，她"庄严而讽刺的"凝视暗示着"未知的快乐"，她"似乎抛出了一个谜团，令几个世纪以来仰慕她的人都无法解开"。他在一篇狂想诗中加入了一句意味深长的旁白："她让你感觉自己像是站在公爵夫人前的男学生。"[92] 另一位在她面前惊颤不已的是历史学家和文艺复兴爱好者朱尔斯·米什莱，他看着她写道，"你被一股奇怪的磁力迷住了，心烦意乱"，她"吸引我，背叛我，吞噬了我，我不由自主地朝她走去，如同飞鸟之于游蛇"。同样，龚古尔兄弟在 1860 年的日记中描述当时的一位美人"像是 16 世纪的高级妓女"，带着"乔康达那种充满夜色的微笑"。[93] 因此，蒙娜丽莎与左拉的娜娜、韦德金德的露露和波德莱尔的克里奥尔美人让娜·杜瓦尔被一同列为红颜祸水。

维多利亚时期的唯美主义者沃尔特·佩特曾对这幅画像有过一段著名论述,这段论述 1869 年首次发表,无疑受到了这种高卢式狂热的影响。叶芝后来对佩特这段著名的华丽散文大加赞赏,并将之删减成自由体的诗句,这种形式无疑更为合适:

> 她比她坐立其中的岩石更加古老;
> 犹如吸血鬼,
> 她已经死过很多次,
> 并知晓坟墓的秘密;
> 曾在深海潜游,
> 使那些逝去的日子仍在她身边……[94]

奥斯卡·王尔德曾言辞犀利地评论了佩特这种诱人的奉承:"这幅画对我们来说比实际情况更精彩,它向我们揭示了一个它实际上一无所知的秘密。"[95] 然而,《蒙娜丽莎》隐含着"秘密"的想法仍在产生影响。在 E. M. 福斯特的《看得见风景的房间》中,露西·霍尼丘奇在托斯卡纳的逗留给了她一丝乔康达的神秘色彩——"他发现她变得异常沉默寡言。她就像列奥纳多·达·芬奇画中的一位女性,我们与其说是爱她本人,不如说是爱她不愿意告诉我们的那些事。"[96]

另一些人则是持更为怀疑的态度,比如在萨默塞特·毛姆的小说《圣诞假日》(1939 年)中,4 位艺术爱好者"凝视着这位拘谨而缺乏情欲的女子那平淡的微笑"。罗伯托·隆吉等反传统的年轻评论家则对这幅画嗤之以鼻,就连伯纳德·贝伦森——尽管他几乎不敢对佩特这位"充满神力的萨满巫师"提出质疑——也暗地里不喜欢这幅受人尊敬的作品:"她简直变成了一个噩梦。"当 T. S. 艾略特称《哈姆雷特》是"文学界的《蒙娜丽莎》"时,他是带贬义的:这部剧不再按照其原本的样子被看待,而是如这幅画一般,成为主观解读和二流理论的容器。[97]

另一件事也改变了《蒙娜丽莎》的命运:1911 年 8 月 21 日周一的早晨,她在卢浮宫被"绑架"了。[98] 盗贼名为温琴佐·佩鲁贾,是一个 30

岁的意大利画家兼装饰家，有过轻度犯罪的记录。他出生于科莫湖附近的杜门扎村，1908年来到巴黎，是城里成千上万的意大利移民之一——法国人称呼他们为"通心粉"。佩鲁贾曾在卢浮宫短暂工作过，这是他能够毫不费力进入卢浮宫并将《蒙娜丽莎》藏在工作服下再带出来的原因。随后，警方展开搜捕，但尽管佩鲁贾有犯罪记录，并且在画框上留下了一个巨大的拇指指纹，他却没有受到怀疑。被怀疑参与其中的有画家毕加索和诗人阿波利奈尔；后者还曾短暂入狱，并就此事写了一首诗。佩鲁贾将画藏在住所的炉子下，长达两年多。然后，1913年11月末，佩鲁贾给佛罗伦萨的古董商阿尔弗雷多·格里写了一封信，提出要把《蒙娜丽莎》"归还"意大利。他索要50万里拉，并在信中署名为"列奥纳多·温琴佐"。12月12日，佩鲁贾坐火车来到佛罗伦萨，将《蒙娜丽莎》装在一个"有点像水手的储物柜"的那种木箱中。他入住一间位于潘扎尼大街的廉价酒店——意大利艾尔伯格特黎波里酒店。（如今这间酒店仍在经营，但是现在改名叫——还能叫什么？——乔康达酒店。）在酒店里，当着阿尔弗雷多·格里和乌菲兹美术馆馆长乔瓦尼·波吉的面，佩鲁贾打开了木箱。他们首先看到了一些旧鞋子和羊毛内衣，然后，如杰里描述的那样，"拿开这些无趣的东西后，［他］打开了木箱的假底，我们在这下面看到了这幅画……我们激动无比。温琴佐死死地盯着我们，得意地微笑着，仿佛这幅画是他自己画的"。[99]那天晚些时候，他被逮捕了。人们做出种种努力，希望将他打造为一位文化英雄，但他在审讯时的表现令人失望。他说他原本打算偷走曼特尼亚的《战神和维纳斯》，但后来决定偷《蒙娜丽莎》，因为后者体积小一些。他被关押了12个月，1947年去世。

《蒙娜丽莎》的被盗和失而复得，使之在国际上声名鹊起。被盗和寻回都引发了铺天盖地的新闻报道，以此为题材的纪念明信片、卡通作品、歌谣、歌舞剧和喜剧默片也随之涌现。这些都预示着，在现代世界，这幅画仿佛全球流行偶像一般。1919年，马塞尔·杜尚在乔康达夫人脸上涂鸦，并轻浮地把它命名为《L.H.O.O.Q》，这一串字母标题为法语"Elle a chaud au cul"的发音缩写，意思是"她的屁股热烘烘"。这是对这幅画最为出名的戏仿作品，不过插画师萨佩克，即尤金·巴塔耶早在20多年前就画过一幅抽烟的蒙娜丽莎。其他的戏仿作品还有沃霍尔的多重乔康达，即《三十个比一个好》；特里·吉勒姆也把乔康达夫人安排进巨蟒系列的动画片中；威廉·吉布森的"蔓生都会"小说《蒙娜丽莎超速档》；科尔·波特的歌曲《你是最棒的》，纳特·金·科尔的《蒙娜丽莎》，以及鲍勃·迪伦的《乔安娜的幻象》中的经典引文；连续抽烟的海报和新颖的鼠标垫。就我个人来说，我是通过1962年吉米·克兰顿的热门歌曲知道《蒙娜丽莎》的，歌词开头是这样写的：

> 她是穿着蓝色牛仔裤的维纳斯，
> 梳马尾辫的蒙娜丽莎……

我不确定马尾辫是否适合她，但这首歌美妙如泡泡糖般的温柔，足以说明降临在这幅神秘而美丽的油画上的命运。

《安吉亚里战役》(1)

夏天，列奥纳多在前往比萨丘陵远足、与马基雅维利聊天、和卢卡·帕乔利研究数学，以及绘制丽莎·德尔·乔康达的画像（不知道有没有音乐家和喜剧演员陪伴）中度过。在我看来，这是一个相当愉快的夏天。到秋天时，他在考虑一个新的委托项目，这个大型公众项目在尺寸以及潜在的压力上与《最后的晚餐》差不多。这个项目是为韦奇奥宫一层的大议会厅（Sala del Maggiore Consiglio），也就是后来的五百人大厅（Sala del Cinquecento）的一面墙绘制一幅装饰壁画。大议会厅建于1495年，是美第奇家族被驱逐后成立的新共和国的一部分。[100]

最初的合同没有保留下来，但该委托项目可以追溯到1503年10月左右，因为在这个月的24日，执政团发出指示，让列奥纳多拿到了新圣母玛利亚大教堂一间名叫教宗厅的大型废弃食堂的钥匙。[101] 这一官方指令无疑是为了给他提供他所需的空间来创作壁画的模板——一幅巨大的底图。后来，一份时间是1504年5月4日的合同称，列奥纳多"几个月前就同意在大议会厅里画一幅画"，而且获得了35弗洛林的预付款。这项工作的最后期限（"在没有任何特殊情况或无端挑剔的情况下"）是1505年2月底。后来的文献显示，他在工作期间每月可收到15弗洛林的津贴。[102]

因此，列奥纳多占用了新圣母玛利亚大教堂的一角，这间教堂有着宏伟的阿尔贝蒂式外墙，30多年前他曾看到这些外墙的修建。墙壁上装饰着多梅尼科·吉兰达约色彩鲜亮的壁画，画中有费奇诺、路易吉·浦尔契、波利齐亚诺，以及美第奇家族的少年们的面孔——他年轻时熟悉的那些面孔，来自另一个佛罗伦萨的幽灵。教宗厅位于大教堂西边杂乱的建筑群中（现在是宪兵司令部，戒备森严）。房子的状况不太好，所以执政团进一步指示，要求把屋顶修理一下，使之能防雨。窗户"情况糟糕"，需要加固。1504年1月8日，木匠贝内代托·布奇被请来，他带着嵌板、滑槽、百叶窗和横木来修理房屋。[103] 这些必要的建筑工作可能在列奥纳多到来前就完成了。《大西洋古抄本》中破碎的一页上，列着一份家居用品的清单，共44件物品：桌子和椅子、毛巾和餐巾、扫把和烛台、一个羽毛床垫、一个黄铜盆、一把长柄汤勺、一个煎锅，还有"灯台、墨台、墨水、肥皂、颜料"，以及"三脚架、球体、笔架、讲台、长杆、海绵"。这是一堆必需的小杂物。[104]

整个2月，这里就像一个建筑工地，木匠用"所有必要的设备"来建造平台和楼梯。平台的主梁是一根长5布拉乔奥的榆木，用一根锚索或麻绳固定——换句话说，这个平台是悬挂式的，而非搭建起来的，其高度和位置可以通过滑轮调整。一位名叫詹多梅尼科·迪·菲利波的纸商带着一令纸来到这里，这些纸将被粘在一起以创作底稿；他带来的另一种纸更粗糙更便宜，用来糊窗户。药剂师送来蜡、松节油和白铅。被送上门的还有一批海绵。建筑师安东尼奥·迪·乔瓦尼大师也在这里工作，他正在为列奥纳多的私人房间开辟一条通道，"直接通向上述底稿"。我们在这份说明中瞥见了即将到来的令人筋疲力尽的艺术劳动：眨眼，孤独。不久，工作就会占据他的全部：他会全神贯注地在他的房间和画稿间来回踱步，沉浸于其中。这令人回想起班代洛对《最后的晚餐》的创作过程的回忆——突然的灵感爆发,漫长的抱臂沉思。

4月27日,列奥纳多从他的存款账户中又取出50弗洛林,看起来他已经把执政团的预付款花完了。

在过去的几年中,战争一直围绕着列奥纳多——他为蛮横的野心家波吉亚效力,在佛罗伦萨对抗比萨的战争中担任工程师。然而,即便是在这里,在新圣母玛利亚大教堂的新工作室内,他也无法摆脱战争的影响,因为战争正是他现在着手创作的主题。执政团希望用佛罗伦萨著名胜利的象征性场景来装饰他们的大议事厅。1440年——因此人们的记忆还很鲜活,在离阿雷佐不远的群山中,佛罗伦萨军队在一座名为安吉亚里的托斯卡纳村庄外击退了雇佣兵队长尼科洛·皮奇尼诺领导的米兰部队。列奥纳多很可能知道这个地方:他前一年去乌尔比诺的途中会经过那里,并把它标在了基亚纳山谷的地图上。

马基雅维利再次参与其中。列奥纳多的笔记中有一篇对这场战役的长篇描述,翻译自列奥纳多·达蒂的一份拉丁文记录。[105] 笔记上是马基雅维利的助理阿戈斯蒂诺·迪·韦斯普奇的笔迹,毫无疑问,这是在马基雅维利的建议下写的,目的是向列奥纳多提供关于该主题的信息和想法。笔记中似乎设想了一幅叙事性壁画,来描绘一段时间内的各种场景,"从尼科洛·皮奇尼诺对士兵们讲话开始……然后再表现他是如何先穿着盔甲骑到马背上,整支部队跟着他行军,包括40个骑兵队和2000名步兵",等等。达蒂对这场战争的描述中还包括一个异象:圣彼得出现"在云端",在佛罗伦萨的指挥官面前显灵(这场战役发生在6月29日,即圣彼得和圣保罗日)。总体而言,这幅画是激动人心且华美富丽的——执政团无疑希望列奥纳多的壁画能达到这样的最终效果。马基雅维利后来在其《佛罗伦萨史》中有非常不同的描述,他把这场战役描述为一场小规模冲突,只有一人丧生,而且是因为这个人的马摔在了自己身上而意外身亡。[106] 但现在,对这位画家而言,他要画的是为政治宣传服务的版本。

这项委托很清楚:这是佛罗伦萨军队英勇无畏、激荡人心的一幕,这场大胜在这段充满不确定的日子里支持了共和国的决心。但从一开始——正如人们可以在许多准备性草图中看到的那样——列奥纳多就准备强烈地表现战争的恐怖与残酷。[107] 我们可以在这些草图中看到战士因怒吼而张大的嘴、因受惊而直立的马、人和马紧绷的肌肉,以及劈砍的武器。其中也有情感宣泄的元素:对抗在那些日子里与战争贩子沆瀣一气的自己。在这些草图中,他浓缩了几个月来为波吉亚服务时亲眼所见的一些恐怖场景。他还知道若要捕捉战场上骇人听闻的戏剧性场面所需要关注的东西。10 多年前在米兰时,他曾写过一篇标题为《如何表现一场战斗》的长文:

> 首先,你必须表现火炮的硝烟和马匹士兵运动时卷起的尘埃混在一起……空中必须充满来自各个方向的箭,而炮弹后必须有一缕烟雾以表现其飞行痕迹……如果你要画一个已经倒下的人,你必须描绘他的身体在血染的尘埃和泥土中爬行过的地方……其他人必须表现出他们处在死亡的痛苦中,他们咬牙切齿,翻着眼球,握紧拳头撑住他们的身体,双腿扭曲……或许还要有一群人压在一匹死马身上。[108]

这种混战的场景、肢体和面部的扭曲,以及纷乱不安的气氛,可以在他的准备性草图中清楚地看到。因此,在佛罗伦萨人编织的故事和目击者看到的真相间,列奥纳多摸索着创作。

列奥纳多正在着手一项重大新项目的消息传到了曼图亚一直满怀希望的伊莎贝拉·德埃斯特的耳中,但这没能阻止她。在一封 1504 年 5 月 14 日的信中,她指示安吉洛·德尔·托瓦格利亚邀请列奥纳多为她画一幅小型宗教画:"如果他以没时间为借口,因为他要为最杰出的执政团工作,你可以告诉他,当壁画令他感到厌倦时,这将是一种娱乐和放松,只要他乐意画,什么时候都可以。"同一天,她给列奥纳多写了一封信,由托瓦格利亚转交。她写道:

列奥纳多大师:

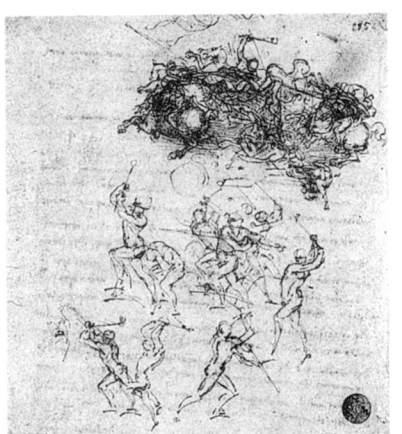

《安吉亚里战役》速写。上：两位士兵头部的准备性草稿,以及一位混战中的骑士,约1503年至1504年。下:列奥纳多失传的《安吉亚里战役》临摹本,彼得·保罗·鲁本斯(Peter Paul Rubens)绘。

得知您已经在佛罗伦萨安顿下来，我们希望能从您那里得到我们万分渴望的东西，也就是您亲手绘制的作品。当您在我这里用木炭为我画肖像时，您答应过我，有朝一日会给我画一幅彩色的。如今这几乎是不可能的了，因为您不方便到我这里旅行。我们希望您能履行我们的协议的义务，将我们的肖像换成另外一个更加仁慈的角色，即年轻的基督，您可以描绘他在圣殿中向人质询的 12 岁时的样子，以那种您尤其擅长的甜蜜漂亮的风格完成。

她以一种冷冰冰的礼貌的语气结束："期待您的诚挚回复，我们向您致以最美好的祝愿……"

托瓦格利亚适时地将这封信送到了这位在新圣母玛利亚大教堂的艺术家，但遭到了熟悉的礼貌性拒绝："他答应我，在为执政团作画时，如果能腾出空就给我们画画。"托瓦格利亚还被要求去找彼得罗·佩鲁吉诺，后者本应为伊莎贝拉的书房画一幅油画。他挖苦地总结道：

我会继续鼓励列奥纳多画那幅画，督促佩鲁吉诺画另外一幅。他们俩都满口答应，似乎很想为夫人服务，但是我担心他们之间会有一场比谁更迟的竞争。谁知道谁会获胜呢——我赌列奥纳多！[109]

伊莎贝拉没有放弃，几年后她找到了一位更有前途的使者，一个和列奥纳多有亲戚关系的人——亚历山德罗·阿马多里。他是菲耶索莱修会的教士，列奥纳多第一个继母阿尔比拉的弟弟。但是，我们可以从阿马多里写给她的信中了解到，新策略同样是徒劳的。[110]

1504 年夏初，列奥纳多准备将他的小型草图和黏土模型整合为一幅全尺寸的底稿，并将其绘制在新圣母玛利亚大教堂食堂画框内的一张大型拼贴纸上。6 月，一位名叫乔瓦尼·迪·兰迪诺的烘焙师带来"88 磅筛好的面粉……用来盖住底稿"。药剂师送来了 28 磅亚历山大里亚白铅、36 磅小苏打和 2 磅石膏，"列奥纳多需要用这些东西作画"。一位铁匠收到一笔钱，要他为"列奥纳多的托架"打造铁钉、圆环和轮子：这次要做另一个带轮子的平台，使他能够在大型底稿周围移动。

米开朗琪罗

无论最初是不是执政团的想法，但到了1504年夏末，他们以文件形式颁布了一个决定：列奥纳多在大议事厅的壁画将与米开朗琪罗绘制的一幅壁画交相辉映。米开朗琪罗将要绘制在对面墙壁上的这幅壁画表现的是佛罗伦萨人的另一场著名胜利——卡西诺战役的胜利。这样，在他们的设想中，佛罗伦萨当时最伟大的两位艺术家就会在大议事厅内背对背作画。我们很难相信他们二人不认为这是一种竞争，或是一次巨人间的碰撞。在其中，天然形成的对卓越的竞争，再加上个人之间（似乎存在的）敌意，将激励二人在艺术上做出更大的独创性壮举。

1482年，列奥纳多离开佛罗伦萨时，米凯莱·阿尼奥洛·迪·罗多维科·博纳罗蒂还是个7岁的孩子，当时与他一贫如洗的破落贵族父亲一同住在塞蒂尼亚诺采石场的房子里，与他们同住的还有采石工人一家。列奥纳多回来时，即18年后，米开朗琪罗已经是众人追捧的新星，是注入文艺复兴时期的雕塑界的一股新鲜血液。[111] 他在多梅尼科·吉兰达约手下做过3年学徒（1488年至1491年），洛伦佐·德·美第奇于1492年去世前，米开朗琪罗一直是他的门客。他很快凭借早期的佛罗伦萨作品博取了名声，例如大理石雕像《丘比特》（*Cupid*）和描绘戏剧性场景的浅浮雕《半人马之战》（*Battle of Centaurs*）。在这些受洛伦佐雕塑园林中的古典主义影响的作品中，已经出现了米开朗琪罗成熟作品中紧绷的肌肉和弯曲的四肢。1496年，他

米开朗琪罗·博纳罗蒂。

受枢机主教圣乔治召唤赶赴罗马，在那里创作了带有微醺表情的具有颠覆性的《巴克斯》（Bacchus）——正如瓦萨里所言，这尊雕像"将年轻人的苗条和女性的丰满圆润结合在一起"——以及圣彼得大教堂中美丽的《哀悼基督》。1500年末或1501年，他回到了佛罗伦萨，很可能正在那时，他第一次和列奥纳多见面。我们可以想象（尽管只是想象），米开朗琪罗曾在人群中挤进圣母领报大教堂，一睹列奥纳多1501年春绘制的《圣母子与圣安妮》底稿——这位自以为是、不修边幅、强壮有力的年轻男子穿得破破烂烂，带着咄咄逼人的自负。他著名的拳击手般的鼻子此时已成为特征，那是在他与另一位雕塑家彼得罗·托里贾诺的打斗中被打破的。

他很快就开始创作他最具特色，也是最具备佛罗伦萨特色的作品——不朽的《大卫》，当时的文献将之描述为"大理石巨人"，或直接称之为"巨人"。1501年8月16日，米开朗琪罗和执政团签署合同，合同规定两年后交付成品；据瓦萨里说，薪水是400弗洛林。据说《大卫》的高度超过16英尺，重达9吨，是由一块损坏的大理石雕刻而成的，这块大理石几年来一直闲置在大教堂财产管理委员会周围。据瓦萨里说，这块石头被一位名叫西莫内·达·菲耶索莱的雕塑家"搞砸了"，他可能指的是西莫内·费鲁奇；也有一种说法称，这个笨拙的工人是阿戈斯蒂诺·迪·杜乔。瓦萨里也声称，行政长官索代里尼"经常说要把这块石头交给列奥纳多"，但后来却把它给了米开朗琪罗。这件事还没有得到证实。[112]

到1503年年中，这座伟大的雕塑即将成型：用米开朗琪罗的一句名言来说就是"大卫终于从大理石的监狱中解放了"。大卫左臂的一幅粗略草图下有一则笔记，生动地描绘了这位雕塑家如角斗士般的精神："大卫用投石器，而我用弓"，换言之，就是弓形的大理石钻。[113] 与此同时，列奥纳多——如果我们接受瓦萨里提供的证据——开始创作丽莎·德尔·乔康达的画像：毫无疑问，报酬要低得多。这两件著名的作品体现了文艺复兴时期的两种精神形态：一面是宏大而令人叹为观止；另一面是冷静内敛、难以捉摸的气质。

1504年1月25日，大教堂工程部召集了一个特别委员会（以行政角度而言，这是例行公事，然而，委员会由于聚集了文艺复兴时期的艺天才而变得不同寻常），委员会将商讨决定那件"即将完工"的庞大大理石巨人最为"方便和合适的"放置地点。[114] 委员会邀请了 30 个人：记录的空白处注明，安德烈亚·达·蒙特·圣萨维诺因为人在热那亚而缺席，所以看起来其余 29 人应当都到场了。除了列奥纳多，还有安德烈亚·德拉·罗比亚、皮耶罗·迪·科西莫、大卫·吉兰达约（已经过世的多梅尼科的弟弟）、西莫内·德尔·波拉约洛［被称为克罗纳卡］、菲利皮诺·利比、科西莫·罗塞利、桑德罗·波提切利、朱利亚诺和安东尼奥·达·圣加洛、彼得罗·佩鲁吉诺和洛伦佐·迪·克雷迪。到场的还有"微型画画家万蒂"，1503 年列奥纳多曾借钱给他；可能还有音乐家乔瓦尼·迪·安德烈亚·切利尼；"El Riccio orafo"，即卷发的金匠，可能是里奇奥·菲奥伦蒂诺，后来"佚名作者"把他列为列奥纳多《安吉亚里战役》壁画的助手之一。

会议记录记下了列奥纳多关于摆放《大卫》的想法，"我认为它应该被放在凉廊里"——韦奇奥宫对面的佣兵凉廊——"正如朱利亚诺所言，把这座雕像放在士兵列队的矮墙后。雕像应当放在那里，再配以合适的装饰品，这样它就不会干扰共和国的仪式。"朱利亚诺·达·圣加洛也同意这个观点，但他们与大多数人的意见相左。这种方案流露出了一种敌意，一种刻意不想让雕像给人留下深刻印象的态度。将这座庞大的雕像摆放在不会碍事的角落，其真正的意图在于边缘化雕塑家本人：那个难以应付、闯入这里的天才。这种怨恨或许还和佛罗伦萨更早的一尊《大卫》，即出自列奥纳多的老师韦罗基奥之手的那尊《大卫》有关，据说少年列奥纳多是这尊雕像的模特：如今，40 年过去了，这尊新《大卫》让他年轻时充满朝气的形象过时了。

列奥纳多的建议没有得到重视。5 月，这尊雕像被妥善地放置在韦奇奥宫正门外的平台上，并在那里矗立了几个世纪，如今站在那里的是 19 世纪的复制品。卢卡·兰杜奇在日记中生动地记录了运送雕像的过程，并附带揭示了文艺复兴时期的佛罗伦萨的文物毁坏问题：

1504 年 5 月 14 日——24 时［晚上 8 点］，人们将大理石巨人运出工程部，他们不得不拆掉门上方的墙，才能让它通过。晚上，有人朝巨人扔石头，试图破坏它，因此有必要对它严加守卫。人们花了4天时间才把雕像运到［执政团］广场上，雕像在18日12时［上午8点］抵达广场。雕像由40多人运送，雕像下面是14根涂了油的横木，这些横木由人们用手传递。[115]

雕像终于在7月8日立了起来，多纳泰罗的雕像《朱迪斯》被挪到内院中，以便腾出空间。列奥纳多或许出席了这次庆典，又或许他故意缺席，回到新圣母玛利亚大教堂，独自一人待在有轮的台车上，专注于调整《安吉亚里战役》底稿的细节。

或许正是在这一时期，两位艺术家之间的敌意在一次短暂的公开争执中爆发，这次事件被"佚名作者"生动地记录下来，使我们可以忽略他在列奥纳多传记中的其他那些枯燥乏味的记录。这篇短文以"Dal Gav."开头，表明消息来源就是报道中提到的列奥纳多的同伴——P. 达·加维内。换句话说，这是一个目击者的描述：

> 列奥纳多和P. 达·加维内一起步行穿过圣特里尼塔［广场］，然后他们路过潘卡西亚-德利-斯皮尼，那里聚集着一群市民，正在为但丁的一段话争论不休；然后他们叫住列奥纳多，请他解释这段话。这时，米开朗琪罗碰巧路过，于是列奥纳多回答道："米开朗琪罗在那里，他会为你们解释。"米开朗琪罗以为列奥纳多这么说是在羞辱他，生气地反驳道："你自己解释——你设计了一匹用青铜铸的马，但又无法铸成，出于羞耻而放弃了。"语毕，他转身离去，留下满脸通红的列奥纳多。

这则逸闻给出了相当精确的地点：他们在圣特里尼塔广场，讨论但丁的人们在斯皮尼家族的中世纪宫殿（如今的费罗尼-斯皮尼大宅）前的旧凉廊里。这座建筑位于广场南侧，沿着圣特里尼塔大桥一直延伸到河边。

16. 即将步入老年的列奥纳多,弗朗切斯科·梅尔齐绘制的肖像画,大约1510年至1512年。

17. 银尖笔绘制的马的素描，15世纪90年代初。

18. 列奥纳多的基亚纳山谷鸟瞰图，约1502年至1504年。

19. 五个奇怪的人头，可能描绘的是一个男人在被吉卜赛人戏弄。

20. 那个微笑，一张描绘了各种嘴巴和唇部的草稿上的细节。

22. 幽灵，列奥纳多的伊莎贝拉·德埃斯特肖像画背面的图像。

21. 手，列奥纳多的伊莎贝拉·德埃斯特肖像画16世纪复制品中的细节。

23. 桥，列奥纳多和助手一起绘制的《纺车旁的圣母》中的细节。◀

24.《蒙娜丽莎》。▶

25.《圣母子、圣安妮与婴儿圣约翰》的木板底稿（柏林顿府底稿）。

26. 一幅列奥纳多肖像画草稿的镜像图像,约1510年。◂

27. 詹彼得里诺为奥斯佩达莱托洛迪贾诺教堂绘制的祭坛画的细节。▸

28. 晚期"大洪水"素描之一。

29.《施洗者圣约翰》,可能是列奥纳多的最后一幅画。

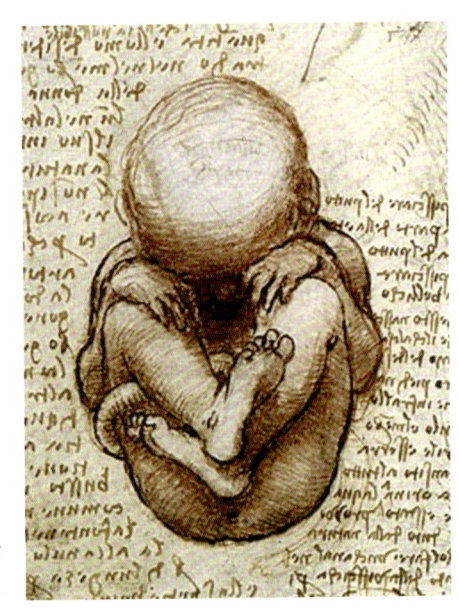

30.《丽达与天鹅》,此作原画已遗失,这里是列奥纳多的学生或追随者(可能是切萨雷·达·塞斯托)的作品。

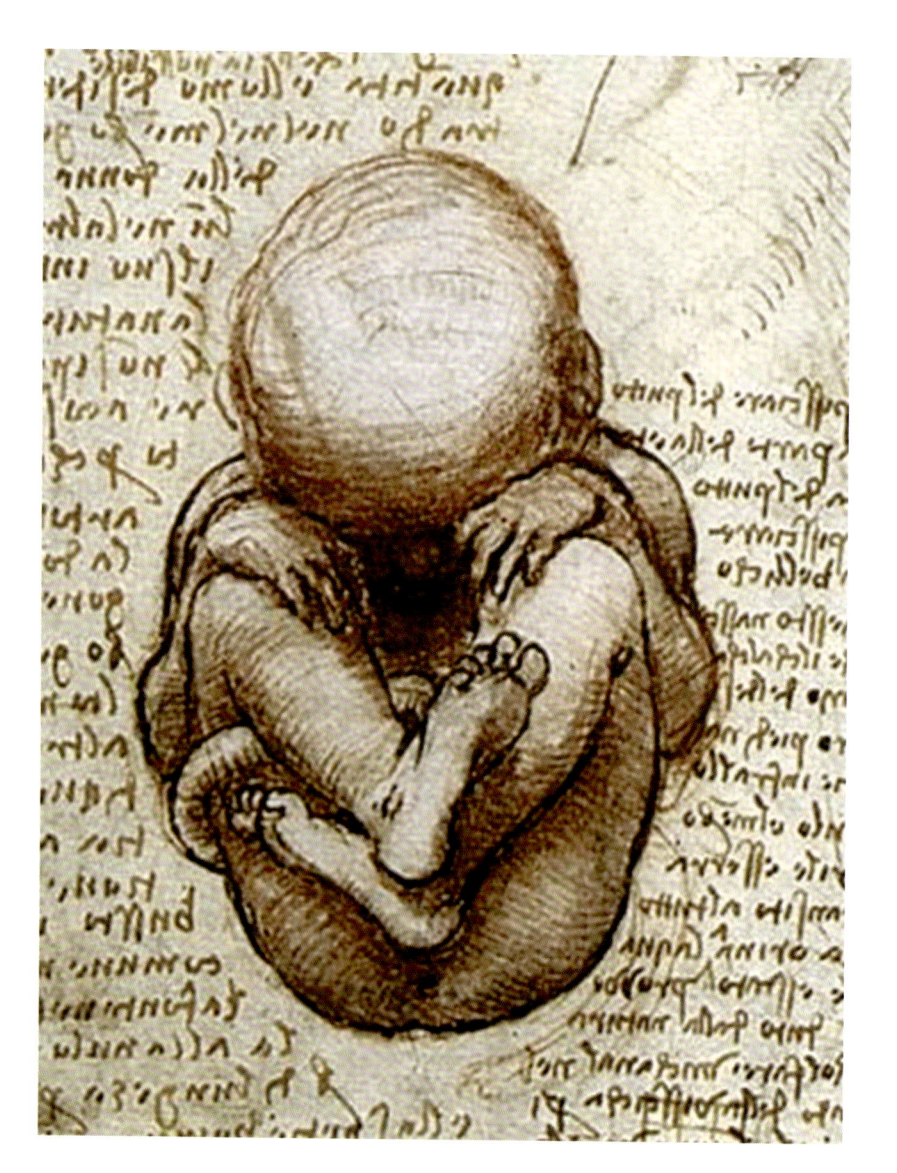

31.生育的奥秘,一页画着子宫中胎儿的草图中的细节。

现在凉廊已经没有了，但人们可以通过多梅尼科·吉兰达约 15 世纪 80 年代中叶在附近的圣特里尼塔教堂创作的壁画来找到它的位置。这些壁画描绘了圣方济各的一生，但吉兰达约将背景设置在当时的佛罗伦萨。中间的壁画描绘的是一个孩子奇迹般的治愈过程，背景正是圣特里尼塔广场：壁画的视角在广场的北面，教堂在右侧（虽然没有 16 世纪晚期建造的外立面），中间背景处是圣特里尼塔大桥的退缩线，左边是斯皮尼宫殿。两面可以看见的墙（北墙和西墙）之间没有类似凉廊的建筑，因此与常识相符：凉廊在南侧，俯瞰着河流。[116] 因此，我们可以确定列奥纳多和米开朗琪罗这场针锋相对的冲突发生在伦卡诺，也就是圣特里尼塔大桥以东不远的地方，这里如今是意大利知名奢侈品牌萨瓦托·菲拉格慕的专营店。

这个故事还很好地刻画了人物形象：不善言辞的列奥纳多友好地拒绝了就但丁的文章发表独断意见的邀请；敏感易怒的米开朗琪罗愤怒地回击了本不存在的冒犯（按照故事的说法，列奥纳多不可能是故意冒犯，除非这句话有一丝讽刺意味，仿佛在说"米开朗琪罗来了，他什么都知道"）。米开朗琪罗的突然离开让列奥纳多说不出话来，尴尬而愤怒，"满脸通红"。列奥纳多天性温和有礼，而米开朗琪罗冒昧无礼。

"佚名作者"在下一页手稿中偏离主题地探讨了米开朗琪罗作为解剖学家的技能后，又记录了米开朗琪罗嘲讽列奥纳多的一个事例："还有一次，米开朗琪罗想伤害［原文是 mordere，字面意思为"咬"］列奥纳多，便对他说：'所以那些愚蠢的米兰人［Que caponi de'Melanesi］真的相信你了？'""Que caponi de'Melanesi"的字面意思为"那些米兰的大脑袋"，但"caponi"带有愚蠢或固执的色彩，而非自负自满。如果这份记录也是真实的，那么说明米开朗琪罗确实对列奥纳多满怀讥讽和厌恶。

文中没有关于圣特里尼塔插曲发生日期的任何线索。这件事可能发生在 1501 年初（米开朗琪罗从罗马回来时）与 1502 年夏天（列奥纳多离开佛罗伦萨加入波吉亚宫廷时）之间，或 1503 年 3 月（列奥纳多回到佛罗伦萨时）与 1505 年初（米开朗琪罗动身前往罗马时）之间。这两次羞辱都是指列奥纳多在斯福尔扎铜马上的失败，这可能指向了较早的时间，但这两件事同样符合为商讨《大卫》摆放位置而组建委员会时的情况：列奥纳多对《大卫》雕像嗤之以鼻的态度,招来了对他自己在铸造大型雕像上的失败的辱骂。这样,这场口角就可能发生在1504年初——也许是1504年春天,那时天气足够温暖,人们可以懒洋洋地坐在凉廊里讨论但丁。在文中,这则轶事的开头是对壁画《安吉亚里战役》的评论,同样也来自"Gav.",即加维内。

正是在这种激烈竞争的背景下,执政团萌生了让米开朗琪罗在大议事厅创作另一幅战争场面的作品的想法,以与列奥纳多的壁画交相呼应或相互竞争;正如米开朗琪罗后来所言,他"承诺画大议事厅的另一幅"。[117] 他的主题卡西诺之役是佛罗伦萨与比萨之间更早爆发的一场战争中的一役。最早记录了米开朗琪罗参与这项工作的文件时间为1504年9月22日,文件表明他可以自由使用一间很大的工作室(如列奥纳多前一年一样),即圣奥诺弗里奥医院的大厅。使用权在10月29日正式得到批准。[118] 关于此事,瓦萨里写道:

> 他开始创作一幅巨大的底稿,而且拒绝让任何人看到。他在上面画满裸体男子,因为天气炎热,他们正在阿尔诺河中沐浴。突然,军营因敌人突袭响起了警报,士兵们冲出水面,穿好衣服。米开朗琪罗用充满灵感的手来描绘他们……士兵们各自摆出不寻常的姿势,有些是直立的,有些是跪着或倾身向前的,或是处在一个姿势和另一个姿势之间的中间状态,所有的姿势都展现了最难的短缩法。

次年2月,米开朗琪罗从领主宫收到280里拉的报酬,"为支付创作这幅底稿所付出的劳动"。当时这笔钱相当于大约40弗洛林:我们不知道支付这笔钱的具体时间跨度,但与列奥纳多每个月15弗洛林的津贴相比,似乎高出许多。那时,米开朗琪罗可能已经完成了底稿。瓦萨里说:"所有其他画家看到这幅画时都赞叹不已。"不久之后,米开朗琪罗动身前往罗马,去讨论修建尤利乌斯二世坟墓这个命运多舛的项目。他似乎没有进一步参与大议事厅的项目:没有证据证明他开始绘制这幅壁画。底稿本身

米开朗琪罗《卡西诺战役》木板底稿临摹本，阿里斯托泰尔·达·圣加洛绘。

也失传了，但诺福克的霍尔汉姆宫保存了一幅精美的临摹本，这里曾是莱斯特伯爵以前的驻地；直到20世纪80年代，列奥纳多的《莱斯特古抄本》都一直保存在这里。

关于列奥纳多如何看待这次挑战，没有留下文字记录，但是1504年9月或10月初时，他似乎离开了佛罗伦萨，尽管他的离去也可能有其他原因，但这与执政团委托米开朗琪罗"画大议事厅的另一幅"的时间恰好一致。部分原因可能是他因为恼怒而撤离了现场：罢工。到这个阶段，他已经完成了自己的底稿，可能是在7月底，这也是他记录中最后一次领取报酬的时间。直到1505年初的几周，他才开始在韦奇奥宫创作。直面对抗并非列奥纳多的本性，于是他选择回避。两位文艺复兴时期的巨人间的大碰撞就这样开始了：米开朗琪罗站在门口，准备决斗，但是房间内空无一人。

大约在这个时候，列奥纳多写了一篇短文，批评米开朗琪罗笔下身体躯干的肌肉过于夸张："你不应将身体的所有肌肉都画得过于明显，除非它们所属的肢干正在用力或是在劳作……否则，你就会画出一袋核桃而不是一个人形。"这很可能是在挖苦米开朗琪罗《卡西诺战役》底稿中那些肌肉发达的男子。列奥纳多在另一本笔记中也重复了这个想法：人

列奥纳多的《大卫》素描,约1504年。模仿米开朗琪罗的《大卫》而绘,而不是对其的直接描绘。

体不应该画得像"一捆萝卜"或者"一袋核桃"。[119] 他很喜欢这说法——"一袋核桃"(Un saco di noce...)。我们可以想象他面无表情说这句话的场景,引得人们哈哈大笑:这是他的武器。比起米开朗琪罗那天在圣特里尼塔大桥附近直接羞辱他的方式,这种羞辱方式要好得多。

尽管如此,可以肯定的是,列奥纳多后来的解剖学草图显示出米开朗琪罗对他的影响。温莎城堡皇家图书馆收藏的一幅小型素描看起来很像《大卫》,用艺术用语来说,它被称为"模仿《大卫》"。[120] 这是他现存的唯一一幅明显以同时代艺术作品为基础的画作。尽管他们彼此针锋相对、互相怨恨,但古老的艺术要求被放在了首位:我能从他那里学到什么?

一场死亡和一次旅行

在这些重大的艺术事件——绘制《安吉亚里战役》、拖着大理石巨人穿过佛罗伦萨街头、《蒙娜丽莎》的浮现——中,即使是文艺复兴时期的天才,也需要按部就班地生活,定期购置生活用品。一份列奥纳多及其家户在1504年5月共计4天的生活开支清单意外地得以保留至今。这份清单是"我的仆人托马索",也就是众所周知的索罗阿斯特罗写的,字体很漂亮。标题写道:"1504年5月25日,圣芝诺比乌斯日的早上,我从列奥纳多·芬奇那里得到15金杜卡特,然后开始花钱。"[121]

第一天,周六,托马索支付了近200索尔迪(约10里拉或2.5杜卡特),其中62索尔迪付给了某位"玛格丽塔夫人",根据账本别处的记录,她与买卖马匹有关,还有20索尔迪用来"修理戒指"。一部分钱用来和理发店清账，他还在银行还清了一笔债务，又买了一些天鹅绒，剩下的钱都花在了食物上：鸡蛋、葡萄酒、面包、肉、桑葚、蘑菇、沙拉、水果、鹌鹑、面粉。周六的开销很大——或许是为了举办什么聚会，因为在接下来的3天里，托马索都只买基础用品：面包、葡萄酒、肉、汤和水果。每日花在面包上的钱是不变的（6索尔迪），葡萄酒的支出也比较固定（通常是9索尔迪）。基于这个小样本，列奥纳多每周花费12里拉为他的"家人"购买食物。他们每天都买肉，这不能说明列奥纳多这段时期并非素食主义者，只是他不坚持要求"家人"不吃肉。据希皮奥内·阿米拉托说，托马索也是一个素食主义者："无论出于原因，他都不会杀死一只跳蚤。他喜欢穿亚麻衣服，而不穿死掉的动物制成的皮草。"

这些账单写了3页；第4页是列奥纳多亲手写的笔记——"如果要建造一条大运河，首先要建一条较小的运河，然后把水引进来""这就是打桩的方式"——以及用红色粉笔画的草图，是他的一张阿尔诺河地图的初稿。因此，日常开销就这样融入了他1503年至1504年的水利项目中。

列奥纳多写下的另一份支出清单也大概属于同一时期，上面列着"撒了胡椒的辣面包"、鳗鱼和杏仁、20多条蕾丝、一把剑和一把小刀，还有一个从叫保罗的男人那里买来的小十字架。另有一次理发记录，一则有趣的条目也吸引了我们的注意："算命费，6索尔迪。"[122] 这个对迷信如此不以为然的人，竟然花大价钱"算命"，真是令人吃惊。关于他的命运，他想知道什么？

《大西洋古抄本》的一页上有更多的账目：[123]

> 1504年6月29日，圣彼得日一早，我取了10杜卡特，给了我的仆人托马索1杜卡特……
>
> 周一早上［7月1日］，给萨莱1弗洛林花在房子上……
>
> 7月19日，周五早上，我手上还有7弗洛林，现金盒里还有22弗洛林……
>
> 1504年8月9日，周五，我从现金盒里拿了10杜卡特……

在同一页上，在这些小额支出中，列奥纳多还记录了父亲的过世：

1504年7月9日，周三的7时，塞尔·皮耶罗·达·芬奇逝世。

另一张纸上有一则更长的记录："1504年7月9日，周三，7时，我的父亲、波蒂斯塔宫公证人，塞尔·皮耶罗·达·芬奇在7时逝世。享年80岁，育有10个儿子和2个女儿。"[124] 这段话传达出一种更正式、哀悼的语气，但我们再次察觉到他那混合着一丝不苟与重复的紧张不安的情绪，在10年前关于卡泰丽娜去世的笔记中，我们也可以发现这一点：情感升华为细微的重复。不仅是重复，还有错误：1504年7月9日不是周三而是周二，日子变得模糊了；塞尔·皮耶罗去世时不是80岁，而是78岁；他的出生日期写在安东尼奥·达·芬奇的家族记录本上，这不太可能有错。

列奥纳多和他父亲之间的关系仍有许多悬而未决的问题——我们的疑问是因为缺乏证据；他的疑问是因为父子之间常有一条无法跨越的鸿沟。列奥纳多写到他"育有10个儿子和2个女儿"，这其中包括了他自己，但他很快就会发现，父亲在遗嘱中什么都没有留给他：这是最后的拒绝。

他们之间只有单独一段谈话得以留存：在列奥纳多的一封信的开头——没有写明日期，但是从笔迹来看，应该是父亲去世前不久写的。他写道："最亲爱的父亲，上个月的最后一天，我收到了您写给我的信，这封信在很短的时间内使我既高兴又难过：我高兴的是从信中得知您一切安好，为此我感谢上帝，而听到您的困难，我感到很难过……"[125] 这不仅仅是正式的文字，它读起来就像一篇作文，断句整齐平衡，快乐和悲伤各有一些。这封恭敬而木讷的信是从左到右按"正常的"方式写的，这一刻的列奥纳多是他父亲希望他成为的那种儿子，但这封信没有写完，仍保留在他的文件中。他在这页纸背面画了一架飞行器的机翼。

这封信的结尾是另一封信，同样只是一个片段。信是写给他同父异母的弟弟的，可能是多梅尼科·达·芬奇，祝贺后者生了个儿子。"我亲爱的弟弟，"他热情地说，"我听说你有了继承人，而你对此感到非常高兴。"但他接着想知道为什么"你会对创造了一个死敌感到如此高兴,他全心全意地渴望自由,而这只会在你死后才能得到"。[126] 这或许是伯父开的一个玩笑——列奥纳多比多梅尼科年长 30 多岁——但如果真是这样,这就是一个黑暗的玩笑:儿子在父母的枷锁下焦躁不安;父亲的死给他带来了"自由"。

账目和备忘录一直记到了 8 月。工作室又来了一位新学徒:"1504 年 8 月 3 日,周六的早晨,'德意志人'雅科博来和我一起住,而且和我达成协议,他同意我每天收取他 1 卡里诺的费用。"[127] 同样是在 8 月,有消息称,比萨附近的阿尔诺河改道计划最终将付诸实施。列奥纳多似乎并没有积极地参与其中,但他很可能就该项目的进展与马基雅维利有过接触。1504 年 8 月 20 日,执政团最后投票决定继续执行项目,工程立刻开始,这和兰杜奇在 8 月 22 日的日记中提到的一样。正如我们所看到的,整个项目是一场灾难,执政团损失了 7000 杜卡特,导致了 80 人死亡,10 月中旬这个项目就被放弃了。

当这场惨剧——列奥纳多可能要为这场惨剧承担一部分责任——在比萨平原上演时,他在哪里? 他可能出城了。我们通过标注了日期的笔记得知,1504 年 10 月中旬,他在皮翁比诺,而且可以相当肯定的是,在从佛罗伦萨前往皮翁比诺的路上,他还在芬奇镇和他的叔叔弗朗切斯科待了一段时间。如前所述,他离开的时间恰逢执政团决定委任米开朗琪罗与他一起在韦奇奥宫作画的时间——随着执政团于 9 月 22 日为米开朗琪罗在圣奥诺弗里奥医院征用了一块空间作为工作室,这一决定显露了出来。

在 1504 年 9 月或 10 月离开佛罗伦萨前不久,列奥纳多起草了他最后一份也是最详尽的一份藏书目录。这份藏书目录包含两份清单,写在《马德里古抄本 II》的一个横跨页上。[128] 那份略长的清单的标题是《我锁在大箱子里的书籍的清单》,略短的那份标题为《在修道院的箱子里》——据推测是新圣母玛利亚大教堂。他共有 116 本书。另一份清单将 50 本书按不同的尺寸和类型分类:

25本小书

2本大书

16本非常大的书

6本羊皮纸书

1本用绿羚羊皮装订的书

最后这份清单罗列的似乎都是装订的手稿，而非印刷书籍，那"6本羊皮纸书"指的肯定是手稿，因为羊皮纸（拉伸的小牛皮或羊皮）不是用来印刷的。很有可能这份清单列的是列奥纳多1504年时拥有的手稿和笔记。或者，它是实际的书单的一个细分部分，表明列奥纳多的116本书中有一半是手稿。例如，《马泰奥·帕尔米耶里的平民生活》（vita vicile di matteo palmieri）肯定是手稿，因为这本书直至1529年才出版；还有弗朗切斯科·达·乌尔比诺的《拉丁文法书》（libro di regole latino），他在佛罗伦萨大学中教授拉丁文法，这本书那时并没有印刷版本。书单上的一些条目看起来确实是列奥纳多自己的作品，例如《为底稿所画的马的草稿图》（libro di chavalli scizati per cartone），显然是为《安吉亚里战役》中的马而准备的草稿；而《我的词汇书》（libro di mia vocaboli）很可能是《特里武尔齐奥古抄本》；《解剖书》（libro di notomia）可能也是他的手稿。（他在1508年的备忘录中写道："把你的解剖学书装订起来。"）

《马德里古抄本》的书单是我们了解列奥纳多的兴趣和影响力的宝库。这份书单中有些条目没有出现在更早的1492年左右的《大西洋古抄本》书单中，比如：

- batista alberti in architettura——阿尔贝蒂的《建筑十书》，1485年于佛罗伦萨首次出版。

- isopo illingia francosa——法语版的《伊索寓言》，有可能是1484年里昂出版的《伊索寓言》（Les Fables de Esope），这有趣地说明了列奥纳多学过法语，推测是1499年在米兰与法国人有联系后开始学的。

- *galea de matti*——塞巴斯蒂安·勃兰特（Sebastian Brandt）的《愚人船》(*Ship of Fools*)；这本书在那时没有已知的意大利版本，因此这也有可能是手稿，或是1497年至1499年在巴黎出版的一本法文版。
- *sonetti di meser guaspari bisconti*——加思帕·维斯孔蒂的十四行诗。维斯孔蒂是斯福尔扎宫廷的御用诗人、布拉曼特的朋友，很可能也是列奥纳多的朋友；这里提到的可能是他1493年出版的《韵诗》。
- *arismetricha di maestro luca*——帕乔利的《算数、几何与比例集成》，1494年前后，列奥纳多花费119索尔迪购得。
- *franco da siena*——指的一定是锡耶纳的建筑师弗朗切斯科·迪·乔治·马尔蒂尼，列奥纳多在米兰认识了他。这里指的是他的《论建筑》手抄本，目前存于佛罗伦萨劳伦图书馆，手稿空白处有列奥纳多写的注释。
- *libro danticaglie*——"古物之书"，指的可能是15世纪90年代末献给列奥纳多的神秘的《透视罗马古物》，也可能是他的朋友贝尔纳多·鲁切拉伊1471年出版的《罗马城》

人们还注意到，列奥纳多收藏的可用来娱乐和放松的通俗文学书籍越来越多，比如卢卡·浦尔契的浪漫诗《奇里弗·卡尔瓦尼奥》(*Ciriffo calvaneo*)，1479年威尼斯出版；尼古拉·达·卡索拉的骑士浪漫诗《上帝之鞭阿提拉》(*Attila flagellum dei*)，1491年威尼斯出版；安德烈亚·达·巴尔贝里诺的《可怜的圭里诺》(*Guerino meschino*)，1473年帕多瓦出版；马苏乔·萨莱尼特诺的《故事》(*Il novellino*)，1476年那不勒斯出版；吉戈·布鲁内莱斯基与塞尔·多梅尼科·达·普拉托合著的有趣而频繁出现色情内容的诗歌《格塔和比里亚》(*Geta e Birria*)，1476年左右佛罗伦萨出版。

将图书清点装箱后，列奥纳多出城前往芬奇镇。在塞尔·皮耶罗去世后，他去那里很自然，尤其是因为8月12日弗朗切斯科叔叔起草了自己的遗嘱,在芬奇镇这片地区给列奥纳多留下了一些财产。毫无疑问,这份遗赠是因为列奥纳多被排除在亲生父亲遗产继承名单之外而起草的;实际上,这违反了塞尔·皮耶罗和弗朗切斯科在1492年达成的一项早先协议,该协议承诺"在弗朗切斯科去世后,他的所有财产将由塞尔·皮耶罗和他的孩子继承",这里当然指的是他的婚生子们。弗朗切斯科的遗嘱未能得以保留,但我们从后来的诉讼得知,他于1507年去世,列奥纳多得到了一处地产,这处地产的名字意为"采石场"。温莎城堡皇家图书馆收藏的一幅地图可能描绘了这个地方,这是一处位于两条河之间的地产。这处地产有两幢楼,还有一片可以产出"16古亩粮食"的土地;它的北面是一片石栎林。文献记录了相邻地块的所有者的姓名,其中一个名字是"塞尔·皮耶罗",这表明这幅地图绘制的时间不可能晚于1504年。当地的历史学家伦佐·钱基确认地图上显示的区域位于芬奇镇以东约4英里处。[129]

列奥纳多可能在这次的芬奇镇之旅过程中绘制了一小幅阿尔巴诺山素描,[130]以及我们早先看过的芬奇镇榨油机素描。在他看来,将橄榄榨油机改装成"研磨颜料的机器"与他即将在大议事厅墙壁上绘制《安吉亚里战役》壁画有关,绘制壁画肯定需要大量的颜料。

他从芬奇镇一路旅行到皮翁比诺海岸,两年前,他为波吉亚效力时曾来过这里。这座小镇现在又一次处于与佛罗伦萨关系友好的雅科博·德·阿皮亚诺的统治下。一份注明日期的笔记表明,10月20日列奥纳多在皮翁比诺的"城堡内"。另一则笔记写道:"1504年的万圣日〔11月1日〕,我向皮翁比诺的统治者做了说明。"他没有解释这个"说明"说明的是什么,或许是《大西洋古抄本》的一页上所描绘的"使皮翁比诺沼泽地干涸的方法"。[131] 同一天,他写下了这样一段优美的文字:"1504年,皮翁比诺的万圣日,当太阳落山时,我看到绳子、桅杆和帆桁端在白色的墙上投下了绿色的阴影。这是因为墙的表面不是被阳光,而是被它对面的海染上了颜色。"[132]

11月一如既往地带来了暴风雨,许多年以后,他回忆起在皮翁比诺海滨看到的景色:

关于皮翁比诺的风：

阵阵狂风和暴雨，

树枝和树都被吹到空中。

船里的雨水也吹干净了。[133]

这些紧凑的笔记等同于用语言快速写生。我们看到了他，一个在岸边被雨水浸湿的孤独身影，他望着海浪，看着渔夫摆好他们的船，并保存下这一刻。

11月底，他回到佛罗伦萨，我们发现这时的他在挑灯夜战，努力解决一个古老的数学谜题，即化圆为方（由于 π 的不确定性，这在数学上是不可能的）。在一则晚上写下的充满戏剧性的笔记中，文字垂直地挤在几何图形之间，他写道："在圣安德鲁日［11月30日］的夜晚，我结束了化圆为方的计算。灯快燃尽了，夜晚也要结束了，我正在写的这页纸也将写满，一小时后会结束。"[134]烛火摇曳，黎明将至，而这些结论，也一如既往地将被证明是暂时的。

《安吉亚里战役》（2）

1504年12月，在中断了大约4个月后，列奥纳多进入了绘制《安吉亚里战役》壁画的关键阶段——把底稿真正画到大议事厅的墙面上。12月31日，韦奇奥宫的工程部向供应商支付了当月运来的钉子和布料的费用，这些钉子和布料是用来"覆盖列奥纳多·达·芬奇工作室窗子"的，还有蜡、海绵和松节油的费用，这些东西是为了"给窗子上蜡"。1505年2月28日，他们又支付了铁、三脚架和轮子的费用，以"制作列奥纳多的小车，即一个平台"，这是另一个定制的移动脚手架，类似他在新圣母玛利亚大教堂使用的那种，现在在大议事厅被组装起来。正如节俭的会计师所指出的，该装置的成本接近100里拉；3月14日，会计师下令，"列奥纳多·达·芬奇现在在大议事厅作画使用的平台，以及用来制作平台所需要的全部木板和嵌板，应在绘画完成后归还，并储存在工程部"。这些记录表明，列奥纳多准备在 1505 年 2 月底左右开始画这幅壁画——这正是他之前承诺完成整幅壁画的时间。[135]

4 月 14 日，一个新学生到来："1505 年 4 月 14 日，周二晚上，洛伦佐来和我一起住，他说他 17 岁。"他马上就投入工作了，因为 4 月 30 日的账单就包括支付给"洛伦佐·迪·马可，熟练工，在大议事厅协助列奥纳多·达·芬奇，参与了 3.5 期工作"的费用。[136] 他的基本工资是每天 9 索尔迪。在这个月众多的活动开支中，还有"付给画家西班牙人费兰多和负责研磨颜料的托马索·迪·乔瓦尼的 5 弗洛林"。这位"西班牙人费兰多"是位神秘的画家，几乎所有列奥纳多的作品都有他的参与，包括现存米兰布雷拉画廊迷人的《圣母子与羊羔》；私人收藏的一版《纺车边的圣母》；甚至还有——据一些人的说法——乌菲兹美术馆的《丽达与天鹅》。他可能是费尔南多或埃尔南多·亚涅斯·德拉·阿尔梅迪纳［Fernado (or Hernado) Yañez de la Almedina］，1506 年后西班牙的文献记录过他的活动；他的一些作品，例如昆卡大教堂的《主显节》(*Epiphany*) 和《哀悼基督》，表现出他受到列奥纳多和拉斐尔的强烈影响。[137] 另一位被提到的人，颜料研磨匠托马索·迪·乔瓦尼，必然是索罗阿斯特罗了。在后来的一份账目中，他被描述为列奥纳多的"仆人"，地位较低，这反映出会计师不了解情况。

除了洛伦佐、费尔南多和托马索，我们可能还要加入一位画家，拉斐洛·迪·比亚焦，他的工作内容似乎不需要什么特殊技能，因为他的日薪只有 2 索尔迪。另一位神秘人物没有出现在账本中，但"佚名作者"把他列为列奥纳多绘制壁画的助手之一——"住在十字门的那位里奇奥·菲奥伦蒂诺"。我们推测，他正是 1504 年 1 月为《大卫》的安置问题召集的委员会中的那个卷发的金匠。另外一个我们估计也会参与其中但并没有出现在账单中的名字是萨莱。这就是列奥纳多的团队。

在一则标题为《6 月的周五，13 时》的富有戏剧性的笔记中，列奥纳多写道：

1505年6月6日，周五，13时［约上午9点半］的钟声响起时，我在宫中开始作画了。放下画笔的那一刻，天色变差了，法庭的钟声敲响了。底稿松了。装水的罐子破了，水溢了出来。突然，天气突然变得更糟，倾盆大雨一直下到傍晚。天色漆黑如夜。[138]

这段非同寻常、近乎描绘世界末日景象的备忘录一如既往地含糊不明。当他说他"开始作画"时——或更准确地说是开始涂颜料时——他说的是他那天是在那时开始当天的绘画工作，还是他刚刚开始为这些人物上色？而他说的"底稿松了"（il cartone straccò）是什么意思？动词"straccare"的意思是变得乏力、疲劳或陈旧，因此在这个语境下，意思是下垂或者松动。这与天气的突变有什么关系呢？这是与不祥的征兆——暴风雨、钟声、工作室的不幸——同时发生的另一种预兆吗？还是突然刮来一阵狂风穿过大议事厅蒙着纱布、上了蜡的窗户，将底稿从画框中吹下来，并打翻了一罐水？

随着时间的流逝，工作缓慢地推进；执政团开始抱怨，因为他们还在支付薪酬。瓦萨里的一则故事总结了这个项目走下坡路的原因：

据说，他去银行领薪水，也就是每个月从彼得罗·索代里尼那里领的那笔薪水时，出纳员想给他一堆小硬币。他不想要，并说："我不是花小钱的画家！"有人对他的行为不满，而彼得罗·索代里尼也转而反对他。所以列奥纳多找他的朋友，收集了成堆的小硬币，然后带它们去他面前还钱，但彼得罗不想要。

这次情绪爆发与米兰的那次丑闻很像，那次他冲出了公爵夫人的房间——也是一场出人意料的爆发，而他通常会把情绪隐藏得很好。

虽然相关文献随着时间流逝丢失了许多，但这则轶闻仍然保留至今。最后一次有记录的付款时间是1505年10月31日，尽管这项工作可能是断断续续的，但肯定一直持续到来年5月，那时执政团极不情愿地批准了列奥纳多离开佛罗伦萨。

《安吉亚里战役》壁画的相关记录或许是列奥纳多所有画作中最为详尽的——甚至比《岩间圣母》还要详尽，因为这些文献涉及了作画的实际过程，而不仅限于合同所带来的后果。我们知道他画底稿用了多少纸、他花了多少钱买颜料、搭脚手架用了多少木材、他的主要助手的名字以及付给他们的工资，甚至可能知道他开始在大议事厅的墙上给这幅画上色的确切日期和时间。

我们唯一缺失的就是作品本身。这幅壁画从未完成，但其中央核心区域的很大一部分是完成了的。这幅画早已从人们的视野中消失：实际上，人们甚至无法确定这幅画画在大议事厅的哪面墙上——过去人们普遍认为是在东墙上，但是现在人们更倾向于认为它被画在西墙上。无论如何，如果这幅画有任何一部分得以留存，那只能是位于由乔治·瓦萨里于16世纪60年代初绘制的大型系列壁画的某处。我们很难想象瓦萨里会在完好的列奥纳多原壁画上作画，所以有悲观的和乐观的两个推论：或是在瓦萨里看来没有什么值得保存的东西，或是他在覆盖列奥纳多残存的壁画之前采取了保护措施。

我们对这幅壁画——或是对已经完成的部分——的了解实际上来自各种早期复制品。[139] 其中之一是一幅油画，创作者不明，这幅画被画在一块木板上，被称为《多利亚画板》，因为它被那不勒斯王子多利亚·德·安格里收藏了很长一段时间。这幅油画展示了准备性草稿中描绘的人与马的戏剧化碰撞，上面的空白缝隙更加说明这幅画直接复制自原壁画。这幅画本身并非很好的作品，但它可能准确地再现了原作未完成时或状态恶化时的情况。另一份重要的复制品是1558年洛伦佐·扎基亚创作的版画。这幅版画比《多利亚画板》的细节更丰富，但我们无法确定这些细节的来源。可以想象，这幅画可能是根据原版的底稿改编的，但扎基亚本人说这幅画"临摹自列奥纳多的油画"。事实上，这可能是《多利亚画板》的一个版本，而扎基亚相信（或者声称他相信）《多利亚画板》是列奥纳多本人的作品。如果是这样的话，这些额外的细节和填补的空隙就是他自己插入的内容，而非对原壁画的描绘。

扎基亚版画的大部分细节，还可以在现存于卢浮宫的鲁本斯绘制的精美水彩版本中看到。实际上，这是在更早的一幅画稿的基础上完成的。在鲁本斯1603年的增补版——水彩过度渲染、铅白画的高光，还在纸张右侧用胶水贴上了更多纸张——下是一幅草图，可以追溯到16世纪中叶的意大利，与扎基亚的版画大致属于同一时期。尽管鲁本斯（生于1577年）不可能见过原始的壁画，他仍出色地捕捉到了这场小规模冲突的混乱：被困在战斗中的一共有7个人——4个在马背上，3个跌落在地，整幅图是金字塔形的构图，顶端是两把相撞的剑。左边那位气宇非凡、扭动的骑手代表米兰佣兵队长之子弗朗切斯科·皮奇尼诺，他的铠甲上有战神马尔斯的特征，经过鲁本斯富有想象力的渲染，他成为一种原型：一名万能的士兵。

有许多传闻表明，同《最后的晚餐》一样，《安吉亚里战役》壁画也存在技术问题，并且很快就暴露出来了。1520年左右，安东尼奥·比利提到了《安吉亚里战役》被放弃：

> 他画了一幅有关佛罗伦萨战争的底图，场景是佛罗伦萨人打败了米兰公爵的队长尼科洛·皮奇尼诺。他开始在大议事厅作画，使用一种没有黏性的介质，因此它仍然没有完成。据说，这是因为他被骗了，他用的亚麻籽油是掺假的。

如果比利是正确的，我们可能会把这一巨大的艺术损失归咎于一位名叫弗朗切斯科·努蒂的杂货商，1505年8月31日，他曾因为"为列奥纳多·达·芬奇作画提供了8磅亚麻籽油"而收到一笔钱。[140]

16世纪40年代，人们还可以在墙上看到这幅壁画。"佚名作者"说"anchora hoggi si vede, et con vernice"，这似乎意味着这幅画仍然可以被看到，并在涂上清漆后得以保存；1549年，安东尼奥·弗朗切斯科·多尼这样建议一位朋友："爬到大议事厅的梯子上，仔细观察列奥纳多·达·芬奇画的一幅战争主题的作品中的那群马和人，然后你会发现一些不可思议的东西。"[141]

乐观主义者认为，如果在1549年人们仍可看到一幅"不可思议"

的壁画，那么在 12 年后瓦萨里开始重新装饰大议事厅时，肯定还能看到——可能至今仍在那里。但要找到一幅消失的壁画，你必须先找到那面墙。早期论述认为，这幅壁画位于高台——议会开会时，执政团和行政长官落座的地方——的一侧，但关于这个高台的位置，相关证据含糊得令人抓狂。[142]

1974 年，美国环保学家特拉弗斯·牛顿使用热成像技术（一种用液态氮冷凝的红外线摄像系统）探测了墙壁。[143] 这台机器测画出一幅表层下的材料的"热图"（不同的材料以不同的速率吸收和释放热量）。最初的发现令人兴奋。热图反映，东墙只有正常的建筑元素，但西墙展现出牛顿所谓的瓦萨里壁画下的"异常层"。这一点得到了超声波探测结果（利用超声波探测来记录密度变化）的证实，1974 年，超声波可以"读出"厚度为 4 英寸的墙体的层次。通过两次探测，"异常层"被确定为一个宽约 75 英尺、高约 15 英尺的区域。接下来，人们从两面墙中取出岩心样本。东墙的样本展示了人们能够想到的从瓦萨里壁画中可以看到的正常的层次顺序：最上层是灰泥，其下是渲染层，然后是支撑的墙体；人们发现了一些颜料的痕迹，说明某些区域下还有底图。西墙的"异常层"的上下也发现了同样的情况，但"异常层"本身的情况就不同了。所有的岩心样本都显示，瓦萨里壁画的最后一层灰泥下有一层红色的颜料，有些还显示在这层红色颜料上覆盖着其他颜料。其中包括列奥纳多在另两幅画中用过的颜料：一种是类似于《最后的晚餐》中使用的绿色碳酸铜颜料，列奥纳多在《论绘画》中给出了配方；另一种是深蓝色的粉末颜料，可在卢浮宫收藏的《岩间圣母》上找到。此外，人们还发现了蓝铜矿颜料，它不适合用于真实的壁画中，这表明这个异常区域不是常规的壁画。

这带来了令人兴奋的可能性，尽管牛顿对数据的解释没有被普遍接受。目前，相关的研究停滞了。任何进一步的调查都将是破坏性的，而对决策者而言，破坏了瓦萨里的壁画并在其下发现一大片模糊并不具有吸引力。正如佛罗伦萨议员罗萨·迪·乔治在 2000 年所说的那样："瓦萨里可能不是列奥纳多，但他仍是瓦萨里。"[144] 有人提出要改造美国国家航空航天局开发的用于绘制地表下的地貌的"地质雷达"系统，考古学家已经在挖掘废墟前使用了某个版本的该系统,但它能否检测到平面上的颜料还有待证实。

与此同时,调查《博士来朝》所得出的结论曾引发争议的毛里齐奥·塞拉奇尼将人们的视线引回了东墙以及墙上的一面小绿旗,[145] 它显然是瓦萨里壁画的浩瀚全景中的一个微不足道的细节。站在地面上,通过双筒望远镜可以在旗子上面看到一段很小的铭文:用白色颜料写的两个1英寸高的单词。塞拉奇尼的化学分析表明,铭文和壁画的其他部分属于同一时期:这是瓦萨里写的。铭文写道,"Cerca Trova",即"寻找,你便会发现"。

鸟的灵魂

> 鸟是根据数学定律运作的一架机器。人们通过努力,可以复制这台机器的所有动作,但没有足够的能量……这种人造的机器唯一缺少的是鸟的灵魂,而这种灵魂必须用人的精神来伪造。
>
> ——《大西洋古抄本》,fol. 161r-a

1505年,列奥纳多再次梦想着人类飞行的可能性,他在一个小笔记本上写满了笔记、图表和轻快的涂鸦,构成了他就这一主题最为集中和最有目的性的记录。经历了一段曲折经历后——有偷窃癖的利布里伯爵又参与其中——这本笔记最终保存在了都灵的皇家博物馆,被称为《都灵古抄本》。这本笔记包含了那段类似露天市场吆喝的著名声明,用略有不同的措辞写在两页纸上:"这只大鸟将在大切切罗山的山脊首次飞行,让全世界为之惊艳,让所有的编年史都将写满它的名声,并为它出生的巢带来永恒的荣耀。"[146] 这只"大鸟"无疑就是列奥纳多的飞行器了。整齐而高度具体的图画显示了它的局部(例如,第16—17对开页上旋转的机翼接头),但没有描绘其完整样貌——可能是为了保密。

这一声明似乎意味着他正计划在佛罗伦萨以北菲耶索莱附近的切切里

山山顶进行第一次试飞。他把切切里拼成了"切切罗",这是佛罗伦萨人对天鹅的古老称呼——一种适合列奥纳多的语义上的双关:一个好兆头,一种象征性的联系。一则1505年3月14日的简短笔记记录,他在前往菲耶索莱的路上凝视天空:"我看到一种猛禽飞往菲耶索莱,就在巴尔比加上空。"[147] 这为这只可能飞了起来的"大鸟"增添了一些细节,但奇怪的是,这一重大事件没有专门的记录,也没有书信作者或记日作者提过这一事件,这说明这次试飞要么是一个保守得很好的秘密,要么从未发生过。

吉罗拉莫·卡达诺在他的《论精妙性》(1550年)中说,列奥纳多是个"非凡的人",他尝试飞行,"但失败了"。如果列奥纳多或别人,比如索罗阿斯特罗,于1505年初试图从切切里山起飞,我们必须假定这次试飞失败了。在这种情况下,人们在《都灵古抄本》的一页笔记中读出了不安,这页笔记的题目是《逃离毁灭的危险》:

> 这种机器的毁灭可能以两种方式发生。第一种情况是,这台机器可能散架了。第二种情况是,如果机器侧着转向一侧,或几乎完全转到一边,因为飞行器应该总是以一个非常倾斜的角度下降,而且以其中心保持平衡。为了防止机器散架,这台机器应该尽可能地在可能翻转的地方建造得结实……其零件各部分必须要有足够的强度来承受住下降时的猛烈和冲击力。增强零件的强度可以通过我提到的那些方法:用明矾处理结实皮革的接头;用最结实的丝线制成索具;而且也不应有人用铁链捆住自己,因为铁链一拧就断了。[148]

在这些细节中,我们能感觉到这台符合数学原理的鸟类机械的物理实感:皮革吱吱作响、索具上的风声以及下降时的"猛烈"。这让人回忆起他最早关于飞行的可能性的文字——"如果一个人拥有足够大的翅膀并被适当附着在身上,他或许就能克服空气阻力……"——以及随附的降落伞的规格。

《都灵古抄本》不仅包括对飞行器的研究,更是对其主要模型——鸟类的研究。笔记字里行间充满了对鸟类的空气动力学和生理的观察,还有一些漂亮的小草图，潦草却不失洞察力，它们在纸上猛扑、翱翔、翻转和拍打翅膀：鸟类学的图画文字。这本笔记是列奥纳多的一首诗，主题是鸟类和它们的飞行，正是在这段时间里，他写下了著名的关于鸢的旁注，开头写道："那么刻意地书写鸢仿佛是我的宿命。"

《都灵古抄本》中的鸟类、关于鸢的旁注、天鹅山的试飞——所有这些似乎都融入了列奥纳多奇特而难以捉摸的《丽达与天鹅》之中。说它难以捉摸，是因为它几乎不存在：没有一幅画可以被如此描述。这是那些神秘的被归于列奥纳多，只存在未完成和完成之后状态的作品——各种肯定出自列奥纳多之手的准备性草稿和各种肯定不是出自列奥纳多之手的完成的绘画——中的一件。这些作品中有一些质量很好，可能是在他的监督下绘制的；这些作品间的相似之处说明，它们都是基于某幅已经遗失的原作绘制的，尽管我们不确定这幅原作是真实存在的完稿，还是全尺寸的底稿。"佚名作者"将《丽达》列入一份列奥纳多的绘画清单中，但是他（或者其他人）后来把这个词划掉了。瓦萨里根本没有提到过这幅画。G. P. 洛马佐确凿地相信存在一幅真正的列奥纳多绘制的《丽达与天鹅》，实际上，他说"赤裸的丽达"（la Leda ignuda）是列奥纳多为数不多的完成的画作之一。但是人们永远无法确定洛马佐的说法，他实际上说的可能是留存下来的工作室版本或复制品之一。法国王室藏品中曾有一幅归于列奥纳多的《丽达与天鹅》，但它从17世纪末的清单中消失了。根据传统说法，它是被曼特农夫人以不道德为由移走的。

这些画作——列奥纳多的（如果真有的话）及其复制品和工作室版本——属于晚期作品，但是想法肯定产生于这一时期。最早的草稿画在了一页画着《安吉亚里战役》的一匹马的稿纸上，因此可以推测年代在1504年前后。[149] 画中虽然没有天鹅，但是我们可以在这些弯曲的线条中辨别出破壳而出的婴儿。这些草稿演变成另两幅完成度更高的画稿：一幅是德文郡公爵在查茨沃斯的收藏品，另一幅藏于鹿特丹的博伊曼斯博物馆。所有神秘元素都出现在了这两幅画稿中：专注的天鹅、丰腴的女人、破壳而出的婴儿和繁茂的植被。这些画的风格反映出米开朗琪罗在这个时

查茨沃斯收藏的《丽达与天鹅》草稿,约1504年至1506年。

期的影响力,尤其是查茨沃斯画稿中奇怪的螺纹状的阴影线和如雕塑般健硕的女性形体。

在所有这些作品中,丽达都是跪着的(Leda inginocchiata),姿势使人联想到古典时期的维纳斯雕塑。这可能是更早的概念,尽管在油画版本中统一出现的站立的丽达(leda stante)也可以追溯到这一时期。目前没有留存下来与查茨沃斯和鹿特丹画稿姿势相似的素描,但在《都灵古抄本》中同样画着与《安吉亚里战役》壁画有关的草图的一页上,有一幅相似的小草图。拉斐尔临摹了一幅失传了的站立的丽达的底稿,大概绘于1505年至1506年他在佛罗伦萨逗留期间,当时他似乎和列奥纳多有过接触,并绘制了玛达莱娜·多尼的肖像,这幅肖像与《蒙娜丽莎》有相似之处。这幅丽达底稿后来归蓬佩奥·莱奥尼所有,出现在他1614年的遗产清单上,这份清单包括一幅"高2布拉乔奥的底稿"——因此是一幅完整尺寸的底稿，描绘了"站立的丽达，她正与一只天鹅嬉戏，背景是一片沼泽，草丛中有一些丘比特"。[150] 除了将婴儿错认为丘比特，这段文字清楚地描绘了那幅失传的底稿。

我们目前还不清楚这幅画是谁委托创作的（如果有人委托的话）。有可能是为伊莎贝拉·德埃斯特的书房而创作：这幅画描绘的古典神话世界，与这位侯爵夫人委托曼特尼亚和佩鲁吉诺的作品一样。或许，这幅画可能有一位佛罗伦萨赞助人——富有的银行家安东尼奥·塞尼：他可能是列奥纳多的一位"朋友"（根据瓦萨里的说法）和古典学爱好者，后者在他马车里绘制过一幅精美的海神图。[151] 列奥纳多在这一时期的古典题材倾向还体现在一幅难以捉摸的描绘巴克斯的画作中。1505 年 4 月，费拉拉公爵阿方索·德埃斯特——伊莎贝拉的哥哥——与他的商业代理人就这幅画交换过信件；公爵急于买下这幅画，但得知这幅画已被许诺给了鲁昂的枢机主教乔治·德安布瓦兹。这幅画还被费拉拉地区一位不知名的作者（可能是弗拉维奥·安东尼奥·吉拉尔迪）创作的一首拉丁诗歌提到。文献表明，这是一幅真实存在的作品，而不仅仅是一个想法。稍后，我将检视一些证明其可能存在的证据。[152]

朱庇特伪装成天鹅与美丽的丽达公主交配——这是朱庇特诸多神圣"干预"行为之一——的古典神话当然是众所周知的。这个主题在古典雕塑中有一些非常色情的演绎，比如天鹅在她两腿间进行跨物种的性交。列奥纳多的画也许被认为有伤风化，但是这幅画的主题与其说是色情，不如说是生殖。这个神话变成了一个关于多产和生殖的神话。这名女子身材圆润、臀部丰满——既是配偶，也是母亲。她身边围绕着春天如阴茎一般的芦苇和繁茂的花朵，在她的身旁矗立着极具阳具象征意义的天神化身的天鹅。万事万物都充满蓬勃生机。

柏拉图主义者将朱庇特和丽达的神话解释为神圣精神流入凡间的寓言。这似乎将这幅画与列奥纳多关于人类飞行的评论联系在了一起，也就是本节开篇的引言。在这段文字中，他表达了他希望向一个人灌输他的飞行技术无法提供的一种东西——"鸟的灵魂"。这段话大概写于 1505 年，与第一批以丽达为主题的绘画同时。而且，正是在这一时期，他记录了有关童年时"飞到"他摇篮里的鸢的记忆:鸟把尾巴塞到他嘴里的奇怪举动,似乎在恢复或虚构记忆这个更加个人化的舞台上再一次引出一个想法,即接受"鸟的灵魂",这是具有巫术意味的关于飞行的秘密。

《都灵古抄本》中的一页似乎总结了这种强烈的个人参与飞行的想法。当他在这页附着典型的鸟类草图的纸上写下笔记时,句子的主语从"这只鸟"("如果这只鸟希望迅速转向……"等)变成了"你",而他笔记中这个不确定的"你",在想象中倾听他的思考和观察的人,本质上始终是列奥纳多本人。在他的想象中,他已经在空中了:

> 如果北风吹起,你就随风滑行,如果你垂直上升,风可能会将你掀翻,那么你要自由地弯曲你的右翼或左翼,随着内侧翅膀放下,你将持续曲线移动……

在页边空白处的一段文字中,使两个主题天衣无缝地结合在一起:

> 向上飞行的鸟,翅膀总是在风的上方,而且不会拍打它们,而是做圆周运动。如果你想在不拍打翅膀的情况下向西飞行,而风在北方,那么就让入射运动垂直且在风的下方,而让反射运动在风的上方。[153]

这几乎就是字面意义上的"心灵的飞翔":在他心中,在他的言辞中,他在飞翔。在这页笔记上,一个红色粉笔绘制的淡淡的男子头像从文字后面凝视着我们,也就是说,列奥纳多在写下这段文字时,这个头像就在这里了。这个头像难以辨认,也很难与手写文字的笔迹分离,但这张脸有坚强的神色,鼻子很长,垂着长发。在我看来,这很可能是列奥纳多的一位学生给他画的肖像。这可能是他在这段伟大岁月——绘制了《蒙娜丽莎》《安吉亚里战役》和《丽达与天鹅》的年代,与波吉亚、马基雅维利和米开朗琪罗相识的时代——留下的唯一的肖像了。这幅画必定绘于1505年左右,因为古抄本内两则标明日期的笔记分别是1505年3月和4月。这幅画描绘了53岁的他,也是我们第一次见到他蓄胡子。如往常一样,这是一个难以捉摸的形象：一张朦胧的脸被一句关于翅膀的句子"克服空气阻力"遮住了一半。

这种对天空的征服一直被视为列奥纳多作为一位有抱负的文艺复兴人最彻底的表达，但他梦想中的 flight 与我们熟悉的那种更为平淡无奇的 flight（因回避、逃离、犹豫不决而逃走）并非完全不同——flight 在语义上更多的是指逃离，而非飞翔。20 年前，他在一幅蝙蝠的素描下写道："从一个自然环境进入另一个自然环境的动物"。在他对飞行的痴迷中，有一种存在意义上的焦躁不安，渴望从紧张和充满竞争的生活中摆脱出来，从战争贩子、艺术爱好者和合同持有者的控制中解放出来。他渴望一次大逃亡，但在失败之后，他更加感到自己是一只笼中之鸟。

第七章

重返米兰
1506—1513

一睁开眼，就能看到整个半球的所有星星。心灵瞬间从东飞跃到西。

——《大西洋古抄本》，fol. 204v-a

总　督

1506 年 5 月底，列奥纳多勉强获得执政团的许可，得以离开佛罗伦萨，前往米兰。在一份 5 月 30 日公证的文件中，他承诺将在 3 个月内返回，否则要支付 150 弗洛林的罚款。他本次出行的担保人是新圣母玛利亚医院的主管列奥纳多·博纳费，他是列奥纳多账户的管理者。[1] 这段时间，米兰由索代里尼政府执政。然而，列奥纳多在米兰待了 15 个月，后来只是因为一场家庭纠纷才回来。

法国驻米兰总督夏尔·德安布瓦兹（Charles d'Amboise）无疑希望吸引列奥纳多再次北上，但表面上，列奥纳离开的原因是《岩间圣母》持续的合同纠纷。自从 1485 年左右这幅画被交付圣灵感孕兄弟会后，就一直麻烦不断。而根据列奥纳多和安布罗吉奥·德·普雷迪斯 1492 年左右递交的申请，他们仍未得到应得的报酬。原作（卢浮宫版）似乎于 1493 年已经离开意大利，可能是被卢多维科·斯福尔扎买下后送给了马克西米利安皇帝。在此之后的某个时候，列奥纳多和安布罗吉奥（主要是安布罗吉奥）开始为兄弟会绘制一幅替代品。第二版《岩间圣母》（伦敦版）或许是 1499 年列奥纳多离开米兰前交付兄弟会的，也可能是后来由安布罗吉奥交付的。作品最迟的交付时间应是 1502 年，因为在 1503 年 3 月，安布罗吉奥向法王路易十二，即米兰当时的实际统治者，递上了另一份申请，再次投诉兄弟会拖欠他和列奥纳多的报酬。国王命法官贝尔纳迪诺·德·布斯蒂调查此事。这起案子深陷意大利的诉讼泥潭长达 3 年，然而，1506 年 4 月宣布的判决结果却对画家们不利。祭坛三联画中央的那幅作品被判定为"未完成"——至少，这是 imperfetto 一词的通常含义，尽管它在这里可能意味着"画得不够好",这可能就意味着"安布罗吉奥画得太多,列奥纳多画得太少"。无论如何,列奥纳多都是解决问题的关键,法院命令当时并为出席的列奥纳多在两年内完成这幅画。[2]

正是这种情况(大概是由安布罗吉奥·德·普雷迪斯传达给他的)促使列奥纳多请求在接下来的一个月里暂停他在韦奇奥宫的工作,前往米兰。佛罗伦萨当局能够理解合同的条款,但在这背后隐藏着更深层次的不安,这长期构成了列奥纳多和佛罗伦萨之间的紧张关系。自从大约25年前第一次前往米兰,他的生活已经发生了很大的变化,但人们感到这次的再度离开与之前的一次有些许相似之处。1482年他离开时,留下了一幅未完成的杰作《博士来朝》,还背负着有点耸人听闻的同性恋的名声。1506年,他带着《安吉亚里战役》的争议离开,或许是壁画的技术问题初现端倪,令当局对他产生怀疑,也可能是因为他的切切里山试飞失败了。一切都重复出现了:关系恶化,放弃项目,犹豫不决,最终逃离。

列奥纳多再次带着如释重负的感觉来到伦巴第。但这一次他的地位变了:米兰的法国大师们对他的到访翘首以盼。他似乎和法国人关系很密切。1499年法军横扫米兰时,列奥纳多对他们十分友好,并且显然已经为利尼伯爵提供了服务。1501年,他开始为法国廷臣弗洛里蒙·罗贝泰绘制《纺车旁的圣母》。或许,这种亲密关系仅仅是因为法国人对他的赏识——列奥纳多可能会感觉到——远超那些意大利赞助人,列奥纳多与后者只能维系忽冷忽热的关系,并且似乎随时都会陷入紧张而不耐烦的境地。法国人对他的欣赏可通过一个特别的例子说明:国王路易渴望将《最后的晚餐》从墙上移下来,好让他搬回法国。然而,正如瓦萨里冷淡的评论那样,"因为画是在墙壁上完成的,法王不得不放弃这种愿望,把壁画留给米兰人民"。

列奥纳多受到总督肖蒙伯爵夏尔·德安布瓦兹的热情接待,塞尔日·布拉姆利称他为"精力充沛的"伯爵,因为编年史家告诉我们,总督"喜欢巴克斯,也喜欢维纳斯"。[3] 德安布瓦兹当时33岁,安德烈亚·索拉里奥为他绘制的肖像大约创作于这个时期,带有轻微的对立平衡,非常具有列奥纳多的风格。它展示了一张聪明、专注的脸,脸上长了一个从正面看也惹人注目的大鼻子，表现出他是一个严肃的人。他是列奥纳多的狂热崇拜者，几个月后他怀着激动的心情写道："我们在见到他本人前，就已经迷上他了。现在我们和他在一起，可以根据我们的亲身体验讲述他的各种才华。事实上，尽管他已经以绘画闻名，但他拥有的许多其他天赋却没有得到足够的赞扬，这些天赋具有非凡的力量。"[4]

列奥纳多是他城堡里的贵宾，城堡里的房间使他想起昔日在斯福尔扎宫廷的日日夜夜。在后来的一封信中，他询问了城市里的住宿情况，"不想再给总督添麻烦了"，[5]这可能也意味着他不希望和总督住得这么近——列奥纳多总是需要私人空间。但就目前而言，这里充满创新的活力，人们谈论着宏伟的新项目，尤其是德安布瓦兹计划在威尼斯门外建造的一栋避暑别墅。这栋别墅计划建在尼罗内河与丰泰隆河这两条小河之间，使别墅自然地融入那里怡人的田园气息中。列奥纳多的笔记和草图展示了一切能让别墅主人感到快乐安逸的精心安排，包括门廊和凉廊，以及通向豪华游园的宽敞通风的房间。即便是楼梯间也不应该太"压抑"，换句话说就是太陡峭、太黑暗。列奥纳多设想了一座《天方夜谭》中描绘的那种美妙的花园，花园中四处飘着甜橙树和柠檬树的香气。一处树荫用别致的铜网罩起来，里面养满鸣鸟，还有一条潺潺的小溪，溪岸上的草坪"经常被修剪，以便可以在铺满碎石的溪岸上观看清澈的溪水"——这使人们想起韦罗基奥的名画《基督受洗》中的河床——"只能留下那些供鱼类吃食的植物，例如豆瓣菜等"。小溪里不能养会搅浑溪水的鳗鱼或丁鲷，也不能养会捕食其他鱼的梭子鱼。一条小运河在桌子之间流淌，水中镇着几瓶葡萄酒。这座花园的亮点是一个由水提供动力的小磨坊，但它有帆，看起来像风车磨坊：

有了这个磨坊，我可以在夏天的任何时候享受微风，使清新的

安德烈亚·索拉里奥作，夏尔·德安布瓦兹肖像，约绘于1508年。

水冒着泡涌出……磨坊将有助于为整栋别墅建设水管、在各处修建喷泉。还会有一条特定的通道，每当有人经过，水就会从下面涌上来，所以对那些想往女人身上泼水的人来说，这是个不错的去处……有了磨坊，我还能通过各式各样的乐器演奏连绵不绝的音乐。只要磨坊在工作，音乐便不会停止。[6]

最后一个装置让人回想起1502年他在里米尼看到的音乐喷泉："让我们通过一个能产生许多和声和声音的风笛，创造一个旋律和谐的喷泉瀑布。"[7] 随后，他还引用了维特鲁威著作中"关于水发出声响"的段落。他为这些田园消遣带入了一丝书卷气和庄重。

列奥纳多设计德安布瓦兹的别墅时，可能还有一些关于一座"维纳斯神庙"的设想——对后世的乡村别墅而言，修建神庙可谓"荒唐"：

> 你需要在四个方向都建楼梯，楼梯通向一块岩石顶端自然形成的一片草地。岩石将被掏空，并在前面用柱子支撑，下面是一个巨大的门廊，水从那里流进各种花岗岩、斑岩和蛇纹岩盆地，并让这些盆地中的水不断溢出。面对这个门廊，朝北方，让我们修一片湖吧，湖中央有一个草木葱郁的小岛。[8]

这便是列奥纳多想象的景色：用文字勾勒出了它（"让我们修一片湖吧"），心灵的眼睛在水面上移动，寻找焦点，"小岛"。在这页纸的背面，他还写下一段相当优美的文字，描述爱神维纳斯的致命诱惑：

> 在奇里乞亚南部海岸的南边，可以看到美丽的塞浦路斯岛，这是女神维纳斯的领地。许多人被她的魅力吸引：他们的船和索具在汹涌海浪中的礁石上撞碎了。在这里，有一座满是绿植和鲜花的美丽小山，吸引着航海的水手们前来放松。柔和的海风不停地吹来吹去，使岛屿和周围海域充满了宜人的芬芳。但是，唉，又有多少艘船已在那里沉没！

这段文学描述呼应了波利齐亚诺1476年的《比武》中的一段话,从而让人想起美第奇家族举办的比武上的维纳斯画像。[9]

列奥纳多设想的夏尔·德安布瓦兹的别墅和花园只存在于草图和笔记中,但充满了优雅精致的细节。这种纯粹的愉悦感——在凉凉的溪水中镇着的葡萄酒、穿着夏装戏水玩耍的女孩、维纳斯岩洞里"不断溢出"的流水的声音——只是隐约笼罩着这样一种想法,即这些快乐就像所有其他的快乐一样,将不可避免地将导致痛苦。这不可能是列奥纳多独创的想法,但似乎经常在他的脑海中浮现:在他于15世纪80年代中期的"牛津大学收藏的讽喻画"中,这一点得到了相当强烈的表达。在这里,感官的愉悦再次带来了厄运和沉船,男人因禁不起肉欲的诱惑而在"礁石上撞碎了"。

列奥纳多曾承诺3个月内——也就是说,最晚到1506年8月底——返回佛罗伦萨,回来继续完成未完成的《安吉亚里战役》的绘制工作。可是他不愿离开,他的新赞助人也不希望他走。8月18日,夏尔·德安布瓦兹很有礼貌地给执政团写了封信,恳求他们让列奥纳多留的时间久一点,"以便他能完成一些我们委托他做的项目"。这大概指的就是避暑别墅。或许还有别的"项目",比如运河工程,毕竟这是米兰人一直关心的事情。又或者,其实根本不存在实际项目,这句话只是说明他正在从事有价值的工作的套话。后来有一封更为正式的信件支持了这封信的说法,信上有公国副总督若弗鲁瓦·卡莱斯的签名,信中希望列奥纳多可以延迟一个月再回去,并承诺他将在预定日期返回佛罗伦萨,"以满足阁下的所有要求"。8月28日,执政团回信表示同意,这可能并非出于本意,而是看在法国人是强大盟友的分上,不想在这种小事上闹翻。[10] 佛罗伦萨已经修复了和教宗尤利乌斯二世的关系,这进一步缓解了列奥纳多和米开朗琪罗之间的不和。因此,设想中3年前这两位大师之间的"泰坦之战",正在逐渐演变为小规模的交恶。

9月底来了又去,列奥纳多还是没有回来。10月9日,行政长官索代里尼给夏尔·德安布瓦兹写了一封语气严厉的私人信件。他对德安布瓦兹给列奥纳多"找借口"感到愤怒,对那位半途逃跑的艺术家更是恼火:

> 列奥纳多……没有履行他对共和国的义务，因为他拿走了一大笔钱，但只是随便涂了几笔，潦草地为这件我们十分重视的作品开了个头。他一边为您效力，一边却欠了我们一屁股债。针对这一情况，我们不希望再看到任何为他开脱的请求了，因为他这次的项目涉及全体佛罗伦萨公民的利益。如果我们免除他的义务，那就是我们亵渎了职责。

这封信的语气和它所陈述的事情一样，表明了索代里尼和列奥纳多相互之间非常反感。列奥纳多也明白对他的控诉是正当的，但是这封信就是为了激怒列奥纳多的——信中暗示他的行为可耻，"欠了我们一屁股债"，还诉诸"职责"，说了共和国惯用的伪善言辞：这幅画"涉及全体佛罗伦萨公民的利益"。

米兰保持着高傲的沉默。然后在12月16日，夏尔·德安布瓦兹给索代里尼回信，保证他不会阻挠列奥纳多回去。但他也趁机反驳，斥责索代里尼的卑鄙指控和容不下列奥纳多的卓越才华：

> 如果向他的同胞推荐这样一位才华横溢的人是合适的，我们诚挚地向您推荐他，并向您保证，您所能做的一切，无论是增加他的财富和福祉，还是他应得的荣誉，都会让我们和他感到极为快乐，我们将非常感谢您。

这是一封颇具讽刺意味的"推荐信"：一位在米兰的法国人竟然要向列奥纳多的"同胞"解释列奥纳多的伟大；更具讽刺意味的是，他暗中表示，让列奥纳多增加"财富和福祉"的最好的方式是让后者远离佛罗伦萨。就是在这封信中，德安布瓦兹写下了我之前引用的对列奥纳多的颂词（"我们在见到他本人前，就已经迷上他了……"等）。列奥纳多的其他赞助人都没有留下类似的热情和仰慕的话。

索代里尼还没能领会这封信的冷嘲热讽，他的驻法大使弗朗切斯科·潘多尔菲尼就传来消息说，国王路易被最近看到的一幅列奥纳多的

"小画像"迷住了——很可能是为国王的秘书弗洛里蒙·罗贝泰画的《纺车旁的圣母》——而且希望列奥纳多能留在米兰为自己画些什么。国王表示,后者可以画"一些小幅圣母像,以及我想到的其他东西,可能还可以为我画肖像"。在法王于1507年1月14日写给佛罗伦萨执政团的一封信中,他以强制性的口吻将他的想法正式表达出来:"我们需要你们佛罗伦萨城市的画家列奥纳多·达·芬奇大师……请写信给他,让他在我们抵达前不要离开米兰,这一点我已经吩咐了你们的大使。"

国王的命令在这场奇怪的拉锯战中起到了决定性作用。1507年1月22日,执政团同意了他的"恳切请求",允许列奥纳多留在米兰。这对列奥纳多来说是一场胜利,尽管这场胜利留下了苦涩的味道。最终,他将在夏天结束前回到佛罗伦萨,虽然最终将他召唤回去的既不是索代里尼,也不是公民职责。

在接下来的几个月里,列奥纳多都非常忙碌:2月,夏尔·德安布瓦兹攻占了米兰北部的拜多,列奥纳多那时候可能和他在一起,爱惹麻烦的男爵西莫内·阿里戈尼在那里被逮捕了。列奥纳多记录了使阿里戈尼"被出卖"的诡计。[11]也是在这段时间里,他还为一座新教堂——喷泉圣母教堂——画了一些设计图样。教堂将建在米兰城外的郊区,地点选在一眼据说具有神奇力量的泉水上。这座教堂并未完工,至今仍然存在。4月20日,就在他55岁生日后的几天,他收到了夏尔·德安布瓦兹写给公爵财务主管的一封信,这是一份礼物,它正式恢复了他对葡萄园的所有权:1500年,法国人在接管米兰后不久,没收了葡萄园。[12]

这个月底,法王路易来到米兰,途中还平息了热那亚的一场叛乱。法国编年史家让·德奥顿描述了这段从米兰大教堂到城堡的路,即现在的但丁大街。这条街装饰着"绿色植物做的凯旋门,门上装饰了法兰西和布列塔尼的纹章、基督和圣徒肖像,还有一架凯旋战车,战车上载着四枢德,战神马尔斯一手执箭,一手握着棕榈枝"。所有这一切,以及随后的假面剧和舞蹈,都出自国王乐于称其为"我们亲爱的、备受爱戴的列奥纳多·达·芬奇"的设计。[13]

列奥纳多不仅是娱乐大师、大型庆典活动策划人,还是盛大舞会的编舞高手，然而，在佛罗伦萨共和国更为保守的社会氛围中，他不曾扮演过这些角色。在一座被占领的城市里策划庆功游行表演并不是列奥纳多最值得称赞的举动，但他很难不享受其中；实际上，不必多动脑，可能正是他能够尽情享受的原因。

也许正是在这个阶段，国王路易以要求使用圣克里斯托法诺河段的人缴纳费用的方式，赐予了列奥纳多一笔收入。该运河是这座城市运河系统的一部分。经过了一段时间，以及一些敦促落实的信，这份收入才被批准，但是这些权利——被称为"12盎司水"——直到列奥纳多去世时都归他所有。后来订立遗嘱时，他把这份权利赠予了一位仆人。[14]

与此同时，他还需要处理《岩间圣母》一案，1506年4月的宣判结果是"未完成"。在同一判决中，兄弟会被命令向画家们支付一笔调整过的费用，共200里拉——远远低于画家们所要求的，但高于兄弟会一开始提出的100里拉。如果这幅画需要花费更多的钱，就说明还需要继续画，但这幅画究竟处于什么状态，之前又发生过什么，我们无从知晓。1507年夏天，列奥纳多似乎与安布罗吉奥·德·普雷迪斯发生了一些争执。8月初，他们甚至去找了一位调停者——道明会修士乔瓦尼·德·帕尼亚尼斯——来解决他们的分歧。到这时候，这幅画大概已经完成了，二人的争执与收入分配有关。这件事后来似乎得到了解决。1507年8月26日，兄弟会付清了一半费用，由安布罗吉奥签收，而他的"合作者"列奥纳多此时已经回到了佛罗伦萨。[15]

"您好，弗朗切斯科大师……"

1507年夏天，列奥纳多暂时返回佛罗伦萨前，他遇到了一位年轻的米兰贵族，名叫弗朗切斯科·梅尔齐。梅尔齐或许是被列奥纳多收为徒弟了——后来他成了一名优秀的制图员和画家——但很快他在随行人员中的主要功能是抄写文字，而非艺术创作。他是列奥纳多的秘书或文书助理，甚至可以被称为列奥纳多在思想上的知己。列奥纳多逝世后，他负责执行遗嘱，守护老师的辉煌成就。在为列奥纳多抄写或记录口述的文章中，在注释、图说以及校对标记中，都散布着他优雅的斜体字。幸亏有他，列奥纳多才有这么多的手稿得以留存，在这一方面，他的贡献远超其他人。

乔瓦尼·弗朗切斯科·梅尔齐[16]出身并不富裕，但他很有教养，而且接受过良好教育。他的父亲吉罗拉莫·梅尔齐曾在路易十二的米兰军队中担任队长，多年后（大约16世纪30年代初，斯福尔扎家族复辟后）又以工程师的身份参与了米兰城墙的修缮和扩建。老梅尔齐是一位多才的乡绅，这样的人，列奥纳多再熟悉不过了。梅尔齐一家来自瓦普里奥，这座别致的小城坐落在阿达河畔。安布罗西亚纳图书馆藏有一幅1510年8月14日的素描，梅尔齐在上面签名："弗朗切斯科·德·梅尔佐，17岁。"由此推测，他出生于1492年或1493年，进入列奥纳多的圈子时大约14岁。[17]这幅素描是一幅用红色粉笔画的一个秃顶老人的精美侧脸像，是目前梅尔齐已知的最早画作。很明显，那时他已经是列奥纳多工作室的一名熟练学徒了（有人看出了"小布拉曼特"对他的画风的影响，在进入列奥纳多工作室前，他可能曾师从这位优秀的画家）。他一丝不苟的绘画技巧在温莎城堡皇家图书馆收藏的一些精心临摹的列奥纳多画作副本中得到了展示。我们基本可以确定，那幅用红色粉笔画成的列奥纳多的精美侧脸像几乎肯定是梅尔齐画的。这幅素描共有两个版本，一幅存于温莎城堡皇家图书馆，另一幅藏于安布罗西亚纳图书馆；列奥纳多曾润色过前者。

瓦萨里在1566年访问米兰时见到了年迈的梅尔齐。他在1568年版的《艺苑名人传》中增补了以下内容：

> 列奥纳多的许多人体解剖手稿都在米兰绅士弗朗切斯科·梅尔齐先生手中。当他还是美貌的少年时，曾陪伴过列奥纳多，并深得大师喜爱。如今的他是一个英俊而有礼貌的老人。他珍视并保存着这些手稿，视它们如圣髑一般，还有那幅是对列奥纳多愉快的回忆的画像。

瓦萨里的措辞——"美貌的少年""深得大师喜爱"——使我们想起他对萨莱的描述，并让人猜想这对师生同样产生了"苏格拉底式"的爱情。虽然这并不意味着他们有着活跃的同性恋行为，但人们怀疑瓦萨里在说这些话时确实是这个意思。然而，列奥纳多去世后，梅尔齐显然过上了异性恋生活：他娶了当时米兰最美丽的女人之一，出身名门的安焦拉·兰德里亚妮，二人养育了8个孩子。我们不知道萨莱如何看待这位年轻的不速之客，但我们完全可以猜到：这位"美貌的少年"举手投足的魅力，以及能看出受到过良好教育的笔迹，让梅尔齐获得了令他嫉妒的优待。梅尔齐有着萨莱不可能拥有的品位（尽管萨莱的"平凡"可能是列奥纳多青睐他的诸多原因之一）。萨莱时髦、敏感、有点粗鲁；他很会花钱——通常都是别人的钱。

我们无法确定"美貌的"梅尔齐究竟长什么样，也没有充分理由认为——正如布拉姆利等人认为的那样——那幅藏于安布罗西亚纳图书馆的由博尔特拉菲奥绘制的戴帽子圆脸男孩画像画的就是他。列奥纳多很可能画过他，但尽管他后来的草稿本中有各种不同类型的年轻人，我们没有任何线索来确定谁是梅尔齐。这些年轻的模特没有一个像萨莱那样，成为列奥纳多常见甚至固定的绘画主题。彼得罗·马拉尼认为，梅尔齐的《年轻人和鹦鹉》虽然是一幅16世纪50年代才完成的晚期作品，但可能是他年轻模样的自画像，忧郁而怀旧。[18]

列奥纳多手稿中最早出现弗朗切斯科·梅尔齐名字的地方，是他1508年初写给梅尔齐的一封信的草稿。[19]这页纸上写有两份草稿。第一份更简短，并表达了个人情绪，列奥纳多认为这样更好：

您好，弗朗切斯科大师：

  看在上帝的分上，我给你写了那么多信，你一封都不回。你等着，我到那儿以后，上帝做证，我会让你抄写很多东西，你会后悔的。

这种语气很有宠爱逗弄的意味，但多少透露出列奥纳多的伤心，因为这个年轻人似乎没有认真给他回信。而这段话也非常明显地说明（"我会让你抄写很多东西，你会后悔的"），梅尔齐已经算是列奥纳多的秘书或抄写员了，即使不是正式的。

从那时开始，梅尔齐便是列奥纳多随从人员中不可或缺的角色。他无疑是1509年至1510年的名单中的"切丘"（Cecho）和"切基诺"（Cechino），这两个名字均为弗朗切斯科的昵称，和萨莱、洛伦佐的名字一起出现。[20] 1513年，他和列奥纳多一起前往罗马，然后又一同前往法国。在法国时，他对这位老去的大师来说越来越重要。在法国人的记述里，他很有名，是"和列奥纳多大师一起的意大利绅士弗朗切斯科·德·梅尔齐"，而且他的收入十分可观，年薪约400埃居（écus）——相比之下，萨莱不过是"列奥纳多大师的仆人"，年薪只有100埃居。[21] 他是列奥纳多生活中令人愉快的存在：考虑周到、工作高效、才华横溢、忠于职守——一个完美的文书助理（或用时下流行的话说，个人助理）。对孤独的列奥纳多来说，梅尔齐是聪明的伙伴：比起爱惹麻烦的萨莱，他更博学，也更单纯。

弗朗切斯科·梅尔齐的《年轻人和鹦鹉》，可能是一幅自画像。

手足相争

1507年初，列奥纳多的叔叔弗朗切斯科去世，列奥纳多因此回到佛罗伦萨；或者更准确地说，他是因为弗朗切斯科叔叔的遗嘱才回去的。正如我们前文所见，1504年，即塞尔·皮耶罗去世不久后，弗朗切斯科就立好了遗嘱，指定列奥纳多是唯一合法继承人。我们基本可以肯定，他这么做是在回应列奥纳多被排除在生父的遗嘱外的情况。列奥纳多和弗朗切斯科一直很亲近，后者是他童年时期的那个随和、住在乡下的年轻叔叔。然而，弗朗切斯科的遗嘱违背了早前签订的一项协议，即他的遗产应由塞尔·皮耶罗的合法子女继承。而这些合法子女在家族新一代公证人塞尔·朱利亚诺·达·芬奇的带领下，迅速对叔叔的遗嘱提出质疑。[22] 列奥纳多或许是在1507年6月左右得知此事的。因为7月5日，他的一位仆人，可能是洛伦佐，给母亲写了封信，说他即将和老师一起返回佛罗伦萨，但不会久留，因为他们必须"立即"赶回米兰；他在信中还说道："向迪亚妮拉问好，拥抱她，这样她就不会说我忘了她了。"这一刻我们也得以一窥列奥纳多的学徒的生活——一个背井离乡的年轻人。[23]

事实上，列奥纳多至少到8月中旬才离开米兰。在此期间，7月26日，他为即将到来的兄弟相争争取到第一张王牌。这是一封由法王署名写给执政团的信，请求他们为列奥纳多的利益出面干预。列奥纳多在信中被称作国王的"常任画师和工程师"——"常任"在宫廷中意味着永久的正式职位，而不是临时的。这是最早表明列奥纳多在法国宫廷中的身份的文件。另一封由夏尔·德安布瓦兹写给执政团的信于8月15日寄出，声明列奥纳多即将回到佛罗伦萨，"以结束他和他的一些兄弟之间出现的某些分歧"，并要求执政团尽快处理这件事。[24] 列奥纳多要离开的请求在"极不情愿的情况下"获得批准，因为他正在画一幅"国王十分珍爱的画"。这可能就是1508年初的一封信中，列奥纳多提到的"两幅尺寸不同的圣母像，为我们最虔诚信奉基督教的国王而作"；显然，这两幅画已经失传了，尽管他很可能指的是后来被编入法国藏品目录中的同样虚幻的《丽达与天鹅》。

9月18日，列奥纳多从佛罗伦萨写信给伊莎贝拉·德埃斯特的弟弟，枢机主教伊波利托·德埃斯特。我们从这封信中了解到这桩诉讼案的一些细节。[25] 行政长官索代里尼指派执政团成员塞尔·拉斐洛·希耶罗尼莫审理案子，并要求他赶在"万圣节前结案"，即1507年11月1日。伊波利托·德埃斯特似乎认识塞尔·拉斐洛，后者可能是埃斯特家族在佛罗伦萨的诸多"间谍"之一。因此，列奥纳多在信中请求伊波利托"用阁下擅长的灵巧和有说服力的方式给塞尔·拉斐洛写信，向他推荐列奥纳多·达·芬奇，您现在和未来最忠诚的仆人，并恳请和督促他不仅要为我伸张正义,并且要尽可能快速地审理案件"。

这份文献在某种意义上是独一无二的:这是我们已知唯一由列奥纳多亲自寄出的信,他的所有其他信件只以草稿的形式存在于手稿中。这封信现藏于意大利北部摩德纳的埃斯特家族档案馆,看得见摸得着。不幸的是,这封信无论内容还是"画家列奥纳多"的署名,都不是出自列奥纳多之手;如其他公文一样,比如写给卢多维科·斯福尔扎的介绍信,列奥纳多会让书法更好的人代笔。他写这封信时,找来马基雅维利的助理阿戈斯蒂诺·迪·韦斯普奇帮忙,阿戈斯蒂诺此前曾写过《安吉亚里战役》的概述。这封信列奥纳多唯一碰过的地方是信纸背面:那里有一个侧脸头像的蜡印,很可能是他手上的印章戒指的图案。

另一封信的草稿揭示了列奥纳多和他同父异母弟弟间的紧张关系。据说这些弟弟在弗朗切斯科叔叔还在世时,曾"希望他遭受极大的不幸",他们对待列奥纳多"不像对待哥哥,而像对待一个彻头彻尾的陌生人"。这些纷争的部分原因是一处叫"采石场"的地产,弗朗切斯科想把这处地产遗赠给列奥纳多。列奥纳多写道:"你不想见到你借给他买采石场的钱最后给了他的继承人。"这说明,弗朗切斯科叔叔在购置或改善这处地产时,列奥纳多曾借钱帮助过他。《阿伦德尔古抄本》的备忘录里有一个列表提到了"采石场的价值"(la valuta del botro)。在目前所有已发现的文献中,"botro"一词都不是用大写字母拼写的,所以这个词可以译为"沟"或"沟壑",可能是指采石场或石灰窑。大约就是从这个时期开始,列奥纳多在《莱斯特古抄本》中提到了在他的"坑"(bucha)里进行的实验。[26]

在写给伊波利托·德埃斯特的信中,列奥纳多说1507年11月就结案了。但情况并非如此。1508年初,他写信给夏尔·德安布瓦兹说:"我和弟弟们的官司即将结束,相信今年的复活节我会陪您一起度过。"[27] 1508年的复活节是4月23日,周日,他很可能在那时回到了米兰,尽管官司是否已经结束是另一回事,因为梅尔齐手中有另一封关于案件进展的信,是列奥纳多回到米兰以后写的。

乔瓦尼·鲁斯蒂奇的《圣约翰》，在佛罗伦萨的洗礼堂。

在佛罗伦萨期间，列奥纳多和萨莱（可能还有洛伦佐）住在一位富有的知识分子兼艺术赞助人皮耶罗·迪·布拉乔·马尔泰利（Piero di Braccio Martelli）家中。[28] 他是有名的数学家和语言学家，也是贝尔纳多·鲁切拉伊的朋友。马尔泰利府上自由轻松的氛围大大缓解了这桩官司带来的不愉快。马尔泰利的房子建在拉尔加路上，后来被建于16世纪50年代的圣焦万尼诺教堂和修道院吞并了。除了列奥纳多，房客中还有雕塑家乔瓦尼·弗朗切斯科·鲁斯蒂奇（Giovanni Francesco Rustici），两人似乎很投缘。鲁斯蒂奇当时30岁左右，年龄比列奥纳多小将近一半。瓦萨里对鲁斯蒂奇曾有过一段生动的记录：他不仅是才华横溢的雕塑家，也是"业余炼金师，偶尔还会当通灵师"，这使他听起来和索罗阿斯特罗是一类人。鲁斯蒂奇的伙伴还有年轻的安德烈亚·德尔·萨尔托（Andrea del Sarto），这位优秀的画家深受列奥纳多影响。德尔·萨尔托后来成为瓦萨里的老师，说明瓦萨里关于鲁斯蒂奇的记录很可能是真实的。瓦萨里在谈到鲁斯蒂奇的工作室时说，它"看起来像诺亚方舟……他养了一只老鹰、一只会说话的乌鸦、几条蛇和一头训练得像狗一样的豪猪，这头猪有个很讨厌的习惯，总是喜欢在桌子底下扎人的腿"。[29] 我情不自禁地想象列奥纳多悄悄向这只"会说话的"乌鸦——或是八哥？——倾身。他多想和它说话！

根据瓦萨里的说法，群雕《圣约翰向利未人和法利赛人布道》见证了列奥纳多和鲁斯蒂奇的友情。这件作品安放在圣母百花大教堂对面洗礼堂的北门上方。"他［鲁斯蒂奇］创作这组雕塑时，除了列奥纳多，不允许任何人接近他的工作台，直到铸造阶段。"群雕中左边的人物一直被拿来与《博士来朝》中那位沉思冥想的老人相比；圣约翰虽然是以鲁斯蒂奇的风格处理的，但指向天空的手是列奥纳多的标志。

在诉讼漫长的休庭期间，列奥纳多开始在马尔泰利府整理他的手稿，就像《阿伦德尔古抄本》的第一页对开页上记录的那样：

> 1508年3月22日，我在彼得罗·迪·布拉乔·马尔泰利位于佛罗伦萨的府邸中开启这项工程。目前这是一部杂乱无序的文集，由我誊抄的许多页纸构成，希望日后能根据它们所处理的主题将它们整理好，按照适当的顺序放置。

《阿伦德尔古抄本》本身不算是"文集"：这本古抄本目前的状况——很可能是由蓬佩奥·莱奥尼在16世纪90年代整理装订的——仍然极度混乱。只有头30页符合最初的描述：纸张、墨水、字迹和讨论主题——主要是物理和机械方面的内容——都保持了一致，这部分的成稿时间可能就是1508年春天的这个时候。然而，就在他开始的时候，整理和分类的工作似乎就突然变得令人望而生畏：

> 我害怕在完成工作之前，会把同一件事重复抄写好几遍。读者们，请不要责怪我，因为涉及太多的主题，我没办法记住它们并且说："我不会写这个是因为已经写过了。"为了避免重复，我必须在抄写每一段话之前，把之前抄过的再读一遍。[30]

他能意识到自己的作品极其笨拙。他从新圣母玛利亚医院取回了1506年离开时寄存在那里的手稿，现在这些手稿堆叠在马尔泰利府的书桌上。菲利皮诺·利比在《圣伯纳德的异象》中优美地描绘了这沓学术手稿，人们可以从中一窥它们的样子。这些资料珍贵而杂乱。另一则笔记提醒我们，这些手稿很容易丢失或损坏："明天查看一遍所有主题，抄写下来，与原手稿对比后，把它们留在佛罗伦萨。这样即使你丢失了随身携带的稿子，你的发明创造也没有丢失。"[31]

整理如此庞杂的主题（他称之为"案子"）让他骤然感到筋疲力尽，这是20多年的研究成果。但他不会独自解决这些问题：他有一个助手会帮他处理这项艰巨的分类和抄写工作——至少他回到米兰后会有。因此，在那封苦乐参半的信中，他用责备语气对少年梅尔齐说："上帝做证，我会让你抄写很多东西，你会后悔的。"

也是在这段时间，列奥纳多正在编辑那本写得密密麻麻的《莱斯特古抄本》（以其18世纪的所有人莱斯特伯爵托马斯·科克命名，现在的所有者是微软公司的亿万富翁比尔·盖茨）。[32]这是列奥纳多最统一的笔记，尽管封面上标注的创作时间是1507年至1510年；这部手稿看起来连贯一致，甚至有种顽固不化的感觉。抄本中的字小且规整，草图都被挤到了页边的空白处，人们要凑得很近才能看清，这掩盖了这部抄本所涉及的广泛主题。《莱斯特古抄本》关注的是我们今天所谓的"地球物理学"：它研究世界的基础物理结构，剖析宏观天体，拆解了地球这部机器的活动部件。这就导向了纯物理学领域——重力、推力、冲击力——以及关于化石的激烈讨论（高傲地反驳了化石是《圣经》中大洪水的遗物的正统观点）。但是他特别强调水：其形态和力量、潮汐和洋流，以及它在地球表面产生的多种效应，比如大气层、侵蚀现象、地质构造。这些对自然科学的专注研究，诗意地凝聚为《蒙娜丽莎》著名的风景中。而我还没谈到抄本中关于太阳和月亮的精彩章节。列奥纳多对月球能发光很好奇——这意味着月球是由水晶或斑岩等明亮的反射物质组成，还是其表面覆盖着波光粼粼的水？如果月球的相位是由地球的阴影造成的，那为什么新月期间有时还能模糊地看到月球的其余部分呢？（在后一种情况下，他正确推断出这种次级光是从地球反射的，比开普勒的老师迈克尔·马斯特林的发现早了几十年。）[33]

《莱斯特古抄本》并非现代科学的开创性作品：它的宇宙学本质上是中世纪式的，他对微观对应关系和潜在的几何对称性的探索也是如此。《莱斯特古抄本》中最著名的段落是对地球和人体之间持续的诗意类比：

> 我们可以说，地球有一种生长的精神，土壤是它的肉体，连续的岩层是它的骨骼，凝灰岩是软骨，江河好比血管。心脏周围的血湖是海洋。地球的呼吸依靠脉搏中起伏的血流，也就是海水的涨落。[34]

在这些方面，这本古抄本更像是哲思录，而非科学文献，但是这些哲思也一直受到审视。这很典型地是列奥纳多式的在哲思和实践之间调和，让两者对话。他和古人提出的宇宙学理论争论不休，让它们接受"经验"的考验。他研究植物叶子上露珠的表面张力，以便更多地了解亚里士多德所说的把宇宙围起来的"宇宙水球"。他还做了一个侧面为玻璃的水箱，这样他就能观察到微型的水流和泥沙沉淀。在关于"大气效应"的讨论中，他引用了自己在阿尔卑斯山蒙特罗莎峰的观察："正如我亲眼所见。"

他的一些实验可以与在佛罗伦萨的这几个月紧密联系起来。这一时期的手稿中有两幅水流的素描，标题是《在鲁巴孔塔桥》——这是位于韦奇奥桥河段下游的感恩桥的另一个名字。同一时期，他在《大西洋古抄本》里写下另一段话："写下在水下游泳的经历，你就会有鸟儿在空中飞翔的感觉。磨坊排出的废水，通过鲁巴孔塔桥的瀑布倾斜而下，流入阿尔诺河中，那是一个好地方。"[35] "瀑布"指的是拦河坝：1472年绘制的佛罗伦萨"锁链地图"上可以看到此景，上面还画着船夫和渔夫，那里至今仍是这番景致。这些生动地展示了，列奥纳多展开调研的地方正是阿尔诺河河岸及河里。他试图通过"在水下游泳"，深入了解鸟如何在无形的气流中飞翔。

《莱斯特古抄本》仍有组织混乱的问题。他在描述涟漪效应时停了下来，并说：

> 我不会在此思考语言表达的问题，因为我会把手稿都整理有序后再这么做。我现在关心的是，如何按照它们出现在我面前的方式整理和发现不同主题和发明；以后我会梳理它们，把主题相同的归为一类。所以，当我从一个主题跳到另一个主题时，作为读者的你不要惊讶，也不要嘲笑我。[36]

下一页也是同样的免责声明:"在这里,我将更多地讨论寻找水体的问题,尽管这看起来有些不合时宜;待我开始编纂这本文集时,会把一切都整理好。"这些手稿清晰明了,带有乔治·尼科代米所说的列奥纳多"平静精准的思维习惯",[37] 但它们有一种字面上的含糊,说明他一贯拖延,无法完成。他写下的每一件事都是临时性的,都是他永远写不出来的完美的"整理有序"的作品的粗略手稿。

解　剖

诉讼、抄写、案子、书信。列奥纳多在 1508 年最初几个月——正如我们未来将看到的,这也是他在佛罗伦萨的最后时光——似乎奇怪地成了抄写员,甚至有点像公证人。拉尔加路上的工作室里成堆的稿件简直比他还高,列奥纳多坐在一沓沓纸中奋笔疾书,背更驼了,日益衰退的视力困扰着他,胡须上也布满了灰白的斑点。他在做一些我们几乎一无所知的艺术创作方面的工作:为国王路易绘制"两幅尺寸不同的圣母像";永远也画不完的《蒙娜丽莎》;为鲁斯蒂奇的洗礼堂雕塑群像提建议;可能也为巨型壁画《安吉亚里战役》添上了最后几笔,尽管没有与此相关的文献记录,也没有关于他和索代里尼在这段时期的关系(如果有的话)的相关记录。列奥纳多终结一段人际关系和放弃一幅画一样容易。精神分析学家可能会说,这是他小时候从父亲身上习得的一种技能。

但在佛罗伦萨最后的这段岁月中,或许列奥纳多最重要的活动不是握着金属笔或画笔,而是解剖刀完成的——这些活动开启了密集调研的新篇章。在 1507 年底或 1508 年初的一份著名备忘录中,列奥纳多记录了解剖一具老人遗体的过程:

> 老人临终前几个小时告诉我,他已经活了 100 多岁,他很清楚他的身体除了虚弱,没什么问题。就这样,他坐在佛罗伦萨新圣母玛利亚医院的床上逝世,没有任何遭受痛苦的迹象。我随后解剖了他的遗

体，想弄明白他能幸福离世的原因。

大约在同一时期，列奥纳多还解剖了一具两岁男孩的遗体。"我发现，孩子的身体一切都和老人的相反。"[38]

列奥纳多很快就将兴趣集中在血管系统上。在一幅素描中，他绘制了分布在手臂上的浅静脉，并在旁边注明了"老人"和"男孩"在静脉和动脉之间的差异。他猜测老人的死因是"心脏和下肢动脉供血不足造成的虚弱"。他观察到老人的动脉"非常干燥、细薄而萎缩"，"除了血管壁增厚，这些血管本身也拉长并像蛇一样缠绕"。 他还指出，供血不足的肝脏"会变得干枯，在颜色和质感上像凝结的麸皮一样"，并且这位老人的皮肤

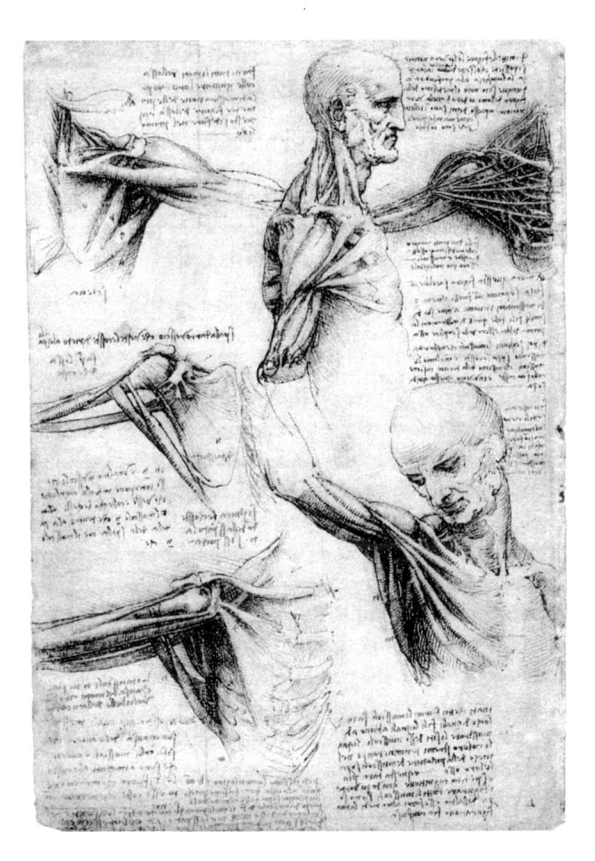

肩部和颈部的解剖图，摘自温莎城堡皇家图书馆收藏的一页笔记，约1508年至1509年。

"呈现出木头或板栗干的颜色,因为皮肤上几乎完全失去了营养"。后来,列奥纳多又用另一种墨水写下一条简短的提示:"微型画画家弗朗切斯科的手臂上布满了血管。"在另一页相关的纸上,他讨论了血液循环系统的关键器官究竟是心脏还是肝脏,他最终认同亚里士多德,断定是心脏,反对盖伦。他把心脏比作桃核,"血管之树"就是从它上面生长出来的。[39]

这些词语——蛇、麸皮、木头、板栗干和桃核——既实用又形象。这与列奥纳多15世纪80年代末用更形而上学的词语写的早期解剖学笔记形成鲜明对比,当时他的兴趣是"所有感官的汇合点"、"精气"流动和其他传统的中世纪假说。在他1508年晚些时候写的探讨光学的小本子——现在的《巴黎手稿D》——中,我们也能看到类似的远离形而上学的举动。他在这部手稿中强调,眼睛本质上纯粹是接收事物的,不存在从眼睛发射出来的任何看不见的或"精神的"光线(传统说法认为眼睛本身会发光)。正如他喜欢说的那样,眼睛可能是"心灵的窗户",但它也是一台微型机器,必须被拆解为零件来研究。

在1508年至1509年的同一时期,他还绘制了一系列精美的肺部和腹部器官的解剖图,这些器官可能是猪的,并且,他再次将之与植物类比。[40]这些图片表示,列奥纳多在努力思考应如何呈现解剖结果,他在寻找一种能将表层细节描绘和一目了然结合起来的图解技术。瓦萨里记录了一则轶事,是列奥纳多解剖一只猪时的一段惊悚插曲,他说后者给猪内脏充气,直到它膨胀得塞满整个房间。他喜欢吓唬人,让人不安,这是他戏剧性性格中的一面。

同样在这一时期,列奥纳多画了那幅著名的描绘一个女人扩大的外阴的素描。即便这幅素描描绘的是生产过多次或刚刚生完孩子的妇女的阴部,画中像洞穴一样的生殖器也大得不真实。[41]我忍不住想把这种奇怪的夸张和列奥纳多早先关于"洞穴"的文字联系起来,并且忍不住认为,他对窥视那个"可怕的黑暗洞穴"所表达的恐惧,在一定程度上是在无意识地对抗令人不安的女性情欲的奥秘。按弗洛伊德式的解释,洞穴内可能瞥见的"奇妙的东西"是繁衍和生育的秘密。然而,在这幅素描下方的注释里,列奥纳多满足于一个更简洁的比喻:"外阴的皱褶向我们透露了城堡

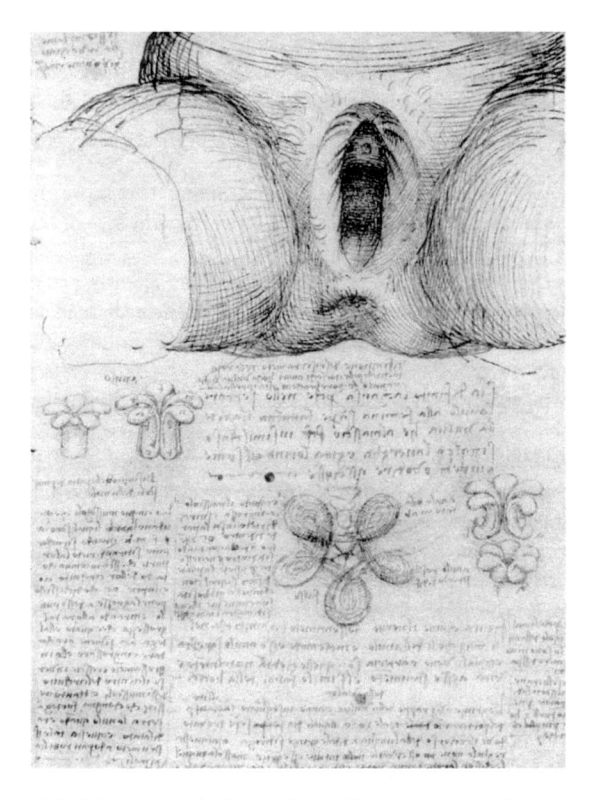

女性生殖器和肛门括约肌的草图，约1508年至1509年。

看门人的位置。"把女性的阴部比作坚守的"城堡"或"堡垒"，等待坚持不懈的男子包围并攻陷，这在情诗里是司空见惯的比喻。[42]

在主题相关的另一页纸上，他还画了一个站立的孕妇，展示她孕早期的子宫；几幅男性和女性的生殖器；一幅怀着牛犊的牛子宫的草图；一幅牛胎盘的细节图，列奥纳多描述其组织为"缠绕的刺果"。[43] 这些关于生殖的草图似乎与他1508年至1509年左右开始绘制的《丽达与天鹅》中的生育主题有关，他笔下孕妇的轮廓与丽达拥有相似的体态。这页纸的背面画着几幅嘴部及其肌肉的精美草图，那些嘴唇仿佛柴郡猫悬挂在半空中的笑容一般，幽幽地从《蒙娜丽莎》飘到这里来。

列奥纳多在1507年底或1508年初写下的关于"老人"的笔记，是明确提到他本人进行人体解剖的最早记录。但或许在此之前，他就已经解剖过别的遗体，因为在一页大概写于1508年的解剖笔记中，他声称他曾亲自肢解了"十多具人类尸体"。[44] 他吹嘘自己十分擅长使用解剖刀。为了获得对人体血管的"真实而完美的了解"，他清理了"血管周围所有最微小的肉粒，除了毛细血管几乎察觉不到的出血，其他没有任何的流血"。他还提到了冷藏尸体前几天的程序问题："一具尸体的保存时间不长，因此，为了获得[关于血管的]完整知识，有必要接连使用几具尸体。为了观察变化，这个过程我重复了两次。"他还描述了这项任务面临的挑战，甚至是恐怖。他在笔记中说，"你们[指读者，未来的解剖学家]可能会因为胃里的翻江倒海而望而却步"。

毫无疑问，和那个"老人"与"男孩"一样，这些解剖中有一些是在新圣母玛利亚医院里完成的。他很熟悉这个地方：这里是他的储蓄所，有时也是他的仓库。他肯定有某种官方执照——1506年时，甚至连佛罗伦萨大学的"医生和学者"都需要从长官那里获得许可，才能在圣十字教堂进行公开解剖。[45] 然而，列奥纳多的解剖似乎并非全部都是在那里完成的，因为他曾充满感情地谈到"晚上和这些被肢解和剥皮、看起来很可怕的死人待在一起所感到的恐惧"。他的话可能有点夸张，但言下之意是，他曾在自己的住所或工作室做过解剖，因此与尸体过夜的恐惧特别强烈。如果他是在新圣母玛利亚医院做的，他就不会和尸体过夜了。

尸体解剖在当时仍备受争议。虽然在获得许可的前提下可以进行，但解剖仍是一项可疑的活动，滋生了各种谣言和迷信，暗示这是某种"黑魔法"、恋尸癖，或中世纪巫术有关的集合。解剖活动经常使用绞刑台上的尸体，这进一步让人们感到不安。列奥纳多急于把自己与这些事情撇清，这就是为什么他在描述解剖的段落中也猛烈地攻击招摇撞骗的江湖术士：

> 大自然会亲自报复那些想施神迹的人……因为他们一直生活在最可怕的贫穷中，追求点石成金成银的炼金术士和总希望从死水中获得永恒运动的生命力的工程师，以及他们当中最蠢的通灵师和术士，永远都会如此。

后来，在罗马，列奥纳多的解剖研究使他和教廷产生了冲突，一个不怀好意的小人向教宗告状，导致他的"解剖活动受到阻碍"。随着反宗教改革的推进，这种态度变得强硬起来。半个世纪后，伟大的比利时解剖学家、《人体构造》(*De humanis corporis fabrica*)的作者安德烈亚斯·维萨里（Andreas Vesalius）因为"盗窃尸体"和解剖活动被宗教法庭判处死刑，后来得到减刑，改判为到耶路撒冷朝圣。他在回程途中过世，享年50岁。

当列奥纳多聊到在几具尸体的包围下度过夜晚时，我们会有一丝他关起门来偷偷摸摸进行解剖，带有异端色彩的感觉。但对列奥纳多来说，研究的必要性总是比个人舒适或确保教义上的安全更重要。

重返工作室

1508年初，列奥纳多让萨莱将一封信件从佛罗伦萨带到了米兰，他在信中说希望在复活节前，即4月底赶回去，他或许真的回去了。按照1506年和圣灵感孕兄弟会签署的协议，他完成修改《岩间圣母》的最后期限是4月26日，可能在画交付前，列奥纳多大师又做了一些最后的润色。这幅《岩间圣母》是美丽、淡蓝色的伦敦版，安布罗吉奥和列奥纳多各负责一部分。这版《岩间圣母》比卢浮宫版少了些光芒和挑逗感，技法更犀利，但情绪更冷淡。这幅画肯定在8月中旬前的某个时候就被送到圣灵感孕兄弟会了，因为在8月18日，又有一些法律文件以"清还证明书"的形式将兄弟会从早先与画家签署的合同中解放出来。[46] 由此看来，这幅画现在显然"已经就位"，也就是说，画已经安置在兄弟会在圣弗朗切斯科-格兰德教堂的礼拜堂里了。实际上，直到1781年圣灵感孕兄弟会遭到镇压前，它一直在那里。4年后，苏格兰收藏家加文·汉密尔顿把画带到了不列颠。[47]

这幅画于1508年交付，并不意味着画家们拿到了他们等待已久的最后一笔款项。兄弟会一如既往地不愿意付钱。在8月18日的清还证明书中，他们达成协议，画家们可以绘制一幅这幅画的临摹品出售，以赚到的钱替代报酬。兄弟会承诺"将这幅画存放在圣弗朗切斯科修道院的一个房间里，最长4个月的时间，这样主人列奥纳多和他的助手们就可以临摹这幅画，但逢宗教节日时，它会被放回原来的位置上"。同一天，安布罗吉奥和列奥纳多签署了一项协议，根据协议，安布罗吉奥承诺在列奥纳多的指导下临摹，自己承担劳动所需的开支，两人将以"诚实守信、无欺骗或欺诈"的原则平摊卖画赚到的钱。我们对这个第三版《岩间圣母》一无所知，如果它真的存在过，在所有已知的早期临摹中，比起藏于米兰阿佛利教堂的质量较差的版本，它更可能是目前瑞士私人收藏的那版。[48] 列奥纳多对这幅画的投入不多，但凸显了他的权威。他负责"指导"，安布罗吉奥负责"临摹"；每个人都得到一半的收益——他们在劳动上的不对等，恰恰反映了他们作为主人和助手在地位上的不平等。

随着列奥纳多重新融入米兰生活，他也以焕然一新的精神面貌重返工作室。我们从最近的文献了解到，他那时住在圣巴比拉教区，在东方之门附近，他的工作室可能也在那里。（萨莱的父亲依然住在韦尔切利纳门外葡萄园的房子里，那里无论如何也容不下一个忙碌的工作室：工作室对创作用材的需求一直很高，通常开设在工匠区。）我们在这个工作室里能看见萨莱，他现在已经是一位技法精炼的画家了；弗朗切斯科·梅尔齐，他最早的可断定日期的素描绘于1510年；少年洛伦佐，现在再次和住在佛罗伦萨的妹妹迪亚妮拉分开了；还有列奥纳多最优秀的伦巴第弟子之一——年轻的乔瓦尼·彼得罗·里佐利，也叫詹彼得里诺，他即将和我们见面。

在这个工作室里，我们还可以欣赏到这一时期的两幅伟大的画作，两幅酝酿已久的作品——《圣母子与圣安妮》和《丽达与天鹅》，现在已经结出了硕果。可能还有一幅绝世佳作也摆在工作室中，那便是永远未完成的《蒙娜丽莎》。因此，在列奥纳多工作室的画架上，我们看到了由4位女性组成的非凡景象，她们每个人都是对女性气质的极好研究，每个人都有不同的模特，再提炼成女性美的理想化形式。有人说，这是关于母性的

4 种沉思：圣安妮是圣母玛利亚的母亲，圣母玛利亚是基督的母亲，丽达是那些孵化中的婴儿的母亲，还有佛罗伦萨的家庭主妇蒙娜丽莎，也是一名母亲。

正如我们所看到的，1500 年至 1501 年，列奥纳多在佛罗伦萨集中绘制《圣母子与圣安妮》，打算画成后把它安放在圣母领报大教堂的祭坛上，并在 1501 年展出了一幅全尺寸的底稿（现已失传），这在佛罗伦萨的艺术界引起了轰动。现在，7 年过去了，他再次就同一主题创作，其成果是如今藏于英国国家美术馆无与伦比的佳作（彩图 25），这幅画被称为"伯林顿府底稿"，因为它曾挂在皇家美术学院位于伯林顿府的总部多年。这幅画很大（55 英寸×40 英寸），之所以会有这种感觉，某种程度上是因为 4 个人物都挤在画面的前景，几乎占据了整个画面，使之看起来像一张裁掉背景的放大了的照片。最前面的人物是圣母玛利亚，她虽然坐着，但几乎占据了所有的垂直空间；实际上，她右脚的脚趾在画框底下消失了。这群人像具有雕塑的质感——从尺寸到紧凑的人物布局方式，甚至连色彩都泛着一种暗淡的铜光（尽管这在一定程度上其实是时间在画面表面产生的作用）。然而，列奥纳多刻画的这组人物群像具有一种雕塑无法实现的微妙质感，这幅底稿似乎是体现了他认为绘画优于雕塑这个观点的一个例子："雕塑无法展示闪亮通透的身体，比如戴面纱的人在面纱下的赤裸肌肤。"[49]

伯林顿府底稿和《岩间圣母》构图类似，大体上呈金字塔形。但封闭的金字塔内是富有动感的圆形，呈螺旋状，这种旋涡似的构图仿佛可以吸引观者的目光，主要的螺旋是一条始于婴儿基督脸部的线，沿着两个成年人的头部周围流畅地向上移动，再沿着玛利亚头部的一侧和她一侧手臂落下。但接下来，这条线没有完成其勾勒出来的圆，而是通过圣安妮指向天空的手指抛射了出去。两位女士的头饰的线条也表现了这一中心运动，中心运动周围是旋涡般流动的布料皱褶、膝盖的起伏和几只脚的起伏，然后是散落的小鹅卵石，使河床显现出令人舒适的混乱景象。

就像列奥纳多的许多作品一样，这幅画也暗含一条故事线。天气酷热，他们坐在小溪或浅水塘边的石头上，把脚伸进水里乘凉。她们身后是高低不平的棕色地貌，看起来很干燥。我们是在山脚下，而非山中，这里遍布岩石，环境艰苦，也少有乘凉的树荫，但我们能察觉到人类活动的痕迹（类似乔康达身后的风景）。圣母玛利亚的右肩后方有一条蜿蜒起伏的小道，群像的另一边仿佛有一扇用4条线画成的大门，还有一个弯曲形状的东西，可能是一座简单的桥，这表明了画中人是怎么来到这里的。在这一切中间的是那只手——在旋涡、光泽和阴影中，它几乎是一片空白——它提醒我们，这不仅仅是一家人在一起消磨时光，而是一个具有宗教意义的时刻。

这幅底稿有一些准备性草稿保留至今，它们画在一页纸上，是用墨水笔在黑色粉笔上完成的，现藏于大英博物馆。[50] 3幅草稿中最大的一幅不仅仅是准备性草稿，也是全尺寸底稿的实际模板。群像已经达到了一定的清晰度，但纸上仍保留着许多杂乱交叠的线条；草稿已经加上边框，测量好尺寸，准备放大到底稿的接近真人大小的尺寸。底稿本身画在一些黏合在一起的纸上（与1504年文献记录《安吉亚里战役》的制作步骤相同）。列奥纳多使用了8张亚麻布纸——4张完整的纸和4张放在顶端和底部的窄一些的纸，然后用木炭在上面作画，用白色粉笔打高光。作画媒介再基础不过了：木炭和粉笔，洞穴人也这样画画。但他达到的效果属于另一个层次，即心灵层面的活动也跃然纸上。

这幅画的表面留下了岁月沧桑的痕迹，这似乎已经是它的身份的一部分了，但亚麻布纸的质量一流，使它得以留存至今。这些痕迹中包括被水浸泡或反复折叠的痕迹，它背面的裂痕已经用三大块纸片修补好。底稿左上角的下面藏着一个旧印章，图案是一些罗马皇帝的头像。17世纪时，有人曾把这幅画粘在了帆布上，当时的工匠在拼命甩掉手上的胶水时留下了指纹，我们通过放大镜可以看到这些指纹。18世纪的某一天，它来到了英格兰，具体情况不详。它首先在1779年进入皇家艺术学院的藏品清单，从那以后，它还经历了各种侵入性修复。艺术伪造者埃里克·赫博恩宣称，20世纪50年代时，这幅画被人放在伯灵顿府的地下室里，斜靠着一个散热器，在接下来的一次秘密修复中，他重新绘制了所有白色粉笔线条，但他的说法尚未得到证实。[51] 1962年，这幅画被运到英国国家美术馆,但其坎坷命运并未就此结束。1987年7月17日的晚上,一名男子站在这幅底稿前,用单管12毫米口径猎枪近距离向它射击。防护玻璃阻止了子弹到达画纸表面,但冲击力还是造成了严重的损害:一个直径约6英寸的浅坑破坏了画面。修复工作耗时超过一年,测绘、修复和替换了超过250块碎纸片,"其中一些纸片还没孢子大"。[52]

这幅底稿从未被用来绘成油画:或许列奥纳多认为他已经借此完成了对某种想法的最终表达。卢浮宫馆藏油画《圣母子与圣安妮》描绘了另一组群像,感染力不那么强。据说曾在1501年底稿中出现的羊羔再次出现,

《圣母子、圣安妮与婴儿圣约翰》(伯林顿府底稿)。

尽管这并不完全是对早期设计的回归，因为画中没有婴儿圣约翰。人物群像的位置被调整了，作品意境也发生了改变，如今这幅画变成一幅沐浴在甜蜜中、对一些人来说过于感性的油画。这幅画隐藏的主要的图案是一只引人入胜但又具有欺骗性质的鸟，被弗洛伊德学派学者普菲斯特一个世纪前辨认了出来，这只鸟曾经被认为是不可能看不到的。这幅画的完成日期不详，说法有很多。最可信的观点是，它的创作时间比底图稍晚一些，大约是1510年至1511年；这幅画就是1517年列奥纳多在法国为阿拉贡枢机主教路易吉展示的3幅油画之一。

在这一时期，工作室里似乎还有一幅《丽达与天鹅》的演化版。各种"站立的丽达"（彩图30）油画都很神秘，没有任何文献说明它们是何人在何时画的（尽管有很多说法）。但正如我们所看到的，在1504年至1505年的各种准备性草图中，还有一个完全不同的丽达形象：跪着的丽达。而这一形象只有一幅已知的油画版本，和列奥纳多这时期的米兰工作室紧密联系在一起。这是一幅画在一块赤杨木板上的油画，由他才华横溢的助手詹彼得里诺所绘。但当它1756年出现在巴黎时，它被描述为"列奥纳多·达·芬奇画的《博爱》（Caritas）"，黑森-卡塞尔领地伯爵买下了它。《博爱》描绘了一位母亲和三个孩子组成的具体群像，事实上，在这个阶段，第四个孩子（右下角的那个）也已经画完了。1803年，歌德曾写道："卡塞尔画廊收藏了列奥纳多·达·芬奇的《博爱》，这件作品比其他作品更加吸引艺术家和情侣的注意。"[53]在某种程度上，这幅画与那些"跪着的丽达"画稿的联系得到

《跪着的丽达》，詹彼得里诺绘。

了确认，而画中的第四个小孩得到了复原。这幅画在很长一段时间里被认为是列奥纳多的作品，因为画的质量非常高，但詹彼得里诺才是真正的作者现在已无可非议。《跪着的丽达》的脸型和曲线优美的身体在詹彼得里诺的其他一些作品中得到了呼应，甚至完全一致。在所有关于丽达的画中，她的面容都非常相似：几幅藏于温莎城堡皇家图书馆的列奥纳多的墨水笔素描是她的面容的模板。[54]（我们可能还知道这张脸的模特的名字，甚至她的地址，但这将在下一章中加以讨论。）

最近针对詹彼得里诺的《跪着的丽达》进行的技术检测揭示了这幅画和列奥纳多工作室更密切的联系。[55] 红外线反射仪显示，表面颜料下还有一幅素描，打孔留下的痕迹清晰地勾勒出轮廓，表明油画是根据一幅全尺寸的底稿绘成的。这幅底稿可能是从列奥纳多在1504年左右画的多幅"跪着的丽达"素描中演化而来的：她的姿势和藏于查茨沃斯的素描十分相似，但也不是一模一样。这幅画还有更多的秘密：底稿下面是另一个底层，上面画着《圣母子与圣安妮》群像的局部；这个构图只剩下一部分，但这部分与卢浮宫版的线条完全一样。因此，我们在詹彼得里诺《跪着的丽达》的画面下，发现了卢浮宫版《圣母子与圣安妮》丢失的底稿的相似物。虽然说法很多，但卢浮宫版可能的绘制时间（1510年至1511年左右）非常有可能就是詹彼得里诺绘制《跪着的丽达》的时间，尽管丽达身后的风景可能是后来由另一位艺术家，贝尔纳迪诺·马尔基塞利，即贝尔纳扎诺画上去的；他是切萨雷·达·塞斯托的助手，也很擅长描绘伦巴第的秋日风景。[56]

在这一时期，列奥纳多工作室的绘图板上还有为雇佣兵队长詹贾科莫·特里武尔齐奥设计的墓碑的图纸。特里武尔齐奥是斯福尔扎家族昔日的敌人，现在成了米兰的统帅。在1504年起草的遗嘱中，他留出了4000杜卡特在圣纳扎罗-马吉奥雷大教堂建一座墓碑。他设想了一尊相当宏伟的骑马雕像，肯定马上就想到了列奥纳多的名字。这个回报丰厚的项目可能是1506年列奥纳多重返米兰的另一个原因。斯福尔扎铜马计划虽遭破坏，但其幽灵依然萦绕在列奥纳多心中。他画了许多墓碑的草图，特色

特里武尔齐奥墓碑设计草图。

是有一匹青铜马（列奥纳多特别说明是军马）和一名青铜骑士，矗立在一座精雕细琢的大理石拱门上。他笔下的青铜马栩栩如生，这是他人生最后一组马的素描了：充满活力、准确、技法娴熟，展现出处于巅峰的鉴赏力。[57] 骑士是一名理想化的年轻战士，而现实中的特里武尔齐奥五大三粗，长了一张赏金拳击手的脸。

在一份标题为《乔瓦尼·雅科莫·特里武尔齐奥先生的雕塑》的文献中，列奥纳多估算了建造这座墓碑所需的成本：[58]

铸造马和骑士的金属	500 杜卡特
铸造成本，包括模型内部的铁制品、模具黏合，以及浇铸它的熔炉的必需品	200 杜卡特
制作黏土模型和用蜡倒模	432 杜卡特
铸造完成后打磨所需的人力成本	450 杜卡特

因此，单是雕像的成本就高达 1582 杜卡特。基座和拱门需要大约 13 吨的大理石，另外在材料和人力上还需要花费 1342 杜卡特。这是他的预算，可能算得不准，正如意大利的预算常常不准一样，但这不重要，因为特里武尔齐奥墓碑是列奥纳多另一件本来或许可以完成的作品。然而，没有证据证明项目在规划阶段后有任何进展。特里武尔齐奥活到 1518 年，于沙特尔去世，比列奥纳多早几个月。

世界及其水体

1508 年 9 月 12 日，列奥纳多打开了一本新笔记本。这本笔记本的封皮是一张薄薄的黑灰色卡片，上面写着"1508 年 9 月 12 日在米兰开始"。笔记本共 192 页，他在末页写下的日期为 1508 年 10 月。因此，看起来他用 6 周或更短的时间，集中写满了整本笔记。紧凑规律的字迹可以证实这一点。他当时给笔记本取名为《关于世界及其水体》(*Di mondo ed acque*)，而它现在的名字则不那么响亮，叫《巴黎手稿 F》。他自言自语道：

> 首先写水，描写水的每种动态；其次描述所有的河床海床，还有蕴含其中的物质……要有条不紊地排列好，否则这部作品会令人困惑。描写水所有的形态，从最大到最小的波浪，以及它们的成因。[59]

讨论水的这几页配有生动的小幅草图，这是体现列奥纳多精通于如何表现复杂不稳定结构的绝佳例子。他研究了"逆流"(*retrosi*)和漩涡，还创造了一个短语"有皱褶或皱巴巴的水"（aqua panniculata）来描述被搅动过的水面。列奥纳多对流水复杂形态的迷恋，似乎在他——或者至少他的助手——可能绘于这段时期的《丽达与天鹅》中起伏柔顺的长发上得到了呼应。他对水的兴趣也有务实的一面。比如他想设计一台机器，"用来挖泥，使沼泽里的水更深"。这项发明可以和当时正在进行的运河工程联系起来。[60]

他在这一时期再次思考了飞行器。他在一条简略的笔记中写道："解剖蝙蝠，保存好，并以此为基础制造飞行器。"[61] 早些时候，他认为蝙蝠可被看成仿生机翼的模型，"因为膜是翅膀的框架"，但现在——可能是因为切切里山试飞的失败——他似乎想强调，蝙蝠在整体上是一个更稳定的飞行模型。他后来写道，蝙蝠"可以颠倒着追捕猎物，有时候还会以倾斜的姿势，因此是以各种姿势。如果它们的翅膀是由中间有空隙的羽毛组成的，那在狩猎过程中必定会受伤"。[62]

他对几何学的热情一直没有消退：我们发现他开始钻研平方根和立方根的奥秘，并讨论了提洛岛难题（Delos problem）。之所以被称为提洛岛难题，是因为它源自有关阿波罗的古典故事：阿波罗将提洛岛岛民从瘟疫中拯救出来，作为回报，阿波罗要求他们把他的祭坛扩建一倍；由于祭坛是一块完美的大理石立方体，岛民们必须算出立方根才能满足他。[63]

他还写下了一些关于光学和光线的讨论，这些后来又逐渐变为宇宙学理论。一篇标题为《太阳礼赞》（In Praise of the Sun）的文章写了两页。这篇文章很有说服力，引用并驳斥了伊壁鸠鲁和苏格拉底关于太阳大小的看法，并得出结论：

> 整个宇宙中，没有比太阳更大和更强大的天体了。它的光照亮了分布在宇宙中的所有天体。它是所有生命力的来源，因为所有生命体的热量都来自这些生命力，宇宙中再没有其他热量和光芒了。[64]

这让我们想起费奇诺古老的柏拉图式行星魔力。如果我们用"太阳系"取代文中的"宇宙"，这段话便是完美的科学论述。这段话趋近于太阳中心论，但实际上并没有表达出来。温莎城堡皇家图书馆馆藏的一页1510年左右的稿纸上有一则著名的笔记："太阳不会动。"人们认为这个振奋人心的天文学观点比哥白尼早提出了30年，但这并不确定。太阳中心论——虽然没有得到证实——和毕达哥拉斯学说一样古老，况且，这段文字单独出现，没有前言或解释，所以这更可能是和化装舞会相关的简短记录，也可能是阐明"坚定"这种品质的图案的箴言。[65]

他还在《巴黎手稿F》中不断钻研地理学和病因学周期，这是同时期的《莱斯特古抄本》的一个特征。他思考了地球从海洋中诞生的可能，并以一种预言的口吻预测，地球将回归大海的子宫中。[66] 从这段话中，我们第一次听到他要画"末日大洪水"素描的想法，这场天灾也传达了一种一切范畴和区别都将崩溃的想法——难以驾驭的自然吞噬了智慧，最终一切都是不可知的。

在这些宏大主题中，也夹杂着一些随性写下的内容，这些是这本笔记中不和谐的一面。以下是一些潦草地写在封面上的短语：

给猪肺充气

阿维森纳对液体的讨论

安东内洛·梅西亚奥从维特鲁威的文具商那儿要来的印度埃勒凡地图

询问马费奥大师，为什么阿迪杰河涨潮花了7年，退潮又用了7年

每周六都去泡热水浴，你会看见裸男[67]

与这本笔记大致同时的还有《巴黎手稿D》。这本20页的小册子笔迹整齐，前后连贯，全部关注于一个独立的主题——视觉科学，其中部分内容详细阐述了以前写下的笔记，尤其是15世纪90年代初的《巴黎手稿A》中的笔记。这进一步表明，列奥纳多倾向于汇编、定稿，进而出版。[68]

毫无疑问，同样的愿望也体现在这一时期的有18页对开页的解剖图纸上。其中一页上写了这样一条笔记："我希望在1510年的冬天完成所有的解剖工作。"在这些对开页上，图示与解说文本块对齐，构成了现在我

们所说的印刷页上的"版式"。他在一则笔记中明确提到了未来的印刷版："至于我为后人留下的便利，我展示了按顺序印刷的方式，我恳求跟随我的你不要因为贪婪而在［……］上印刷。"由于页边空白处不见了，最后一个字丢失了，但剩下的信息足以让人联想到"木头"。[69] 换句话说，他希望自己的解剖学著作不要用木版——更便宜，但也如他所说，效果粗糙得多——印刷，而要用更昂贵、更准确的铜版雕刻工艺。保罗·焦维奥可以证实这一点，他通过他们共同的好友、解剖学家马尔坎托尼奥·德拉·托雷（Marcantonio della Torre）获得了关于列奥纳多的解剖学的一手资料。他说，列奥纳多"以极高的精确度把人体的所有不同部位，甚至最细小的血管和骨骼构造都画出了平面图，以便这幅他花了这么多年完成的作品应该使用铜版雕刻印刷，以保证其艺术性"。正如卡洛·佩德雷蒂所指出的，列奥纳多的这种预期或许可以解释这些解剖学对开页的绘画风格为什么略显死气沉沉："书法线条般的精确和用细小均匀的影线渲染出来的阴影，这些都是列奥纳多希望铜版印刷所具有的特征。"[70]

毫无疑问，这一时期的另一部汇编本，他也想以印刷版出版。这是那本讨论绘画的"书"，梅尔齐在列奥纳多去世后将之编目为"Libro A"，它是构成梅尔齐汇编的列奥纳多论绘画著作《乌尔比诺古抄本》的重要组成部分，也为《论绘画》提供了文本。原手稿现已丢失，但是其中一些内容可通过梅尔齐的文字找回。这本书稿中也包含了一些水力学方面的笔记，由列奥纳多亲自抄进《莱斯特古抄本》。[71] 因此，在他米兰的工作室里，宏大的调研项目在进行，一页接一页、一笔接一笔，朝着出版这一遥远的目标前进。"通过我的劳动，"他保证，"人类将领略自然的神奇杰作。"

米兰的娱乐活动

法国人似乎真的热衷于运用列奥纳多所享有的才华，就像在斯福尔扎时代一样，他们让他筹划化装舞会和娱乐活动，即"feste"，现在人们可以称之为"fêtes"。青年医生保罗·焦维奥曾观看过这些表演,他后来在列奥纳多的传记中写道:"他是一切优雅和戏剧乐趣的非凡发明家和权威人士。"

《阿伦德尔古抄本》中有一些舞台布景的速写,背景是一系列列奥纳多式的崎岖山脉,打开后会露出一个巨大的半球形密室或洞穴。一张示意图展示了滑轮和配重的机制,它们在幕后操纵着布景。一些笔记解释了舞台效果:"一座山打开了……人们发现冥王布鲁托住在那里。"这个舞台上的洞穴正是地狱之王的住所:这是地狱的一景,人们可以看到里面有恶魔、复仇女神和地狱犬刻耳柏洛斯,还有"许多赤身裸体的孩子在哭泣"。[72] 我们基本可以肯定,这是为阿尼奥洛·波利齐亚诺的轻歌剧《奥菲欧》所做的舞台设计。列奥纳多可能参与了 1490 年在曼图亚上演的这部剧的较早版本,由他的学徒阿塔兰特·米廖罗蒂主演;现在,这出戏要在夏尔·德安布瓦兹的宫廷中重演。该剧以生动的佛罗伦萨诗句重述了俄耳甫斯前往冥界从布鲁托手中救出妻子欧律狄刻的古老故事。每个角色都配有相应的音乐伴奏:俄耳甫斯是低音维奥尔琴,欧律狄刻是高音维奥尔琴,布鲁托是长号,死者的摆渡人卡戎是吉他。温莎城堡皇家图书馆收藏的一页纸上画着一些戏服草图以及一幅卷发青年的侧脸像,可能是饰演俄耳甫斯的男演员的肖像。[73]

这场演出的另一份遗物是一幅展现"俄耳甫斯被复仇女神攻击"的墨水笔素描。1998 年,这幅素描在斯蒂法诺·德拉·贝拉收藏的一系列版画和素描中被发现,但 2001 年的一则报道称,这幅素描在一次拙劣的修复中遭到破坏。这幅素描用绿色墨水画成,列奥纳多在该时期的其他文献和绘画中也使用了这种墨水,比如特里武尔齐奥墓碑的预算。[74]

这些散落的碎片就是列奥纳多在米兰创作这出剧时留下的全部遗迹。剧本自身就带有怀旧元素——他想念着佛罗伦萨的波利齐亚诺和美丽的阿塔兰特——或许还带有某种回声和弦外之音,让人想起他早年写下的有关"洞穴"以及向洞穴内张望时感受到的"恐惧与渴望"的文字。

列奥纳多制作的另一出节目是 1509 年 7 月 1 日为路易十二举行的胜利庆典。5 月中旬,路易十二在阿尼亚德洛彻底击溃威尼斯人后,率领部队返回米兰。庆典上有一幅表现龙（法国）和狮子（威尼斯）之间的战斗的寓言画——他的另一个狮子主题作品，虽然在该寓言画中，狮子无疑是被轻易击败的一方。与此同时，在卡斯特罗广场上，还展出了"一幅巨马浮雕"，上面还刻着骑在马上的法王。我们通过当时的一份编年史和 G. P. 洛马佐的记录了解到这些信息，洛马佐似乎是从弗朗切斯科·梅尔齐那里听到的一手资料。[75]

《大西洋古抄本》里有一条较为隐晦的笔记，从截然不同的角度审视了这些意大利的战争及其徒劳的浪费："威尼斯人夸口说，在与帝国、教廷以及西班牙、法国的国王进行的十年战争中，总共花费了 3600 万杜卡特。相当于一个月 30 万杜卡特。"[76]

这些精彩绝伦的演出再次展示了列奥纳多在斯福尔扎时代所扮演的宫廷艺术家角色。与之相似的是他当时画的一些纹章。那时，文艺复兴纹章的全盛时期还没有到来，而纹章的主要倡导者之一，正是崇拜列奥纳多的保罗·焦维奥，莎士比亚是通过塞缪尔·丹尼尔的译本了解他关于纹章的作品的。[77] 安德烈亚·阿尔恰托是著名的《纹章集》（*Emblematum liber*，1531 年）的作者，他将纹章定义为一种"取材于历史或自然"的图像，"优雅地象征着某种东西"。真正的纹章包括"身体"和"灵魂"，即它的视觉图像形式和伴随图像的箴言。箴言不应轻易表达出纹章的含义：这是留给受过良好教育的男士和女士自己去思考斟酌的。[78] 其效果恰恰来自富有诗意的暗示，通过抽象凝练的表达表现形而上学的思想。就像日本的俳句，文艺复兴时期的徽章是一种宝贵的艺术形式，经由每个人的个人诠释，能得出各种复杂的想法。

温莎城堡皇家图书馆收藏的一页纸上有 3 个画好的纹章。[79] 第一个图案是一把犁，箴言写着"顽固的严谨"（hostinato rigore）。这句箴言被认为概括了列奥纳多性格的一面：他坚持一丝不苟地试验和调查。但犁是沿着直线移动的，就这一点而言，并不是列奥纳多的特色：他的思路常常偏离正题，如迷宫一般，就像"芬奇的幻想"绳结图案。第二个图案是靠水轮转动的罗盘，上方有一颗星星，箴言写着"命中注定的严谨"

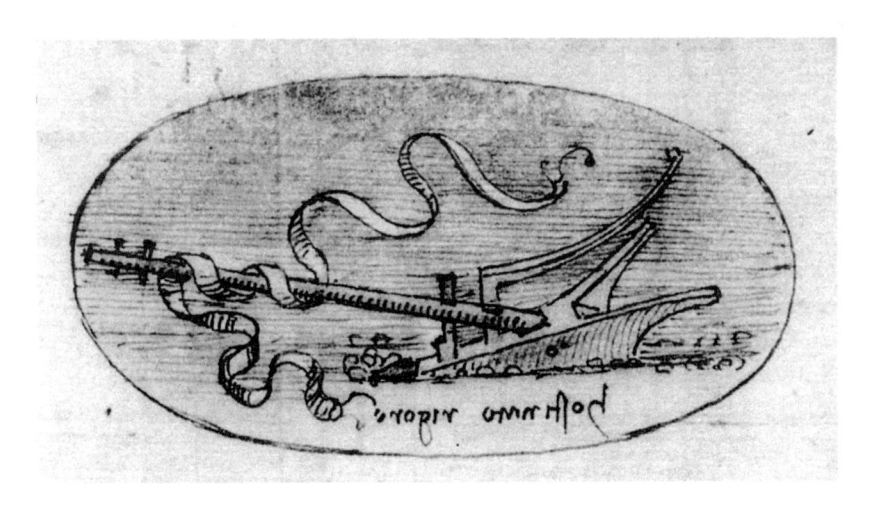

"顽固的严谨"。纹章设计图案，约 1508 年至 1509 年。

(destinato rigore)，也可以不太严谨地译为"坚定不移的航道"。纹章一旁的笔记写道："固定在这样一颗星星上的人不会旋转。"（因此不会历经坎坷。）这颗星星里面有一朵小百合花，表明它代表着法国国王。[80] 第三个图案是一盏灯，里面有一根蜡烛，四周是各个方向吹来的风。这个纹章没有箴言，但人们在另一本笔记中可以找到一个类似的图案，风是从风箱吹出来的，箴言是："由于恶不伤及我，所以善不惠及我。"[81] 在灯的内部，火焰受到保护，强风吹不灭它，微风吹不大它。我们可以将这种保护再次和法国国王，即前一枚纹章中那颗固定的星星联系起来，但它还表达了王室的庇护是双刃剑的想法：它既保护艺术家免遭命运的打击，也使他们孤立于"善"的微风（经验？自然？）。

同时期的另一系列图案——虽然只是粗略的草图——展示了一枚文章：一幅卷轴围成的一个圆圈，里面有一朵佛罗伦萨鸢尾花。列奥纳多以忠心效劳为主题，尝试了各种箴言："在厌倦前先死去""效劳不会使我厌烦"。但空白处写有一则笔记，像是说给观众听的舞台"旁白"，暗示着对这种奉献的怀疑："杜卡特和宝石如雪花般落在手中，永远不会对效劳感到厌倦。但这种效劳只对这份差事本身有用，而不是为个人增益。"[82] 纸的背面画的那些生动的素描让人想起他在 15 世纪 80 年代画的"痛苦和享乐"的讽喻画。素描绘了戴在脸上的面具，这些面具正在被太阳的光线融化。关键词如下：

> 真理：太阳
> 谎言：面具

他又尝试写不同的箴言，如"太阳底下什么也藏不住"。[83]

这些纹章是列奥纳多为国王路易效力时的所思所想吗，还是为其他人而做的？比如那些渴望表达这种想法的人，或许是他的老朋友加莱亚佐·圣塞韦里诺，"摩尔人"的前女婿，后者老练而又有些玩世不恭地转而效忠法国人，后来成为法国国王在布卢瓦的马厩主管。

音乐剧、胜利游行、宫廷纹章：这些都是国王的"常任画家和工程师"需要完成的一些小任务，穿插在列奥纳多的其他职责中，比如绘制圣母像、设计避暑别墅和更改运河航道。我们有一些列奥纳多从这些小项目中获得的经济回报的细节。王室财务总管的一份付款清单显示，在1508年7月到1509年4月期间，列奥纳多一共收到390斯库迪。这笔收入相当可观，尽管付款数额有微弱的下降趋势：100，100，70，50，50，20。[84] 1508年夏末，他收到了一笔数额较大的报酬，可能和《奥菲欧》有关。另一份账单写在《巴黎手稿F》的封面内页："1508年10月［日期空缺］，我收到30斯库迪。"他指出，在这笔钱中，他借给萨莱13克朗，"帮他妹妹置办嫁妆"。[85]

克雷莫纳

温莎城堡皇家图书馆藏有一大页画着几何设计图案和解剖学草图的图纸，这张纸的右下角有一个很容易被忽视的小清单，上面有6个名字。[86] 列奥纳多以最小最细的字迹写道：

洛伦（loren）

洛伦（loren）

萨莱（salai）

切丘（cecho）

克雷莫尼斯（chermonese）

法奇诺（fachino）

名单下方还写着"9个头骨"（9 tessci），但与名单隔有一段距离，似乎不属于名单的一部分。根据其几何学内容和其他内容判断，这页纸的日期是1509年左右。

6个名字中有4个我们很容易就能知道指的是谁。我们认识萨莱，而切丘（弗朗切斯科常用的昵称）是梅尔齐。两位洛伦中有一位是洛伦佐，那个1505年在佛罗伦萨加入列奥纳多的工作室、1507年给妈妈写家书的人。名单上最后一个其实不是真正的名字，只是"行李员"（facchino）而已。这说明一场旅行即将启程，并且这6个人组成的随从团队将陪伴和照顾列奥纳多。旅行可能是1509年底或1510年初的那次，列奥纳多前往帕维亚，参加马尔坎托尼奥·德拉·托雷的解剖学讲座；在随从的陪同下，进行了一次长途访问。

另外两个名字成了谜团。我不知道第二个"洛伦"或"洛伦佐"是谁，但让我感兴趣的是"克雷莫尼斯"。毫无疑问，这是列奥纳多对"克雷莫纳人"的拼写，就是说这个人来自意大利北部小城克雷莫纳（Cremona）；这座城市以制作乐器闻名。我们发现列奥纳多1499年在米兰写的一则笔记中有相同的拼写，他提醒自己"带上列奥纳多·克雷莫尼斯的著作"，这里指的是来自克雷莫纳的数学家列奥纳多·迪·安东尼奥·马伊纳尔迪。[87]

这份1509年写下的潦草名单说明，陪同列奥纳多出行的随从里有一个从克雷莫纳来的人。这个人出现在这6个人的名单中，但很可能在某个方面与其他5个人不同——她是一名女性。我相信，我们在这里看到的是一个名叫克雷莫纳的神秘女子，列奥纳多与她以某种不明的方式联系在一起。

克雷莫纳最近才出现在列奥纳多的故事里。1982年以前，人们对她一无所知。直到罗伯托·保罗·恰尔迪（Roberto Paolo Ciardi）编辑的一部著作的漂亮新版出版后，她才为人所知；这部著作由19世纪初伦巴第艺术家和评论家朱塞佩·博西（Giuseppe Bossi）撰写。博西是列奥纳多的疯狂崇拜者，他临摹了一幅全尺寸的《最后的晚餐》，还画了一些详细的素描，日后的修复专家参考了这些素描。他也有批评者，其中包括司汤达，将他贬损为"一个在这里被认为是伟人的肥胖名流"，但他仍在列奥纳多学者中备受尊敬，因为他不仅撰写了关于《最后的晚餐》的专著，还编辑了《莱斯特古抄本》的一个早期版本：他不是根据当时安放在诺福克的原稿，而是他在那不勒斯找到的一份完整抄本编辑的。他自己誊抄的副本现藏于德国魏玛的大公爵图书馆。这部副本是博西于1815年英年早逝后，图书馆在歌德的建议下购买的。[88] 恰尔迪编辑出版的新版博西著作中，包括以前不为人知的手稿，其中有一篇从未付印的文章草稿，探讨了在艺术中对激情的表现。在这篇文章中，博西经常提到列奥纳多，引用他在《最后的晚餐》中对激情的精湛描绘，然后，他提出了一个想法，即为了充分表现激情，你必须亲身体验它们。他写道：

> 列奥纳多……热爱生命的欢愉，这一点可以通过一则他关于贵妇克雷莫纳的笔记得到证明，我是从一位权威人士那里见到这则笔记的。如果不带着人类的弱点去对人性进行长期探索，他不可能如此深入地理解和表现人性。[89]

就这么一些。可惜博西没有说出让他见到这则"笔记"的"权威人士"的名字。我们不能确定他的信息是否准确，尽管他毫无疑问非常了解列奥纳多，也读过那些在他之后遗失的手稿。消息来源有可能是卡洛·阿莫雷蒂，他是安布罗西亚纳图书馆馆员，抄写了列奥纳多的许多手稿。也可能是博西在那不勒斯找到《莱斯特古抄本》副本时看到了一些东西。他在那里还复制了一个版本的"安布罗西亚纳誊本"，这本17世纪的文集摘录了安布罗西亚纳图书馆的各类素材。

"贵妇"这个称谓有许多含义,但博西说的本质上是妓女。1511年至1518年罗马的人口普查中,"妓女"(cortesane)的地位由高到低可分为"名妓"(cortesane honeste)、"娼妓"(cortesane putane)、"夜妓"(cortesane da candella e da lume)和"野妓"(cortesane da minorsorte)。地位最高的"名妓"是美丽而有修养的女性,她们是有钱有势者的情妇;"娼妓"指的是在城市里站街和在妓院提供服务的女子;"夜妓"一般住在蜡烛制造商和灯笼商贩家中,她们为那些天黑后开始忙碌的人服务;地位低于上述所有妓女的是衣衫褴褛的"野妓"。在这份普查中,有两名叫玛利亚·克雷莫尼斯的妓女;由于列奥纳多在人口普查的某些时期曾在罗马,所以其中一位就是克雷莫纳并不是没有可能的。[90](列奥纳多本人无疑也会出现在人口普查记录中,但现存的记录不完整,大约有一半都丢失了。)

艺术家有时会请妓女当模特,这是不言自明的。罗马妓女菲利德·梅兰德罗内(Fillide Melandrone)经常出现在卡拉瓦乔的画中。克雷莫纳是模特吗?我们再来看看那些藏于温莎城堡皇家图书馆的《丽达与天鹅》晚期精美素描。这些素描与1504年左右的早期《丽达与天鹅》素描非常不同——不仅风格上差异很大,而且晚期素描都描绘了同一张脸,逐渐形成了丽达的标志性模样。在所有流传下来的画作中,她的面容高度相似。在这些画中,这名女子有精心编织的发辫,这是妓女的常见造型——例如,为阿雷蒂诺的《16种姿势》(The Sixteen Positions)配的色情版画中也能看到这种发型。[91]一般认为,这些晚期的丽达素描大概完成于1508年至1509年,与神秘的克雷莫尼斯出现在列奥纳多随从队伍中的时间差不多。当博西谈到列奥纳多为了解他所描绘的激情而享受女人的"欢愉"时,他脑海中浮现出来的可能恰恰是《丽达与天鹅》中性感的正面裸体。

我们甚至可能知道列奥纳多找到她时她的住址,因为温莎城堡皇家图书馆收藏的一张大型解剖图纸右下角藏着一条神秘的备忘录,写着"femine di messer iacomo alfeo elleda ne fabri"。"elleda"这个词不存在,因此唯一合理的解释是,它是两个单词连在了一起,应该将之理解为"è Leda"。因此,将简洁的笔记扩展成一个恰当的句子,我们得到的是:"在法布里(Fabbri)的贾科莫·阿尔费奥先生(Giacomo Alfeo)的女人中，就有丽达。"阿尔费奥可能是和列奥纳多的朋友贝林乔尼通过十四行诗互相羞辱谩骂的"雅科博·阿尔费先生"（Messer Iacopo Alfei）——这是对骑士或法学博士的敬称，因此他是一位社会名流。法布里地区位于米兰一座名为"铁匠之门"（Pustarla dei Fabbri）的小城门附近。[92] 佩德雷蒂表示，这句话中提到的"女人"都是阿尔费奥的女儿，但这个词同样（如果不是更有可能的话）指的是女仆或情妇。这页纸的日期也可以追溯到 1508 年至 1509 年左右，上面还有一大幅一个站立妇女的解剖学草图；草图的轮廓已经打好孔，以便转移，实际上在温莎城堡皇家图书馆的另一页纸上发现了转移的痕迹——就是包括"克雷莫尼斯"这个名字的那张。

这些线索似乎为博西所说的那位"贵妇克雷莫纳"的生平提供了诱人的背景片段。她是贾科莫或雅科博·阿尔费在米兰的情妇；列奥纳多请她来当丽达的模特；她成了他的随从人员，1509 年他准备前往帕维亚时将她列入随行名单。温莎城堡皇家图书馆收藏中有一幅鲜为人知的素描，很可能是一名学生创作的，描绘了一个年轻的半裸女子，一只手托住右胸，而另一只手在抚摸或捂住了外阴。（至少这是对它的一种解读：这幅素描和另一幅她左腿的素描并在了一起，所以我们很难确定作画的意图。）这页纸上也有一些 1508 年至 1509 年左右画的解剖学草图，可能画的也是克雷莫纳。[93] 我们在这里可以转向被通称为"裸体乔康达"的一组神秘画作，画中那位袒胸露乳的女性摆出的姿势或多或少让人想起《蒙娜丽莎》。现在流传下来的这组画作均不是列奥纳多所绘，其中画得最好的一幅被称为《蒙娜瓦娜》（现藏于艾尔米塔什博物馆），被认为出自萨莱之手。他显然模仿了《蒙娜丽莎》——椅子、凉廊，以及远处的山川风貌——但画中女人的脸和发辫更像《丽达与天鹅》中的丽达。这些画中的一个版本现藏于意大利北部贝加莫的卡拉拉学院，1664 年它在米兰被编目时，被描述为是列奥纳多的一幅"一个据说是妓女的女人"的肖像画。[94]

博西提到克雷莫纳时，暗示列奥纳多和她发生了性关系。实际上，这表明列奥纳多在那则笔记中说了同样的话，"证明"他"热爱生命的欢愉"。大约就在这个时候，列奥纳多写了一句关于性爱的奇怪而有些难懂的话："男人想知道女性是否能顺从他的性欲，并察觉到她不仅顺从，而且对他也有欲望时,他就提出要求,并将他的欲望付诸行动;而且他无法确定自己是否不坦白,也坦承自己操了。"[95]

"Confessando fotte",这句话真的没有其他译法了。在他所有的手稿中,这是唯一一次使用"操"这个字眼。我们既不应该将之视为淫秽之词,也不能完全将之解释为方言的坦率直白。他选择了这个刺耳的加强语气的与肉体相关的动词,而非他在其他地方使用过的各种较为平淡的替代词,例如"用"(usare con)或"交媾"(fare il coito)等。这个词突兀的肉体表现力表达了句子的整体观点,即性欲似乎始于抽象懵懂的好奇心:她会不会顺从?仅仅是提出问题、口头"坦白"性欲,就往往会陡然导致性爱行为本身。这是列奥纳多亲身体验后的一次沉思吗?

一页约1510年的解剖学图纸上还有另一则有趣的评论:"性交行为及其涉及的身体部位是如此丑陋,如果不是因为美丽的面庞、恋人的装扮和被控制的性欲,自然将会失去人类物种。"[96]再一次地,这句话意味深长:美和性欲——尤其是被压抑和控制的性欲——压倒了异性性爱与生俱来的"丑陋"。这些评论都为博西提到的难以捉摸的笔记增加了一些可信度。

作为传记作家,我的工作往往是怀疑而不是浪漫幻想,但我不难接受列奥纳多在57岁左右和一名年轻貌美的妓女有染的画面。她有着平静的

克雷莫纳的画像?丽达头部素描(左)和藏于俄罗斯艾尔米塔什博物馆的"裸体乔康达"。

容貌和曲线优美的身体,这使她成为《丽达与天鹅》的模特,她可能也是"裸体乔康达"失传的原作的模特。列奥纳多的性生活可能翻开了全新的篇章,或者说他的同性恋取向不应被理解得过于教条。列奥纳多跟许多女人建立过关系。他的大部分画作都是关于女性的,这些画都保留着某种身体亲近的快感,某种一起分享时光的氛围,渗入到它们的创作过程之中。他和许多女性之间的关系,包括吉内薇拉·德·班琪、切奇利娅·加莱拉尼、丽莎·德尔·乔康达,以及那些为他的圣母像当模特的不知名字的女孩和女人,都体现在他的作品中。无论他的习惯和偏好是什么,这位努力汲取各种知识的"经验的学徒"似乎不太可能否认,在他的生命中至少有一次通过性爱了解女人。这的确是博西提到克雷莫纳时的想法,对于列奥纳多提到她这件事,我们差不多也是同样的看法:她把那些异性性爱的"欢愉"教给他,没有这种"欢愉",他对生命的理解就是不完整的;迟暮之年意外遭遇的一见钟情,使他从"人性的弱点"中受益。

"医学院"

在一页解剖学图纸上,列奥纳多写道:"1510 年的这个春天,我希望能完成所有的解剖。"[97] 这可能是在帕维亚写的,列奥纳多在那里待了几个月,参加马尔坎托尼奥·德拉·托雷的解剖学讲座,后者是这个领域的后起之秀。瓦萨里将他们的关系描述成互惠互利的伙伴关系:"他们帮助对方,也受到对方的帮助。"在一则关于《水之书》('libro dell'aque')的笔记中,列奥纳多称德拉·托雷为"马尔坎托尼奥先生"。[98] 这本《水之书》可能是关于尿液诊断的,当时的很多医生都使用。

马尔坎托尼奥·德拉·托雷当时将近 30 岁,是维罗纳人。他的父亲吉罗拉莫是帕多瓦的一位著名的教授,马尔坎托尼奥在那里开始了他的职业生涯。1509 年,他移居帕维亚,可能正是那年年底,列奥纳多也来到这里;在一所古老的著名大学里,列奥纳多与他一起研究,或跟随他学习。帕维亚是一座充满美好回忆的城市——1490 年列奥纳多曾和弗朗切斯科·迪·乔治·马尔蒂尼（卒于1502年）在那里共度了一些日子，他们测量了大教堂，欣赏著名的跃马雕塑《太阳王》，并观看工人们沿着流经城市的提契诺河重修河堤。

我们可以想象，马尔坎托尼奥让列奥纳多坐在解剖室里的贵宾席上。当他让助手们把尸体切开，然后对学生讲解身体的不同部位时，列奥纳多迅速画下素描。德拉·托雷的学生中有年轻的保罗·焦维奥，他对列奥纳多解剖学作品的评价可能是基于第一手观察：

> 他全身心地投入到医学院解剖罪犯尸体这非人的和令人作呕的工作中，以便能够根据自然规律画出弯曲和伸展的各种关节和肌肉。他对身体的每一个部位都画了精美的科学素描，甚至展示了最细小的血管和骨头的内部。

这些"在医学院"做的解剖可能特指列奥纳多在帕维亚参与的那些。1508年，列奥纳多说他已经解剖了"十多具"人类尸体；9年后，和枢机主教阿拉贡的路易吉谈话时，他又将尸体数量增加到30多具。根据列奥纳多自己的估算，1508年至1517年间他进行了大约20次解剖：其中一些应该是在帕维亚的"医学院"进行的，而另一些是在罗马完成的，他在那里谈到了他"在医院"的工作。

德拉·托雷的大部分著作都已失传，但有一部作品得以幸存，这部作品猛烈抨击了"缩写者"（abbreviatori）——只是简单地以可理解的形式重述了以前的知识的人。他特别厌恶一位名叫蒙迪努斯的作者。1478年，蒙迪努斯撰写的《解剖学》（Anatomia）在帕维亚出版，列奥纳多也引用过几次。[99] 德拉·托雷曾主张回归到盖伦的原著，而蒙迪努斯只是转述了一下盖伦的作品。这可能与列奥纳多本人对这类"缩写者"的抨击有关。在一页写了密密麻麻的关于心脏活动的笔记的稿纸边缘，有一则笔记写道："应该发表一次演说，谴责那些阻碍解剖学发展的学者及其缩写者。"这页纸的背面还写着另一条笔记："那些缩写这类作品的人，不应被称为缩写者，而是抹杀者。"这篇充满威胁的"演说"可能就是另一页解剖学图纸上激烈的长篇大论：

> 著作的缩写者不仅侮辱了知识，也侮辱了热爱，他们认为表达对某种事物的热爱等于知识的产物……诚然，愚蠢之母——不耐烦——推崇简洁明了，仿佛我们不能用一辈子的时间去完全了解一门学科，比如人体。[100]

这页纸上还画着两幅素描，描绘了一颗像水果一样被切开的心脏。

这些头脑简单的缩写者是对列奥纳多的侮辱，因为他自己呕心沥血整理笔记和图纸，就是为了制作一部适合出版的解剖学杰作，并为人们首次提供对人体工作原理的详细视觉描述。这是列奥纳多的伟大创新：不仅在缺乏足够的语言工具的情况下描述了解剖学，就如同中世纪关于这一主题的文本一样，而且通过清晰的视觉细节展示了解剖学，杜绝了他认为语言总是倾向于造成的抽象、隐喻和表意不明的情况：

> 噢，作家！你能找到什么词像这幅素描一样如此完美地描述[心脏的]构造？由于缺乏真正的知识，你会描述得很混乱，几乎说不清事物的真实形态……我的建议是，除非你是在对盲人说话，否则不要用语言来烦扰你自己。[101]

他还发展了多重呈现的技巧，从全景图到透视图、从横截面到封闭形状的精确渐变色：

> 人体形态的真正知识要通过不同角度的观察才能获得。因此，为了表现人类肢体的真实形态……我将按照上述准则进行观察，为每段肢体的4个面绘制4幅示意图。而骨骼我会画5幅，把它们对半切开，各自画出它们凹陷的部分，一半充满了骨髓，另一半充满海绵体或是空的，或是实心的。[102]

这种从多角度——有时多达 8 个不同的角度——进行的观察建立了一套序列，几乎可称之为电影摄像。

在"非人的和令人作呕的"解剖工作中，需要锯骨头和翻肠子；切开皮肤时，脂肪受到压力会喷涌而出。我们发现列奥纳多已经和他年轻时打扮讲究、一身玫瑰水香气的艺术家形象相去甚远了。解剖学素描是列奥纳多最严苛的经验主义的产物。关于这些成果，爱德华·露西-史密斯写道："他把自己的技巧用来服务于真理，而不是某种美的理念……从这个意义上讲，解剖学素描一点也不美，但却表明，人体之美必须为某种只有通过屠宰才能获得的真理牺牲。"[103]

尽管如此，列奥纳多从未完全放弃他对类比的迷恋：解剖结构和几何形状之间的类比（从他试图将心脏的三尖瓣和半圆形的"月牙"联系起来的草稿中可以看出）以及作为有机体的人类和植物的对比（比如在素描中，人类气管的草图旁画了一棵萌发中的豆苗）。[104]

列奥纳多和马尔坎托尼奥·德拉·托雷的紧密合作因 1511 年马尔坎托尼奥的去世戛然而止。他死在加尔达湖畔，年仅 29 岁，死因是那一年他家乡维罗纳地区发生的毁灭性瘟疫，他可能是在照料病人时被感染的。

在梅尔齐家

马尔坎托尼奥·德拉·托雷于 1511 年逝世，这是知识界的损失，也是个人的损失。但马尔坎托尼奥不是唯一离开列奥纳多的人。1511 年 3 月 10 日，不满 40 岁的夏尔·德安布瓦兹辞世，随他一起离去的，还有列奥纳多的一些资金保障。夏尔一直是他的私人赞助人，尽管继任的优雅年轻的骑士加斯东·德·富瓦总督对列奥纳多青睐有加，但他不是米西纳斯——文艺事业的慷慨赞助人。列奥纳多仍然领着国王金库支付的津贴：1511 年，他收到 400 里拉，和前一年一样，但他不会再得到德安布瓦兹的其他慷慨捐助的支持了。[105] 他还领着来自运河的收入，即法王 1507 年赠予的"12 盎司水"。我们不清楚他的工作室有什么画作问世：可能有

《丽达与天鹅》和《圣母子与圣安妮》的一些临摹品或其他版本，或许还有一些为法国廷臣绘制的装饰用的圣母像。特里武尔齐奥墓碑的设计继续占据着他的笔记本，但没有任何证据证明他收到了合同或付款。他在葡萄园的房子来了一名新租客，不过这次是萨莱负责安排的，而他的钱包只为他自己打开。点点滴滴说明，一段无忧无虑的时期已经过去。

这一年有段时间，列奥纳多离开了城市，再次置身于滋养他灵魂的河流和山脉之间。我们不清楚他的具体任务，但可能带有军事色彩。这是一个军事局势再度紧张的时期：好战的教宗尤利乌斯二世曾在威尼斯沦陷时与法军结盟，现在却转而与他们为敌，宣称必须把外国人驱逐出意大利。在罗马，教宗密谋组成了"神圣同盟"（Lega Santa），这是一个意大利诸城邦与西班牙和哈布斯堡帝国联手组成的更强大的集团。在马克西米利安宫廷所在的因斯布鲁克，斯福尔扎家族新一代成员正在等候时机到来。

在此期间，列奥纳多投身到一系列的河流调研之中，《巴黎手稿G》和《大西洋古抄本》中都有相关记载。如果这项调研一开始带有军事目的（绘制立体地势图、防御工事等），那么它很快就转变为对伦巴第水道的广泛研究，尤其是阿达河和马尔泰萨纳河流域。他没做出任何可以与为切萨雷·波吉亚绘制的托斯卡纳大型鸟瞰地图相媲美的成果，但他再次收集了有利于军事战略的数据，这又促成了另一些成就。这就是列奥纳多的模式：他的视野迅速从细节扩大到全景，令人震惊；其精神活动等同于翱翔。

从他的笔记和素描来看，1511年列奥纳多在米兰东北部被称为布里安扎的地区。他评论了这一地区巨大的木材："布里安扎山区罗瓦纳特山谷的圣母玛利亚区有9布拉乔奥高和14布拉乔奥高的栗木杆子，你用5里拉可以买下100根9布拉乔奥高的。"[106] 罗瓦纳特山谷位于布里安扎地区的南部，在通往旧矿石场的一条名叫卡赖亚-德尔-费罗的小径上。那些描绘白雪皑皑的山顶的、令人感伤的速写——用红色粉笔画在准备好的红色草纸上，再用白色粉笔打高光——正是绘于这一时期；其中一些就是根据从卡赖亚-德尔-费罗看到的风景创作的。他在其中一幅速写上写下了生动的笔记：

除了水起泡沫时，这里的砾石比水还要白。闪动的水光接近天蓝色，在阴影中则趋向绿色，有时候还趋向深蓝色。砾石平原上覆盖着低矮的草层，颜色随着草的浓密或稀疏而变化，因此有时候是棕色的，有时候是黄色的，有时候是绿色或黄绿色的。[107]

这些质朴的高地色彩出现在他后期的风景画中，人们在卢浮宫版本的《圣母子与圣安妮》和《施洗者圣约翰》中都能看到。在蒙维索的山脚下，他看到大理石"完美无瑕，像斑岩般坚硬"。

1511年底，为神圣联盟效力的瑞士士兵威胁着通往米兰的北部通道。12月16日，他们在离城墙不到10英里的德西奥纵火。列奥纳多目击并记录了这场大火，他再次在砖红色的稿纸上画下了令人印象深刻的素描。他的笔记严重褪色，而且在16世纪时就已经是这样了，所以梅尔齐那时觉得有必要把它抄下来："12月16日这天15时［上午10点半］，有人放火。1511年12月18日15时，瑞士人在米兰附近的德西奥点了第二把火。"[108]

1512年早春，法军和神圣联盟在拉文纳一决胜负。复活节当天，即4月11日的战斗中，米兰总督加斯东·德·富瓦战死。法国人宣称取得了胜利，但他们在伦巴第地区的统治岌岌可危，到年底，米兰再次成为斯福尔扎家族统治的城市。1512年12月29日，卢多维科的婚生子马西米利亚诺·斯福尔扎率领军队再度凯旋，陪同的还有他同父异母的弟弟切萨雷，后者是切奇利娅·加莱拉尼的儿子。"摩尔人"4年前在洛什的监狱中去世，但从这些年轻的子孙身上可以看到他强有力的特征。

在这些变革中，我们看不到列奥纳多的踪影：他像往常一样溜走了。从1512年开始，没有一则注明日期的笔记和记录留存下来。从1511年12月18日德西奥的第二场大火到1513年1月9日的一幅牛心脏切面草图，我们对列奥纳多一无所知。因为在这段时间的大部分日子里，他躲在弗朗切斯科·梅尔齐的父亲吉罗拉莫·梅尔齐在乡下的别墅里。这是一栋漂亮的正方形别墅（尽管设施可能相当简陋），坐落在阿达河畔瓦普里奥附近阿达河一个平缓弯道的悬崖上。此处的地名也可用列奥纳多这位杰出的方言专家的写法，写作"瓦夫里奥"。在这里，这位杰出的房客找到了宁静的避难所，远离了城中的动乱、斗争和纠缠不休的委托工作。别墅距离米兰只有20英里左右，所以我们不必认为他完全与世隔绝了，但在1513年3月以前，我们没有任何能证明他曾回到城中的记录，所以看起来这确实是一段乡村隐居时期。

弗朗切斯科·梅尔齐现在快20岁了，列奥纳多和他一起开始一项写作和素描计划。现存的一系列列奥纳多晚期解剖图纸，有一部分可能是在帕维亚的解剖讲座期间记下的工作笔记和速写，另一部分则是在别墅中完成的动物解剖成果。心脏的结构和活动是一个恒定的主题，还有一些是关于阿达河河水的研究。有一则笔记写道："瓦普里奥的磨坊展示了潮涨潮落。"[109]我们仍可以通过一幅画着一艘小渡船的精美素描认出瓦普里奥和加诺尼卡河间的一段支流，尽管渡船现在已经被一座桥取代了。列奥纳多细心观察了湍急的水流，但这幅素描的魅力在于细节的捕捉：栈桥、小石桥，以及一群站在木筏般渡船的甲板上的公牛；还有一头牛被落下了，在岸上低鸣。[110]

住在梅尔齐别墅时，列奥纳多还计划进行各种家居改造。一幅粗略的底层平面图描绘了别墅内外的各个部分，旁边有关于"花园通道"的笔记，还有一幅描绘一个梯台式花园俯瞰着河流的素描。另一页对开页上是随手画的在拐角的塔楼上建冲天炉，在河边建一道拱形挡土墙。[111]日期为1513年1月9日的解剖学素描上也画有这栋别墅的草图，并且有一则笔记写着"在瓦普里奥塔楼上的房间"，可能这里说的房间就是他的工作室。这页的左手边有一幅草图，画着河道拐弯处的堡垒，周围有几个炮兵阵地在开火。类似德西奥的大火，这幅小素描也成了另一篇纪实报告，描绘了位于瓦普里奥几英里外的特雷佐城堡1513年1月5日遭到威尼斯人炮轰的场景，只比写在这一页顶端的日期早4天。[112]因此，战争围绕着列奥纳多的乡村度假胜地展开，于是他冷静地在纸的一角把这个场景迅速画下来。

阿达河上的渡船，约1512年。

艺术家六旬时的肖像

在阿达河畔隐居期间，1512年4月15日，列奥纳多年满60岁了。温莎城堡皇家图书馆收藏的一幅著名素描正是绘于这一时期，因为稿纸背面还画有和梅尔齐别墅相关的建筑图画。[113] 这幅素描画了一位留着长胡子的老人的侧身像，他疲惫地沉思着什么，双腿交叉坐在一块石头上，手拄一根长拐杖。他身旁是漩涡状的水流，你可能会认为老人在盯着漩涡看。这是一种错觉，因为纸上有一道清晰的折痕，很明显，老人的肖像和漩涡的草图是两幅不同的作品，可能是在不同的场合画的。然而，无论是有意还是偶然,当这张纸展开时,两幅素描连为一体,形成一个戏谑的、忧郁的构图,像是答案为"老年"的画谜。有什么故事能够解释这种老人和漩涡连成一体?他是在低头盯着水面,还是在用他的心灵之眼观察它?在漩涡草图的下方,有一段文字清晰解释了水流和发辫之间的视觉对比:"观察水流的螺旋运动,与旋绕的头发多么相像。"因此,其中若真有什么故事,很可能是老人对昔日恋人感伤的怀念。这头发仿佛是《丽达与天鹅》素描中那梦幻的长卷发,因此迷人的"克雷莫尼斯"悄悄溜进了画框;但人们也会想起这些小卷发属于列奥纳多宠爱的少年萨莱。

这些都是解释的游戏,但也不是完全没有意义。因为图像的偶然并置突出了老人身上已经存在的某些特征:一种怀旧的气氛,一种听天由命的无奈。列奥纳多喜欢运用想象力在无序中构建意义。他曾写道,墙上的污渍也能被看作美丽的风景,所以即便他不是故意这么画的,在展开的纸上"找到"的图像肯定会被他注意到。

人们有时认为这是列奥纳多的自画像,但这是一种误导。画中的老人太老了,所以不可能是列奥纳多60或61岁时的形象:画中的老人更

老人和漩涡的草图,很可能是在瓦普里奥绘制的。

接近都灵自画像中的标志性形象,都灵自画像可能绘于艺术家人生的最后几年,尽管他丝毫没有画中呈现出的那种令人感伤的威严。如肯尼斯·克拉克所言,这位老人的素描更像是他为自己画的一幅漫画,而非自画像:他自怨自艾地将自己画成一个老态龙钟、不再抱有幻想、被边缘化的人。[114] 列奥纳多一直把自己带有幽默感的一半塑造为一个老人,比如在那幅滑稽的"瘪嘴"人物侧面像中,他勇敢地面对对面挑衅的年轻人。但现在,突然之间,他60岁了,并感觉到了这一点。

有三幅肖像可以被认为展示了列奥纳多60岁左右的真实模样,这三幅肖像全部由他的学生绘制,其中两幅是温莎城堡皇家图书馆收藏的素描,第三幅是油画。我在此首次提出,第三幅描绘了列奥纳多的真实模样。

那幅著名的美丽侧脸像(彩图16)用红色粉笔画成,画的下方以优美的大写字母写着"列奥纳多·芬奇"。这幅素描被认为是"现存最客观准确的大师肖像"。这张侧脸像在16世纪中叶成为列奥纳多的标准形象(例如,瓦萨里和焦维奥的木刻版画)。[115] 这幅肖像可能由弗朗切斯科·梅尔齐绘制,技法娴熟,而且我们几乎可以肯定,它要晚于梅尔齐1510年年中最早创作的那些绘画。画中人的卷发飘落下来,长而柔软,现在显然是灰色或银色的——由于是使用红色粉笔画的,所以我们无法确定这一点,但这就是给人的印象。但它依然是茂盛的,显得充满活力,浓密的胡须也是如此。这幅精美的侧脸像既优雅又具有力量感;画中人鼻子修长,眼神坚定,双唇略显阴柔,胡子梳理得很整齐。这幅侧脸像中的男子年轻时很漂亮(正如人们对列奥纳多的早期描述所坚称的),现在仍然英俊逼人。他还不是都灵自画像上的老人,事实上,他明显没有皱纹。我认为这就是列奥纳多60岁左右时的肖像,由梅尔齐于1512年或1513年在阿达河畔瓦普里奥绘制。对温莎城堡皇家图书馆藏品中的一幅画来说,不同寻常的是,这页纸的四角经过了修剪,以便安装,反面显示出已经连接到支架上的迹象。这很可能就是那幅1566年瓦萨里在瓦普里奥拜访梅尔齐时看到的肖像,他指出:"弗朗切斯科珍视并保存了这些手稿,以及这位有着如此美好的回忆的艺术家的肖像,将之视为列奥纳多的遗物。"

在一页画着马腿草图的纸上,有一幅不太为人所知但更难以捉摸的小幅墨水笔素描。[116] 我们几乎可以肯定,这是他的一名学生画的(阴影是用右手绘制的,因此肯定不是自画像)。侧脸像画的是朝左的四分之三的脸部。但仔细比较后可以发现,画中人的面部特征和那张用红色粉笔画的侧脸像很相似。马腿的草图可能与列奥纳多在1508年至1511年设计特里武尔齐奥墓碑有关;肖像素描在马腿草图相反的方向,但是我们无法得知哪幅画先出现在这页纸上。这幅素描里的列奥纳多看起来要比梅尔齐画的侧脸像年轻几岁,所以认为这幅画创作于1510年左右是合理的。有趣的是,画中的列奥纳多戴着某种帽子,至少从他额头上的皱纹和右脸颊上交错的阴影线可以看出这一点。大多数16世纪的列奥纳多肖像尽管无疑是从梅尔齐画的侧脸像衍生出来的,但都显示他戴着一顶帽子。在瓦萨里《艺苑名人传》的木刻肖像中,列奥纳多戴着一顶带护耳的四角帽,可能正是温莎城堡皇家图书馆馆藏素描描绘的那种头饰。列奥纳多"形象"的这一细节可能源自遗失的肖像,而温莎城堡皇家图书馆收藏的这幅素描就成了一件残留的遗物。

我当然怀疑是否还有一幅素描,画的是列奥纳多朝右的四分之三的脸部,与温莎城堡皇家图书馆馆藏素描恰巧相反。只要将温莎城堡皇家图书

列奥纳多的肖像草图,约1510年。

馆素描的背面临摹一遍，就可以非常简单地得到这幅素描了（彩图26）。学生们常会把画稿反过来描出镜像，从而从一幅画中产生两个模型；我们在列奥纳多自己的素描作品中也经常能看到他使用这种技巧。[117] 温莎城堡皇家图书馆馆藏素描的镜面版本没有完全遗失——列奥纳多的米兰学徒乔瓦尼·彼得罗·里佐利，即詹彼得里诺，笔下的留胡子的圣杰罗姆准确地保留了这些特点（彩图27）。除了3/4的脸部偏向相反的方向，圣杰罗姆在其他各个方面都和温莎城堡皇家图书馆的素描相似——鼻子的线条、忧郁的眼睛、络腮胡，甚至是帽子的轮廓（传统上，圣杰罗姆戴着枢机主教的帽子）以及头巾。

这幅画就是詹彼得里诺绘于1515年的祭坛画《圣母子、圣杰罗姆和施洗者圣约翰》。这幅祭坛画是为杰罗姆修会位于伦巴第的洛迪城附近的奥斯佩达莱托洛迪贾诺教堂绘制的，现在仍然挂在教堂里。[118] 如所有詹彼得里诺的作品一样，这幅画也明显受到列奥纳多的影响。画中正在和羊羔玩耍的婴儿基督来自卢浮宫版《圣母子与圣安妮》，圣母的脸也几乎和伦敦版《岩间圣母》一样。这两幅都是列奥纳多重返米兰后绘制的作品，那时詹彼得里诺是他工作室的一员。正如我们所见，詹彼得里诺自己创作的《跪着的丽达》画在了圣安妮群像的一部分底稿上，现在只有借助X光才能看见群像的底稿。温莎城堡皇家图书馆收藏的素描的作画时间大概是1510年，和卢浮宫版《圣母子与圣安妮》，还有《丽达与天鹅》的多个版本大致属于同一时段，也就是詹彼得里诺加入工作室的时间。这幅素描本身并不重要，只能算是一幅简略的涂鸦。但它意义重大，因为它是列奥纳多的目击者为他画的肖像，也因为它是奥斯佩达莱托洛迪贾诺教堂里的《圣母子、圣杰罗姆和施洗者圣约翰》的镜像。二者之间可能的联系是一幅现已失传的詹彼得里诺为列奥纳多画的素描，它是温莎城堡皇家图书馆素描的来源，而后者是它的一幅简洁的镜像临摹。詹彼得里诺则用它作为奥斯佩达莱托洛迪贾诺教堂祭坛画中圣杰罗姆的模型或底图，这是向他当时在罗马的年迈老师致敬，画中的形象应该是列奥纳多在米兰时年近60岁的模样：胡子斑白，面容轮廓分明，眼神专注，喜欢戴帽子。

第八章

暮　年
1513—1519

观察烛火并思考它的美。眨眨你的眼睛,再次凝视它。你现在看见的以前不在那里,以前在那里的现在也不在了。是谁,重新点燃了这总是快要熄灭的火焰?

——《巴黎手稿F》, fol.49v.

向南前进

1513年初,列奥纳多曾短暂地在米兰出现,这次试探性的露面可能是因为他无法确定新公爵马西米利亚诺将如何看待自己,毕竟自己曾经和后者的父亲的敌人密切合作过。3月25日,米兰大教堂的一本登记簿记录了他和一个叫普雷沃斯蒂诺·维奥拉的人一起生活或住宿。[1] 这段时间里,他写下了芭芭拉·斯坦帕的名字,她是菲利波·斯坦帕和妻子卡洛·阿泰拉尼(或称卡洛·德拉·泰拉)的女儿,夫妻两人都是斯福尔扎家族的忠诚仆人,现在很受器重。芭芭拉在圣玛利亚感恩修道院附近的豪华寓所阿泰拉尼府主持一个热闹的沙龙,贝尔纳迪诺·卢伊尼后来为圣玛利亚感恩修道院画了壁画。他们的后花园紧邻列奥纳多的葡萄园:他们是富裕、有教养的邻居。另一个忠于斯福尔扎的家族是克里韦利家族:"问问比亚吉诺·克里韦利的妻子,为什么被阉割的公鸡喝醉后,会去孵化母鸡的蛋。"[2] 在"经验的学徒"眼中,没有不值得研究的问题。但我们对他在米兰的活动一无所知,可能他大部分的时光都是在瓦普里奥度过的。

与此同时,消息从佛罗伦萨传来,政治命运的钟摆又摆向了美第奇家族;新一代统治者是洛伦佐幸存下来的两个儿子乔瓦尼和朱利亚诺,还有他们的堂弟朱利奥。1512年夏,他们在流放了18年后回到这里,统治佛罗伦萨:这是一场不流血的政变,尽管在普拉多时有军队护驾。9月1日,行政长官索代里尼通过一扇城门离开,踏上前往他的流放地达尔马提亚海岸之路,而朱利亚诺·德·美第奇从另一扇城门进入。他步行进城,身着佛罗伦萨传统长袍,没有军队护驾;他既没有去韦奇奥宫,也没有回美第奇宫,而是去了政府中支持美第奇家族的安东弗朗切斯科·德利·阿尔

由拉斐尔或他的追随者绘制的朱利亚诺·德·美第奇肖像。

比齐的府邸。这是低调处理政治问题的绝佳例子：在同胞的一致同意下，他以佛罗伦萨公民的谦卑姿态回归。与他一同回来的还有家族首领、朱利亚诺的长兄乔瓦尼，他肥胖、有学问、政治嗅觉敏锐，如今在罗马是一位权重位高的枢机主教，已经被认定为下一任教宗。他就没那么谦卑了：他在1500名士兵组成的队伍护送下进城，举手投足都显得像一位权贵。但他们没有处决敌人，没有没收财产，权力交接悄无声息而高效，像是在美第奇银行签出汇票。

教宗尤利乌斯二世的去世为美第奇家族的回归计划画上了完美的句号。乔瓦尼匆忙赶回罗马，1513年3月11日，枢机主教秘密会议正式选举他为教宗利奥十世（Leo X）。朱利亚诺被留下来管理佛罗伦萨，但是新教宗质疑他这位任性的弟弟处理佛罗伦萨派系斗争的能力，决定让他们可塑性强的年轻侄子洛伦佐·迪·皮耶罗（Lorenzo di Piero）取代他。朱利亚诺被召去罗马后，乔瓦尼赐予他新头衔，以平息他可能产生的不满。他成了帕尔马、皮亚琴查和摩德纳的统治者，但谢绝了乌尔比诺的爵位，承认已故教宗的侄子弗朗切斯科·德拉·罗韦雷在乌尔比诺的合法统治权，他在被流放时与罗韦雷成了朋友。朱利亚诺还被任命为教宗部队的总管，就像切萨雷·波吉亚在亚历山大六世教宗在位期间那样，这个职位使他有义务永远留在罗马。

现在，1513年夏天的某个时候，在罗马的朱利亚诺·德·美第奇向列奥纳多发出邀请，希望他可以来到这座永恒之城，加入美第奇家族的新宫廷。

在新笔记本《巴黎手稿E》的首页，列奥纳多写道："1513年9月24日，我在乔瓦（Giovan）、弗朗切斯科·德·梅尔齐、萨莱、洛伦佐和范富亚（Il Fanfoia）的陪同下，离开米兰，前往罗马。"第一个和最后一个名字都让人困惑。"乔瓦"可能是乔瓦·安东尼奥·博尔特拉菲奥，或詹彼得里诺，但没有证据能证明他们中的任何一个去了罗马；"乔瓦"也可能是一位不知名的仆人；还有一种可能，他不是别人，而是梅尔齐（因为原文中没有逗号），列奥纳多不寻常地同时使用了梅尔齐的两个名字，乔瓦尼·弗朗切斯科。在列奥纳多手稿的其他地方都找不到"范富亚"，他的身份仍然是个谜。"Fanfulla"是个已知的人名，"范富亚"可能是它的一个方言变体，或是一个描述性的昵称。"fanfoia"本身不是一个词，但它让人联想到"喃喃自语"（fanfono）；"fanfaro"是一种行军进行曲，从而有了"号角齐鸣"（fanfare）；而"fanfarone"则是"夸夸其谈"。这组词都带有"喧闹"和"炫耀"的含义，那么这有没有可能是拥有很多绰号的托马索·马西尼的另一个绰号？我们已知的他的绰号就有加洛佐罗（Gallozzolo）、索罗阿斯特罗、阿拉巴斯特罗（Alabastro）、印度维诺（Indovino）。

至少出发日期是准确的。1513 年 9 月 24 日，列奥纳多和他的随从离开米兰。7 年多前，他从佛罗伦萨来到这里，准备停留 3 个月——这组数据充分说明了他对这座城市（及其极度富有的公爵和统治者们）的深深依恋：他一生中总共有三分之一以上的时间是在这里度过的。他画中的风景是他少年记忆中的托斯卡纳山区乡村，沐浴着北部伦巴第微弱的阳光。9月他离开时，阳光已经开始变得柔和，因为他葡萄园里的葡萄已经成熟了，夜晚也比预计来得更早一些。

他们沿着艾米利亚大道向东南方向前进，途经洛迪、皮亚琴查、帕尔马、雷焦艾米利亚、摩德纳和博洛尼亚，然后再向南穿过亚平宁山脉。他可能没有在佛罗伦萨停留太久。一则开支记录写着："从这里［米兰］到罗马，500 磅花了 13 杜卡特。"这是指他带去罗马所有行李的运费。[3] 这份重达 0.25 吨的个人物品包括《蒙娜丽莎》《圣母子与圣安妮》和《丽达与天鹅》，以及素描本和写生作品集；大量伟大的解剖学对开页图纸；所有我们已知的，以及许多我们仍未发现的笔记本；马德里书单中的 116 本书（减去少量遗失的，又在旅行开始后加入一些新书）；还有工作室的设备、科学仪器、家具、衣服，以及出于价值和情感原因，逃过了"把你带不走的卖掉"命运的个人纪念品。

他可能在佛罗伦萨停留了足够见几位朋友的时间，并处理了《大西洋古抄本》中一份备忘录罗列的事情。[4] 在一位叫弗朗切斯科的鞋匠和一位叫乔治的文具商的身份不明的名字中，有一个问题："不知道神父亚历山德罗·阿马多里是否还活着。"这是一位老熟人了：他是列奥纳多第一任继母阿尔比拉的弟弟。他在清单中被提到过两次，列奥纳多渴望见到他，他们肯定从小就认识；两人在1506年重逢，当时这位神父为他带来了伊莎贝拉·德埃斯特的一封信。阿尔比拉只比列奥纳多大16岁，所以亚历山德罗可能和他年纪相仿。前文也提到过，他可能就是那位拥有已遗失的列奥纳多在佛罗伦萨的早期作品《亚当与夏娃》的底稿的"叔叔"。瓦萨里在16世纪40年代写道，这位叔叔"不久前"曾为奥托维亚诺·德·美第奇展示过这张底稿。如果这位叔叔就是亚历山德罗，我们可以很高兴地发现了列奥纳多在1513年提的问题的答案：是的，他还活着。

列奥纳多在佛罗伦萨没有见到尼科洛·马基雅维利。由于和索代里尼政府关系过于密切，马基雅维利于1512年11月被解除秘书职务。次年2月，他卷入了彼得罗·保罗·博斯科利和阿戈斯蒂诺·卡波尼挑起的反美第奇阴谋中，险些被处刑。马基雅维利被囚禁在巴杰罗并遭受酷刑后，又被放逐到佩尔库锡纳的圣安德烈亚的小庄园中，在那里有点不情愿地过着穷困的乡绅生活。在修剪林区、诱捕画眉和在当地客栈玩西洋双陆棋的空档，他开始坐下来撰写那本讨论强权政治的著作《君主论》。早在10年前，他在前往波吉亚那里执行那些令人忧虑的任务时，就已经开始构思此书，近年备受磨难的经历，让他对其进行了提炼和浓缩。他打算把这本书献给朱利亚诺·德·美第奇，希望这种姿态可以挽救他沉沦的命运；他之所以会产生这样的愿望，可能是因为他听说从前的好友列奥纳多·达·芬奇现在要为朱利亚诺效劳了。[5]

列奥纳多可能在1513年10月底抵达罗马，如果他完成了上述备忘清单中提到的所有人物，他抵达时应携带了一副"蓝眼镜"。我很想说他是戴着一副蓝眼镜来的——这形象太妙了：戴着墨镜的列奥纳多。虽然他戴着的眼镜更可能是他在奇怪冶金实验中用到的护目镜，他在罗马期间做了很多这样的实验。

帅气、柔弱、有些神秘的朱利亚诺·迪·洛伦佐·德·美第奇继承了他父亲的个人魅力，但没有继承他的政治能力。朱利亚诺出生于1479年，以他被暗杀的叔父命名。我们在多梅尼科·吉兰达约为新圣母玛利亚教堂绘制的漂亮壁画中见到了年约5岁的他：他是那个转身看画家的有棕色头发的小男孩。他站在憔悴而有些不修边幅的诗人阿尼奥洛·波利齐亚诺身边。正是这位诗人创作了《奥菲欧》，他也是洛伦佐的孩子的老师。在朱利亚诺身后的是哥哥乔瓦尼，壁画里的乔瓦尼是个圆脸男孩，留着平直的金发。这些特征已经能说明，他35年后就是拉斐尔笔下那位有双下巴的教宗。

1494年，局势开始对美第奇家族不利，当时朱利亚诺只有15岁。流放期间，他曾是乌尔比诺公爵和曼图亚侯爵的客人。正如我们已经看到的，他有可能于1500年在威尼斯见过列奥纳多，并且有可能很欣赏列奥纳多当时正在绘制但最终未能完成的伊莎贝拉·德埃斯特肖像画。他可能还邀请列奥纳多为他在佛罗伦萨认识和迷恋的丽莎·盖拉尔迪尼画一幅类似的肖像画。所有这些可能都需要解释为什么1517年列奥纳多来到法国站在《蒙娜丽莎》肖像画前时，将它描述为"某位佛罗伦萨女士的肖像，在已故的朱利亚诺·德·美第奇的敦促下而绘"。还有一种解释称，列奥纳多来到罗马与朱利亚诺相见后，才被"敦促"创作《蒙娜丽莎》，这幅肖像画的是朱利亚诺当时的某位情妇；但这不能解释为什么她坐在佛罗伦萨的凉廊里。尽管如此，这幅画当时的确在罗马，而且无疑已经进入润色和重新着色的阶段，开始慢慢演变成现在卢浮宫展示的标志性模样。或许正是在这一时期，在朱利亚诺的赞助下，这幅油画的轻浮版本"裸体乔康达"出现在了列奥纳多的工作室里。

朱利亚诺是卡斯蒂廖内在《廷臣论》中的对话者之一，这部作品名义上是根据卡斯蒂廖内于1507年3月在乌尔比诺城堡参加的"达官显贵和有才之士"聚会创作，并在第二年圭多巴尔多·达·蒙泰费尔特罗公爵去世后写成。这部作品经历了精心打磨和重新起草，直到1528年才出版，在此过程中成为对文艺复兴时期完美的家庭聚会的怀旧想象。参与对话的人还有彼得罗·本博，他是吉内薇拉·德·班琪和她优雅的情人贝尔纳多之子；葡萄牙教长多米格尔·达·席尔瓦，他后来是索罗阿斯特罗在罗马的赞助人之一。卡斯蒂廖内把这本书献给达·席尔瓦，还追忆了一些已过世的乌尔比诺社交圈内的人，其中包括朱利亚诺·德·美第奇，"这个世界值得更长久地享受他的善良、高尚和礼貌"。在利奥十世担任教宗期间，在罗马担任葡萄牙大使多年的达·席尔瓦可能和朱利亚诺成了好友，索罗阿斯特罗或许正是通过这层关系获得了他的赞助。

人们谈到朱利亚诺时，除了会说他有些不现实，就几乎不会给出更糟糕的评论了。作为教宗部队的指挥官，他是无能的。与其说他是一名士兵，不如说他是一名廷臣；而与其说他是一名廷臣，不如说他是一名业余学者。瓦萨里说他是"自然哲学的伟大学生，尤其擅长炼金术"，这让我们再次想到索罗阿斯特罗，并且与列奥纳多在罗马从事的一些冶金实验有关。瓦萨里称，拉斐尔为朱利亚诺创作的肖像画大概也是绘于这一时期，目前藏于纽约大都会博物馆的版本或是原作，或是当时的临摹本。在实际上是美第奇家族的肖像工坊的阿尼奥洛·布龙奇诺的工作室里，也有一幅类似的肖像，于16世纪50年代末完成。两幅作品都描绘了朱利亚诺在1513年末，即列奥纳多开始为他效力时的样貌：一名35岁左右的皮肤黝黑、蓄着胡子的男人，英俊而带有一些颓废，精于学术但健康堪忧。那件强加在他身上的权力新"斗篷"并不是很合身。

这段和朱利亚诺新建或重建起来的关系，把列奥纳多带回了美第奇家族的圈子中，疗愈了他30年前与洛伦佐·德·美第奇打交道时可能生成的任何怨恨。根据贝内代托·瓦尔基当时的说法，朱利亚诺对待列奥纳多"与其说是朋友，不如说是兄弟"。[6]

保罗·焦维奥记录了一枚可能是列奥纳多为朱利亚诺制作的纹章。这是"美第奇树桩"的一个版本，画着一棵被砍断的月桂树干正在长出新芽，但上面神秘的箴言："GLOVIS"在其他版本中没有出现过。把箴言倒过来读，"si volge"意为"转弯"或"改变方向"，这让我们想起列奥纳多的另一句纹章箴言："思考转向希望"。[7]这句箴言恰到好处地反映了1513年美第奇家族重新崛起，可能也体现了当时在罗马的列奥纳多正处于乐观的情绪当中：这是另一次崭新的开始。

在贝尔韦代雷

1513年12月1日，教宗的建筑师朱利亚诺·莱诺罗列了各种需要在梵蒂冈进行的建筑项目，其中包括"那些在贝尔韦代雷，列奥纳多·达·芬奇先生房间内的待完成的工作"。[8] 贝尔韦代雷是30多年前由教宗英诺森八世建造的一栋别墅，本质上是教宗的避暑宫殿，这里气候凉爽、地势较高，周围是美丽的花园。从这份"待完成的工作"清单判断，直到12月1日，列奥纳多都还没搬进贝尔韦代雷。待完成的工作并不多，我们或许可以想象，到这一年年底，他将在自己在意大利最后的家中安顿下来。这份清单让我们得以一窥列奥纳多的罗马寓所内的布置。所需的东西有：

- 松木隔断，其中1间专用于厨房
- 天花板框架，用于建造阁楼
- 加宽1扇窗
- 铺地砖
- 4张杨木制成的餐台，带支架
- 8个凳子和3把长椅
- 1个箱子
- 1张颜料研磨台

餐厅的布置说明列奥纳多有相当多的"家属"。实际上，我们也会发现，那些椅子上坐着一些相当可疑的新助手。

列奥纳多从前曾几次短暂到访罗马，但从未在那里生活过。这座城市大概有5万人口，比米兰少得多。罗马既以古迹闻名，又以宏伟而新奇的建筑著称：罗马众多建筑师中，最重要的一位是列奥纳多的老朋友布拉曼特，他的项目常使附近社区遭到整片拆除，他也因此获得了"废墟大师"的称号。当时，教廷的腐败和贪污同样臭名昭著，正如洛伦佐·德·美第奇写给未来将成为教宗的儿子的著名家书中所说，这里是"藏污纳垢的阴沟"。利奥十世的教廷虽然没出现波吉亚担任教宗时的那种卡利古拉式的放肆，但是梵蒂冈的生活作风仍旧荒淫无度。城中有大约 7000 名妓女，许多妓院获得了教宗的官方批准。城里梅毒泛滥，当本韦努托·切利尼说这是"一种在神父间非常普遍的疾病"时，这并不是毫无根据的污蔑。[9] 这种腐化的气息渗入到一幅名为《天使的化身》的奇怪素描中，后面我会多讲一些。

但在这一切当中，贝尔韦代雷是一个与世隔绝的小世界，列奥纳多在罗马仿佛是在隐居。这座宫殿很新，但居于其中的花园巨大而古老，而且算是半天然的。阿尔贝蒂已经为打造一座新的古典风格的花园设计了几套方案，花园将配有柱廊和曲折的台阶，以及带有喷泉和"可笑雕塑"的岩穴。["可笑"是因为雕塑古怪或奇怪，很适合岩穴（grottoes），由此有了"稀奇古怪"（grotesque）一词。[10]] 但阿尔贝蒂的计划没有实现，花园仍然由一片茂密的树林、果园、鱼塘、喷泉、雕塑和隐蔽的藤架组成，顺着山坡一直延伸到贝尔韦代雷下面的峡谷。或许，与罗马城和宫廷相比，我们更容易在这里看见这个和"自然，这位所有大师的女主人"交流的憔悴、蓄着胡子的老人。如果他不是在和自然交流，那么至少是在和一位园丁聊天，就像瓦萨里在一则轶事中所说的那样：

> 贝尔韦代雷的园丁发现了一只长相非常奇特的蜥蜴，列奥纳多用一种水银混合物把翅膀绑在它的背上；翅膀是用从其他蜥蜴身上剥下来的鳞片制成的，蜥蜴爬行时，翅膀会颤抖。他还给这生物安上眼睛、犄角和胡须，然后驯化它，把它养在盒子里向朋友们展示，把朋友们吓得魂不附体。[11]

无论这则轶事是否属实，罗马时期的列奥纳多都被赋予了古怪男巫的形象。1502 年，多米格尔·达·席瓦报告说，索罗阿斯特罗也有一只类似的怪物："我们认为这只四脚蛇是个奇迹。索罗阿斯特罗相信，它是一只从利比亚飞来的狮鹫带来"的。

一则在贝尔韦代雷写下的笔记记录了 1514 年的一个夏夜："7 月 7 日的 23 时，在贝尔韦代雷，在大人为我提供的工作室中完成。"[12] 他完成的是一些几何方程，列奥纳多一直对此感兴趣。在另一张纸上，列奥纳多写道："我现在开始写《几何游戏》(De ludo geometrico)，在这本书中我将进一步展示通往无限的方法。"令人着迷的细长的"半月形"几何序列——由包围着一定空间的两个圆弧组成的变化图形——似乎就属于这些通往无限的游戏。[13]

我们对他的社交生活（如果有的话）一无所知。当时在罗马有许多他认识的人：布拉曼特和米开朗琪罗；拉斐尔，1505 年他曾来到佛罗伦萨，并结识了列奥纳多；宫廷作家卡斯蒂廖内；甚至还有曾追随列奥纳多多年的学生阿塔兰特·米廖罗蒂，现在是圣彼得大教堂的工程总管。[14] 但他们的名字没有出现在他的笔记本上。人们可以在上面看到半月形的催眠舞蹈、声学实验，以及去马里奥山寻找化石的笔记。笔记中还有以罗马单位"朱利"(giuli)记录的零散账单："萨莱：20 朱利；房子：12 朱利"，还有"洛伦佐欠了 4 朱利的干草钱，这些干草本来要在圣诞节用的"。[15]

1514 年夏末，列奥纳多陪伴朱利亚诺去北方短途旅行。9 月 25 日，他记录了自己住进位于帕尔马的一家"名为'钟'的小旅店"。两天后，他们"抵达圣安吉洛附近的波河河岸"。[16]

临近年底时，一则笔记记录了家庭和睦的信息，令人愉悦。1514 年，罗马还有一位达·芬奇——列奥纳多同父异母的弟弟，塞尔·皮耶罗的次子，朱利亚诺。在 1507 年至 1508 年那场诉讼案中，他是和列奥纳多对峙的弟弟妹妹的领头人。朱利亚诺现在大约 35 岁，是一位丈夫、一位父亲，当然也是一名公证人。显然，他来到罗马，是为了追求某种他认为自己应得的有俸圣职，而且毫无疑问，他与列奥纳多和解是别有用心的：人脉是这个世界的一切，而列奥纳多拥有人脉。列奥纳多在写给教宗的顾问尼科洛·米凯洛奇的信中，详述了他为朱利亚诺所做的徒劳的努力：

我亲爱的尼科洛先生，我像尊敬兄长那般敬重您。我离开阁下您不久后，就去登记簿上看我弟弟的名字有没有登记下来。但登记簿不在那里，我还没找到就被打发走了。最后，我找到负责审查僧职候选人资格的主教，告诉他，我希望他能让人明天阅读并登记一下申请书。他回答说这很难，而且申请所需的不少事情都不容易完成。这笔俸禄只是一小笔钱，如果数额更大一些，那登记就不会这么困难了。[17]

就这样，列奥纳多不形于色地记录了教廷的官僚作风：如果俸禄数额更大，那这件事可能很好解决，大概是从中抽取一定比例来推动。教廷负责审查僧职候选人资格的主教（负责登记和为教宗公诏排期），这位对列奥纳多的咨询无能为力的官员是巴尔达萨雷·图里尼阁下，他也是托斯卡纳人，来自山城佩夏。据瓦萨里说，他曾委托列奥纳多画过两幅小画，所以比起朱利亚诺俸禄的金额问题，他似乎更看重列奥纳多的技艺。[18]

朱利亚诺·达·芬奇最后的申请结果没有被记录下来，但我们有一份更有人情味的文件：朱利亚诺在佛罗伦萨的妻子亚历山德拉寄给他的一封信。[19]这封信写于1514年12月14日，内容主要是关于她和一位叫巴斯蒂亚诺的金匠之间的矛盾："他曾借给你一条项链，现在对此很抓狂……我不知道他说的是哪条项链，但我想应该是我戴在脖子上的那条。"但她还附加了一段又长又辛酸的附言，其中包括一句对列奥纳多的问候：

塞尔·朱利亚诺：你的妻子亚历山德拉病得很重，痛得几乎要死了。我忘记让你向长兄列奥纳多转达我的敬意，他独一无二、非常优秀。大家都知道亚历山德拉已经失智了，成为活在阴影中的女人。最重要的是，我向你们称赞和推荐自己。希望在你的心中，佛罗伦萨和罗马一样美，尤其是因为你的妻子和女儿在这里。

这封信写得很甜蜜，讲了金项链的故事，以及它落寞的女主人，也提到她对"独一无二、非常优秀"的大伯列奥纳多的敬意。这封信保存在列奥纳多的稿纸中的事实，肯定意味着朱利亚诺在1514年至1515年的冬天与列奥纳多在罗马见面后，把信交给了他。

列奥纳多在信件下方的空白处写了一些几何学笔记，并在信纸背面写道："我的书在教宗的私人管家巴蒂斯塔·德尔·阿奎拉先生手中。"下方有几个字，"论声音"，这可能正是德尔·阿奎拉手中的那本书的标题。这个短语再次出现在列奥纳多的罗马笔记中："论声音——为什么快速通过管道的风会发出刺耳的声音？"[20] 在后来的解剖学笔记中散布着关于声学的资料。德尔·阿奎拉手中之所以会有这本论文或"书"，是因为教宗管家有这方面的阅读兴趣，还是我们发现了他被教廷监视的记录，并且或许与1515年列奥纳多进行解剖研究时引发的争议有关？

1515年1月9日，列奥纳多写道："尊贵的朱利亚诺在黎明时分离开罗马，前往萨伏依与一名女子结婚；同一天，法国国王去世。"[21] 实际上，路易十二10天前就去世了，所以这个日期可能告诉我们的是列奥纳多获知国王去世的时间。朱利亚诺·德·美第奇的新娘是萨伏依的菲利贝尔，她是新法王弗朗索瓦一世的小姨：这无疑是一场政治联姻。

前往法国时，朱利亚诺似乎还带上了一些列奥纳多的设计稿，因为在1515年7月12日，里昂出现了一头"机械狮子"，这是列奥纳多为弗朗索瓦一世加冕典礼设计的得意之作。这台机械装置利用了与15世纪90年代他制作的自动机或机器人相同的原理（但这反过来体现了15世纪70年代末已经探索过的想法）。G. P. 洛马佐这样描述道："有一天，在法王弗朗索瓦一世面前，他［列奥纳多］启动了一头用巧夺天工的技艺制作的狮子；狮子从它在大堂的位置开始移动，停下来后打开了胸腔，里面开满了百合等鲜花。"[22] 狮子是古老的佛罗伦萨标志，百合是法国王室的象征。因此，列奥纳多的机器人出现在里昂的一个宴会厅里，缔结了美第奇家族和新法国国王之间的政治友好关系。然而，正如洛马佐的描述所暗示的那样，列奥纳多本人并不在那里。

施洗者和巴克斯

"故事是这样的，"瓦萨里写道：

当教宗委任列奥纳多创作一件作品时，他马上开始蒸馏油和植物来制作清漆，教宗利奥因此惊呼："哎呀！这个人永远不会做任何事情，因为他甚至在开始工作之前就已经在考虑结束了。"

这很好地反映了教宗和列奥纳多之间的棘手关系（尽管他不是第一个对列奥纳多表达这种愤怒的客户），而朱利亚诺在1515年初的离开，为列奥纳多在罗马的地位带来一丝不确定性。这一年将困难重重。

这位佛罗伦萨人教宗委托的作品有可能是一幅关于佛罗伦萨城的庇护圣人——施洗者圣约翰的画。这仅仅是一种猜测，但列奥纳多的《施洗者圣约翰》(St John) 半身像（彩图29）——肯定是晚期作品，很可能是他最后一件作品——正是以这样的方式开始绘制的。若果真如此，那么教宗轻蔑的评论显示出他对列奥纳多的艺术认知很有限，因为正是那些精心蒸馏的"油和植物"，让《施洗者圣约翰》的画面表层充满了光泽和层次感，赋予它渐渐隐没在背景中的神秘气息。在教宗的驳斥和贝尔韦代雷工作室的蒸馏瓶中，列奥纳多思考着那些"捉摸不定的混合物"（瓦萨里这样称呼它们），也思考着他要用这些混合物创作的油画的形态与情绪。赞助人已经不耐烦了——"哎呀！"——却没发现大师已经开始工作了。

实际上，列奥纳多晚期画过两幅圣约翰的画像，现在都藏于卢浮宫。一幅是上文提到的黑色背景的半身像《施洗者圣约翰》，另一幅尺寸更大，是他的全身像，身后是风景，为了方便，这幅一般被称为《沙漠中的圣约翰》(St John in the Desert)，尽管由于对这个人物的一些补笔——显然是在列奥纳多逝世很久后补上去的——这幅画常被称为《巴克斯圣约翰》(St John with the Attributes of Bacchus)。这两幅画没有留下任何零星的文献记载，我们所知道的就是，1517年，安东尼奥·德·贝亚蒂斯曾在法国见过其中一幅，以及17世纪时，两幅画都归法国王室收藏。《沙漠中的圣约翰》可能是两幅中较早完成的一幅：风景里的树可与卢浮宫版《圣母子与圣安妮》中的树相比。这些晚期作品的作画时间跨度很大，但半身像《施洗者圣约翰》所具有的美感和神秘感，似乎比任何一幅晚期作品都更像是列奥纳多神秘的最后陈述，或者实际上是最后的疑问。据贝亚蒂斯说，列奥纳多在法国已经不再作画了，但人们很难想象，列奥纳多本人或他的学生在面对一直带在身边、立在或挂在工作室里的作品时，不会偶尔画上几笔，或再涂上一层清漆。因此，这幅画的"创作"（如果不是因为他参与过少而无法使用这个词的话）将一直延续到他生命最后的时光。

与所有晚期作品一样，《施洗者圣约翰》也有一个漫长的定稿和重新定稿过程。温莎城堡皇家图书馆收藏的一幅小型素描记录了这一过程的最早阶段，这幅素描画在一张画着《安吉亚里战役》草图的稿纸上，因此绘制时间大概为1504年至1505年。[23] 从构图上看，《施洗者圣约翰》可以追根溯源到佛罗伦萨时期，其他的晚期作品，比如《丽达与天鹅》和《圣母子与圣安妮》，也在这一时期萌芽。这幅温莎城堡皇家图书馆收藏的素描实际上画的是报喜天使加百列，而非圣约翰，但他们的姿势相同：右手手臂竖直向上，左手压着胸部。这幅素描出自一名学生之手——萨莱？费兰多·斯帕尼奥洛？——但可能是列奥纳多纠正了右手臂的角度。这幅素描的构图与一幅由一位不知名的列奥纳多"追随者"创作的、目前藏于瑞士巴塞尔的画精准地呼应着。这种构图也体现在巴乔·班迪内利的一幅素描中，这名佛罗伦萨雕塑家以他和米开朗琪罗及切利尼在公共场合发生过口角而闻名，也以他位于韦奇奥宫外的人像雕塑《赫拉克勒斯和卡库斯》而闻名。[24] 这两幅晚期作品都结合了半身像《施洗者圣约翰》中的面容以及温莎城堡皇家图书馆馆藏素描里天使的姿势。现存还有一些描绘那只左手的草稿：其中一幅收录在《大西洋古抄本》里，出自一名学生之手；另一幅藏于威尼斯学院，是一幅用红色粉笔画的一幅极好的草图，由列奥纳多本人完成。[25]

这个形象最不寻常的变体是一幅画在蓝色纸上的小型素描。这幅素描很长时间以来一直被一个"德国贵族家庭"私人收藏，直到1991年才被重新发现。[26] 画中的"天使"摆出同样的姿势，但没有能彰显他天使身份的翅膀。画中的他有一张令人不安的模糊面孔和一个明显属于女性的乳头，在他左手擎着的薄纱下面，有一根勃起的大阳具。（在某种程度上，有人试图抹去最后这个特征，导致阳具周围出现了一片灰褐色：这是纸张

天使的蜕变。学生绘制的"报喜天使"草稿，画在一张约1504年至1505年的纸上（上），以及一幅正面全裸的《天使的化身》，绘于罗马时期。

原本的颜色，透过表面的蓝色表层露了出来。）这幅素描的创作时间大概是 1513 年至 1515 年，即列奥纳多在罗马期间，很可能与《施洗者圣约翰》属于同一同期。

这幅令人不安的图像现在一般被称为《天使的化身》，即"天使的肉身"，1991 年在纽约首次展出时引起了轰动，从此让学者甚至精神病学家伤透脑筋。安德烈·格林写道：

> 人们在此遇到了各种矛盾，不仅是女性和男性之间的矛盾，而且是某种狂喜和几近伤心欲绝之间的矛盾。嘴巴过于性感和孩子气，半闭半张，欲言又止。卷发是两种性别都可以拥有的特征。简而言之，我们感到不安，而且毫无疑问，这种不安在看到薄纱下勃起的阳具后被进一步激化了。或许这位像是天使的人物背后有一些邪恶的东西，但我们不好说我们在诠释中产生的焦虑，是源于寻找这件作品整体连贯性的困难，还是因为我们无法调和对天国的向往和性高潮的快感。[27]

艺术治疗师劳里·威尔逊认为，这幅画中"反常的丑陋"源于"表达和控制负面感受的困难"，人们可能将之解释成性罪恶感的产物。[28] 这种丑陋发起了一个挑战：邀请你对这幅专业级跨性别色情作品做出回应。天使已经变成了一个从罗马低贱的人口市场弄回来的面目可憎的娈童，天使的问安也被扭曲为妓女的勾引；脸颊上的凹陷暗示着疾病，而这反过来又意味着梅毒；在那双令人不快的洋娃娃般的大眼睛里，有一种渴望、恳求的目光。（令人好奇的是，为什么大眼睛已经成为这名学生在 1505 年左右的天使素描的一个特征：这是最初构思的一部分。）

这背后有一定的社会背景，因为一直存在一股作画潮流，把天使报喜阐释为天使加百列使圣母怀孕——他带来的圣灵为她的子宫"带来胎动"。根据呈现方式，画面可能是下流的或象征性的。我们在普奇有伤风化的作品《东方女王》中也可以找到这种色情的解读，列奥纳多知道并引用过这部作品，其中一位男青年称其硕大的阳具是加百列送的礼物：

她说:"亲爱的,你从哪儿弄来的那个东西?"他回答说:"是天使加百列按照上帝的旨意,将它显现于我。""难怪它这么美,"她说,"原来它直接来自天堂。"[29]

在伊丽莎白时期的英格兰,曾有一种亵渎的想法,认为天使报喜是一场性爱邂逅。英格兰声名狼藉的年轻贵族牛津伯爵云游意大利时,喜欢通过说"约瑟戴绿帽"来让他的晚宴客人愤慨难当。而伊丽莎白时期杰出的马基维利思想倡导者克里斯托弗·马洛也曾说:"天使加百列是圣灵的老鸨,因为是他向玛利亚问安的。"[30]

在我们找到的1505年左右绘制的草图和素描中,报喜天使举起的右手准确地表达了对玛利亚的"问安"。而在《天使的化身》中,这个姿势被赋予了卖淫的污秽色彩,这是16世纪无神论传说的一部分。

所有这一切似乎都让人回想起列奥纳多在一页纸上写下然后又划掉的一则隐晦的笔记,这页纸现在收在《大西洋古抄本》中。这页纸也可以追溯到1505年左右,因为纸的背面又出现了《安吉亚里战役》中的马的小型草图。列奥纳多写下的话是:"我做了少年基督之后,你们把我关进监狱,如果现在我做了他长大后的样子,你们会用更恶劣的方式对我。"这句话的前半部分可以被解读为指的是他在1476年与巡夜长官的争执,可能涉及以雅科博·萨尔塔雷利为原型创作的一幅少年基督绘画或一个赤陶雕塑。后半部分指的是他后来打算做的一些作品,他担心这些作品可能会使他更加身败名裂。这里的潜台词是,在他对天使和年轻基督的描绘中,同性恋和灵性令人烦恼地纠缠在一起:他挑选的模特都是充满性诱惑力的青年男子,他笔下的所有天使都带有某种同性恋倾向(《天使报喜》《岩间圣母》,以及圣真纳罗教堂的赤陶雕塑),其中最骇人的是正面全裸的《天使的化身》。

在列奥纳多其他晚期作品之间,也可以看到报喜天使和卢浮宫收藏的《施洗者圣约翰》之间的关系,它们是同一主题的不同变体,例如姿势不同的丽达,或不同人物组合的圣安妮群像。但报喜的天使在《施洗者圣约翰》中的变化是一种隐藏，几乎是一种删减。施洗者的右臂不再向前伸出，露出天使或圣徒的正面，而是横在胸前，挡住了青春期正在发育的胸部，也遮住了左手优雅的手指（尽管从可见的部分可以看出，还是原来的那只左手）。动物皮毛做成的斗篷进一步遮掩了他的身体，实际上，列奥纳多还通过人物在画中的定位，进一步隐藏了臀部以下的躯体。《天使的化身》中那张眼神空洞的脸在此容光焕发，嵌在茂密的红褐色卷发当中：这个人物的雌雄同体特征在没有明确说明的情况下被表达出来，就像在素描中的一样。在回避了具体的性别特征问题后，列奥纳多得以创造出一种更深刻也更优雅的矛盾。卢浮宫的这幅画保留了一丝几乎令人心酸的同性恋诱惑的痕迹——画中人的脸与理想化的萨莱形象的相似，说明创作源于列奥纳多的个人生活深处——但它被融入了这幅画的神秘光泽之中。那些在贝尔韦代雷提炼出的、神奇的"油和植物"，中和了《天使的化身》的病态和腐败的基调。"油和植物"被慢慢地、平顺地、反复地一层又一层涂抹在画板上，直到呈现出我们现在看到的形象：同时是性感的和属灵的、男性的和女性的、罪人和圣徒，这似乎解决了我们充满分歧、犹豫不决的生命中的所有冲突。

尽管在形象和姿态上和报喜天使相似，《天使的化身》还与另一幅画有联系，并且同样可被称为《病态的巴克斯》(Bacco malato)，这是卡拉瓦乔作品中的一个著名主题。[31] 这可能意味着基督教和异教图像学间的一种调和，就像我们在《丽达与天鹅》中发现的那样。丽达是异教版本的圣母、神奇的母性的形象，她不是因为化身为鸽子的圣灵受孕，而是因为一个伪装成天鹅、以好色闻名的古典神祇。

巴克斯是罗马版的酒神狄俄尼索斯，这个名字是伊阿科斯（Iacchus）的变体，用来形容狄俄尼索斯的喧闹（源自希腊语"iache"，意为"喊叫"）。与狄俄尼索斯相同，巴克斯不仅是酒神与狂欢之神，他还代表着一种古老的生殖本能法则，所以列奥纳多画上了勃起的阴茎。他是朱庇特的儿子之一，据说是"从朱庇特的大腿中诞生的"，因为在他的妈妈塞默勒去世后，朱庇特把他缝进大腿中养育，这毫无疑问进一步将他与阳具联系在一起。巴克斯的形象可以和丽达相提并论，他们都是异教中生育和繁衍的象征，这种关系似乎又一次与列奥纳多在1505年前后的作品有关，因为正是在那个时候，费拉拉公爵在信中谈到某幅"列奥纳多画的巴克斯"。就信中提到的这幅画的主人而言，它似乎是列奥纳多佛罗伦萨工作室的一幅遗失的真迹，与早期的《丽达与天鹅》草稿的创作时间大致相同。这幅遗失的《病态的巴克斯》可能和藏于温莎城堡皇家图书馆的，也是1505年左右完成的报喜天使素描在人物形象上有一定的相似性。

后期罗马的"天使"暗示了巴克斯的病态，这是他作为生殖和繁衍之神的本性的一部分：它意味着生产和性交后的衰弱，他是秋天的神，衰弱的神。在列奥纳多的版本中，患病初期的他下体仍是肿胀的——一种时间或过程的动态被编制到了素描中。聚会快结束了，但还没有完全结束。

巴克斯主题还与列奥纳多的另一幅圣约翰绘画——全身像的《沙漠中的圣约翰》密切相关，这幅画尤其具有巴克斯的特点。这幅画于1625年首次被记录在枫丹白露的王室藏品中。在早期的枫丹白露目录中，这幅画被描述为《沙漠中的圣约翰》（'St Jean au désert'），但到1695年，目录里的这个标题被删掉了，取而代之的是《风景里的巴克斯》（'Baccus dans un paysage'）。[32]这导致人们假设，画中巴克斯的特征——豹皮、葡萄叶王冠、葡萄、由施洗者的十字架做成的酒神权杖——都是17世纪末新增的。技术检测既不能确定，也不能驳斥这种假设（X光分析无法提供帮助：这幅画在19世纪转移到画布上时用白铅处理过，导致射线无法穿透它）。同样有可能的是，施洗者和巴克斯的形象整合是最初概念的一部分，只是没有被早期的编目员注意到。施洗者传统上穿着一件羊皮外套，此处通过增加一些斑点成为豹皮。[33]

这幅画的一幅早期变体出自列奥纳多的追随者切萨雷·达·塞斯托之手，表明这种异教色彩是列奥纳多的《被洗者圣约翰》的固有色彩。切萨雷1513年左右时人在罗马，可能在那里和列奥纳多有过接触。他笔下的施洗者准确地呼应着列奥纳多的，甚至连左脚张开的大脚趾都一模一样。[34]他不是巴克斯——没有葡萄叶冠饰，没有豹皮，没有葡萄——但有两件事让我印象深刻。第一，切萨雷笔下施洗者的脸和《天使的化

《沙漠中的圣约翰》，后来被编目为一幅"巴克斯"。

身》里的一样因病态而苍白，还长着同一双空洞的眼睛，罩着薄纱。第二，他左臂弯曲处的十字架顶端缠绕着一条蛇，暗示了这是墨丘利的节杖。墨丘利是诸神的信使，等同于被派来"豫备主的道"的施洗者圣约翰，他也可以和另一名信使天使加百列联系起来。所以，切萨雷在此也玩起了异教特征和着装的游戏，而这位在列奥纳多晚年以各种形象频繁出现的人物又有了新的形象：天使、施洗者、巴克斯、墨丘利——他们都来自灵界，是能在疾病与死亡中催生新生命的信使。"是谁，重新点燃了这总是快要熄灭的火焰？"

大洪水

> 然后雷声响起……
>
> ——T. S. 艾略特,《荒原》

在《天使的化身》背面,列奥纳多写下了三个单词,原本是用红色粉笔写的,他后来又用在纸背面画素描用过的同一支黑色粉笔描了一遍。这三个单词是:

astrapen

bronten

ceraunobolian

这张奇怪的清单罗列的是三个希腊语单词的音译,意思分别为"闪电""暴风雨""雷电"。这是罗马博物学家普林尼描述希腊画家阿佩利斯的传奇技艺时使用的词汇,人们称阿佩利斯可以"描绘不能描绘的事物",即这些大气现象。[35] 人们常在颂诗中把列奥纳多比作阿佩利斯,并钦佩地提到他画了"充满重大意义的虚构场景"。[36] 现在,他的画家生涯接近尾声,我们发现他在此思考着画家或绘图员的魔力,即捕捉剧烈变化的自然中稍纵即逝、难以表现的效果。

列奥纳多总是被暴风雨的戏剧性所震撼。他早年描写洞穴的片段,实际上正是以一段对暴风雨的描述开始的:"一股旋风在深深的沙谷中疾驰,迅猛地将一切阻挡它狂飙突进的东西卷入它的中心。"15世纪90年代初,他写过一段关于"如何画一场暴风雨"的作画笔记:

首先,你必须画出散落撕碎、随风飞舞的云,与从海边吹来的沙云混在一起,树枝、树叶和其他四处飞旋的轻盈物体一起掠过、散落……当暴风刮过海面,海浪激涌。暴风雨的空气变成一团令人窒息的浓雾。[37]

通过这些描述，我们能感受到一股巨大的能量和气流在运作，而且不同的物质正以不同的方式在它们之中移动，像是暴风雨无形潜力的标记。我们曾在皮翁比诺被大雨冲刷过的海滩上看到过列奥纳多的身影，那时他正在研究拍岸的海浪的复杂机制。还有一次，在佛罗伦萨附近，他敬畏地看着旋风的威力：

狂风回转的旋涡……拍击着水面，在水面铲出一个大坑，然后把水变成一根和云颜色相同的水柱，举向天空。我在阿尔诺河畔的沙洲上看见这番景象。狂风挖出来的沙坑比人还深，沙砾被卷得到处都是，在一片开阔的区域内旋转。它以一座巨大的钟楼的形态出现在空中，顶部像一棵巨大的松树散开的树枝。

1508年的一则笔记记录了另一场龙卷风："我看见空气剧烈流动，以至于卷起了所有宏伟宫殿的屋顶，把它们卷走了。"[38]

现在在罗马，列奥纳多完全投入旋转运动的这种"狂怒"中，创作了一系列以"大洪水"为主题的文字和素描。它们加在一起构成了一套作品：可能是他一直想写的绘画论文的一部分，或者是关于某幅描绘《圣经》大洪水画作的感想。关于这个主题的文章有五六篇，都写于1515年左右。最长的一篇写满了整张稿纸的正反两面（现存于温莎城堡皇家图书馆），分为两个部分，标题分别为《对大洪水的描述》和《如何在绘画中表现它》；文字风格恢宏虚夸，正如他处理这类主题时的一贯做法。一则标题为《部分》的笔记总结了列奥纳多笔下暴风雨的成分。他通常从洪水、大火、地震和旋涡等开始，然后关注灾难中的人：

折断的树上全是人。船只被岩石撞碎。羊群、冰雹、雷电、旋风。树木无力支撑树上的人们；树木、岩石、塔楼和山丘上都挤满了人；小船、桌子和饲料槽等都用来当成漂浮工具。山上遍布着男人、女人和动物。云端划过的闪电照亮了一切。[39]

这些想象的难民、临时的船只和冰雹里的羊群，都说明这是列奥纳多在为一幅大型油画或壁画做准备。另外一则标题为《重现大洪水》的笔记也体现了这一点，他在其中写道："人们将看见海神尼普顿拿着他的三叉戟出现在水中，风神埃俄罗斯将树吹得东倒西歪。"[40] 但如果真的有这样一个项目——一幅展现末日场面的《诺亚的洪水》，一件能够与米开朗琪罗为西斯廷教堂绘制的《最后的审判》媲美的作品——最终结果仍是什么都没有。

或者更确切地说，最终的成果是一批"大洪水素描"（彩图 28），它们都是晚期作品中的杰作；这一系列素描共有 10 张，用黑色粉笔画在尺寸一致（6 英寸 × 8 英寸）的白纸上。[41] 这些素描激烈而狂暴，打卷的笔触猛击着纸张，表现翻腾的能量旋涡，水形成离心的通道，爆裂的岩石飞散。它们到底在展示什么？我们可以借此回顾遥远的天文时代发生的凄惨灾难，或者展望核裂变的雷电、蘑菇云和尘埃。从某种意义上说，这些大洪水素描是"科学的"，是列奥纳多研究自然的"神奇杰作"的一部分。这些是他为自己设置的测试，能够准确地表现——也就是准确地理解——剧变的机制，从中辨别出一些微妙的、弹性的模式，像现代混沌理论的分形。人们可能会说，列奥纳多试图用它们剖析一场暴风雨。然而，它们也传达了这一尝试可能会失败的信息。它们表现了各种范畴皆被吞没，也表现了虚幻的心理结构在"大洪水"的破坏性力量中被卷走。

这些素描的能量如此之大，仿佛要在纸上爆裂。你通过构图感受到自然事件突然、蓄意而猛烈的姿态；你也感受到它们表现着某些精神事件。列奥纳多正面对着自然的原始力量，这场对抗十分恐怖。这些旋转的、仿若女妖的形态看起来像是一场精神分裂和混乱的洪流：一场头脑风暴。有些素描几乎令人产生幻觉，仿佛他的内心正在经历萨满巫术的折磨。但是，当你继续观察和凝视它们，你发现它们也包含着一种宁静，令人着迷，它们的曲线力场可分解为曼陀罗的形状。你重新获得了素描表面的感觉：黑色粉笔画在粗糙白纸上的痕迹交织在一起，从深渊中取回幻想。

疾病、欺骗、镜子

《天使的化身》中病态的娈童以及大洪水的灾难性异象,都不能证明列奥纳多这一时期的健康和幸福状况。实际上,1515 年夏,在罗马热得令人焦躁不安的天气里,列奥纳多病了。我们通过一封写给当时在佛罗伦萨的朱利亚诺·德·美第奇的信的草稿得知此事;写信的时间是 1515 年 7 月或 8 月。朱利亚诺自己也患了肺病,列奥纳多的信这样开头:"我最尊贵的大人,得知您恢复健康我很高兴,我身上的疾病也差不多要好了。"[42]

列奥纳多得了什么"疾病"?关于年迈的列奥纳多的身体状况,我们唯一了解到的消息来自安东尼奥·德·贝亚蒂斯,他说列奥纳多的右手在 1517 年"瘫痪"了;贝亚蒂斯接着说,这次瘫痪导致列奥纳多再也不能画画了。有人认为他搞错了,并认为受到影响的实际上是列奥纳多的左手,但这种推测不符合逻辑。我们可以相当肯定的是,1517 年至 1518 年列奥纳多画过一些素描,其中可能还包括那幅著名的都灵自画像,因此他的左手不可能瘫痪。这意味着贝亚蒂斯的说法是对的,并可能表明瘫痪影响的不仅仅是他的右手,还包括整个右半身:这种情况足以让列奥纳多无法再创作大型绘画,尽管画素描还是可以的。导致这种情况的典型原因是中风。中风,或这种病发作前的其他不适症状,可能就是他 1515 年夏天提到的疾病。

列奥纳多抄写的一首关于医学准则的押韵诗可以非常确定地追溯到这一时期,这首诗或许和他的疾病相关。这是一首十六行打油诗,内容如下:

> 如果你想保持健康,请遵守这个养生法。
> 当你没有胃口的时候不要进食,吃的时候要少吃,
> 无论吃什么,认真咀嚼。
> 应配料简单,彻底煮熟。
> 吃药的人是不明智的。

谨防生气，避免不透气。

饭后站一会儿。

确保你中午不睡觉。

把你的酒调一下［兑水］，少喝点，经常喝，

两餐之间不喝酒，也不要空腹饮酒。

不要耽搁或延长上厕所的时间。

如果你锻炼身体，不要太剧烈。

躺着的时候不要肚皮朝上

头朝下。晚上盖好被子，

放松头脑，保持心情喜悦。

远离放纵，坚持这样的饮食习惯。[43]

这似乎是对常识的总结：今天，这首诗会是一篇关于"健康生活方式"的文章。他抄下来是因为他身体不好；他对锻炼轻描淡写（"不要太剧烈"），说明他正在进行康复性调养。它也让我们真实感受到了列奥纳多最后几年的生活——朴实、简单、节俭。这时的列奥纳多肯定是素食者，并因此闻名。1516年1月，佛罗伦萨旅行家安德烈亚·科尔萨利从科钦给朱利亚诺·德·美第奇写信，提到"温文尔雅的古吉拉特人，他们不吃任何带血的东西，也不允许任何人伤害生命，正如我们的列奥纳多·达·芬奇一样；他们靠米饭、奶和其他非动物制品为生"。[44] 在盛行吃肉的罗马，这种节俭也展现了列奥纳多古怪的另一面。

《大西洋古抄本》的另一页对开页上，重复了这首关于健康的打油诗的片段，也写于1515年左右，纸上还画有可能和梵蒂冈有关的建筑草图。[45] 这就是那页写着"美第奇家族［或医生们］创造了我，也摧毁了我"这则小谜语、双关语或格言的对开页，这句话的主语可能是美第奇家族，也可能是医生们。这两重含义肯定都在列奥纳多脑海中出现了，而且在1515年生病的情况下，这句话可能恰好在两者之间摇摆，因此他说的意思可能是"美第奇家族创造了我，但我的医生们正在杀死我"。前半句可能指朱利亚诺的资助，而不是15世纪80年代初和洛伦佐建立的更疏远、

更微妙的关系。"创造"有一层"让我成为他们的创造物"的特定意思：在这层意思上，就指一名被资助者或仆人。他可能讽刺地把自己描述为朱利亚诺的"创造物"。

写给朱利亚诺的信的草稿也清楚地表明，这段时间列奥纳多被一位名叫乔治（Giorgio）的德意志助手弄得心烦意乱，后者一度被他描述为"钢铁工"。列奥纳多把他的名字拼写为"Giorzio"，这是一种伦巴第写法。他详细地讲述了下面这个故事，通过这个故事，我们得以一窥他在贝尔韦代雷的生活，尽管它与另一个关于学徒不端行为的叙述——25年前还是小男孩的萨莱的故事——形成了鲜明的对比。这个故事中没有一丝一毫的喜爱，也没有让人哭笑不得的恼火：列奥纳多对整件事感到愤怒，甚至气到有些发抖，虽然其中也有几笔冷嘲式的幽默。他写道：

> 我非常抱歉，由于那个狡猾的德意志骗子的恶行，我无法满足阁下的愿望，我曾经毫无保留地为这个骗子做任何我觉得会给他带去快乐的事情。刚开始我邀请他和我同吃同住，这样也方便我监督他工作，也方便纠正他的错误，这样他还可以借机学意大利语，使我们在没有口译在场时能更容易地沟通。从一开始，他就总能提前领到生活补贴，但如果我不拿出我和口译一起签署的协议，他无疑会欣然否认这一点。

这份"生活补贴"本身也存在争议：根据梵蒂冈档案馆中一份没有标注日期的账单显示，乔治每月会提前领取7杜卡特的补贴，但据列奥纳多说，他"声称他本应收到8杜卡特"。[46]

然而，乔治很快又有了不忠和两面派的嫌疑：

> 首先，就在模型即将铸成铁模时，他提出要一些木质模型，他说希望把它们带回自己的家乡。我拒绝了他的请求，然后告诉他我会给他一份设计图，图中说明了他需要制作的模型的宽度、长度、高度和

形状。我们因此产生了敌意。

接下来的事情是，他用钳子和其他工具把他睡觉的房间改造成了另一个工作室，然后在那里为其他人工作。下班后，他会和瑞士卫队的士兵一起去吃饭，那里有一群游手好闲的懒人，虽然没人比得过他。然后，他又会和其中的两三个一起带着火枪去废墟里打鸟，一直玩到深夜。当我派洛伦佐去敦促他工作时，他说他不想有那么多大师使唤他，而且他正在为阁下您的服装部服务。两个月过去了，这样的事还在持续。直到有一天，我遇到了您服装部的吉安·尼科洛，问他这个德意志人是否完成了大人您的工作，他说根本没有这回事，他不过是让乔治清洁几把枪而已。

由于他很少在工作室出现，而且他吃了很多食物，我就告诉他，如果他愿意，我们可以对他做的每一件东西单独定价，我会给他开出双方都同意的好价格。但他咨询了他的同事后，不仅放弃了这里的房间，还卖掉了所有东西。

然而，这个狡猾、乖戾的学徒乔治并不是故事中的大恶人，列奥纳多将这项"荣誉"留给了另一个德意志人——乔瓦尼·德利·斯佩基或"做镜子的乔瓦尼"。[47]他对乔治产生了恶劣影响：

那个德意志人，做镜子的乔瓦尼，每天都在工作室里，想偷窥和打探一切正在进行的项目，然后四处宣传，批评任何他看不懂的东西……最后我发现这位做镜子的乔瓦尼大师是这一切〔即乔治不端行为〕的起因，这么说出于两个原因：首先，他说来我这里做事剥夺了他和阁下您交谈、获得您青睐的机会；其次，他说钢铁工〔乔治〕的几间房很合适让他制作镜子，他为此提供了证据，因为他不仅教唆他〔乔治〕成为我的敌人，还怂恿乔治卖掉所有的东西，把他的工作室留给他〔乔瓦尼〕。现在他占了工作室，和几个助手一起制作许多镜子，拿到集市上卖。

在这个讲述行业间的勾心斗角的故事里，那些镜子引导我们关注列奥纳多工作室正在进行的一个野心勃勃的项目。他正在追求一个新主题或一场梦：太阳能——尤其是通过抛面镜传输太阳的热量：

> 凹面镜反射的光线与太阳散发出来的光芒一样耀眼……如果你认为镜子本身冰冷而无法反射温暖的光线，我会回答说这束光线来自太阳，所以其光源必然是相似的，并且它可以穿过任何我们希望它穿过的介质。当一束来自凹面镜的光穿过金属熔炉的窗户时，光线本身并不会因此变热。[48]

这里提到的熔炉说明他在冶金实验中用到了工业器材。那副在通过佛罗伦萨的路上得到的"蓝眼镜"可能与这项工作有关，因为正如他在这里指出的那样，人类的眼睛不能"久视太阳体的光芒"；太阳光"如此耀眼，冲击着眼睛，让人难以忍受"。就像在"大洪水"素描中一样，我们有一种列奥纳多对抗自然原始力量的感觉，他将自己塞进纯粹但危险的强大能源中。正如他多年前所写的那样："能从泉源喝水的人不会去打井水。"[49]

他对利用太阳能的兴趣可以至少追溯到 7 年前的《阿伦德尔古抄本》，其中有一些燃烧镜的设计图案，他在其中一幅的下方写道："这是一面火镜。"[50] 燃烧镜的原理当然在很久之前就得到了应用：一个很有名的例子是，阿基米德曾巧妙地利用它来对抗包围叙拉古的罗马军队，而更普通的用法是给焊接提供所需的热量。或许韦罗基奥曾使用过它们，因为列奥纳多在罗马使用的笔记本中写道："想起了圣母百花大教堂焊接球体时使用的焊料。"这让人回想起 40 多年前，这座佛罗伦萨大教堂的穹顶上那令人眩晕的一天。[51] 但如今在罗马，列奥纳多正在研究一些更大更复杂的项目，可能也是镜子制造商乔瓦尼试图打探的项目。在一系列写在蓝色纸上的潦草笔记中，列奥纳多描述了一个"金字塔"结构，把"巨大的能量汇聚到一个单独的点上"，使水在"一个印染厂使用的加热箱"里沸腾。（他补充说，这个设备可以用来加热游泳池，只是最后这个项目似乎也没什么结果，但这也告诉了我们，他这一时期有需要取悦的客户。）这些多面镜结构还具有天文用途："如果想要观看行星的真实本质，就揭开盖子，将底座对准一颗行星，底座反映出的运动将描述行星的特性。"这似乎预见了牛顿的反射望远镜的原理；那则笔记还附有一幅看起来确实像望远镜的示意图。[52]

列奥纳多在贝尔韦代雷的实验室里还准备了秘密的化学用剂：防止镜面雾化或失去光泽的清漆配方；一种被称为"石膏火"的神秘物质，由"维纳斯和墨丘利"（铜和水银）组成，尽管"墨丘利"也可能是炼金术士口中玄奥的"秘火"。[53]索罗阿斯特罗几年后的罗马实验室一瞥——一个改装成砖炉的壁炉，"我们用它蒸馏和分离所有元素"，还有一张桌子，上面"摆着各式各样的罐子和烧瓶，还有糨糊、黏土、希腊沥青、朱砂"——也有助于我们还原贝尔韦代雷的场景，置身其中的是专家列奥纳多（或者在许多罗马人眼中，他还是"疯狂的发明家"）：他蓄着长长的灰胡子，戴着蓝眼镜，身边是用来采光的秘密装置。

在这一切当中，列奥纳多还在继续做解剖学研究，可能在圣斯皮里托一家著名的罗马医院里最后一次解剖尸体。乔瓦尼在这里似乎也干了坏事。"他在解剖上阻碍了我，"列奥纳多抱怨道，"在教宗面前和在医院中告发我。"

这场矛盾的焦点可能是列奥纳多对胚胎学的调查。那幅温莎城堡皇家图书馆馆藏的画着子宫里的胎儿的著名草稿，作画时间大体可以追溯到列奥纳多在米兰的最后几年，上面的一些附加的笔记和素描是到罗马后添上去的。这些都触及了棘手的神学问题：未出生的胎儿是否有灵魂。列奥纳多写道，就像胎儿完全依赖母亲的身体，它也是完全依赖母亲灵魂的"创造物"："同一个灵魂支配着两具躯体，与这个创造物共享着欲望、恐惧和悲伤，就像它与［母体的］其他动物器官所共享的一样。"[54]因此，当一个孕妇死去时，她尚未出生的孩子就没有灵魂可以拯救了。在1515年的罗马，这听起来有点类似亚里士多德的异端观点，即灵魂由物质构成，随身体而亡。正是在这段时间，教宗的神学家们正坚定不移地反对这种和其他异端观点，他们于1516年烧毁了彼得罗·蓬波纳齐撰写的亚里士多

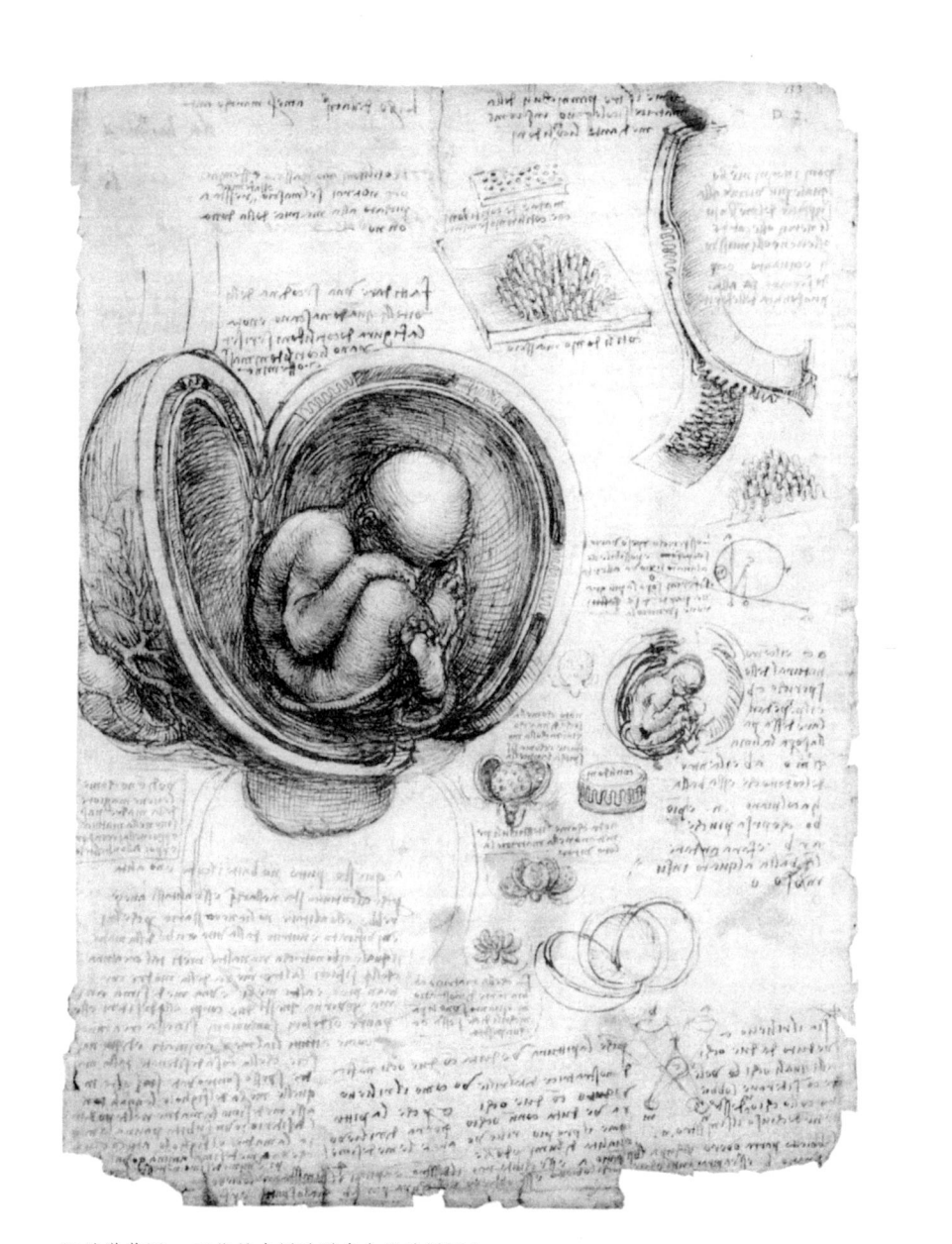

胚胎学草图，可能是在罗马引发争议的原因之一。

德主义著作，[55] 这可能就是做镜子的人"在教宗面前"引起的怀疑，从而"阻碍"了列奥纳多的研究。

瓦萨里集中表达了这种认为列奥纳多持有非正统神学观点的看法："他满脑子都是异端思想。他不满意任何类型的宗教，并认为自己在各方面都是哲学家，而非基督教徒。"瓦萨里在1550年第一版《艺苑名人传》中这样写道，但他在第二版时把这段删掉了，可能是觉得这样说太过严厉了。

最后一次到访佛罗伦萨

教宗利奥十世开的那则关于列奥纳多工作习惯的玩笑，回味起来让人难过。"已经在考虑结束了"：他开始思考自己的终局。

1515年10月8日，列奥纳多加入了佛罗伦萨圣约翰兄弟会，兄弟会的总部与梵蒂冈隔着台伯河。他这么做可能有几个原因：重新意识到他身为佛罗伦萨人的身份；晚年的宗教狂热；渴望确保葬礼的体面。操办葬礼是这些兄弟会的职责之一——它们是"善终兄弟会"，生病时会提供互助，去世时会安排葬礼。他的入会被登记在兄弟会的注册簿上，一如既往地带有一些略显奇怪的细节：

> 新入会者：列奥纳多·达·芬奇，画家和雕塑家，经过委员会选举，以3颗黑豆子获得大多数投票通过。在接下来的整个组织选举中，又以41颗黑豆比2颗白豆的优势通过。列奥纳多的入会费，由其推荐者马埃斯特罗·盖亚科担保。

然而，在分户账簿上的一则后来的未注明日期的笔记中，兄弟会的理事提议取消列奥纳多的会籍，并"祝他好运"，因为后者没有在约定时间内缴纳入会费。[56]

列奥纳多没能按时缴费可能不是因为改变了心意，而是与当时的情况有关。因为1515年10月，他作为教宗的随从之一离开了罗马，前往佛罗伦萨和博洛尼亚，教宗和新法王弗朗索瓦一世计划在那里举行历史性的会晤，弗朗索瓦在最近的马里尼亚诺之战中打败了复辟的米兰斯福尔扎家族。这场超级势力间的会面应能保证双方结为联盟——教宗利奥是这样吹嘘的——共同迎来"基督教和平"的新时期。讽刺的笑话，受阻挠的研究：列奥纳多与这位尖酸刻薄、令人不快的教宗关系紧张，后者与不切实际的朱利亚诺截然不同。但列奥纳多是这次教宗出访的随行人员之一，而他很高兴能暂时离开罗马一阵子。

他们首先前往奇维塔韦基亚旧港。或许正是在这里，列奥纳多写了一些关于那里的古代港口的笔记："长4布拉乔奥，宽2.5布拉乔奥，深2.25布拉乔奥：矗立在奇维塔韦基亚港口防波堤前部的石头。"[57] 虽然这一年列奥纳多身体状况不佳，但他的好奇心丝毫未减。

11月30日，教宗的队伍抵达佛罗伦萨，这位来自佛罗伦萨的教宗以凯旋式入城。观看欢庆活动的人中有药剂师卢卡·兰杜奇："所有重要公民列队与他会面，此外还有大约50名最富裕最出类拔萃的年轻人，他们身着带毛领的紫色布料制服，每人手中都握着一种银色小长矛，这真是最美的东西。"[58] 队伍穿过一座四面凯旋门，这是为这种场合临时搭建的建筑。列奥纳多为它画了一幅素描，纸的最上方还有梅尔齐写下的三个单词："至高无上的尊贵大人"（illustrissimo signor magnifico）——指的是朱利亚诺·德·美第奇，列奥纳多和他在这里重逢。[59]

在教宗的宣传专家策划的宏伟计划中，有一项是召集艺术家和建筑师讨论佛罗伦萨的改造，尤其是美第奇家族所在的那片地方——拉加路上旧美第奇宫殿及其周围，还有带有美第奇家族礼拜堂的圣洛伦佐教堂。教宗把意图告诉了画家、建筑师、雕塑家、木雕匠人和装潢设计师。在圣母百花大教堂和圣洛伦佐教堂的前方，新的全尺寸木正立面模型已经拔地而起。在藏于威尼斯美术学院的一幅素描上，画着列奥纳多为圣洛伦佐教堂设计的新正立面。一如既往地，列奥纳多并不满足于建造一面外墙，他还想要彻底改造周围的环境，比如扩大和加长一座毗邻的广场，作为翻新后的教堂的布景背景。在另一张设计草图中，他设想了拆除教堂前方的整片住宅区，以及一个延伸到拉加路上的长长的广场，然后把美第奇宫殿的侧墙改造成面对广场的正面。[60] 因此，在列奥纳多手下、他年轻时生活过的旧街道和城区遭受了大片的破坏——纯粹出于实用的建筑上的考量，但人们同样感受到，他非常享受让自己成为推进美第奇家族居住地区现代化的推手，就像他的朋友布拉曼特一样，列奥纳多也是一名"废墟大师"。

教宗一行人在佛罗伦萨的这周，利奥十世在韦奇奥宫会议大厅主持了一场枢机主教会议。在那里，人们仍然能够看到列奥纳多创作的壮丽的《安吉亚里战役》残存部分；很可能列奥纳多当时也在场。40年后，美第奇家族的大公科西莫一世委托乔尔乔·瓦萨里绘制了一大组壁画，现在覆盖着这座大厅的墙体——颇具争议的是，壁画下还有一幅幽灵般的《安吉亚里战役》。瓦萨里画的这些场景描绘了家族的辉煌时刻：一位出身美第奇家族的教宗置身于佛罗伦萨的政治中心。在这一幕的背景中，瓦萨里还画了一组男子，共4人，他这样解释道：

> 我按真人大小创作，这样他们就可以在作品背景中被认出来，有别于教会人员。朱利亚诺·德·美第奇公爵和他的侄子洛伦佐公爵正在和他们那个时代最伟大的两位天才对话，其中那位蓄着白色卷发的老人是列奥纳多·达·芬奇，他是绘画和雕塑大师，正和站在他身边的洛伦佐公爵交谈；而另一位是米开朗琪罗·博纳罗蒂。[61]

具有讽刺意味的是，这一小组人像让两名艺术家达成了和解，而韦奇奥宫正是他们展开竞争的地方，并使他们被奉为美第奇家族扶持的艺术双子星。列奥纳多的肖像是刻板的——基于瓦萨里曾在瓦普里奥见过的梅尔齐画的侧脸像画成[62]——但它保留了一种关于列奥纳多最后一次有记录的佛罗伦萨之行的民间记忆。

1515年12月7日左右，教宗的队伍朝博洛尼亚进发。教宗和弗朗索瓦一世在这里举行了会谈，而列奥纳多也在这里首次见到他最后一位也是最热情的赞助人。新国王当时21岁，身材高大，极具魅力，在马里尼亚诺击溃斯福尔扎家族的瑞士雇佣军后信心高涨。他鼻子硕大,与他多情好色的名声相配,"他很放荡,喜欢进入别人家的花园喝不同的水",安东尼奥·德·贝亚蒂斯这么说。他的座右铭是:"我滋养,并消灭"(Nutrisco et extinguo)。可以肯定的是,这位年轻的国王对列奥纳多的大名早有耳闻,因为弗朗索瓦一世的岳父路易十二曾高度赞扬过这位画家的画,并且他肯定在重新征服米兰后看到过《最后的晚餐》;他应该还记得7月里昂庆功宴上那头为他表演的精致机械狮子。所以,列奥纳多再次进入法国人的圈子,对他来说,这意味着他获得了一位统治者的赞助,而意大利的统治者从未给过他这样的赞助,而且他并不能总是从意大利主顾那里获得这般高雅的赏识。博洛尼亚的法国大臣中有一位名叫阿图斯·布瓦西夫。12月14日,列奥纳多用红色粉笔为他画了一幅肖像,梅尔齐对此的注解是:"在与教宗利奥十世的会面中,法王弗朗切斯科一世的内务大臣M.阿图斯的肖像。"[63]

12月17日,教宗离开博洛尼亚,他似乎对弗朗索瓦的蛮横态度感到不安。弗朗索瓦授予朱利亚诺·德·美第奇公爵头衔,后者成了内穆尔公爵,这只在一定程度上安抚了教宗。但朱利亚诺没能长期享受他的新头衔,因为3个月后,也就是1516年3月17日,他因肺病去世,年仅37岁。[64] 在外交出访结束后,列奥纳多又回到罗马待了一段时间,我们不太清楚他在此期间的行踪,他的生活再次陷入变动。他为城外圣保罗大教堂做了一些测量,时间为1516年8月:这些是列奥纳多在意大利的最后一份简短记录。[65]

列奥纳多大师

列奥纳多一定是在1516年夏天时决定前往法国的,因为他很清楚秋天过后翻越阿尔卑斯山将要面临重重困难。没有任何传唤或恳求的文件流传下来:没有外交公报,也没有花体字装饰的自由通行证。在博洛尼亚与新法王见面和朱利亚诺·德·美第奇的离世,是他远走异国的前奏,然后有一天他就下定决心。8月或9月的某个时候，64岁的列奥纳多踏上了他人生中最漫长的旅程。

他中途可能在米兰稍做停留；萨莱留在了那里，照料葡萄园的房子，这里已经归他管理，列奥纳多在遗嘱中正式把房子留给了他。[66] 米兰之后的旅程可能由法王的密使护送，陪伴他的还有梅尔齐和一位名叫巴蒂斯塔·德·维拉尼斯的米兰仆人，列奥纳多向北进入山区。《大西洋古抄本》中有一则笔记可能就是沿途写下的："日内瓦的阿尔那河，有0.25英里流入了正在举办集市的萨沃亚镇。"[67]

到年底时，他已经在王室要塞昂布瓦斯附近的卢瓦尔河谷安顿下来，并开始为法国国王效力，每年有1000斯库迪的可观津贴。巴黎国家档案馆中有一份支付他两年薪金的官方记录："列奥纳多·达·芬奇大师，意大利画家，在过去的两年里，他收到共计2000太阳埃居（éceus soleil）的津贴。"[68] 在同一份文件中，列奥纳多被正式称为"国王御用画师"。

他和弗朗索瓦的关系很融洽。这位年轻国王令人敬畏，既迷人又慷慨。多年后，也曾为弗朗索瓦效劳的佛罗伦萨雕塑家本韦努托·切利尼从国王本人那里听说了这些往事：

> 因为列奥纳多是如此才华横溢的人，也具有一定的拉丁文和希腊文知识，弗朗索瓦国王完全被他那些卓越的美德吸引，很乐意听他说话，他们一年只有少数几天不在一起，这也是列奥纳多无法完成那些神奇的研究，那些需要自律才能做到最后的研究的原因。我不禁想要重复国王描述他的话。他说他永远不会相信，世界上还有另一个人和列奥纳多一样博学，他不仅在雕塑、绘画和建筑方面有杰出成就，还是一位伟大的哲学家。[69]

或许，在国王的礼物中，最重要的不是丰厚的薪水，而是为画家提供了住处。列奥纳多最后的住处是位于昂布瓦斯的雄伟城堡以南半英里处克卢（今天的克洛吕塞）的一栋漂亮庄园宅邸；这栋宅邸当时还很新，15世纪末由国王路易十一的庄园管家艾蒂安·勒卢主持修建。在那里住过的

法国国王弗朗索瓦一世,绘于约1515年至1520年。

在克卢(今天的克洛吕塞)的庄园宅邸。

人中有利涅伯爵,列奥纳多1499年在米兰认识了他。房子用红砖和凝灰岩建成,矗立在略微倾斜的地面上,前面有一堵长长的防护墙,墙体内有一座瞭望塔和一个小型炮台,从它作为一座设防庄园的时代一直保留至今。防御墙的内侧是一条长长的上层走廊,形成了一条凉廊。房子北边是排成 L 字形的马厩和工作室,形成了一个三面闭合的庭院。西边的第四面地势骤然降低,这里有果菜园,再往下,是一个绿荫环绕的游泳池。

当时的房子比现在的小——尖顶中心塔以西的房间都是 18 世纪建的——但中心部分的布局可能从列奥纳多时代起就没变过。正门朝南,通向一座为查理八世的妻子布列塔尼的安妮修建的小礼拜堂。[70] 楼下是家庭聚餐和招待客人的一个大厅。厨房挨着大厅,地上铺着赤陶地板,有灶台,横梁上有用来挂肉和野味的铁环。前门右侧是很宽的楼梯。顶楼平台通向两个大房间。据说餐厅上方的那间是列奥纳多的工作室,窗户朝向西北方,从那儿能眺望到城堡的塔楼和尖顶以及树林,还能大概感受到河流所在之处;这番景色可以从一幅可能出自梅尔齐之手的精美黑色粉笔素描中看到,这幅素描现藏于温莎城堡皇家图书馆。[71] 厨房楼上的房间据说是列奥纳多的卧室，很可能是他去世时身处的房间。

房间内气氛柔和、设备齐全、感觉舒适。房子宽敞宜人，而不是宏伟正式，即使是它的尖顶也带有一丝顽皮的气息，是照着庄园旁的城堡修建的缩小版。大壁炉、橡木梁，窗户透着图赖讷柔和的阳光，老木柴上升起烟雾笼罩的淡淡的光环，这些使我们相信，列奥纳多在这段迟暮岁月里感到了安详宁静。房子里可能还有一位叫玛图琳的管家或厨师，列奥纳多唯一提到她的地方是他的遗嘱，他称她为玛图丽娜；但是流传下来的遗嘱是意大利语抄本，其中的法文名字都被写成了意大利文的形式，而且她更可能是法国当地人，而非意大利人（当然也有克雷莫纳随着年纪增长成了玛图丽娜的可能）。在关于列奥纳多的法文书籍中，有个由来已久的光荣传统：她一直都被称为玛图琳，而列奥纳多在晚年时吃的毫无疑问是法国菜。

列奥纳多在这里再次着手整理他的手稿和画稿，并准备写更多的手稿、画更多的素描；尽管贝亚蒂斯告诉我们他不再画画了。像往常一样，梅尔齐写下了列奥纳多想要的书：埃迪乌斯·罗曼努斯的《论人体在子宫里的形成》，1515年在巴黎出版；伟大的英格兰注疏学者罗杰·培根的"印刷版的著作"，[72] 他是一位活在13世纪的牛津的列奥纳多式人物，也论述过人类飞行的可行性。天气好的时候，人们可以在城里或河边看到列奥纳多的身影，他在描绘卢瓦尔河"流经昂布瓦斯"的河道的草图。[73] 他还没有适应法语拼写。据说，这名移居外国者在两个国家都是外乡人：一个是他现在生活的国家，一个是他离开的国家。

枢机主教的召唤

秋天是游览卢瓦尔河谷的最佳时节。1517年10月初，一群高贵的意大利观光客来到了昂布瓦斯。枢机主教阿拉贡的路易吉是那不勒斯国王的孙子、阿拉贡的伊莎贝拉的堂弟，后者曾是列奥纳多先前在米兰旧宫的邻居。他40岁出头，脸形消瘦：马德里普拉多美术馆的一幅拉斐尔绘制的画像可能是他的肖像。1513年尤利乌斯二世过世后，他曾企图谋取教宗一职，虽然利奥十世的当选扑灭了他的希望，但他仍和利奥十世保持着密切关系，这主要是因为他相信教宗会封他为那不勒斯国王。列奥纳多可能曾在罗马见过他，在罗马，这位主教以慷慨好客和美貌的情妇朱丽亚·坎帕纳而闻名，他们有一个女儿叫图丽娅。

他面临着一项严重的指控：他下令谋杀了他的姐夫安东尼奥·达·博洛尼亚，甚至可能还杀死了他的姐姐阿马尔菲公爵夫人乔瓦娜，她于1513年初神秘地失踪了。列奥纳多有可能也了解一些情况，因为1512年时安东尼奥·达·博洛尼亚在米兰，次年在那里被谋杀。约翰·韦伯斯特在英王詹姆斯一世时期创作的悲剧《阿马尔菲公爵夫人》讲述了这个故事，非常有名，路易吉（"枢机主教"一角）在剧中是个邪恶的角色。韦伯斯特的戏剧是根据马泰奥·班代洛的一部中篇小说的英文版改编的，班代洛在年少时曾经看过列奥纳多创作《最后的晚餐》。[74]

拉斐尔为一位枢机主教创作的肖像画，画中人可能是阿拉贡的路易吉。

这位枢机主教当时正在漫长的欧洲之旅的返程途中，这趟漫长的旅行部分是为了让自己与一年前的反教宗阴谋保持距离，部分是为了会见西班牙新任国王查理五世。会面被安排在尼德兰海岸边的米德尔堡，英格兰间谍在那里警惕地盯着他的一举一动，并向枢机主教沃尔西汇报，说路易吉率领40名骑手组成的队伍大张旗鼓地来到查理的宫廷驻地；他的斗篷随意地披在肩膀上，宝剑绑在身边："大人，您可能会猜想他是一个什么样的人……这位枢机主教更像是一位世俗领主，而不是精神领袖。"[75] 此后，路易吉南下路过法国，他的随行队伍中包括他的神父兼秘书安东尼奥·德·贝亚蒂斯，以下内容来自他轻快闲聊式的旅行笔记。[76]

10月9日，他们到达图尔，早早用过午餐后，继续前往昂布瓦斯，两地"相距 7 里格"。贝亚蒂斯发现"这里地理位置优越、防守严密",他们被安置在城堡的"小山"上;这里"没有坚固的防御工事,但房间很舒适,而且风景宜人"。第二天,即 10 月 10 日,他们去城镇的"一个郊区看望来自佛罗伦萨的列奥纳多·达·芬奇先生"。我们略微感觉到,列奥纳多是这位枢机主教到此旅游的另一处"必看"景点。

贝亚蒂斯简短而生动地描述了他们造访克洛吕塞的过程,这是我们最后一次看到列奥纳多的身影。这段记录的开头就犯了一个错误,列奥纳多被描述成"一位年过七旬的老头",再次带着一丝观光旅游的意味。这一夸张的说法使列奥纳多显得尤其可敬。不过我们也可以将此理解成一份目击者的描述:列奥纳多看起来要比实际年龄(65 岁)老几岁。他接着描述道:

> 他向大人展示了 3 幅画,其中一幅是某位佛罗伦萨女士的肖像,在已故的朱利亚诺·德·美第奇的敦促下而绘。另一幅画的是年轻的施洗者圣约翰,还有一幅是圣母以及圣子在圣安妮的腿上,这些作品都很完美[perfettissimo,也可以理解为"完成定稿"]。然而,我们不能指望他画出更多的杰作了,因为现在他的右手有些瘫痪了。他把一名米兰的学生训练得很好。虽然列奥纳多大师已经不能像过去那样为画涂上甜美的颜色,但他仍然能够画素描和教其他人。这位绅士撰写了大量关于解剖学的文字,并配有许多肌肉、神经、血管还有盘卷的肠子等身体部位的插图,使人们能够以前所未有的方式了解男性和女性的身体。这一切都是我们亲眼所见,他还告诉我们,他已经解剖了超过 30 具尸体,有男有女,各个年龄段的都有。正如他自己所说,他写过无数讨论水体的性质、各种机械和其他事物的文字,全都用俗语写成,如果把这些都公之于世,它们将既实用又令人愉悦。除了开销和食宿,他每年从法王那里获得 1000 斯库迪的津贴,他的学生获得 300 斯库迪。

人们仔细阅读这些文字,仿佛手持放大镜,试图捕捉这份记录中关于真相的蛛丝马迹和字里行间的兴奋。写下这段文字的人当时和他在一起："这一切都是我们亲眼所见"。

在楼下的沙龙里进行了亲切的交谈后,玛图琳端上茶点,客人在小礼拜堂稍做休息——因为这些世俗的访客都是神职人员,他们接着被带到楼上列奥纳多大师的私人工作室里。在那里,秋日的光在烛火的映衬下更加明亮,此时他们怀着天生的礼貌和官员的唐突,聆听列奥纳多的描述和解说。当他们看《蒙娜丽莎》时,列奥纳多告诉了他们一些情况,但没说太多:她是佛罗伦萨的一位女士,列奥纳多应已故的朱利亚诺大人的要求,不,应该说是迫切的要求而创作。他们看到了色调柔和的《圣母子与圣安妮》和充满肉欲的《施洗者圣约翰》。接下来,他们又看到很多页巨大的解剖学素描,由得力助手梅尔齐翻页。在某一瞬间,他们一靠近这位温文尔雅的老人,就感到一阵战栗:他的双手解剖过尸体,解开过盘卷的肠子,"超过30具尸体,有男有女,各个年龄段的都有"。他此刻正滔滔不绝。贝亚蒂斯特别赞扬了这些解剖学成果,认为它们是独一无二的,"以前所未有的方式",这也可能是列奥纳多在对访客们讲话时所表达或暗示的一种自我评价。

还有其他谈论水体和机械的文字。贝亚蒂斯指出它们都是用"俗语"写成的,应该"公之于世"——他大概指的是出版——但他没有提到这些文字最奇怪的特征。这个疏漏很古怪,列奥纳多的镜像书写并不是广为人知的,因此也不应该不值一提,所以人们不得不怀疑贝亚蒂斯见过他的手稿。[77]列奥纳多或许为客人们展示了某些特定的稿纸,上面是经过适当处理的素描。列奥纳多在这方面是老手,他已经接待过超过100次的这类工作室访问了。他表现出一定的冷漠,只向人们展示了他想让别人看见的东西,剩下的就留给人们自己去遐想了。他挥动着那只健康的手,含糊又权威地介绍着那些堆满了他工作室书桌和书柜的手稿和笔记本,"正如他自己所说,他写过无数……的文字"。当他思量自己用掉的纸张和墨水的总重量、自己的研究复杂而棘手,以及自己的心灵必须飞到难以企及的高度才能容纳这一切时,人们从中听出了自豪和自嘲的复杂情绪,这句话颇具讽刺意味,几乎成了一句妙语。

"无数……的文字"，年轻的梅尔齐会对这些话露出悲伤的微笑，他对列奥纳多的爱将通过长达半个多世纪的为后者整理手稿的工作来表达。

客人非常愉快地离开了，一丝不苟的贝亚蒂斯在那天晚上写了这篇日记（也有人猜测，这份流传至今的手稿是一份誊正本或摘要，是在最后一篇的日期 1521 年 8 月 31 日之后的某个时候完成的）。第二天，他们朝另一座王室城堡布卢瓦出发，看到了"一位伦巴第女士的油画写生肖像；她很美，但我觉得她不如瓜兰达夫人漂亮"。这幅画很可能是列奥纳多为卢克雷齐娅·克里韦利创作的肖像，如今挂在卢浮宫。1499 年法军攻破米兰后，这幅画被转移到路易十二在布卢瓦的城堡中，那时候它还没有被冠以让人产生误解的标题《美丽的费隆妮叶夫人》。伊莎贝拉·瓜兰达是著名的那不勒斯美人，也是女诗人科斯坦扎·德·阿瓦洛斯的朋友，但她不是《蒙娜丽莎》"真正的"画中人，否则贝亚蒂斯前一天看到这幅画时就会这么说了。

当然，人们还想摇晃着安东尼奥的肩膀，以期他可以说出更多关于列奥纳多的事情：他看到的、感受到的、知道却没能提到的一切。列奥纳多仍是那般高挑吗，还是已经佝偻了？他的声音——那曾经和着琴声唱得如此动听的声音——是铿锵的还是发抖的？人们想问，为什么"有些瘫痪"的右手使这位左撇子大师不能再画画了？这是否暗示了他的身体出现了更严重的机能退化，所以他不能"像过去那样为画涂上甜美的颜色"？还是说他不再作画的原因是技法的退步，而非身体的残疾？

贝亚蒂斯没有提到的部分，我们可以通过再次观察都灵皇家图书馆馆藏的那幅著名的红色粉笔自画像来补充，这幅自画像肯定画的是该时期的列奥纳多：一位 65 岁左右的老人，但就像贝亚蒂斯所说的那样，看起来像"年过七旬"。在大众的想象中，这是列奥纳多最后一幅自画像，这幅画像也将他以德鲁伊一般的形象定格在我们心中。一些美术史学家提出质疑，他们认为这幅画的风格和创作材料都说明完成时间应该更早。这或许是 1504 年塞尔·皮耶罗去世前不久，列奥纳多为他父亲画的肖像画？或是和《丽达与天鹅》素描同一时期的某位古代神明或哲学家的画像？又或者只是一位"面目引人注目"的老人？或者根据瓦萨里的说法，这是一张令列奥纳多着迷的面孔，"他会尾随感兴趣的人画上一整天"？就连这幅素描下方因褪色而难以辨认的意大利文也是有争议的：这些文字是在说这是一幅"他年迈时的肖像"，还是"他在年迈时画的肖像"？但像许多其他人一样，我依然相信这是列奥纳多临终时充满力量、毫不畏惧的自画像，也就是说我相信传统观点，正如我相信《蒙娜丽莎》画的就是蒙娜丽莎。这页纸不同寻常地又长又薄，素描的四周可能被裁剪过，使人物的肩膀几乎失去了形状。[78] 事实上，人们从头两侧的转角水平线上仅仅能看得到肩膀，几乎和嘴一样高；看着这肩膀，你会意识到都灵自画像的标志性形象并不是它现在看起来的挺拔、居高临下的形象，而是一个在岁月的重压下弯腰弓背的老人，他仍然让人敬畏，但也很脆弱。现在他几乎成为5年前在梅尔齐别墅里画的那位驼着背的龙钟老人：坐在一块岩石上，凝望着河水从他身边流过时激起的水花。

与都灵自画像绘于同一时期的还有一幅用黑色粉笔画的素描《指点方向的女子》(*Pointing Lady*)，现藏于温莎城堡皇家图书馆。这幅画有时被和但丁《炼狱》中的玛特尔达联系在一起：一位在河畔迎风站立的温柔浪漫的女子，身边环绕着高高的花丛。马丁·坎普称它是"大洪水主题素描的情绪补充"，承诺"过渡到一个无法形容的宁静世界，而不是沉浸在一个物质终会腐坏的世界里"。[79] 她转过身面向观者，用但丁的话来说，"像一个跳舞的女人"转过身来，但她的左手指向远离我们的画面深处，示意那里有我们看不见的东西。

"黑夜被赶走了"

1517 年底，列奥纳多来到昂布瓦斯上游的罗莫朗坦参见弗朗索瓦，他在那里雄心勃勃地计划为国王修建一个大型新宫殿群，并在卢瓦尔河和索恩河之间建立一个运河网络。《大西洋古抄本》保留了这些设计方案，重现了他 30 年前勾勒的乌托邦城市景观。[80] 罗莫朗坦项目自始至终未能从列奥纳多的画板向现实迈出一步,尽管建筑史学家指出,列奥纳多的设计对后来卢瓦尔的城堡设计的演变产生了影响。他在罗莫朗坦一直待到1518年1月16日:"圣安东尼节的前夜,我从罗莫朗坦回到昂布瓦斯。"一份征用国王马厩中的马的官方文件——"为护送王室御用画家、来自佛罗伦萨的列奥纳多大师,特此征调国王的马"——留在了他的稿纸中。[81]

随着春天的到来,化装舞会、庆祝活动和聚会接踵而来,列奥纳多对这些活动的热情丝毫没有减弱。1518年5月3日,昂布瓦斯同时举办了两场充满佛罗伦萨风情的庆祝活动,一场是国王的儿子王太子亨利的洗礼,另一场是国王的侄女玛德琳·德·拉图尔·德·奥维涅的婚礼,她的丈夫是洛伦佐·迪·皮耶罗·德·美第奇,即教宗的侄子,现任乌尔比诺公爵(他去世的叔父朱利亚诺生前曾礼貌地拒绝了这个爵位)。出席的佛罗伦萨人中,可能有认识列奥纳多的人,还有很多其他听说过他的人,所以关于他的消息会传回佛罗伦萨。玛德琳的婚姻很短暂:夫妻二人在一年内相继去世,但他们去世前生下了女儿卡特琳娜,她后来成了法国王后,即臭名昭著的"毒蛇夫人"凯瑟琳·德·美第奇。

列奥纳多策划的活动被记录在寄往曼图亚的贡扎加的通讯报告中:那位执着的侯爵夫人还在远远地盯着列奥纳多,这个逃跑的人。[82] 城堡北边的广场上竖起了一座凯旋门,上面站着一个裸体的人像,一只手拿着百合花,另一只手捧着海豚〔dolphin,"王太子"(Dauphin)的象征〕。拱门一侧是一只火蜥蜴,附有那句国王的箴言:"我滋养,并消灭";另一侧是一只银貂,箴言为"宁可死,不可辱"(Potius mori quam foedari)——这是乌尔比诺公爵专属的箴言,对列奥纳多来说,这勾起了一段他在米兰度过的时光以及对迷人的切奇利娅·加莱拉尼的回忆。贡扎加的一位使节写道,列奥纳多在弗朗索瓦国王面前受到了极大的尊重。他还说,国王急切地想聘用更多的意大利画家,并提到了曼图亚的宫廷艺术家洛伦佐·科斯塔。

几周后的5月15日,昂布瓦斯举办了另一场庆典,我们基本可以肯定是由列奥纳多组织的。人们重新演绎了包围和占领城堡的过程,以纪念3年前的马里尼亚诺之战。从城垛上,隼炮发射了用碎布和纸做成的狂欢节礼炮，大炮的巨响为群众带来快乐，"充气的气球降落在广场上时，弹得到处都是，所有人都非常开心，谁也没有受伤，这项新的发明干得很漂亮"。[83] 列奥纳多制造惊喜的伟大技巧和把控戏剧性瞬间的技能从未离开过他。

列奥纳多最后的作品中有几幅精美的化装舞会参会者的设计图。和《指点方向的女子》一样，这些设计图也用黑色粉笔绘成。这是他在晚年时喜欢使用的作画材料，线条精准明确，但也比较柔和，泛着朦胧的微光。我们看到一名戴着艳俗的宽边帽的骑手；一位衣袖飘逸、腰间挂着猎角的年轻人；一个发型精致的女人，她的腿肌肉发达，表明"她"实际上是个男人——这些滑稽的人物部分反映了文艺复兴时期的演艺圈，部分体现了超凡的魔力。那个衣衫褴褛、戴着镣铐的囚犯手里拿着乞食的碗和野人的手杖，他也是一名穿着戏服的演员，而不是真正的囚犯。[84] 有那么一瞬间，我们在他的一头卷发和有着蓬松络腮小胡子的那张脸上，依稀看到了萨莱。但我们不确定萨莱能否算是列奥纳多在法国的家眷。列奥纳多的法国账户上列有他的名字，1517 年和 1518 年这两年他共收到 100 埃居，这是一笔可观的收入，但只有梅尔齐的 1/8；这个差异很可能是说明他有一段时间不在这里。他肯定在 1518 年的春天回到了米兰：4 月 13 日的记录表明他那时在那里借了一笔钱。[85] 一年后，列奥纳多立遗嘱时的见证人中也没有他。

1518 年 6 月 19 日，为了向法王表示敬意，列奥纳多在克卢的花园里举办了一场聚会。整整一周，工人们都忙着搭建高高的木脚手架。脚手架上覆盖着一层蓝色的布料，上面点缀着星星亮片，成了一个凉亭或大帐篷。它的覆盖面积达到 60 英尺 × 120 英尺。帐篷内有一个为王室来宾准备的高台。脚手架的柱子上装饰着彩色的布和常青藤花环。仲夏夜晚的舞台灯光、音乐和香气让人难以想象。

据我们所知，这次的聚会上重演了列奥纳多的第一部舞台作品《天堂》。1490 年，这出戏曾在斯福尔扎城堡为命运多舛的年轻米兰公爵和他的新娘阿拉贡的伊莎贝拉上演。巧合的是，另一位米兰青年加莱亚佐·维

戴面具的人骑在马上（上），演员伪装成可怜的囚犯。

斯孔蒂观看了这场 30 年后举办的最后的娱乐活动，并在给对消息如饥似渴的贡扎加写的信中讲述了他的所见所闻：

> 一块天蓝色的幕布覆盖着整个院子，上面挂着诸天才有的金色星星，然后还有主要的行星，一边是太阳，另一边是月亮：这是一个奇妙的景象。火星、木星和土星都以适当的顺序排列，还有 12 星座……那里肯定有 400 把火炬在燃烧，所以仿佛黑夜被赶走了。[86]

演出结束，王室对此大加赞赏，狂欢的人们散去，克卢的花园再次回归平静。花园内散落着盛宴过后的杂物，弥漫着被踩踏过的青草的气息，而几分钟前的天堂幻境现在只剩下一个蓝色的大帐篷，到早晨就会被拆除。这场娱乐活动是列奥纳多·达·芬奇可确认的最后一件杰作，犹如昙花一现，那么脆弱，很快消失得无影无踪，只留在那些到过现场的人的记忆里，他们亲眼看到了黑夜如何"被赶走了"。

几天后，列奥纳多写了最后几则带日期的笔记，只是草草写下的话，说明时间和地点："1518 年的圣约翰日，6 月 24 日，在昂布瓦斯的克卢宫殿里。"这一标志性的时刻可能使他想起了佛罗伦萨圣约翰日这天的游行和庆祝活动。大概也是在这时，他怀着一种相似的怀旧心情，画了一幅简略的草图，并配上了标题：《佛罗伦萨的狮子屋》。[87] 他可能原本也想在罗莫朗坦做一间狮子屋，但它留在纸面上，成了一位漂泊异乡的老人的标记，这些脑海中随机浮现的记忆让他备受折磨。他想起了曾在那里见过的狮子，剥掉了一只羊羔的皮；也许这就是他在画圣杰罗姆时用到的那头狮子。狮子（Leone）……列奥纳多（Leonardo），他一直是头狮子，可能从孩提时代起就是。事实上，把都灵自画像看成一头狮子也不错，画中的列奥纳多看起来像头灰白的老狮子，头发花白，眼神凶猛：一个孤独的幸存者。

大约在这个时候，他正坐在克卢的工作室的一张桌子前，思考一些几何学问题——另一个小定理、另一个画谜。突然，他听到有人在叫他，他

被认为是梅尔齐画的克洛吕塞风景。

知道必须放下笔，把他的问题暂时搁在一边，因为他必须和我们其他人一样，生活在这充满欲望和意外的物质世界里，这在此刻一点儿也不令人不快地体现为玛图琳送来了一碗热蔬菜汤，几乎熬得和托斯卡纳的蔬菜浓汤一样美味（尽管他永远不会告诉她"几乎"）。

于是他在纸上写下"等等，因为汤要凉了"。这里的"等等"仅是一条公式化的波浪线，一个没有写完的符号。

大　海

当我以为我在学习活着的时候，我也在学习死亡。

——《大西洋古抄本》，fol. 252r-a

1519年4月23日，周六，复活节前一天。"御用画家"列奥纳多·达·芬奇在克洛吕塞起草了遗嘱，在场的有王室公证员纪尧姆·博里亚恩以及其他7名见证人：弗朗切斯科·梅尔齐、巴蒂斯塔·德·维拉尼斯、两位法国神父以及三位方济各会修士。[88] 很明显，萨莱没有出现在见证人名单上，其他文献也能证实他当时不在昂布瓦斯。证据显示，3月5日和5月16日时，他都在巴黎。这两次他都在与米兰公爵马西米利亚诺·斯福尔扎的特使乔瓦尼·巴蒂斯塔·孔法洛涅里会面。他在第二次见面中收到了一笔100斯库迪的报酬，这笔报酬以公爵的名义付给他，特使还答应他，未来4年还会再付500斯库迪。作为回报，萨莱提供了什么样的服务？一种可能是，他利用在昂布瓦斯与弗朗索瓦国王接近的机会收集政治情报，提供给米兰公爵，这是他和列奥纳多常常发生感情矛盾的长久关系中的最后一次不光彩的背叛。[89]

在遗嘱中，列奥纳多指示将自己葬在昂布瓦斯的圣佛罗伦丁教堂，出殡队伍将护送他的遗体，"从这个地方护送到指定教堂"。列奥纳多要求举行3次大弥撒和30次小弥撒；要把40磅的粗蜡烛分发在举行弥撒的教堂里；对葬礼本身，"应该付钱请60个穷人抬60根细长蜡烛"。

以下是遗嘱中有关遗赠的内容：

- 给米兰绅士弗朗切斯科·达·梅尔齐先生：遗嘱人目前拥有的全部书籍；与他作为艺术家和画家相关的全部工具和肖像画……还有遗嘱人剩余的生活津贴，以及直到他去世当天别人欠他的所有钱；遗嘱人目前在克卢这里拥有的所有衣物。
- 给他的仆人巴蒂斯塔·德·维拉尼斯：遗嘱人名下米兰城外的半座花园……以及虔诚怀念国王路易十二赠予达·芬奇的圣克里斯托法诺河段的水权；遗嘱人在克卢这里拥有的全部家具和器皿。
- 给他的仆人萨莱：遗嘱人名下同一座米兰花园的另一半，包括萨莱在花园中建造的房子，从今往后都是后者的财产。
- 给他的女仆玛图丽娜：一件用毛皮衬里的上好的黑色布料做的大衣，一段布料，以及另外支付的2杜卡特。
- 给他目前住在佛罗伦萨的弟弟们：遗嘱人在佛罗伦萨城中的新圣母玛利亚医院存的400斯库迪，以及累积到目前的所有利息和收益。

遗产分配得很讲究、得体：梅尔齐继承了他的著作和绘画这些无与伦比的智识财富；萨莱和巴蒂斯塔继承了房产；玛图丽娜得到一件皮草大衣；达·芬奇的兄弟们得到现金。[90]

佛罗伦萨人称人生的最后一段旅程为"进入大海"。列奥纳多是在虔诚顺从的平静中泰然地开始这段最后的旅程吗？他的文字表明并非如此。

噢，睡眠者，什么是睡眠？睡眠是死亡的表象。噢，那么，为什么你不创作这样的作品，让你在死后也看起来完全是活的，而不是活着的时候睡觉，让你看起来像一具可怜的尸体……

　　所有伤害都会在记忆中留下不快，除了最大的伤害，即死亡，死亡在结束生命时也会抹去记忆……

　　灵魂渴望留在身体里，因为脱离了身体器官，灵魂什么都做不了，什么也感受不到。[91]

睡眠，遗忘，什么也感受不到：这些死亡的意象本质上是这位文艺复兴科学家认同的亚里士多德的唯物主义哲学。我们没有听到关于复活与来世的任何声音。然而，当列奥纳多真的写到灵魂的神圣性时，他仍然主张灵魂必须要"住在它的创造物里"——物质世界和身体中——才会"自在"："无论灵魂是什么，它都是神圣的，所以就让它住在它的创造物里吧，在那里它才能自在……因为灵魂非常不愿意离开身体，我确信它的悲伤和痛苦不是没有原因的。"这段话摘自一页1510年左右的解剖学对开页，他洋洋自得地称解剖学是"我的劳动"，而这可以使人认识到"自然的神奇杰作"。[92] 肉身是灵魂的栖息地，死亡是对灵魂的驱逐；它"非常不情愿"地离开，似乎没有向天堂进发。

　　瓦萨里想象了列奥纳多临终前的忏悔，但听起来不太令人信服："他感觉死亡离他很近了，他虔诚地下决心学习天主教信仰，以及天主教善好与神圣的教义。随后，在痛苦的哀叹中，他告解自责，尽管他无法起身，但在他的朋友和仆人们的帮助下，他在床上接受了圣餐。"这可能是真的，尽管晚年的信仰皈依听起来更像瓦萨里的心愿，而非列奥纳多的。更有说服力的是瓦萨里的进一步评论，他说列奥纳多"坚持说自己亵渎了上帝和人类，因为他没有像他应该做的那样，更加努力地进行艺术创作"。他害怕的不是罪恶和狱火，而是最后一个"等等"的可怕负担，还有在它下面的空白灰纸、所有那些还没完成的事情。

1519年5月2日,他与世长辞,享年67岁。据我们唯一的消息来源瓦萨里说,国王弗朗索瓦在场,并把列奥纳多抱在怀中。随着最后一刻来临,他"猛然发作,死神的信使降临",国王"将他的头抬起,让他感觉舒服一点"。关于这一主题,有两幅创作于19世纪初的过度煽情的法国绘画;然而,即便人们不受到这两幅画影响,法王将列奥纳多抱在怀中也是令人感动的一幕,但是人们后来发现,5月3日,即列奥纳多去世的第二天,国王在圣日耳曼-昂莱发布了一道王室法令。因为从这里骑马到昂布瓦斯需要两天时间,也就是说,弗朗索瓦国王不可能5月2日在列奥纳多身边,而3日就抵达圣日耳曼-昂莱。瓦萨里的说法是否真实,现在取决于一个悬而未决的问题:这份王室法令的发布——明确写着"御旨",实则不是国王亲自签署的——是否需要国王本人在圣日耳曼-昂莱。[93] 尽管列奥纳多在遗嘱的开头写到"考虑到死亡肯定会到来",但他在离开时还是带着这种特有的不确定性。在缺乏任何已知的临终遗言的情况下,圣日耳曼-昂莱法令这件恼人的怪事提醒我们,他深信不疑,一切都必须经过怀疑和检验,才能被认为是真的。

瓦萨里总结道:"所有认识他的人都因失去他而感到无比悲痛。"我甚至已经将国王忘在脑后,只看见弗朗切斯科·梅尔齐在床边流泪。直到6月1日,梅尔齐才写信给列奥纳多在佛罗伦萨的同父异母的弟弟们,告知列奥纳多的死讯。他写道:"他就像我最好的父亲。只要我的身体还在呼吸,我就会永远感到悲伤。他每天都在证明,他给予了我最热情和最热烈的爱。"[94] 我们对梅尔齐这个年轻人知之甚少,但他报答了列奥纳多的这份喜爱:他是无数的手稿和素描最坚定的捍卫者和编辑者。这些手稿和画稿甚至比油画能更直接地让我们走入列奥纳多的生活,仿佛它们本身就是一种记忆,杂乱地记录着他每天辛勤的工作、梦想的秘密、飞翔的心灵。

列奥纳多的遗体遭遇了比这些抽象的记忆、梦想和沉思糟糕得多的事情。他的遗体肯定在5月临时下葬了,因为遗嘱中设想的大规模葬礼在三个多月后才举行;在圣佛罗伦丁教堂王室书院的注册簿中,列奥纳多的葬礼许可证的日期为1519年8月12日。法国大革命期间,教堂遭受了破坏,1802年时,这里被认为已无法修复。教堂被拆除,墓园中的石头和铅都

《指点方向的女子》。

被用来修复城堡。据说教堂有一名园丁，一个古戎家族的人，把所有散落在教堂里的遗骸捡了起来，并埋葬在庭院的一个角落里，也许列奥纳多的就在其中。

1863年，诗人、列奥纳多研究者阿尔塞纳·乌塞挖掘了圣佛罗伦丁教堂的遗址。在诸多碎片中，他发现了一些刻有"EO [...] DUS VINC"文字的墓碑碎片，还有一具几乎完整的骨架。骨架惊人的头骨尺寸让他相信他找到了列奥纳多的遗骨。"我们从未见过一颗头颅被设计得如此智慧，也可能这颗头颅就是为了储存知识的，"他写道，"三个半世纪后，死亡依然没能减少这颗充满威严的头颅的骄傲。"[95] 这些骨骸现在葬于城堡区域内的圣胡伯特小礼拜堂，位于巴黎伯爵竖立的牌匾下。然而，这些骨骸和列奥纳多的唯一关联是通过乌塞不大可靠的颅相学推断建立起来的。

可能埋葬在圣胡伯特小礼拜堂里的硕大的颅骨，曾经安置着列奥纳多·达·芬奇的心灵吧。但至少有一点是确定的，即心灵现在已经不在那里了：笼子空了，心灵已经飞走了。

注 释

按字母排序的参考文献指的是资料来源中列出的手稿和藏品。以作者 / 日期标明的参考文献是在那里列出的书籍和文章。①

导 言

1. Ar 245V, dated by comparison with CA 673r/249r–b, written 24 June 1518; see Pedretti a1975.
2. R 1566. 在留存至今的列奥纳多遗嘱手稿副本中,她的名字用意大利语写为"玛图丽娜"(Maturina),但我们几乎可以确定她是法国人,所以应该叫"玛图琳"(Mathurine)。
3. K2 50v.
4. Ben Jonson, *Timber, or Discoveries* (London, 1640), in *Complete Poems*, ed. G. Parfitt (Harmondsworth, 1975), 394.
5. 里希特于1939年编辑的列奥纳多手稿索引共有5421页("1页"是指对开页手稿的一面),但略去了以下部分:粘在《大西洋古抄本》的书页背面的小纸片;含有手稿内容的笔记本封面和封面内页;1967年发现的两本《马德里古抄本》,加上这些大概有7200页。See Richter 1970, 2.400–401; PC 1.92–7. On reported sightings of Libro W (designated thus by Leonardo's secretary Melzi) in Milan in 1866 and 1958: Pedretti 1965, 147–8. See Part V n. 17.
6. Charles Rogers, *A Collection of Prints in Imitation of Drawings* (2 vols., London, 1778), 1.5. On the provenance of the collection (probably brought from Spain by the Earl of Arundel and sold to Charles in c. 1641) see Clark and Pedretti 1968, 1.x–xiii.
7. Giambattista Giraldi Cinzio, *Discorsi* (Venice, 1554), 193–6, citing the reminiscence of his father, Cristoforo Giraldi, a Ferrarese diplomat in Milan.
8. L 77r.
9. CA 534v/199v–a.
10. RL 12665r. 这几句话是他于1515年写下的"对大洪水的描述"笔记的增补内容,但毫无疑问,它记载了他更早在皮翁比诺的观察,那时大约是1504年秋天。

---

① 注释中大部分解释性文字均已译出,部分法语和意大利语文字保留了原文,以方便有兴趣的读者据此深入阅读相关文献。

11. K ir. 这一页已经严重褪色，第二行的正确拼读是在1979年通过红外线检测确定的。

12. Ar Ir, written in early 1508, when he was beginning the task of organizing his manuscripts; cf. Leic 2r: 'So, reader, you need not wonder, nor laugh at me, if here we jump from one subject to another.'

13. F 35r; RL 19095v; RL 19070V (cf. 19115r: 'Show the movement of the woodpecker's tongue.').

14. CA 52or/191r–a; PC 2.313. He wrote this c. 1490–92, above a drawing of a spiral entitled 'Corpo nato dalla prospettiva' ('Body born of perspective'): see illustration on p. 58. On the same sheet, now separated (CA 521v/191v–b, R1368), he wrote, 'M^o [i. e. Maestro] Leonardo fiorentino in Milano.' Other autographs in the notebooks: Fors 3 62v, c. 1493, written left to right (see illustration on p. 58); Fors 1^1 3v, 'principiato da me Leonardo da Vinci', dated 12 July 1505; CA 1054r/ 379r–a, 'Io Lionardo' – 'I, Leonardo'.

15. CU 122r–125v, McM 396–410.

16. Michelangelo 1878, 12.

17. The most comprehensive edition of Vasari's writings remains the nine-volume Opere, ed. G. Milanesi (Florence, 1878–85; 2nd edn 1906), in which the annotated Life of Leonardo is 4.57–90. See also Le vite, ed. R. Batterani and P. Barocchi (4 vols., Florence, 1966–76). 最早的英译本是威廉·阿格兰比（William Aglonby）1685年编译的精选集；最容易理解的现代译本是由乔治·布尔翻译的版本（Harmondsworth, 1987），《达·芬奇传》收录在1.255–71。关于我对瓦萨里和其他早期传记作者的选择性引用，参阅《资料来源：早期传记》。

18. Biblioteca Nazionale, Florence, Codex Magliabechiano XIII 89 and XXV 636; see Benedettucci 1991.

19. Codex Magliabechiano XVII 17. The account of Leonardo occupies fols. 88r–91v and 121v–122r. See Fabriczy 1893; Ficarra 1968.

20. Giovio's life of Leonardo ('Leonardi Vincii vita') was first published by G. Tiraboschi in 1796; a parallel text in Latin and English is in Richter 1970, 1.2–3. Additional material on Leonardo, from another part of the Dialogi, is in PC 1.9–11.

21. On the genesis of the Lives, see Boase 1971, 43–8.

22. Material on Leonardo is also found in Lomazzo's Sogni e raggionamenti ('Dreams and discourses'), a manuscript of the early 1560s containing imagined dialogues (British Library, Add. MS 12196, 5or–224r, especially Raggionamenti 5 and 6, 117v–175r); and in his Idea del tempio della pittura (The Idea of the Temple of Painting) (Milan, 1590). His writings are collected in Scritti sulle arti, ed. R. Ciardi (2 vols., Pisa, 1973).

23. RL 12726. 可能也是由梅尔齐誊抄的一份副本，米兰安布罗西亚纳图书馆收藏。

第一章

1. Uzielli 1872, doc. 1.

2. E. Repetti, Dizionario geografico della Toscana (Florence, 1845), 5.789. Cf. Uzielli 1896, 36– 42. 20世纪40年代，卡斯特尔坎波伯爵把房子捐给了芬奇镇；1952年，列奥纳多400年诞辰时，这座房子对公众开放。

3. Cianchi 1960; Vecce 1998, 23–5.
4. ASF, Notarile anticosimiano 16192, 105v.
5. 关于列奥纳多的洗礼记录在19世纪中叶仍然存在可能性，参见布鲁斯基1997年的文章。1857年10月13日，加埃塔诺·米拉内西写信给切萨雷·瓜斯蒂："如果你去皮斯托亚，拜托你转告布雷斯基修士，如果他能让我看看他发现的列奥纳多·达·芬奇的受洗证明，我将感激不尽。"布雷斯基是芬奇镇所属的皮斯托亚和普拉托主教辖区的神父长。虽然这次来自米兰的询问似乎石沉大海，但最近发现的一封费迪南多·维斯孔蒂修士，即芬奇镇当时的教区神父写给布雷斯基的信，引起了我们的兴趣。这封信于1857年5月17日寄出（米兰来信的5个月前）。一张相当大的、接近正方形的纸，在第二页信纸中较低的位置上消失了——难道这就是那份消失的受洗证明？如果是，它发生了什么？
6. Cianchi 1953, 64–9.
7. See J. Temple–Leader, *Sir John Hawkwood* (London, 1992); T. Jones, *Chaucer's Knight: The Portrait of a Mercenary* (London, 1994); Chaucer, 'The Parson's Tale', *Canterbury Tales*, Fragment X, 1 (ed. F. Robinson, Oxford, 1957, 254).
8. Cianchi 1953, 69–70; Vecce 1998, 22.
9. 据描述，这座房子"in the borgo"，可能是建在1427年的卡塔斯托提到的城外空地上。我们基本可以肯定，1451年的卡塔斯托记录了这处住房更多的细节；列奥纳多一定从小就对这里非常熟悉。
10. Viroli 1998, 7–9；很可能就是尼科洛·马基雅维利1513年写《论李维》（*Discourse on Livy*）时使用的那本。
11. Ridolfi1963, 4.
12. On Ser Piero's early career: Cecchi 2003, 122–5; Vecce 1998, 384. The insignia: ASF, Notarile anticosimiano 16826, 1r.
13. 参考安东尼奥·达·芬奇1457年的申报内容（见本章第18条注释），其中说"他［弗朗切斯科］在乡下无所事事"。这些都是公式化的免责声明。
14. See Eissler 1962, 95–8, for psychoanalytical reflections on Leonardo's 'very live' relationship with Francesco.
15. 这份手稿有许多抄写错误，其中把列奥纳多描述为皮耶罗的"私生子"（legittimo... figluolo），中间的形容词是多余的，但基本就是说他是"私生"或"非婚生"。卡泰丽娜"出身优良"的观点可能暗示了她自己也是私生女。
16. Schlossmuseum, Weimar; PC 2.110: a double–sided sheet of anatomical studies originally joined to RL 19052.
17. On Accattabriga and his family: Cianchi 1975, with facsimiles of documents; Vecce 1998, 27–30.
18. ASF, Catasto antico 795, 502–3; Villata 1999, no. 2. 这是证明列奥纳多存在于世的第一份正式文件。
19. 1427年，她是"皮耶拉·多纳·迪·皮耶罗·［布蒂］夫人"（Monna Piera donna di Piero [Buti]），时年25岁；但她一定是年轻时就去世了，因为在后来的卡塔斯托中，皮耶罗·布蒂的妻子是安东尼娅夫人。
20. 其他孩子的生活经历都有迹可循。皮耶拉1475年嫁给了来自芬奇镇的安德烈亚·德尔·比安乔（Andrea del Biancho），1487年成了寡妇；丽莎贝特也结婚了，1940年左右，她生了一个女儿，即马达莱娜（Maddalena）——据我们所知，她是卡泰丽娜的第一个外孙女。

21. CA 186v/66v–b. The original reads, 'Questo scriversi distintame*nte del nibio par che sia mio destino, perche nela prima / ricordatione della mia infantia e'mi parea che, essendo io in culla, che un nibbio venissin me / e mi apprissi la bocha chola sua coda, e molte volte mi percuotesse con tal coda dentro alle labra.*'
22. J. Parry–Jones, *Birds of Prey* (Newent, n.d.), 10.
23. Written thus on the inside cover of the notebook, and repeated almost identically on fol. 18v.
24. Tn 18v: 'The *cortone*, a bird of prey which I saw going to Fiesole, above the place of the Barbiga, on 14 March 1505'.
25. 错误来自德米特里·梅列日科夫斯基（Dmitry Merezhkovsky）的德文版《达·芬奇传奇》(*Romance of Leonardo da Vinci*, 1903)，其中把俄文中正确的"鸢"（korshun）译为了"Geier"。
26. Freud 2001, 36–7.
27. Ibid., 41, 77. 弗洛伊德基于他在《儿童性理论》(*On the sexual theories of children*, 1908) 中提出的幼儿性欲理论，对鸢的幻想做了更广泛的解读。他还把这则幻想和同性恋联系起来（"幻想中的场景……概念上与吮吸阴茎类似"），因此，他在鸢的幻想中发现早年恋母情结与列奥纳多成年后的同性恋倾向有潜意识上的关联。
28. H¹ 5v. 这个版本的动物寓言故事使贝克认为"那个关于鸢的'梦'，既不是梦也不是记忆，而是列奥纳多整合了一些他熟悉的文本后的幻想"（Beck, 1993, 8）。
29. 我们可以在这本动物寓言故事集中的其他地方，发现鸟类和亲子的关联："尽管山鹬偷了其他鸟的蛋，但是这些蛋孵化出的幼鸟，还是会回到它们真正的母亲那里。"（H¹ 8v）而一篇经典的弗洛伊德主义文章说："鸽子是忘恩负义的符号。因为当它们长得足够大，不再需要父母喂养时，就会与父亲无休止地斗争，直到小鸽子把父亲赶走，再把它的配偶占为己有。"（ibid., 7r）
30. 64v, CA 1033r/370r–a.
31. CA393r/145r–a; PC 2.279. The camel: H 10v. "*usare con*" 即与某人现在或者曾经相好，因此婉转地表达了他们有性关系。这句话出现在列奥纳多同父异母的弟弟洛伦佐·迪·塞尔·皮耶罗·达·芬奇写于1520年左右的"告解"中，现存于佛罗伦萨的里卡尔迪亚纳图书馆（Biblioteca Riccardiana），其中说"如果一个私生子的亲生父母只发生过一次性关系，那么他的母亲很可能是侍妾或者女仆"。这条评论可能说的就是他父亲和卡泰丽娜的关系。On Lorenzo, see Part II n. 90 below.
32. Pfister, 1913, 147. Freud incorporated this, with some reservations, into his second edition, 1919: see Freud 2001, 70–72.
33. CA 765r/282r–b. 根据一则不可信的传言，磨坊的主人是列奥纳多的叔叔弗朗切斯科。在之后的16世纪，这里归里多尔菲家族所有，它被标注在芬奇镇《圭尔夫地图》(Guelf map, 1580) 上，当时被称为"里多尔菲的磨坊"(Mulino di Doccia di Ridolfi)。
34. CA 1033r/370r–a. On sixteenth-century oliviculture see P.Vettori, *Trattato dello lodi de gl'ulive* (Florence, 1569); Vezzosi 1990.
35. 1504年至1505年，也就是写下这条笔记可能的时间，列奥纳多正在佛罗伦萨绘制壁画《安吉亚里战役》，这是一项需要大量颜料的大型工程。

36. CA 18r/4r–b.
37. Ma I 46v–47r, mid–1490s; an earlier horse–driven press ('*strettoio*') is in CA 47r/14r–a. See Vezzosi 1990, 14–17.
38. Dante, Paradiso, canto 14, 129, also playing on vinci = conquer (line 124); cf. Boethius, *De Consolatione*, Bk 3: '*Felice è quei che spezza il vinco del amor terreno*' – 'Happy is he who breaks the bonds of earthly love.' Leonardo uses the word in C 19v, describing a trick using 'an osier–shoot [*vincho*] and an arrow'.
39. On the academy engravings see below, Part V n. 111; the spelling of the words varies (often 'Achademia'). On the '*fantasia dei vinci*' by Correggio (a patron of Leonardo's friend Antonio Cammelli), see Kemp 1981, 187.
40. CA 888r/324r. 一份15世纪90年代左右的备忘录清单（CA 611r/225r–b）包括了这样一句话"gruppi di Bramante"：里希特（R 1448）把gruppi翻译为"群体"，但这个词也可能是groppi的变体，指列奥纳多的朋友多纳托·布拉曼特设计的绳结。
41. Lomazzo 1584, 430; PC 2.328.
42. The 'Madrid book–list' of c. 1504 (Ma II 2v–3v) contains three copies of Aesop: a '*favole d'isopo*', an '*isopo in versi*', and a French edition, '*isopo illingia francosa*', perhaps *Les Fables de Esope* (Lyons, 1484).
43. 1516年佛罗伦萨出版的新闻通讯标题是《1516年10月印度洋群岛寄来一封安德烈·科萨利写给尊贵的朱利亚诺·德·美第奇公爵的信》(*Letter of Andrea Corsali to the Illustrious Duke Giuliano de' Medici which arrived from the Indies in the month of October 1516*)。1513年至1516年，列奥纳多为朱利亚诺服务。See Vecce 1998, 317, 442.
44. Ammirato 1637, 2.242.
45. Horse shown from behind: RL 12308r. Ox and ass: RL 12362r. Others: Zöllner 2003, nos. 89–93. Also early is the proportional study of a horse, RL 12318, perhaps connected to Verrocchio's project for the equestrian statue of Bartolomeo Colleoni. See Clayton 2002, 34.
46. Zöllner 2003, no. 13, silverpoint on buff–coloured prepared paper. At auction it 'soared past its 3.5m estimate in seconds' (Maeve Kennedy, Guardian, 11 July 2001).
47. RL 12653.
48. BM 1895–9–15–447 (Zöllner 2003, no. 157); I 48r. See also RL 12361–red chalk with right–handed shading, thus probably a Melzi copy–and RL 12714.
49. F 47r, c.1508.
50. See Part III n. 10 below.
51. H 109r.
52. RL 12363.
53. CA 477v/175v–a.
54. 关于列奥纳多提到的树和植物的完整名单，见Embolden 1987, 213–15。在列奥纳多的黑莓灌木丛草图中（RL 12419–20, '25–6, '29），我们可以看到他描绘了一大丛复杂的野生植物，这可能和他1504年至1505年左右的与《丽达与天鹅》相关的习作有关。在一页画着林地的灌木丛（RL 12431r）的稿纸背面，还有一棵单独的洋槐树。
55. CU 12r, McM 42.
56. BN 2038, 27v, formerly part of A, c. 1490–92.
57. CA 505v/184v–c, R 493. 标题中的"哲学家"一词似乎被删掉了。

58. Bramly 1992, 86.
59. CU 12r–12v, McM 42.
60. Uffizi GDS 436E; RL 12685.
61. For recent attempts to identify the landscape, see Natali 1999, 137–48, Nanni 1999, 7–17.
62. Tn 6v.
63. Landucci 1927, 35. 卢卡圣塞希莉亚教堂（Capella di Santa Cecilia in Lucca）同样建在墙外，那里曾藏有一幅神奇的圣母像。如今，呈弧线形的文艺复兴时期的城墙围住了这座教堂。
64. Bramly 1992, 84–5; PC 2.314.
65. Pedretti 1992, 163.
66. CA 327v/119v–a：“因为我没有受过良好的教育，我知道有些傲慢的人会认为他们可以理所当然地认为我是一个不识字的人，瞧不起我。”
67. 关于意大利文艺复兴时期的两种教育体制，见 Burke 1972。
68. RL 19086.
69. Ghiberti 1998, 46; Alberti, *De re aedificatoria* (1485; also called *De architectura*), 1.3.
70. F 96V. Cf. E 55r：“我想先记录下这段经历，然后用理性的方式说明为什么一定要这样做。”
71. CA 323r/117r–b, one of a series of texts headed '*Proemio*' ('Preface'), written c. 1490 (PC 1.109). 他的观点可用英国皇家科学院的一句经验主义格言作结："不随他人之言。"
72. CA 392r/141r–b, R 660.
73. Ibid. 他说，在乔托之后，"这种艺术再次衰落了，因为每个人都在模仿他已经做过的事情"，但后来被"佛罗伦萨人托马索，也被称为马萨乔"振兴，他再次创造出立足大自然的"完美杰作"。
74. BN 2038, 19r.
75. CA 349v/206v–a.
76. Vezzosi 1998, 20, interpreting geometric patterns on a folio at Christ Church College, Oxford. Cf. Leic 28v and F 48v for rough–sketched designs for potters' lathes.
77. Donatello's *Magdalene*: Museo del Opera del Duomo, Florence. The Vinci *Magdalene*: Museo della Collegiata di Sant'Andrea, Empoli. The *Madonna of the Welcome* has been attributed to Bartolomeo Bellano.
78. King 2000, 113–17. 这艘船的设计颇具争议。近乎同时代的马西亚诺·塔科拉在画中将它描绘成由一辆14个轮子的马车改装成的一艘木筏，类似于现代的两栖动车——但其他的描述让人觉得这应是一艘小船，或者有脚踏轮的驳船。这个发明是出于经济方面的考虑：卡拉拉大理石之所以昂贵，部分原因在于其运输成本——要把大理石从位于距佛罗伦萨东北部60英里的阿普安阿尔卑斯山的采石场运出来。
79. On Leonardo's left–handedness see Bambach 2003a, 31–57; on the evolution of his handwriting see PC 1.100–103. 最早注意到他的镜像书写的是他的朋友卢卡·帕乔利："他反过来写字，用左手，我们必须通过镜子，或把纸张举起来在光线下反过来看，才能理解他在写什么。"（*De viribus quantitatis* ['Of the Powers of Quantity'], Bologna, Biblioteca Universitaria MS 250, before 1508.）18世纪，《莱斯特古抄本》的拥有者，可能是罗马画家朱塞佩·盖齐，他将上面的文字比作希伯来文（"他遵照了犹太人

的书写传统"），并认为列奥纳多这样做是为了保密："他这样做是为了不让所有人都那么轻易读懂。"列奥纳多左手打的阴影和影线是鉴别他作品的重要依据，特别是他用金属笔和墨水画的那些素描。线条通常（但也不绝对）是从右下方往左上方写的，线条方向由起笔时的小凹陷到笔离开纸张时笔触末端的小勾可以看出。列奥纳多可以用右手画画，也可以按照传统方向书写（见本书插图），但他没有像米开朗琪罗，另一个天生左撇子那样，把自己训练回右利手。

第二章

1. 米开朗琪罗从1488年4月1日，即13岁生日的几周后，就被父亲送到吉兰达约的工作室当学徒。合同期为3年，平均年薪为8弗洛林（Vasari 1987, 1.327–8）。1449年10月22日波提切利进入内里·迪·比齐的工作室时，也有工资（GDA, s.v. Botticini）。然而，他们之前都接受过艺术训练，所以一进工作室就是助手。对于那些什么都不会的学徒，男孩家里要给老师支付一笔学费和抚养费；这可能就是塞尔·皮耶罗和韦罗基奥的安排。贝克和布朗认为，列奥纳多1466年起开始他的学徒生涯（Beck 1988, 5–6, and Brown 1998, 76–7）。更早的作家，比如克拉克和旺蒂里耶（Venturier），倾向于认为是1469年至1470年左右这段时间，因为塞尔·皮耶罗1469年的纳税单把列奥纳多单独列为他在芬奇镇需要喂的"嘴巴"，但这种很常见的通过宣称家人不能独立而试图逃税的方式，最终还是被督察员拒绝了，他在列奥纳多的名字旁边画了一条删除线。瓦萨里关于塞尔·皮耶罗是韦罗基奥的"朋友"的说法最近得到了更强的证明，因为新发现的文献显示，皮耶罗曾在1465年至1471年担任了韦罗基奥多份租赁合同的公证人。see Cecchi 2003, 124.

2. *Necrologia Fiorentina*, San Biagio; cited Cianchi 1953, 49.

3. First documented in Ser Piero's tax return of 1469 (ASF, Catasto 1469, Quartiere San Spirito, Gonfalone Drago, filza 909/239, carta 498). 15世纪90年代，这栋房子在普雷斯坦兹路（今贡迪路）重修时被拆除。

4. Cianchi 1953, 7.

5. Benedetto Dei, *Cronica Fiorentina* (1472), in Fanelli 1980, 82–5.

6. Kupferstichkabinett, Berlin. 这幅地图是弗朗切斯科·罗塞利工作室制作的大型木刻地图；它的名字源自左上角的一种锁链装置。它展示了城市从贝洛斯瓜尔多到蒙特奥利维托之间的区域。See L. Ettlinger, 'A fifteenth century view of Florence', *Burlington Magazine* 581 (June 1952), 162–7.

7. Hibbert 1993, 155.

8. Rubinstein 1995, 72.

9. Bracciolini: *Dialogus contra avaritiam*, ed. G. Germano (Livorno, 1998). Savonarola: Lucas– Dubreton 1960, 46n.

10. Landucci 1927, 48 (20 August 1489); Lucas–Dubreton 1960, 131.

11. Machiavelli, *La Mandragola*, 2.3, 14–15.

12. 在被指责提拔没有才干的支持者担任政治职务时，科西莫反驳道："用2布拉乔奥深红色的布［用来给佛罗伦萨立法委员做斗篷］就能让一个人有用。"半个世纪后，他的曾孙教宗利奥十世用了同样的政策："确保你在立法委员会，以及……一定要选出完全忠于你的精明、能保密且值得信赖的人担任城市银行的职位。"See Villari 1892, 2.43, 456. On Cosimo: Kent 2000.

13. Cecchi 2003, 123–4；其他经常邀请塞尔·皮耶罗提供服务的基金会有佛罗伦萨修道院和圣阿波罗尼亚修道院。
14. Vecce 1998, 33. 参见瓦萨里关于同样也是一名公证人的儿子的布鲁内莱斯基的早期职业生涯的讨论。他的父亲希望他能继承衣钵，对他欠缺做这件事的天赋感到很"沮丧"。"看到这孩子总是在研究巧妙的艺术和机械问题，就让他学算术和写作，然后让他在金匠朋友那里做学徒，这样他就可以学习设计了。"（Vasari 1987, 1.134）这仿佛和列奥纳多50年后的课程类似。
15. G. Calvi, RV 13 (1926), 35–7. 租赁协议日期为1468年10月25日；房屋归佛罗伦萨修道院所有。1472年，塞尔·皮耶罗选择这座教堂作为家族墓地（Beltrami 1919, no. 6），他1504年葬于此。
16. Jardine 1996, 37–44.
17. CA 42v/12v-a, R 1439.
18. Hauser 1962, 2.3–6.
19. Cristoforo Landino, *Comento sopra la Commedia di Dante* (Florence, 1481), iv r; Baxandall 1988, 114–17.
20. 拉丁文匿名著作《阿尔贝蒂传》（*Life of Alberti*）描述了这些壮举，并通过安东尼奥·穆拉托里（Antonio Muratori）18世纪的抄写本得以留存至今。尽管这部作品是以第三人称撰写，但几乎可以确定是一份过早完成——而且不太可靠——的自传，大概完成于1438年。See Grafton 2000, 14–1.
21. Ibid., 18. 列奥纳多在一篇诙谐文章中写道："一个因为私生子身份而被另一个人谴责的好人。"他回应："就人性与自然的法则而论，我是婚生子，而你是一个混蛋，因为你只有兽性，没有人性。"（Ma II 65r, PC 2.276）
22. Grafton 2000, 9–29; M. Baxandall, 'Alberti's self', *Fenway Court* (1990–91), 31–6.
23. Biblioteca Nazionale, Florence, Codex Magliabechiano XI 121. 1468年，托斯卡内利在佛罗伦萨大教堂的穹顶里安置了一个大理石日晷，他宣称借此他可以"以不超过半秒的误差判断正午时刻"[F. Streicher, 'Paolo dal Pozzo Toscanelli', Catholic Encyclopedia (New York, 1912), vol. 14]。
24. Cited in G. Uzielli, *La vita e i tempi di Paolo dal Pozzo Toscanelli* (Rome, 1894), 20.
25. GDA s.v.Uccello.
26. On the varied output of Verrocchio's studio, see Butterfield 1997, Rubin and Wright 1999. 'Verrocchio & Co.': Clark 1988, 49. 保罗·希尔斯评论说，在商业化的影响下，韦罗基奥的作品风格日渐"粗糙"："在创新和复制之间，有些东西丢失了。"（"失去了使人信服的力量"，*TLS*, 7 January 2000）
27. 据描述，1462年韦罗基奥的工作室位于吉贝利纳路的"高处"（a capo），但是当时的街道并不像今天这样始于巴杰罗宫的拐角；这条街道向西延伸的那一段，在当时被称为帕拉吉奥路。工作室可能位于现在吉贝利纳和朱塞佩威尔第两条街交叉口附近。See Brown 2000, 13. 这里可能是记日作家兰杜奇提到的"Canto delle Stinche"区域，1500年时，他记录了在那发生的一桩谋杀案，"吉贝利纳街角，肉店外面靠近斯廷切的地方"（Landucci 1927, 176）。
28. 对韦罗基奥而言，十字门外这片空地还有其他关联。1452年8月，青年安德烈亚在与其他年轻人的扭打中投掷了一块石头，石头砸中了14岁的毛线工人安东尼奥·迪·多梅尼科，后者受伤后不久便去世了，安德烈亚也因过失杀人罪被短暂逮捕。See Vasari 1878, 3.358n; Butterfield 1997, 3.
29. Butterfield 1997, 21–31; on Leonardo as model, Nicodemi 1934, 14–15, Brown 2000, 10.
30. GDA, s.v. Ferrucci; other pages of the sketchbook are in London, New York, Berlin, Dijon, Chantilly and Hamburg. The page with a line of Leonardo handwriting (Louvre) is reproduced in Pedretti 1998, 22.
31. ASF, Tribunale della Mercanzia 1539, 301r–302v; Covi 1966, 103. 这份文件是韦罗基奥的兄弟托马索和他的遗嘱执行者洛伦佐·迪·克雷迪之间的法律纷争的一部分。
32. 'Pistole d'ovidio' in a book-list of the early 1490s (CA 559r/210r–a); 'ovidio metamorfoseos' in the 'Madrid book-list' of c. 1504 (Ma II 2v–3v). Leonardo quotes from the Metamorphoses on a folio of c. 1480, CA 879r/320r–b.
33. The Uffizi portrait is variously credited to Credi, Raphael and Perugino himself; on the pen-and-ink drawing (Uffizi GDS 250E) see Rubin and Wright 1999, 144.
34. Gilbert 1992, 34. On Florentine artistic apprenticeship see also Rubin and Wright 1999, 78ff.; Luchinat 1992.
35. Cennini 1933, 4–5.
36. PC 1.11 (part of the fragmentary supplement to Giovio's *Leonardi Vincii vita*).
37. Rubin and Wright 1999, no. 29; cf. RL 12515.
38. 这幅皱褶习作（Louvre, Cabinet des Dessins RF 2255; Zöllner 2003, no. 183）和《天使报喜》中圣母的衣袍皱褶相似，但不相同。它很也接近洛伦佐·迪·克雷迪绘制、韦罗基奥工作室出品的皮斯托亚祭坛画（约1476年至1485年）中圣母衣袍上的皱褶。但它更接近1484年左右多梅尼科·吉兰达约画的《圣者加冕圣母像》（*Madonna Enthrone with Saints*），现存乌菲兹美术馆，这也是两个工作室互相交流的诸多证据之一。
39. Vezzosi 1997, 32.
40. Drapery in the *Trattato*: CU 167r–170v, McM 559–74 'Thin cloths' etc.: RL 19121r.
41. The *Youthful Christ*, about 13 inches (33 cm) high, is in a private collection (Coll. Gallendt, Rome). On its identity with the 'little head' (*testicciola*) owned by Lomazzo, see M. Kemp, ALV 4 (1991), 171–6; Pedretti 1998b, 15–16.
42. Lomazzo1584, 159.
43. CA 888r/342r.
44. BM 1895–9–15–474, metalpoint on cream-coloured paper, usually dated c. 1472–5. 据瓦萨里说，韦罗基奥的大流士浮雕由洛伦佐·德·美第奇委托，是送给匈牙利国王马加什一世的礼物，一起送出的另一件作品则描绘了亚历山大大帝；大流士与罗比亚工作室1500年左右制作的一尊釉面红陶土侧面像很相似，并且和列奥纳多的素描非常像。侧面像是韦罗基奥工作室的另一类作品：其中一件是给洗礼堂制作的银雕士兵像《斩首圣约翰》（*Beheading of St John*），制作时间约为1477年至1480年；还有一件是他在15世纪80年代中叶于威尼斯完成的巴尔托洛梅奥·科莱奥尼塑像。
45. 他没有获得这次委托：六种美德由波莱沃洛兄弟绘制，还有一幅《坚韧》（*Fortitude*），现藏乌菲兹美术馆，他们转交给了波提切利（GDA 4.493, s.v. Botticelli）。
46. A Ir, R 628.
47. See Dunkerton and Roy 1996 for a technical analysis of Florentine panel paintings of the 1470s and '80s (by Botticelli, Ghirlandaio, Filippino Lippi et al.) in the National Gallery,

London. 这些艺术家选择的颜料都"相对保守",他们绘制某些特定的颜色使用了油彩,但他们更喜欢蛋彩画"轻盈明亮的色调","看他们似乎故意拒绝了更有创新和试验性的油画技术"。

48. Baxandall 1988, 6.
49. An 'artificial' malachite, a precipitate of copper salts, was also used: it is found in the landscape of Uccello's *Battle of San Romano* (National Gallery, London), dating from the 1430s; see Dunkerton and Roy 1996, 28, 31.
50. CA 704bv/262r–c; cf. a similar recipe in CA 195v/71v–a (R 619), a sheet containing fragments of poetry datable to c. 1480.
51. Villata 1999, no. 17. The Ingesuati, whose monastery stood outside the Porta a Pinti, were another of Ser Piero da Vinci's clients (Cecchi 2003, 123).
52. Dull landscapes: CU 33v, McM 93. Indecorous *Annunciation*: CU 33r, McM 92. 现存乌菲兹美术馆的波提切利的《天使报喜》,不是唯一遭到列奥纳多批评的作品(see, for example, Luca Signorelli's, Johnson Coll., Philadelphia). 'Sandro!': CA 331r/120r–d; 这里的争论可能是波提切利在后萨伏那洛拉时期的宗教狂热,与科学拥趸列奥纳多之间更深层次的断裂的伏笔。(Argan 1957, 127f.)
53. Baxandall 1988, 111–14. 乔瓦尼·桑蒂斯是乌尔比诺公爵的御用画师。这首诗表面上的背景是公爵在1482年春天到访佛罗伦萨,但这些诗句似乎写得更早。1482年时,佩鲁吉诺大概33岁,而列奥纳多30岁,因此他们都不再是"少年"了,也都离开了佛罗伦萨。这首诗也赞扬了吉兰达约、菲利皮诺·利比、波提切利和卢卡·西尼奥雷利。短语"par d'amori"可能意味着"喜欢他们的人数一样",也就是同样受人钦佩。
54. On Credi's *Annunciation* (Louvre), see Marani 1999, 67–8; Zöllner 2003, 220.
55. GDA 19.675, s.v. Lorenzo di Credi; Covi 1966.
56. Contracts for Piero della Francesca's *Madonna della Misericordia*, San Sepolcro, 1445, and Filippino's Strozzi–chapel frescos, 1487: Baxandall 1988, 20–21.
57. According to Vasari, the Pollaiuolo *Tobias* (Gall. Sabauda, Turin) was by both brothers in collaboration, and was painted for the guild hall of Orsanmichele (Vasari 1987, 2.74).
58. Brown 2000, 14–19; cf. W. Suida, 'Leonardo's activity as a painter', in Marazza 1954, 315–29.
59. Scalini 1992, 62–3.
60. Landucci 1927, 33, 42. Gostanzo 'won twenty *palii* [in various cities] with his Barbary horse, Draghetto' – the 'Little Dragon'.
61. CA 629av/231v–b, R 707. 背面的建筑设计图案是他1508年前为夏尔·德安布瓦兹设计的夏季别墅,说明这部"喜剧"是为这位在米兰的法国人准备的。'Birds which can fly': Lomazzo 1584, 106.
62. Baxandall 1988, 71–6; Ventrone 1992, 57–9.
63. Martines 2003, 14.
64. Lubkin 1999, app. 4.
65. Machiavelli, *Istorie Fiorentine*, Bk 7, ch. 28 (Machiavelli 1966, 2.729).
66. Coll. Bartolini–Salimbeni, Florence. 这幅画有时会被认为是由乔瓦尼·巴蒂斯塔·贝尔图奇(或乌蒂利)所绘。

67. 1987, 1.235–6. 我们今天看到的球体已经不是韦罗基奥的作品了，他的原作已在1600年1月17日那个电闪雷鸣的夜晚中被摧毁。1602年3月，球体被替换，并留存至今，现在的球体比韦罗基奥的原作要大。

68. Landucci 1927, 9, and note citing entries in the *Quaderno di Cassa* of the Opera del Duomo.

69. G 84v.

70. Vasari 1987, 1.146–7. 安东尼奥·马内蒂的早期传记未曾提到这一事件。

71. On the construction of the dome, see King 2001, 83–107; R. Mainstone, 'Brunelleschi's dome of S. Maria del Fiore', *Transactions of the Newcomen Society* 42 (1969–70), 107–26.

72. Kemp 1989, 219–22, on which this paragraph is based. See also Pedretti 1976, 9–13; Reti 1965. 在一页1478年的纸上的布鲁内莱斯基的机械细节提出了较晚的日期（Uffizi GDS 446E）。

73. Reversible hoist or *collo grande* (illustrated): CA, 1083v/391v (Kemp 1989, plate 120). On this device, also called the 'ox hoist', and a drawing of it by Mariano Taccola, see King 2001, 58–61. Revolving crane: CA 965r /349r–a (Kemp 1989, plate 121). Crane on rails: CA 808r/295r–b (Pedretti 1976, plate 7).

74. CA 909v/333v.

75. Milanese domes: B 18v, 2ir, 22r, etc.; CA 849v/31ov–a. Herring–bone bricks: CA 933v/341v–a.

76. ASF Accademia del Disegno 2, 93v; Villata 1999, no. 5.

77. G. Moreni, *Notizie* (Florence, 1793), 6.161; Ottino della Chiesa 1967, 88; Marani 2000a, 48–52.

78. Brown 1998, 76–9, 194–5.

79. 诵经台上还引用了卡洛·马尔苏皮尼的墓志铭，后者的墓是由狄塞德里奥·迪·塞蒂尼亚诺于15世纪50年代雕刻的，列奥纳多毫无疑问在圣十字教堂看到过，那里距离工作室只有几分钟步行距离。

80. Kemp 1981, 54. Errors of perspective: Clark 1988, 53.

81. Baxandall 1988, 49–56.

82. Ibid., 50, citing Roberto Caraccioli, *Sermones de laudibus sanctorum* (Naples, 1489).

83. Clark 1988, 62.

84. Natali 1998, 269–70; Cecchi 2003, 126–7. Simone di Cione was abbot in 1471–3 and 1475–8.

85. CA 225r/83r–a, c. 1513–15; PC 2.351. 在写给伊莎贝拉·德埃斯特的一封信里，阿马多里记录了他们在佛罗伦萨的一次会面。奥塔维亚诺·德·美第奇（卒于1546年）是洛伦佐年轻的表弟，娶了洛伦佐的孙女弗朗切斯卡。

86. Ottino della Chiesa 1967, 89.

87. CU 6v, McM 24.

88. CU 135r, McM 554, from BN 2038 29r. Dragon drawings: RL 12370; Louvre, Coll. Rothschild 7810.

89. Lomazzo 1584, Bk 2, ch. 20; W. Suida, *Leonardo und sein Kreis* (Munich, 1929), fig. 117.

90. 安东尼奥是塞尔·皮耶罗迟来的12个婚生子女中的老大：皮耶罗的第二个孩子马

达莱娜夭折，但其他的孩子都活了下来。其中6个孩子是由他的第三任妻子玛格丽塔·迪·亚科波·迪·吉列尔莫所生，另外6个是由他的第四任妻子卢克雷齐娅·迪·古列尔莫·朱利亚尼所生。后者比塞尔·皮耶罗年轻近40岁，比列奥纳多年轻12岁，并且活得比他俩更长。在列奥纳多这么多同父异母的弟弟中，1480年左右出生的次子朱利亚诺是最优秀的，1516年他成为执政团的公证人，1518年成为瑞士基督教联盟在佛罗伦萨的演说者。1484年出生的洛伦佐成了羊毛商，他写了一篇具有启发性的宗教文章《忏悔录》。1496年出生的古列尔莫继承了安奇诺村的房子，1624年，与他同名的孙子卖掉了这处房产。最小的儿子乔瓦尼生于1498年，据说他生活在芬奇镇附近的莫卡塔利，即阿卡塔布里的石灰窑的所在地，他在那里是个"小旅馆老板和屠夫"。生于1497年的巴尔托洛梅奥的儿子皮埃尔弗朗切斯科·达·芬奇或皮耶里诺·达·芬奇，成了一名颇具天赋的雕塑家，但他1553年，即20岁出头时就去世了。

91. Ottino della Chiesa 1967, 89–90; Walker 1967.
92. On Ginevra and her family see articles in DBI; Fletcher 1989; 切奇注意到，塞尔·皮耶罗以公证人的身份在1458年至1465年处理了多份班琪家族的文件，其中包括吉内薇拉的祖母马德拉娜1460年立下的遗嘱。列奥纳多和吉内薇拉的哥哥乔瓦尼保持着友谊，1482年，他把尚未完成的《博士来朝》留给乔瓦尼，请他保管。（瓦萨里说他把画留在了"阿梅里戈·德·班琪的家中"，这个"阿梅里戈"有时候会被误以为是吉内薇拉的父亲，但其实是乔瓦尼的儿子，在瓦萨里撰写《艺苑名人传》时，他是班琪家族的族长。）列奥纳多在16世纪初的备忘录中提起了乔瓦尼："乔瓦尼·班琪拥有的那张世界地图"（CA 358r/130r–a）、"乔瓦尼·班琪的书"（L IV）。It is possible that the latter is the book of veterinary science (Jordanus Ruffus, *De medicina veterinaria*) now in the Laurentian Library, Florence, bearing the inscription '*Questo libro è di Giovanni d'Amerigo Benci*, 1485', and further possible that the same book is described in Leonardo's book–list of 1504 as '*libro di medicina di medicina di cavalla*' ('book about medicine for horses'): see Solmi 1908, 92; PC 2.361.
93. 在所有文艺复兴文献中，"virtus"或"virtù"一词，相较于今天带有道德色彩的"美德"而言，有着更为复杂的内涵。就哲学角度而言，它指的是被物质世界压抑或束缚的灵性本质——当我们谈论某种植物的疗愈"特性"（virtues）时，我们延续使用了这种意义，带有一种炼金术的意味。应用层面而言，它指的是个人智力、卓越、志向和天赋等个人品质，列奥纳多经常在这个意义上使用这个词。
94. RL 12558r. 人们根据现有肖像、温莎城堡皇家图书馆收藏的手部特写和韦罗基奥笔下拿着一束花的女人的手，重现了《吉内薇拉》原作的可能图像，图像由华盛顿国家美术馆影像部生成：Brown 2000, plate 3. 韦罗基奥做的半身塑像不是唯一的吉内薇拉雕塑：1497年至1498年，萨伏那洛拉掀起的宗教狂热期间破坏的作品中就包括一个叫"漂亮的班琪家女孩"（the beautiful Bencia）的头像雕塑（Butterfield 1997, 96）。
95. Bembo's copy of *De amore*: Bodleian Library, Oxford, Can. Class. Lat. 156. *Bembicae Peregrinae*: Eton College Library, Cod. 156. See Fletcher 1989, 811.《本博游记》（IIIV）中月桂和棕榈的徽章由本博的朋友巴尔托洛梅奥·圣维托绘制；它很接近列奥纳多的版本，可能是后者的直接来源。《吉内薇拉》的技术分析显示，画背面的标语一开始写的是"virtus et honor"，和《本博游记》中的徽章一样（Zöllner 2003, 219）。On Bembo see N. Giannetto, *Bernardo Bembo, umanista e politico Veneziano* (Florence,

1985). 他的儿子是知名的人文主义者彼得罗·本博，即卡斯蒂廖内《廷臣论》中的对话者之一。
96. Poliziano, *Stanze per la Giostra* (1476), Bk 1, lines 43–4.
97. Brown 2000, 124–5.
98. On the philosophical context of Botticelli's paintings see Gombrich 1945; G. Ferruolo, 'Botticelli's mythologies, Ficino's *De amore*, Poliziano's *Stanze per la giostra*', *Art Bulletin* 3 (1965).
99. Ficino, *De vita coelitus*, ch. 18, in *Opera omnia* (Basle, 1576), 557; see Yates 1965, 71. On Ficinian magic, see D. P. Walker, *Spiritual and Demonic Magic from Ficino to Campanella* (London, 1959).
100. Yates 1965, 281–2. 费奇诺把维纳斯与"爱的狂热"（furor amoris）结合在一起，后者成为伊丽莎白时代诗歌中常见的主题；意大利神秘主义者乔达诺·布鲁诺的十四行组诗《英雄的激情》（'Gli eroici furore', London, 1586）是一个特别的连接。这一系列的影响表明列奥纳多的《吉内薇拉》和莎士比亚的《维纳斯与阿多尼斯》（*Venus and Adonis*, 1593）之间存在着遥远但诱人的关联。
101. 列奥纳多可能拥有一本费奇诺的《柏拉图神学》的副本。这本书成书于1474年，1482年出版。在他1492年左右的书单中包括了一本名为"de immortalità d'anima"的书或手稿（CA 5 59r/210r-a），而费奇诺那本书的副标题为"De animarum immortalitate"。虽然"哲学家赫耳墨斯"这句短语写在了《巴黎手稿M》的封面上，但这不足以说明列奥纳多知道费奇诺翻译了神秘的赫耳墨斯主义著作《人类的牧人》（*Pimander*）。我们称列奥纳多为亚里士多德派者时不应该带有教条主义的色彩。弗莱彻指出（1989, 814），本博本人"证明了他对费奇诺新柏拉图主义哲学主张的抵触"，以及他深受帕多瓦大学的亚里士多德派阿威罗伊主义教师们的影响（1989, 814）。
102. CA 18/4r–b, v–b (R1553, 1359). On the identity of Bernardo see PC 2.384. 稿纸上还写了另一个名字"Franco d'Antonio di Ser Piero"，即弗朗切斯科叔叔。布拉姆利（1992, 154）指出，最后三个单词，"di s pero"，也可拼成"dispero"，即"我绝望了"：尽管用双关来评价他和父亲间的关系听起来很诱人，但这里出现的名字应是指列奥纳多的曾祖父。
103. ASF, Ufficiali di Notte 18/2, 41V (9 April), 51r (7 June); Villata 1999, nos. 7, 8.
104. Smiraglia Scognamiglio 1896, 313–15. Milanesi's reference: Vasari 1878, 4.22n. Uzielli 1884, 200–201, 441–8.
105. *Sogni* (see Introduction n. 22), 136v–137v. 洛马佐可能通过梅尔齐获取了列奥纳多私生活的一手私密信息，更有可能的是，他说出了某些其他传记作家知道但是没说出来的事情。洛马佐对这个说法很谨慎，所以一直都没有发表《梦与推理》。
106. Ar 44r; Pedretti 2001, 71–4. In anatomical texts Leonardo generally uses *verga* or *membro* for the penis, but see RL 19030r, c. 1506–8, where the *cazzo* is said to be 'the minister of the human species'. On 'The Running Cock' (Fors 2 4or), see C. Pedretti, ALV 4 (1991); A. Marinoni, RV 24 (1992), 181–8. Phallic animals: CA 132–133v/48r–a, r–b.
107. Saslow 1986; Rocke 1996; Orto 1989. See also Alan Bray, *Homosexuality in Renaissance England* (London, 1982).
108. Cellini 2002, 301. Though Botticelli was not convicted, an assistant of his was, in 1473.

See R. Lightbown, *Sandro Botticelli: Life and work* (London, 2 vols., 1978), 1.1524.

109. Rocke 1987.
110. Dante, *Inferno*, cantos 14–15. Dante's response is complicated by the presence of his former teacher, Ser Brunetto Latino, among the damned. On hardline attitudes further to the 1484 papal bull 'Summis desiderantes affectibus', see M. Consoli, *Independence Gay* (Viterbo, 2000), ch. 1; T. Herzig, 'Witchcraft and homosexuality in Pico's *Strix*', *Sixteenth–Century Journal* 34/1 (2003), 60–71.
111. Kupferstichkabinett, Berlin, Codex Hamilton 201; Vatican, Biblioteca Apostolica, Reginense Lat. 1896. 其中，《地狱篇》（*Inferno*）有25章带有插画（2–7、9和14没有），《炼狱篇》（*Purgatorio*）全部33章都有，以及《天堂篇》（*Paradiso*）有31章有插画（31和33章没有，可能从未完成）。
112. Giovanni di Renzo: ASF, Catasto 1427, Indice delle famiglie. Bartolomeo, Antonio, Bernardo: ASF, Catasto 1457, Sommario dei campioni 2 (Santa Croce), C3. 这三人在1457年的卡塔斯托中被一起评估，其中一人可能是乔瓦尼（以他的祖父的名字命名）和雅科博的父亲。他们的实际家庭人员情况（filza 798，carta 78）到目前为止仍是难以弄清楚的，但雅科博1476年时只有17岁，不会被记录在上面。
113. DBI s.v. Benci, Antonio (the birth–name of Pollaiuolo, the latter being a *soprannome* referring to his father's trade of poulterer; no relationship to Ginevra's family is apparent).
114. CA 68ov/252v–a. 佩德雷蒂认为年代大约是1504年至1505年（PC 2.311–12），因为它和有着一幅《安吉亚里战役》壁画素描的CA 84r/3or–b相似。另一幅也是1505年左右的素描（RL 12328r）中有一个站着的男性，可以设想它与"长大后的"基督有关。里希特（R 1364n）提出了大胆但令人难以置信的猜测，即有关少年基督的这番话是由绘于15世纪70年代末的《圣母子与猫》（*Madonna and Child with a Cat*）引起的，因为这幅画"会被教会认为奇怪且不敬"（R 1364n）。
115. CA 1094r/394r–b; 32r/9r–b.
116. BN 2037, 10r.
117. Uffizi GDS 446E. Different readings: R 1383; Thus 1913, 151; PC 2.327–8.
118. 这可能是从工作室得来的名字："菲奥拉万蒂，多梅尼科的学生"（Fioravanti pupil of Domenico）。多梅尼科・吉兰达约和多梅尼科・迪・米其林诺（Domenico di Michelino）的工作室浮现在我们的脑海中（在列奥纳多1480年左右的一则笔记中提到过，CA 42v/12v–a)，但实际上"多梅尼科"这个名字很常见。
119. On the Fortaguerri monument, see Butterfield 1997; GDA 19.675–6.
120. RL 12572. 圣多纳图斯草图（Coll. Wildenstein, New York）常被认为是韦罗基奥的作品，但最近的分析显示，画中面部和喉咙的两处阴影是左手画的。这幅作品出现在2001年在阿雷佐举办的《列奥纳多和他的世界》（'Leonardo e dintorni'）展览上。
121. RL 12685, c. 1503–4, marked as 'Sangenaio'. On the church, see G. Lera, *Capannori: vicende di una civiltà contadina* (Lucca, 1996), 88.
122. L. Bertolini and M. Bucci, *Arte sacra dal VI al XIX secolo* (Lucca, 1957), no. 210; Pedretti 1998b, 16–22; local information, 11 June 2003.
123. D 4r.
124. Jean Lemaire, *Plainte du désiré* (1509), in Nicodemi 1934, 8.

125. CA 807r/295r–a.
126. CU 20v, McM 51.
127. Fors 3 83r.

第三章

1. ASF, Mediceo avanti il principato 37, 49; ALV 5 (1992), 120–22.
2. ASF, Signori e Collegi 94, 5v (10 January 1478), 27r (16 March); Villata 1999, nos. 9, 10.
3. 也有可能是"佚名作者"搞错了，菲利皮诺后来为韦奇奥宫画过一幅祭坛画（约1486年），但是这幅画是由地方法官奥托·迪·普拉蒂卡（Otto di Pratica）委托的，所以和《向圣伯纳德显灵》的委托任务毫无关系。菲利皮诺确实画过一幅祭坛画，来替代列奥纳多未完成的那幅作品（也就是为圣多纳托修道院绘制的《博士来朝》）。"佚名作者"这样说可能是因为他把两幅画弄混淆了。
4. Clark 1933, 136–40.
5. B. Berenson, *Study and Criticism of Italian Art*, vol. 3 (London, 1916); S. Brandi, *La Fiera litteraria* (Rome, 1967).
6. E. de Liphart, *Starye Gody* (St Petersburg, 1909), in Ottino della Chiesa 1967, 90.
7. Embolden 1987, 120.
8. Uffizi GDS 212F (illustrated), sometimes attributed to Verrocchio; Louvre, Cabinet des Dessin 486 (Zöllner 2003, no. 118); BM 1860–6–16–100r (Zöllner 2003, no. 4).
9. C. Pedretti, 'Il disegno di Oporto', RV 27 (1997), 3–11. Windsor word–lists: RL 12561.
10. Madonna and child with the infant St John: RL 12276; Clark and Pedretti 1968, 1.3–4. Madonna and child with a cat: rapid sketches: BM 1857–1–10–1r, v (verso illustrated), 1860– 6–16–98; Musée Bonnat, Bayonne (Zöllner 2003, nos. 110–13); more finished studies: BM 1856–6–26–1r, v; private coll.; Uffizi GDS 421E (Zöllner 2003, nos. 115–17, 119).
11. On the conspiracy, see Martines 2003; Acton 1979; Machiavelli, *Istorie Fiorentine*, Bk 8, chs. 1–9 (Machiavelli 1966, 2.738–46); A. Poliziano, *Conjurationis Pactianae commentario*.
12. Martines 2003, 257ff.
13. Vasari 1987, 1.239–40; G. Milanesi, *Archivio storico 6* (1862), 5.
14. Landucci 1927, 28, though another contemporary source, Belfredello Alfieri's *Chronichetta*, dates the execution to the 29th (R 664n).
15. Musée Bonnat, Bayonne. 波利齐亚诺将贝尔纳多描述为"亡命之徒"，但巴龙切利是圣十字教区有名望的佛罗伦萨家族；而马达莱娜·班迪尼·巴龙切利是吉内薇拉·德·班琪的祖母。列奥纳多有可能认识他记录的死刑犯。
16. ASF, Operai Palazzo, Stanziamenti 10, 79V, 80v.
17. See Brescia and Tomio 1999 for recent discoveries, including a seventeenth–century transcript of his funeral monument at Sant'Agata.
18. Ammirato 1637, 2.242. 'Zoroastro', after the Persian magus Zarethustra, is garbled to 'Geroastro' in the anonymous *Antiquarie prospettiche Romane*, iv (see Part V n. 119). Ammirato adds two further variations: 'Alabastro' and 'Chiliabastro'.
19. I2 49v, R 704; cf. I2 47v, showing costumes decorated with shells, beads and cords.

20. H 106v.
21. Benvenuto della Golpaja, 'Libro di macchine' (Venice, Biblioteca Nazionale di San Marco, HIV 41); Pedretti 1957, 26.
22. Ar 148r–v, R 1548–9.
23. ASF, Antica Badia Fiorentina, Familiari XI 322, 146ff; Brescia and Tomio 1999, 69–70. 这封信里提到了托马索的妹妹马达莱娜，在夸拉奇（Quaracci）"疯狂地骑马穿过树林"，看起来像个"亚马孙人"。
24. CA 950v/346v–a. On the tarantula, see also H 17v: 'The bite of a tarantula fixes a man in his intention, that is, what he was thinking when he was bitten.' 尽管我们现在说起毛蜘蛛（猛蛛亚目）会想到它们来自热带美洲，但最原始的狼蛛是一种在意大利南部找到的大型蜘蛛（狼蛛属）；这种蜘蛛以塔兰托（Taranto）的普格里什镇（Pugliese）命名。据说，人被它咬过会染上"舞蹈病"，这种令人歇斯底里的病征与西登哈姆舞蹈症相似，尽管这些歇斯底里症共同的致病原因现已被证明是麦角中毒。
25. A. Grazzini, *Le Cene*, ed. C. Verzone (Florence, 1890), 140–41.
26. V. Borghini, *Discorsi* (Florence, 1584), 163; Pedretti 1976, plate 13.
27. Vasari 1876, 4.446.
28. Hydraulic devices: CA 1069r/386r–b (illustrated), 1069v/386v–b; 26r/7r–a, 26v/7v–a; 1048r/376r–a (Zöllner 2003, nos. 509, 511–14). Hygrometer: Louvre, Cabinet des Dessins 2022; Zöllner 2003, no. 130. 瓦萨里也指出，列奥纳多"是第一个提出在比萨和佛罗伦萨之间的阿尔诺河开凿运河的年轻人"。这经常被认为与列奥纳多1503年至1504年展开的运河项目混淆而被忽略，其实这完全可能是他很早以前就开始酝酿的想法。15世纪20年代，即与佛罗伦萨交战期间，布鲁内莱斯基流产的淹没卢卡附近平原的运河计划可能是一个先例。
29. CA 42v/12v–a.
30. A 64r, c. 1490–92; PC 2.119–20. The treatise (Biblioteca Riccardiana, Cod. 211) may have been written for Toscanelli's friend Brunelleschi.
31. CA 5r/1 bis r–a.
32. On Argyropoulos, see DBI; G. Cammelli, *Giovanni Argiropulo* (Florence, 1941).
33. Alberti, *De re aedificatoria* (1485), Bk 10, ch. 10; Pedretti 1976, 8.
34. Uffizi GDS 447E; Pedretti 1957, 211–16.
35. 'Antonio da Pistoia': CA 18r/4r–b. On Cammelli, see DBI; A. Capelli, 'Notizie di Antonio Cammelli', in Cammelli 1884, xxv–lix. 他有时也被称为安东尼奥·芬奇，点明了他的出生地，即圣皮耶罗—芬奇诺，当时这是皮斯托亚西城门外的一座村庄。
36. Capelli, 'Notizie' (see n. 35), xxxiii, xlii, citing Berni's sonnet, 'Il medico Guazzaletto', and Aretino's *Ragionamenti*.
37. Cammelli 1884, 180.
38. Ibid., 165.
39. CA 80r/28r–b.
40. CA 195r/71r–a; Pedretti 1957, 79–89; Luca Pulci, *Pistole*, 8.130–32.
41. CA 55r/16v–a; PC 2.386. Cf. Cammelli's sonnet against Bellincioni, envisaging him 'crowned with a wreath of stinging nettles' (Cammelli 1884, 53). On Bellincioni see DBI, and Fanfani's introduction to the *Rime* (Bellincioni 1876). 贝林乔尼称赞列奥纳多

的"素描和色彩使用惊艳古今"（Sonnet 77, c. 1485-90），他还于1490年与列奥纳多在米兰合作。

42. National Music Museum, South Dakota, no. 4203 (http://www.usd.edu/smm); Winternitz 1982, 25–38; Katherine Powers, 'The lira da braccio in the angel's hands in Renaissance Madonna Enthroned paintings', *Music in Art* 26 (2001).

43. Cellini 2002, 9–11.

44. T. Smollet, *Travels through France and Italy* (London, 1776), letter 27 (28 January 1765).

45. CU 18v, McM 41. On Ficino's orphic hymns, see Yates 1965, 78–80.

46. RL 12697; my thanks to Sasha, who played me this melody. Another version of this riddle is in RL 12699.

47. 这件32英寸（85厘米）的复制品由克雷莫纳的鲁特琴演奏家乔治·斯科拉里和声学家安德烈亚·约里奥制作，2002年展出。那件有着怪兽头颅形状的弦乐器（BN 2037, fol. C, formerly part of MS B, c. 1487–90）是我们能接触到的最接近"头骨形七弦琴"的物件，可以想象，这可能是阿莫雷蒂所指的画稿（1804, 32-3）。On Leonardo's other musical inventions, see Richter 1970, 1.69f., Winternitz 1982.

48. A 22v.

49. CA 888r/324r. Richter reads it as 'Atalanta' (R 680), though this legendary Greek beauty was usually depicted running rather than raising her face. On Migliorotti, see Vecce 1998, 72–5. There is a fragmentary draft of a letter to him ('Talante') by Leonardo (CA 890r/325r– b).

50. Louvre, Cabinet de Dessins 2022, c. 1480; Zöllner 2003, no. 130. 音乐家在右上角；这页纸上还有一幅湿度计设计图，且附有笔记，以及一些让人联想到《最后的晚餐》的人物素描。

51. RL 12276. 素描的下半部分是一个跪着的天使（BM 1913-6-17-1），也和这幅画有关，尽管不是这幅画的习作。

52. Papa 2000, 37.

53. On the similarity to Santa Maria Novella, see Pedretti 1988, 280; Papa 2000, 40. 我认为这幅画是受鲁切拉伊委托，但纯属猜测。但另一种猜测更是毫无根据，这种猜测认为这幅画是为巴迪亚的费兰蒂礼拜堂所绘，并且认为菲利皮诺·利比约1489年为礼拜堂画的《圣杰罗姆》是为了取代这幅画［A. Cecchi, Uffizi studi e ricerche 5 (1998), 59–72］。我认为列奥纳多1482年可能是与鲁切拉伊一同去往米兰的（见第三章），而且他似乎随身带着这幅画，这在一个米兰人约1495年至1500年写给列奥纳多的诗《透视罗马古物》的标题页上得到了呼应。1524年，列奥纳多的学徒萨莱拥有的画作中那幅被列为"圣吉罗拉莫"的作品不太可能是现存画作，但可能是萨莱的临摹本。帕尔马1680年的一份绘画清单中包括一幅列奥纳多画的《圣杰罗姆》，但相关的描述和尺寸无法与现存的绘画吻合（Chiesa 1967, 92）。一段流传已久的故事称，19世纪初，拿破仑的叔叔枢机主教费什重新发现了这幅画，他在罗马的一家旧货店里找到一半作品，几个月后他又在一家鞋店里发现了另一半，当时被用来做长椅。这个故事听起来不太像是真的，因为其中有太多巧合了，但这幅画的确曾经被锯成两半。1845年，教宗庇护九世花费2500法郎，为梵蒂冈画廊从费什的庄园那里购得了这幅画。

54. Landucci 1927, 44, 275. 在后来的一张稿纸（CA 803r/294r-a, c. 1517–18）上，列奥

纳多为佛罗伦萨的狮子屋起草了一张平面图。
55. RL 19114V. Bestiary: H1 11r, R 1232, cf. H1 18v.
56. RL 12692r. On Alberti's fables, with a fictional 'letter to Aesop', see Grafton 2000, 213–14. 莱奥内洛·德埃斯特（Leonello d'Este）也用狮子作为他的纹章。
57. Ar 155r, R 1339.
58. Ar 224r, 231v.
59. 这并非是要排除其他解读洞穴的可能，其中包括弗洛伊德主义类比意义上的"身体上的洞"。一张大约绘于1509年的解剖图纸上画着一个张开的女性外阴（RL 19095v），这可能意味着，在潜意识层面上，这个"可怕的黑暗洞穴"指的是令人不安的女性性行为的奥秘。而他将这洞穴比作"冥王布鲁托的住所"，也可能与歧视女性生殖器是"地狱"的意象有关。我们可以在吉戈·布鲁内莱斯基和塞尔·多梅尼科·达·普拉多的色情诗《格塔和比里亚》中发现，诗中主角把他的同伴"推进深不可测的地狱"，列奥纳多1504年时也有这本诗集。在列奥纳多的一则寓言（CA 188r/67r-b, R 1282）中，他为被吞进"恶臭污秽的人体洞穴"赴死而准备了一杯酒。
60. Bramly 1992, 156.
61. Vasari 1987, 1.331.
62. 列奥纳多的备忘录《为皮埃尔弗朗切斯科·吉诺里准备的〈赫拉克勒斯的功绩〉；美第奇花园》（Fatiche d'erchole a pier f ginori / L'orto de medici），CA 782v/288v-a，可能指的是圣马可花园，以及他想复制的一座雕塑，但是这则笔记的时间大概是1508年，此时洛伦佐早已过世。
63. E. Camesasca, *L'Opera completa del Perugino*, Rizzoli Classici dell'Arte 3 (Milan, 1969), 91–2.
64. CA 429r/159r-c, R 1368A; cf. F 96v on physicians as 'destroyers of lives'.
65. RL 12439, formerly CA 902r/329r-b; Pedretti 1957, plate 23.
66. ASF, Corporazioni religiose soppresse 140/3, 74r; Villata 1999, no. 14.
67. ASF, ibid., 75r, 77v, 79r, 8IV Villata 1999, nos. 15–17.
68. On the religious iconography of the painting, see Natali 2001, 40ff.; Zöllner 2003, 56–9.
69. Beck quoted by Catherine Milner, *Daily Telegraph*, 3 June 2001. A letter denouncing the plan as a 'folly' was signed by forty experts including Sir Ernst Gombrich (*Artwatch UK*, June 2001).
70. Conversation with Alfio del Serra, 29 June 2001.
71. Melinda Henneburger, 'The Leonardo cover–up', *New York Times*, 21 April 2002.
72. On Vasari's woodcuts and their accuracy: Boase 1971, 68–72. On Renaissance self-portraiture: Zöllner 1992; Woods–Marsden 1998.
73. 在曼特尼亚的早期壁画《圣雅各的布道》（*St James Preaching*）上，画中徽章上的那张脸可能也是一幅自画像，但是这幅壁画1944年被盟军炸毁，保留下来的照片未能清晰地显示面孔。
74. Pedretti 1998a, 25; Grafton 2000, 127–33.
75. Vecce 1998, 75–6; Pedretti 1957, 34. For a later connection between Rucellai and Leonardo, see Benvenuto della Golpaja, 'Libro di macchine' (see Part III n. 21), 7v, where a drawing of a hydraulic device is said to be 'a copy of an instrument sent by Leonardo da Vinci to Bernardo Rucellai'; the drawing resembles some studies in G93v–95r, c. 1510.

76. Bellincioni, *Rime* (Milan, 1493), 1v; Uzielli 1872, 99.
77. CA 1082r/391r-a. 这里的段落排序是按修改本的段落顺序罗列的，修改本变更了原本的段落顺序（比如关于海军武器的第9段，在原本中被列在第4段之后）。修改本显然晚于原本，但不会晚太久，因为是出自同一人之手。
78. Mangonel: 'a military engine for casting stones'; caltrop: 'an iron ball with four sharp prongs... used to impede cavalry' (*Shorter Oxford Dictionary*).
79. 和这份简介中描述的一些武器相关的素描大部分绘于15世纪80年代中期（见第四章第9条注释）。这些武器只存在于纸上，从未在现实中被造出来过。第一段中易于移动的、"不用铁或绳索就能做成的"轻便木桥，是列奥纳多1502年为切萨雷·波吉亚的部队建造的（Luca Pacioli, *De viribus quantitatis*, 2.85）。他还设计了一些能排出战壕中的水的机械（第二段），有可能在1503年至1504年流产的阿尔诺河改道项目中使用。但是目前没有任何文献记录按照他的规格实际生产出来的武器。
80. Studies for the monument by Antonio del Pollaiuolo: Staatliche Graphische Sammlung, Munich; Metropolitan Museum of Art, New York.

第四章

1. CA 1113r/400r–b, referring to a journey from Milan to Florence in September 1513.
2. C 19v.
3. Bramly 1992, 198. On Ludovico Sforza, see Lopez 1982; Malaguzzi–Valeri 1913–23; C. Santoro, *Gli Sforza* (Milan, 1929).
4. CA 199v/73v–a, c. 1510. Other sketch–maps of the city are in RL 19115 and CA 184v/65v– b. 在早期印制的地图中，最完整的版本是布劳恩和霍根伯格制作的那版[Civitatis orbis terrarum (1572), vol. 1, map 42]，这版地图是基于安东尼奥·拉弗雷里（Antonio Lafreri）1560年雕刻的版画绘制的。在16世纪地图流行起来前，人们似乎没有印制的地图。唯一尚存的中世纪大门是建于1171年的优美的有着三重拱门的"新门"（Porta Nuova，or Porta Orientale）。
5. 罗马门浮雕现在位于斯福尔扎城堡的古代艺术博物馆（Museo d'Arte Antica），托萨门上的一幅做出猥亵手势的妇女的浮雕（有时据说是为了展示巴巴罗萨的妻子）也同样如此，后者16世纪时被圣嘉俸禄·鲍荣茂（St Carlo Borromeo）下令移走。
6. Codex Magliabechiano II 4, 195; PC 2.31.
7. Ma I, note on inside cover.
8. Bramly 1992, 200.
9. Scattershot cannon: RL 12652. Armoured car (illustrated): BM 1860–6–16–99. See Kemp 1989, 138–9, 230–32.
10. Artillery–yard: RL 12647.
11. CA 611r/225r-b, R 1448. 根据瓦萨里描述，圣艾智德教堂的波尔蒂纳里家族礼拜堂内有一幅画，我们现在可以认为这是佛兰德大师汉斯·梅姆林绘于约1470年的《基督受难》（*The Passions of Christ*，Galleria Sabauda, Turin）。这幅画对最后的晚餐戏剧化的表现可能影响了列奥纳多对同一主题的处理。See R. Papa, 'Giuda, disordine e la grazia', in Pedretti 1999.
12. On Dei, see DBI; L. Courtney, *The Trumpet of Truth* (Monash, Australia, 1992); and

his *Cronica*, ed. R. Barducci (Florence, 1984). '*In principio era buio*': Pulci, *Morgante maggiore* (1482), canto 28, 42; P. Orvieto, *Annali d'italianistica* 1 (1983), 19–33.

13. See n. 50 below.
14. Landucci 1927, 33 and note.
15. On Bramante, see DBI; A. Bruschi, *Bramante* (London, 1977); Malaguzzi–Valeri, 1913–23, vol. 2: *Bramante e Leonardo*.
16. On Ambrogio and his family, see Shell 2000, 123–30.
17. Beltrami 1919, docs. 23–4. On the complex history of this painting, see Davies 1947; Sironi 1981; Marani 2003; Zöllner, *Burlington Magazine* 143 (2001), 35–7; Zöllner 2003, 223–4.
18. Clark 1988, 90–91. 这一论点的难点之一在于，这幅画是为了适配一个1482年制作的画框（马伊诺在1482年8月7日收到了制作画框的钱）。在一张蓝色预制纸上，画着幼年基督（BM 253a），这种纸就是列奥纳多在佛罗伦萨用的那种；但其他同种类纸上的素描有可能是他早年在米兰时画的（CA 1094r/394r–b; RL 12652r）。See PC 2.312.
19. ASM, Autografidei pittori 102/34, 10; Glasser 1977, 345–6. 一份文件明确显示，1484年12月28日，列奥纳多和德·普雷迪斯兄弟收到了730里拉，这笔报酬的支付时间可能也是他们完成卢浮宫绘画的时间（Shell and Sironi 2000），但马拉尼对具体的完工时间有所怀疑，他认为是1489年（Marani 2003, 7）。
20. For some of the links in this speculative chain, see Ottino della Chiesa 1967, 93–5; Marani 2001, 140–42; Gould 1975. On Ambrogio's presence in Innsbruck, see Shell 1998a, 124; Malaguzzi–Valeri 1913–23, 3.7–8.
21. RL 12519. Cf. Clark and Pedretti 1968, 1.92; Clayton 2002, 55.
22. On the setting, see R. Papa, 'Il misterio dell' origine', *Art e dossier* 159 (2000).
23. Embolden 1987, 125–32.
24. Triv 6v, (R 891) with diagram.
25. CA 184v/65v–b, R 1203, c. 1493.
26. CA 950v/346v–a. 'Spirits of wine' = aqua vitae. Cf. B 3v: 'Note how spirit collects in itself all the colours and scents of wild flowers.'
27. B 15v–16r (illustrated), 36r–39r, etc. The lavatory: 53r. 在位于乌尔比诺的费德里科·达·蒙特费尔特罗工作室中，弗朗切斯科·迪·乔治·马尔蒂尼完成了一幅主题为"理想城市"的绘画，他在米兰认识了列奥纳多。在城市规划的后期（见本章第25条注释），列奥纳多设想了一种将米兰分成10个卫星城的方案，每个卫星城有5000处住宅。Cf. Fors 3 64V, which studies an area between the Porta Romana and the Porta Tosa, representing one of these tenths.
28. CA 1059v/381v–b, c. 1485.
29. *Daily Telegraph*, 17 March 2000 (preparation) and 27 June 2000 (jump); *Sunday Times*, 2 July 2000. The 'coated linen' (*pannolino intasato*, literally 'blocked–up linen') of Leonardo'sspecification probably means starched.
30. Inventory nos. JBS 17r, v (both illustrated), 18r, v. 其中一则讽喻画（18r）画了蛇、狐狸和老鹰，很明显带有政治寓意，但其实际寓意为何很模糊：see Kemp 1989, 156–7。
31. Triv 96r, 98r; G. Perro, *Archivio storico Lombardo* 8, Pt 4 (1881); R 676n.
32. RL 19097, c. 1493.

33. Kunsthalle, Hamburg; Zöllner 2003, no. 396.
34. Popham 1946, 58.
35. On the handwriting of MS B, see Marinoni's introduction to the facsimile edition, 1990; Calvi 1925, 45; Pedretti 1995, 22.
36. According to notes by Gulielmo Libri, one of the lost pages of MS B (fol. 3) bore the date 1482. See PC 2.401. 手稿fol. 94r（现在的BN 2037, fol. D）上残缺不全但清晰的轮廓，显然画的是站立的丽达。这幅素描也很神秘：目前已知的丽达素描几乎没有早于1504年的。这可能是偶然从后来的草稿纸上压印下来的。
37. B 39v.
38. B33r.
39. Kemp 1989, 236–9; M. Cianchi 1984, 45–55. 这些设计图案和同样绘于1487年前后的CA 824v/302v–a上的扑翼飞机很像。B 74v上的设计是詹姆士·温克构建全尺寸模型时的主要参考来源（Tetra Associates for the Hayward Gallery, London, 1989）。模型的翼展超过35英尺，全长大概10英尺。材料是列奥纳多特别准备的，或是当时只能取得这些，包括山毛榉木材、铁和黄铜、麻绳、油麻绳、皮革和动物油脂，重达650磅。这也暴露出列奥纳多的飞行器的最基本问题：缺乏一种足够轻的材料来达到飞行所需的功率重量比。
40. B 89r.
41. Kemp 1989, 236. On the evolution of Leonardo's flying-machines, see Giacomelli 1936.
42. B 88v.
43. B83v. Cf. Pedretti 1957, 125–9; Giacomelli 1936, 78ff.
44. "卢多维科大师"说的不是卢多维科·斯福尔扎，而可能是米兰工程师乔万·卢多维科·德·劳菲（Giovan Lodovico de Raufi, Calvi 1925, 87）。
45. Fors I2, 14 folios, 5.5 × 4 inches (13.5 × 10 cm), is the second of the two notebooks bound together as Forster Codex 1 (the first is later, c. 1505). 约翰·福斯特（John Forster）拥有《福斯特古抄本》，他是一名传记作家，也是狄更斯的朋友。
46. Triv 2r. The Trivulzio Codex, 55 folios, 7.5 × 5 inches (19.5 × 13.5 cm), is midway in size between B and Fors 12. It was donated to the Castello Sforzesco in 1935.
47. Belt 1949. On Bisticci: Jardine 1996, 137, 188–94.
48. It might be an edition of Albertus Magnus's work on minerals, e.g. *Mineralium libriv* (Rome, 1476). The '*lapidario*' of the Madrid list is thought to be *Speculum Lapidum* (The Mirror of Stones) by Camillo Leonardi di Pesaro, published in 1502 with a dedication to Cesare Borgia; Leonardo may have known the author. This book is too late for the Trivulzian reference.
49. CA 559r/210r–a; notes on the verso reappear on A 52r.
50. CA 852r/311r–a; 265v/96v–b; R 1354. A similar feigned letter of c. 1500 is addressed to the 'Diodario [i.e. probably *Defterdar*, or local governor] of Syria' (CA 393v/145v–b, R 1336).
51. Anon., *Il Manganello*, Cvr; Pedretti 2001, 49–50.
52. I2 139r; Antonio Pucci, *Reina d'Oriente* (Bologna, 1862), 81. Overleaf (I2 139v) is a literary pun: '*Delle taccole e stornelli*', which means both 'jackdaws and starlings' and 'tricks and satirical poems'.

53. RL 12692r, v. See Marinoni 1954, 1960.
54. RL 12693–6, 12699; CA 207v, 76v–a; Fors 1 41r, 2 63r.
55. CA 1033r/370r–a. The prophecies are later, mostly c. 1497–1500; there are about 175 in all, the bulk of them concentrated on two folios of the Atlanticus (CA 1033/370a, 393/145a) and in I2 63–7.
56. All from CA 1033r/370r–a.
57. I2 63v, 65r, Fors 11 9v, CA 393r/145r–a.
58. 大部分寓言故事写于15世纪90年代初。CA 323/117b 和 327/117b 上的内容与同一页中的短文《前言》(Proemi) 相关，时间为1490年左右。CA 188/67b 上的内容 (《蚂蚁和谷粒》《葡萄里的蜘蛛》《睡着的屁股》《隼和鸭》《蜘蛛和黄蜂》以及《老鹰和猫头鹰》等) 以前是写在 CA 207/76a 上的，时间为1490年4月23日。一小部分出现在口袋笔记本《巴黎手稿H》中，大约写于1493年至1494年。
59. CA 187r/67r–a, 188r/67r–b, 207r/76r–a.
60. CA 188v/67v–b (first two); CA 327r/119r–a (also found on a torn folio, CA 994v/358v–a, with the title 'Risposta faceta' – 'A Witty Retort'); Triv iv.
61. Beltrami 1919, docs. 31–3.
62. B 27r; Richter 1939, plate C5.
63. CA 73or/27or–c, R 1347A. Cf. 安东尼奥·阿韦利诺 (Antonio Averlino, 他也被称为菲拉雷特) 写道："我会向你们展示，建筑就像人一样，而且……他们会生病、会死亡，他们常常可以通过一个好医生被治愈。" (Trattato d'architettura, Bk 1, 15) 这种类比背后的医学理论还可以在盖仑的《医药的组成》(De constitutione artis medicae) 这类公认的作品中找到。
64. 1490年5月，列奥纳多收到返还给他的模型，所以他可以修复，但他似乎并没有为之费心，直到1494年 (Beltrami 1919, doc. 54)，大教堂希望他偿还收到的12里拉。其他投标圆顶塔楼项目的人有公爵的工程师彼得罗·达·戈贡佐拉、佛罗伦萨建筑师卢卡·凡切利和弗朗切斯科·迪·乔治·马尔蒂尼。布拉曼特对入围的模型进行了评论 ('Opinio supra domicilium seu templum magnum'), Archivio storico Lombardo 5 (1878), 547。
65. BN 2037 5v (illustrated), B 17v, 22r, 25v, 39v, 56v, etc.; Richter 1939, plates 89–93. A similar temple in CA 717r/265v–a, also c. 1487, is reminiscent of the apse of Florence cathedral.
66. Alberti, De re aedificatoria, Bk 9, ch. 6. On the 'theta progression' and the Renaissance theory of 'incommensurate proportions' to which it belongs, see PC 2.34. 布拉曼特 "深受列奥纳多视野的影响，虽然他控制了柱子数量和间隔，避免了列奥纳多那种极度密集设计造成的杂乱效果" (Kemp 1989, 206)。他1502年左右在罗马蒙托里奥画的圣彼得罗小神庙的素描，和列奥纳多《巴黎手稿B》中的速写相近。
67. CA IIIV/399v–b, c. 1490–93. Cf. Ma I IIV, c. 1497: 'axles within axles, as at Chiaravalle'.
68. B 11v–12r. 佩德雷蒂援引了古文书学的证据，说明这些素描在1489年春天或之前就完成了。《巴黎手稿B》包含了3种不同的笔迹，最新添加的文字的笔迹与 RL 19059 非常接近，后者的日期是1489年4月2日。一份为列奥纳多的凉亭提供石头的合同时间为1490年3月28日，是后来的伪造品 (G. Calvi, RV 14, 344–5)。

69. The lost folio (B 3): A. Houssaye, *Histoire de Léonard de Vinci* (Paris, 1869), 84. Plumbing notes: I 28V, 34r ('for heating the water in the Duchess's stove'). See Beltrami 1894, ch. 12.
70. Lubkin 1999, 122.
71. On Cecilia and her family, see DBI; Rzepińska 1990; F. Calvi, *Famiglie notabili Milanesi* (Milan, 1874), vol. 3.
72. P. Ghinzoni, 'Lettera inedita di Bernardo Bellincioni', Archivio *storico Lombardo* 16 (1889), 417f.
73. Sonnet, '*Sopra il retracto de Madona Cicilia qual fece maestro Leonardo*', in *Rime* (Milan, 1493), C6v–C7r.
74. CU 13v, McM 33. 不管怎样，这个故事可能是虚构的。列奥纳多还声称一幅画可以吓到狗，让狗吠叫，并称这是他的亲身体验（CU 5v, McM 31），但实际上，狗不能将画理解为现实存在的事物。另一件虚构的事情可能是列奥纳多将切奇利娅形容为"绝世美人切奇利娅，最受喜爱的女神"这件事，这些话虽然出现在一张晚得多的纸上（CA 816r/297v–a, c. 1515），但并非出自列奥纳多之手。
75. H 12r. 另一版本用不同的措辞写在同一页上，标题为《节制一切恶习》。
76. Bellincioni, *Rime*, sonnet 128; C. Pedretti, '*La Dama con l'Ermellino come allegoria politica*', in S. Ghilardo and F. Barcia, eds., *Studi politici in onore di Luigi Firpo* (Milan, 1990), 164ff. 列奥纳多的小型圆圈素描（直径9厘米）上，画着一个表情冷酷的猎人要杀死一只银貂（Fitzwilliam Museum, Cambridge; Zöllner 2003, no. 401），毫无疑问，这与银貂的民间故事有关，特别是与卢多维科当权有关。银貂也是查理八世的妻子、安妮·德·布列塔尼和乌尔比诺公爵的纹章。卡帕乔笔下的骑士（Coll. Thyssen, Lugarno）常被认为是乌尔比诺公爵弗朗切斯科·马利亚·德拉·罗韦雷（Francesco Maria della Rovere）。
77. Aristotele Fioravanti to Galeazzo Maria Sforza, 1476, in M. Gualandi, *Aristotele Fioravanti, meccanico ed ingegnere* (Bologna, 1870), 10.
78. The letters (Beltrami 1919, doc. 51) were first published by A. Luzio, *Archivio storico dell'arte* 1 (1888), 45,181.
79. Amoretti 1804, 155–8; cf. Rzepińska 1990, on which my account of the painting's later history is based.
80. Pietro Novellara to Isabella d'Este, 3 April 1501 (see Part VI n. 20). On Leonardo's Milanese studio, see Marani 1998, Shell 1995.
81. BN 2038 25r (formerly MS A).
82. On Boltraffio see DBI; Fiorio 1998; M. Davies, *The Earlier Italian Schools*, National Gallery catalogue (London, 1961). On Marco d'Oggiono, see GDA; Shell 1998b; D. Sedoni, *Marco d'Oggiono* (Rome, 1989).
83. G. Casio, Cronica (Bologna, 1525), in Pedretti 1998a, 27. 在博尔特拉菲奥的墓志铭上，卡西奥称赞他是一位"用画笔让每个人比大自然创造他时更美"的肖像画家。
84. C 15v.
85. 有趣的是，这些原型是早前在佛罗伦萨完成的。弗朗切斯科的塞巴斯蒂安和列奥纳多的施洗者素描很像（RL 12572），根据这幅画与克雷迪的皮斯托亚祭坛画的联系，我们推断时间为15世纪70年代中期；弗朗切斯科的施洗者姿态呼应了列奥纳多的

《圣杰罗姆》。

86. J. Shell and G. Sironi, 'Some documents for Francesco Galli "dictus Neapolus" ', RV 23 (1989), 155–66.
87. H 106v.
88. CA 886r/315v-a (R 1344). Cf. CA 914r/335v-a (R 1345) with similar fragments of the same date, referring to 'two *maestri* continuously in my pay for two years'.
89. Galeazzo (enrolled March 1494): H 41r. The others: CA 189r/68r-a, 713r/ 264r-b, both c. 1497, possibly recording an expanded personnel for painting the *Last Supper*.
90. Lomazzo 1973, 87.
91. On the *Musician* (oil and tempera, 45 × 32 cm), see Ottino della Chiesa 1967, no. 25; Marani 2000a, 160–66.
92. RL 19115r. On Gaffurio, see DBI; C. Sartori, 'Franchino Gaffurio', *Storia di Milano* (Milan, 1961), 9.740–48.
93. Marani 2000a, 165. 其他的竞争者有若斯坎·德普雷（Josquin des Prez），他是经常在米兰大教堂表演的一位法国歌手；还有鲁特琴演奏家弗朗切斯科·达·米拉诺（Francesco da Milano）。
94. 一位不知名的宫廷诗人用三首拉丁文诙谐短诗称赞列奥纳多画的卢克雷齐娅的肖像（CA 456v/167v-c, R 1560）。第一首说："芬奇完全可以画出她的灵魂，正如他所描绘的其他一切，但他没有这样做，这使得这个形象更加真实，因为实际上她的灵魂属于她深爱的'摩尔人'。"油画《美丽的费隆妮叶夫人》画的可能是安东尼奥·德·贝蒂斯1517年在布洛瓦看到的一位"伦巴第女性"的肖像，这必然就是1642年法国宫廷藏品目录中的那幅"列奥纳多画的曼图亚女子"。最近人们认为《美丽的费隆妮叶夫人》和切奇利娅的肖像被画在了同一棵胡桃树做成的木版上；若真的是这样，前者的绘制时间是1488年到1490年左右，那么画中人不可能是卢克雷齐娅：see B. Fabjan and P. Marani, eds., *La Dama con l'ermellino* (exhibition catalogue, Rome, 1998)。但是，卢浮宫早前的技术分析发现，木版是橡树木版（Ottino della Chiesa 1967, no. 28）。
95. 克拉克认为《哺乳圣母》正是列奥纳多1482年左右的清单中提到的那幅"完成了大部分"的圣母侧面像（see Part III n. 5），但大卫·A.布朗不这么认为。布朗认为这幅画的三幅准备性素描是由列奥纳多的米兰学生所绘，其中一幅画出了圣母完整侧脸颊（Metropolitan Museum, New York），显然被卢浮宫收藏的列奥纳多的素描所取代，这幅圣母侧脸像展现了她在最终完成的画中那张微侧的脸。我们通过这场争议发现，卢浮宫的素描在米兰完成，而非如克拉克猜测的那样在佛罗伦萨完成。布朗将油画理解为伦巴第传统的哺乳圣母图像，佛帕（Vincenzo Foppa）和贝格诺雷（Ambrogio Bergognone）都画过这一主题。See Brown 1990. Berenson has some tart comments about the sickly tendencies of the Leonardeschi: *North Italian Painting of the Renaissance* (London, 1907), 114.
96. 这位年轻的男子有时候会被认为是弗朗切斯科·阿钦托（Francesco Archinto），精致的字母签名写着"APMF"，即"Ambrosius Predis Mediolanus Fecit"的缩写。
97. R. Wittkower, 'Inigo Jones: Puritanissimo fiero', *Burlington Magazine* 90 (1948), 50–51. 琼斯的著作是英格兰现存最早提到列奥纳多的作品的著作之一。我相信最早提及列奥纳多的应该是在约翰·哈林顿爵士1591年翻译诗人阿里奥斯托（Ariosto）的

《疯狂的罗兰》（*Orlando furioso*），尽管这首诗只是在意大利画家名单中公开提到了列奥纳多，原文（canto 33, verse 2）首次出现在1532年版的《疯狂的罗兰》中。最早全面提及列奥纳多的英文文献是牛津"物理学学生"理查德·海多克（Richard Haydocke）翻译的1598年出版的洛马佐著作《论绘画》。

98. J. Shell and G. Sironi, 'Giovanni Antonio Boltraffio and Marco d'Oggiono: *La resurrezione di Cristo*', RV 23 (1989), 119–54.
99. 《岩间圣母》的费用是800里拉，按照目前汇率换算大概值200杜卡特。
100. Coluccio Salutati, *Tractatus de nobilitate legum et medicinae* (c. 1399), in White 2000, 50. Hindered in anatomy: CA 671r/247v–b.
101. RL 19021v.
102. On the *Battle*, engraved by Antonio del Pollaiuolo and widely circulated as a template for depicting muscles, see Mayor 1984, 50.
103. RL 19059v, 19037v, the latter a prospectus headed 'The order of the book'. 20年后，当列奥纳多以全新的热情回归解剖学时，他在两页手稿上增补了新的内容：温莎城堡皇家图书馆收藏的大部分解剖相关的对开页都大概写于1507年至1515年。另一份早期手稿（RL 12597r）是一幅长图，描绘了动脉系统，这与简介说明中的"描绘人体是如何由血管构成"有关。《大西洋古抄本》1492年的书单里，"gidone"可能指的是圭多·达·古利亚克的外科医生手册《外科》(*Cyrurgia*)，这是一本供实习解剖医生使用的很有用的书籍。
104. RL 19057r (illustrated), 19058r–v, 19059r. 一幅稍晚的草稿（RL 12603）记录了颅骨的各层（"头发、头皮、乳白色层肉、脑髓、颅骨、软脑膜、硬脑膜、大脑"），还画了一颗洋葱的剖面图作为对比。
105. RL 12603. 基本理论可以在亚里士多德的《灵魂论》(*De anima*) 中找到，但列奥纳多修改了这个理论。
106. RL 12613v.
107. Many at Windsor (RL 12601, 12606–7, 19132, 19134–40 etc.), conveniently gathered and elegantly analysed in Clayton 2002; see also Biblioteca Reale, Turin, inv. no. 15574DC, and Accademia, Venice, inv. no. 236r, v (Zöllner 2003, 226, 229–30).
108. Accademia, Venice, inv. no. 228.
109. Villata 1999, no. 44.
110. For Lorenzo's reply, dated 8 August 1489, see L. Fusco and G. Corti, 'Lorenzo de' Medici on the Sforza monument', ALV 10 (1997), 35.
111. C 15v. Payment from Stanga: B 4r.
112. RL 12318r, c. 1479；将斯福尔扎纪念碑的绘画风格与那张蓝色稿纸（RL 12319r）上的马更强健精细的比例做比较是很有趣的。
113. RL 12358; Clark and Pedretti 1968, 1.41.
114. RL 12357. 波莱沃洛为慕尼黑纪念碑绘制的素描上也画了这种俯伏在地的敌人。
115. CA 399r/147r–b. 这匹小跑的马后来从稿纸上裁下来了，现在是 RL12345。
116. RL 12319 (R 716), '*il ginetto grosso di Messer Galeazzo*'; RL 12294 (R 717), '*Siciliano* ["The Sicilian"] *di Messer Galeazzo*'.
117. Pietro Aretino to Vasari, 7 June 1536, in *Lettere* (Venice, 1538), 101v; PC 2.11.
118. Noyes 1908, 254.

119. Fors 3 49v, R 1512. 画谜中的平面图（RL 12692）复制后很难看清，因为只有少部分金属笔画的部分印上去了。平面图以同样的比例在CA217r-a中出现了。

120. Baldassare Taccone, *Coronazione e sposalitio de la serenissima regina Maria Bianca* (Milan, 1493), 99.

121. Matteo Bandello, *Novelle* (Lucca, 1554), 1.58, in *Opere*, ed. F. Flora (Milan, 1996), 1.646–7.

122. CA 1006v/361v–b; PC 2.221.

123. Girolamo Cardano (Jerome Cardan), *De subtilitate libri xxi* (Basle, 1611), 816.

124. Leic 9v, R 989.

125. H3 137V, c. 1493–4.

126. CA 207r/76r–a, R 1143; CU 20v, McM 51 (part of the *paragone*, or comparison, between painting and other arts.)

第五章

1. On the festivities, see Malaguzzi–Valeri 1913–23, 1.530; E. Solmi, *Archivio storico Lombardo* 31 (1904); Lopez 1982, 58–65. 这对夫妇1488年通过代理人操办成婚，可是伊莎贝拉到达伦巴第后，与"摩尔人"的秘书斯特凡诺·达·克雷莫纳和那不勒斯国王的秘书乔瓦尼·庞塔诺发生了争执，这件事及她母亲的死给她蒙上了一层阴影。列奥纳多可能参与了1489年1月托尔托纳欢迎宴会中的娱乐演出，筹划参与了一系列神话主题的表演：俄耳甫斯弹奏里拉琴、"戏班里的俊俏男孩"围绕着他的场景，听起来像他的作品。或许阿塔兰特·米廖罗蒂出演这个角色一年后，首次为伊莎贝拉·德埃斯特登台表演。另一项娱乐节目是广场上的真人大小的机械骑兵。骑士有一张黝黑的脸，穿白色外衣，象征着"摩尔人"身着白鼬皮制服，这套制服是受伊莎贝拉的祖父那不勒斯国王所赐。这座"机械装置"——其实是一匹用于默剧表演的道具马，有人在里面操纵机械——听起来奇怪得像是早期版本的斯福尔扎之马。我们很难想象除了列奥纳多，还有谁会在米兰创造这种装置，但没有任何证据可以证明这是他的作品。

2. Bellincioni, *Rime*, 149V; Beltrami 1919, doc. 41.

3. Biblioteca Estense, Modena, Cod. Ital. 521a; Villata 1999, no. 49.

4. B 4r, Ar 227r.

5. Castiglione 1967, 66.

6. C 15v.

7. Tristano Calco, *Nuptiae Mediolanensium et Estensium principum* (Milan, 1634), 94–5; G. Calvi, *Archivio storico Lombardo* 43 (1916), 479ff; Vecce 1998, 132–4. 野人的意象和阿梅里戈·迪·韦斯普奇在新世界中提到的印第安人有关（Florence, 1505）。"野生的"（selvatico）的字面意思是"生活在森林中"，"野蛮的"（savage）是其衍生词。伊丽莎白时代的"野人"（salvage）具有过渡性，这个词在莎士比亚的《暴风雨》（*Tempest*）中用来描述半人半兽怪物卡利班（Caliban）。列奥纳多晚期的赞助人夏尔·德安布瓦兹有一块"描绘着拿着树枝的野人"的箴言牌，上面还写着一句格言："在我粗糙的外表下，有一个温柔的灵魂"（Clark and Pedretti 1968, 1.116）。

8. CU 5r, 6v, McM 35, 24. Cf. RL 12371, a devil with horns and hanging goitres (c. 1508).

9. RL 12585r; Winternitz 1974, 129. Popham (1946, 60) notes the similarity, probably

coincidental, with Dürer's drawing of a man on horseback playing bagpipes (V & A, London).
10. RL 12367.
11. RL 12492. For a range of these grotesques see Clayton 2002, 73–99; cf. Clark and Pedretti 1968, vol. 1, app. B; Gombrich 1954. On Hollar's versions see R. Pennington, *A Descriptive Catalogue of the Etched Work of Wenceslaus Hollar* (Cambridge, 1982), in which the 'dame' (christened the 'Queen of Tunis' by Hollar) is no. 1603.
12. RL 12495. 其中有两个人物出现在马赛斯的《福音布道者圣约翰的殉难》(*Martyrdom of St John the Evangelist*, Koninklijk, Antwerp) 中, 绘于1508年至1511年。另外还有三个人物会出现在下一段的《怪诞的订婚礼》(*Grotesque Betrotha*, São Paolo) 中。
13. Richter 1939, 2.260. 素描背面有一篇残破且部分内容已无法辨读的文章 (R 1355, 在 PC 2.309 中进一步破译), 可以看出它对列奥纳多的意义: "如果世上有任何可靠而善良的人, 他将遭到其他人的恶劣相待, 就像我一样……虽然我不情愿, 但我非常了解这种人: 他一肚子坏水, 忘恩负义, 无恶不作。"围绕在老人周围的那一张张恶毒的脸可能与列奥纳多被"恶劣相待"有关, 但是文本中还有许多其他内容, 和这幅素描之间没有明显的相关性。
14. Clayton 2002, 96–9.
15. CA 877v/319v–b, R 1534.
16. Lomazzo, 1584, 106–7; PC 2.259. Giraldi: see Introduction n. 7.
17. 《巴黎手稿C》的一个奇怪之处在于, 它的皮质封面装订 (可以追溯到1603年) 是为另一本厚许多的册子所做。佩德雷蒂说明, 手稿遗失的部分是另一篇关于光和影的论文, 梅尔齐在编写《乌尔比诺古抄本》和命名"Libro W"时使用过; 这或许也是列奥纳多后来 (约1508年) 重新修改《巴黎手稿C》的素材。遗失的这部分内容可能在1609年或更早, 即手稿被收入安布罗西亚纳图书馆时被挪走了; 早期图书馆目录与如今的情况相符。1866年一则报道说, 有一位奥托里博士发现了一篇闻所未闻的列奥纳多的文章《处理绘画相关的光现象》, 共112页 (*Gazzetta di Milano*, 30 March 1866)。这听起来很像"Libro W", 但我们没有关于它的更多信息了。20世纪50年代末有传言称, 有人曾在米兰博罗梅奥王子的一所图书馆中看到类似的文件, 但同样没有下文。See Pedretti 1965, 147–8; Pedretti and Cianchi 1995, 24–5.
18. CA 676r/250r–a, R III. 相似的纸张类型和针迹表明, 这张纸曾和《巴黎手稿C》装订在一起。
19. BN 2038 (ex MS A), 14v, 29r.
20. Triv 11v, R 177. 中世纪学者罗杰·培根的著作引起了列奥纳多的兴趣 (Ar 71V), 他认为亚里士多德"所说的'灵性'一词既没有灵魂的意思, 也没有表达出恰当的含义……因为他说的是那种难以察觉的感觉" (*Optical Science*, ch. 4, in PC 1.167)。
21. CU 208v, 196r, McM 844, 840.
22. BN 2038 14V. Cf. CU 41V, McM 132: 'shadows appear smoky, that is indeterminate'; and RL 19076r: shadows with 'smoky edges'.
23. CU 49r–v, McM 218.
24. 阿什伯纳姆勋爵买下了这33页失窃的对开页, 并由他送回巴黎, 现在组成了 BN 2038。
25. BN 2038 20V, R 520.
26. BN 2038 22V, R 508.
27. CU 33v–34r, McM 93. Explored by C. Pedretti in '*Le macchie di Leonardo*' (*Lettura*

Vinciana 54, 17 April 2004: to be published in 2005).

28. Pacioli 1509, 1r; Lomazzo 1584, 158; PC 1.76–82.
29. *Trattato di architettura civile e militare* (Biblioteca Laurenziana, Codice Ashburnham 361): the MS is c. 1484 or earlier, but Leonardo's marginal notes and doodles probably date from c. 1504 (Vezzosi 1997, 96–7). On Francesco's influence on Leonardo's technical drawings, see Zwijnenberg 1999.
30. Beltrami 1919, docs. 48–50. According to Richter, a ground–plan captioned '*sagrestia*' (B 52r) is a design for the sacristies of Pavia cathedral, which were built in 1492. See Richter 1970, 2.41, 80.
31. B 66r.
32. B 58r, R 1023 (chimneys), R 1506 (Witelo); CA 609r/225r–a. A Witelo MS 'on optics' mentioned by Pacioli, and a '*prospettiva di Vitelleone*' mentioned by Lomazzo, may be the same document (PC 2.187).
33. C 15v.
34. On Salai see DBI, s.v. Caprotti; Shell and Sironi 1992. 列奥纳多和萨莱父亲之间的租房协议（July 1501, Villata 1999, no. 153）将后者描述为 "Pietro di Messer Giovanni da Oppreno"，这再一次暗示了萨莱祖父的身份。
35. First mention of 'Salai': H2 16v. 他的名字可能也是工作室的一个双关语："salare"（意为加盐或调味）在俚语中有 "逃避" 的意思。因此，"salai"（萨莱）是个已有的词，意为 "我逃课了"，或许用来形容这位年轻但懒惰的学徒还挺合适的。一份1510年的文献指出 "乔瓦尼·贾科莫叫他萨利贝尼（Salibeni）"，可能是抄写员写错了（Shell and Sironi 1992, doc. 26）。不存在的 "安德烈亚·萨莱诺" 是在米兰斯卡拉广场（Piazza della Scala）上簇拥着列奥纳多19世纪塑像的人物之一。
36. RL 12276v, 12432r.
37. Louvre, De pt des Arts Graphiques 2251; Bambach 2003, fig. 203. Two profiles of Salai are found on anatomical folios: RL 19093r and Kunsthalle, Hamburg (Pedretti 2001, 63).
38. 'Salaino expenses': L 94r. Rose–coloured stockings: Ar 229V. Sister's dowry: F, inside cover.
39. 一份撰写于1510年3月6日的有关房产的文件中，萨莱的名字首次出现（Shell and Simon 1992, doc. 26）。1513年9月，他将此地租给了一个叫安东尼奥·梅达的人（ibid., doc. 27），尽管未有任何文献说明，但这应是他代表列奥纳多执行的。
40. CA 663v/234v–a, c. 1508.
41. Leic 26v上的一条简短的备忘录上写着，"和热那亚来的人谈论大海"，我们认为这个人可能是哥伦布，他的确出生于热那亚，但写下这条笔记时，他可能已经去世了（1506年过世）。列奥纳多很可能认识佛罗伦萨海员阿梅里戈·迪·韦斯普奇（Amerigo di Vespucci），"美洲"（America）就是以他的名字命名的。瓦萨里宣称自己拥有一幅列奥纳多画的粉笔素描，素描将阿梅里戈描绘为一位 "英俊非凡的老人"；若果真如此，这幅素描的成稿时间应在1505年或更早（因为1512年韦斯普奇去世前，他一直在西班牙）。画中的他大约50岁出头的样子。这幅画也可能是描绘了韦斯普奇祖父的早期作品，因为他也叫阿梅里戈（1471年过世）。而在大约写于约1503年的清单中（Ar 132v, R 1452）也提到了一位韦斯普奇，他可能是马基雅维利的秘书，阿戈斯蒂诺·迪·韦斯普奇。

42. Mountain range: RL 12410, 12413–14, compared to photographs of the Grigne in Conato 1986, 119–204. Storm over a town: RL 12409. Depiction of rains: CU 25r, McM 55.
43. Written both sides of CA 573b/214e (R 1031–2).
44. Photographs in Conato 1986, 201.
45. Ibid., 206.
46. Leic 11v, R 1029.
47. Head of a bear: private collection (formerly Colville Collection). Bear walking: Metropolitan Museum of Art, New York, 1975. 1.369 (Zöllner 2003, nos. 158–9). The latter has a faint underdrawing of a pregnant woman.
48. RL 12372–5, Clark and Pedretti 1968, 1.52.
49. Leic 4r; A. Recalcati, 'Le Prealpi Lombarde ritratte da Leonardo' (ALV 10, 1997, 125–31). 博峰（Monte Bo），海拔8385英尺，位于罗莎峰（Monte Rosa）西南方向，语言上似乎吻合，但与列奥纳多描述的地形不相符。
50. Paracelsus (i.e. Theophrastus Bombastus von Hohenheim), *Sieben defensiones*, ch. 4, in Opera, ed. Johann Huser (Strasbourg, 1603), 1.159.
51. Discovery of Madrid MSS: *New York Times*, 14, 15, 17 (etc.) February 1967; Reti 1968. 这些古抄本大体上都能追根溯源。它们可能是蓬佩奥·莱奥尼带去西班牙的列奥纳多手稿，1608年由他的侄子波利多洛·卡奇继承；也可能是文森西奥·卡杜乔17世纪20年代在胡安·德·埃斯皮纳图书馆里见到过的那"两本由伟大且才华横溢的列奥纳多亲手绘制撰写的书"。埃斯皮纳"将把手稿赠予威尔士王储［未来的查理一世］……视他自己为唯一有资格的拥有者，他将在我们的国王去世后继承它们"（Reti 1968, pt 1, 10）。埃斯皮纳兑现了他们的诺言，尽管阿伦德尔勋爵曾试图"改变他愚蠢的幽默"。但他1642年去世后，把自己的收藏留给了国王腓力四世，手稿可能是遗赠的一部分。1800年之前，手稿从埃斯科里亚尔转移到国家图书馆，图书管理员安东尼奥·冈萨雷斯在把它们罗列在库存清单中；后来塔马罗·德·马里尼斯也注意到这件事，但他发现清单上的书架编号对应的位置上放着别的书，最后放弃了调查［RV 2 (1906), 89ff.］。
52. Ma II, 157v, 151v.
53. On Renaissance 'lost-wax' casting techniques: Cole 1983, 124–5. On Leonardo's modifications of the technique: CA 976r/352r–c, PC 2.12; Kemp 1981, 205–7.
54. RL 12346.
55. RL 12349. 这页纸可以追溯到1492年；内容包括一小段文字，讲述了学习不感兴趣之事带来的不便，这段话几乎一字不落地在BN 2038 34（formerly MS A, dated 10 July 1492）中又重申了一遍。温莎城堡皇家图书馆馆藏稿纸上的滑轮和齿轮可以和A 62r上的内容比较，他在这页纸上也按照一定比例画了两个马头。
56. Ma II 140r (illustrated).
57. Vasari 1878–85, 4.276; Vecce 1998, 138–9. Sangallo's design for a *palazz*o for Il Moro is in the Vatican, Codex Barberiniano Latino 4424, 15v.
58. The height of 12 braccia (Ma II 151v) is confirmed by Luca Pacioli (*Divina proportione*, preface); see R. Cianchi, RV 20 (1964), 277–97, for other contemporary statistics and estimates. 1977年，美国飞行员和艺术收藏家查尔斯·登特希望根据列奥纳多的笔记和素描，重新制作这匹马：最终成品（高23英尺，重13吨）由妮娜·阿库穆雕刻，

1999年在米兰圣西罗赛马场亮相（Neil Ascherson, *Observer*, 25 July 1999）。芬奇镇的主广场上矗立着一座小一些的复制品，这尊雕塑的成本在600万美元左右。

59. Taccone: see Part IV n. 120. Lancino Curzio, *Epigrammaton et sylvarum libri* (Milan, 1521), 1.7r, 49r. 人们通常认为这匹马的展览地点是城堡前的广场，但在比娅特丽斯·斯福尔扎1493年12月29日写给姐姐伊莎贝拉·德埃斯特的信中，她说弗朗切斯科·斯福尔扎的骑行雕像立在大教堂的一座凯旋门下（Archivio di Stato, Mantua, Vigevano E49/2; Vecce 1998, 145）。
60. Ma II 151v.
61. The treatise on 'mechanical elements' is referred to in a note of 1502 about efficient wheel-sizes on a cart, 'as I showed in the first of the 5th [chapter] of the Elements' (L 72r), and in later sheets: RL 19009r, c. 1510, and CA 10r/2r–a, c. 1515. The 'book on physics' is a lost work contemporary with Fors 22, c. 1495–7, which also covers physics (or '*de ponderibus*' – 'the science of weights'), gravity, percussion, etc. See Pedretti 1995, 35.
62. Ma I 12v.
63. Ma I 100v; Reti 1968, pt 1, 16–17: the formula given by Leonardo is 'a hard tin–copper compound (SnCu3) embedded in a softer tin–copper alloy'.
64. Ma I 4r, 16r, Fors 22, 65r, v; Rosheim 2001.
65. CA 812r/296v–a. *Repubblica*, 24 April 2004: the reconstruction consisted of an exhibition model (170 × 150 cm), a working model (50 × 60 cm) and interactive digital designs (http:// www.imss.fi.it). On Verrocchio's clock, see Vasari 1987, 1.240: the putto's 'arms are raised to sound the hours with a hammer held in his hands', which 'was considered very attractive and novel at the time'.
66. Rosheim 2001, 23.
67. Lomazzo 1973, 1.299, 2.96.
68. Arrival of Caterina: Fors 3 88r. Payments to her (two of 10 soldi each), 29 January 1494: H3 64v. Funeral expenses: Fors 2 64v.
69. Freud 2001, 75–6. Cf. Eissler 1962, app. C; Fumagalli 1952, 56. Fors 3 88v（记录了卡泰丽娜到来的那页纸的背面）上有一串名字写着，"安东尼奥、巴尔托洛梅奥、露西娅、皮耶罗、列奥纳多"，维切将名单解读为列奥纳多的祖父母安东尼奥和露西娅，以及他的父亲皮耶罗；唐突出现的家谱和他母亲最近的到访似乎有关（Vecce 1998, 142）。但是巴尔托洛梅奥不可能是列奥纳多同父异母的弟弟，维切说明，直到1497年他才出生。一条不完整的笔记上（CA 195r/71r–a, PC 2.310）写着："如果卡泰丽娜想做，请告知我。"笔记可能是指他的母亲，但这比她到来的时间早得多，大概是1480年。
70. Fors 3 14r, 17V, 20V, 43V, 44V, 47V.
71. H 16v, 33v.
72. H 64v, 65V, 41r, 38r, 109r, 124V. A visit to Cremona (H 62v) may also have been made at this time: see Part VII n. 92.
73. H 4or. On the political background of these emblems, see Solmi 1912, Reti 1959. 那个年轻的黑人男孩的头部素描（H 103V）可能暗指"摩尔人"。斯福尔扎城堡中有一幅讽喻画（PC 2.214），画的是一名黑人仆人（卢多维科）为一位淑女（意大利）刷衣服。
74. H 130V.

75. The caption (H 288v) is separate from the drawing (Muse e Bonnat, Bayonne, 656; Popham 1946, no. 109b), but obviously refers to it.
76. I1138v; cf. related drawing in RL 12497. Leonardo introduces Poverty with the word 'ancora' in the narrative sense of 'then' ('Then the frightening figure of Poverty comes running' etc.), which suggests he is thinking of a dramatic representation rather than a pictorial image.
77. CA866r/315v–a. On Bascape : PC 2.296. 贝林乔尼给他写了一首谄媚的十四行诗，拜托他去请求"摩尔人"允许他发表他的诗作（R 1344n）。
78. H 31v.
79. H 105r.
80. Noyes 1908, 173–5.
81. Vecce 1998,149–51; M. Sanudo, *La spedizione di Carlo VIII* (Venice, 1873), 118–19.
82. CA 914r/335v–a.
83. Bandello: see Part IV n. 121.
84. 在温琴佐·班代洛1487年12月4日写给院长的信中［*Archivio storico Lombardo* 1 (1874), 33–4］，卢多维科罗列了他委托并且付款给感恩修道院的项目（讲坛、圣器室、宿舍等）。他提到的"绘画"可能特指列奥纳多的作品：蒙托尔法诺镇的壁画由修道院院长本人亲自委托。除了《最后的晚餐》，列奥纳多在感恩修道院教堂还画了两幅作品：在修道院和教堂之间门上的《救世主基督》（*Redentore*）；位于教堂主入口上方半圆壁的《圣母升天》（*Assunta*），1603年扩建这扇门时，这件作品遭到破坏。第一幅画或许和米兰布雷拉画廊收藏的基督头像有关，这可能是一幅后来重新绘制过的列奥纳多作品。绘有卢多维科、比娅特丽斯和他们孩子的小幅油画肖像，分散在蒙托尔法诺镇湿壁画的各个角落，现在几乎难以辨认，也都是列奥纳多的作品。
85. RL 12542. 这张纸下方的几何学笔记及素描可能与卢卡·帕乔利的《算数、几何与比例集成》有关，列奥纳多有一本。如果真是这样，后者的出版时间（1494年11月10日）应是这幅构图草图的绘制时间。
86. Accademia, Venice, no. 254; Popham 1946, no. 162. 润色扭曲了列奥纳多的原意，但素描和文字都是他的原作。
87. Louvre, Cabinet des Dessins 2022 (Zöllner 2003, no. 130).
88. Judas: RL 12547r (illustrated). Peter: Albertina, Vienna, inv. no. 17614. St James: RL 12552r (illustrated). St Philip: RL 12551r. Hands: RL 12543r. Sleeve: RL 12546r.
89. Fors 216r, Fors 3 1v; Fors 21 3r, v. "克里斯托福罗·卡斯蒂廖内"出现在一份1486年的米兰文献中（Calvi 1925, 59）；他可能和作家巴尔达萨雷·卡斯蒂廖内相关，后者15世纪90年代在米兰。里希特把"Giovan conte"翻译为"乔瓦尼伯爵"，但根据列奥纳多书写它的方式，还有这个人"和枢机主教在一起"（即服务于他）的事实，我会觉得"conte"更像是名字，而不是等级头衔。Luigi of Aragon's comment: Beatis 1979, 182.
90. Fors 2 1v–2r; Clark 1988, 152.
91. On the profound originality of Leonardo's conception of the *Last Supper*, see Kemp 1981, 189ff.; Laurenza 1999; Steinberg 1973, 2002. Among earlier critics see Guiseppe Bossi's monograph, *Il Cenacolo* (Milan, 1810), and Goethe's 'Abend–mahl von Leonardo da Vinci', in *Kunst und Altertum* (1818). Max Marmor [ALV 5 (1992), 114–16] gives a

translation of Jacob Burckhardt's first essay on the painting, from *Der Wanderer in der Schweiz* 5 ('Bilder aus Italien'), 1839.

92. Marani 2000a, 13–14.
93. Pacioli 1509, preface. 此处描述的"戏剧性的瞬间"正是斯坦伯格的这份探索性研究的主题。他进一步解读了"圣餐"一说：这幅画包括了一系列和圣餐仪式有关的意象，因此表明这幅画的构图叙事是从基督的宣告到第一次宣布领受圣餐。例如，图中右起第二的达太的双手，可以看成一只手准备拍打另一只，好像在说"我告诉你什么来的？"（大体上是歌德的理解。）但也可以看成是双手捧起，准备去接圣餐面包。
94. For Giraldi, see Introduction n. 7.
95. Technical data in Barcelon and Marani 2001, 408ff., on which this paragraph is based.
96. CA 189r/68r–a (written from right to left), CA 713r/264r–b. The former is echoed in I 53v, 'benedetto 17 October', which is doubtless contemporary with the shopping–list dated 17 October 1497 a few pages earlier (I 49v). However, this may mark the end of Benedetto's first year.
97. Barcelon and Marani 2001, 413–14.
98. Beltrami 1919, doc. 70; PC 2.296.
99. CA 866r/315v–a, R 1344.
100. G. Bugatti, *Historia universale* (Venice, 1570) 6.689.
101. Vecce 1998, 165.
102. Vasari 1987, 1.215.
103. Work on the window: Ottino della Chiesa 1967, 96; the entry survives in an eighteenth–century transcription. Ludovico to Stanga: ASM Registro Ducale, s.n, carta 16.
104. Beatis 1979, 182; Vasari 1878–85, 5.424; Barcelon and Marani 2001, 21–35.
105. Clark 1988, 147. 坎普指出，从最近的修复中恢复的细节"可以证实克拉克的直觉是正确的：早期的修复让头部表现变得呆板"（ibid., Introduction, 31）。列奥纳多在世时，就已经有不少人临摹他的作品：最早的一批是由布拉曼特1503年和马可·德奥焦诺1506年完成的油画，两幅都遗失了，但是马可1520年前后绘制的一幅临摹本现存于米兰布雷拉画廊。安东尼奥·达·热萨特1506年前后和安德烈亚·索拉里奥1514年以前完成的两幅壁画，均于1943年毁于盟军的轰炸。詹彼得里诺绘于1515年至1520年的临摹佳作，之前在帕维亚的切尔托萨修道院，现收藏于皇家艺术学院，由牛津大学莫德林学院保管。
106. Barcelon and Marani 2001, 328.
107. Purchase of the *Summa*: CA 228r/104r–a. On the influence of Pacioli: Marinoni 1982.
108. Pacioli 1509, 28v. The presentation MSS of 1498 are in Milan (Biblioteca Ambrosiana, MS A170 sup.) and Geneva (Bib. Publique et Universitaire, MS Langues Etrange res 210); an illustration from the Ambrosiana codex is in Vezzosi 1997, 81.
109. RL 19084r: 'He who does not know the supreme certainty of mathematics is wallowing in confusion.' Cf. G 96v.
110. CA 331r/120r–d. 帕乔利在《算数、几何与比例集成》中的几何学完全基于欧几里得的《几何原本》(*Elements*)，尽管他也引用了波伊提乌、萨克罗博斯科、列奥纳多·斐波那契和他从前的老师皮耶罗·德拉·弗朗切斯科的观点。欧洲第1版《几何原本》是从阿拉伯文翻译成拉丁文的，目前最早的版本是1482年版。

111. Six exemplars are in the Biblioteca Ambrosia, inv. nos. 09595, 09596A–E. See Alberici 1984, 21–2; C. Bambach, ALV4 (1991), 72–98. A Dürer copy, based on 09596D, is in Pedretti 1992, 25. 一封1506年10月13日来自威尼斯的信中，丢勒谈起他在"秘密透视艺术"方面的研究，还有他想拜访一位能在这方面给予指导的博洛尼亚人的愿望：这个人可能是帕乔利，因为我们可以在丢勒的版画《忧郁》（*Melancholia I*）中看到他的影响。

112. G. Borsieri, Supplimento della nobilità (Milan, 1619), 57–8; PC 2.395.

113. CA 611r/225r–b (cf. Part I n. 40). Lomazzo 1584, 430.

114. Noyes 1908, 161–3. 他对布拉曼特的观点在贝林乔尼的十四行诗中遭到了质疑。维斯孔蒂的诗歌《保罗和达里娅》（'Paulo e Daria'）的一部手抄本（Kupferstichkabinett, Berlin）里出现了拥护卢多维科的小画像，以某种方式呼应了列奥纳多1493年至1494年制作的政治徽章。维斯孔蒂很可能是那个自己的儿子在1500年被法国人杀害的"比斯康蒂"（Bissconte），列奥纳多对此有所记录（L, inside cover）。

115. Vecce 1998, 173.

116. CA 243v/89v–b, 1037v/372v–a, PC 2.236.

117. CA 609r/225r–a, Fors 3 37v, Fors 2143v. 第三个条目中的"法齐奥先生"指的是法齐奥·卡达诺，他是数学家吉罗拉莫·卡达诺（Girolamo Cardano or Jerome Cardan）的父亲。

118. Metropolitan Museum of Art, New York, R 705A; Malaguzzi–Valeri 1913–23, 1.534; RV 11 (1920), 226f.

119. Villata 1999, no. 111. A useful edition of this rare pamphlet is at http:// *www.liberliber.it*, with an introduction by Rosanna Scippacercola. On the candidates for authorship, see D. Brown, 'The Apollo Belvedere at the garden of Guiliano della Rovere', *Journal of the Warburg and Courtauld Institutes* 49 (1986), 235–7; E. Guidoni, *Ricerche su Giorgione e sulla pittura del Rinascimento* (Rome, 1998). 后者认为这首诗写于1497年，并认为是"小布拉曼特"的作品。给列奥纳多的题献是两首带"尾巴"的十四行诗，这种文体在布尔基耶莱斯基的作品中很常见。

120. On the case for Ambrogio's authorship, see Vecce 1998, 163, 401. On a comparable acronymic signature by him, see Part IV n. 96.

121. P. Marani, *La pittura a Milano al tempo di Bramante* (Milan, 1995).

122. 戈塔尔多·帕尼加洛拉1481年开始为卢多维科服务，可能专门负责壁画工作，但是帕尼加洛拉家族1548年前都未拥有这座房子（G. Mulazzani, *Bramante pittore*, Milan, 1978, 85–6）。

123. Ficino, *Divini Platonis omnia opera* (Basle 1561), 637; Pedretti 1977, n.12.

124. Vincenzo de'Pagave, 'Dialogo fra un forestiere ed un pittore' (Milan, Sforza Castle MS C.VI.28), xv–xvi; Pedretti 1977, 123, 129.

125. 布拉曼特很喜欢画哲学家：我们已知他的最早作品是位于贝加莫波蒂斯塔宫殿的一组壁画（约1478年），他也画了"坐着的哲学家"（GDA）。Leonardo's estimate for decoration work at Vigevano, c. 1494, included '24 philosophers' (H 124v).

126. CU 127r–v, McM 420. 赫拉克利特的脸似乎在一幅肖像画中得到了呼应（BM 1895-9-15-481），画中有一位眯着眼睛的卷发男子：这应该是秉承列奥纳多风格的艺术家乔瓦尼·阿戈斯蒂诺·达·洛迪所绘。画中眼部周围的皱纹和卷曲的头发与布拉曼特的肖像相似，两张画中的头部都微微侧转，但方向相反。

127. Beltrami 1919, doc. 90.
128. Beltrami 1920; cf. G. Biscaro, *Archivio storico Lombardo* 36 (1909).
129. Shell and Sironi 1992, doc. 27. 某一时刻，可能是1499年准备离开米兰的时候，列奥纳多把这处房产租给了萨莱的父亲彼得罗。1501年7月29日在佛罗伦萨起草的一份文件（Villata 1999, no. 153）中，列奥纳多说他已经收到了他的到期租金。但官方说法是，这处房产在法国人占领米兰期间被没收了（否则很难解释为什么法国人1507年将房子还给他）。后来的文献显示，萨莱几乎在专门负责这处地产。列奥纳多在遗嘱（R 1539）中把这里一半的土地遗赠给萨莱，另一半则给了他的仆人巴蒂斯塔·德·维拉尼斯。
130. I 50r, 51r, 58r, 59r, 118v (R 1405–6); L91r; CA422r/156r–a. 佩德雷蒂警告说，需要小心解读这些计算：列奥纳多的其他计算表明，1古丈（pertica）等于1862平方布拉乔奥。See Pedretti 1972, 290–91.
131. CA 1050v/377v–a; Pedretti 1972, 22, 291–2.
132. CA 484r/177v–b, 1079r/389r–b.
133. Pedretti 1972, 16; Vasari 1987, 1.193 (Life of Piero della Francesca).
134. 阿特拉尼沙龙的负责人是卡罗·阿特拉尼的妻子芭芭拉，列奥纳多曾提到过她婚前的名字：芭芭拉·斯坦帕（CA 2r/1r–c）。
135. I 118r9119v.
136. CA 426/158a（Embolden 1987, fig. 27）这页的背面有底层平面图、算式和客户自己的注释，列奥纳多的注释在正面。CA 1090r/393r–a（Embolden 1987, fig. 28）这页可能是他绘制的圭斯卡迪花园的平面图，这座花园中间有一条小道，顶部的环形区域或许是池塘或水道口。
137. B 12v.
138. Ottino della Chiesa 1967, 99–100.
139. Kemp 1981, 181–8.
140. Museo d'Arte Antica, Castello Sforzesco: itinerary, rm VII.
141. CA 187r/67r–a.
142. CA 773r/284r, R 1468. Arrigo is later referred to in CA 570v/214r–b, c. 1506–8, PC 2.353.
143. Ma I 61r.
144. CA 289r/104r–b; I 28v, 34r.
145. B. Corio, *L'historia di Milano* (Venice, 1554), 49v.
146. CA 669/247a, R 1379; cf. G. Calvi, RV 3 (1907).
147. CA 628r/230v–c; Vecce 1998, 208.
148. Beltrami 1919, doc. 101. 这笔现金分别于1500年1月7日和15日存入佛罗伦萨。

第六章

1. M. Brown, ' "*Lo insaciabile desiderio nostro de cose antique*": new documents for Isabella d'Este's collection of antiquities', in Clough 1976, 324–53. See also Daniela Pizzagalli, *La Signora del Rinascimento: vita e splendore di Isabella d' Este alla Corte di Mantova* (Milan, 2002); Jardine 1996, 408–16.
2. Jardine 1996, 410–11.

3. Archivio del Stato, Mantua, Gonzaga 1439, 55; Beltrami 1919, doc. 103. 我们不能确定这幅画和卢浮宫素描的关系。列奥纳多为伊莎贝拉画的一幅素描留在了曼图亚，因为一年以后她曾希望他能把"我们的另一幅肖像"寄给她，而她的丈夫已经把"他[列奥纳多]留在这里的那幅"送给了别人（letter to Fra Pietro Novellara, 29 March 1501: see n. 20）。这幅画可能是现藏于卢浮宫的素描，也可能不是。从伊莎贝拉的措辞看，她至少还有另一幅"素描"，列奥纳多也可能画过她的各种不同姿势的草图。

4. CA 638dv/234v–c, PC 2.196–8. Deliberations of the Senate: Vecce 1998, 191.

5. CA 215r/ 79r–c, c. 1515.

6. Ar 270V, c. 1517.

7. CU 3r, McM 18.

8. Sabba Castiglione, *Ricordi* (Venice, 1555), 51 v. 第1版1546年在博洛尼亚出版。瓦萨里说，法国人初次进入米兰时，把陶土做的马"砸碎了"（Vasari 1987, 1.264），但直到1501年9月，当费拉拉公爵写信至米兰询问是否有可能得到这尊马时，它仍旧完好无损（Villata 1999, no. 155）。

9. Beltrami 1919, doc. 101. 账户上包括了列奥纳多1499年12月从米兰汇来的一笔存款。没有文献能证明他在米兰生活工作的18年间曾回过佛罗伦萨，尽管一种说法称他1495年左右曾短暂回去过。这个观点源自瓦萨里的评论（他将之添进了第2版的《艺苑名人传》），瓦萨里称西莫内·德尔·波莱沃洛和朱利亚诺·达·圣加洛建造的佛罗伦萨旧宫会议厅大楼是"根据列奥纳多的判断和建议完成的"（see Vasari 1987,1.267，但布尔翻译该段落时漏译了这句话）。这项工程开始于1495年。

10. Pietro da Novellara to Isabella d'Este, 3 April 1501: see n. 20.

11. 1466年8月20日，塞尔·皮耶罗首次以公证人的身份出现在圣母忠仆会的记录中（Uzielli 1872, 148; Cecchi 2003, 123–4）。

12. Vecce 1998, 199. 关于天使报喜祭坛画后来的命运，瓦萨里在《佩鲁吉诺传》一节内有详细叙述（Vasari 1987, 2.98）。

13. see n. 20.

14. 有些人认为，列奥纳多离开米兰前就已经开始创作《圣母与圣安妮》(*Virgin and St Anne*)群像了。支持这一观点的有波帕姆，他认为藏于威尼斯和卢浮宫的其他素描的绘制时间"大概在1498年至1499年"（Popham 1946, 73, 152）。18世纪的收藏家塞巴斯蒂亚诺·雷斯塔修士表示，1499年列奥纳多还在米兰时，国王路易十二曾委托他画一幅圣安妮的木板底稿，所以列奥纳多为此"画了一个初步的草图，目前由米兰的阿科纳蒂伯爵收藏"[*Lettere pittoriche*（Milan, 1759），3.326; Ottino della Chiesa 1967, 102]。但雷斯塔的观点不可靠：他这么说的动机，是想要为他拥有的另一幅主题相同而且"完成度更高"的木板底稿确立来源。但这幅底稿不像他宣称的那样是列奥纳多的原作，而是卢浮宫版《圣母与圣安妮》（或其木板底稿）的临摹本，现藏于布达佩斯的埃斯特哈兹藏馆。列奥纳多的前任助手博尔特拉菲奥的赞助人、博洛尼亚诗人吉罗拉莫·卡西奥作了一首诗，证明了这幅画创作的最早时间；诗的标题为《献给圣安妮，列奥纳多笔下的她，把试图阻止儿子伸手抓小羊的圣母揽入怀中》。1500年，博尔特拉菲奥和卡西奥都在博洛尼亚，同年4月，列奥那多从威尼斯前往佛罗伦萨的途中，可能顺便拜访了他们，但是没有迹象表明这首诗是那时创作的；标题中说列奥纳多"笔下"的圣安妮，可能指的是1509年至1511年期间在米兰完成的卢浮宫版本。这首没有标注创作时间的诗歌，在卡西奥的《纪事》（*Cronica*）中首次出版（Bologna, 1525）。

15. 弗朗切斯科·马拉泰斯塔将"列奥纳多·芬奇亲手绘制的"的草图寄给侯爵。他在随画寄出的附信中（Villata 1999, no. 146）补充道："列奥纳多说，如果要让它［别墅的复制品］完美竣工，你需要把它运送到你想建它的地方。"这当然是一条充满嘲讽的评论，尽管马拉泰斯塔复述的口吻披着严肃的外衣。
16. RL 12689, possibly by Salai; Ar 77r.
17. ASF, Carte Strozziane II 51/1, 454r–v; ALV 4 (1991), 158–70. H1 30v 上的一则笔记提到"圣尼科洛磨坊主抗议，他们不希望水道阻塞"。
18. CA 618v/227v–a. (The note is dated Florentine style, '1500 a di 10 marzo', i.e. 1501).
19. G. Mongeri, ed., *Lerovine di Roma* (Milan, 1875), 57r. 这本平版印刷的图画册现位于米兰安布罗西亚纳图书馆，应该是由布拉曼特圈子里的一位艺术家所作（Vecce 1998, 200, 406）。
20. Isabella to Novellara, 29 March: Archivio di Stato, Mantua, Gonzaga F II 9, busta 2993, copialettere 12/80; Villata 1999, no. 149. Novellara to Isabella, 3 April: Archivio di Stato, Mantua, Gonzaga E XXVIII 3, busta 1103; Villata 1999, no. 150. Novellara to Isabella, 14 April (illustrated; ibid., no. 151): formerly in Archivio di San Fedele, Milan (G. L. Calvi, *Notizie dei principali professori di belle arti in Milano* (Milan, 1869), 3.97), by the early 1980s in a private collection in Geneva, and from 1995 in a private collection in New York (see C. Pedretti, ALV 5 (1992), 170–75). Girolamo Casio says of Novellara that his sermons were 'hated [i.e. envied] by St Paul' ('*in pulpito era per San Paolo odito*') and that he 'died young and was buried in Mantua' (Cronica (1525), 12r).
21. 弗洛里蒙·罗贝泰，布鲁、贝里和达鲁斯男爵，当时40岁出头，就已经先后担任查理八世、路易十二和弗朗索瓦一世的秘书和财务总管。一枚铸造时间为1512年的纹章上有他的肖像（Bibliothèque Nationale, Paris, Cabinet des medailles no. 4003, also in Starnazzi 2000, plates 7, 8）。
22. 根据2003年8月28日的新闻报道（失窃发生在27日上午11点左右），这幅画的估价为3000万英镑。1992年，坎普仔细地比较分析了这两个版本。第三个版本（也是私人收藏）是切萨雷·德尔·塞斯托的作品，1998年在卡马约雷展出（Pedretti 1998b, cat. no. 10）；另一版由费尔南多·亚涅斯·德拉·阿尔梅迪纳（可能就是《安吉亚里战役》中那位"费兰多·斯帕尼奥洛"）绘制，现藏于爱丁堡的苏格兰国家美术馆。后者的一份当时的临摹本，最近似乎从卢卡的保莱蒂·凯利尼收藏中消失了（V. Bernardi, 'Una versione lucchese della *Madonna dell'Aspo*', *Notiziario filatelico* 134, August, 1972）。
23. C. Pedretti, 'The missing basket', in Starnazzi 2000, 49–50.
24. Starnazzi 2000, plates 23–25.
25. Villata 1999, no. 154. Manfredo styles himself 'ducal orator'.
26. Beltrami 1919, doc. 113.
27. Villata 1999, no. 159, in response to Isabella's letter of 3 May (ibid., no. 158).
28. F. Guicciardini in E. R. Chamberlain, *The Fall of the House of Borgia* (London, 1989). On the Borgia family, see Michael Mallett, *Borgias: The Rise and Fall of a Renaissance Dynasty* (London, 1969); Ivan Cloulas, *Les Borgias* (Paris, 1987); Russell Aiuto, *The Borgias* (Dark Horse Multimedia, 1999, at http://www.crimelibrary.com); Marion

Johnson, *The Borgias* (London, 2002). Hard to find, but worth the search, is Frederick Rolfe (a.k.a. Baron Corvo), *Chronicles of the House of Borgia* (London, 1901), the background to which is entertainingly investigated in A. J. A. Symons, *The Quest for Corvo* (London, 1934), 93ff.

29. Andrea Boccaccio, c. 1492, in Aiuto (see n. 28). On Cesare, see DBI; Bradford 1976. 他的母亲瓦诺扎经营了一间酒店，为游客和朝圣者提供住宿，目前这间酒店仍在罗马鲜花广场上营业。

30. Villari 1892, 1.291–3. The full text is in Niccolò Machiavelli, *Legazioni e commisssarie*, ed. S. Bertelli (Milan, 1964), 1.267–8. Cf. Vickie Sullivan, 'Patricide and the plot of The Prince: Cesare Borgia and Machiavelli's Italy', *Journal of Medieval and Renaissance Studies* 21 (1993), 83–102.

31. Masters 1999, 79–80.

32. L iv, R 1416; Ar 202v, R 1420. 后一份清单的时间不确定：人们认为物品"在海关的箱子"应列在1503年的清单中，即列奥纳多结束波吉亚冒险后带回；但箱子也可能是1500年从米兰带回的，两年后仍在海关。另一次"从罗马运回一大捆布料"的缓慢通关，他在1505年4月为此支付了18里拉的关税（Beltrami 1919, doc. 165）。清单上的另一件物品"falleri"是一本书，即《法莱里书信》（*Epistole de Phalar*），1499年左右的一则笔记中也曾提到过（CA 638b/234r-b）。

33. Piombino: L 6v. Populonia: L 82v–83r.

34. Starnazzi 1995, 1996, 2000, the latter with photographs of the Balze in relation to Leonardo landscapes (plates 26–30).

35. L 19v, 40r, 8r.

36. L 2r. L 94v 上还有一则关于"帕多瓦主教的阿基米德手稿"的记录。索尔米认为，"博格斯"（Borges）就是布尔日的大主教安托万·博耶尔（Antoine Boyer），他那时是一名罗马枢机主教（Solmi 1908, 96），但在一则很晚才写下的笔记中（CA 968b/ 349v-f, c. 1515），列奥纳多提到"一套阿基米德全集"，这套书"之前在乌尔比诺公爵图书馆，在瓦伦蒂诺公爵时期被拿走了"：似乎是指1502年他离开波吉亚时希望带走的手稿。他可能从帕乔利那里得知了其他手稿，而帕乔利是圣塞波尔克罗镇本地人。

37. L 8r, cover, 78r, 46V, 36v. 他对 Ma II 55r 上提到的音乐喷泉还有更多的想法："让我们通过风笛从喷泉的瀑布中创造出和谐的声音。"他还决定"咨询马切洛先生如何像维特鲁威所描述的那样，用水制造声响"。他在 L 封面上草草记下"马切洛住在贾科莫·达·蒙加迪诺的房子里"，指的可能是同一个人：马切洛·维尔吉利奥·贝尔蒂，马基雅维利的一位学术同僚，在佛罗伦萨大学里讲过课。

38. L 47r, 77r.

39. K1 2r.

40. L 72r.

41. 原件保存在梅尔齐庄园内。这份文件在波吉亚的一位秘书手中。一封波吉亚写给佛罗伦萨执政团的亲笔信（Forlì, 6 April 1501）最近通过苏富比拍卖行卖出（Books and Manuscripts Sale, 25 May 2000, lot 162）。这一页以"极为优雅的斜体字或大法官体"写成，用带有两顶头盔的纹章盖在红蜡上密封，成交价超过7500英镑。

42. L 65v–66r.

43. Pacioli, *De viribus quantitatis* 2.85 (Biblioteca Universitaria, Bologna, MS 250, 193v– 194r).

44. CU 59v, McM 266, describing the contorted bodies of soldiers in action, 'who take part in such discord or, one might say, in this most brutal kind of madness [*pazzia bestialissima*]'.
45. L 29r; cf. CA 133r/48r-b.
46. 他回忆起在南特国王外交大臣的对话："当鲁昂的枢机主教对我说意大利人其实不懂打仗时，我反驳道，法国人其实不懂治国。如果他们真懂的话，就不至于让教会的力量如此强大。"（Machiavelli 1961, 43–4; 1966, 1.67）换言之，他们通过支持切萨雷·波吉亚这种愚蠢的方式来吹捧教宗。这条评论的时间是1500年11月，确实有先见之明。
47. Dispatch of 7 October 1502, in *Legazioni* (see n. 30), 1.341; Villari 1892, 1.310.
48. CA 121v/43 v–b.
49. Masters 1999, 85–7.
50. Map: RL 12284. Rough sheet: RL 12686. MS L 中也有类似的关于乌尔比诺和切塞纳的草图和数据，可能还有在此基础上绘制的类似的地图。
51. RL 12278. On Leonardo's maps of 1502–4, see Clayton 1996, 89ff.
52. Rough sheets and notes: RL 12682, CA 336r/122r–a.
53. RL 12277; Clayton 1996, 94–5. 比例大概是1：570,000. On Leonardo's use of the map at Urbino, see Susan Kish, 'The cartography of Leonardo da Vinci', in *Imago et mensura mundi: Atti del XI0 congresso internazionale di storia della cartografia*, ed. Carla Clivia Marzoli, 3 vols., Florence, 1985.
54. Villari 1892, 1.314–15.
55. Ibid., 1.320–22; Viroli 2000, 62–5. Machiavelli later wrote up these events in a report drily entitled 'Description of the method used by Duke Valentino to murder Vitellozzo Vitelli' (Machiavelli 1966, 2.785–91). Cf. Richard Cavendish, 'Cesare Borgia at Senigallia', *History Today*, 12 January 2002.
56. L 33V; cf. another reference to Siena, L 19v.
57. Machiavelli 1961, 60–61; 1966, 1.77.
58. 他3月4日于佛罗伦萨的银行取了钱：见本章第64条注释。
59. Topkapi Museum, Istanbul, E 6184; first published by E. Babingher, *Nach–richten der Akademie der Wissenschaften in Göttingen* 52 (1952), 1ff. A reproduction of part of the document is in Vecce 1998, plate 38.
60. L 66r, R 1109.
61. Vasari 1987, 1.346–7; Condivi 1976, ch. 33.
62. PC 2.214. Topographical notes: CA 910r/334r. 这座桥由安德烈亚·古列里·达·伊莫拉设计。
63. See 'The Leonardo project', http://www.vebjorn–sand.com; *Guardian*, 1 November 2001.
64. 银行记录（Beltrami 1919, doc. 123）上的交易日期是3月4日，尽管列奥纳多自己的笔记上写着，"3月5日，周六，我从新圣母玛利亚医院取出50杜卡特，剩下450杜卡特"（CA 211r/77r–b）。银行记录很可能是正确的：1503年3月的第一个周六是4日。列奥那多笔记的背面写着"in africo addi 5 di marzo 1503"，可能是在城墙外的阿弗里科河（river Affrico）边写的。
65. Ar 229v. 列奥纳多和萨莱喜欢的"玫瑰色"似乎有种特殊的衣着内涵：科西莫·德·美第奇想设法让邋遢的多纳泰罗穿得体一些，于是给他寄了一件在节日里穿的"粉色斗篷"（Lucas–Dubreton 1960, 217）。我将"pitocco"翻译成"束腰外衣"，这个现在已经过时的词在旧时字典里的释义为"和士兵的白罩衣类似的短上衣"；后者是一种短披风，根据《牛津简明词典》（*Shorter Oxford Dictionary*），是指一件"无袖的宽松上衣"或外套。束腰外衣和佛罗伦萨上流人士穿的托加长袍形成反差。在马基雅维利的《曼陀罗花》中，一位热情的小伙子用鲁特琴为女朋友弹奏小夜曲前，穿上了一件"短束腰外衣"。列奥纳多曾尖锐地评论过时尚界的"疯狂发明"：衣服一度过长，"以至于人们要不断地拽起衣服，免得走路时被自己绊倒"，然而在另一个极端，"衣服只能遮住臀部和手肘，而且太紧了，使人们遭受极大的痛苦"（CU 170r–v, McM 574）。

66. Beltrami 1919, doc. 125; CA 98r/35v–a.
67. From the contemporary report on the Pisa diversion by Biagio Buonaccorso (see n. 73). An excellent account of this project is in Masters 1999, 96–133.
68. Villata 1999, no. 178. Sketches of La Verruca are in Ma II 4r and 7v–8r, the latter showing its setting in the Pisan hills.
69. Sketch of the Arno: Ma II 1r. Guiducci's dispatch: Villata 1999, no. 180.
70. Ibid., no. 181. 乔瓦尼·迪·安德烈亚·皮费罗出现在和《安吉亚里战役》壁画相关的文件中：他是列奥纳多和执政团间的调解人。On Giovanni Cellini as piffero, see Cellini 2002, 10–16.
71. CA 562r/210r–b, Masters 1999, 123–7 The route of the intended diversion is shown on various rough sketch–maps: RL 12279, Ma II 22v–23r, 52v–53r.
72. Mechanical digger: CA 4r/1v–b, Zöllner 2003, no. 544. Shovel–loads and barrow–loads: Ma II 22v.
73. Biblioteca Nazionale, Florence, MS Machiavelli C 6.78; PC 2.175–7. Part of this report, with a diagram showing the path of the diversion, is reproduced in Masters 1999, fig. 7.4 (printed back to front, however). Cf. Landucci 1927, 216 (22 August 1504).
74. CA 127r/46r–b, R 1001; cf. CA 1107r/398r–a.
75. RL 12279, R 1006. Cf. RL 12678, 12683. The system of locks and sluices for the canal is studied in RL 12680.
76. Sassoon 2002.
77. 虽然如今《蒙娜丽莎》和《乔康达》指的是同一幅画，但熟悉列奥纳多风格作品的 G. P. 洛马佐明确指出，这是两幅画，"在《乔康达》和《蒙娜丽莎》两幅画像中，他都绝妙地捕捉到嘴巴在笑的样子"（Lomazzo 1584, 434）。相关的代词为复数形式，所以他说的绝对是两张不同的画。对此的解释可能是那幅所谓的"裸体乔康达"可能是一组基于列奥纳多丢失的原作所创作的绘画作品，作品描绘了一位与《蒙娜丽莎》的姿态相同但裸露胸部的妇女，其中最为著名的一幅是萨莱画的，藏于艾尔米塔什博物馆。也有可能，洛马佐把《蒙娜丽莎》原画和后来润色过的版本（《乔康达》）区别开了，他在其他地方曾提到"蒙娜丽莎拿波里坦纳"（*Monna Lisa Napoletana*, Lomazzo 1590, 6），说的可能是"裸体乔康达"（为了和"佛罗伦萨"的蒙娜丽莎区别开来）。只是他说这幅画收藏在法国王室的枫丹白露宫，但"裸体乔康达"从来没在那里出现过。最早记录了油画《乔康达》（或《乔孔达》）的文献时间为1525年（Shell and Sironi 1991; Jestaz 1999）。
78. 这一措辞表明，瓦萨里是在弗朗索瓦1547年3月去世前的某个时候写下的这段话。

79. 卡西亚诺·达尔·波佐对这幅画的记录（Biblioteca Barberini, Rome, LX/64, 192v-194v）是它出现在法国王室收藏的第一份确凿记录。

80. J. Atkinson and D. Sices, eds., *Machiavelli and his Friends: Their Personal Correspondence* (De Kalb, Ill 1996), 87.《吉内薇拉》这幅列奥纳多唯一已知在佛罗伦萨完成的肖像，不太可能出现在乌戈利尼的脑海中：它大概25年以前就画好了，很可能被带到了威尼斯（瓦萨里肯定从来没有见过它）。当然，乌戈利尼可能指的是列奥纳多的草稿。

81. RL 12514; a derivative drawing, perhaps by Cesare da Sesto, is in Venice (Accademia, no. 141; Starnazzi 2000, plate 10).我们不清楚伊莎贝拉在这幅未完成的肖像中是什么姿势。在伊莎贝拉1504年5月14日写给列奥纳多的信中，她表示，如果他无法来曼图亚，他可以"将我们原有的肖像修改成另一位更仁慈的角色，比如12岁左右的少年基督，来补偿协议中需要履行的义务"。如果"修改"她肖像的意思是更换画中人物的话，这幅肖像不太可能是完整的侧脸像：就耶稣的传统造型而言，侧脸像很不常见。

82. RL 19055v (Anat MS B 38v). A text on the same subject (RL 19046r, Anat MS B 29r) is datable to c. 1508; see PC 1.345–8.

83. Biographical material on Lisa was first compiled by Giovanni Poggi (*Il Marzocco*, 21 December 1913; Poggi 1919, 35). The fullest account of her is in Zöllner 1993, on which my account is based.

84. 马达莱娜1504年初嫁给了阿尼奥诺·多尼；拉斐尔为他们画肖像的时间大概是1505年至1506年。这幅画的准备性草稿（藏于卢浮宫）和《蒙娜丽莎》的关联尤为紧密，因为画面出现了列奥纳多留在画中的框架柱子，它们也出现在拉斐尔同一时期的作品《抱独角兽的女子》(*Woman with a Unicorn*, Galleria Borghese, Rome) 中；她的姿势也让我们联想到《蒙娜丽莎》。拉斐尔似乎在1504年至1506年，在佛罗伦萨逗留期间见过这幅肖像画或其木板底稿。他藏于佩鲁贾圣洛伦佐大教堂的作品《圣母子与圣徒》(*Madonna and Child with Saints*)，圣母斗篷下摆处标注的日期为"MDV"或"MDVI"（即1505年或1506年），所以这幅作品可能是在佛罗伦萨画的；画面左边的施洗者与列奥纳多的原作（RL 12572），还有克雷迪的皮斯托亚祭坛装饰画都很相似。

85. Zöllner 1993, 126; Maestro Valerio died in January 1521.

86. Beatis 1979, 132.

87. On Pacifica Brandano, see Pedretti 1957, 138–9; Ammirato 1637, 3.134–5. Pacifica and Giuliano's illegitimate son, Ippolito, was created a cardinal by Pope Clement VII. On Isabella Gualanda, see Vecce 1990. 她的朋友科斯坦扎·达瓦洛斯，弗兰卡维拉公爵夫人，也曾被游说过；最早是被阿道夫·文图里游说，这被记录在了《意大利美术史》中（*Storia dell'arte in Italia*, Milan, 1925, 9.37–42）。埃内亚·伊尔皮诺的一首诗似乎暗示，她在这幅列奥纳多为她绘制的肖像画里披着黑纱，尽管支持瓜兰达观点的人认为这首诗指的是瓜兰达。近年有人认为她是卡泰丽娜·斯福尔扎，即加莱亚佐·玛利亚公爵的私生女。这种猜测的根据是《蒙娜丽莎》和洛伦佐·迪·克雷迪早前为卡泰丽娜所作的肖像画非常相似。对弗洛伊德来说，这著名的似笑非笑的表情是列奥纳多对母亲的记忆；对另一些人而言，这幅画是一幅理想化的肖像，画家没有特别要画谁，只是对"纯真"的描绘。面对种种谜团，坎普为《阳台上的圣母》(*Portrait of a Lady on a Balcony*) 写了简明的图说（Kemp 1981），但这不能说服那些深信她其实是"他"，或是列奥纳多自己易装成模特的人。

88. Beatis 1979, 133–4.
89. Shell and Sironi 1991.
90. 有关文献的一个奇特之点是，在那份罗列了萨莱物品的原始清单中，这幅画没有被称为"La Joconda"，而是被称为"La Honda"。如果我们忽略多余的拉丁字母h，就可以得出一个有趣的观点，即这份清单的记录者认为这幅画应该叫"La Onda"，即"波浪"。遵从严格的时间排序的话，这是这幅画第一个已知的标题。
91. Zöllner 1993, 118. 策尔纳进一步怀疑皮耶罗·德尔·乔康达是否是瓦萨里关于这幅画的消息来源，但瓦萨里可能还有更好的来源——丽莎本人。1539年时，她肯定还活着，那时她将基安蒂的一处房产转到女儿卢多维卡的名下，朱塞佩·帕兰蒂发现了相关文件（*Sunday Telegraph*, 1 August 2004）；蒙娜丽莎本人可能活到了1551年。在瓦萨里写这幅画的故事、阐述他的观点时，她还健在：那些认为模特另有其人说法的拥护者竟忽视了这简单的人为因素。
92. Sassoon 2001, 113–15, citing Gautier's review of Paul Foucher's play *La Joconde* (1855), and his *Les dieux et les demi–dieux de la peinture* (Paris, 1865). Gautier was the dedicatee of Baudelaire's *Les Fleurs du mal* (Paris, 1857), which includes a fine poem mentioning Leonardo, 'Les phares' ('Beacons'): '*Léonard de Vinci, miroir profond et sombre...*' – 'Leonardo da Vinci, deep dark mirror'.
93. Sassoon 2001, 128, 98, citing the journals of Jules Michelet (ed. C. Digeon, Paris, 1976, 3.83) and Edmond and Jules de Goncourt (Paris, 1956, 1.719).
94. See Yeats's introduction to *The Oxford Book of Modern Verse* (Oxford, 1936), viii. Pater's influential essay on Leonardo originally appeared in *Fortnightly Review*, November 1869. Sassoon discerns echoes of it in Joyce's *Portrait of the Artist as a Young Man* (1916): see Sassoon 2002, 157–8. On the nineteenth–century 'cult' of Leonardo see also Severi 1992.
95. Oscar Wilde, 'The Critic as Artist' (1890), in *Complete Works* (London, 1969), 1028–9. See also his short story 'The Sphinx without a Secret'.
96. E. M. Forster, *A Room with a View* (1907; repr. Harmondsworth 1955), 95.
97. Somerset Maugham, *Christmas Holiday* (1939), 213; Berenson 1916, 1–4; T. S. Eliot, 'Hamlet and his Problems', in *The Sacred Wood* (1920, repr. 1960), 99.
98. Full and entertaining accounts of the theft and its aftermath are in Sassoon 2002, 173– 210; McMullen 1975, 197–215. See also A. Manson, Le roman vrai de la IIIe Re pu*blique* (Paris, 1957), vol. 3: '*Le vol de la Joconde*'. For some cultural ramifications of the theft, see Leader 2002.
99. Alfredo Geri, in McMullen 1975, 209.
100. See Johannes Wilde, 'The hall of the Great Council of Florence', *Journal of the Warburg and Courtauld Institutes* 8 (1944), 65–81.
101. Villata 1999, no. 183.
102. ASF, Signori e collegi 106, 40v–41r (Villata 1999, no. 189). Cf. the later *deliberazione* authorizing payment of 45 florins for three months, April–June 1504 (ASF, Operai del Palazzo, Stanziamenti 10, 64v; Villata 1999, no. 194).
103. ASF, Signori e collegi 106, 36r; Villata 1999, no. 187. For the activities of February in the next paragraph: ibid., no. 188.
104. CA 1109r/398v–c, PC 2.382.

105. CA 202a/74r–b, v–c, R 669. On Leonardo Dati see Pedretti 1972, 417–25.
106. *Istorie fiorentine*, Bk 5, ch. 33, in Machiavelli 1966, 2.656–7.
107. Numerous preparatory sketches, including battle studies (Accademia, Venice, nos. 214–16; RL 12338–9), individual horsemen (RL 12340r; K 14v), horses in extremis (RL 12326r), and the superb figure studies and head studies at Budapest (Szépmüvészeti Muzeum, inv. nos. 1174, 1175). See Zöllner 2003, nos. 42–55
108. A 30v–31r, '*Modo di figurare una battaglia*'.
109. Villata 1999, nos. 190–92. 1500年，列奥纳多完成了托瓦格利亚乡间别墅的草图。萨莱希望从列奥纳多对伊莉贝拉的请求的抗拒中获得好处："列奥纳多·芬奇有个名叫萨莱的学生。他年纪轻轻但造诣匪浅，非常希望能为阁下您效劳。"（Luigi Ciocca to Isabella, 24 January 1505: ibid., no. 210）
110. Amadori to Isabella, 3 May 1506: ibid., no. 227.
111. For Michelangelo's biography see DBI, s.v. Buonarroti; Bull 1996; Paul Barolsky, *Michelangelo's Nose: A Myth and its Maker* (University Park, Pa., 1991). On the contemporary *Life* by Ascanio Condivi (1553), heavily influenced by Michelangelo himself, see Michelangelo 1987. On the rivalry with Leonardo, see Goffen 2002.
112. Vasari 1987, 1.337–8; Goldscheider 1940, 9–10. 一页两面都画着列奥纳多素描的稿纸最近出现在法国（苏富比拍卖行2000年7月5日售出，据报道一名瑞士藏家以1.3万英镑的成交价购买下）。这幅精美的素描用粉笔和墨水绘成，描绘了拿着棍子的大力神赫拉克勒斯。佩德雷蒂猜测，这可能和列奥纳多为《大卫》石雕做的工作有关（*Guardian*, 18 September 2000），其纪念碑风格可能是对《大卫》的呼应，而非对尚未被雕成《大卫》的石料的一个想法。这可能还与列奥纳多一条涉及雕塑的备忘录有关：1508年左右为皮埃尔弗朗切斯科·吉诺里创作的《赫拉克勒斯的功债》（see Part III n. 62）。
113. Anthony Burgess, 'Michelangelo: the artist as miracle worker', *Sunday Times*, 2 February 1975.
114. Archivio dell'Opera del Duomo, Deliberazioni 1496–1507, 186; Villata 1999, no. 186.
115. Landucci 1927, 213–14.
116. 朱塞佩·佐基很久以后描绘圣三一广场的画作展现了宫殿北面和西面的墙，依然没有凉廊，一小群人聚集在西南角接近桥的地方，那里可能是凉廊的起点。See the reproduction in Hibbert 1994, 209.
117. Michelangelo to Giovanni Francesco Fattucci, 1523, in P. Barocchi and R. Ristori, eds., *Il carteggio di Michelangelo* (Florence, 1965–79), 3.7–9.
118. Vasari 1987, 1.341–2. Documents in the Fondazione Herbert Horne, Florence, confirm Vasari's statement about Michelangelo's tenancy of Sant' Onofrio. See L. Morozzi, 'La *Battaglia di Cascina* di Michelangelo: nuova ipotesi sulla data di commisssione', *Prospettiva* 53 (1988– 9), 320–24.
119. Ma II 128r, PC 1.327; L 79r. Cf. E 19v–20r, a passage beginning 'O anatomical painter', warning against an over–emphasis on 'bones, sinews and muscles' making a painting 'wooden'.
120. RL 12591r.
121. Ar 148r–v, 149v.

122. CA 877r/319r–b, partially transcribed R 1534, addenda in PC 2.378.
123. CA 196r/ 71v–b, R 1526.
124. Ar 272r, R 1372; cf. Eissler 1962, app. C.
125. CA 178r/62v–a, R 1373A. Pedretti thinks the script, though written left to right, is 'the type of handwriting found in the studies for the Arno canal', i.e. 1503–4 (PC 2.319). The mechanical wing on the recto is reproduced in RV 17 (1954), fig. 6.
126. CA 541v/202v–a.
127. Ar 271v. 'Jacopo Tedesco', charged at 1 carlino per day for board and lodging, paid 15 grossini on 9 August and 1 florin on 12 August.
128. Ma II 2v–3r. See Reti 1968, pt 2; Maccagni 1974.
129. RL 12676r On Il Botro see Part VII n. 26.
130. CA 765v/282 v–b.
131. At the castle: Ma II 24V, with a note beside it, 'The ditch which I am straightening'. Demonstration: Ma II 25r (he actually writes 'on the last day of November, All Saint's Day': another calendar mistake). Drying the marshland: CA 381r/139r–a. 这些排水和挖沟项目似乎呼应了近期中止的阿尔诺河分流计划：说明他的专业知识没有浪费。
132. Ma II 125r, PC 2.189.
133. RL 12665r; see introduction n. 10.
134. Ma II 112r.、
135. Villata 1999, nos. 211–12.
136. Tn 18r; Villata 1999, no. 218. Cf. Ma II 2r, 'Saturday morning, 1 florin to Lorenzo'. In a memorandum of c. 1504–5 (CA 331r/120r–d, R1444) Leonardo writes, '*Garzone che mi faccia il modello*' ('An assistant who could be a model for me'). Villata suggests this is Lorenzo, and that he was the model for the announcing angel on RL 12328r and the Louvre St John. See Villata 1999,184 n. 1, and RV 27 (1997).
137. GDA 19.516–7, s.v. Llanos and Yan ez. 一位名叫费尔南多·利亚诺斯（Fernando Llanos）的同事的存在，使人们对"费兰多·斯帕尼奥洛"（Ferrando Spagnolo）就是费尔南多·亚涅斯（Fernando Yañez，可能也是"西班牙的费兰多"）这件事产生了怀疑。根据文献记录，他们1506年至1510年一起在巴伦西亚工作。但利亚诺斯的最晚记录是1516年，而亚涅斯则一直活到1531年。他们都在意大利接受培训，伊莎贝尔·马特奥·戈麦斯说，"他们将创新带到了文艺复兴时期的巴伦西亚绘画中"，亚涅斯更有天赋，他的作品比他的同事"更为古典、安静、清晰，构图也更广阔"。手稿 H 94r–v 上提到的"费兰多"可能也是他，他15世纪90年代曾在米兰逗留；这个名字出现在建筑师贾科莫·安德烈亚旁边。For another reference to a 'Ferrando' painting in Milan in 1494 see Vecce 1998, 152. 他可能也是列奥纳多米兰工作室的一员，尽管这在文献中没有体现。
138. Ma II 2r.
139. Tavola Doria (private coll., Munich): Zöllner 2003, 242–3. Zacchia engraving: Vecce 1998, plate 40. On the Rubens engraving see Zöllner 1991; there are copies of it in the Royal Collection at The Hague and the Armand Hammer collection in Los Angeles, and an engraving of it by Gerard Edelink (British Museum).
140. Villata 1999, no. 221.

141. Letter to Alberto Lollio, 17 August 1549, in A. F. Doni, *Disegno* (Venice, 1549), 47v–48r.
142. On the layout of the Council Hall, and difficulties of interpreting the evidence, see Rubinstein 1995, 73–5; Johannes Wilde (see n. 100), 75ff.
143. Newton and Spencer 1982.
144. *Daily Telegraph*, 17 July 2000.
145. Melinda Henneburger, 'The Leonardo cover–up', *New York Times*, 21 April 2002.
146. Tn inside cover, 18r
147. Tn 18v. 有人提出，这则记录的时间（因此也就是"试飞"的时间）应该是以佛罗伦萨方式推算的，即1506年3月。但是，同一页还有一则1505年4月14日写下的笔记，提到了学徒洛伦佐的到来（这个日期可以通过《安吉亚里战役》的记录确认），而且这些笔记不可能相隔11个月写就。
148. Tn 13v.
149. RL 12337.
150. Raphael's copy: RL 12759. Leoni's cartoon: ASF, Archivio Mediceo de principiato, Miscellanea 109/54, 228; discovered by Renzo Cianchi ('Un acquisto mancato', *La Nazione*, 24 November 1967). 清单上的物品当时归莱奥尼的儿子詹巴蒂斯塔所有，正在出售给托斯卡纳大公科西莫·德·美第奇二世。其中包含"一本大约有400页对开页的书，书页长超过1布拉乔奥"；编者认为公爵可能花费100斯库迪买下。这是早期的关于《大西洋古抄本》的记录。
151. RL 1257or. On Antonio Segni, see Cecchi 2003, 131–3.
152. Alfonso d'Este to G. Seregno, 1 April 1505 (Beltrami 1919, doc. 162); Vecce 1998, 295, 419.
153. Tn 10v.

第七章

1. Beltrami 1919, doc. 176. According to the Anonimo he left '*desegni... con alter masseritie*' ('drawings and other goods') at the Ospedale when he left for Milan.
2. Supplica of 1503: Beltrami 1919, doc. 120. *Arbitrato* of 1506: ibid., doc. 170. Cf. docs. 121–2, 167–9, for further paperwork.
3. Bramly 1992, 354.
4. D'Amboise to Gonfalonier Soderini, 16 December 1506, Beltrami 1919, doc. 180.
5. Draft letter to Charles d'Amboise, early 1508, CA 872r/317r–b.
6. Notes and sketches on CA 732bv/271v–a, 629b/231r–b, v–a. Cf. PC 2.28–31; RV 18 (1960), 65–96.
7. Ma II 55r, referring back to the Rimini fountain noted in L 78r; Vitruvius, *De architectura*, Bk 10, ch. 8.
8. RL 12951r, R 1104.
9. A long description of the 'garden of Venus' in Francesco Colonna's strange *Hypnerotomachia Poliphili* (Venice, 1499) may also be a source.
10. Villata 1999, nos. 233–5. The two subsequent letters between d'Amboise and the Signoria (October–December 1506), and the three further to Louis XII's intervention (January 1507): ibid., nos. 236–7, 240–43.
11. CA 117r/41v–b.

12. Uzielli 1872, no. 13. 4月27日颁布了一条归还法令：在此之前，房产归一个叫利奥尼诺·比利亚的人所有（Vecce 1998, 269）。萨莱的父亲1501年租下这里，1510年再次成为租户（Shell and Sironi 1992, no. 26）；他可能在所有权变更的这段时间一直住在这里。

13. Jean d'Auton, *Chroniques de Louis XII*, in Bramly 1992, 462.

14. 列奥纳多在1508年初写给若弗鲁瓦·卡莱斯和夏尔·德安布瓦兹的信中，提到了这笔赠款，文件相关的草稿也得以保留（CA 872r/317r-b, 1037r/372r-a）。因为河水干涸，他无法从中获取收入，"一部分原因是大旱，另一部分原因是没有调节好水闸"。圣克里斯托法诺大概是城市西南方的圣克里斯托法诺—巴隆纳附近的纳维利奥运河的一条支流。一则1509年5月3日的笔记（CA 1097r/395r-a）记录了他曾出现在那里。后来一封信件草稿（CA 254r/93r-a, R 1350A）表明，"在圣克里斯托法诺取水"的收入每年约有72杜卡特。他的遗嘱（R 1566）中，这笔赠款被称为"虔诚怀念国王路易十二赠予［他］的圣克里斯托法诺河段的水权"。

15. Sironi 1981, 21–3; Beltrami 1919, doc. 192.

16. His full name is inscribed ('*Joannes Franciscus Meltius hic scripsit*') on a manuscript in the Biblioteca Trivulziana, Milan, and is possibly used by Leonardo in a note of 1513 (E iv). On Melzi, see Marani 1998a; Shell 1995; F. Calvi, Famiglie notabili milanesi (Milan, 1879), s.v. Melzi.

17. Biblioteca Ambrosiana, Milan, F274 inf. 8; see Marinoni 1982,136. 然而，写在空白处的另一则笔记写着"anno 19 fr. melzo"，很明显也是出自梅尔齐之手，但用了另一种墨水：这可能记录了润色这幅画的时间。

18. The painting is in a private collection in Milan: see Marani 1998a, 382–3.

19. CA 1037v/372 v-a, R 1350.

20. RL 12280r, CA 65v/20v-b.

21. Shell and Sironi 1992, no. 38.

22. On Uncle Francesco's lost will, see Cianchi 1953, 77–8, 98–100; Cianchi 1984. 1498年的卡塔斯托中，弗朗切斯科名下的房产包括一座芬奇镇城墙内的小房子、一座在科伦拜亚的房子和葡萄园、一片在莫卡塔利的耕地，以及一处位于克罗齐蒂亚诺的带橄榄林农田（Smiraglia 1900, doc. 21; Vecce 1998, 251）。这些可能形成了有争议的遗产。由梅尔齐保管的一封书信草稿（CA 939v/342v-a）特别提到这场纷争，称这是"我本人和我的弟弟、我其他弟弟的头领塞尔·朱利亚诺之间悬而未决的问题"。

23. CA 364r/132 r-a.

24. Villata 1999, nos. 247, 249. 国王的信中还有弗洛里蒙·罗贝泰的签名，他是《纺车边的圣母》的委托人。

25. Archivio di Stato, Modena, Cancellaria Estense B4. 伊波利托1497年起担任米兰大主教；1498年10月，他正式批准将此处房产转让给马里奥罗·德·圭斯卡迪，这里的房子和花园可能是由列奥纳多重新设计的（见第五章第136条注释）。由此可见，列奥纳多运用的是他在米兰的人脉，而不是他与埃斯特家族的关系。

26. CA 571av/214v-a. The reading '*botro*' is Pedretti's (PC 2.298-9); previous transcribers saw '*vostro*' (i.e. 'your [sc. property]') as does Vecce 1998, 271. Value of Il Botro: Ar 190v–191r. The pit: 'Test at your pit what is the course taken by the object', Leic 9v.

27. CA 872r/317 r-b.\

28. 皮耶罗·马尔泰利是"永远支持美第奇家族"的一员，后来也是鲁切拉伊组织的柏拉图沙龙的重要成员（Cecchi 2003, 133）。
29. Vasari 1878–85, 6.604. 我们也听说过一个叫"坩埚之友"（Company of the Cauldron）模拟兄弟会，鲁斯蒂奇、安德烈亚·德尔·萨尔托、阿里斯托泰尔·达·圣加洛等人常常光顾。画家在那里用食物创造出奇异的肖像和人物，孕育出风格主义的食品画大师阿尔钦博托。
30. Ar ir.
31. CA 571ar/214r-d, PC 1.103, a sheet with notes on water and flight.
32. 这本古抄本包括18张亚麻纸，对折后共36页。直至17世纪末，这些亚麻纸都在罗马画家朱塞佩·盖齐手里。他声称在罗马一个装着手稿和素描的箱子里发现了它，这箱子曾经属于伦巴第雕塑家古列尔莫·德拉·波尔塔。后者（1577年去世）几乎可以与列奥纳多本人联系起来，因为古列尔莫年轻的时候曾经是他叔叔乔瓦尼·德拉·波尔塔的学徒，乔瓦尼·德拉·波尔塔16世纪20年代在米兰大教堂作为雕塑家和建筑师工作；而这位老德拉·波尔塔曾是建筑师克里斯托福罗·索拉里奥的学徒，列奥纳多和他在米兰有过私交（Beltrami 1919, doc. 205）。托马斯·柯克于1713年至1717年之间的某个时候从盖齐手中购得这本古抄本，一直放在诺福克郡的霍尔汉姆宫，这里有柯克家族的祖先、伊丽莎白女王时期的律师爱德华·柯克爵士修建的图书馆。古抄本1980年通过拍卖行售给石油大亨阿曼德·哈默，并一度被称为《哈默古抄本》。1994年，比尔·盖茨花费3000万美元购得，保存在他西雅图的公寓中——这是列奥纳多众多作品中走得最远的一件。他谦虚地拒绝将之重命名为《盖茨古抄本》，所以现在这本古抄本再次被称为《莱斯特古抄本》。
33. Leic 1r-v, cf. Pedretti 2000, 11. 盖齐在一页空白处为古抄本写下如下标题：《原稿关注 水流的性质、动力和流动，由著名画家和几何学家列奥纳多·达·芬奇构思，用左手撰写、绘制插图的真迹》。但是更早的注解（可能来自某位德拉·波尔塔）更好地总结了其内容："这是一本由列奥纳多·芬奇撰写的书，讨论了太阳、月亮、水流、桥梁和运动"。
34. Leic 34r; cf. A 54v–56r.
35. Leic 13r, 16v; CA 571ar/214r-d.
36. Leic 2r.
37. Nicodemi, 'Life and Works of Leonardo', in *Leonardo da Vinci* (New York, 1938), cited White 2000, 6–7.
38. RL 19027r, v.
39. RL 19028.
40. RL 19054v.
41. RL 19095.
42. See, for example, Antonio Cammelli's sonnet 'Quando di Vener fu l'alma superba' (*Lubrici* no. 4; Cammelli 1884, 200), where the 'proud captain' breaks through the 'stockade' (*steccata*) after a 'bitter battle'.
43. RL 19055, formerly bound next to RL 19095. The embryological interest foreshadows the famous studies of the human foetus, RL 19101–2, etc.
44. RL 19070v, R 796.
45. 兰杜奇的记录（Landucci 1927, 217）称："[1506年] 1月24日，一位年轻男子被定

罪，并将被执行绞刑，大学里的所有医生和学者，以及所有有学识而正直的人都向奥托请求之后可以解剖他。"解剖持续了一周，每天分为两部分，得到了戏剧性事件的高度重视："我的主人安东尼奥每天都去观看。"列奥纳多可能也每天都去。

46. Sironi 1981, 23–6.
47. Ottino della Chiesa 1967, 94. 汉密尔顿1785年7月从奇科尼亚伯爵处购得，总共支付1582里拉。奇科尼亚伯爵士是圣卡泰丽娜修道院的行政主管，占有了已经被禁的兄弟会的财产和头衔。这份文件从汉密尔顿的后代传到了兰斯顿勋爵，再传到萨福克公爵，最终1880年，他以9000基尼（guineas）的价格将之卖给了英国国家美术馆。
48. The Swiss *Virgin of the Rocks* was exhibited at the Palazzo Reale, Milan, in 2000. See F.Caroli, *Il Cinquecento Lombardo: Da Leonardo a Caravaggio* (Milan 2000), cat. no. II.2.
49. Cu 25v, McM 57.
50. BM 1875–6–12–17r; Zöllner 2003, no. 27; Pedretti 1968, 27–8.
51. *Daily Telegraph*, 16 January 1996.
52. J. McEwen, 'Leonardo restored', *Independent Magazine*, 20 May 1989, 53–7.
53. Dalli Regoli 2001, 116–19. 这是唯一一幅已知的"跪着的丽达"的油画版本。一般认为，乌菲兹美术馆的4幅"站立的丽达"均在1509年至1510年或这之后绘制的，又称为"斯皮罗宗丽达像"（Spirodon Leda），以前一位拥有者卢多维科·斯皮罗宗命名。马拉尼认为这些作品由费兰多·亚涅斯绘制，而娜塔莉认为是洛伦佐·迪·克雷迪工作室所绘（Dalli Regoli 2001, 140）。In the Galleria Borghese, Rome, attributed to Il Sodoma; at Wilton House, Salisbury, attributed to Cesare da Sesto; and in the Johnson Collection, Philadelphia. 赫尔曼·戈林曾短暂拥有过"斯皮罗宗丽达像"，1941年加洛蒂·斯皮罗宗伯爵夫人把画卖给了他。
54. Leda's face: RL 12515–8. Her features are closely echoed in Giampietrino's *Nymph Hegeria* (Coll. Brivio Sforza, Milan), *Venus and Cupid* (Coll. Nembini, Milan) and *Cleopatra* (Louvre), and to a lesser extent in his *Dido* (Coll. Borromeo, Isola Bella) and Salome (National Gallery, London). The stance of his Venus is demonstrably based on the standing Leda. Cf. L. Keith and A. Roy, 'Giampietrino, Boltraffio and the influence of Leonardo', *National Gallery Technical Bulletin* 17 (1996), 4–19.
55. Technical report by Hans Brammer (Kassell, 1990), summarized by Ju rgen Lehrmann in Dalli Regoli 2001, 116–18.A further connection of Giampietrino with Leonardo's studio in c. 1509 is the polyhedron painted on the back of his *Madonna and Child* (Poldi Pezzoli, Milan), which derives from one of Leonardo's illustrations for Pacioli's *Divina proportione* (Venice, 1509); a copy of the painting by Giovan Battista Belmonte bears the date 1509.
56. On Bernazzano, see J. Shell and G. Sironi, 'Bernardinus dictus Bernazanus de Marchixelis', *Arte Cristiana* 78 (1990), 363ff. 弗朗切斯科·梅尔齐父亲和叔叔欠他30斯库迪的记录，为我们了解列奥纳多社交圈内部复杂的人际关系提供了一条线索，而我们几乎对此一无所知。He was a native of Inzago, near Milan: on his possible connection with a Last Supper fresco at Inzago, see n. 115.
57. RL 12343r, 123 54r, 12356r (illustrated), 12360r, etc.; Zöllner 2003, nos. 74–86. These were first systematically distinguished from Sforza Horse studies by Clark: see Clark and Pedretti 1968, 1.xxvi–xli.

58. CA 492r/179v–a, R 725.
59. F 87r.
60. F 15r; Pedretti 1995, 26. Cf. notes on the canalization of the Adda, c. 1508, CA 949r/345r–b.
61. F 41V, R1123A; cf. two sketches of bats in flight on F 48V.
62. Membranes of the bat's wings: Tn 16r. Bats fly upside down: G 63v, c. 1510–11.
63. F 59r, R 1148C.
64. F 4v.
65. RL 12689r, PC 2.127–8. Cf. F 41r, c. 1508: 'The earth is not the centre of the sun's orbit, nor the centre of the universe,' which is relativist but not specifically Copernican.
66. F 12r.
67. The lungs of a pig: cf. RL 19054V. Avicenna: i.e. the eleventh–century Arab scientist Ibn Sina. 'Map of Elefan': possibly referring to the Siva temple at Ele–phanta, cf. the description of a temple in CA 775v/285r–c. 'Maestro Mafeo': perhaps Rafaello Maffei, whose encyclopaediac *Anthropologia* (1506) mentions the *Last Supper*, or the Veronese anatomist Girolamo Maffei, probably known to Leonardo via Marcantonio della Torre, also from Verona. The rising of the Adige: cf. Leic 20r, 23r.
68. MS D is a 'meditated version' of earlier notes and a testing by '*isperienza*', or experiment, of established authorities (Avicenna, Alhazen) on the subject (Pedretti and Cianchi 1995, 25).
69. RL 19007V.
70. Pedretti 1965, 140.
71. See Pedretti 1965 for a detailed reconstruction of Libro A.
72. Ar 224r, 231v; Pedretti 1957, 90–98.《大西洋古抄本》内曾有一页笔记（fol. 50），现在属于私人收藏，位于瑞士，这页笔记为场景布置和后台机械提供了更多的细节 [C. Pedretti, RV 28 (1999), 186–97]。佩德雷蒂比较了这页画的配重系统和《巴黎手稿F》中的挖掘机的配重系统。在这页笔记的背面写着一段谈论水的简短的文字，这些文字可以与 Leic 18r–19v 和 Ar 136r–137v 上的内容联系在一起（Ar 136r–137v 上的内容只是草稿，后来并入了《莱斯特古抄本》）。同样来自《阿伦德尔古抄本》的笔记页上还有关于乐器和音乐家的素描（音乐家素描是由列奥纳多的学生完成的），这些可能和音乐剧《奥菲欧》有关。
73. RL 12282r; the profile is similar to one on Ar 137r.
74. *Corriere della sera*, 13 September 2001; *Guardian*, 14 September 2001: 'When restorers treated the work with alcohol and water to loosen it from its backing, the ink began to disappear.' As well as in the Trivulzio estimate (see n. 58), the yellow–green ink is found in a study for the monument (RL 12356r), and in plans for the d'Amboise summer villa (see n. 6). A page with a sketch of the Trivulzio horse (CA 786v/29ov–b) has some heads gone over in the same ink by a pupil. See PC 2.15–17.
75. *Archivio storico italiano* 3 (1842), 207; Lomazzo 1973, 2.156.
76. CA 584r/218r–a.
77. S. Daniel, *The Worthy Tract of Paulus Jovius* (London, 1585), translated from Giovio's *Dialogo dell'imprese* (written shortly before his death in Florence in 1552, and published

in 1555); devices based on this and other works appear in *Shakespeare's Pericles* (c. 1608) 2.ii. See H. Green, *Shakespeare and the Emblem Writers* (London, 1885).

78. On Renaissance emblems, see M. Corbett and R. Lightbown, *The Comely Frontispiece* (London, 1979), 9–34; F. Yates, 'The emblematic conceit in Giordano Bruno's *De gli eroici furori*', *Journal of the Warburg and Courtauld Institutes* 6 (1943), 180–209. Other important collections are Gabriello Symeoni, *Imprese eroiche e morali* (Lyons, 1559), Scipione Ammirato, *Il Roto* (Naples, 1562) and Girolamo Ruscelli, *Le imprese illustri* (Venice, 1566).

79. RL 12701, cf. rough sketches on RL 12282. 雷蒂试图将它们和列奥纳多1502年为切萨雷·波吉亚的服务联系起来（Reti 1959），但我们基本可以确定，这些素描的时间大概是1508年至1509年。

80. Clark notes that the word '*tale*' is missing from the motto in the earlier sketch on RL 12282: in other words the final form refers to a specific protector ('such a star'), presumably King Louis. See Clark and Pedretti 1968,1.179.

81. M 4r. Cf. the purely scientific observation in CA728r/270r–a, c. 1510: 'The strong wind kills the flame, the temperate wind feeds it.' A similar emblem in G. Ruscelli, *Emblemata* (1583), bears the motto '*Frustra*' ('Frustration' or 'Delay').

82. RL 12700. 旁边的另一句写着：" '我不厌倦做有用的人'，这是一句狂欢节的格言。"这朵鸢尾花（Embolden 1987,126）也出现在Ar 251v上，日期大约是同一天。

83. 一则边注写道："烈火破坏了所有具有欺骗性的世故，只保留金子般的真理。"这句话中的用词类似化学或者炼金术用语："世故"（sophistication）等同于"掺假"（adulteration）或"污浊"（impurity）。

84. CA 522r/192r–a. 接着还有另一次付款"200法郎，汇率是48索尔迪等于1法郎"（大概是500里拉或125斯库迪）。这次付款由作家让·格罗利耶的父亲、财政官员艾蒂安·格罗利耶执行。艾蒂安1509年9月逝世，一名学徒，很可能是洛伦佐，把他过世的消息记录在了同一页上。

85. F, inside cover. 要结婚的妹妹或是嫁给托马索·达·马佩洛的洛伦齐奥拉，她1536年成为寡妇；或是嫁给巴蒂斯塔·达·贝尔加莫的安杰利娜，她1524年成为寡妇。

86. RL 12280. The recto which contains the list has geometric studies; the verso has a large anatomical drawing transferred from RL 12281.On the date of these sheets, see Clark and Pedretti 1968, 1.78.

87. CA 669/247a.

88. On Bossi, see DBI; Bossi 1982. Advice of Goethe: Pedretti 1998c, 122 n.6.

89. Biblioteca Ambrosiana, Milan, SP6/13E/B1.f.100, 196.

90. M. Armellini, *Un censimento della città di Roma sotto il pontificato di Leone X* (Rome, 1887), 79, 90; Pedretti 1998c, 128.

91. RL 12515上的头像旁有一则笔记（"不必破坏它就可以将它移除"）表明，模特头上的辫子只是发饰。

92. RL 12281. On the Fabbri gate, see L. Beltrami, *La pusterla dei Fabbri* (Milan, 1900); it is marked (as 'fabbri') on Leonardo's sketch–map of Milan, RL 19115V. On Alfei and Bellincioni, see Bellincioni 1876, 241–2. A Cremonese woman mentioned by Leonardo in H 62v, c. 1493–4 ('A nun lives at La Colomba in Cremona, who does good work with

strawplait'), seems unlikely to be La Cremona.
93. RL 12609.
94. Paolo Maria Terzago, *Museum Septalianum* (Tortona, 1664), no. 33. 在贝尔加莫的绘画中，赤裸胸脯的女子被鲜花簇拥着。麦克马伦称她是《福洛拉》（*Flora*）或《科伦拜恩》（*Columbine*）的"表亲"（McMullen，1975，156-7）；后者出自梅尔齐之手，也藏于艾尔米塔什博物馆，尽管她没有摆出《蒙娜丽莎》的姿势。另外一幅著名的"裸体乔康达"是现藏于法国尚蒂伊的卷发海妖，用黑色粉笔画成，并且已经钻好孔，准备转移到画布上（McMullen 1975, 66-7）。佩尔·达恩在枫丹白露宫的绘画导览中为蒙娜丽莎辩解道："她是一位品德高尚的意大利女子，而不是某些人认为的那种高级妓女。"他的辩护或许正是因为她的形象出现了这些不雅的流变。
95. Ar 205v, PC 2.248–9.
96. RL 19009r.
97. RL 19016.
98. K 48v.
99. RL 19017r, R 1494 (text concerning muscles of the feet, beginning 'Mondino says that...') and RL 12281.
100. RL 19063, R 1210.
101. RL 19071r.
102. RL 19000v, PC 2.114.
103. Edward Lucie Smith, 'Leonardo's anatomical drawings', *Illustrated London News*, November 1979, 94–5.
104. Kemp 1981, 270–77; RL 19099V; Embolden 1987, 93–4.
105. Beltrami 1919, doc. 206.
106. G 1r. Further observations on the Brianza lakes: CA 740r/275r–a.
107. Mountains on red paper: RL 12410–16. 'Gravel stones are whiter than the water' : RL 12412.
108. RL 12416.
109. RL 19092v, R 1436.
110. RL 12400. 坎普有一张今天的阿达河同一段的照片（1989，73）。
111. CA 173r/61r–b; Embolden 1987, fig. 36. Cupolas: CA 414b/153r–e; Embolden 1987, fig. 37. See also RL 19107V, with architectural studies of Villa Melzi, and a bird's wing related to flight studies in MS E. An engraving of Villa Melzi by Telemaco Signorini, c. 1885, is in Nanni and Testaferrata 2004, fig. 38.
112. RL 19077V. On the siege of Trezzo, see Clark and Pedretti 1968, 3.32; L. Beltrami, *Miscellanea Vinciana* 1 (Milan, 1923).
113. RL 12579.
114. Clark 1988, 237–8; see also Clayton 2002, 68–71, on two other portraits of aged men (RL 12499, 12500): 'An old bearded man drawing an old bearded man cannot have been oblivious to an element of self-portraiture.'
115. RL 12726; Clayton 2002, 110. On the copy at the Biblioteca Ambrosiana, Milan, see L. Beltrami, 'Il volto di Leonardo', *Emporium* 49 (1919), 5. As well as the woodcut portraits in Vasari's *Lives* (1568 edn) and Giovio's *Imagines clarorum virorum* (1589), there are

painted portraits in the Museo Giovio, Como (1536); in the Uffizi (late sixteenth century: see Ottino della Chiesa 1967, 85); and in a private collection (triple portrait showing Dürer, Leonardo and Titian, attributed to the workshop of Angelo Bronzino, c. 1560–65; see Vezzosi 1997, 128.) 因扎戈的圣罗科教堂中有一幅《最后的晚餐》壁画, 壁画被修复后, 有许多人认为这就是列奥纳多1500年左右绘制的那幅, 而且其中还包括列奥纳多的自画像: 画中那位蓄胡子的门徒 (*Times*, 24 April 2000)。但这种说法无法自圆其说: 画中的门徒年纪太大, 不可能是列奥纳多1500年左右的自画像, 那时他才48岁; 就像我之前说的, 那时候的列奥纳多长得像布拉曼特在帕尼伽罗府的壁画中的赫拉克利特。然而, 这位门徒的确和列奥纳多晚年蓄着胡子的肖像有几分相似, 如果将这幅壁画的年代重新定在1512年左右或之后, 那么这是他的自画像的说法就很好理解了, 虽然这幅自画像画得不是很好。根据壁画的年代, 还有另一种可能, 即这幅壁画由列奥纳多风格艺术家贝尔纳赞诺绘制, 而且他是因扎戈本地人 (生于1492年)。

116. RL 12300v, tentatively accepted as a portrait of Leonardo by Clark (Clark and Pedretti 1.17) and more enthusiastically by Clayton (2002, 110–12).

117. See, for example, reverse images found on the versos of one of the Madonna and Child with a Cat drawings (BM 1826-6-21-1v); of a sketch for the Trivulzio monument (RL 12356v); of the template for the Burlington House cartoon (BM 1875-6-12-17V); and many others.

118. 圣彼得罗和圣保罗教堂位于奥斯佩达莱托洛迪贾诺村。这座村庄位于洛迪以南13英里。修道院在米兰望族巴尔比家族赞助下, 于15世纪修建完成; 原址是朝圣路上的一家临终安老院, 名为奥斯佩达莱迪塞纳, 村庄以此得名。1518年1月1日, 安东尼奥·德·贝亚蒂斯曾在这里逗留过一夜, 并简单地描述了这个地方 (Beatis 1979, 184–5)。1515年8月起, 詹彼得里诺开始和奥斯佩达莱托的杰罗姆修会联络 [C. Geddo, 'La Madonna di Castel Vitoni', ALV 7 (1994), 67–8; Marani 1998c, 282–3]。祭坛画曾于1996年修复过 (一幅三联画, 现在已经解体, 但所有的部分都保留在原处)。詹彼得里诺十分尊敬列奥纳多, 因此他笔下的圣杰罗姆与列奥纳多有许多相似的面部特征。

第八章

1. Beltrami 1919, doc. 215. 这名字可能是普雷沃斯蒂诺·皮奥拉或皮若拉 (Prevostino Piola or Piora) 的误写, 他收到过皮亚蒂诺·皮亚蒂创作的一首诙谐短诗 (Elegiae, 1508, viir); 他妹妹是斯福尔扎家族编年史学家贝尔纳迪诺·科里奥的继母 (Villata 1999, no. 285 n. 2)。

2. Barbara Stampa: CA 2r/1r–c; Vecce 1998, 301. Mrs Crivelli and the capon: RL 19101r. 这问题出现在一幅女性生殖器的素描上方, 奇怪的是, 它被围在一个框子里, 使它看起来像是一句铭文。克里韦利认为这张纸的年代是1513年或更早, 这张纸上还有一幅美丽的胎儿素描。

3. Stages of the journey: CA 26ov/95r–f. Carriage fee to Rome: CA 1113r/400r–b. 后一张纸上写着一则关于距离的说明: "米兰至佛罗伦萨, 180英里; 佛罗伦萨至罗马, 120英里。"我们不确定他抵达佛罗伦萨的时间。贝尔特拉米转抄新圣母玛利亚医院的一份文献显示，1513年10月10日，列奥纳多在那里存入300弗洛林，但劳伦扎指出这是一个误读（2004, 21–2）。

4. CA 225r/83r–a, PC 2.351. The list is sometimes dated 1515 (when Leonardo was once again in Florence).

5. 一封1513年12月10日写给弗朗切斯科·韦托里的信（Machiavelli 1961, 19）写道："君主应该欢迎这本书，尤其是新君主，所以，我将它献给伟大的朱利亚诺。"这本书最后被献给了朱利亚诺的侄子，乌尔比诺公爵洛伦佐·迪·皮耶罗·德·美第奇。

6. C. Pedretti, ALV 6 (1993), 182.

7. 'GLOVIS'：Vecce 1998, 309. 'Thoughts turn to hope': CA 190v/68v–b, with a sketch of a bird in a cage, probably a *calandrino* or meadow–lark, popularly supposed (as explained in Leonardo's bestiary, H 5r) to offer a prognosis to the sick–hopeful unless the bird refused to look at you, in which case you were going to die.

8. Beltrami 1919, doc. 218. 朱利亚诺在罗马的住所是位于蒙特焦尔达诺的奥尔西尼宫（Palazzo degli Orsini），如今也被称为塔韦尔纳宫（Palazzo Taverna）。在圣天使堡附近；列奥纳多筹备贝尔韦代雷的工作室和住宅时，可能住在那里。

9. 'Sewer of iniquity': letter to Giovanni de' Medici (Hibbert 1979, 204–5), written in early 1492, when Giovanni was elected cardinal. Syphilis among priests: Cellini 2002, 44, calling it the 'French disease'. "梅毒"（syphilis）一词还没有开始使用：这个词来自吉罗拉莫·弗拉卡斯托罗1530年的一首诗"Syphilis"，主角是一个牧羊人，被阿波罗惩罚，长了许多痘。

10. Embolden 1987, 57–62.

11. See Part III n. 23.

12. CA 244v/90v–a.

13. *De Ludo geometrico*: CA 124v/45v–a. Geometric lunes or *lunulae*: CA 266r/ 97r–a, 272v/99v–b, 316/114r–b, v–b. Cf. Pedretti 1965, 161–2.

14. 为朱利亚诺·德·美第奇画肖像画的拉斐尔，可能是1515年4月朱利亚诺的两份家庭雇员花名册上提到的"拉斐尔·达·乌尔比诺"（Rafaello da Urbino，ASF.，Carte Strozziane I/10，178–9; Laurenza 2004，app. 3），但他和其他裁缝、园丁一起出现，显得十分奇怪，所以这可能是一个身份不详的同名人物。On an artistic echo of Leonardo in Raphael's Roman work, see n. 23. 卡斯蒂廖内可能15世纪90年代在米兰见过列奥纳多，那时候他是大学的学生，与斯福尔扎宫廷也有联系（见第五章第89条注释）。他当时正在罗马创作《廷臣论》，表明他熟悉列奥纳多在绘画和雕塑间的对比，1498年前，他把他在罗马创作的那部分呈现给了卢多维科（Castiglione 1967，96–102）。他将列奥纳多（同曼特尼亚、拉斐尔、乔尔乔内和米开朗琪罗一起）称为当时"最优秀"的画家之一（ibid., 82），所以在他写作时无疑也会提到他，"他是世界上最杰出的画家之一，却轻视艺术，尽管他在艺术方面有得天独厚的天赋，他决心研究哲学；在哲学方面，他拥有与众不同的想法和稀奇古怪的灵感，尽管他技艺高超，也无法把它们都画出来"（ibid., 149）。Atalante: a fragment of a letter addressed to 'Talante' (CA 890r/325r–b) probably dates from this time.

15. Fossils on Monte Mario: CA 253v/92v–c ('Get them to show you where the shells are on Monte Mario'), a fragmentary page containing geometrical lunes. Monte Mario lies to the north of the Vatican City. Accounts: CA 109b/39r–b, 259r/94r–b. The giulio (minted by

Pope Julius II) was worth about a lira.
16. E 80r, 96r.
17. CA 819r/299r–a, in the hand of Melzi. It seems Ser Giuliano had artistic pretensions: a notarial book preserved in ASF has some doodled sketches which Pedretti calls 'Leonardesque' (PC 1.400). 根据米拉内西的说法（Vasari 1878–85, 6.25），他被委托设计1516年佛罗伦萨狂欢节上的讽喻角色，当年晚些时候，他在博洛尼亚为执政团执行外交任务（ASF, Signone Responsive 35, 214）。
18. 瓦萨里显然在图里尼的儿子朱利奥在佩夏的房子里见过这些画（一幅圣母子像，另一幅"小男孩"），但是关于这些作品，我们一无所知。
19. CA 780v/287v–a, PC 2.388–90.
20. E 4v. Other notes on vocal acoustics, with detailed studies on the internal structure of the mouth, throat and trachea, are in RL 19002, 19044–5, 19050, 19055, 19068 etc.
21. G, cover. 同一天，教宗批准授予了朱利亚诺一份礼物——一大片污秽的土地：帕卢迪桥，位于罗马南部。列奥纳多的彩色地图RL 12684可能是他1515年春天或初夏时对这片区域进行调查的结果。
22. Lomazzo cited in Rosheim 2000, 6–7. Michelangelo Buonarroti the younger (Michelangelo's nephew) describes Leonardo's device as 'set to work for the Florentine nation': *Descrizione delle nozze di Maria Medici* (Florence, 1600), 10. See C. Pedretti, 'Leonardo at Lyon', RV 19 (1962).
23. RL 12328r. For arguments about the dating of the half-length *St John*, see Zöllner 2003, 248, Laurenza 2004, 33–4, and sources given there. 拉斐尔约1514年的两幅画中的天使（Musée Bonnat, Bayonne, 1707; Ashmolean Museum, Oxford, 538）与列奥纳多的《施洗者圣约翰》中的人物非常相似，说明这幅画的年代更可能是罗马时期，但也可以追溯到早期佛罗伦萨时期的报喜天使。
24. Öffentliche Kunstsammlung, Basle; Clark 1988, plate 118, dated by him c. 1505–7. Bandinelli drawing: current whereabouts unknown, see photograph in Pedretti 2001, 44. 科西莫·德·美第奇公爵可能拥有第一幅绘画，因为瓦萨里描述道："天使将一条手臂举向天空，天使的头按照透视法，肩膀到手肘都［朝观者方向］缩短了，另一只手触碰着他的胸部。"（Ottino della Chiesa 1967, 110）
25. CA 395ar/146r–b; Accademia, Venice, no. 138.
26. 有一种说法是，19世纪时有人从温莎城堡把它偷走了。根据布莱恩·休厄尔的说法（*Sunday Telegraph*, 5 April 1992），"众所周知，王室曾收藏了许多列奥纳多的色情素描。我记得我为皇家图书馆工作的时候，对这个故事很着迷。这件事逐渐成为这里的一个谜。根据我听到的一个版本，有一天，一位身形高大的男子，身着夏洛克·福尔摩斯的披肩，来看这些素描。他是颇负盛名的德国学者。直到一段时间后，这些素描才被发现被偷走了……毫无疑问，这些素描让人十分尴尬，而且我想当时所有人都因为它们的消失而松了一口气。"休厄尔还补充说，肯尼斯·克拉克和安东尼·布伦特在研究女王的藏品时都故意对此避而不谈。
27. A. Green, 'Angel or demon?' (1996), in Pedretti 2001, 91–4.
28. From the concluding address by Dr Laurie Wilson at 'Renaissance and Antiquity: Vision and Revision: A Psychoanalytical Perspective', New York, 23 March 1991: the congress at which the *Angelo* was first exhibited.

29. A. Pucci, *La reina d'oriente* (Bologna, 1862), canto 3, 42. On Leonardo's knowledge of this poem, see Part IV n. 52.
30. British Library, Cotton MS Titus C6, 7; Harley MS 6848, 185–6. See C. Nicholl, *The Reckoning* (London, 2nd edn, 2002), 321–7, 389.
31. On Caravaggio's *Sick Bacchus* (Galleria Borghese, Rome, c. 1593) and other Bacchus paintings, see Maurizio Calvesi, 'Caravaggio, o la recerca della salva–zione', in José Frèches, *Caravaggio: pittore e 'assassino'*, trans. Claudia Matthiae (Milan, 1995), 148–51.
32. 卡西亚诺·德尔·波佐最先描述了这件作品,并评论说:"这件作品十分精致,但并不能让人非常满意,因为它既不鼓励虔诚,也不端庄稳重。"这是佩尔·达恩(1642年)和勒·布兰(1683年)记录在枫丹白露宫收藏目录中的《沙漠里的圣约翰》,也是帕耶(1695年)记录的那幅《巴克斯》。"沙漠"仅仅意味着荒凉之地或野外。See Marani 2000a, No. 25; Zöllner 2003, 249.
33. See H 22v, R 1252: 'The panther is all white and spotted with black marks like rosettes.' Cf. Dante, Inferno, canto 1, 32: 'a panther [*lonza*], light and nimble and covered with a speckled skin'. 现在,这个名字普遍用来指无斑点的美洲猫科动物(美洲狮、美洲虎和美洲豹等)。列奥纳多还说,"非洲的猎豹有着狮子般的形态",这是按照传统的说法,即猎豹是雌性,花豹是雄性。
34. Private collection, Ottino della Chiesa 1967, 109. 克拉克认为可能是切萨雷根据列奥纳多的草稿画了卢浮宫版《沙漠中的圣约翰》(Clark 1988, 251);柔和诗意的景观让人想起了贝尔纳扎诺,他为切萨雷的一些画作添上了许多风景。一幅红色粉笔绘制的速写,之前收藏在瓦雷泽的萨克罗山博物馆,但已失传;这幅速写可能是列奥纳多最初画在木板底稿上的一幅作品的临摹作品(ibid., plate 119)。
35. The three Greek words are transliterated in Pliny the Elder's *Historia naturalis* (Bk 36, ch.29), a book mentioned in all Leonardo's book–lists.
36. BN 2038 19v, R 654.
37. BN 2038 21r, R 606.
38. Leic 22v, cf. 30V; F 37V, from a text headed 'Book 43: Of the movement of the air shut in beneath water'.
39. RL 12665 (R 608–9). Cf. CA 215r/79r–c, 419r/155r–a (R 610–11), 302r/108v–b, all of c. 1515.
40. G 6v.
41. RL 12377–86 (Zöllner 2003, nos. 451–60) are a unified series; two others, RL 12376 (which relates to the note on G 6v) and RL 12387, are probably earlier. 波帕姆称这一系列作品是"设计得极为抽象的实验,在欧洲到现在都几乎没有重复过……在这些素描中,科学家完全被淹没了:其内在的韵律感给列奥纳多规定了这些视觉的抽象形式"(Popham 1946, 95–6)。
42. CA 671r/247v–b. The drafts of this letter are scattered among various folios, sometimes repetitious: see also CA 768r/283r–a, 500r/182v–c, 252r/92r–b, 1079v/ 389v–d (R 1351–1353A).
43. CA 213v/78v–b, R 855.
44. See Part I n. 43.
45. CA 429r/159r–c, R 1368A.

46. ASF, Carte Strozziane I/io, 160r; Laurenza 2004, app. 2. 这是一份给朱利亚诺的佣人每月付款的时间表，时间大概是1515年4月至7月，这些付款与之前人们认为的这一年年底教宗前往博洛尼亚的款项无关。列奥纳多收到40杜卡特，其中33杜卡特归他自己所有，7杜卡特给"乔治·泰德斯科"。列奥纳多信中提到的"服装部的"吉安·尼科洛收到11杜卡特，朱利亚诺的秘书皮耶罗·阿丁格利收到6杜卡特。
47. 乔瓦尼并非像过去人们常说的那样是一名助手；这封信说得更清晰，他是一名独立的大师，在贝尔韦代雷有单独的工作室。目前没有找到关于他的文献。
48. G34r, R 885.
49. CA 534v/199v–a. 这句漂亮的标语是反对模仿者的一场辩论的一部分；这段话以建议在"街头、广场和田间"写生开头。
50. Ar 88r. Cf. Ar 73, 78, 84ff., all dated by Pedretti c. 1506–8.
51. G 84V, in the context of parabolic mirrors for solar power. Calculations of the power produced are on the following page (G 85r).
52. Pyramidical power–point: CA 1036av/371v–a; cf. CA 750r/277r–a, which gives dimensions of the pyramid (base with sides of 4 braccia = 8 feet or 2.4 metres). Astronomical use: Ar 279v, PC 2.135.
53. G 75v: '*ignea*' written backwards. A similar tic of secrecy is in Ar 279–80, where material on the solar mirrors is misleadingly headed '*perspectiva*'. These relate to the alleged snooping activities of Giovanni degli Specchi.
54. RL 19102r, cf. 19101v, 19128r, etc.; on the later date of the notes see Laurenza 2004, 12–14. "那家"医院（CA 671r/247r–b）指的是圣斯皮里托医院，但他在罗马进行解剖手术的另一处可能的地址是卡皮托利欧的圣母玛利亚安慰教堂（Santa Maria della Consolazione）。
55. 1513年12月教宗颁布诏书，谴责那些质疑灵魂永生的人是"令人生厌的、恶劣的异教徒"。蓬波纳齐被禁的著作是《论不朽的灵魂》（*De immortalitate animae*）。See G. di Napoli, *L'immortalità dell'anima nel Rinascimento* (Turin, 1963).
56. C. Frommel, 'Leonardo fratello della Confraternità della Pietà dei Fiorentini a Roma', RV 20 (1964), 369–73.
57. CA 179v/63v–a, R 769A.
58. Landucci 1927, 205.
59. CA 15r/3r–b.
60. CA 865r/315r–b. 另一对开页（CA 264v/96v–a）上画的是"大人的马厩"草图。和其他的设计不同，这个项目最后得以实现：次年，美第奇家族的马厩工程就展开了。
61. Vasari 1878–85, 8.159.
62. 瓦萨里1566年在米兰见过梅尔齐的肖像画素描，他那时候仍在画韦奇奥宫的壁画（1572年1月完成）。他可能也知道，保罗·焦维奥拥有的那幅列奥纳多肖像画（Museo Giovio, Como）也是从梅尔齐的素描衍生出来的：see Part VII n. 115.
63. Pedretti 1953, 117–20. 列奥纳多1515年12月14日时人在博洛尼亚，这使我们质疑这封信的真实性，这封信如今已经失传，据说他是在12月9日写了这封信。这封信（Uzielli 1872, no. 23; PC 2.304）是写给"我的大管家扎诺比·博尼"的，并且因为"最后4大瓶酒"的质量很差而责怪他；这让他很失望，因为"这是菲耶索莱的葡萄酿的，如果加工得更好，它们能产出我们所生活的意大利区域最棒的葡萄酒"。

没有其他证据能证明，这个扎诺比或菲耶索莱的葡萄园归列奥纳多所有（虽然有人认为这反而强调了这封信的真实性，因为伪造者更擅长利用已有的关联，而非捏造不存在的事实）。1822年，这封信的主人是一位名为布尔迪永的收藏家，他从一位"住在佛罗伦萨附近的女士"那里购得这封信；信中的确提供了一些关于葡萄栽培的有趣的建议，但这些建议似乎不太可能是列奥纳多的建议。

64. Vecce 1998, 329. There is an epitaph in two *canzoni* by Ariosto.
65. CA 471r/172r–a, v–b. Partly illegible, but enough remains to read 'fatto alli [...]sto 1516'.
66. 尽管他的妹夫托马索·马佩洛在米兰担任他的经纪人，并代表他收租金，但萨莱很可能在前一年葡萄园建设工作进行期间，留在这里处理法律纷争。1516年10月27日，镇上的两名工程师被传唤参与仲裁（Shell and Sironi 1992, doc.37）。萨莱当时肯定和列奥纳多一起在法国，王室记录可以证明，但他没有一直待在那里。
67. CA 237v/87v–b. On CA 1024v/367v–c is a list of French and Flemish cities where fairs were held (Perpignan, Paris, Rouen, Anvers, Ghent, Bruges). 这页笔记上还有一串名单，上面写着所有佛罗伦萨商业家族的成员：波尔蒂纳里、托瓦格利亚、里多尔菲等，可能还有他们在法国的商贸联系人。
68. Archive Nationale, Paris, KK 289; Shell and Sironi 1992, no. 38.
69. B. Cellini, *Discorso dell'architettura*, in *Opere*, ed. B. Maier (Milan, 1968), 858–60.
70. 小礼拜堂中的壁画可能是16世纪末绘制的，包括站立在发光的新月上的圣母，也叫"光之圣母"（*Virgo lucis*）：这可能是克卢吕塞（Clos Lucé）这个称呼的起源；在列奥纳多的时代，它只是简单地被称为克卢（Cloux），或像他写的"Clu"。这些段落基于我在2002年12月对克卢吕塞的访问，还有从J.圣布里斯的《克卢吕塞城堡》获得的信息完成（Amboise, n.d.）。
71. RL 12727. 阴影是用右手画的。克拉克认为这是梅尔齐的素描，尽管他发现它的笔触"异常地细腻"；他之前认为这是1518年住在安布瓦兹的画家安德烈亚·德尔·萨尔托所作（Clark and Pedretti 1968 1.185–6）。
72. CA 476v/174r–b; Ar 71v.
73. Ar 269r. The same spelling is in CA 284r/103r–b: '*di dell'Asensione in Anbosa 1517 di Maggio nel Clu*', the earliest dated note (21 May 1517) of Leonardo in Amboise.
74. On the interweavings of fact and imagination in Webster's play see Banks 2002, xvii–xxii.
75. Thomas Spinelly to Cardinal Wolsey, July 1517, in Banks 2002, 186–7.
76. Beatis 1979, 131–4. The original of his journal is in the Biblioteca Nazionale, Naples, X.F.28.
77. 帕乔利关于列奥纳多镜像书写的评论肯定早于1517年，但没有公开发表。显然，在枢机主教居住的罗马，人们对列奥纳多的这种怪癖有一定的了解，但是贝亚蒂斯在这件事上的沉默令人惊讶。
78. 上面的文字很可能是16世纪写上去的，模仿了列奥纳多的笔迹：see Richter 1970, 2.343n, Popham 1946, 154. The line of the shoulders: Pedretti 1992, 36。
79. RL 12581. Kemp 1989, 153; Dante, *Purgatorio*, Canto 28, 52ff.
80. CA 582r; 583r/217v–c, v–b; 209r/76v–b.
81. Romorantin to Amboise: CA 920r/336v–b. Requisition of horses: CA 476r/ 174r–b, v–c.
82. Letters of Stazio Gadio and Luigi Gonzaga, May 1518, Beltrami 1919, docs. 240, 242.

83. Solmi 1976, 621–6; Vecce 1998, 338.
84. Rider: RL 12574 (illustrated). Hunter: RL 12575. Man in drag: RL 12577. Prisoner: RL 12573 (illustrated). On Leonardo's late mastery of black chalk, see Ames–Lewis 2002.
85. Shell and Sironi 1992, doc. 39. 他借出去的钱总额将近500里拉：非常可观的一笔现金。他的年收入记录（法国账户加上葡萄园房子的租金）大概有320里拉。他生意做得和绘画一样好。
86. Galeazzo Visconti to the Gonzaga, Beltrami 1919, doc. 240.
87. CA 673r/249r–b; 8o3r/294r–a.
88. R 1566. 遗嘱原稿18世纪时在芬奇家族手中：阿莫雷蒂出版的版本是温琴佐·德·帕加韦（Vincenzio de Pagave）18世纪70年代的抄写本。
89. Shell and Sironi 1992, 114 and doc. 41. 一份文献（Jestaz 1999, 69）披露了更多的神秘交易，显然"萨莱先生"因为向法王弗朗索瓦提供了一些"绘画作品"而获得了超过6000里拉的回报。我们可以推断这些画是列奥纳多的作品，被萨莱强行占有了，尽管这些遗产是列奥纳多留给梅尔齐的。列奥纳多去世后，萨莱一直住在米兰那栋带葡萄园的房子里。1523年6月14日，他和比安卡·卡尔迪罗利结婚。她的嫁妆非常可观，共有1700里尔，但是他婚后6个月，即1524年1月15日，就因为受伤而过世。他暴毙身亡，享年44岁。
90. 16世纪40年代初进行创作的"佚名作者"，给出了遗赠的一些细节。他的信息来源可能是列奥纳多的一位同父异母的弟弟，因为他写道："他给他的弟弟留下400杜卡特，这些钱存进了新圣母玛利亚医院，但他去世后，他们只在那里找到了300杜卡特。"实际上，1520年至1521年，他们一共从账户中取出了325弗洛林（Uzielli 1872, nos. 28–31）。
91. 'O slumberer': CA 207v/76v–a, folio dated 23 April 1490. 'Every hurt': H2, 33v, R 1164. 'The soul desires': CA 166r/59r–b, R 1142.
92. RL 19001r (Anatomical MS A, 2r).
93. 洛马佐在他的著作（Milan, 1587）中暗示，国王不在他的床边："尊贵的法国国王弗朗索瓦听到梅尔齐告诉他芬奇去世的消息时，湿了眼眶。"这可能是强有力的证据，因为洛马佐认识梅尔齐本人，但洛马佐在其他著作中（Lomazzo 1973, 1.109, 293）认同了瓦萨里的故事版本。
94. Uzielli 1872, no. 26. 与遗嘱一样，梅尔齐的书信原件在18世纪的芬奇镇被人看到并抄写下来，但后来就不见了。
95. A. Houssaye, *Histoire de Leéonard de Vinci* (Paris, 1869), 312–19.

资料来源

列奥纳多的手稿

手稿合集

Ar Codex Arundel. British Library, London (Arundel MS 263). 283 folios, with a typical format of 210 x 150 mm.

Facsimile edition: *Il Codice Arundel* 263, ed. Carlo Pedretti and Carlo Vecce (Florence, 1998), with chronological re-ordering of folios.

CA Codex Atlanticus. Biblioteca Ambrosiana, Milan. 这是一本包含了许多草图、素描和文字的手稿合集，原本有401页，尺寸为645毫米 × 435毫米。16世纪时，蓬佩奥·莱奥尼将之重新整理，最近（1962年至1970年）又被重新整理，集结成12卷，共计1119张对开页。页码之所以多出许多，在于原本的《大西洋古抄本》上贴了许多小纸片，而重新整理过后，这些纸片被从原页取下，另成新页。按照传统做法，我将旧页码和新页码全部列出，例如CA 520r/191r–a，是指新编码方式下的第520页（"r"为"recto"，表正面；"v"为"verso"，表背面），按照旧编码方式，这是贴在第191页正面上的a项。

Facsmile edition: *Il Codice Atlantico*, ed. Augusto Marinoni (24 vols., Florence, 1973–80).

RL Royal Library, Windsor. A collection of 655 drawings and manuscripts, catalogued as folios 12275–12727 (general) and 19000–19152 (anatomical). The anatomical folios were previously bound into three volumes: Anatomical MS A (= RL 19000–19017), B (= RL 19018–59) and C, divided into six *'quaderni di anatomia'*, or anatomical notebooks, numbered I–VI (= RL 19060–19152).

Facsmile edition: *The Drawings of Leonardo da Vinci in the Collection of Her Majesty the Queen*, ed. Kenneth Clark and Carlo Pedretti (3 vols., London, 1968).

巴黎手稿

A Paris MS A. Institut de France, Paris (MS 2172). 64 folios, 212 × 147 mm. See also BN 2038.

B Paris MS B. Institut de France, Paris (MS 2173). 84 folios, 231 × 167 mm. See also BN 2037.

C Paris MS C. Institut de France, Paris (MS 2174). 42 folios, 310 × 222 mm.

D Paris MS D. Institut de France, Paris (MS 2175). 10 folios, 158 × 220 mm.

E Paris MS E. Institut de France, Paris (MS 2176). 96 folios, 150 × 105 mm.

F Paris MS F. Institut de France, Paris (MS 2177). 96 folios, 145 × 100 mm.

G Paris MS G. Institut de France, Paris (MS 2178). 93 folios, (originally 96), 139 × 97 mm.

H Paris MS H. Institut de France, Paris (MS 2179). 142 folios, 128 × 90 mm, consisting of three pocket-books bound together: H1(fols. 1–48), H2 (fols. 49–94) and H3 (fols. 95–142).

I Paris MS I. Institut de France, Paris (MS 2180). 139 folios, 100 × 75 mm, consisting of two pocket-books bound together: I1 (fols. 1–48) and I2(fols. 49–139).

K Paris MS K. Institut de France, Paris (MS 2181). 128 folios, 96 × 65 mm, consisting of three pocket-books bound together: K1 (fols. 1–48), K2 (fols. 49–80) and K3(fols. 81–128).

L Paris MS L. Institut de France, Paris (MS 2182). 94 folios, 109 × 72 mm.

M Paris MS M. Institut de France, Paris (MS 2183). 94 folios, 96 × 67 mm.

BN 2037 Institut de France, Paris (MS 2184). 13 folios, 231 × 167 mm. Formerly part of MS B, stolen by G. Libri in *c.* 1840, and returned by Lord Ashburnham (hence also known as Ashburnham 1875/1); thereafter at the Bibliothèque Nationale, Paris. Though now at the Institut de France, the BN collocation is generally used.

BN 2038 Institut de France, Paris (MS 2185). 33 folios, 212 × 147 mm. Formerly part of MS A (subsequent history as for BN 2037). Also known as MS Ashburnham 1875/2.

Facsimile edition: *I manuscritti dell' Institut de France*, ed. Augusto Marinoni (12 vols., Florence, 1986–90).

其他笔记本和手稿

Fors Forster Codices. Victoria & Albert Museum, London. Three volumes containing five notebooks. Fors I1, 40 folios; Fors I2, 14 folios, 135 × 103 mm. Fors 21, 63 folios; Fors 22, 96 folios, 95 × 70 mm. Fors 3, 88 folios, 94 × 65 mm.

Facsimile edition: *I Codici Forster*, ed. Augusto Marinoni (3 vols., Florence, 1992).

Leic Codex Leicester. Bill Gates Collection, Seattle. 88 folios, 94 × 65 mm. Previously known as the Codex Hammer.

Facsimile edition: *The Codex Hammer*, ed. Carlo Pedretti (Florence, 1987).

Ma Madrid Codices. Biblioteca Nacional, Madrid (MSS 8936, 8937). Ma I,184 folios, 149 × 212 mm. Ma II, 157 folios, mostly 148 × 212 mm.

Facsimile edition: *The Madrid Codices*, ed. Ladislaus Reti (New York, 1974).

Tn Codex on the Flight of Birds. Biblioteca Reale, Turin. 13 folios, 213 × 153 mm.

Facsimile edition: *Il Codice sul volo degli uccelli*, ed. Augusto Marinoni (Florence, 1976).

Triv Trivulzian Codex. Castello Sforzesco, Milan, Biblioteca Trivulziana **MS** N2162. 55 folios, 195 × 135 mm.

Facsimile edition: *Il Codice nella Biblioteca Trivulziana*, ed. A. Brizio (Florence, 1980).

选集与评论集

CU Vatican Library, *Codex Urbinus Latinus* 1270. Selections from various notebooks and manuscripts made *c.* 1530 by Francesco Melzi; abbreviated edition published as *Trattato della pittura* (Paris 1651).

McM A. Philip McMahon, *The Treatise on Painting by Leonardo da Vinci* (2 vols., Princeton, NJ, 1956). Translation (vol. 1) and facsimile (vol. 2) of CU; cited by numbered section (McM 1–1008).

R Jean-Paul Richter, *The Literary Works of Leonardo da Vinci* (2 vols., London, 1st edn 1883, 2nd edn 1939, repr. 1970). Cited by numbered extract (R 1– 1566).

PC Carlo Pedretti, *Commentary on the Literary Works of Leonardo da Vinci compiled by Jean Paul Richter* (2 vols., Berkeley, Cal., 1977).

经常引用的资料来源

ALV *Achademia Leonardo Vinci: Yearbook of the Armand Hammer Center for Leonardo Studies at UCLA* (Florence, 1988–)

ASF Archivio di Stato, Florence

ASM Archivio di Stato, Milan

BM British Museum, London

DBI *Dizionario biografico degli Italiani* (currently up to 'G') (Rome, 1960–)

GDA *Grove Dictionary of Art*, ed. Jane Turner (34 vols., London, 1996)

GDS Gabinetto dei Disegni e delle Stampe (Department of Drawings and Prints), Uffizi, Florence

RV *Raccolta Vinciana* (Milan, 1905–)

早期传记

由于篇幅原因,我没有将我经常引用的4部列奥纳多传记(安东尼奥·比利、"佚名作者"、保罗·焦维奥和乔尔乔·瓦萨里)单列为书目。比利、"佚名作者"和焦维奥的"传记"其实只有几页长;瓦萨里的《艺苑名人传》中的《列奥纳多传》虽然篇幅长了许多,但感兴趣的读者可以很容易地在乔治·布尔(George Bull)的译本中找到我引用的部分(see Vasari 1987,《列奥纳多传》在第255页至271页),读者还可以进一步通过米拉内西的注释版获得更多信息(see Vasari 1878-5)。关于这些资料的细节,请参见本书导言,以及下文的"专著及文章"部分。

专著及文章

Acton, Harold. 1972. *The Pazzi Conspiracy*. London

Alberici, Clelia. 1984. *Leonardo e l'incisione: Stampe derivate da Leonardo e Bramante dal xv al xix secolo* (exhibition catalogue). Milan

Ames-Lewis, Francis. 2002. 'La matita nera nella pratica di disegno di Leonardo da Vinci'. *Lettura Vinciana* 41. Florence

Ammirato, Scipione. 1637. *Opusculi*. 3 vols. Florence
Amoretti, Carlo. 1804. *Memorie storiche su la vita, gli studi e le opere di Leonardo da Vinci*. Milan
Argan, Giulio Carlo. 1957. *Botticelli*. New York
Bambach, Carmen. 2003 a. 'Leonardo, left handed draftsman and writer'. In Bambach 2003b, 31–7
—— 2003b. (ed.). *Leonardo: Master Draftsman* (exhibition catalogue). New York
Banks Amendola, Barbara. 2002. *The Mystery of the Duchess of Malfi*. Stroud
Barcelon, Pinin Brambilla, and Marani, Pietro. 2001. *Leonardo: The Last Supper*. Trans. H. Tighe (original edn 1999). Chicago
Baxandall, Michael. 1988. *Painting and Experience in Fifteenth Century Italy*. Oxford
Beatis, Antonio de. 1979. *The Travel Journal*, ed. John Hale (Hakluyt Society, 2nd series, 150). London
Beck, James. 1988. 'Leonardo's rapport with his father', *Antichità viva* 27, nos. 5–6
—— 1993. 'I sogni di Leonardo'. *Lettura Vinciana* 32. Florence
Bellincioni, Bernardo. 1876. *Le rime*, ed. P. Fanfani. Bologna
Belt, Elmer. 1949. 'Leonardo da Vinci's library'. *Quarterly Newsletter of the Book Club of California*, autumn 1949
Beltrami, Luca. 1894. *Il castello di Milano sotto il dominio dei Visconti e degli Sforza*. Milan
—— 1919. *Documenti e memorie riguardanti la vita e le opere di Leonardo da Vinci*. Milan
—— 1920. *La vigna di Leonardo*. Milan
Benedettucci, F. (ed.). 1991. *Il libro di Antonio Billi*. Anzio
Berenson, Bernard. 1903. *The Drawings of the Florentine Painters*. 2 vols. London
Boase, T. S. R. 1979. *Giorgio Vasari: The Man and His Book*. Princeton
Bossi, Giuseppe. 1982. *Scritti sulle arti*, ed. Roberto Paolo Ciardi. 2 vols. Florence
Bracciolini, Poggio. 1913. *Facezie*, ed. D. Ciampoli. Rome
Bradford, Sarah. 1976. *Cesare Borgia: His Life and Times*. London
Bramly, Serge. 1992. *Leonardo*. Trans. Sîan Reynolds (original edn 1988). Harmondsworth
Brescia, Licia, and Tomio, Luca. 1999. 'Tomasso di Giovanni Masini da Peretola, detto Zoroastro'. RV 28, 63–7
Brown, David A. 1983. 'Leonardo and the idealized portrait in Milan'. *Arte Lombardo* 67, 102–16
—— 1990. 'Madonna Litta'. *Lettura Vinciana* 29. Florence
—— 1998. *Leonardo: Origins of a Genius*. New Haven and London
—— 2000. 'Leonardo apprendista'. *Lettura Vinciana* 39. Florence
Brucker, Gene. 1977. *The Civic World of Early Renaissance Florence*. Princeton
Bruschi, Mario. 1997. 'La fede battesimale di Leonardo: Ricerche in corso e altri documenti'. ALV 10 (supplement)
Bull, George. 1996. *Michelangelo: A Biography*. Harmondsworth
Burckhardt, Jacob. 1878. *The Civilization of the Renaissace in Italy*. Trans. S. G. C.

Middlemore. London

Burke, Peter. 1972. *Culture and Society in the Italian Renaissance*. New York

Butterfield, Andrew. 1997. *The Sculptures of Andrea del Verrocchio*. New Haven and London

Calvi, Gerolamo. 1925. *I manuscritti di Leonardo*. Bologna

Cammelli, Antonio. 1884. *Rime edite e inedite*, ed. A. Capelli and S. Ferrari. Livorno

Cecchi, Alessandro. 2003. 'New light on Leonardo's Florentine patrons'. In Bambach 2003b, 121–9

Cellini, Benvenuto. 2002. *My Life*. Trans. Julia Conaway Bondanella and Peter Bondanella. Oxford

Cennini, Cennino. 1933. *The Craftsman's Handbook*. Trans. Daniel V. Thompson. New York

Cianchi, Mario. 1984. *The Machines of Leonardo*. Florence

Cianchi, Renzo. 1953. *Vinci, Leonardo e la sua famiglia*. Milan

—— 1960. 'La casa natale di Leonardo'. *Università popolare* 9–10 (September- October 1960)

—— 1975. *Ricerche e documenti sulla madre di Leonardo*. Florence

—— 1984. 'Sul testamento di Francesco da Vinci'. *Nouvelles de la république de lettres* 1, 97–104

Clark, Kenneth. 1933. 'The Madonna in profile'. *Burlington Magazine* 12, 136–40

—— 1969. 'Leonardo and the antique'. In O'Malley 1969, 1–4

—— 1973. 'Mona Lisa'. *Burlington Magazine* 115, 144–50

—— 1988. *Leonardo*. Rev. edn, with introduction and notes by Martin Kemp (original edn 1939). Harmondsworth

Clark, Kenneth, and Pedretti, Carlo. 1968. *The Drawings of Leonardo da Vinci in the Collection of Her Majesty the Queen*. 3 vols. London

Clayton, Martin. 1996. *Leonardo da Vinci: A Curious Vision* (exhibition catalogue). London

—— 2002. *Leonardo da Vinci: The Divine and the Grotesque* (exhibition catalogue). London

Clough, C. (ed.). 1976. *Cultural aspects of the Italian Renaissance*. Manchester

Cole, Bruce. 1983. *The Renaissance Artist at Work*. London

Conato, Luigi Giuseppe, 1986. 'Elementi del paesaggio lecchese e Leonardo'. In *Studi Vinciani* (q.v.), 195–210

Condivi, Ascanio. 1976. *The Life of Michelangelo*, ed. H. Wohl (original edn 1553). Oxford

Covi, Dario. 1966. 'Four new documents concerning Andrea del Verrocchio'. *Art Bulletin* 48 (1), 97–103

Dalli Regoli, Gigetta (ed.). 2001. *Leonardo e il mito di Leda* (exhibition catalogue). Florence

Davies, Martin. 1947. *Documents concerning the Virgin of the Rocks in the National Gallery*. London

Dunkerton, Jill, and Roy, Ashok. 1996. 'The materials of a group of late fifteenth-century Florentine panel paintings'. *National Gallery Technical Bulletin* xvii, 20–31

Eissler, Kurt. 1962. *Leonardo da Vinci: Psychoanalytic Notes on the Enigma*. London

Embolden, William. 1987. *Leonardo da Vinci on Plants and Gardens*. Bromley

Fabriczy, Cornelius von. 1891. 'Il libro di Antonio Billi e le sue copie nella Biblioteca Nazionale di Firenze'. *Archivio storico italiano* 7, 299–368

—— 1893. 'Il codice dell' Anonimo Gaddiano nella Biblioteca Nazionale di Firenze'. *Archivio storico italiano* 12 (3, 4), 15ff.

Fara, Amelio (ed.). 1999. *Leonardo a Piombino e l'idea di città moderna tra Quattro e Cinquecento*. Florence

Ficarra, A. (ed.). 1968. *L'Anonimo Magliabechiano*. Naples

Fiorio, Maria Teresa. 1998. 'Giovanni Antonio Boltraffio'. In *The Legacy of Leonardo* (q.v.), 131–62

Fletcher, Jennifer. 1989. 'Bernardo Bembo and Leonardo's portrait of Ginevra de' Benci'. *Burlington Magazine* 131, 811–16

Franck, Jacques. 1995. 'The *Mona Lisa*: should a myth be restored?' ALV7, 232–6

Freud, Sigmund. 2001. *Leonardo da Vinci. A Memory of His Childhood*. Trans. Alan Dyson (original edn 1910). London

Fumagalli, Giuseppina. 1952. *Eros e Leonardo*. Milan

—— 1960. 'Gli "omini salvatichi" di Leonardo'. RV 18,129–7

Galluzzi, P. (ed.). 1974. *Leonardo da Vinci letto e commentato* (various authors, *Letture Vinciane* 1–12 (1960–72)). Florence

Gerard, Kent, and Hekma, Gert (eds.). 1989. *The Pursuit of Sodomy: Male Homosexuality in Renaissance and Enlightenment Europe*. New York and London

Ghiberti, Lorenzo. 1998. *I commentarii*, ed. L. Bartoli. Florence

Giacomelli, R. 1936. *Gli scritti di Leonardo sul volo*. Rome

Gilbert, Creighton E. (ed.). 1992. *Italian Art 1400–1500: Sources and Documents*. Evanston, Ill

Glasser, H. 1977. *Artists' contracts of the Early Renaissance*. New York

Goffen, Rita. 2002. *Renaissance Rivals: Michelangelo, Leonardo. Raphael, Titian*. New Haven and London

Goldscheider, Ludwig. 1940. *The Sculptures of Michelangelo*. With photographs by J. Schneider-Lengyel. London

Goldthwaite, Richard. 1980. *The Building of Renaissance Florence*. Baltimore

Gombrich, Ernst. 1945. 'Botticelli's mythologies: a study in the Neoplatonic symbolism of his circle'. *Journal of the Warburg and Courtauld Institutes* 7

—— 1950. *The Story of Art*. London

—— 1954. 'Leonardo's grotesque heads: prologomena to their study'. In Marazza 1954, 199f.

Gould, Cecil. 1954. 'Leonardo's great battle-piece: a conjectural reconstruction'. *Art Bulletin* 36, 111–28

—— 1975. *Leonardo the Artist and Non-Artist*. London

Grafton. Anthony. 2000. *Leon Battista Alberti: Master Builder of the Italian Renaissance*. London

Gregori, M. (ed.). 1992. *Maestri e botteghe*. Florence
Hale, John. 1994. *The Civilization of Europe in the Renaissance*. London
Hauser, Arnold. 1962. *The Social History of Art*. (original edn 1951). 4 vols. London
Hibbert, Christopher. 1979. *The Rise and Fall of the Medici*. Harmondsworth
—— 1993. *Florence: Biography of a City*. Harmondsworth
Hollingsworth, Mary. 2004. *The Cardinal's Hat: Money, Ambition and Housekeeping in a Renaissance Court*. London
Jardine, Lisa. 1996. *Worldly Goods*. London
Jestaz, Bertrand. 1999. 'Françis I, Salai et les tableaux de Lénard'. *Revue de l'art* 126 (4), 68–72
Kemp, Martin. 1981. *The Marvellous Works of Nature and Man*. London and Cambridge, Mass
—— 1986. 'Analogy and observation in the Codex Hamner'. In *Studi Vinciani* (q.v.), 103–34
—— 1989. *Leonardo da Vinci* (exhibition catalogue). London
—— 1992. *The Mystery of the* Madonna of the Yarnwinder (exhibition catalogue). Edinburgh
Kemp, Martin, and Walker, Margaret (eds.). 1989. *Leonardo on Painting*. New Haven and London
Kent, Dale. 2000. *Cosimo de' Medici and the Florentine Renaissance*. New Haven and London
King, Ross. 2001. *Brunelleschi's Dome* (original edn 2000). Harmondsworth
Laurenza, Domenico. 1999. 'Il teatro delle passioni'. In Pedretti 1999
—— 2001. *De figure umana: Fisiognomia, anatomia ed arte in Leonardo*. Florence
—— 2004. 'Leonardo nella Roma di Leone X: Gli studi anatomici, la vita, l'arte'. *Lettura Vinciana* 53. Florence
Leader, Darian. 2002. *Stealing the Mona Lisa: What Art Stops Us from Seeing*. London
—— *The Legacy of Leonardo*. 1998. Trans. I. Coward, A. Curtiss and A. Ellis. London
Lomazzo, Giovanni Paolo. 1584. *Trattato dell'arte della pittura*. Milan
—— 1590. *Idea del tempio della pittura*. Milan
—— 1973. *Scritti sulle arti*, ed. Roberto Carlo Ciardi. 2 vols. Pisa
Lopez, Guido. 1982. *Leonardo e Ludovico Il Moro: La roba e la libertà*. Milan
Lubkin, Gregory. 1999. *A Renaissance Court: Milan under Galeazzo Maria Sforza*. Berkeley
Lucas-Dubreton, Jean. *Daily Life in Florence*. 1960. Trans. A. Lytton Sells. London
Luchinat, Cristina Acidini. 1992. 'Arts in the workshop during the Laurentian age'. In Gregori 1992
Maccagni, Carlo. 1974. 'Riconsiderando il problema delle fonti di Leonardo: L'elenco di libri nel codice 8936 di Madrid'. *Lettura Vinciana* 10 (1970). In Galluzzi 1974
MacCurdy, Edward. 1938. *The Notebooks of Leonardo da Vinci*. 2 vols. London
Machiavelli. Niccolò. 1961. *The Prince*. Trans. George Bull. Harmondsworth
—— 1966. *Opere*, ed. Ezio Raimondi, 2 vols. Milan
McMullen, Roy. 1975. Mona Lisa: *The Picture and the Myth*. Boston

Malaguzzi-Valeri, Francesco. 1913–23. *La corte di Lodivico Il Moro*. 4 vols. Milan
Marani, Pietro. 1998a. 'Francesco Melzi'. In *The Legacy of Leonardo* (q.v.)
—— 1998b. 'The question of Leonardo's bottega: practice and transmission of Leonardo's ideas on art'. In *The Legacy of Leonardo* (q.v.)
—— 1998c. 'Giampietrino'. In *The Legacy of Leonardo* (q.v.).
—— 1999. *Il Cenacolo: Guide to the Refectory*. Trans. Margaret Kunzle and Felicity Lutz. Milan
—— 2000a. *Leonardo da Vinci: The Complete Paintings*. London
—— 2000b. (ed.). '*Hostinato rigore*': *Leonardiana in memoria di Augusto Marinoni*. Milan
—— 2003. 'La *Vergine delle Rocce* della National Gallery di Londra: Maestro e bottega di fronte al modello'. *Lettura Vinciana* 42. Florence
Marazza, Achille (ed.). 1954. *Leonardo: Saggi e ricerche*. Rome
Marinoni, Augusto. 1954. *I rebus di Leonardo raccolti e interpretati*. Florence
—— 1960. 'Rebus'. RV 18, 117–8
—— 1974. (ed.). *Leonardo da Vinci: Scritti letterari*. Milan
—— 1982. *La matematica di Leonardo da Vinci*. Milan
—— 1982. (ed.). *Leonardo all'Ambrosiana*. Milan
Martines, Lauro. 1963. *The Social World of the Florentine Humanists*. Princeton
—— 2003. *April Blood: Florence and the Plot against the Medici*. London
Masters, Roger. 1999. *Fortune is a River: Leonardo da Vinci and Niccolò Machiavelli's Magnificent Dream to Change the Course of Florentine History* (original edn 1998). New York
Mayor, Hyatt. 1984. *Artists and Anatomists* (exhibition catalogue). New York
Michelangelo. 1878. *The Sonnets of Michael Angelo Buonarroti*. Trans. J. A. Symonds. London
—— 1987. *Michelangelo: Life, Letters and Poetry*. Trans. George Bull and Peter Porter. Oxford
Michelet, Jules. 1976. *Histoire de la France au seizième siècle: Renaissance et reforme (OEuvres complètes, 7)*. Paris
Nanni, Romano. 1999. 'Osservazione, convenzione, ricomposizione nel paesaggio Leonardiano del 1473'. RV 28, 3–7
——2001. 'Leonardo nella tradizione di Leda'. In Dalli Regoli 2001, 23–5
Nanni, Romano and Testaferrata, Elena (eds.). 2004. *Vinci di Leonardo: Storia e memoria*. Vinci
Natali, Antonio. 1985. 'Re, cavalieri e barbari'. *Uffizi studi e ricerche* 2
—— 1998. 'Lo sguardo degli angeli: Tragitto indiziario per il *Battesimo di Cristo* di Verrocchio e Leonardo'. *Mittelungen der Kunsthistorischen Institutes in Florence* 42, 252–73
—— 1999. 'La natura artefatta'. In Fara 1999, 137–8
—— 2001. 'Le pose di Leda'. In Dalli Regoli 2001, 46–4
Newton, H. Travers, and Spenser, J. R. 1982. 'On the location of Leonardo's *Battle of Anghiari*'. *Art Bulletin*, March 1982, 45–52

Nicodemi, Giorgio. 1934. 'I "ritratti" di Leonardo da Vinci'. RV 15, 1–1 Noyes, Ella. 1908. *The Story of Milan*. London

Nuland, Sherwin B. 2000. *Leonardo da Vinci*. New York

O'Malley, C. D. (ed.). 1969. *Leonardo's Legacy*. Berkeley

Origo, Iris. 1992. *The Merchant of Prato* (original edn 1957). Harmondsworth

Orto, Giovanni dall'. 1989. ' "Socratic love" as a disguise for same-sex love in the Italian Renaissance'. In Gerard and Hekma 1989

Ottino della Chiesa, Angela. 1967. *Leonardo pittore*, Rizzoli Classici dell'Arte 12. Milan

Papa, Rodolfo. 1999. 'Giuda, il disordine e la grazia', in Pedretti 1999

—— 2000. 'Lo spazio dell'ascesi: Il San Gerolamo di Leonardo'. *Art e dossier* 159, 33–8

Park, K. 1994. 'The criminal and the saintly body: autopsy and dissection in Renaissance Italy'. *Renaissance Quarterly*, 1–33

Pater, Walter. 1986. *The Renaissance*, ed. Adam Phillips (original edn 1873). Oxford

Pedretti, Carlo. 1953. *Documenti e memorie riguardanti Leonardo da Vinci a Bologna e in Emilia*. Bologna

—— 1957a. *Leonardo da Vinci: Fragments at Windsor Castle from the Codex Atlanticus*. London

—— 1957b. *Studi Vinciani*. Geneva

—— 1965. *Leonardo da Vinci on Painting: A Lost Book*. London

—— 1968. 'The Burlington House cartoon'. *Burlington Magazine* 100, no. 778

—— 1972. *Leonardo da Vinci: The Royal Palace at Romorantin*. Cambridge, Mass

—— 1973. *Leonardo da Vinci: A Study in Chronology and Style*. London

—— 1975. 'Perche la minesstra si fredda'. *Lettura Vinciana* 14. Florence

—— 1976. *Il primo Leonardo a Firenze*. Florence

—— 1977. 'The Sforza Mausoleum'. *Gazette des beaux-arts* 89,121–31

—— 1986. 'Postille all'onomastica Vinciana di Nando de Toni'. In *Studi Vinciani* (q.v.), 93–101

—— 1988. *Leonardo architetto*. Milan

—— 1992. 'Il "bello spettacolo"'. ALV 5, 163–

—— 1998. 'Leonardo: Il ritratto'. *Art e dossier* 138 (supplement)

—— 1998b. (ed.). *Leonardo e la Pulzella di Camaiore* (exhibition catalogue). Camaiore

—— 1998c. 'Quella puttana di Leonardo'. ALV 11, 121–9

—— 1999. (ed.). 'Leonardo: *Il Cenacolo*'. *Art e dossier* 146 (supplement)

—— 2000. (ed.). *Codex Leicester: Notebook of a Genius*. Sydney

—— 2001. (ed.). L'Angelo incarnato *tra archeologia e leggenda* (exhibition catalogue). Florence

Pedretti, Carlo, and Cianchi, Marco. 1995. 'Leonardo: I codici'. *Art e dossier* 100 (supplement)

Pfister, Oskar. 1913. 'Kryptolalie'. *Jahrbuch für psychoanalytische und psychopathologische Forschungen* 5, 117–56

Poggi, Giovanni. 1919. *Leonardo da Vinci: La* Vita *di Giorgio Vasari nuovamente commentata*. Florence

Popham, A. E. 1946. *The Drawings of Leonardo da Vinci*. London

Reti, Ladislaus. 1959. '"Non si volta chi a stella èfisso": Le imprese di Leonardo da Vinci'. *Bibliothèque d'humanisme et renaissance* 21, 7–54

—— 1965. 'Tracce dei progetti perduti di Filippo Brunelleschi nel Codice Atlantico'. *Lettura Vinciana* 4. Florence

—— 1968. 'The two unpublished manuscripts of Leonardo da Vinci in the Biblioteca Nacional of Madrid'. *Burlington Magazine* 110, nos. 778, 799

—— 1974. (ed.). *The Unknown Leonardo*. Maidenhead Richter, Jean Paul (ed.). 1970. *The Literary Works of Leonardo da Vinci*, 2 vols. London

Ridolfi, Roberto. 1963. *The Life of Niccolò Machiavelli*. Trans. Cecil Grayson (original edn 1954). London

Roberts, Jane, and Pedretti, Carlo. 1977. 'Drawings by Leonardo da Vinci at Windsor newly revealed by ultra violet light'. *Burlington Magazine* 119, no. 891, 396–408

Rocke, Michael J. 1987. 'Il controllo dell'omosessualitàa Firenze nel XV secolo: Gli Ufficiali di Notte. *Quaderni storici* 22 (3), 701–23

—— 1996. *Forbidden Friendships: Homosexuality and Male Culture in Renaissance Florence*. Oxford

Rosheim, Mark Elling. 2001. 'L'automata programmabile di Leonardo'. *Lettura Vinciana* 40. Florence

Ross, James, and McLaughlin, Mary (eds.). 1981. *The Portable Renaissance Reader*. Harmondsworth

Rubin, Patricia Lee, and Wright, Alison. 1999. *Renaissance Florence: The Art of the* 1470s (exhibition catalogue). London

Rubinstein, Nicolai. 1995. *The Palazzo Vecchio, 1298–1532*. Oxford

Rzepińska, Maria. 1990. *Lady with an Ermine*. Trans. Mary Filippi (original edn 1977). Cracow

Saslow, James. 1986. *Ganymede in the Renaissance: Homosexuality in Art and Society*. London

Sassoon, Donald. 2001. *Mona Lisa: The History of the World's Most Famous Painting*. London

Scalini, Mario. 1992. 'The chivalric "ludus" in Quattrocento Florence'. In Gregori 1992, 61–3

Schapiro, Meyer. 1956. 'Leonardo and Freud: an art-historical study'. *Journal of the History of Ideas* 17, 287–32

Scritti vari in onore di Rodolfo Renier. 1912. Turin

Severi, Rita. 1992. 'The myth of Leonardo in English decadent writers'. ALV 5, 96–03

Shell, Janice. 1995. *Pittori in bottega: Rinascimento a Milano*. Milan

—— 1998a. 'Ambrogio de Predis'. In *The Legacy of Leonardo* (q.v.), 123–30

—— 1998b. 'Marco d'Oggiono'. In *The Legacy of Leonardo* (q.v.), 163–78

Shell, Janice, and Sironi, Grazioso. 1991. 'Salai and Leonardo's legacy'. *Burlington Magazine* 133, 95–108

—— 1992. 'Salai and the inventory of his estate'. RV 24, 109–3

—— 1993. 'Some documents for Giovanni Pietro Rizzoli: Il Giampietrino' RV 25, 121–6

—— 2000. 'Un nuovo documento di pagamento per *La Vergine della Rocce* di Leonardo'. In Marani 2000b, 27–1

Sironi, Grazioso. 1981. *Nuovi documenti riguardante* La Vergine delle Rocce *di Leonardo*. Florence

Smiraglia Scognamiglio, Nino. 1896. 'Nuovi documenti su Leonardo da Vinci'. *Archivio storico dell'arte* 2, 313–15

—— 1900. *Ricerche e documenti sulla giovanezza di Leonardo da Vinci*. Naples

Solmi, Edmondo. 1908. *Le fonti dei manoscritti di Leonardo da Vinci*. Turin

—— 1912. 'La politica di Ludovico il Moro nei simboli di Leonardo da Vinci'. In *Scritti vari* (q.v.)

—— 1976. *Scritti Vinciani*. Florence

Starnazzi, Carlo. 1995. 'Leonardo in terra di Arezzo'. *Studi per l'ecologia del Quaternario* 17

—— 1996. 'La *Gioconda* nella Valle dell'Arno'. *Archeologia viva* 58

—— 2000. *La* Madonna dei Fusi *di Leonardo da Vinci e il paesaggio del Valdarno Superiore*. (exibition catalogue). Arezzo

Steinberg Leo. 1973. 'Leonardo's *Last Supper*'. *Art Quarterly* 36 (4), 297–410

—— 2002. *Leonardo's Incessant Last Supper*. New York

Stites, R. S. 1970. *The Sublimations of Leonardo da Vinci*. Washington, DC *Studi Vinciani in memoria di Nando de Toni*. 1986. Brescia

Thiis, Jens. 1913. *Leonardo: The Florentine Years*. London

Toni, Nando de. 1934. 'Saggio di onomastica Vinciana'. RV 14, 54–17

Uzielli, Gustavo. 1872. *Ricerche intorno a Leonardo da Vinci* (1st series). Florence

—— 1884. *Ricerche intorno a Leonardo da Vinci* (2nd series). Rome

—— 1896. *Ricerche intorno a Leonardo da Vinci* (rev. and enlarged edn of 1st series). Turin

Vasari, Giorgio. 1878–85. *Le opere*, ed. Gaetano Milanesi. 9 vols. Florence

—— 1987. *Lives of the Artists*. Trans. George Bull. 2 vols. Harmondsworth

Vecce, Carlo. 1990. 'La Gualanda'. ALV 3, 51–72

—— 1998. *Leonardo*. Rome

Ventrone, Paola. 1992. 'Entertainment in Laurentian Florence'. In Gregori 1992, 57–9

Vezzosi, Alessandro. 1984. *Toscana di Leonardo*. Florence

—— 1990. *Il rinascimento dell'olivo: Leonardo e Botticelli*. Florence

—— 1997. *Leonardo da Vinci: Renaissance Man*. Trans. Alexandra Bonfante–Warren. London

Villari, Pasquale. 1892. *The Life and Times of Niccolò Machiavelli*. Trans. Linda Vallari (original edn 1878). 2 vols. London

Villata, Edoardo. 1999. *Leonardo da Vinci: I documenti e le testimonianze contemporanee*. Milan

Viroli, Maurizio. 2000. *Niccolò's Smile*. Trans. A. Shugaar (original edn 1998). New York

Walker, J. 1967. 'Ginevra de' Benci by Leonardo da Vinci', *National Gallery of Art Report and Studies on the History of Art*, Washington, DC

Wasserman, Jack. 1975. *Leonardo.* New York

—— 1989. 'A Florentine *Last Supper* sketch: a question of gesture'. ALV 2, 110–13

White Michael. 2000. *Leonardo: The First Scientist.* London

Winner, M. (ed.). 1992. *Der Künstler über sich in seinem Werk.* Hamburg

Winternitz, Emanuel. 1974. 'Leonardo and music'. In Reti 1974, 110–4

—— 1982. *Leonardo da Vinci as a Musician.* New Haven and London

Woods-Marsden, Joanna. 1998. *Renaissance Self-Portraiture: The Visual Construction of Identity and the Social Status of the Artist.* New Haven and London

Yates, Frances. 1965. *Giordano Bruno and the Hermetic Tradition.* London

—— 1983. 'The Italian academies' (lecture, 1949). In *Collected Essays* vol. 2, 6–29. London

Zöllner, Frank. 1991. 'Rubens reworks Leonardo: the "Fight for the standard"'. ALV 4, 177–90

—— 1992. '"Ogni pittore dipinge sé": Leonardo da Vinci and auto-mimesis'. In Winner 1992, 137–60

—— 1993. 'Leonardo's portrait of Mona Lisa del Giocondo'. *Gazette des beauxarts* 121, 115–31

—— 2003. *Leonardo da Vinci: The Complete Paintings and Drawings.* London

Zwijnenberg, Robert. 1999. *The Writings and Drawings of Leonardo da Vinci: Order and Chaos in Early Modern Thought.* Trans. C. van Eck. Cambridge

出版后记

说起列奥纳多·达·芬奇，我们可能会想到他在绘画、雕塑、建筑、科学、音乐、数学、工程、文学、解剖学、天文学、植物学等众多领域拥有难以超越的建树，是文艺复兴时期的通才。然而，在这本书中，我们看到了一个平凡的列奥纳多。他是私生子，与父亲关系复杂；他尚未成名时只得签下条款苛刻的合同谋生；他被委托人拖欠工资，想尽办法却讨债未果；他的伟大项目因为战争而无法实现。如此种种，我们感受到列奥纳多和生活在琐碎日常中的普通人别无两样。

为了给读者重现列奥纳多的这些日常生活，作者将许多手稿首次翻译成英文，在这一点上，本书有着不可忽视的重要意义和学术价值。此外，对于很多争论不休的议题，作者也给出了自己的见解，为读者提出了新的思考方向。然而，因为手稿解读难度大，许多手稿已经失传，相关文献难寻，列奥纳多身上仍有许多谜团，这些谜团恐怕永远也无法解开，但作者对这些部分进行了合理的推测和联想，为读者描摹了一幅可信而生动的图景。

这本传记称得上是兼顾了学术性和可读性，也是英语世界较早、较完整的列奥纳多·达·芬奇传记。作者将列奥纳多的生平和作品结合，在艺术分析上深入浅出，重视重建他的日常生活和精神世界；专注于列奥纳多的同时，也为读者呈现了列奥纳多生活的时代样貌，以及他与其他文艺复兴艺术家的互动，是一本难得的佳作。

由于译者和编者水平有限，书中难免有疏漏，还请读者指正。

服务热线：133-6631-2326　188-1142-1266
服务信箱：reader@hinabook.com

后浪出版公司
2020 年 9 月